Kurzarbeit und betriebliche Mitbestimmung
(§ 87 I Nr. 3 BetrVG)

Europäische Hochschulschriften

Publications Universitaires Européennes
European University Studies

Reihe II

Rechtswissenschaft

Série II   Series II

Droit
Law

Bd./Vol. 261

PETER D. LANG
Frankfurt am Main · Bern

Lothar Jene

Kurzarbeit und betriebliche Mitbestimmung (§ 87 I Nr. 3 BetrVG)

PETER D. LANG
Frankfurt am Main · Bern

CIP-Kurztitelaufnahme der Deutschen Bibliothek

Jene, Lothar:

Kurzarbeit und betriebliche Mitbestimmung : (§ 87 I Nr. 3 BetrVG) / Lothar Jene. - Frankfurt am Main, Bern : Lang, 1981.
(Europäische Hochschulschriften : Reihe 2, Rechtswiss. ; Bd. 261)
ISBN 3-8204-6853-6

ISBN 3-8204-6853-6

Druck: fotokop Wilhelm Weihert KG, Darmstadt

Inhaltsverzeichnis

Seite

Seite

Literaturverzeichnis

Adomeit, Die Regelungsabrede, 2. Auflage, Düsseldorf 1961

Ders., Zur Rechtsnatur der Betriebsvereinbarung, BB 1962, 1246

Ders., Betriebliche Einigungen, BB 1967, 1oo3

Ders., Rechtsquellenfragen im Arbeitsrecht, München 1969

Ders., Einstellungen und Entlassungen nach dem neuen Betriebsverfassungsgesetz, DB 1971, 236o

Ders., Thesen zur betrieblichen Mitbestimmung nach dem neuen Betriebsverfassungsgesetz, BB 1972, 53

Anders, Das neue Betriebsverfassungsgesetz aus der Sicht der DAG, BABl 1972, 299

Andresen, Nachwirkung tariflicher Arbeitszeitregelungen, DB 1978, 1275

Arbeitgeberverband der hessischen Metallindustrie eV und Vereinigung der hessischen Arbeitgeberverbände eV (Hrsg.), Das neue Betriebsverfassungsgesetz, 2. Auflage 1972 (zit. Hess. Arbeitgeberverbände)

Arbeitsring Chemie, Betriebsverfassungsgesetz 72, Wiesbaden 1972

Auerswald, Der Begriff "Mitwirkung" im Betriebsrätegesetz unter besonderer Berücksichtigung von § 78 Nr. 2, Das Arbeitsgericht 1929, 38

Auffarth, Beteiligung des Betriebsrats in sozialen Angelegenheiten, AR-Blattei Betriebsverfassung XIV B, Stuttgart 1964 (zit. mit Jahresangabe)

Ders., Überblick über das neue Betriebsverfassungsgesetz, BUV 1971, 193

Ders., Das neue Betriebsverfassungsgesetz, AuR 1972, 33

Ders., Die Mitbestimmung in sozialen Angelegenheiten, BUV 1972,237

Ders., Grundbegriffe, AR-Blattei Betriebsverfassung V, Stuttgart 1974

Ders., Allgemeine Vorschriften über die Zusammenarbeit von Betriebsrat und Arbeitgeber, AR-Blattei Betriebsverfassung XIV A, Stuttgart 1974

Ders., Beteiligung des Betriebsrats in sozialen Angelegenheiten, AR-Blattei Betriebsverfassung XIV B, Stuttgart 1975 (zit. ohne Jahresangabe)

Auffarth, Zur Bedeutung der Beteiligungsrechte des Betriebsrats nach dem Betriebsverfassungsgesetz 1972 für eine paritätische Mitbestimmung der Arbeitnehmer auf Unternehmensebene, RdA 1976, 2

Auffarth/Müller, Kündigungsschutzgesetz, München 196o

Badura, Die Rechtsprechung des Bundesverfassungsgerichts zu den verfassungsrechtlichen Grenzen wirtschaftspolitischer Gesetzgebung im sozialen Rechtsstaat, AöR 92, 382

Ders., Die Verfassung als Auftrag, WiR 1974, 1

Badura/Rittner/Rüthers, Mitbestimmungsgesetz 1976 und Grundgesetz, Gemeinschaftsgutachten, München 1977

Bächle, Unterrichtungs- und Belehrungspflichten nach dem Betriebsverfassungsgesetz 72, DB 1973, 14oo

Bähringer-Spiegelhalter, Kurzarbeit, 5. Auflage, Bergisch-Gladbach 1978

Ballerstedt, Arbeitskampf und Lohnrisiko, AuR 1966, 225

Barthe, Rechte und Pflichten des Betriebsrats, München 1972

Barwasser, Zur Zulässigkeit von Betriebsvereinbarungen über materielle Arbeitsbedingungen in nichttarifgebundenen Betrieben, insbes. in Mischbetrieben, DB 1975, 2275

Baum, Das Mitbestimmungsrecht des Betriebsrats bei der Anordnung von Kurzarbeit, AuR 1962, 272

Becker-Schaffner, Einzelheiten zum Mitbestimmungsrecht des Betriebsrats bei der Einführung von Kurzarbeit bzw. dem Abbau von Überstunden, BlStSozArbR 1975, 17

Beiersmann, Zulässigkeit von Betriebsvereinbarungen über materielle Arbeitsbedingungen in nicht tarifgebundenen Betrieben, insbes. in Mischbetrieben, DB 1976, 53

Beitzke, Anm. BAG Urt. v. 1o.7.69, SAE 197o, 1 (4)

Bensinger, Kurzarbeit, in: Gaugler (Hrsg.), Handwörterbuch des Personalwesens, Stuttgart 1975

Benze/Föhr/Kehrmann/Kieser/Lichtenstein/Schwegler/Unterhinninghofen, Mitbestimmungsgesetz '76, Hannover 1978

Bergmann/Jacobi/Müller-Jentsch, Gewerkschaften in der Bundesrepublik, Band 1, 2. Auflage, Frankfurt 1976

Bertermann, Grenzen der Befugnisse des Betriebsrats, BlStSozArbR 1949, 182

Berthelot, Die Betriebsräte in Deutschland, Mannheim/Berlin/ Leipzig 1926

Betz, Die Änderungskündigung des Arbeitgebers - ihre Stellung im System der arbeitsrechtlichen Anpassungsrechtsbehelfe und im Recht der Kündigung, Diss., Erlangen 1972

Bichler, Aus der Rechtsprechung des Bundesarbeitsgerichts zum Betriebsverfassungsgesetz 1972, RdA 1976, 211

Bickel, Die normative Wirkung von Betriebsvereinbarungen, ZfA 1971, 181

Bieback/Reich, Verfassungswidrige Umgestaltung des Unternehmensrechts durch Mitbestimmung?, AuR 1978, 161

Biebrach/Nagel, Leitfaden zum neuen BetrVG, München 1975

Biedenkopf, Grenzen der Tarifautonomie, Karlsruhe 1964

Ders., Die Betriebsrisikolehre als Beispiel richterlicher Rechtsfortbildung, Karlsruhe 197o

Ders., Demokratisierung der Wirtschaft und Mitbestimmung im Betrieb und Unternehmen, in: Utz/Streithofen (Hrsg.), Demokratie und Mitbestimmung, 2. Auflage, Stuttgart 1971

Billing, Aspekte zur Kurzarbeit, AuB 1975, 359

Birgl-Matthiaß, Das Betriebsräteproblem, Berlin und Leipzig 1926

Birk, Die arbeitsrechtliche Leitungsmacht, Köln/Berlin/Bonn/München 1973

Ders., Das Direktionsrecht, AR-Blattei Direktionsrecht I, Stuttgart 1974

Ders., Anm. BAG Beschl. v. 14.11.74,EzA § 87 BetrVG Initiativrecht Nr. 2, S. 23

Birkwald/Pornschlegel, Mitbestimmen im Betrieb, Köln 1973

Bischoff, Die Einigungsstelle im Betriebsverfassungsrecht, Berlin 1975

Bitter, Betriebsvereinbarungen im AT-Bereich in der Praxis, DB 1979, 695

Bleistein, Betriebsverfassung in der Praxis, Bonn 1974

Ders., Kündigung und Kündigungsschutz im Arbeitsverhältnis, 2. Auflage, Berlin 1978

Blomeyer, Die Entwicklung des arbeitsrechtlichen Schrifttums im Jahre 1974, ZfA 1975, 243

Blomeyer, Klausuren (2), Begriff des Betriebes,Betriebsratswahlen; Wahlanfechtung und -nichtigkeit; Mitbestimmung in sozialen Angelegenheiten, in: Maurach/Berendt/Richardi(Hrsg.), Wahlfach Examinatorium 8, Kollektives Arbeitsrecht, Karlsruhe 1975 (zit.: WEX 8)

Ders., Anm. LAG Düsseldorf/Köln Beschl.v. 27.2.1975,EzA § 87 BetrVG Lohn und Arbeitsentgelt Nr. 1, S. 9

Bobrowski/Gaul, Das Arbeitsrecht im Betrieb, 6. Auflage, Heidelberg 197o

Bohn/Dutti, Betriebsverfassungsgesetz, Düsseldorf 1972

Böhm, Massenentlassung und Kurzarbeit, BB 1974, 281, 372

Ders., Die Einführung von Kurzarbeit, DP Gr. 3 (1974), 577

Böker, Das Weisungsrecht des Arbeitgebers, Frankfurt 1971

Boers, Unterliegt die Dauer der Arbeitszeit dem Mitbestimmungsrecht des Betriebsrats?, BB 1963, 562

Bötticher, Anm. BAG Beschl. v. 13.3.1973, SAE 1973, 229 (232)

Ders., Anm. BAG Beschl. v. 5.3.1974, SAE 1974, 2o1 (2o4)

Böttner, Das Direktionsrecht des Arbeitgebers, Marburg 1971

Boewer, Zur Entscheidung von formellen und materiellen Arbeitsbedingungen, DB 197o, 2319

Ders., Das Initiativrecht des Betriebsrats in sozialen Angelegenheiten, DB 1973, 522

Boldt, Zum neuen deutschen Betriebsverfassungsgesetz, ZAS 1972, 43

Ders., Die tarifvertraglichen Sonderrregelungen auf dem Gebiet der Betriebsverfassung im Steinkohlebergbau, AR-Blattei Bergarbeitsrecht III, Stuttgart 1977

Ders., Anm. BAG Urt. v. 13.7.77, AR-Blattei Bergarbeitsrecht, Entsch. 14, Stuttgart 1978

Borgis, Mitbestimmung des Betriebsrates bei Verteilung der wöchentlichen Arbeitszeit?, BB 1959, 743

Ders., Gegenstellungnahme zu Frey, Mitbestimmung des Betriebsrats bei Verteilung der wöchentlichen Arbeitszeit, BB 196o, 48

Borrmann, H., Auswirkungen des Arbeitskampfes auf außerhalb des umkämpften Tarifvertrages liegende Betriebe, DB 1978, 1978

Borrmann, K., Buchbesprechung Galperin/Siebert, Kommentar zum Betriebsverfassungsgesetz, 3. Auflage, BB 1958, 744

Brauch, Die Erweiterung der Mitbestimmungsrechte des Betriebsrats im Bereich der sozialen und personellen Angelegenheiten durch das Betriebsverfassungsgesetz vom 15.1.1972 und deren Auswirkungen auf die Rechtsstellung der einzelnen Arbeitnehmer, München 1975

Brauer, Das Betriebsrätegesetz und die Gewerkschaften, Jena 192o

Brecht, Kommentar zum Betriebsverfassungsgesetz nebst Wahlordnung, Herne/Berlin 1972

Brede/Etzel, Arbeitsrecht, Herne/Berlin 1976

Brill, Übersicht über die Rechtsprechung zum Betriebsverfassungsgesetz 1972, BB 1973, Beilage 3

Ders., Die neue Rechtsprechung zum Betriebsverfassungsgesetz, BB 1973, Beilage 15

Ders., Die Betriebsstörung, AR-Blattei Arbeitsausfall II, Stuttgart 1975

Ders., Einseitige Anordnungen des Arbeitgebers in eiligen sozialen Angelegenheiten?, BlStSozArbR 1975, 177

Ders., Die Rechtsprechung zur sozialen Mitbestimmung des Betriebsrats, DB 1978, Beilage 9

Ders., Betriebsrat und Arbeitskampf, DB 1979, 4o3

Brinkmann, Die deutsche Sprache, Düsseldorf 1962

Brock/Hindrichs/Hoffmann/Pöhler/Sund, Die Interessenvertretung der Arbeitnehmer im Betrieb, Köln 1976

Brox, Grundbegriffe des Arbeitsrechts, 4. Auflage, Stuttgart/Berlin/Köln/Mainz 1974

Brox/Rüthers, Arbeitskampfrecht, Stuttgart 1965

Brüning, Die Grenzen des erzwingbaren Mitbestimmungsrechts bei materiellen Arbeitsbedingungen, Diss. München 1964

Buchner, Möglichkeiten und Grenzen betriebsnaher Tarifpolitik, DB 197o, 2o25, 2o74

Ders., Reform des Betriebsverfassungsrechts, AG 1971, 135, 189

Ders., Das Zusammenwirken von Gewerkschaften und Betriebsrat nach dem neuen Betriebsverfassungsgesetz, DB 1972, 1236

Ders., Anm.BAG Urt. v. 26.1o.71, SAE 1973, 33 (42)

Ders., Tarifvertragliche Regelung betriebsverfassungsrechtlicher Fragen, AR-Blattei Tarifvertrag V A, Stuttgart 1973

Buchner, Anm. BAG Beschl. v. 12.6.75, AR-Blattei Betriebsverfassung XIV B, Entsch. 27, Stuttgart 1975

Ders., Paritätische Mitbestimmung: Der Weg zu neuer Unternehmens- und Arbeitsordnung, ZfA 1976, 147

Ders., Der Geltungsbereich des Tarifvertrages, AR-Blattei Tarifvertrag IV, Stuttgart 1976

Ders., Inhalt des Tarifvertrages, AR-Blattei Tarifvertrag V, Stuttgart 1977

Ders., Fälle zum Wahlfach Mitbestimmungs-, Betriebsverfassungs-, Personalvertretungsrecht, München 1978

Ders., Effektivklauseln und Berechnungsklauseln, AR-Blattei Tarifvertrag IV B, Stuttgart 1978

Bührig, Ankündigungsfristen bei Einführung von Kurzarbeit und Betriebsstillegungen, BB 1949, 249

Ders., Betriebsvereinbarung und Arbeitszeitverkürzung, BB 1956, 963

Bürger/Oehmann/Stubing, Handwörterbuch des Arbeitsrechts, Losebl., Stuttgart 1978 (zit.: HwbAR)

Bundesvereinigung der deutschen Arbeitgeberverbände, Das neue Betriebsverfassungsgesetz, Köln 1972

Canaris, Funktionelle und inhaltliche Grenzen kollektiver Gestaltungsmacht bei der Betriebsvereinbarung, AuR 1966, 129

Caspers, Kurzarbeit, Diss. Köln 1965

Citron, Die heutige Betriebsvereinbarung und ihr Gegenstand, RdA 1949, 241

Clasen, Tarifverträge, Arbeitsbedingungen 76, BABl 1977, 122

Ders., Tarifverträge, Arbeitsbedingungen 77, BABl 1978, 64

Coing, Die juristischen Auslegungsmethoden und die Lehren der allgemeinen Hermeneutik, Köln und Opladen 1959

Conze, Die Einführung von Kurzarbeit, Diss. Würzburg 1974

Ders., Zur Zulässigkeit von Betriebsvereinbarungen für AT-Angestellte über materielle Arbeitsbedingungen, DB 1978, 49o

Crone, Das Gesetz zur Ordnung der nationalen Arbeit nebst Parallelvorschriften und das bisherige Recht, München/Berlin/ Leipzig 1934

Cuntz, Die Unzulässigkeit von Betriebsvereinbarungen bei bestehender Tarifüblichkeit, Diss. Frankfurt 197o

Däubler, Das Grundrecht auf Mitbestimmung, Frankfurt 1973

Däubler, Das soziale Ideal des Bundesarbeitsgerichts, Frankfurt und Köln 1975

Ders., Das Arbeitsrecht, Reinbek bei Hamburg 1976

Däubler/Hege, Koalitionsfreiheit, Baden-Baden 1976

Dies., Tarifvertragsrecht, Baden-Baden 1978

Dahrendorf, Gesetz und Demokratie in Deutschland, München 1965

Dammann, Tarifvertrag und Arbeitskampf, Köln 1977

Denecke, Mitwirkung der Arbeitnehmer bei Arbeitszeitregelungen, RdA 1951, 5

Ders., Arbeitszeitordnung, 7. Auflage, München 197o

Denecke/Neumann, Arbeitszeitordnung, 9. Auflage, München 1976

Dersch, Anm. BAG Urt. v. 7.9.56, AP Nr. 2 zu § 56 BetrVG 52 (4)

Dieckhoff, Ist die Mitbestimmung nach § 56 BetrVG Rechtswirksamkeitsvoraussetzung?, DB 1965, 555

Dietz, Verhältnis von Tarifvertrag und Betriebsvereinbarung nach § 56 des Betriebsverfassungsgesetzes, BB 1954, 349

Ders., Der Anspruch auf Abschluß einer Betriebsvereinbarung nach § 56 BetrVG, in: Festschrift für Nipperdey, München und Berlin 1955, S. 147

Ders., Das Monopol der Sozialpartner und die Betriebsvereinbarung, RdA 1955, 241

Ders., Anm. LAG Bayern Beschl. v. 17.4.59, SAE 1959, 153 (154)

Ders., Struktur und Funktion des Mitbestimmungsrechtes des Betriebsrates in sozialen Angelegenheiten (§ 56 BetrVG), BB 1959, 121o

Ders., Probleme der Mitbestimmung bei der Regelung von Akkordsätzen, BB 196o, 367

Ders., Kritische Darstellung der Rechtsprechung des Bundesarbeitsgerichts zum Mitbestimmungsrecht, in Sonderheit zu § 56 BetrVG, RdA 1962, 39o

Ders., Zehn Jahre Arbeitsgerichtsgesetz, RdA 1963, 361

Ders., Anm. BAG Beschl. v. 15.5.64, AP Nr. 5 zu § 56 BetrVG 52 Akkord (5)

Ders., Probleme des Mitbestimmungsrechts, Berlin 1966

Ders., Betriebsverfassungsgesetz, 4. Auflage, München und Berlin 1967

Dietz/Gaul/Hilger, Akkord und Prämie, 2. Auflage, Heidelberg 1967

Dietz/Richardi, Betriebsverfassungesetz, 5. Auflage, München 1973

Ditges, Mitwirkung im Sinne des § 78 Nr. II BRG, AR 1924, 8o5

Drath, Über die Zulässigkeit deutscher Betriebsrätegesetze und die Gewährung eines Mitbestimmungsrechtes, RdA 1948, 13o

Dubischar, Grundbegriffe des Rechts, Stuttgart/Berlin/Köln/Mainz 1968

Dütz, Zwangsschlichtung im Betrieb, Kompetenz und Funktion der Einigungsstelle nach dem BetrVG 72, DB 1972, 383

Ders., Einstweiliger Rechts- und Interessenschutz in der Betriebsverfassung, ZfA 1972, 247

Ders., Strukturen des Betriebsverfassungsrechts, JuS 1972, 685

Ders., Betriebsverfassungsrechtliche Auskunftspflichten im Unternehmen, in: Festschrift für Westermann, Karlsruhe 1974, S. 37

Ders., Die Beilegung von Arbeitsstreitigkeiten in der Bundesrepublik Deutschland, RdA 1978, 291

Dutti, Nochmals: Die Beschränkung der Mitbestimmung nach § 56 BetrVG auf formelle Arbeitsbedingungen, RdA 1967, 135

Ebert, Das Jahr der Kurzarbeit, arbeitgeber 1974, 574

Ehmann, Das Lohnrisiko der an einem rechtmäßigen Arbeitskampf nicht beteiligten Arbeitnehmer, DB 1973, 1946, 1994

Ders., Anm. BAG Urt. v. 15.12.76, SAE 1977, 2oo (2o3)

Ders., Die Rechtslage der Arbeitnehmer im Arbeitskampf - Arbeitnehmerrisiko und Sozialversicherung -, DB 1978, 2o23

Eickelberg, Probleme der Betriebsvereinbarung über Arbeitsentgelte und sonstige Arbeitsbedingungen nach dem BetrVG 72, Diss. Bochum 1973

Eisemann, Aussperrung und Betriebsrisiko, BB 1979, 218

Engler, Das hessische Betriebsrätegesetz, RdA 1948, 15

Ders., Kommentar zum Betriebsrätegesetz für das Land Hessen, Offenbach und Bad Homburg vor der Höhe 1949 (zit.: BRG)

Enneccerus/Nipperdey, Allgemeiner Teil des Bürgerlichen Rechts, 1. und 2. Halbband, Tübingen 1959 und 196o

Erdel, Mitwirkung der Betriebsvertretung bei Arbeitsstreckungen, SchlW 1921, 1o1

Ders., Kurze Erwiderung ... 2. Gegenüber Herrn AGD Dr. Stoll, Koburg, SchlW 1921, 146

Ders., Mitwirkung der Betriebsvertretung bei Arbeitsstreckungen, Einzelstreitigkeiten darüber, SchlW 1921, 194

Erdmann, E.-G., Das Betriebsverfassungsgesetz vom 11.1o.1952, 2. Auflage, Neuwied und Berlin 1954

Ders., Rechtliche und rechtspolitische Probleme des Betriebsverfassungsgesetzentwurfs der Bundesregierung, BlStSozArbR 1971, 241

Erdmann/Jürging/Kammann, Betriebsverfassungsgesetz, Kommentar für die Praxis, Neuwied und Berlin 1972

Erdmann, E.-G., Die Bedeutung der Mitbestimmung des Betriebsrats für die unternehmerische Entscheidung: Der Weg zur Überparität, RdA 1976, 87

Erdmann, U., Leistungsstörungen auf betriebsverfassungsrechtlicher Grundlage, AuR 1973, 135

Erman, Handkommentar zum Bürgerlichen Gesetzbuch, 6. Auflage, 1. Band, Münster 1975 (zit.: Erman/Bearbeiter)

Etzel, Arbeitsrecht der Bundesrepublik Deutschland, Herne/ Berlin 1971 (zit. ArbR)

Ders., Die Rechtsprechung zum BetrVG 72, Neuwied 1974

Ders., Betriebsverfassungsrecht, Neuwied und Darmstadt 1977

Fabricius, Buchbesprechung Fitting/Auffarth/Kaiser, 1o. Auflage, 1972, RdA 1973, 125

Ders., Arbeitsverhältnis, Tarifautonomie, Betriebsverfassung und Mitbestimmung im Spannungsfeld von Recht und Politik - Gedanken zur Fortentwicklung des Arbeitsrechts, in: Festschrift für Fechner, Tübingen 1973, S. 171

Fabricius/Kraft/Thiele/Wiese, Betriebsverfassungsgesetz, Gemeinschaftskommentar, 2. Bearb., Neuwied und Berlin August 1979 (zit.: Bearbeiter GK-BetrVG)

Fabricius/Matthes/Naendrup/Rumpff/Schneider/Westerath, Mitbestimmungsgesetz, Gemeinschaftskommentar, Neuwied und Darmstadt 1977 (zit.: Bearbeiter GK-MitbG)

Falkenberg, Das Direktionsrecht des Arbeitgebers bei Dienstfahrten mit dem Kraftfahrzeug, DB 1978, 193o

Farthmann, Anm. BAG Urteile v. 15.12.61, AR-Blattei Arbeitszeit V Entsch. 1/3, Stuttgart 1962

Ders., Verlängerung der regelmäßigen Arbeitszeit, AR-Blattei Arbeitszeit III, Stuttgart 1962

Ders., Die Beschränkung der Mitbestimmung nach § 56 BetrVG auf die sog. formellen Arbeitsbedingungen, RdA 1966, 249

Ders., Kurzarbeit, AR-Blattei Arbeitszeit V Kurzarbeit, Suttgart 1967

Ders., Arbeitszeit und Betriebsverfassung, AR-Blattei Arbeitszeit I D, Stuttgart 197o (zit. mit Jahresangabe)

Ders., Grundzüge der neuen Betriebsverfassung, GMH 1972, 4

Ders., Arbeitszeit und Betriebsverfassung, AR-Blattei Arbeitszeit I D, Stuttgart 1974 (zit. ohne Jahresangabe)

Ders., Die Mitbestimmung des Betriebsrats bei der Regelung der Arbeitszeit, RdA 1974, 65

Farthmann/Bürger, Kurzarbeit, AR-Blattei Arbeitszeit V, Kurzarbeit, Stuttgart 1976

Fauth, Mitbestimmungsrecht des Betriebsrates bei der Festlegung der Arbeitszeit, BB 1962, 374

Ders., Arbeitszeitrecht, Heidelberg 1963 (zit.: AZR)

Feichtinger, Die betriebsverfassungsrechtliche Regelungsbefugnis der Tarifvertragsparteien, Diss. Mainz 1975

Feig/Sitzler, Betriebsrätegesetz, 7./8. Aufl., Berlin 1921

Fikentscher, Methoden des Rechts, Band IV, Dogmatischer Teil, Tübingen 1977

Fitting, Kontrollratsgesetz Nr. 22 und Deutsche Betriebsräte-Gesetzgebung, RdA 1948, 89

Ders., Betriebsräterecht, Losebl., Frankfurt 195o

Ders., Sinn und Zweck des § 59 BetrVG, BetrVerf 1956, 21o

Ders., Die Grundzüge des neuen Betriebsverfassungsgesetzes, BABl 1972, 276

Fitting/Auffarth/Kaiser, Das neue Betriebsverfassungsgesetz, München 1972

Ders., Betriebsverfassungsgesetz, 12. Aufl., München 1977 (zit.: Fitting/Auffarth/Kaiser)

Fitting/Kraegeloh/Auffarth, Betriebsverfassungsgesetz, 9. Auflage, Berlin und Frankfurt 197o

Flatow, Kommentar zum Betriebsrätegesetz, 12. Auflage, Berlin 1927

Ders., Anm. RAG, Urt. v. 7.11.28, Bensh. 4, 2oo

Flatow/Kahn-Freund, Betriebsrätegesetz, 13. Auflage, Berlin 1931

Föhr, Mitbestimmung des Betriebsrats in sozialen Angelegenheiten unter besonderer Berücksichtigung der außertariflichen Angestellten, AuR 1975, 353

Ders., Vorlage von Unterlagen des Arbeitgebers an Betriebsrat und Wirtschaftsausschuß, DB 1976, 1378

Fraenkel, Zehn Jahre Betriebsrätegesetz, in: Ramm (Hrsg.), Arbeitsrecht und Politik, Quellentexte 1918 - 1933, Nachdruck aus Die Gesellschaft, Jahrgang 7 (193o)

Frauenkron, Betriebsverfassungsgesetz mit Wahlordnung, Stuttgart/Berlin/Köln/Mainz 1972

Frey, Mitbestimmung des Betriebsrates bei Verteilung der wöchentlichen Arbeitszeit, BB 196o, 48

Fuhr/Stahlhacke, Kommentar zur Gewerbeordnung, Losebl., Neuwied 1977

Galperin, Das bremische Betriebsrätegesetz, RdA 1949, 91

Ders., Das Weisungsrecht des Arbeitgebers, DB 1952, 186

Ders., Kommentar zum Betriebsverfassungsgesetz, Heidelberg 1953 (zit.: BetrVG)

Ders., Wirkung und Unwirksamkeit der Änderungskündigung, DB 1958, 799

Galperin/Siebert, Kommentar zum Betriebsverfassungsgesetz,
3. Auflage, Heidelberg 1958 (zit.: 3. Aufl.),
4. Auflage, Heidelberg 1963

Galperin, Möglichkeiten der betrieblichen Rechtsetzung, erläutert am Urteil des Bundesarbeitsgerichts zum "Rosenmontagsfall", BB 196o, 453

Ders., Eine neue Betriebsverfassung?, BB 1971, 137

Ders., Betriebsverfassungsrecht im Umbruch, DB 1971, 13o5

Ders., Der Regierungsentwurf eines neuen Betriebsverfassungsgesetzes, Düsseldorf 1971

Ders., Das BetrVG 72, Leitfaden für die Praxis, Heidelberg 1972

Galperin/Löwisch, Kommentar zum Betriebsverfassungsgesetz, 5. Auflage, Band 1 Heidelberg 1975, Band 2 Heidelberg 1976

Gamillscheg, Die Solidarität als Rechtsbegriff, in: Festschrift für Fechner, Tübingen 1973, S. 135

Ders., Arbeitsrecht, 4. Auflage, München 1976

Gast, Arbeitsvertrag und Direktion, Berlin 1978

Gaugler, Die Auswirkungen der Mitbestimmung auf die unternehmerischen Entscheidungen, in: Rauscher (Hrsg.), Mitbestimmung, Köln 1968

Gaul, Rechtsfragen bei der Anwendung betrieblicher Kontrollgeräte, BB 196o, 559

Ders., Anm. BAG Urt. v. 7.12.62, SAE 1963, 1oo (1o2)

Ders., Theorie und Praxis der Einigungs- und Vermittlungsstelle, Köln 1967 (zit.: Einigungsstelle)

Ders., Die Arbeitsbewertung und ihre rechtliche Bedeutung, 3. Auflage, Köln 1967

Ders., Der Arbeitslohn, Düsseldorf 197o

Ders., Die rechtlichen Grundlagen der REFA - Arbeit im Betrieb, 2. Auflage, Berlin/Köln/Frankfurt 1973 (zit.: REFA)

Ders., Betriebliche Gehaltspolitik für Außertarifliche Angestellte und deren rechtliche Ordnung, BB 1978, 764

Gaul/Bartenbach, Der Betriebsleiter in Recht und Praxis, Freiburg 1975

Germelmann, Der Betriebsfrieden im Betriebsverfassungsrecht, Frankfurt 1972

Gernhuber, Familienrecht, 2. Auflage, München 1971

Gester/Isenhardt, Das Initiativrecht des Betriebsrats zur Regelung materieller Lohnbedingungen, RdA 1974, 8o

Geyer/Blum, Das neue Kündigungsschutzgesetz, Bad Kissingen 1978

Gierhake, Kurzarbeit, Mitarbeitereinkommen und Personalkosten bei Einführung von Kurzarbeit, Personal 1975, 318

Giese, Die Verfassung des deutschen Reiches, 8. Auflage, Berlin 1931

Ders., Mitbestimmung bei der Mietpreisfestsetzung von Werkswohnungen, BB 1973, 198

Gift, Fragen der Abwehraussperrung, RdA 196o, 166

Girgensohn, Arbeitsrecht für Wirtschaftswissenschaftler, Stuttgart/Berlin/Köln/Mainz 1977

Gitter, Probleme des Arbeitskampfes in supranationaler, internationaler und international-privatrechtlicher Sicht, ZfA 1971, 127

Gnade/Kehrmann/Schneider, Das neue Betriebsverfassungsgesetz, Quelle 1972, 55

Dies., Betriebsverfassungsgesetz, Kommentar für die Praxis, Köln 1973

Göbel, Das neue Betriebsverfassungsrecht, BlStSozArbR 1972, 1, 23, 45

Ders., Die übliche Regelung durch Tarifvertrag im Sinne des § 59 BetrVG, Diss. Köln 1969 (zit.: Göbel)

Goerrig, Einspruch nach § 84 BRG auch bei Arbeitsstreckungen?, SchlW 1924, 5o

v. Götz, Entlassung und Begründung der Betriebseinschränkung im Sinne des § 72 Abs. 1 Satz 2 Ziff. a BetrVG, DB 197o,282

Ders., Arbeitsrecht, Braunschweig 1976 (zit.: v.Götz)

Gramm, Das Betriebsrätegesetz für das Land Schleswig-Holstein, RdA 195o, 213

Granzow, Betriebsrat und Betriebsgewerkschaftsleitung, RdA 1951, 3o1

Groh, Anm. RAG Urt. v. 21.12.27, JW 1928, 1324

Gros, Das württembergisch-badische Gesetz über die Beteiligung der Arbeitnehmer an der Verwaltung der Betriebe, RdA 1948,126

Gros/Grub/Oechßler, AR-Kartei, Registerband und Lexikon zu den Loseblattordnern, Stuttgart 1934

Groß, Die Mitwirkung des Betriebsrats bei der Regelung der betrieblichen Arbeitszeit, AuR 1953, 3o1

Großhauser, Die Unzulässigkeit von Betriebsvereinbarungen nach § 59 BetrVG, Diss. Köln 197o

Grossmann/Schneider, Arbeitsrecht, 4. Auflage, Bonn 1976

Grüll, Arbeitsrechtliches Taschenbuch für Vorgesetzte, Heidelberg 1977

Grünthal, Die Arbeitsmarktlage im Dezember 1971, BABl 1972, 126

Grünthal, Die Arbeitsmarktlage im Januar 1972, BABl 1972, 17o

Grunsky, Arbeitsgerichtsgesetz, 2. Auflage, München 1978

Gumpert, Mitbestimmung bei der Umstellung von Werkskantinen auf Automatenverpflegung, BB 1978, 968

Gutenberg, Grundlagen der Betriebswirtschaftslehre, Berlin/Heidelberg/New York 1976

Gutike, Anm. ArbG Mannheim Beschl. v. 22.2.53, SAE 1953, 68

Haberkorn, Mitbestimmungsrechte des Betriebsrats in personellen und sozialen Angelegenheiten, Gernsbach 1978

Hablitzel, Zur Zulässigkeit von Betriebsvereinbarungen bei bestehender Tarifüblichkeit, DB 1971, 2158

Habrich, Die betriebliche Einführung der Änderung der Arbeitsbewertung nach dem Betriebsverfassungsgesetz, DB 1954, 434

Häußner, Kurzarbeit, Kartenauskunftei des Arbeitsrechts, Stuttgart 1928

Hässler, Mitbestimmung des Betriebsrats und arbeitsvertragliche Einheitsregelung, AuR 1965, 289

Hahn, Kurzarbeit, Zeitweilige Betriebsstillegung und Massenentlassungen, München 1967

Halberstadt, Das neue Recht der Betriebsräte, Bonn 1972

Ders., Mitwirkung und Mitbestimmung der Arbeitnehmer, Freiburg 1972

Ders., Übersicht, Schwerpunkte, Trends, in: Glaubrecht/Halberstadt/Bender (Hrsg.), Betriebsverfassung in Recht und Praxis, Handbuch für Unternehmensleitung, Betriebsräte und Führungskräfte, Losebl., Freiburg 1977 (zit.: HBV)

Halberstadt/Zander, Handbuch des Betriebsverfassungsrechts, 2. Auflage, Köln 1972

Hamann/Lenz, Das Grundgesetz für die Bundesrepublik Deutschland vom 23.5.1949, 3. Auflage, Neuwied und Berlin 197o

Hanau, Arbeitsrechtliche Probleme der paritätischen Mitbestimmung, BB 1969, 1497

Ders., Unklarheiten in dem Regierungsentwurf des Betriebsverfassungsgesetzes, BB 1971, 485

Ders., Das neue Betriebsverfassungsgesetz, ZfA 1972 (Sonderheft),71

Ders., Praktische Fragen zur Neuregelung der Mitbestimmung in personellen Angelegenheiten, BB 1972, 451

Hanau, Praktische Fragen der Mitbestimmung in sozialen Angelegenheiten, BB 1972, 499

Ders., Allgemeine Grundsätze der betrieblichen Mitbestimmung, RdA 1973, 281

Ders., Anm. BAG Beschl. v. 18.3.1976, AP Nr. 4 zu § 87 BetrVG Altersversorgung (4)

Ders., Aktuelle Probleme der Mitbestimmung über das Arbeitsentgelt gemäß § 87 Abs. 1 Nr. 1o BetrVG, BB 1977, 35o

Ders., Das Verhältnis des Mitbestimmungsgesetzes zum kollektiven Arbeitsrecht, ZGR 1977, 397

Ders., Eigentum und Tarifautonomie in den Gemeinschaftsgutachten zu den Verfassungsklagen gegen das Mitbestimmungsgesetz 1976, BB 1978, 1593

Hanau/Adomeit, Arbeitsrecht, 5. Auflage, Frankfurt 1978

Hartner, Die Einführung von Kurzarbeit, Diss. Gießen 1932

Haug, Direktion zwischen Sachzwang und Demokratie, Berlin 1979

Hauptverwaltung der Einheitsgewerkschaft Saar (Hrsg.), Verordnung über die Betriebsräte im Saarland vom 1. August 1947, Saarbrücken 1947

Heimerich, Probleme um den Betriebsrat, BB 1947, 73

Heinz, Betriebsräte und Vertrauensleute im Betrieb, Arbeitsheft 7 der IG Metall für die Bundesrepublik Deutschland - Vorstand - Abteilung Bildungswesen/Bildungspolitik, Frankfurt 1973

Helfert, Einige Aspekte gewerkschaftlicher Einflußnahme auf Arbeitsbedingungen, insbesondere nach dem Betriebsverfassungsgesetz, MitbGespr 1978, 182

Henkel/Hagemeier, Mitwirkungs- und Mitbestimmungsrechte des Betriebsrats in Angelegenheiten der außertariflichen Angestellten, BB 1976, 142o

Hennig, Maßnahmen zur Sicherung des Arbeitsplatzes, SGb 1975, 2o1

Hennig/Kühl/Heuer, Arbeitsförderungsgesetz, Losebl., Fankfurt 1979

Hensche, Zur Zulässigkeit von Firmentarifverträgen mit verbandsangehörigen Unternehmen, RdA 1971, 9

Ders., Betriebsräte und wirtschaftliche Mitbestimmung, GMH 1975, 589

Herdrich, Leistungsverweigerungsrecht der Arbeitnehmer bei Verletzung der betriebsverfassungsrechtlichen Beteiligungsnormen, Diss. Tübingen 1973

Herschel, Anm. BAG Urt. v. 1.3.56, BABl 1956, 449 (45o)

Ders., Anm. BAG Urt. v. 8.1o.59, AR-Blattei Arbeitsausfall I B Entsch 1, Stuttgart 196o

Ders., Vom Arbeiterschutz zum Arbeitsrecht, in: 1oo Jahre deutsches Rechtsleben, Festschrift zum 100jährigen Bestehen des deutschen Juristentages 186o - 196o, Band I, Karlsruhe 196o, S. 3o5 (zit.: FS DJT)

Ders.,Anm. BAG Urt. v. 15.12.71, AuR 1962, 19o

Ders., Anm. BAG Beschl. v. 7.12.62, AR-Blattei Betriebsverfassung XIV B, Stuttgart 1963

Ders., Materielle und formelle Arbeitsbedingungen, AuR 1964, 257

Ders., Gefahren der systematischen Auslegung, BB 1966, 791

Ders., Abschied von den formellen und materiellen Arbeitsbedingungen, AuR 1968, 129

Ders., Nochmals: Formelle und materielle Arbeitsbedingungen, AuR 1969, 65

Ders., Anm. BAG Urt. v. 1o.7.1969, AuR 1969, 381 (383)

Ders., Formelle und materielle Arbeitsbedingungen und kein Ende?, BABl 1974, 134

Ders., Anm. BAG Beschl.v. 5.3.1974, EzA § 87 BetrVG Nr. 3 (S.17)

Ders., Arbeitsrecht, 81. - 86. Tausend, Heidelberg 1976

Ders., Ein Großkommentar zum Tarifvertragsgesetz, RdA 1978, 166

Ders., Buchbesprechung Wiese, Das Initiativrecht nach dem Betriebsverfassungsgesetz, AuR 1978, 275

Herschel/Steinmann, Kommentar zum Kündigungsschutzgesetz, 5. Auflage, Heidelberg 1961

Heß, Zulässigkeit, Inhalt und Erstreikbarkeit betriebsnaher Tarifverträge, Diss. 1973

Ders., Die Zulässigkeit betriebsnaher Tarifverträge, DB 1975, 5o4

Ders., Rechtsfragen zum "betriebsnahen Tarifvertrag" unter Berücksichtigung von Tarifpluralitäten, ZfA 1976, 45

Hessel, Die Betriebsordnung nach § 56 Betriebsverfassungsgesetz, DB 1953, 8o1

Ders., Anm. BAG Urt. v. 1.3.56, AuR 1956, 155 (157)

Hessel, Kündigungsschutz bei Änderungskündigungen, AR-Blattei Kündigungsschutz I A, Stuttgart 1974

Hess. Arbeitgeberverbände s. Arbeitgeberverband

Hientzsch, Arbeitsrechtslehren im Dritten Reich und ihre historische Vorbereitung, Marburg 197o

Hiersemann, Mitbestimmung bei Akkord- und Stücklohnsätzen, BB 196o, 117o

Ders., Die Grenzen des erzwingbaren Mitbestimmungsrechtes, BB 1962, 183

Ders., Die Befugnisse der Einigungsstelle, BB 1965, 1274

Hiery, Kurzarbeit - ein Geschäft für Betriebe?,AuB 1976, 178

Hilger, Probleme zur Einführung von Kurzarbeit, BB 1947, 73

Ders., Mitbestimmungsrecht bei der Verlegung der Arbeitszeit, BB 1957, 219

Ders., Arbeitstechnische Lohnfestsetzung zwischen formellen und materiellen Arbeitsbedingungen, BB 1969, 448

Höfer, Gesetz zur Verbesserung der betrieblichen Altersversorgung, München 1976

Hofe, Betriebliche Mitbestimmung und Humanisierung der Arbeitswelt, Königstein/Taunus 1978

v. Hoff, Mitbestimmung in der DDR und in der UdSSR, Diss. Göttingen 1973

Hoffmann, E., Lehrverhältnisse bei Betriebseinschränkungen oder Kurzarbeit, BB 1959, 234

Ders., Zur Ausbildungsbeihilfe für Lehrlinge, DB 1968, 616

Hoffmann, R., Betriebsverfassung und Grundgesetz, AuR 1971, 271

Ders., Rechtsfortschritt durch gewerkschaftliche Gegenmacht, 2. Auflage, Frankfurt/Main 1972 (zit.: Hoffmann)

Hoffmann/Lehmann/Weinmann, Mitbestimmungsgesetz, München 1978

Hoppe, Die Betriebsvereinbarung und das 65. Lebensjahr (zugl. in BAG NJW 1971, 1629), BlStSozArbR 1974, 29

v. Hoyningen-Huene, Der praktische Fall, Arbeitsrecht: Die lange Arbeitszeit, JuS 77, 461

Ders., Die Billigkeit im Arbeitsrecht, München 1978

Ders., Die Entwicklung des arbeitsrechtlichen Schrifttums im Jahre 1977, ZfA 1978, 285

v. Hoyningen-Huene, Der Schutz des Individualwillens in der Betriebsverfassung, ZRP 1978, 181

Hromadka, Betriebsverfassungsgesetz 72, NJW 1972, 183

Ders., Betriebsverfassungsgesetz 72, Ein Überblick für Betriebsvorgesetzte, Betriebsräte und Mitarbeiter, 3. Auflage, München 1973

Hueck, A., Schaffung von Arbeitsnormen durch Betriebsverfassungen, NZfAR 1923, 87

Ders., Deutsches Arbeitsrecht, 2. Auflage, Berlin 1944

Ders., Kündigungsschutzgesetz, 7. Auflage, München 197o

Hueck, A./Hueck, G., Kündigungsschutzgesetz, 9. Auflage, München 1974

Hueck, A./Nipperdey, Lehrbuch des Arbeitsrechts, 3.-5. Auflage, Mannheim/Berlin/Leipzig 1932

Hueck, A./Nipperdey/Dietz, Gesetz zur Ordnung der nationalen Arbeit (AOG), München 1934

Hueck, A./Nipperdey,Lehrbuch des Arbeitsrechts, 6. Auflage, Band II, Berlin und Frankfurt 1957

Dies., Lehrbuch des Arbeitsrechts, 7. Auflage, Band I 1963, Band II 1. Halbband 1967 (zit.: II/1), Band II 2. Halbband 197o (zit.: II/2), jeweils Berlin und Frankfurt a.M.

Hueck, A./Nipperdey/Tophoven/ Stahlhacke, Tarifvertragsgesetz, 4. Auflage, München und Berlin 1964

Hueck, A./Nipperdey, Grundriß des Arbeitsrechts, 5. Auflage, Berlin/Frankfurt 197o

Hueck, G., Die Betriebsvereinbarung nach dem Betriebsverfassungsgesetz des Bundes, RdA 1952, 366

Ders., Anm. BAG Beschl. v. 22.11.63, AP Nr. 3 zu § 56 BetrVG 52 Entlohnung (4)

Hueck, G./Richardi, Rechtswirkungen des Tarifvertrages, AR-Blattei Tarifvertrag VI (1976)

Hunold, Zum Umfang der Unterrichtungspflicht des Arbeitgebers gemäß § 99 Abs. 1 BetrVG bei Beschäftigung von Leiharbeitnehmern, BB 1976, 648

IG Chemie, Gewerkschaften und Betriebsverfassung, in: Deutscher Gewerkschaftsbund (Hrsg.), Gewerkschaften und Mitbestimmung. Ein Referentenleitfaden aus dem Curriculumprojekt "Mitbestimmung und politische Bildung" des DGB, Düsseldorf 1977

IG Druck und Papier (Hrsg.), Betriebsrat und Gewerkschaften, Schriftenreihe für Betriebsräte, Heft 9, Stuttgart 1972

Israel, Arbeitsstreckung, SozPrax 193o, 1215

Jacobi, Grundlehren des Arbeitsrechts, Leipzig 1927

Jäcker, Die Einigungsstelle nach dem Betriebsverfassungsgesetz 1972, Köln 1974

Jahnke, Anm. BAG Beschl. v. 29.3.1977, AR-Blattei Betriebsverfassung XIV B Entsch 33, Stuttgart 1978

Ders., Gratifikationen, Bergisch-Gladbach 1979

Janert, AT-Angestellte und Betriebsrat, DB 1976, 243

Kaiser, Die Parität der Sozialpartner, Karlsruhe 1973

Kalb, Rechtsgrundlagen und Reichweite der Betriebsrisikolehre, Berlin 1977

Kaskel, Arbeitsrecht, 3. Auflage, Berlin 1928

Kaskel/Dersch, Arbeitsrecht, 5. Auflage, Berlin/Göttingen/Heidelberg 1957

Kammann/Hess/Schlochauer, Kommentar zum Betriebsverfassungsgesetz, Neuwied und Darmstadt 1979

Kammann/Meisel, Arbeitsrechtliche Grundzüge für die betriebliche Praxis, 2. Auflage, Köln 1973

Kauffmann, Der Einfluß des Mitbestimmungsrechts auf die Verteilung des Betriebsrisikos, RdA 1952, 448

Kehrmann, Arbeitsrechtliche Fragen im Zusammenhang mit Kurzarbeit und Massenentlassungen, AuR 1967, 193

Kehrmann/Schneider, Die wirtschaftliche Mitbestimmung nach dem neuen Betriebsverfassungsgesetz, BlStSozArbR 1972, 6o

Kirchner, Die Sperrwirkung von Tarifvertrag und Tarifübung für die Verwirklichung des Mitbestimmungsrechts des Betriebsrates nach § 87 BetrVG, BB 1972, 1279

Klinkhammer, Anm. BAG Beschl. v. 8.3.77, EzA § 87 BetrVG Lohn und Arbeitsentgelt Nr. 6, S. 63

Köhn, Das Mitbestimmungsrecht des Betriebsrats nach § 56 Abs. 1 lit. h BetrVG, Diss. München 1966

König, Grundsätze der Normenwirkung von Betriebsvereinbarungen nach geltendem Recht, BlStSozArbR 1956, 123

Kollmar, Die Mitbestimmung des Betriebsrats bei der Einführung und Regelung von Akkordlöhnen, Diss. Regensburg 197o

Konzen, Tarifvertragliche und innerbetriebliche Normsetzung, BB 1977, 13o7

Ders., Die Rechtsprechung des BAG im Jahre 1977, ZfA 1978, 451

Kraegeloh, Mitwirkung und Mitbestimmung des Betriebsrats in sozialen Angelegenheiten, DB 1952, 95o

Kraft, A., Probleme im Spannungsfeld zwischen Betriebsverfassungsrecht und Koalitionsfreiheit, ZfA 1973, 243

Ders., siehe auch Fabricius/Kraft/Thiele/Wiese

Kraft, F.W., Probleme des Arbeitsrechts, AuR 196o, 353

Krebs, Arbeitsförderungsgesetz, Band I, Losebl.,St. Augustin 1978

Kreutz, Die Beteiligung des Betriebsrats in wirtschaftlichen Angelegenheiten nach dem Regierungsentwurf, BlStSozArbR 1971, 277

Krosta, Betriebsverfassung - Norm und Wirklichkeit, ZRP 1971, 256

Krüger, Staatliche Gesetzgebung und nichtstaatliche Rechtsetzung, RdA 1957, 2o1

Krüger, H., Der Regierungsentwurf eines Betriebsverfassungsgesetzes und das Grundgesetz, Hamburg 1971 (zit.: Krüger)

Kübler/Schmidt/Simitis, Mitbestimmung als gesetzespolitische Aufgabe, Baden-Baden 1978

Küchenhoff, Betriebsverfassungsgesetz, 1. Auflage Münster 1954, 2. Auflage Münster 1974

Ders., Anm. BAG Urt. v. 15.12.61, AP Nr. 2 zu § 56 BetrVG 52 Arbeitszeit (3R)

Kuhlendahl, Das Mitbestimmungsrecht bei der Regelung von Beginn und Ende der täglichen Arbeitszeit und der Pausen im Unternehmen mit mehreren Betrieben, BB 1962, 1159

Kuhn, Kurzarbeit und Kurzarbeitergeld, BlStSozArbR 1976, 65

Kunst, Das Günstigkeitsprinzip im Betriebsverfassungsrecht, Diss. Bochum 1973

Landmann/Rohmer, Kommentar zur Gewerbeordnung, Losebl., München 1979 (zit.: Landmann/Rohmer/Bearbeiter)

Lappe, Die Mitbestimmung in sozialen Angelegenheiten, in: Müller, Das Arbeitsrecht der Gegenwart, Band 16, Berlin 1979, S. 55 (zit. JbAR)

Larenz, Methodenlehre der Rechtswissenschaft, 3. Auflage, Berlin/Heidelberg/New York 1975

Leminsky, Probleme der Betriebsverfassung, GMH 1975, 585

Leydhecker, Kontrollratsgesetz Nr. 22 - Betriebsvereinbarungen - Mitbestimmungsrecht?, BlStSozArbR 1948, 247

Lieb, Arbeitsrecht, Karlsruhe 1975

Ders., Aktuelle Probleme der Mitbestimmung, JA 1978, 261

Ders., Die Regelungszuständigkeit des Betriebsrats für die Vergütung von AT-Angestellten, ZfA 1978, 179

Linnenkohl, Einführung in die Grundlagen des Arbeitsrechts, Baden-Baden und Bad Homburg v.d.H. 1971

Löwisch, G./Müller, F., Betriebsrätegesetz für Württemberg-Baden vom 18. August 1948, Stuttgart 1948

Löwisch, M.,Lohnansprüche bei Arbeitsausfall in Folge von Arbeitskämpfen, RdA 1967, 45

Ders., Die Neutralitätsverpflichtung der Bundesanstalt für Arbeit (BfA) bei Arbeitskämpfen (§ 116 AFG), RdA 1972, 73

Ders., Die Beschwerderechte des Arbeitnehmers nach den §§ 84 und 85 BetrVG 72, DB 1972, 23o4

Ders., Die Mitbestimmung des Betriebsrats bei der Gehaltsfestsetzung für Angestellte nach Arbeitsplatzrangfolge und Leistungsbeurteilung, DB 1973, 1746

Ders., Die Mitbestimmung des Betriebsrats bei Provisionsregelungen für kaufmännische Angestellte, ZHR 1975, 362

Ders., Anm. BAG Urt. v. 13.7.77, AP Nr. 2 zu § 87 BetrVG Kurzarbeit (5R)

Ders., Möglichkeiten und Grenzen der Betriebsvereinbarung, AuR 1978, 97

Ders., s. auch Galperin/Löwisch

Löwisch, M./Krauß, Die Aussperrung, AR-Blattei Arbeitskampf III, Stuttgart 1973

Löwisch, M./Krauß, Der Streik, AR-Blattei Arbeitskampf II, Stuttgart 1978

Löwisch, M./Mikosch, Erhaltungsarbeiten im Arbeitskampf, ZfA 1978, 153

Loppuch, Kommentar zum Betriebsrätegesetz, Düsseldorf 1948

Luhmann, Arbeitsrecht, 2. Auflage, München 1978

Mager/Wisskirchen, Betriebsverfassungsgesetz, 1971

Mangold/Kämpgen, Arbeits- und Tarifrecht, Detmold/Herford 1949

Mansfeld, Betriebsrätegesetz, 3. Auflage, Mannheim/Berlin/ Leipzig 193o

Mansfeld/Pohl/Steinmann/Krause, Die Ordnung der nationalen Arbeit, Berlin/Leipzig/Mannheim/München 1934

Mareck, Die Erweiterung der dem Betriebsrat aus § 56 BetrVG zustehenden Rechte, Diss. Köln 1965

Martens, Das Verhältnis von Mitbestimmungs- und kollektivem Arbeitsrecht, Korreferat, ZGR 1977, 422

Matthes, Die Einigung nach den §§ 72 ff BetrVG und ihre Auswirkungen auf die Einzelarbeitsverhältnisse, DB 1967, 1175

Ders., Das Mitbestimmungsrecht des Betriebsrats bei Betriebsänderungen, DB 1972, 286

Maunz/Dürig/Herzog, Grundgesetz, Losebl., München 1978

Maus, Handbuch des Arbeitsrechts, Teil VIII (Betriebsverfassungsrecht), Losebl., Baden-Baden 1963 (zit.: Maus)

Ders.,Kündigungsschutzgesetz, Baden-Baden 1973

Maus/Schmidt, Heimarbeitsgesetz, 3. Auflage, München 1976

Mayer, Mitbestimmungsgesetz und Betriebsverfassungsgesetz - einheitliche Mitbestimmung in Betrieb und Unternehmen, BlStSozArbR 1976, 173

Ders., Verfassungsklage gegen das Mitbestimmungsgesetz, BlStSozArbR 1978, 129

Mayer-Maly/Nipperdey, Risikoverteilung in mittelbar von rechtmäßigen Arbeitskämpfen betroffenen Betrieben, Tübingen 1965

Meinert, Zur Nachwirkung von Tarifverträgen und ihrem Vorrang gegenüber Betriebsvereinbarungen, BB 1976, 1615

Meisel, Die Anhörung des Betriebsrats vor einer ordentlichen Kündigung nach dem neuen Betriebsverfassungsgesetz, DB 1972, 1627, 1675

Meisel, Die Mitwirkung und Mitbestimmung des Betriebsrats bei Änderungskündigungen, BB 1973, 944

Meisel/Hiersemann, Arbeitszeitordnung, 1. Auflage Berlin 197o, 2. Auflage München 1977

Meissinger, Betriebsverfassungsgesetz, München 1952 (zit.: Meissinger)

Ders., Die Betriebsvereinbarung, BetrVerf 1955, Heft 3, S. 4

Meissinger/Raumer, Das Bayerische Betriebsrätegesetz vom 25. Okt. 195o, 2. Auflage, München 1951

Mendius, Arbeitszeit und Arbeitsmarkt, WSI-Mitteilungen 1978, 2o2

Meuser/Huth, Das Kontrollrats-Gesetz Nr. 22, Betriebsräte-Gesetz und Wahlordnung für das Land Bayern, München 1949

Metz, Betriebliche Mitwirkung in der DDR, Köln 1978

Meyer, G.H., Die Mitbestimmung des Betriebsrats bei freiwilligen Leistungen des Arbeitgebers, BB 1965, 166

Meyer, W., Arbeitgeber und Betriebsrat, Stuttgart/München/Hannover 1976 (zit.: Meyer)

Moll, Die Mitbestimmung des Betriebsrats beim Entgelt, Berlin 1977 (zit.: Entgelt)

Ders., Materielle Arbeitsbedingungen und Grundgesetz - Versuch der abschließenden Würdigung einer Diskussion, BlStSozArbR 1977, 177

Molodovsky, Zur Problematik formloser Absprachen zwischen Arbeitgeber und Betriebsrat in den Angelegenheiten des § 56 BetrVG, DB 1961, 338

Monjau, Der Vorrang der Tarifvertragsparteien bei der Regelung materieller Arbeitsbedingungen, BB 1965, 632

Ders., Betriebliche Arbeitszeitregelung, DB 1965, 7o3

Mörbitz, Mitwirkung der Betriebsvertretungen bei Arbeitsstreckung, NZfA 1922, 353

Müller, G., Das Mitbestimmungsrecht der Betriebsräte nach Kontrollratsgesetz Nr. 22 (Betriebsrätegesetz), BB 1948, 1o6

Ders., Das Mitbestimmungsrecht der Betriebsräte nach den Ländergesetzen von Württemberg-Baden, Hessen, Südbaden und Bremen, BB 1949, 335

Ders., Einflüsse des kollektiven Arbeitsrechts auf das Arbeitsverhältnis, DB 1967, 9o3

Müller, G. Einigungsstelle und tarifliche Schlichtungsstelle nach dem BetrVG 72, in: Festschrift für Barz, Berlin/ New York 1974, S. 5o5

Müller, W., Arbeitsrecht für Vorgesetzte, München 1972

v. Münch, Grundgesetzkommentar, Band 1 München 1975, Band 3 München 1978

MünchKomm-Zagst, s. Rebmann/Säcker

Mummenhoff, Die Sperrwirkung des Tarifvertrages nach den §§ 56, 59 Betriebsverfassungsgesetz, Diss. Köln 1968

Musa, Die Zulässigkeit von Betriebsvereinbarungen, BetrVerf 1959, 84

Naendrup, s. Fabricius/Matthes/Naendrup/Rumpff/Westerath

Nasserke, Die Abgrenzung der Aufgaben des Betriebsrates und des Gesamtbetriebsrates, AuR 1966, 14o

Natzel, Die Vergütung des Auszubildenden, DB 197o, 2267

Neumann, Versetzung des Arbeitnehmers, AR-Blattei Versetzung des Arbeitnehmers, Stuttgart 1974

Ders., Betriebsfeier, AR-Blattei Betriebsfeier I (1975)

Ders., s. auch Landmann/Rohmer

Neumann-Duesberg, Betriebsverfassungsrecht, Berlin 196o

Ders., Anm. BAG Urt. v. 15.12.61, AP Nr. 1 zu § 615 BGB Kurzarbeit (3R)

Ders. Gesamtanm. BAG Urteile v. 15.12.61, SAE 1963, 13 (17)

Ders., Anm. BAG Beschl. v. 6.12.63, AP Nr. 6 zu § 56 BetrVG 52 Wohlfahrtseinrichtungen

Ders., Mitbestimmung bei Änderung des Schichtplans, DB 1964, 1155

Ders., Abgrenzung zwischen Betriebsrisiko, Umöglichkeit und Annahmeverzug, JuS 197o, 68

Ders., Die Betriebsstillegung, AR-Blattei Betrieb III, Stuttgart 1973

Neyses, Grenzen der Mitbestimmung bei Sonderschichten, BlStSozArbR 1977, 181

Niemann, Das Kurzarbeitergeld, BlStSozArbR 1974, 33

Nikisch, Änderung des Arbeitsvertrages und Kündigungsbeschränkungen, AR 1926, 683

Nikisch, Das Gesetz zur Ordnung der nationalen Arbeit, Leipzig 1934 (zit. AOG)

Ders., Ankündigungsfristen bei Einführung von Kurzarbeit oder Betriebsstillegung, BB 1949, 1o3

Ders., Die Mitwirkung und Mitbestimmung des Betriebsrates in sozialen Angelegenheiten nach dem Betriebsverfassungsgesetz, BB 1953, 175

Ders., Arbeitsrecht, Band I, 3. Auflage 1961, Band II, 2. Auflage 1959, Band III, 2. Auflage 1966, jeweils Tübingen (zit.: I-III)

Ders., Die Regelungsabrede, BB 1964, 622

Ders., Bemerkungen zur Mitbestimmung des Betriebsrats in sozialen Angelegenheiten, Festschrift für Nipperdey II, München 1965, S. 453

Nipperdey, Die betrieblichen Arbeitsbedingungen des § 56 Betriebsverfassungsgesetz, RdA 1968, 45o

Nipperdey/Säcker, Das Verhältnis des Tarifvertrages zu den übrigen arbeitsrechtlichen Rechtsnormen, AR-Blattei Tarifvertrag I C, Stuttgart 197o

Nipperdey, s. auch Hueck/Nipperdey

Norden, Die Regelung des Betriebsrisikos und der Kurzarbeit in Tarifordnungen, DtAR 1936, 1o3

N.N., Arbeitsstreckung durch Gesetz?, SozPrax 1931, 257

Ders., Zur Regelung des Betriebsräterechts in Rheinland-Pfalz, BB 1947, 29o

Ders., Einzelne Rechtsfragen zur Stellung der Betriebsräte, BB 1948, 18

Obermayer, Verfassungsrechtliche Bedenken gegen den Regierungsentwurf eines Betriebsverfassungsgesetzes, DB 1971, 1715

Oechsle, Das bayerische Betriebsrätegesetz, RdA 195o, 44o

Ohl, Der Sozialplan nach dem Betriebsverfassungsgesetz, Diss. Göttingen 1976

Opitz, Die Betriebsvereinbarung, AR 1925, 427

Oppler, Schiedssprüche und Betriebsvereinbarungen, SJZ 1947, 169

Palandt, Bürgerliches Gesetzbuch, 38. Auflage, München 1979 (zit.: Palandt/Bearbeiter)

Papier, Mitbestimmungsgesetz und Verfassungsrecht, ZHR 1978, 71

Pawelke, Anm. BAG Urt. v. 7.9.56, SAE 1958, 8 (1o)

Pawelke, Prämienlohn und Mitbestimmung, BB 1959, 1315

Peltzer/Boer, Betriebsverfassungsgesetz - Labour Managing Relations Act, 2. Auflage, Frankfurt 1977

Peterek, Anm. BAG Beschl. v. 8.3.77, SAE 1978, 139 (142)

Peters/Ossenbühl, Die Übertragung von öffentlich-rechtlichen Befugnissen auf die Sozialpartner unter besonderer Berücksichtigung des Arbeitszeitschutzes, Berlin und Frankfurt 1967

Piltz, Die Lehre von den formellen und materiellen Arbeitsbedingungen, Diss. Bonn 1975

Pleyer, Zur Mitwirkung und Mitbestimmung kleinerer Gruppen im Betrieb, RdA 1968, 447

Pornschlegel, Entwicklungstendenzen und Konfliktfelder der Tarifvertragsgestaltung, RdA 1978, 155

Potthoff, Das Recht der Arbeitsstreckung, AR 1924, 8o7

Pramann, Die Informationspflichten des Arbeitgebers nach § 8o Abs. 2 BetrVG, BB 1975, 519

Preis, Tarifdispositives Richterrecht, ZfA 1972, 271

Ders., Einseitige tarifliche Bestimmungsrechte des Arbeitgebers und das Mitbestimmungsrecht des Betriebsrats nach § 87 Abs. 1 BetrVG, DB 1973, 474

Quasten, Zulässigkeit und Unzulässigkeit von Betriebsvereinbarungen, Diss. Köln 1971

Raab, Betriebsvertretung und Arbeitsstreckung, SchlW 1922, 6

Raatz, Personalleitung und Betriebsverfassung, DB 1972, Beilage 1

Raiser, Grundgesetz und paritätische Mitbestimmung, Berlin/New York 1975

Ders., Das neue Mitbestimmungsgesetz, NJW 1976, 1337

Ders., Mitbestimmung im Betrieb und im Unternehmen, in: Festschrift für Duden, München 1977, S. 423

Ders., Mitbestimmungsgesetz, Berlin/New York 1977

Ramm, Die Parteien des Tarifvertrages, Stuttgart 1961

Ders., Kollektive Änderungskündigung und Aussperrung, DB 1964, 1174

Ders., Nationalsozialismus und Arbeitsrecht, KJ 1968, 1o8

Ramm, Arbeitsgesetzbuch und politische Entscheidung, ZRP 1972, 13

Ders., Die Mitbestimmung als Teil der Arbeits- und Wirtschaftsverfassung der Bundesrepublik Deutschland und der Deutschen Demokratischen Republik, in: Festschrift für Duden, München 1977, S. 439

Ders., Probleme der Arbeitsverfassung, ZfA 1978, 361

Rappenecker, Die badischen Gesetze über Betriebsräte und Fachkommissionen, RdA 1949, 41

Ders., Badisches Betriebsräterecht, Waldkirch/Breisgau 1949

Rebhahn, Tariflöhne und Effektivklauseln, AuR 1956, 289

Rebmann/Säcker (Hrsg.), Münchner Kommentar zum Bürgerlichen Gesetzbuch, Band 5, Familienrecht, München 1978 (zit.: MünchKomm-Bearbeiter)

Rehbinder, Optisches Arbeitsrecht Heft 3, Betriebsverfassungsrecht, dargestellt in 23 Schaubildern, 2. Auflage, Herne/Berlin 1976

Reichel, Tarifvertragsrecht, Frankfurt 1974

Reuscher, Betrachtungen zum neuen Betriebsrätegesetz, SJZ 1947, 25

Reuter, Das neue Betriebsverfassungsgesetz, JuS 1972, 163

Ders., Die (persönliche und amtliche) Rechtsstellung des Betriebsrats im Arbeitskampf, AuR 1973, 1

Ders., Die Entwicklung des arbeitsrechtlichen Schrifttums im Jahre 1973, ZfA 1974, 235

Ders., Anm. BAG Beschl. v. 14.11.1974, SAE 1976, 14 (15)

Ders., Betriebsverfassung und Privatautonomie, ZfA 1975, 85

Ders., Zulässigkeit und Grenzen tarifvertraglicher Besetzungsregelungen, ZfA 1978, 1

Ders., Besprechung BAG Beschl. v. 13.7.78, JuS 1979, 71

Reuter/Körnig, Die Mitbestimmung des Betriebsrats bei Betriebsänderungen - Datensetzung oder unternehmerische Mitbestimmung?, AG 1978, 325

Reuter/Streckel, Grundbegriffe der betriebsverfassungsrechtlichen Mitbestimmung, Frankfurt 1973

Rewolle, Mitbestimmungsfragen aus dem Katalog in § 56 BetrVG, AuR 1959, 13

Rewolle/Köst, Handkommentar zum Arbeitsrecht, Band II, Göttingen 1954

Rewolle/Lorentz, Arbeitsrecht leichtgemacht, 18. Auflage, Braunschweig und Hannover 1975

Rich, Mitbestimmung in der Industrie, Zürich 1973

Richardi, Die arbeitsvertragliche Einheitsregelung und ihr Verhältnis zu Kollektivvereinbarungen, RdA 1965, 49

Ders., Kollektivgewalt und Individualwille bei der Gestaltung der Arbeitsverhältnisse, München 1968

Ders., Anm. BAG Beschl. v. 31.1.69, SAE 1969, 179 (182)

Ders., Lohngerechtigkeit und Leistungslohn, RdA 1969, 234

Ders., Die Beschränkung der Vertragsfreiheit durch das Mitbestimmungsrecht des Betriebsrates in sozialen Angelegenheiten, in Festschrift für Lübtow, Berlin 197o, S. 755

Ders., Kritische Anmerkungen zur Reform der Mitbestimmung des Betriebsrats in sozialen und personellen Angelegenheiten nach dem Regierungsentwurf, DB 1971, 621

Ders., Betriebsratsamt und Gewerkschaft, RdA 1972, 8

Ders., Das neue Betriebsverfassungsgesetz, JABl 1972, 137

Ders., Anm. BAG Urt. v. 25.3.71, SAE 1972, 132 (139)

Ders., Richardi, Betriebsverfassung und Privatautonomie, Berlin/New York 1973

Ders., Der Firmentarifvertrag und Besonderheiten des firmenbezogenen Verbandstarifvertrages, AR-Blattei Tarifvertrag XIII, Stuttgart 1973

Ders., Anm. BAG Beschl.v. 13.3.73, AP Nr. 1 zu § 87 BetrVG Werkmietwohnungen (4R)

Ders., Änderungskündigung und Versetzung nach neuem Betriebsverfassungsrecht, DB 1974, 1285, 1335

Ders., Anm. BAG Beschl.v. 14.11.1974, AP Nr. 1 zu § 87 BetrVG (3)

Ders., Überblick über die Wahlfachmaterie Kollektives Arbeitsrecht, Mitbestimmungs-, Betriebsverfassungs- und Personalvertretungsrecht, in: Maurach/Behrendt/Richardi (Hrsg.), Wahlfach Examinatorium 8, Karlsruhe 1975 (zit.: WEX 8)

Ders., Die Mitbestimmung des Betriebsrats bei der Regelung des Arbeitsentgelts, ZfA 1976, 1

Ders., Der Mitbestimmungsgedanke in der Arbeitsrechtsordnung, in: Müller, Das Arbeitsrecht der Gegenwart, Band 13, Berlin 1976, S. 19 (zit.: JbAR)

Richardi, Das Günstigkeitsprinzip, AR-Blattei Tarifvertrag VI A, Stuttgart 1976

Ders., Buchbesprechung Galperin/Löwisch, Kommentar zum Betriebsverfassungsgesetz, ZfA 1978, 269

Ders., Mitbestimmung - Das nicht gelöste Ordnungsproblem, AG 1979, 29

Rischar, Betriebsratslexikon, München 1977

Ritter, M., Vom Betriebsverfassungsgesetz 1972 abweichende Regelungen durch Tarifvertrag und Betriebsvereinbarung, Diss. Heidelberg 1974 (zit.: Ritter)

Ritter, P.C., Die im Betriebsverfassungsgesetz von 1972 normierten Betätigungsrechte der Gewerkschaften im Betrieb, Diss. Heidelberg 1974

Röhsler, Die Arbeitszeit, Berlin 1973

Ders., Der Solidaritätsgedanke im Individualarbeitsrecht, in: Müller, Das Arbeitsrecht der Gegenwart, Band 12, Berlin 1975, S. 1o7 (zit.: JbAR)

Rohlfing/Rewolle, Kündigungsschutzgesetz, Losebl., Frankfurt 1979

Rohwer-Kahlmann, Kündigungsschutzgesetz, 2. Auflage, 1955

Rose, Mitbestimmung auf Betriebsebene - Ansätze und Schwerpunkte nach dem Betriebsverfassungsgesetz 72, GMH 1973, 614

Ders., Recht der Arbeitnehmer bei der Einführung von Kurzarbeit, Quelle 1974, 27

Rudolph, Die Ordnung des Betriebes in der Sicht der deutschen Gewerkschaften nach 1945, Köln und Opladen 1965

Rüthers, Buchbesprechung Dietz/Gaul/Hilger/Siebert, Akkord und Prämie, NJW 1968, 146

Ders., Die Betriebsverfassung im Nationalsozialismus, AuR 197o, 97

Ders., Betriebsverfassungsrechtliche Mitbestimmungsrechte im Individualbereich, in: Rüthers/Boldt, Zwei arbeitsrechtliche Vorträge, München 197o (zit.: Vorträge)

Ders., Arbeitsrecht und politisches System BRD : DDR, Frankfurt 1972

Ders., Solidaritätsprinzip und Vertragstreue im Arbeitskampf, ZfA 1972, 4o3

Ders., Rechtsprobleme des Zeitlohnes an taktgebundenen Produktionsanlagen, ZfA 1973, 399

Rüthers, Arbeitgeber und Gewerkschaften - Gleichgewicht oder Dominanz -, DB 1973, 1649

Ders., Anm. LAG Düsseldorf Beschl. v. 17.7.73, EzA § 87 BetrVG Initiativrecht Nr. 1, S. 13

Rump, Die Auswirkungen des Betriebsverfassungsgesetzes in der Sicht der Betriebsratsvorsitzenden aus dem Organisationsbereich der Industriegewerkschaft Metall für die Bundesrepublik Deutschland, Diss. Köln 1965

Rumpff, Die Beteiligungsrechte von Betriebsrat und Wirtschaftsausschuß in wirtschaftlichen Angelegenheiten, MitbGespr 1966, 23

Ders., Akkord und Prämie, AuR 1969, 39

Ders., Das Mitbestimmungsrecht des Betriebsrats bei Entgeltfragen, insbesondere beim Leistungslohn, nach dem Betriebsverfassungsgesetz 1972, AuR 1972, 65

Ders., Die Mitwirkung der Arbeitnehmervertretungen in wirtschaftlichen Angelegenheiten, BB 1972, 325

Rumpff/Dröge, Kurzarbeit, Stuttgart/Wiesbaden 1975

Rumpff/Kuhfuhs, Arbeitsrechtliche Vorschriften des Berufsbildungsgesetzes, AR-Blattei Berufsausbildung II, Stuttgart 1971

Ruppert, Arbeitsrecht, Herford 1977

Sabel, Das deutsche Betriebsverfassungsgesetz, RdA 1952, 281

Säcker, Zur Interpretation der Öffnungsklausel des § 59 BetrVG, RdA 1967, 37o

Ders., Anm. BAG Beschl. v. 21.1.67, SAE 1968, 13 (16)

Ders., Die Rechtsprechung des Bundesarbeitsgerichts im Jahre 1969, JurA 197o, 165

Ders., Inhaltliche Grenzen der Betriebs- und Dienstvereinbarungsautonomie, AR-Blattei Betriebsvereinbarung III, Stuttgart 1971

Ders., Die Regelung sozialer Angelegenheiten im Spannungsfeld zwischen tariflicher und betriebsverfassungsrechtlicher Normsetzungsbefugnis, ZfA 1972 (Sonderheft), 41

Ders., Gruppenautonomie und Übermachtkontrolle im Arbeitsrecht, Berlin 1972

Ders., Die Betriebsvereinbarung, AR-Blattei Betriebsvereinbarung I, Stuttgart 1973

Ders., Die Institutions- und Betätigungsgarantie der Koalitionen, in: Müller, Das Arbeitsrecht der Gegenwart, Band 12, Berlin 1974, S. 17 (zit.: JbAR)

Sahmer, Betriebsverfassungsgesetz, Losebl., Frankfurt Nov. 1977

Sauerbier, Übertarifliche Entlohnung und Tariflohnerhöhung, AR-Blattei Tariflohnerhöhung I, Stuttgart 1974

Savaète, Treu und Glauben im Arbeitsrecht, AuR 1955, 263

Schaub, Arbeitsrechtshandbuch, 3. Auflage, München 1977

Schauber, Zur Abgrenzung der Betriebsvereinbarung von anderen Vereinbarungen zwischen Betriebsrat und Arbeitgeber, RdA 1963, 375

Schaefer, Getrennte Betriebsvereinbarungen für die materielle und formelle Seite des Prämienlohns?, BB 1967, 375

Schäffer, Das neue Betriebsrätegesetz in Württemberg-Hohenzollern, RdA 1949, 251

Scheid, Der Vorrang tarifüblicher Regelungen nach § 59 BetrVG, Diss. München 1971

Schelp, Tarifvertrag und Betriebsvereinbarung im Rahmen von § 59 des Betriebsverfassungsgesetzes, DB 1962, 1242, 1275

Schieckel/Grüner, Arbeitsförderungsgesetz, Losebl., Percha und Kampfenhausen am Starnberger See

Schlessmann, Neues Rechtshandbuch der Personalleitung, 4. Auflage, München 1969

Schleyer, Zehn Jahre Betriebsverfassungsgesetz, DB 1962, 13o6

Schlochauer, Zum Mitbestimmungsrecht des Betriebsrats bei der ordentlichen Kündigung nach § 1o2 BetrVG 72, RdA 1973, 157

Schlüter, Die Rechtsfolgen mangelnder Beteiligung des Betriebsrats in sozialen Angelegenheiten (§ 87 BetrVG n.F.), DB 1972, 92, 139

Schmidt, Arbeitsförderungsgesetz, Losebl., 1976

Schmidt, G., Nachprüfung betrieblicher Maßnahmen im Kündigungsschutzverfahren, AR-Blattei Kündigungsschutz IV, Stuttgart 1978

Ders., Der Kündigungsschutz bei Massenentlassungen, AR-Blattei Kündigungsschutz II, Stuttgart 1978

Schmidt, W. Zusammenarbeit mit dem Betriebsrat, Auswertung von Erfahrungen in einem Großunternehmen des Handels, Personal 1975, 322

Schmidt/Bleibtreu, Kommentar zum Grundgesetz, 4. Auflage, Neuwied und Darmstadt 1974

Schneider, Wolfgang, Das neue Betriebsverfassungsgesetz aus der Sicht des DGB, BABl 1972, 293

Schneider, Initiativrecht des Betriebsrats bei sozialer Mitbestimmung, Quelle 1973, 5o1

Ders., Nochmals: Umfang der Mitbestimmung des Betriebsrats bei Sonderschichten, BlStSozArbR 1977, 196

Ders., Betriebsverfassung im System gewerkschaftlicher Interessenwahrnehmung, GMH 1977, 769

Schober, Politische Funktion und soziales Ideal des BAG - anhand der Rechtsprechung zu den Gewerkschaften -, Diss. Bremen 1977

Schönherr, Betriebszeit und Festlegung der Arbeitszeit, BlStSozArbR 1965, 157

Scholz, Rainer, Der Allgemeine Arbeitszeitschutz im System des geltenden deutschen Rechts, Diss. Würzburg 1967

Scholz, Rupert, Paritätische Mitbestimmung und Grundgesetz, Berlin 1974

Schuldt, Die Betriebsvereinbarung im Verhältnis zum Einzelarbeitsvertrag und Tarifvertrag, Berlin 1925

Schwedes, Einstellung und Entlassung des Arbeitnehmers, 3. Auflage, Freiburg 1975

Schwegler, Möglichkeiten und Grenzen der Unternehmensmitbestimmung, GMH 1973, 623

Ders., Mitbestimmung und Betriebsverfassung als Instrumente einer koordinierten gewerkschaftlichen Unternehmens- und Betriebspolitik, GMH 1977, 7o5

Schwendy, Abänderbarkeit betriebsverfassungsrechtlicher Rechtssätze durch Tarifvertrag und Betriebsvereinbarung, Diss. Hamburg 1968

Schwerdtfeger, Unternehmerische Mitbestimmung der Arbeitnehmer und Grundgesetz, Frankfurt 1972 (zit.: Schwerdtfeger)

Ders., Arbeitslosenversicherung und Arbeitskampf, Berlin 1974

Ders., Tarifliche Arbeitszeit - eine problematische Bemessensgrenze für Lohnersatzleistungen im Sozialrecht, SGb 1975, 349

Schwerdtner, Unternehmen, Betrieb, Einigungsstelle und freie Entfaltung der Persönlichkeit, BlStSozArbR 1972, 49

Schwerdtner, Arbeitsrecht I, Individualarbeitsrecht, München 1976

Seidel, Das Verhältnis der Angestellten zur Mitbestimmung, 2. Auflage, Frankfurt 1973

Seitenzahl, Gewerkschaften zwischen Kooperation und Konflikt, Frankfurt und Köln 1976

Seiter, Die Entwicklung der Rechtsprechung des Bundesarbeitsgerichts im Jahre 1969, ZfA 197o, 355

Ders., Streikrecht und Aussperrungsrecht, Tübingen 1975

Siebert, Betriebsvereinbarungen und betriebliche Einigung über Einzelfälle, BB 1952, 95o

Ders., Kurzarbeit und Verkürzung der Arbeitszeit, AR-Blattei Arbeitszeit V, Stuttgart 1954

Ders., Grundfragen der Akkordfestsetzung, BB 1956, 46

Ders., Grundgedanken der Betriebsverfassung, RdA 1958, 161

Ders., Die Methode der Gesetzesauslegung, Heidelberg 1958

Ders., Arbeitszeit und Arbeitsverhältnis, AR-Blattei Arbeitszeit I C, Stuttgart 1959

Siebert/Hilger, Anm. LAG Hamm, Beschl.v. 14.2.55, BB 1955, 669 (67o)

Siebert/Degen, Betriebsverfassungsgesetz, 3. Auflage, Frankfurt 1975

Siegers, Das Arbeitsförderungsgesetz, NJW 1972, 841

Ders., Arbeitsförderung, Angepaßt, BABl 1976, 46

Simitis, Von der institutionalisierten zur problembezogenen Mitbestimmung, AuR 1975, 321

Ders., Datenschutz und Arbeitsrecht, AuR 1977, 97

Simitis/Weiss, Zur Mitbestimmung des Betriebsrats bei Kurzarbeit, DB 1973, 124o

Sinzheimer, Grundzüge des Arbeitsrechts, 2. Auflage, Jena 1927

Söllner, Betriebsverfassungsrechtliche Fragen im Lichte der Rechtsprechung zur Personalvertretung, AcP 161, 4o8

Ders., Einseitige Leistungsbestimmung im Arbeitsverhältnis, Mainz 1966

Ders., Ohne Arbeit kein Lohn, AcP 167, 132

Ders., Betrieb und Menschenwürde, RdA 1968, 437

Söllner, Anm. BAG Urt. v. 1o.7.69, AP Nr. 2 zu § 615 BGB Kurzarbeit (3R)

Ders., Anm. BAG Urt. v. 7.4.7o, AP Nr. 3 zu § 615 BGB Kurzarbeit (3)

Ders., Das Zurückbehaltungsrecht des Arbeitnehmers, ZfA 1973, 1

Ders., Das Begriffspaar der Arbeits- und Wirtschaftsbedingungen in Art. 9 Abs. 3 GG, in: Müller, Das Arbeitsrecht der Gegenwart, Band 16 (1979), S. 19 (zit.: JbAR)

Ders., Arbeitsrecht, 6. Auflage, Stuttgart/Berlin/Köln/Mainz 1978

Soergel/Siebert, Bürgerliches Gesetzbuch, Band 2, Schuldrecht I, 1o. Auflage, Stuttgart/Berlin/Köln/Mainz 1967

Spoden, Die Rechtsstellung der Gewerkschaften im Betriebsverfassungsgesetz, Diss. Würzburg 1972

Stadler, Inhalt und Grenzen des Mitbestimmungsrechts beim Akkord, BB 1963, 827

Ders., Die Rechtsproblematik der Akkordmitbestimmung und ihre Bedeutung für den Betrieb, BB 1965, 1459

Ders., Die rechtliche Bedeutung fehlerhafter Betriebsvereinbarungen, BB 1971, 7o9

Ders., Die Mitbestimmung des Betriebsrats nach dem neuen Betriebsverfassungsgesetz in Fragen der Leistungsentlohnung, BB 1972, 8oo

Stahlhacke, Das Bundesarbeitsgericht zum Mitbestimmungsrecht des Betriebsrats in sozialen Angelegenheiten, DB 1963, 66

Ders., Handbuch zum Arbeitsrecht, Losebl., Neuwied 1977 (zit.: HzA)

Staudacher, Die einzelnen sozialen Mitbestimmungsrechte, in: Glaubrecht/Halberstadt/Zander, Betriebsverfassung in Recht und Praxis, Handbuch für Unternehmensleitung, Betriebsräte und Führungskräfte, Losebl., Freiburg 1978 (zit.: HBV)

Staudinger, Kommentar zum Bürgerlichen Gesetzbuch mit Einführungsgesetz und Nebengesetzen, 11. Auflage, II. Band Teil 1 b, Berlin 1961; II. Band Teil 3, Berlin 1958 (zit.: Staudinger/Bearbeiter)

v. Stebut, Die Zulässigkeit der Einführung von Kurzarbeit, RdA 1974, 332

Stege, Versetzungen und Umsetzungen des Arbeitnehmers, DB 1975, 15o6

Stege, Die Geheimhaltungspflicht für Arbeitnehmer, Betriebsräte und Arbeitnehmervertreter in Aufsichtsräten, DB 1977 Beilage 8

Stege/Weinspach, Betriebsverfassungsgesetz, 3. Auflage, Köln 1978

Steindorff, Anm. BAG Beschl. v. 12.6.75, AP Nr. 2 zu § 87 BetrVG Altersversorgung (6)

Stoll, Mitwirkung der Betriebsvertretung bei Arbeitsstreckung, SchlW 1921, 124

Sturn, Schutz bei Massenentlassungen, BB 1948, 227

Ders., Rechtsfragen bei Verkürzung der Arbeitszeit, AuS 1975, 189

Teuteberg, Geschichte der industriellen Mitbestimmung in Deutschland, Tübingen 1961

Thiele, s. Fabricius/Kraft/Thiele/Wiese

Tödtmann, Das Mitbestimmungsrecht der Arbeitnehmer in sozialen Angelegenheiten nach § 76 BetrVG, 2. Auflage, Köln 1959

Tophoven, Anm. BAG Urt. v. 6.3.58, AP Nr. 1 zu § 59 BetrVG 52 (3)

Treichel, Praktisches Handbuch des Betriebsräterechts, Göttingen 195o

Trescher, Der Einfluß der kollektiven Mitwirkungsrechte der Arbeitnehmer in Betrieben und Unternehmen auf die Tragung des Betriebsrisikos, Diss. Marburg 1967

Unterhinninghofen, Die Einführung von Kurzarbeit, Der Betriebsrat 1975, 3o3

Unterseher, Bürgerliches Arbeitsrecht oder die Zerstörung der formalen Rationalität, KJ 1968, 95

Vetter, Forderungen des deutschen Gewerkschaftsbundes zur Bundestagswahl 72, Quelle 1972, 435

Vielhaber, Das Mitbestimmungsrecht des Betriebsrats bei der betrieblichen Lohn- und Gehaltsgestaltung, BB 1953, 981

Völker, Solidarität als Rechtspflicht im Arbeitsrecht, Diss. Würzburg 1977

Vogt, Harmonisierung von Arbeitern und Angestellten durch vereinheitlichte Lohn- und Gehaltssysteme, DB 1975, 1o25

Ders., Informationsrechte und Informationspflichten in der Betriebsverfassung, Personal 1977, 284

Vollmer, Aufgaben- und Zuständigkeitsverteilung zwischen mitbestimmungsrechtlicher und tarifvertraglicher Interessenvertretung, DB 1979, 3o8, 355

Waechter, Unabdingbarkeit der Tarifverträge und Kurzarbeit, BlStSozArbR 1949, 2o6

Walter, Betriebsverfassungsgesetz und betriebliche Praxis, BB 1953, 89

Weber/Bitzer, Arbeitsrechts- und Sozialfibel, 14. Auflage, Köln 1977

Weihs, Die Rolle des Betriebsrats bei drohender Kurzarbeit - am Beispiel der August Thyssen-Hütte AG, Werke Hamborn, GMH 1975, 644

Weinheimer, Mitbestimmung des Betriebsrats bei Akkordlöhnen, Diss. Düsseldorf 1964

Weiss, H., Koalitionsfreiheit und betriebsnahe Tarifverträge, Schriftenreihe der Landesvereinigung der industriellen Arbeitgeberverbände Nordrhein-Westfalens eV, Heft 29, Düsseldorf 197o

Weiss, M., Arbeitskampfbedingte Störungen in Drittbetrieben und Lohnanspruch der Arbeitnehmer, AuR 1974, 37

Ders., Anm. BAG Beschl. v. 18.3.76, EzA § 87 BetrVG Lohn und Arbeitsentgelt Nr. 5, S. 53

Ders., Betriebsverfassungsgesetz, Baden-Baden 1978 (textgleich enthalten in Maus, Handbuch des Arbeitsrechts, Band X, Losebl., Baden-Baden 1976)

Weitnauer, Zivilrechtliche Grundstrukturen im Betriebsverfassungsrecht, in: Festschrift für Duden, München 1977, S. 7o5

Weller, Arbeitslosigkeit und Arbeitsrecht, Untersuchungen der Möglichkeiten zur Bekämpfung der Arbeitslosigkeit unter Einbeziehung der Geschichte des Arbeits- und Sozialrechts, Stuttgart 1969

Weng, Die sozialen Auswirkungen bei der betriebsbedingten Kündigung, DB 1978, 884

Wiedemann, H., Die deutschen Gewerkschaften - Mitgliederverbände oder Berufsorganisationen?, RdA 1969, 321

Ders., Übertarifliches Entgelt und tarifliche Effektivklauseln, Gedächtnisschrift für Dietz, München 1973, S. 361

Ders., Anm. BAG Urt. v. 14.2.73, AP Nr. 6 zu § 4 TVG Nachwirkung(4R)

Wiedemann, H./Stumpf, Tarifvertragsgesetz, 5. Auflage, München 1977

Wiedemann, W.,Kurzarbeit und Kurzarbeiterfürsorge in gewerblichen Betrieben, DtAR 1936, 155

Wiegand, Die Gestaltung des Mitbestimmungsrechts nach § 56 BetrVG durch Tarifvertrag und Betriebsvereinbarung, Diss. München 1964

Wiese, Die Beschränkung der Sperrwirkung des § 59 BetrVG auf Arbeitsentgelte und sonstige Arbeitsbedingungen, RdA 1968, 41

Ders., Anm. BAG Beschl. v. 14.2.67, SAE 1968, 135 (137)

Ders., Anm. BAG Beschl. v. 21.2.67, AR-Blattei Betriebsverfassung XIV B Entsch. 17, Stuttgart 1968

Ders., Anm. BAG Beschl. v. 31.1.69, AR-Blattei Betriebsverfassung XIV B Entsch. 19, Stuttgart 1969

Ders., Der Persönlichkeitsschutz des Arbeitnehmers gegenüber dem Arbeitgeber, ZfA 1971, 273

Ders., Der Ausbau des Betriebsverfassungsrechts, in: Müller, Das Arbeitsrecht der Gegenwart, Band 9, Berlin 1972, S. 55 (zit.: JbAR)

Ders., Individualrechte in der Betriebsverfassung, RdA 1973, 1

Ders., Anm. BAG Beschl. vom 5.3.74, AP Nr. 1 zu § 87 BetrVG Kurzarbeit (4R)

Ders. Das Initiativrecht nach dem Betriebsverfassungsgesetz, Neuwied und Darmstadt 1977

Ders., Zum Gesetzes- und Tarifvorbehalt nach § 87 Abs. 1 BetrVG, in: 25 Jahre BAG, München 1979, S. 661

Ders., s. auch Fabricius/Kraft/Thiele/Wiese

Wilrodt/Neumann, Schwerbehindertengesetz, 4. Auflage, München 1976

Wisskirchen, Das neue Betriebsverfassungsgesetz aus der Sicht der Arbeitgeber, BABl 1972, 288

Wlotzke, Das Günstigkeitsprinzip im Verhältnis zum Einzelarbeitsvertrag und zur Betriebsvereinbarung, Heidelberg 1957

Wlotzke, Anm. BAG Beschl. v. 1.2.63, AP Nr. 8 zu § 59 BetrVG 52 (2R)

Woltereck, Automation, AR-Blattei Automation I, Stuttgart 197o

Zachert, Anm. LAG Düsseldorf Beschl. v. 1.7.73, MitbGespr 1974, 53 (55)

Ders., Anm. BAG Beschl. v. 5.3.74, MitbGespr 1975, 54 (55)

Ders., Anm. BAG Beschl. v. 14.11.74, MitbGespr 1976, 37

Zeitlmann, Werksurlaub und Kurzarbeit, Personal 1974, 126

Zippelius, Einführung in die juristische Methodenlehre, 2. Auflage, München 1974

Zmarzlik, Arbeitszeitordnung, Heidelberg 1967

Zöllner, Anm. BAG Urt. v. 19.9.6o, AP Nr. 1 zu § 4 TVG Lehrlingsskalen (3R)

Ders., Die Sperrwirkung des § 59 BetrVG, Festschrift für Nipperdey II, München 1965, S. 699

Ders., Die Einwirkung der erweiterten Mitbestimmung auf das Mitbestimmungsrecht, RdA 1969, 65

Ders., Arbeitsrecht, 2. Auflage, München 1979

Abkürzungsverzeichnis

a.A.	anderer Ansicht
a.a.O.	am angegebenen Ort
Abl	Amtsblatt
AcP	Archiv für die civilistische Praxis (Zeitschrift)
a.E.	am Ende
AFG	Arbeitsförderungsgesetz
AG	Die Aktiengesellschaft (Zeitschrift)
AktG	Aktiengesetz
AMBlBayStMAS	Amts- und Mitteilungsblatt des Bayerischen Ministeriums für Arbeit und Sozialordnung
AmtsG	Amtsgericht
Anm.	Anmerkung
AOG	Gesetz zur Ordnung der nationalen Arbeit
AöR	Archiv für öffentliches Recht (Zeitschrift)
AP	Arbeitsrechtliche Praxis - Nachschlagewerk des Bundesarbeitsgerichts
AR	Arbeitsrecht (Zeitschrift)
arbeitgeber	der arbeitgeber (Zeitschrift)
AR-Blattei	Arbeitsrecht-Blattei
ArbG	Arbeitsgericht
ArbGG	Arbeitsgerichtsgesetz
AR Chemie	Arbeitsring Chemie (s. Literaturverzeichnis)
ARSt	Arbeitsrecht in Stichworten (Zeitschrift)
Art.	Artikel
AuB	Arbeit und Beruf (Zeitschrift)
Aufl.	Auflage
AuR	Arbeit und Recht (Zeitschrift)
AuS	Arbeits- und Sozialrecht (Zeitschrift)
AVAVG	Gesetz über Arbeitsvermittlung und Arbeitslosenversicherung
AZO	Arbeitszeitordnung
AZR	Arbeitszeitrecht
BABl	Bundesarbeitsblatt (Zeitschrift)
BAG	Bundesarbeitsgericht

BAGE	Entscheidungen des Bundesarbeitsgerichts
BAG (GS)	Großer Senat des Bundesarbeitsgerichts
BB	Betriebs-Berater (Zeitschrift)
Bd.	Band
Beil.	Beilage
Bensh.	Bensheimer Sammlung, Entscheidungen des Reichsarbeitsgerichts und der Landesarbeitsgerichte
BetrVerf	Die Betriebsverfassung (Zeitschrift)
BetrVG 52	Betriebsverfassungsgesetz v. 11.1o.1952
BetrVG 72	Betriebsverfassungsgesetz v. 15.1.1972
BfA	Bundesversicherungsanstalt für Angestellte
BGB	Bürgerliches Gesetzbuch
BGBl	Bundesgesetzblatt
BGH	Bundesgerichtshof
BGHZ	Entscheidungen des Bundesgerichtshofs in Zivilsachen
BlStSozArbR	Blätter für Steuerrecht, Sozialversicherung und Arbeitsrecht
BRG 192o	Betriebsrätegesetz von 192o
BRZ	Betriebsrätezeitschrift für die Funktionäre der Metallindustrie
BT-Drucksache	Bundestags-Drucksache
BUV	Betriebs- und Unternehmensverfassung (Zeitschrift)
BVerfG	Bundesverfassungsgericht
BVerfGE	Entscheidungen des Bundesverfassungsgerichts
DAG	Deutsche Angestellten-Gewerkschaft
DB	Der Betrieb (Zeitschrift)
ders.	ders.
DGB	Deutscher Gewerkschaftsbund
dies.	dieselbe, dieselben
Diss.	Dissertation
DJT	Deutscher Juristentag
DP	Das Personalbüro (Zeitschrift)
DtAR	Deutsches Arbeitsrecht (Zeitschrift)
EzA	Entscheidungssammlung zum Arbeitsrecht

f.	folgende Seite
ff.	folgende Seiten
FDGB	Freier Deutscher Gewerkschaftsbund
Fn	Fußnote
FS	Festschrift
G	Gesetz
GBl	Gesetzblatt
gem.	gemäß
Gesamtanm.	Gesamtanmerkung
GesSlg	Gesetzessammlung
GewG	Gewerbegericht
GewO	Gewerbeordnung
GG	Grundgesetz
GK-BetrVG	Gemeinschaftskommentar zum Betriebsverfassungsgesetz
GMH	Gewerkschaftliche Monatshefte (Zeitschrift)
Gr.	Gruppe
GS	Gedächtnisschrift
GVBl	Gesetz- und Verordnungsblatt
HBV	Handbuch für Unternehmensleitung, Betriebsräte und Führungskräfte (s. Literaturverzeichnis, Staudacher)
h.M.	herrschende Meinung
HwbAR	Handwörterbuch des Arbeitsrechts (s. Literaturverzeichnis, Bürger/Oehmann/Stubing)
HzA	Handbuch zum Arbeitsrecht
i.d.F.	in der Fassung
i.E.	im Ergebnis
i.e.S.	im engeren Sinne
i.S.	im Sinne
i.V.	in Verbindung
JA	Juristische Ausbildung (Zeitschrift)
JABl	Juristische Arbeitsblätter (Zeitschrift)
JASchG	Jugendarbeitsschutzgesetz
JbAR	Jahrbuch für Arbeitsrecht
JurA	Juristische Analysen (Zeitschrift)
JuS	Juristische Schulung

JW	Juristische Wochenschrift (Zeitschrift)
KJ	Kritische Justiz (Zeitschrift)
KRG	Kontrollratsgesetz
KSchG	Kündigungsschutzgesetz
LAG	Landesarbeitsgericht
lit.	litera (lat.: Buchstabe)
MitbG	Mitbestimmungsgesetz
MitbGespr	Das Mitbestimmungsgespräch (Zeitschrift)
MTV	Manteltarifvertrag
MuSchG	Mutterschutzgesetz
m.w.N.	mit weiteren Nachweisen
NJW	Neue Juristische Wochenschrift (Zeitschrift)
N.N.	nomen nescio (lat.: Name unbekannt)
NZfAR	Neue Zeitschrift für Arbeitsrecht
OVA	Oberversicherungsamt
Personal	Das Personal (Zeitschrift)
Quelle	Die Quelle (Zeitschrift)
R	Rückseite
RAG	Reichsarbeitsgericht
RdA	Recht der Arbeit (Zeitschrift)
RegBl	Regierungsblatt
RMTV	Rahmen-Manteltarifvertrag
Rn	Randnummer
RTV	Rahmentarifvertrag
s.	siehe
S.	Seite
SAE	Sammlung arbeitsrechtlicher Entscheidungen (Zeitschrift)
SchlA	Schlichtungsausschuß
SchlW	Das Schlichtungswesen (Zeitschrift)
scil.	scilicet (lat.: natürlich)
SchwbG	Schwerbehindertengesetz
SGb	Die Sozialgerichtsbarkeit (Zeitschrift)
SJZ	Süddeutsche Juristenzeitung
s.o.	siehe oben
SozPrax	Soziale Praxis (Zeitschrift)

TV	Tarifvertrag
TVG	Tarifvertragsgesetz
TVVO	Tarifvertragsverordnung
vgl.	vergleiche
VOBl	Verordnungsblatt
Vorb.	Vorbemerkung
WiR	Wirtschaftsrecht (Zeitschrift)
WRV	Weimarer Reichsverfassung
WSI-Mitteilungen	Mitteilungen des Wirtschafts- und Sozialwissenschaftlichen Instituts des Deutschen Gewerkschaftsbundes
ZAS	(österr.) Zeitschrift für Arbeitsrecht und Sozialrecht
ZfA	Zeitschrift für Arbeitsrecht
ZGR	Zeitschrift für Unternehmens und Gesellschaftsrecht
ZHR	Zeitschrift für das gesamte Handelsrecht und Wirtschaftsrecht
zit.	zitiert
ZRP	Zeitschrift für Rechtspolitik

Einleitung

Die Kurzarbeit ist ein seit 6o Jahren bekanntes Phänomen. Sie taucht erstmals auf in § 12 der Demobilmachungsverordnung vom 12.2.192o, in welcher den Arbeitgebern die Anordnung von Arbeitsstreckung zur Pflicht gemacht wurde, wenn dadurch Entlassungen vermieden werden konnten. Seither hat die Kurzarbeit eine zunehmend bedeutsame Entwicklung hinter sich, in der sich arbeitsrechtliche und arbeitspolitische Einflüsse manifestieren.

Arbeitsrechtlich bestand von Anfang an eine Vielzahl individual- und kollektivrechtlicher Probleme, von denen manche bis in die Gegenwart weitergeschleppt wurden. Insbesondere die Mitbestimmung bei der Einführung von Kurzarbeit spielt hier eine zentrale Rolle.

Arbeitspolitisch spiegelt sich in der Kurzarbeit eine wechselvolle Vergangenheit. Sie reicht von der Überlegung der späten 20er und früher 30er Jahre, Kurzarbeit zur Verkleinerung des Heeres der Arbeitslosen dieser Zeit gesetzlich anzuordnen[1] bis hin zu den Versuchen der Gegenwart, an der Kurzarbeit zu verdienen und einzelne Betriebe über das sozialrechtliche Kurzarbeitergeld nach §§ 63 ff. AFG indirekt zu subventionieren[2]. Das AFG mußte durch das am 1.1.1976 in Kraft getretene Gesetz zur Verbesserung der Haushaltsstruktur vom 18.12.1975[3] nicht zuletzt zu dem Zweck geändert werden, die Betriebe an der Praxis zu hindern, die Kurzarbeit um gesetzliche Feiertage zu gruppieren und so die mit der Lohnzahlung an Feiertagen verbundene finanzielle Belastung auf die Bundesanstalt für Arbeit abzuwälzen[4]. Seitens der Gewerkschaften ist sogar die Vermutung laut geworden, die Arbeitgeber benutzten die Kurzarbeit bisweilen als Mittel zur Erhöhung der Arbeitsmoral, da die Betroffenen ihre Unentbehrlichkeit im Betrieb beweisen und so einer Kündigung zuvorkommen wollten[5].

---

1) Vgl. Israel SozPrax 3o, 1215 ff.; N.N. SozPrax 31, 257 ff.
2) Vgl. Hennig/Kühl/Heuer § 62 Vorb. (S.85); Hiery AuB 76, 178.
3) BGBl. I S. 3113.
4) Vgl. Siegers BABl 76, 46 (48).
5) Vgl. Rose Quelle 74, 27.

Nicht zu Unrecht hat Gamillscheg[1] moniert: "Die Kurzarbeit ist überhaupt ein Ding, bei der man bisher Fünfe gerade hat sein lassen". Die Kumulation verschiedenartiger rechtlicher und wirtschaftlicher Interessen stempelt die Kurzarbeit zu einem Problem der Kollektivvertragsparteien sowohl gegen- als auch untereinander. Die folgenden Überlegungen sollen dazu beitragen, im kollektivrechtlichen Bereich deutlichere Konturen zu zeichnen und die bisher fehlende komprimierte Darstellung der betriebsverfassungsrechtlichen Probleme zu versuchen.

Die Arbeit befindet sich auf dem Stand vom 31. Mai 1979. Nach diesem Zeitpunkt erreichbar gewordene Veröffentlichungen konnten nur noch ausnahmsweise berücksichtigt werden.

---

1) Vgl. Gamillscheg FS Fechner S. 135 (145).

1. Teil Problemaufriß

§ 1 Die Bedeutung der Mitbestimmung im Kurzarbeitsrecht

I. Der statistische Hintergrund

Die Kurzarbeit nimmt in der Bundesrepublik seit Ende 1966 einen zunehmenden wirtschaftlichen und sozialpolitischen Stellenwert ein. In der Rezessionsphase 1966/67 stieg sie von 6 000 (September 1966) auf 90 000 (Dezember 1966) und dann sprunghaft auf 240 000 (Januar 1967) Betroffene, um mit 344 000 (Februar 1967) einen ersten statistisch nachweisbaren Höhepunkt in der Nachkriegszeit zu erreichen[1]. Nach einer mehrjährigen Vollbeschäftigungsphase mit Kurzarbeiterzahlen zwischen 300 (Juni und August 1969), 3 000 (Januar und Juli 1970) und 72 000 (März 1971) stieg sie erstmals wieder im Dezember 1971 auf einen neuen Höchststand von 411 000, der nach einer zweijährigen Beruhigungsphase (Jahresdurchschnitte 1972 und 1973: 76 000 bzw. 44 000 Kurzarbeiter[2]) erst wieder während der sogenannten Ölkrise übertroffen wurde. Von Januar bis Dezember 1974 schwankten die Kurzarbeiterzahlen zwischen 268 000 und 700 000, erreichten im Februar 1975 mit 957 000 eine absolute Spitzenmarke und fielen spürbar erst im Anschluß an den Stand von Dezember 1975 (748 000).

Deutlich abgeflacht verläuft die Kurve seit 1976. Von 1976 bis 1978 sank der Jahresdurchschnitt an Kurzarbeitern mit Anspruch auf Kurzarbeitergeld von 277 000 auf 191 000[3]. Bis zum Sommer 1979 wurde die Zahl von 258 000 (Dezember 1977) nicht mehr erreicht; im März 1979 weist die Statistik[4] noch 170 000 Kurzarbeiter mit einem Anspruch auf Kurzarbeitergeld aus.

Der Jahresdurchschnitt der kurzarbeitsbetroffenen Betriebe bewegt sich in einer Größenordnung zwischen 154 000 (1970), 12 548 (1975) und 3 063 (1978)[5].

---

1) Vgl. die Angaben bei Rumpff/Dröge S. 36 ff.

2) Vgl. die Statistik in BABl 79, 122.

3) Vgl. a.a.O. S. 1o3.

4) Vgl. a.a.O. S. 123.

5) Vgl. a.a.O. S. 122.

II. Das außerjuristische Umfeld der Kurzarbeit

An den genannten Zahlen dokumentiert sich der Rang der Kurzarbeit im Wirtschafts- und Sozialleben. Unabhängig von der juristischen Seite ist die Kurzarbeit hier unter vier Hauptgesichtspunkten[1] beachtlich.

Wichtig ist zunächst in sozialpolitischer Hinsicht, dem einzelnen Arbeitnehmer wenigstens teilweise Risiken seiner beruflichen Existenz abzunehmen. In aller Regel zieht ihn eine wirtschaftliche Entwicklung in Mitleidenschaft, die außerhalb seiner persönlichen Verantwortung liegt. Finanzielle Einbußen werden sozialpolitisch insbesondere dann problematisch, wenn die Voraussetzungen für die Gewährung von Kurzarbeitergeld (§§ 63 ff. AFG) nicht vorliegen.

Arbeitsmarktpolitisch dient die Kurzarbeit dazu, Arbeitsplätze in wirtschaftlichen Krisensituationen zu erhalten[2], den Betrieben die Abwanderung eingearbeiteter Arbeitskräfte zu ersparen und die Anlernung neuer Mitarbeiter unnötig zu machen. Unter volkswirtschaftlichen Aspekten ist bedeutsam, daß die Kurzarbeit zu einer Stabilisierung der Beschäftigungsverhältnisse führt, aufgrund ihrer konjunkturellen Flexibilität Beschäftigungseinbrüche bei absehbarer Besserung der Auftragslage verhindert und den Fortbestand der Betriebe stärkt.

Betriebswirtschaftlich steht die Verhinderung von Produktivitätseinbrüchen bei geringer Auslastung der Kapazitäten im Vordergrund. Kurzarbeit verbessert die Kostenstruktur des Unternehmens insofern, als jedenfalls der Personalkostenblock und alle weiteren variablen Kosten, insbesondere für Rohstoffe und Betriebsstoffe, abgebaut werden, während zahlreiche fixe Kosten wie Kapitalkosten, Abschreibungen, Versicherungskosten und bestimmte Steuern unangetastet bleiben[3].

Nach einer Untersuchung der Bundesanstalt für Arbeit[4] auf der Basis des Jahres 1977 ergaben sich in jenem Jahr folgende finan-

---

1) Vgl. im einzelnen Billing AuB 75, 359; Rumpff/Dröge S. 32 ff.

2) Vgl. BAG AP Nr. 3 zu § 615 BGB Kurzarbeit (2).

3) Vgl. im einzelnen Gierhake Personal 75, 318 (319).

4) Vgl. Frankfurter Rundschau vom 9.2.1979.

ziellen Auswirkungen der Kurzarbeit: Die Entlastung der Unternehmen durch die Kurzarbeit erreichte 1,1 Mrd. DM, was rund 72% der Personalkosten entsprach, die ohne die Kurzarbeit angefallen wären[1]. Die 231 000 Arbeitnehmer erlitten einen Einkommensausfall von 130 Mio. DM. Von der Bundesanstalt für Arbeit wurden 455 Mio. DM Kurzarbeitergeld gezahlt, dazu 102 Mio. DM für die Renten- und 38 Mio. DM für die Krankenversicherung der betroffenen Arbeitnehmer[2]. Die Krankenkassen waren mit 67 Mio. DM Krankengeld für die während der Kurzarbeit erkrankten Arbeitnehmer an der Finanzierung der Kurzarbeit beteiligt. Die Gebietskörperschaften verbuchten einen Steuerausfall von 223 Mio. DM. Die Arbeitsmarktentlastungswirkung der Kurzarbeit durch Minderung der Arbeitslosenzahl betrug 1974 70 000, 1975 175 000 und 1976 60 000 Arbeitslose[3].

III. Die rechtliche Relevanz des Mitbestimmungsrechts

Das Mitbestimmungsrecht bei der Einführung von Kurzarbeit gem. § 87 I Nr. 3 BetrVG ist nach zwei Richtungen hin bedeutsam. Es gestaltet nämlich sowohl die Rechtstellung des Arbeitnehmers, als auch diejenige des Arbeitgebers. In jeder dieser Beziehung bringt die Mitbestimmung den Beteiligten Vor- und Nachteile.

Die Arbeitnehmer erfahren durch die Mitbestimmung nach § 87 I Nr. 3[4] einerseits eine kollektivrechtliche Stärkung ihrer individualrechtlichen Rechtsposition, weil sie nicht mehr einzeln der wirtschaftlichen und sozialen Übermacht des Arbeitgebers ausgesetzt sind und an der betrieblichen Sozialgestaltung partizipieren. Dies setzt jedoch voraus, daß sie einen Betriebsrat gewählt haben. Ohne Betriebsrat entfällt nämlich die Mitbestimmung selbst bei gegenteiliger Tarifklausel[5], so daß dann Kurzarbeit nur durch

---

1) Wenig überzeugend daher Rumpff/Dröge S. 35, wonach mit der Einführung von Kurzarbeit für die Unternehmer nur relativ geringe Kostensenkungen verbunden sein sollen.

2) Allein von 1974 - 1976 wendete die BfA für die Kurzarbeit insgesamt 3,874 Mrd. DM auf, vgl. N.N. BABl 77, 247 (248).

3) Vgl. N.N. a.a.O.

4) Paragraphenangaben ohne nähere Bezeichnung des Gesetzes sind solche des BetrVG 72.

5) Vgl. LAG Frankfurt DB 73, 1952; Kammann/Hess/Schlochauer § 87 Rn 6; Kuhn BlStSozArbR 76, 65 (66); Stege/Weinspach S. 269.

einzelvertragliche Abmachungen einzuführen ist[1]. Die so entstehenden Nachteile gehen zu Lasten der Arbeitnehmer[2]. Allerdings gibt das Mitbestimmungsrecht nach § 87 I Nr. 3 dem Betriebsrat die Möglichkeit, in die Erwerbschancen der Arbeitnehmer einzugreifen[3] und die konkreten Arbeitsverhältnisse zu formen[4]. Das bedeutet, daß die Mitbestimmung bei der Einführung von Kurzarbeit nicht nur Schutz, sondern möglicherweise auch Hintanstellung persönlicher hinter kollektive Interessen bedingt[5], was sich freilich durch das Günstigkeitsprinzip[6] jedenfalls formalrechtlich wieder egalisiert.

Die Rechtsposition der Arbeitnehmer wird andererseits durch die Mitbestimmung dadurch geschwächt, daß sie mit einem Streikverlust einhergeht[7]. Das Einigungsverfahren nach § 87 II ersetzt in keiner Weise den Wegfall von Arbeitskampfmitteln im Betriebsverfassungsgesetz.

Der Arbeitgeber erfährt durch die Mitbestimmung nicht nur den Nachteil der Einschränkung seiner unbegrenzten Verfügungshoheit im individualvertraglichen und unternehmerisch-wirtschaftlichen Bereich. Durch die Möglichkeit des Abschlusses einer Betriebsvereinbarung ist er nämlich nicht mehr auf ein Bündel von Einzelvereinbarungen mit den Betroffenen zur Einführung von Kurzarbeit angewiesen, so daß sich seine Rechtsposition verbessert hat[8]. Er muß sich nur noch mit einem einzigen Verhandlungspartner, nämlich dem Betriebsrat, auseinandersetzen und erreicht durch eine Betriebsvereinbarung mit diesem eine normative Umgestaltung der einzelnen Arbeitsverhältnisse (§ 77 IV). Das bedeutet, daß der Arbeitgeber für die

---

1) Vgl. dazu Bähringer / Spiegelhalter S. 17; Kuhn a.a.O.; Sturn AuS 75, 189 (19o).

2) Vgl. LAG Berlin DB 73, 2o97.

3) Vgl. Gamillscheg FS Fechner S. 135 (145).

4) Vgl. Rich S. 124.

5) Vgl. Kraft ZfA 73, 243 (25o).

6) Vgl. dazu Wiese GK-BetrVG § 87 Rn 37.

7) Vgl. zu dieser Überlegung Kübler/Schmidt/Simitis S. 174.

8) Vgl. Wiese GK-BetrVG § 87 Rn 79a; ders. Initiativrecht S. 74 ff.; ders. 25 Jahre BAG S. 661 (663 Fn 9).

Arbeitnehmer verbindliche Regelungen auch gegen deren Willen durchsetzen kann[1]. Auch der Arbeitgeber wird mithin daran interessiert sein, daß im Betrieb ein Betriebsrat besteht.

Von den einzelnen Umständen, insbesondere von der wirtschaftlichen Situation des Betriebes und der Verhandlungsstärke des Betriebsrats hängt es ab, wie weit sich das Mitbestimmungsrecht bei der Einführung von Kurzarbeit auswirkt. Bisweilen sind der Regelungsmacht des Betriebsrats enge faktische Grenzen gezogen, wenn beispielsweise die Lagerbestände überquellen und der Betriebsrat nur noch die Wahl zwischen Entlassungen und Kurzarbeit hat[2]. Er wird dann aus seiner Verantwortung gegenüber den Arbeitnehmern des Betriebes kaum noch anders können, als sich für die Kurzarbeit zu entscheiden[3]. Oft hat der Betriebsrat aber auch die Möglichkeit, dazu beizutragen, das Ausmaß der Kurzarbeit einzufrieren und den Arbeitgeber zur Ausschöpfung aller Maßnahmen zu zwingen, mit denen sich soziale Nachteile für die Arbeitnehmer minimieren oder sogar ganz ausschließen lassen.

1) Vgl. Kammann/Hess/Schlochauer § 87 Rn 7.

2) Vgl. Brock/Hindrichs/Hoffmann/Pöhler/Sund S. 27 f.

3) Ebenso Müller Arbeitsrecht für Vorgesetzte S. 66; Röhsler JbAR Bd. 12, 1o7 (116).

§ 2 Kernproblem des § 87 I Nr. 3: Wer vertritt die Arbeitnehmer?

I. Schwerpunkte

Die Neuregelung des § 87 I Nr. 3 hat zahlreiche Mitbestimmungsprobleme, die während des BetrVG 52 im Rahmen der Kurzarbeit aktuell waren, entfallen lassen. Dies gilt - wie noch zu zeigen sein wird[1] - insbesondere für die Frage, ob der Betriebsrat bei der Einführung von Kurzarbeit überhaupt mitzubestimmen hat. Die so veränderte Qualität des Mitbestimmungsrechts, wie es sich in § 87 I manifestiert, hat aber an anderer Stelle neue Schwierigkeiten aufgeworfen. Nunmehr heißt es nämlich, die Reichweite des Mitbestimmungsrechts zu determinieren.

Dabei geht es zunächst um inhaltliche Fragen. Wenngleich die inhaltliche Ausgestaltung der Kollektivverträge eine eigenverantwortliche Aufgabe der Betriebsparteien darstellt[2], können doch auch hier rechtliche Probleme auftreten. Diese sind in der inhaltlichen Gestaltungsmacht der Betriebsparteien, mithin der Reichweite des Mitbestimmungsrechts des Betriebsrats in den zahlreichen Einzelfragen, wie insbesondere des "Ob", "Wer" und "Wie lange"[3] der Kurzarbeit, begründet.

Stärker in den Brennpunkt der Betrachtung ist aber gerückt, wer überhaupt über die Regelungskompetenz verfügt. Denn dazu bieten sich gleich zwei Verhandlungspartner des Arbeitgebers an: Die Gewerkschaften, gestützt auf Art. 9 III GG und der Betriebsrat, legitimiert aus § 87 I Nr. 3 BetrVG.

Insofern überrascht die gesetzliche Neuregelung. Denn die Arbeitszeit ist klassische Materie[4] der Koalitionen und - wie lange Zeit zwangsläufig auch die Kurzarbeit[5] - Domäne des zwischen Arbeitgeber und Gewerkschaften auszuhandelnden Tarifvertrages. Dadurch, daß Art.9 III GG unter Arbeitsbedingungen alle Bedingungen versteht, die sich

1) Vgl. unten S. 61 ff.

2) So zutreffend Böhm BB 74, 281, 372 (373).

3) Unzutreffend daher Hanau RdA 73, 281 (286), wonach es bei der Kurzarbeit außer der Entscheidung über ihr Ausmaß nicht viel auszugestalten gebe.

4) Vgl. Däubler/Hege Koalitionsfreih.S. 1o5; Säcker ZfA 72 (Sonderheft), 41 (44); ähnlich BAG AP Nr. 1 zu § 87 BetrVG Kurzarbeit(3).

5) Vgl. Kübler/Schmidt/Simitis S. 219.

unmittelbar auf das Arbeitsverhältnis selbst beziehen[1] - wozu die Arbeitszeit ohne Zweifel zählt[2] -, kann auch Kurzarbeit als Komponente des Arbeitsverhältnisses grundsätzlich überbetrieblich gestaltet werden. Zwar handelt es sich bei der betrieblichen Einführung von Kurzarbeit nur um einen engen Ausschnitt der koalitionsrechtlichen Zuständigkeiten, weil letztere durch Art. 9 III GG ganz allgemein gewährleistet[3] und nicht abschließend feststellbar sind[4], während die Einführung von Kurzarbeit nur einen von mehreren erschöpfend aufgezählten[5] Tatbeständen im Mitbestimmungskatalog des § 87 I verkörpert. Im Gegensatz zu der verfassungsrechtlich garantierten Tarifautonomie basiert die Befugnis der Betriebsparteien zur normativen Regelung von Arbeitsbedingungen ja allein auf einfachgesetzlicher Vorschrift, woraus deutlich wird, daß der Gesetzgeber die Tarifautonomie für weitergehend hält als diejenige der Betriebsparteien[6]. Danach drängt sich die Frage auf, was diesen "Einbruch" betrieblicher Zuständigkeiten in überbetriebliche Interessenwahrnehmung rechtfertigt.

Einerseits liegt die Ausweitung innerbetrieblicher Normsetzung konsequent auf der Linie der mit dem BRG 192o begonnenen doppelten Repräsentation[7] der Arbeitnehmer durch Gewerkschaften und Betriebsrat. Die historische Entwicklung des Dualismus zwischen Tarifautonomie und betrieblicher Mitbestimmung ist das Kennzeichen des deutschen kollektiven Arbeitsrechts und begründet seine Sonderstellung gegenüber dem kollektiven Arbeitsrecht anderer Länder[8]. Vor dieser Zersplitterung der Arbeitnehmerschaft ist schon früh gewarnt[9] und die Maxime "Gleiche Leistung - gleicher Lohn" betriebsindividualistischen Lösungen vorgezogen worden. "Mit den paar Schutzklauseln

1) Vgl. v.Münch Art. 9 Rn 37.
2) Vgl. Peters/Ossenbühl S. 23.
3) Vgl. BVerfGE 2o, 312 (317).
4) Vgl. Wiedemann/Stumpf § 1 Vorb. 162, 165.
5) Vgl. unten S. 294.
6) Vgl. BAG AP Nr. 63 zu § 611 BGB Gratifikationen (2R).
7) Vgl. Fitting BetrVerf 56, 21o.
8) Vgl. Bergmann/Jacobi/Müller-Jentsch S. 221; Hablitzel DB 71, 2158 (216o); Ramm ZRP 72, 13 (18).
9) Eingehend dazu Berthelot S. 57 ff. sowie Birgl-Matthiaß S. 22 ff.; vgl. auch Calwers bei Brauer S. 14.

ist die Sache nicht wieder einzurenken"[1], lautete schon 192o die Prognose. Die dennoch institutionalisierte Doppelspurigkeit, durch die - fakultativen - Arbeiterausschüsse des Arbeitsschutzgesetzes von 1891 und das Gesetz über den Vaterländischen Hilfsdienst von 1916 vorbereitet, hat vielfältige, hier allerdings nicht zu untersuchende Gründe[2]. Sie hat nunmehr bei der Kurzarbeit dazu geführt, daß diese Gegenstand nicht der ausschließlichen Zuständigkeit der Gewerkschaften, sondern der konkurrierenden Zuständigkeit des Betriebsrats[3] ist. Nur die Einheit staatlicher Gesetzgebung hat durch Konzentration im Parlament größte Aufmerksamkeit erfahren, nicht aber auch das Auftreten nichtstaatlicher Rechtsetzer[4]. Bei der betrieblichen Rechtsetzung im Rahmen der Kurzarbeit spitzt sich alles auf die Frage zu, wer nun die Arbeitnehmer im konkreten Fall vertritt[5].

Andererseits muß man sich fragen, ob die Kurzarbeit - wie im Schrifttum gelegentlich[6] zu lesen - wirklich einen Eingriff der Betriebsräte in den ureigensten gewerkschaftlichen Betätigungsbereich darstellt. Nur von dem formalrechtlichen Blickwinkel her, daß die Kurzarbeit eine Frage der Arbeitszeit darstellt, wird man dies kaum bestreiten können. Das BAG[7] hat aber die Ansicht vertreten, die Kurzarbeit greife wegen ihrer ausgeprägten Betriebsbezogenheit gerade nicht in die herkömmlichen Kompetenzen der Koalitionen ein. Diese Überlegung wird bei der Entscheidung über die Regelungskompetenz bei der Kurzarbeit[8] im besonderen Maße zu berücksichtigen sein.

Die im folgenden interessierende Frage, inwieweit es der Betriebsrat ist, der über die kollektive Regelungskompetenz verfügt, beantwortet sich aus §§ 87 I Eingangssatz, 77 III. Beide Vorschriften

---

1) Vgl. Brauer S. 44.

2) Brauer S. 44 nennt als Ursache, die gewerkschaftlichen Organisationsformen seien nicht mit der Entwicklung im Einklang geblieben. Vgl. zum Ganzen auch Rudolph S. 68 ff., Teuteberg S. 372 ff., 38o ff. sowie BVerfGE 19, 3o3 (316 ff.).

3) So Richardi Kollektivgewalt S. 266.

4) Vgl. Krüger RdA 57, 2o1 (2o2).

5) Vgl. Böhm BB 74, 281, 372 (373).

6) Vgl. Ramm FS Duden S. 439 (457).

7) Vgl. BAG AP Nr. 1 (3) und 2 (3) zu § 87 BetrVG Kurzarbeit.

8) Vgl. unten S.271 ff.

wollen kompetentielle Überschneidungen und inhaltliche Kollisionen zwischen koalitions- und betriebsverfassungsrechtlicher Normsetzung verhindern[1] und tragen zusammen mit §§ 2, 74 II das legislative Ordnungskonzept, daß die Betriebsverfassung die Kompetenzen der Koalitionen zu respektieren hat[2]. Dabei lautet die entscheidende Frage, ob § 77 III im Kurzarbeitsrecht überhaupt anwendbar ist, da diese Vorschrift erheblich weitergehende Auswirkungen auf das Mitbestimmungsrecht hat als § 87 I Eingangssatz. Es besteht also die Möglichkeit, daß die neu geschaffene Regelung des § 87 I Nr. 3 nur geringe betriebliche Bedeutung erlangt.

II. Gang der Arbeit

Die Regelungskompetenz des Betriebsrats bei der Einführung von Kurzarbeit wird im Anschluß an einen historischen Abriß zunächst positiv, dann negativ abgegrenzt. Zuerst geht es darum, die Reichweite des Mitbestimmungsrechts hinsichtlich der einzelnen mit der Kurzarbeit zusammenhängenden Komplexe generell abzustecken. Anschließend soll untersucht werden, unter welchen Voraussetzungen die funktionelle Zuständigkeit entfällt. Das Schwergewicht liegt dabei auf dem Einfluß des § 77 III auf die Mitbestimmung nach § 87 I Nr. 3.

---

1) Vgl. Rupert Scholz S. 7o.

2) Vgl. Säcker ZfA 72 (Sonderheft), 41 (43); v.Stebut RdA 74,332 (338); zustimmend BAG AP Nr. 1 zu § 87 BetrVG Kurzarbeit (3); gegen diesen Begriff Herschel Anm. BAG EzA § 87 BetrVG Nr. 3 (S. 18).

§ 3 Zum Begriff der Kurzarbeit

I. Tatbestandsmerkmale

Der Begriff der Kurzarbeit setzt einen Vergleich mit der Normalarbeitszeit voraus[1]. Als solche kommt allerdings weder die gesetzlich höchstzulässige Arbeitszeit der AZO[2] noch die tarifliche Regelarbeitszeit in Betracht. Entscheidend ist vielmehr die betriebsübliche Arbeitszeit, wenngleich diese in aller Regel mit der tariflich vorgesehenen Arbeitszeit deckungsgleich sein wird[3]. Betriebsüblich ist die regelmäßige betriebliche Arbeitszeit[4], d.h. diejenige Arbeitszeit, die sich im Betrieb eingebürgert hat[5] und dort tatsächlich und seit einem "erheblich langen"[6] Zeitraum gilt. Daran ändert sich nichts, wenn im Einzelfall eine kürzere als die sonst im Betrieb übliche Arbeitszeit vereinbart wurde. Auch in diesem Fall bildet nicht die vertragliche, sondern die im Betrieb geltende Normalarbeitszeit die Bezugsgröße[7]. Das gleiche gilt für Überstunden und Mehrarbeit[8], deren genereller Abbau auch deshalb nicht unter § 87 I Nr. 3 fällt, weil es sich nicht um eine nur vorübergehende Verkürzung handelt[9]. Das Merkmal der Betriebsüblichkeit unterscheidet die Kurzarbeit von der tariflichen Verkürzung der Regelarbeitszeit[10].

Die betriebsübliche Arbeitszeit wird nicht geändert, wenn der Arbeitgeber kraft Direktionsrechts oder Einzelarbeitsvertrages vorübergehend die Arbeitszeit aus dringenden betrieblichen Gründen

---

1) Vgl. Nikisch I S. 642.

2) Vgl. Bobrowski/Gaul S. 152; Hahn S. 16; Nikisch a.a.O.

3) Vgl. Hahn a.a.O.

4) Vgl. Wiese GK-BetrVG § 87 Rn 81; zustimmend BAG DB 79,655 (656).

5) Ebenso bezüglich der Tarifüblichkeit Boewer DB 73, 522 (525).

6) So Nr. 7.2. des Merkblattes der BfA über Kurzarbeitergeld, gültig ab 1.1.1975, zit. nach Rumpff/Dröge S. 262; ebenso OVA Düsseldorf BB 53, 88.

7) Vgl. Conze Diss. S. 7.

8) Vgl. Rumpff/Dröge S. 26.

9) Vgl. Wiese GK-BetrVG § 87 Rn 81 a m.w.N.

1o) Vgl. Farthmann/Bürger AR-Blattei Arbeitszeit V Kurzarbeit, A II 1.

(§ 14 AZO) ändert[1]. Daran zeigt sich, daß die Kurzarbeit einen ausgeprägten Kollektivbezug aufweist. Kurzarbeit wird normalerweise nicht gegenüber einzelnen, sondern nur gegenüber allen Arbeitnehmern eines Betriebes oder Betriebsteils angeordnet[2].

Wichtig ist der nur vorübergehende Charakter der Kurzarbeit. Ihrer Natur nach ist Kurzarbeit eine provisorische Maßnahme für einen abgrenzbaren Zeitraum[3]. Sie kann nicht mehr als eine Übergangslösung sein, da Kurzarbeit dem Arbeitnehmer auf lange Sicht wegen des Verdienstausfalls nicht hilft[4]. Durch ihre Kurzfristigkeit unterscheidet sich die Kurzarbeit von der Teilzeitarbeit, die zwar auch eine verkürzte Arbeitszeit darstellt, jedoch auf Dauer gewollt ist[5]. Allerdings muß der Endzeitpunkt der Kurzarbeitsphase bei ihrem Beginn nicht konkret feststehen[6]. Die Absicht, nach Wegfall der Ursachen für die Kurzarbeit zur Normalarbeitszeit zurückzukehren, ist ausreichend[7].

Nicht ganz deutlich wird im Schrifttum, welche Arten von Arbeitszeitverkürzungen als Kurzarbeit zu bezeichnen sind. Unzutreffend ist jedenfalls die Behauptung, unter Kurzarbeit sei jede Herabsetzung der betriebsüblichen Arbeitszeit zu verstehen[8], weil man damit insbesondere den vorübergehenden Charakter der Kurzarbeit übersieht. Terminologisch uneinheitlich wird der Begriff der Kurzarbeit insbesondere im Verhältnis zu Feierschichten gesehen. Manche Autoren setzen beide Inhalte offenbar gleich[9], während andere[1o] unter

---

1) Vgl. Fitting/Auffarth/Kaiser § 87 Rn 27a.

2) Vgl. v.Stebut RdA 74, 332 (334) sowie unten S. 132, 195.

3) Vgl. Becker-Schaffner BlStSozArbR 75, 17 (19); Etzel Betriebsverfassungsrecht S. 139; Farthmann/Bürger AR-Blattei Arbeitszeit V Kurzarbeit, A II 2; Röhsler Die Arbeitszeit S. 36; v.Stebut RdA 74, 332 (345).

4) Vgl. Woltereck AR-Blattei Automation I, B I.

5) Vgl. BAG DB 78, 498; Röhsler a.a.O. (S. 37).

6) Vgl. Bobrowski/Gaul S. 152; Nikisch I S. 643; Wiese GK-BetrVG § 87 Rn 81.

7) Vgl. Farthmann RdA 74, 65 (69).

8) So aber Hahn S. 16.

9) So Böhm BB 74, 281, 372 (374); ders. DP Gr. 3, 577 (58o); Farthmann/Bürger a.a.O. (A II 4); Röhsler Die Arbeitszeit S. 36.

1o) So BAG AP Nr. 2 zu § 87 BetrVG Kurzarbeit (2R); Nikisch I S.213; Wiese GK-BetrVG § 87 Rn 82.

Kurzarbeit ausdrücklich die vorübergehende Kürzung der Arbeitszeit, unter Feierschichten jedoch die vorübergehende Arbeitseinstellung verstehen. Zutreffend dürfte letzteres sein, da der Begriff der Feierschicht sonst keine eigenständige Bedeutung hätte. Allerdings knüpfen sich an diese terminologische Unterscheidung insoweit keine Konsequenzen, als Kurzarbeit auch in Form von Feierschichten denkbar ist. Es erscheint daher zutreffend, Feierschichten als Unterfall der Kurzarbeit anzusehen[1].

Nicht zur Kurzarbeit zählt die Werksbeurlaubung[2]. Bei dieser handelt es sich um eine völlige Arbeitseinstellung für einen zusammenhängenden Zeitraum. Dabei werden aber anders als bei der Kurzarbeit die Hauptpflichten völlig suspendiert, während bei der Kurzarbeit wenigstens ein Teilanspruch weiterbesteht. Ähnliches gilt für die Betriebsstillegung[3], gleichgültig, ob mit der Fortführung des Betriebes gerechnet werden kann oder nicht.

Von Kurzarbeit i.e.S. ist nur zu sprechen, wenn auch der Lohn anteilig gekürzt wird[4]. Arbeitszeitverkürzungen unter vollem Lohnausgleich scheiden bei Dauerhaftigkeit a priori aus dem Bereich der Kurzarbeit aus; bei vorübergehender Dauer werden sie im Arbeitsleben nicht als Kurzarbeit angesehen[5]. Letztlich ist die Lohnkürzung das entscheidende Argument dafür, daß der Arbeitgeber Kurzarbeit nicht einseitig einführen darf[6].

II. Ursachen

Gleichgültig für den Begriff Kurzarbeit sind die Ursachen, aus denen die Arbeitszeitverkürzung resultiert. Kurzarbeit ist eine ursachen-

---

1) So auch Farthmann RdA 74, 65 (69).

2) So auch Conze Diss. S. 12; Farthmann/Bürger AR-Blattei Arbeitszeit V Kurzarbeit, A II 5; Hahn S. 17; a.A. Böhm BB 74, 281, 372 (373); ders. DP Gr. 3, 577 (58o); Rumpff/Dröge S. 27.

3) A.A. Rumpff/Dröge S. 28 .

4) So auch Bähringer/Spiegelhalter S. 9; Conze Diss. S. 9 f.; Farthmann a.a.O.; Farthmann/Bürger a.a.O. (A II 3); Nikisch I S.643; Röhsler a.a.O.; Rumpff/Dröge S. 27; v.Stebut RdA 74,332(333).

5) Vgl. Farthmann a.a.O.; Farthmann/Bürger a.a.O.

6) Vgl. Nikisch a.a.O.

indifferente Arbeitsbedingung[1]. Welche Faktoren die Kurzarbeit legitimieren, ist unbeachtlich[2]. In Betracht kommen Rohstoffmängel und sonstige Störungen im Zuliefererbereich, betriebstechnische Probleme wie Umbauten und Reparaturen, vor allem aber wirtschaftliche Gründe wie Auftrags- und Absatzmängel aus welcher Veranlassung immer[3]. Dadurch,daß Kurzarbeit mehr als nur wirtschaftliche Ursachen haben kann[4], überschneidet sich der Begriff der Kurzarbeit i.S.von § 87 I Nr. 3 mit demjenigen der §§ 63 ff. AFG, geht aber weit über diesen hinaus[5] und ist nicht mit ihm deckungsgleich[6].

---

1) Vgl. Simitis/Weiss DB 73, 124o (1244); ähnlich Farthmann RdA 74, 65 (7o).

2) So auch Becker-Schaffner BlStSozArbR 75, 17 (19).

3) Vgl. im einzelnen Farthmann/Bürger a.a.O. (A II 2); Rumpff/Dröge S. 31.

4) A.A. Röhsler Die Arbeitszeit S. 36.

5) Vgl. Fauth AZR S. 8o.

6) Ebenso LAG Düsseldorf BB 74, 1348; Niemann BlStSozArbR 74, 33 (34).

2. Teil Die historische Entwicklung der Mitbestimmung im Kurzarbeitsrecht

§ 4 Das BRG 192o

Mit dem Betriebsrätegesetz vom 4.2.192o[1],das auf das in Art. 165 WRV verankerte wirtschaftliche Rätesystem zurückging, nahm die Mitbestimmung in sozialen Angelegenheiten ihren Ausgang. Die Verabschiedung dieses Gesetzes am 18.1.192o durch die Nationalversammlung stellte einen ersten ernstzunehmenden Schritt in der vom Gedanken der Mitbestimmung geprägten Entwicklung von der monokratischen Verfügungsmacht des Arbeitgebers zur betrieblichen Demokratie dar. Die Geschichte der betrieblichen Mitbestimmung hat Parallelen zur Staatsverfassungsgeschichte und der Aufhebung des staatlichen Absolutismus durch die Regeln der Demokratie[2]. Sie hängt zusammen mit der Anerkennung des Betriebes als soziales Gebilde und der Personalität des Arbeitnehmers[3]. Begonnen hatte sie mit den Fabrikausschüssen des Arbeiterschutzgesetzes vom 1.6.1891[4], das auf erste Anregungen des volkswirtschaftlichen Ausschusses der Nationalversammlung in der Paulskirche von 1848 zurückgegangen war[5] und historisch gesehen den Ursprung der Betriebsverfassung bedeutet[6]. Erstmals mit dem BRG 192o kam es zu einer ausdrücklichen gesetzlichen Regelung kurzarbeitsrechtlicher Mitbestimmung[7].

---

1) RGBl S. 147 ff.

2) Vgl. Hueck/Nipperdey II/2 S. 1o63.

3) Vgl. Neumann-Duesberg Betriebsverfassungsrecht S. 59.

4) Als Keimzellen der betrieblichen Arbeiterselbstverwaltung überhaupt bezeichnet Teuteberg S. 115 ff. die genossenschaftlichen Unterstützungskassen der vorindustriellen Zeit.

5) Vgl. Engler BRG S. XIV; Dietz Probleme S. 3; Hueck/Nipperdey II/2 S. 1o66.

6) Vgl. Galperin/Löwisch § 87 Rn 58.

7) Dem BRG 192o zeitlich vorgehende Gesetze beschäftigten sich nicht ausdrücklich mit den Fragen der vorübergehenden Verkürzung der Arbeitszeit. So sprach insbesondere die TVVO vom 15.11.1918 (RABl S. 874 ff.) nur von der "Regelung der Löhne und sonstiger Arbeitsverhältnisse". Vgl. zu diesem Komplex der Rechtslage vor dem BRG 192o nach dem Arbeitsschutzgesetz, dem Preußischen Allgemeinen Berggesetz und seinen Novellen sowie dem Hilfsdienstgesetz und der erwähnten TVVO Eickelberg S. 13 f.

§ 78 Nr. 2 BRG 192o übertrug dem Betriebsrat[1] die Aufgabe,

> "soweit eine tarifliche Regelung nicht besteht ... mitzuwirken ... bei der Festsetzung der Arbeitszeit insbesondere bei Verlängerungen und Verkürzungen der regelmäßigen Arbeitszeit".

Dieser Gesetzestext bildete die Grundlage zahlreicher Kontroversen bei der Mitbestimmung über die Einführung von Kurzarbeit.

Ohne Zustimmung der Arbeitnehmer war auf freiwilligem Entschluß des Arbeitgebers beruhende Kurzarbeit nicht anzuordnen[2]. Kurzarbeit konnte unter Berücksichtigung des Tarifvorranges jedoch im Wege einer normativ wirkenden Betriebsvereinbarung eingeführt werden[3]; nach h.M.[4] war dabei überflüssig, daß neben der Betriebsvereinbarung zusätzlich noch das Einverständnis jedes einzelnen Arbeitnehmers vorlag. Betriebsverfassungsrechtlich lebhaft umstritten war aber, ob und inwieweit ein Recht der Betriebsvertretung auf Zustimmung zur Einführung von Kurzarbeit bzw. - wie die Kurzarbeit bei identischem Begriffsinhalt[5] häufig auch genannt wurde - Arbeitsstreckung gem. § 78 Nr. 2 BRG 192o bestand.

Teilweise[6] wurde die Kurzarbeit gar nicht unter § 78 Nr. 2 BRG 192o subsumiert, weil diese Vorschrift nur die regelmäßige, nicht aber auch die außerordentliche Arbeitszeit erfasse, als welche

---

1) Die Unterscheidung des BRG 192o zwischen Gruppen- und Betriebsrat ist für die nachfolgende Betrachtung bedeutungslos; der einheitlichen Terminologie wegen soll daher nur vom Betriebsrat die Rede sein.

2) Vgl. Häußner III B.

3) Vgl. RAG Bensh. 11, 117 (12o); Hartner S. 22 f.

4) Vgl. RAG a.a.O.; Flatow § 78 Nr. 2 Anm. 2; Häußner III C m.w.N.; Sinzheimer S. 236; a.A. Fraenkel S. 1o4; Jacobi S. 3o9 ff.; Kaskel S. 61.

5) Vgl. Häußner I; lediglich bei Unterscheidung freiwilliger und behördlich zugelassener bzw. angeordneter (vgl. § 12 der DemobilmachungsVO vom 19.2.192o und § 2 der StillegungsVO vom 8.11.192o) Arbeitsstreckung wurde erstere bisweilen als Kurzarbeit und letztere nur als Arbeitsstreckung bezeichnet, vgl. Gros/Grube/Oechßler S. 51 f. sowie Hartner S. 66.

6) Vgl. SchlA Aschersleben und SchlA Düsseldorf, zit. nach Erdel SchlW 21, 1o1 f.; Goerrig SchlW 24, 5o (51); Häußner IV A; Stoll SchlW 21, 124.

die Kurzarbeit anzusehen sei. Die gegenteilige Auffassung[1] lehnte diese Beschränkung des § 78 Nr.2 BRG 192o auf die regelmäßige Arbeitszeit als Trugschluß ab. Wenn diese Vorschrift nur auf Dauer gedachte, d.h. neue Festsetzungen der Arbeitszeit erfasse, dann sei das Gesetz insofern überflüssig, als es neben der "Festsetzung" der Arbeitszeit auch noch deren Verlängerungen und Verkürzungen erwähne. § 78 Nr. 2 BRG 192o erfasse alle Veränderungen der regelmäßigen Arbeitszeit.

Wenn man die Einführung von Kurzarbeit als mitwirkungsbedürftig i.S. von § 78 Nr. 2 BRG 192o ansah[2], stellte sich die Frage nach der Bedeutung des Terminus "Mitwirkung". Teils[3] wurde Mitwirkung als Zwischenstufe innerhalb der von der Mitberatung bis zur Mitbestimmung reichenden Skala der Teilnahmerechte interpretiert, so daß der Betriebsrat bei mangelnder Einigung mit dem Arbeitgeber zum Abschluß einer Betriebsvereinbarung nicht den Schlichtungsausschuß anrufen konnte. Ähnlich war die Auffassung derjenigen[4], die unter Mitwirkung ein Verhandlungsrecht des Betriebsrats verstanden, ihm aber das Recht zur Anrufung des Schlichtungsausschusses einräumten, dessen Spruch den Arbeitgeber allerdings erst bei Verbindlicherklärung[5] band. Die h.M. in Literatur[6] und Rechtsprechung[7] stellte "Mitwirkung" und "Vereinbarung" gleich. § 78 Nr. 2 BRG 192o schaffe die Gleichberechtigung von Arbeitgeber

---

1) Vgl. <u>SchlA Guben</u> SchlW 23, 33 (35); <u>Erdel</u> SchlW 21, 1o1 (1o2) und 21, 199 (2o1); vgl. auch die in der nachfolgenden Fußnote Genannten.

2) Vgl. <u>GewG Mannheim</u> BRZ 23, 3o; <u>SchlA Bautzen</u> SchlW 23, 135 (136); <u>SchlA Guben</u> SchlW 23, 33 (35); <u>SchlA Frankfurt a.M.</u> SchlW 23, 74; <u>Erdel</u> SchlW 21, 146; <u>ders.</u> SchlW 21, 199 (2o1); <u>Raab</u> SchlW 22, 6 (7).

3) So prinzipiell <u>Mansfeld</u> § 78 Anm. 3 b; i.E. ebenso <u>SchlA Bautzen</u> a.a.O.

4) Vgl. <u>Erdel</u> a.a.O.; i.E. ebenso <u>SchlA Frankfurt</u> a.a.O.

5) Zu den Voraussetzungen der Verbindlicherklärung vgl. § 6 SchlichtungsVO.

6) Vgl. <u>Auerswald</u> Arbeitsgericht 29, 38 f.; <u>Ditges</u> AR 24, 8o5 ff.; <u>Flatow</u> Anm. RAG Bensh. 4, 2oo; <u>Hartner</u> S. 22 m.w.N.; <u>Potthoff</u> AR 24, 8o7 (821); <u>Schuldt</u> S. 54; <u>Sinzheimer</u> S. 236.

7) Vgl. <u>RAG</u> Bensh. 3, 98 (1oo); Bensh. 4, 2oo (2o2 f.); <u>AmtsG Dresden</u> NZfAR 26, 3o8.

und Betriebsvertretung bei der Verabredung von Normen für das Einzelarbeitsverhältnis. Mitwirkung und Mitbestimmung wurden danach als synonym behandelt[1].

Daß diese Interpretation in ein terminologisches Dilemma führte, nahm man in Kauf. § 78 BRG 192o unterschied nämlich schon vom Wortlaut her Mitwirkung (in Nr. 2) und Vereinbarung (in Nr. 3) und schien beiden Begriffen einen unterschiedlichen Sinngehalt zuzuweisen. Diese Vermutung wurde jedoch mit dem Argument bestritten[2], die Gegenüberstellung der beiden Worte rechtfertige nicht den Schluß, daß sie etwas Gegensätzliches bedeuteten. Eine dogmatisch fundierte Lösung meinte man darin sehen zu können, § 78 Nr. 2 BRG 192o nur nachgiebigen Charakter gegenüber der zwingenden Vorschrift des § 78 Nr. 3 BRG 192o zuzuweisen[3].

Damit lief der Anspruch auf Gleichberechtigung leer. Auch die genannte h.M. führte nicht zu einem Zustimmungsrecht des Betriebsrats. Das RAG[4] befand, der Arbeitgeber sei nicht verpflichtet, eine Betriebsvereinbarung zwecks Einführung von Kurzarbeit abzuschließen. Der Arbeitgeber könne nämlich auch im Wege einzelvertraglicher Vereinbarung die Arbeitszeit verkürzen, wobei es dann keiner Mitwirkung des Betriebsrats mehr bedürfe. Die h.M. im Schrifttum[5] unterstützte diese Lösung der Änderungskündigung und bemerkte, die Betriebsvereinbarung nach § 78 Nr. 2 sei nicht obligatorisch. Letztlich blieb die mitbestimmungsrechtliche Position des Betriebsrats mangels Notwendigkeit seiner Zustimmung im Ergebnis also doch schwach.

Eine weitere Einschränkung befürworteten diejenigen[6], die § 78 Nr. 2 BRG 192o nur auf die Lage, nicht aber auch die Dauer der

---

1) Vgl. Dietz Probleme S. 3.

2) Vgl. Auerswald a.a.O.

3) Vgl. Hartner a.a.O.

4) Vgl. RAG Bensh. 5, 1o2 (1o7 f.); 6, 176 (179 f.).

5) Vgl. jeweils mit Nachweisen Nikisch AR 26, 683 (7o1); Mansfeld § 78 Anm. 3 d (S. 392).

6) Vgl. GewG Falkenstein SchlW 23, 137 (138); GewG Großenhain SchlW 25, 7o; SchlA Plauen SchlW 23, 232; Mörbitz NZfAR 22, 354 (355).

durch Kurzarbeit reduzierten[1] Arbeitszeit erstreckten. Dies folge daraus, daß die Einführung von Kurzarbeit eine Frage des Produktionsumfanges bedeute, welche in der alleinigen Entscheidungsmacht des Arbeitgebers liege. Bei der Lage der verkürzten Arbeitszeit konnte es jedoch ohne besondere Voraussetzungen zu einem verbindlichen Schiedsspruch kommen[2]. Nur insoweit bestand also ein erzwingbares Mitbestimmungsrecht des Betriebsrats.

---

1) Die Dauer der regelmäßigen Arbeitszeit gehörte gem. § 134 b GewO zum obligatorischen Inhalt der Arbeitsordnung, die gem. § 78 Nr. 3 BRG 192o durch Betriebsvereinbarung erlassen wurde, wobei der Schlichtungsausschuß bei mangelnder Einigung der Betriebsparteien keinen bindenden Schiedsspruch zu fällen vermochte; nach Auffassung des RAG Bensh. 11, 117 (119 f.) konnte Kurzarbeit daher unabhängig von § 134 GewO vereinbart werden.

2) Vgl. Mansfeld § 66 Anm. c (S. 315).

§ 5 AOG 1934

I. Verlust der betrieblichen Mitbestimmungsrechte

Die zunächst organisch verlaufene Entwicklung des Betriebsverfassungsrechts - so die Wertung von Hueck/Nipperdey[1] - fand durch die Zeit des Nationalsozialismus eine nachhaltige Unterbrechung. Das Gesetz zur Ordnung der nationalen Arbeit (AOG) vom 1o.1.1934[2] orientierte sich nicht mehr an der Rolle von Arbeitgeber und Arbeitnehmer als von verschiedenen Interessen geleiteten Vertragsgegnern[3]. Es postulierte statt dessen die Vision der Betriebsgemeinschaft aller im Betrieb Arbeitenden, die zugleich als Teil der - scil. nationalsozialistischen[4] - Volksgemeinschaft verstanden wurde[5]. Die Betriebsgemeinschaft wurde mit den Begriffen Einheit, Interessengemeinschaft und "seelische" Gemeinschaft beschrieben[6]. Das RAG[7] sprach von der "zur Schicksalsgemeinschaft verbundenen Betriebsgemeinschaft des Unternehmers und der Gefolgschaft".

Innerhalb der so verstandenen Betriebsgemeinschaft kannte das AOG nur noch das Führerprinzip, das den Unternehmer als Betriebsführer, überwacht nur durch die Treuhänder der Arbeit, zur alleinigen Entscheidungsmacht gegenüber der zur "Gefolgschaft" degradierten Arbeitnehmerschaft legitimierte. Diesem in § 1 AOG dekretierten Grundgedanken konsequent entsprechend setzte § 65 AOG das BRG 192o mitsamt dem ganzen bis dahin geltenden kollektiven Arbeitsrecht außer Kraft. Die Betriebsräte

---

1) Vgl. Hueck/Nipperdey II/2 S. 1o7o.

2) RGBl I S. 45 ff.

3) Zur Betriebsverfassung im Nationalsozialismus vgl. Ramm KJ 68, 1o8 ff.; Rüthers AuR 7o, 97 ff.; Unterseher KJ 68, 95 (1o2 f.)

4) Diese Verbindung dokumentieren neben weiten Teilen der arbeitsrechtlichen Literatur jener Zeit anschaulich die Ausführungen von Crone zum "Ganzheitserlebnis des Nationalsozialismus" und den "nationalsozialistischen Grundgedanken des AOG", vgl. ders. S. 6 ff.

5) Vgl. Hueck/Nipperdey/Dietz § 1 Rn 4.

6) Vgl. Hientzsch S. 4 f.

7) Vgl. RAG ARSamml. 24, 93 (95).

wurden abgeschafft. Mit ihnen gingen die bislang bekannten Beteiligungsrechte der Arbeitnehmer verloren. Die Mitbestimmung der "Geführten" stand dem absoluten Anspruch auf Autorität und unbedingte Unterordnung nach dem Führerprinzip entgegen [1].

An die Stelle der Betriebsräte trat ein aus mehreren Vertrauensmännern gebildeter Vertrauensrat, der mit lediglich unverbindlichen Funktionen wie der Pflicht zur Vertiefung des gegenseitigen Vertrauens und der Beratung des Betriebsführers in betrieblichen Angelegenheiten ausgestattet war (§§ 5 ff. AOG). Er hatte keinerlei Entscheidungsmacht[2]. Die "gleichberechtigte Mitbestimmung" wurde durch "Beratung" ersetzt[3].

II. Einführung von Kurzarbeit ohne Beteiligung der Arbeitnehmer

Dementsprechend hatten die Arbeitnehmer und ihre Vertreter bei der Einführung von Kurzarbeit praktisch keine Einflußmöglichkeiten. Wenn überhaupt, hatte sich der Unternehmer in dieser Frage allenfalls mit dem zuständigen Treuhänder der Arbeit auseinanderzusetzen. Bei keiner der Möglichkeiten, Kurzarbeit einzuführen, waren dem Vertrauensrat relevante Mitwirkungsmöglichkeiten eingeräumt.

Wurde Kurzarbeit aufgrund der Ermächtigung des Treuhänders der Arbeit gem. § 2o III AOG angeordnet, weil der Unternehmer nicht in der Lage war, den Betrieb bis zum Wirksamwerden von Massenentlassungen voll durcharbeiten zu lassen, bedurfte es unstreitig[4] keiner Zustimmung der Arbeitnehmer. Der Vertrauensrat wurde auch nicht gefragt, wenn die Arbeitnehmer keine freiwillige Vereinbarung abschließen wollten und der Arbeitgeber daraufhin eine Ände-

---

1) Vgl. Hientzsch S. 11.

2) Vgl. Hueck Deutsches Arbeitsrecht S. 192; Hueck/Nipperdey/Dietz § 6 Rn 4.

3) Vgl. Mansfeld/Pohl/Steinmann/Krause § 6 Anm. 2c.

4) Vgl. Hueck/Nipperdey/Dietz § 2o Rn 52; Mansfeld/Pohl/Steinmann/Krause § 2o Anm. 4; Wiedemann DtAR 36, 155 (159).

derungskündigung aussprach[1]. Lediglich bei der Einführung von Kurzarbeit durch eine Betriebsordnung gab es schwach ausgeprägte Beteiligungsformen durch den Vertrauensrat. Denn die Kurzarbeit war als Abweichung von der Regelarbeitszeit zwar nicht im obligatorischen (§ 27 I AOG), wenigstens aber im fakultativen (§ 27 II AOG) Teil der Betriebsordnung regelbar[2]; obgleich der Betriebsführer diese Betriebsordnung gem. § 26 AOG einseitig erlassen konnte, mußte er sie doch mit dem Vertrauensrat "beraten" (§ 6 II AOG). Wirksamkeitsvoraussetzung für die Einführung von Kurzarbeit war diese Anhörung indessen nicht[3]. Die Einseitigkeit des Erlasses der Betriebsordnung blieb durch § 6 AOG unangetastet[4].

III. Einfluß der Treuhänder der Arbeit bei der Anordnung von Kurzarbeit

Lediglich die Treuhänder der Arbeit stellten für die Unternehmer mitunter beachtenswerte Gegenspieler in der Gestaltung des Arbeitslebens dar. Sie hatten nämlich nicht nur gem. § 19 I Nr. 5 AOG die Durchführung der Bestimmungen über die Betriebsordnung zu überwachen[5], sondern konnten diese aufgrund § 19 I Nr. 3 AOG sogar selbst festsetzen[6]. Voraussetzung dafür war allerdings die Anrufung des zuständigen Treuhänders der Arbeit durch den Vertrauensrat gem. § 16 AOG. Die Möglichkeit, auf diesem Wege die vom Unternehmer durch Betriebsordnung einseitig angeordnete Kurzarbeit wirksam anzugreifen, blieb aber eher theoretisch. Man meinte nämlich[7], es komme der "Sabotage" gleich, wenn von der Anrufung des Treuhänders gegen Entscheidungen des Betriebsführers "übermäßig und leichtfertig" Gebrauch gemacht würde. So blieb die

---

1) Vgl. Wiedemann a.a.O.

2) Vgl. Hueck/Nipperdey/Dietz § 27 Rn 2; Mansfeld/Pohl/Steinmann/Krause § 27 Anm. 3a.

3) Vgl. Hueck/Nipperdey/Dietz § 6 Rn 14.

4) Vgl. Mansfeld/Pohl/Steinmann/Krause Vorb. 3a zu §§ 26-31.

5) Nach 1938 wurde daraus sogar eine Genehmigungspflicht der Betriebsordnungen durch den Treuhänder der Arbeit, vgl. Hueck Deutsches Arbeitsrecht S. 265.

6) Vgl. Mansfeld/Pohl/Steinmann/Krause Vorb. 3b zu §§ 26-31.

7) Vgl. Nikisch AOG S. 42.

Festsetzung der Betriebsordnung durch den Treuhänder der Arbeit eine Ausnahme[1], obgleich das Anrufungsrecht als wesentliches Mittel staatlicher Kontrolle und Korrektur angesehen wurde[2].

Auch die von den Treuhändern der Arbeit gem. § 32 II AOG zu erlassenden, den Betriebsordnungen vorgehenden Tarifordnungen stellten in der Regel kein Hindernis für einseitige Anordnungen von Kurzarbeit durch den Arbeitgeber dar. Denn aus der Mehrzahl der Tarifordnungen ergaben sich keine zwingend vorgeschriebenen Bestimmungen über die Einführung von Kurzarbeit[3]. Soweit die Tarifordnungen dennoch Regelungen über die Kurzarbeit enthielten, gaben sie überwiegend dem Unternehmer das Recht, Kurzarbeit ohne Lösung der Arbeitsverhältnisse und ohne Angebot neuer Arbeitsbedingungen einzuführen[4].

---

1) Vgl. Mansfeld/Pohl/Steinmann/Krause a.a.O.

2) Vgl. Hueck/Nipperdey/Dietz § 16 Rn 3.

3) So Norden DtAR 36, 1o3.

4) So Norden a.a.O.

§ 6 Das KRG Nr. 22 und die Betriebsrätegesetze der Länder

I. Auseinanderentwicklung des Betriebsräterechts nach dem 2. Weltkrieg

Nach 1945 kam es zunächst in Thüringen durch das Gesetz über die Bildung vorläufiger Betriebsräte, ihre Rechte und Aufgaben vom 1o.1o.1945[1], in dessen Mittelpunkt die Mitbestimmung in personellen und wirtschaftlichen Angelegenheiten stand, und sodann durch das KRG Nr. 22 der vier Besatzungsmächte[2] zur Erneuerung des Betriebsräterechts. Das AOG 1934 wurde formell durch das KRG Nr. 4o vom 3o.11.1946 aufgehoben. Obwohl Art. 1 KRG Nr. 22 die Errichtung und Tätigkeit von Betriebsräten in ganz Deutschland gestattete, trennten sich die Wege der westlichen und östlichen Besatzungszonen bald. In letzterer nahm die Bedeutung der Betriebsräte seit 1948 zugunsten der Betriebsgewerkschaftsleitungen immer mehr ab[3]; durch die Bitterfelder Beschlüsse vom 26.11.1948 wurden sie gänzlich abgeschafft und ihre Rechte auf den FDGB übertragen[4]. Aufgrund der Beseitigung des Privateigentums an den Produktionsmitteln rückte sodann der "qualitativ neue Charakter der sozialistischen Arbeit" in den Mittelpunkt des Verständnisses der Mitwirkung der Werktätigen in den Betrieben der späteren DDR, welches insoweit mit der Rechtslage in der Bundesrepublik Deutschland nicht mehr vergleichbar ist[5].

In den Ländern der westlichen Zonen prägten das KRG Nr. 22 und mehrere Betriebsrätegesetze den normativen Rahmen der betrieblichen Teilhaberechte. Dabei wurden, wie im Schrifttum der damaligen Zeit[6] berichtet wird, den vielerorts spontan entstandenen Betriebsräten von den Arbeitgebern vielfach auch Aufgaben der Mitbestimmung zuerkannt. Im folgenden sollen aber solche durch Betriebsvereinbarung

---

1) GesSlg S. 41 ff.

2) Zum Verhältnis beider Gesetze vgl. Drath RdA 48, 13o ff.

3) Vgl. Granzow RdA 51, 3o9; Roesch RdA 49, 179.

4) Vgl. Hoff S. 175 ff.

5) Vgl. Rüthers BRD : DDR S. 162 ff.; zur betrieblichen Mitwirkung in der DDR vgl. zuletzt die gleichnamige Schrift von Metz sowie Ramm FS Duden S. 439 (453 ff.).

6) Vgl. Drath a.a.O. (S. 133).

eingeräumten Mitbestimmungsrechte hinsichtlich der Einführung von Kurzarbeit außer Ansatz bleiben.

II. Das KRG Nr. 22

Am 1o.4.1946 erging das außerordentlich lückenhafte und mit vielerlei Zweifelsfragen belastete KRG Nr. 22 bezüglich der Betriebsräte[1]. Bis dahin hatten nur Betriebsobleute bestanden, denen in Fragen der Arbeitszeit keine Verhandlungskompetenz mit dem Arbeitgeber zugestanden worden war[2]. Das Kontrollratsgesetz Nr. 22 lautete in Art. V u.a. folgendermaßen:

> "1. Soweit nicht anderweitige gesetzliche Regelungen oder Beschränkungen bestehen, kann sich der Betriebsrat mit den folgenden den Schutz der Interessen der Arbeiter und Angestellten eines Betriebes betreffenden grundsätzlichen Aufgaben beschäftigen:
>
> a) mit dem Arbeitgeber über Anwendungen der Tarifverträge und der internen Betriebsordnung in den einzelnen Betrieben zu verhandeln;
>
> b) mit dem Arbeitgeber über Vereinbarungen für den Erlaß von Betriebsordnungen zum Zwecke des Arbeitsschutzes einschließlich der in das Gebiet der Unfallverhütung, ärztlicher Betreuung, betriebshygienischen und sonstigen Arbeitsbedingungen ... fallenden Angelegenheiten zu verhandeln;
>
> ...
>
> 2. Die Betriebsräte bestimmen im Rahmen dieses Gesetzes selbst ihre Aufgaben im einzelnen und die dabei zu befolgenden Verfahren."

Ein Mitbestimmungsrecht bei der Einführung von Kurzarbeit war in diesem Gesetzestext nicht angesprochen. Es wurde, soweit ersichtlich, auch nirgends gefordert. In den spärlichen Erörterungen des Schrifttums lassen sich lediglich zwei untereinander verzahnte Problemgruppen hinsichtlich der Einführung von Kurzarbeit feststellen: einmal, ob überhaupt eine Zuständigkeit des Betriebsrats gegeben sei, fernerhin, ob eine Betriebsvereinbarung über die Einführung von Kurzarbeit möglich sein sollte.

Die funktionelle Zuständigkeit des Betriebsrats war nach der Auffassung derjenigen anzunehmen, die aus Art. V 1 S. 1 KRG Nr. 22

---

1) AmtsBl des Kontrollrats in Deutschland 1946, 133 ff.

2) Vgl. Fitting RdA 48, 89.

schlossen, der Betriebsrat könne sich auch mit anderen als den in Art. V 1 a-f KRG Nr. 22 aufgezählten Angelegenheiten befassen[1], oder die aus Art. V 1 b, f KRG Nr. 22 folgerten, grundsätzlich bestehe ein Mitbestimmungsrecht in sozialen Fragen[2]. Es wurde auch im Hinblick auf Art. V 1 a KRG Nr. 22 argumentiert, Arbeitgeber und Betriebsrat könnten über alle Bestimmungen, die den Inhalt der Einzelarbeitsverträge bildeten, Vereinbarungen treffen, so daß "alle Fragen der Arbeitszeit, Überstunden usw." verhandlungsfähig seien[3]. In diesem Zusammenhang erhob sich das rechtliche Problem, ob das KRG Nr. 22 ein Rahmen- oder aber nur ein Richtliniengesetz darstellte[4]. Die Praxis setzte sich über die Grenzen dieses Gesetzes jedenfalls oft hinweg[5].

Umstritten war auch, ob Betriebsvereinbarungen über die Einführung von Kurzarbeit zulässig sein sollten. Den Befürwortern einer solchen Betriebsvereinbarungsfreiheit[6] wurde entgegengehalten, Art. V KRG Nr. 22 beziehe sich nur auf Ordnungsvorschriften und nicht auch auf vertragliche Bestimmungen[7]. Jedenfalls bestand aber kein Zwang zum Abschluß von Betriebsvereinbarungen[8]. Im Zuge von Massenentlassungen wurde ein Recht der Arbeitsbehörde, einseitig Kurzarbeit anzuordnen, befürwortet[9].

III. Die Betriebsrätegesetze der Länder

Die Länder der westlichen Zonen erließen bis auf Nordrhein-Westfalen, Niedersachsen und Hamburg Betriebsrätegesetze, bei denen das

---

1) So Treichel S. 51.

2) So Müller BB 48, 1o6 (1o8).

3) So Meuser/Huth S. 139.

4) Vgl. dazu Drath RdA 48, 13o ff.; Fitting RdA 48, 89 ff.; Fitting Betriebsräterecht S. 19; Heimerich BB 47, 73 (74); Leydhecker BlStSozArbR 48, 247; Mangold/Kämpgen S. 21; Meuser/Huth S. 139; Oppler SJZ 47, 169 ff.

5) Vgl. Oppler a.a.O. (S. 172).

6) Vgl. Bührig BB 49, 249; Citron RdA 49, 241 (243); Denecke RdA 51, 5 ff.; Hilger BB 5o, 399; Nikisch BB 49, 1o3; Waechter BlStSozArbR 49, 2o6.

7) So Bertermann BlStSozArbR 49, 182; Loppuch S. 73 f.

8) Vgl. Heimerich BB 47, 73 (74); N.N. BB 48, 18 (19); Reuscher SJZ 47, 25 (3o).

9) Vgl. Sturn BB 48, 227 (228).

Mitbestimmungsrecht eine wichtige Rolle spielte. In einer Zeit, in der den Beteiligten die - so Nikisch[1] - "jahrelang propagierte Betriebsgemeinschaft unter den außergewöhnlichen Zeitumständen zum inneren Erlebnis wurde, weil jeder einsah, daß er seinen eigenen Zwecken nur dienen konnte, wenn er die der anderen förderte", gingen diese Betriebsrätegesetze teilweise weit über das BRG 192o und selbst das BetrVG 72 hinaus. Infolge der Uneinheitlichkeit dieser Gesetze kam es jedoch zu einer kaum mehr zu überbietenden Rechtszersplitterung[2] und zugleich auch einer nicht geringen Rechtsunsicherheit. Einzelne dieser Gesetze kollidierten nämlich nach Ansicht der Besatzungsmächte mit dem KRG Nr. 22 und wurden teilweise, wie z.B. § 3o des HessBRG, durch die Militärregierungen suspendiert. In einzelnen Ländern galt das KRG Nr. 22 auch neben den Landesgesetzen noch formell weiter, während es in anderen aufgehoben wurde[3].

Hinsichtlich der Arbeitszeit wurden in mehreren dieser Gesetze mangels deutlicher Formulierungen einzelne Kontroversen des nachfolgenden BetrVG 52 bereits vorgezeichnet. So lautete Hessens Betriebsrätegesetz vom 31.5.1948[4], laut Engler[5] der erste Versuch in Europa zur gesetzlichen Kodifizierung der Gleichberechtigung zwischen Arbeitgeber und Arbeitnehmer, in § 34 Nr. 3 folgendermaßen:

> "Der Betriebsrat hat, soweit eine tarifliche Regelung nicht besteht, insbesondere in folgenden Angelegenheiten mitzubestimmen: ... Festlegung der Arbeitszeit, insbesondere bei Verlängerung und Verkürzung der regelmäßigen Arbeitszeit ..."

Bezog man diesen Text auf die Dauer der Arbeitszeit, konnte man ein Mitbestimmungsrecht bei der Einführung von Kurzarbeit bejahen[6]. Allerdings war die Aufzählung der Mitbestimmungstatbestände im Hessischen Betriebsrätegesetz nur beispielhaft[7], so daß dieses Mitbestimmungsrecht auf jeden Fall in Betracht kam. Die jeweiligen

1) Vgl. Nikisch III S. 7.

2) Vgl. Hueck RdA 52, 366.

3) Vgl. Hueck/Nipperdey II/2 S. 1o7o f.

4) GVBl S. 117 ff.

5) Vgl. Engler RdA 48, 15 (17).

6) So Engler BRG § 34 Rn 6 a.E.

7) Vgl. Müller BB 49, 335.

Mitbestimmungstatbestände waren zusätzlich dadurch abgesichert, daß § 36 HessBRG die Durchführung von Maßnahmen nach § 34 HessBRG, die ohne Zustimmung des Betriebsrats zustande gekommen waren, für unzulässig erklärte. Verstöße gegen § 34 HessBRG waren danach rechtsunwirksam[1].

Nur von der Lage der Arbeitszeit handelte § 33 A Nr. 2 c des Ausführungsgesetzes zu Art. 47 der Landesverfassung der Freien und Hansestadt Bremen (Bremer Betriebsrätegesetz) vom 1o.1.1949[2]:

> "Das Mitbestimmungsrecht des Betriebsrats in sozialen Fragen erstreckt sich in Privatbetrieben insbesondere auf folgende Aufgaben: ... Die Festlegung der Lage der Arbeitszeit, insbesondere bei Verlängerung und Verkürzung der regelmäßigen Arbeitszeit."

Allerdings waren gem. § 29 BremBRG <u>alle</u> sozialen Angelegenheiten ohne weitere Differenzierung der gleichberechtigten Mitbestimmung zugewiesen. Das Mitbestimmungsrecht nach § 33 stellte insoweit nur ein Beispiel dar[3]; die Tendenzschutzbestimmung bildete praktisch die einzige Grenze für die betriebliche Mitbestimmung in sozialen Angelegenheiten[4].

Deutlicher bestimmte § 27 I 1 Nr. 4 des Gesetzes zur Regelung vordringlicher Angelegenheiten der Betriebsräte von Schleswig-Holstein vom 3.5.195o[5]:

> "Soweit nicht eine tarifliche Regelung entgegensteht, sind folgende soziale Angelegenheiten, wenn der Betriebsrat oder der Arbeitgeber dies verlangt, durch Betriebsvereinbarung zu regeln: ... Verlängerung oder Verkürzung der regelmäßigen Arbeitszeit mit Ausnahme von einmalig erforderlichen Überstunden ..."

Die Verkürzung der regelmäßigen Arbeitszeit konnte gem. § 27 II dieses Gesetzes wirksam aber nur im Einvernehmen mit den Gewerkschaften beschlossen werden. Dies sollte betriebsegoistischen Interessen vorbeugen[6].

---

1) Vgl. <u>Engler</u> BRG § 36 Rn 2.

2) GBl S. 7 ff.

3) Vgl. <u>Müller</u> a.a.O.

4) Vgl. <u>Galperin</u> RdA 49, 91 (92).

5) GBl S. 169 ff.

6) Vgl. <u>Gramm</u> RdA 5o, 213 (215 f.).

Ebenfalls nur beispielhaft[1] war die Aufzählung des Badischen Gesetzes vom 24.9.1948[2], das in § 21 I d lautete:

> "In personellen und sozialen Angelegenheiten hat der Betriebsrat ein unmittelbares Mitbestimmungsrecht: Bei der Regelung der sozialen Angelegenheiten: ... insbesondere bei ... der Regelung der tariflichen und betrieblichen Arbeitsbedingungen ..."

Nach diesem Gesetz bestand in sozialen Angelegenheiten, insbesondere bei der Regelung der Arbeitsbedingungen, ein weitgehendes Mitbestimmungsrecht[3], dessen Normierung in Gesetzgebungsverfahren unbestritten war[4].

Eine erschöpfende Regelung[5], in der die Dauer der Arbeitszeit mitbestimmungsrechtlich ausdrücklich erfaßt war, brachte das Beteiligungsgesetz von Württemberg-Baden vom 18.8.1948[6], dessen § 17 I Nr. 1 folgendermaßen hieß:

> "Soweit keine tarifliche oder gesetzliche Regelung besteht, werden durch Betriebsvereinbarung zwischen Arbeitgeber und Betriebsrat unter Zuziehung der Vertreter der Gewerkschaften und der Arbeitgeber-Organisationen geregelt: ... Dauer und Verteilung der Arbeitszeit".

Allerdings sollte damit kein Zwang zum Abschluß einer Betriebsvereinbarung über die Dauer der Arbeitszeit verbunden sein. Wenn beide Betriebsparteien von einer Betriebsvereinbarung Abstand nehmen wollten, sollte ihnen dies, wie im Schrifttum[7] angemerkt wurde, unbenommen bleiben. Sofern eine betriebliche Regelung erfolgen sollte, mußte diese jedoch in Form einer Betriebsvereinbarung ergehen[8], so daß die Einführung von Kurzarbeit durch Betriebsvereinbarung nicht gegen den Willen des Betriebsrats möglich war.

Nach § 66 Nr. 2 des Betriebsrätegesetzes von Württemberg-Hohenzollern vom 21.5.1949[9], wirkte der Betriebsrat gleichberechtigt mit

---

1) Vgl. Müller a.a.O.

2) GVBl S. 2o9 ff.

3) Vgl. Rappenecker RdA 49, 41 (42).

4) Vgl. Rappenecker Badisches Betriebsräterecht S. 8

5) Vgl. Müller a.a.O.

6) RegBl S. 133 ff.

7) Vgl. Löwisch/Müller S. 31.

8) Vgl. Gros RdA 48, 126 (128 f.).

9) RegBl S. 153 ff.; vgl. dazu Schäffer BlStSozArbR 49, 251 ff.

dem Arbeitgeber bei der Festsetzung allgemeiner Arbeitsbedingungen mit. Die Arbeitszeit war hier zweimal angesprochen: Während § 66 a Nr. 6 dieses Gesetzes nur die regelmäßige betriebliche Arbeitszeit und die Überstunden erfaßte, berechtigte § 66 a Nr. 1 i.V. mit § 66 m II Nr. 2 dieses Gesetzes den Betriebsrat zum Abschluß von Betriebsvereinbarungen, insbesondere der Vereinbarung einer Betriebsordnung, in welcher die Dauer der Arbeitszeit geregelt werden konnte.

Dem Gesetzeswortlaut nach lediglich ein Mitwirkungsrecht sahen die drei restlichen Ländergesetze von Bayern, Rheinland-Pfalz und dem Saarland vor.

§ 49 I g des Bayerischen Betriebsrätegesetzes vom 25.1o.195o[1] wies dem Betriebsrat die Aufgabe zu,

> "soweit eine tarifvertragliche Regelung nicht besteht, im Auftrag oder mit Zustimmung der zuständigen Gewerkschaften bei der Regelung der Löhne und sonstigen Arbeitsbedingungen mitzuwirken, namentlich ... bei der Festsetzung der Arbeitszeit, insbesondere wenn die regelmäßige Arbeitszeit geändert werden soll".

Damit war die Einführung der Kurzarbeit betriebsverfassungsrechtlich regelbar[2]. Sofern man den Begriff der Mitwirkung als rechtsgestaltende Mitbestimmung für das Zustandekommen einer Regelungsbetriebsvereinbarung verstand[3], kam die Einführung von Kurzarbeit durch Betriebsvereinbarungen ohne Zustimmung des Betriebsrats nicht in Betracht.

Gem. § 37 Nr. 3 der rheinland-pfälzischen Landesverordnung über die Errichtung und Tätigkeit von Betriebsräten vom 15.5.1947[4] hatte der Betriebsrat die Befugnis,

> "bei der Durchführung der Tarifverträge, der Festsetzung der Akkorde oder sonstiger Leistungsentgelte sowie der Regelung der Arbeitszeit, des Urlaubs und aller sonstigen Arbeitsbedingungen mitzuwirken".

---

1) GVBl S. 227 ff.; vgl. dazu Oechsle RdA 5o, 44o .

2) Vgl. Meissinger/Raumer S. 92.

3) So Meissinger/Raumer S. 91.

4) VOBl S. 258 ff.

Diese Landesverordnung stellte das erste Betriebsrätegesetz in den Westzonen dar. Sie enthielt keine Regelung über die Art des Mitwirkungsrechts, so daß offen blieb, in welcher Weise der Betriebsrat bei der Regelung der Arbeitszeit seine abweichende Ansicht gegenüber dem Arbeitgeber rechtswirksam zur Geltung bringen konnte[1]. Von "Mitbestimmung" sprach diese Landesverordnung im Rahmen der Aufgaben des Betriebsrats nicht.

Nach § 7 der Verordnung über die Betriebsräte im Saarland vom 1.8.1947[2] bestimmte der Betriebsrat im Rahmen dieser Verordnung selbst seine Aufgaben und ihre Durchführung. Dabei hatte er gem. Nr. 9 dieser Verordnung insbesondere

> "bei allen Lohnfragen und sonstigen Arbeitsbedingungen (insbesondere bei der Regelung der Arbeitszeit und des Urlaubs sowie bei der Ausbildung der Lehrlinge) mitzuwirken".

Nur dann, wenn man den Begriff der Mitwirkung dahingehend verstand, der Betriebsrat erfülle dadurch eine rechtsgestaltende Funktion, daß er mit dem Arbeitgeber Vereinbarungen über die Arbeitszeit zu treffen habe[3], ließ sich ein Mitbestimmungsrecht bei der Einführung von Kurzarbeitszeit rechtfertigen. Allein vom Gesetzeswortlaut her war ein solches Ergebnis allerdings nicht gedeckt.

---

1) Vgl. N.N. BB 47, 29o (291).

2) Abl Nr. 39.

3) So Hauptverwaltung der Einheitsgewerkschaft Saar S. 42.

§ 7 BetrVG 52

A. Der gesetzliche Ausgangspunkt: § 56 I lit. a BetrVG 52

Eindeutig war während der Geltung des BetrVG 52, daß der Arbeitgeber Kurzarbeit jedenfalls dann nicht einseitig kraft seines Direktionsrechts anordnen konnte, wenn sich damit seine aus dem Arbeitsvertrag folgende Vergütungspflicht verringert hätte. Er wäre dann in Annahmeverzug geraten und hätte den Lohn weiterzahlen müssen (§ 615 BGB). Zur wirksamen Einführung von Kurzarbeit bedurfte der Arbeitgeber - wenn er nicht zur Änderungskündigung greifen wollte[1] - grundsätzlich der gesetzlichen Ermächtigung oder einer kollektiv- oder individualrechtlichen Vereinbarung[2]. Darüber, ob die kollektivrechtliche Regelung außer in Form eines Tarifvertrages auch im Wege der erzwingbaren Mitbestimmung des Betriebsrats erfolgen konnte[3], enthielt das BetrVG 52 keine explizite Aussage. Das Gesetz befaßte sich lediglich allgemein mit der täglichen Arbeitszeit. Die sedes materiae, § 56 I lit. a BetrVG 52, lautete folgendermaßen:

---

1) Zur Einführung von Kurzarbeit mittels kollektiver Änderungskündigung vgl. Ramm DB 64, 1174 (1178).

2) Vgl. BAG AP Nr. 1 (1R), 2 (1R) und 3 (1R) zu § 615 BGB Kurzarbeit; AP Nr. 13 zu § 615 BGB Betriebsrisiko (2R); AP Nr. 1 (1R) und 2 (1R) zu § 56 BetrVG 52 Arbeitszeit; LAG Hamm AP 53 Nr. 241; Beitzke Anm.BAG SAE 7o, 1 (4); Bobrowski/Gaul D III Rn 49; Farthmann AR-Blattei Arbeitszeit V Kurzarbeit, B I 1. B IV 2; Fauth AZR S. 81; Galperin DB 52, 186 (187); Hahn S.21; Herschel Anm. BAG AuR 69, 381 (383); Hessel Anm. BAG AR-Blattei Kurzarbeit Entsch. 2, 1; Hueck/Nipperdey I S. 213; Kehrmann AuR 67, 193 (199); F.W.Kraft AuR 6o, 353 (361); Küchenhoff Anm. BAG AP Nr. 2 zu § 56 BetrVG 52 Arbeitszeit (3R); Meisel/Hiersemann (1. Aufl.) § 3 Rn 38; Neumann-Duesberg Anm. BAG AP Nr. 1 zu § 615 BGB Kurzarbeit (3R); Nikisch I S. 644, III S. 395; Schlessmann S. 352; Siebert AR-Blattei Arbeitszeit V, B IV 3 und E II 1; Söllner Anm. BAG AP Nr. 2 zu § 615 BGB Kurzarbeit (3R); ders. Leistungsbestimmung S. 71, 73; Weller S. 182; Woltereck AR-Blattei Automation I, B I.

3) In diesem Fall wäre dann die Möglichkeit einzelvertraglicher Einführung von Kurzarbeit durch Vereinbarung mit den betroffenen Arbeitnehmern ausgeschlossen gewesen, vgl. Neumann-Duesberg Gesamtanm. BAG SAE 63, 13 (18).

"Der Betriebsrat hat, soweit eine gesetzliche oder tarifliche Regelung nicht besteht, in folgenden Angelegenheiten mitzubestimmen:

a.) Beginn und Ende der täglichen Arbeitszeit und der Pausen"

Ob dem Betriebsrat danach bei der Einführung von Kurzarbeit ein Mitbestimmungsrecht einzuräumen war, hing davon ab, ob man diese Vorschrift nicht nur auf die Lage, sondern auch auf die Dauer der Arbeitszeit bezog. Nur bei dieser Interpretation war die Kurzarbeit als Problem der Dauer der Arbeitszeit unter § 56 I lit. a BetrVG 52 zu subsumieren[1]. Die Frage hing mit dem gesamten Verständnis des Betriebsverfassungsrechts zusammen und war außerordentlich umstritten.

B. Die Mitbestimmung im Kurzarbeitsrecht nach herrschender Auffassung

I. Kein Mitbestimmungsrecht bei der Einführung von Kurzarbeit

Das BAG[2] und mit ihm die wohl h.M. im Schrifttum[3] verneinten ein Mitbestimmungsrecht bei der Einführung von Kurzarbeit. Danach

---

1) Zweifelhaft insoweit Walter BB 53, 89 (91), wonach die Kurzarbei eine andere als die in § 56 I lit. a-h BetrVG 52 genannten sozialen Angelegenheiten sein sollte.

2) Vgl. BAG AP Nr. 1 zu § 615 BGB Kurzarbeit (2); AP Nr. 14 zu § 56 BetrVG 52 (4); AP Nr. 3 zu § 56 BetrVG 52 Akkord (4R); AP Nr. 1 (2R), 2 (2R) zu § 56 BetrVG 52 Arbeitszeit; ebenso LAG Baden-Württemberg (Stuttgart) BB 59, 11o1; LAG Hamm DB 54, 11o7; LAG Hannover BB 54, 968; LAG Niedersachsen AuR 63, 285; ArbG Mannheim DB 53, 511; a.A. ArbG Essen DB 53, 915 und wohl auch LAG Bayern SAE 59, 153; trotz Anlasses im Sachverhalt offen gelassen von BAG AP Nr. 2 zu § 615 BGB Kurzarbeit (2) sowie AP Nr. 1 zu § 4 TVG Kurzarbeit mit insoweit kritischer Anmerkung Herschel; sehr unklar BAG AP Nr. 6 zu § 56 BetrVG 52 (2R), wonach man den Eindruck gewinnen könnte, die Einführung von Überstunden sei mitbestimmungspflichtig.

3) Vgl. Bobrowski/Gaul D III Rn 71 und O VIII Rn 13; Borgis BB 59, 743; ders. BB 6o, 48; Brüning S. 54; Caspers S. 139 ff.; Dersch Anm. BAG AP Nr. 2 zu § 56 BetrVG 52 (4R); Dietz Probleme S. 17; ders. Anm. LAG Bayern SAE 59, 153 (154 f.); ders. BetrVG § 56 Rn 27, 86, 98; ders. RdA 62, 39o (393); ders. BB 59, 121o (1215); Erdmann § 56 Rn 1o; Fauth AZR S. 1o3; ders. BB 62, 374 (375); Galperin BB 6o, 453; ders. BetrVG § 56 Rn 1o a; Galperin/Siebert § 56 Rn 23, 28, 33; Gaul Einigungsstelle S. 63; ders. BB 6o, 559 (56o); Gutike Anm. ArbG Mannheim SAE 52, 68 (69); Hahn S. 26, 34, 45 ff.; Herdrich S. 34; Hessel DB 53, 8o1; Hiersemann BB 62, 183 (185); ders. BB 65, 1274 (1275); Hueck/Nipperdey II/2 S. 1363; Hueck-Nipperdey Grundriß

hatte der Betriebsrat bei der Frage, ob überhaupt Kurzarbeit eingeführt werden solle, nicht mitzubestimmen. Im Gegensatz zu diesem Problem der Dauer der Arbeitszeit sollte jedoch die Lage der Kurzarbeit seiner Mitbestimmung unterliegen.

1.) Begründung aus dem gesetzlichen Wortlaut

Zum einen, so wurde argumentiert[1],spreche der Wortlaut des § 56 I lit. a BetrVG 52 eindeutig nur von der Lage der Kurzarbeit. Als Mitbestimmungstatbestände seien dort nur Beginn und Ende der täglichen Arbeitszeit aufgeführt, d.h. nur Anfangs- und Endpunkt der Arbeitszeit. Beginn und Ende der Arbeitszeit seien aber etwas anderes als deren Dauer. Von dieser sei im Gesetz nichts gesagt. Lage und Dauer der Arbeitszeit mitbestimmungsrechtlich zu koppeln sei auch nicht logisch zwingend geboten, da die Dauer der Arbeitszeit auch im Fall der Kurzarbeit in bestimmten Stundenzahlen festgesetzt zu werden pflege und die Verteilung dieses Arbeitsvolumens auf die Belegschaft nach gesonderten Kriterien erfolgen könne.

Vereinzelt[2] wurde das Mitbestimmungsrecht des Betriebsrats bei der Dauer der Arbeitszeit auch mit dem Einwand abgelehnt, § 56 I lit. a BetrVG 52 spreche nur von der "täglichen" Arbeitszeit[3]. Damit sei aber nur die betriebliche regelmäßig Arbeitszeit gemeint.

S. 35o (im Gegensatz zu Hueck/Nipperdey II (6. Aufl.) S. 825); Kraegeloh DB 52, 95o; Küchenhoff Anm. BAG AP Nr. 2 zu § 56 BetrVG 52 Arbeitszeit (4R); Mager/Wisskirchen § 56 Rn 41; Mareck S. 95 f.; Maus § 56 Rn 29 b f., 31; Meisel/Hiersemann AZO (1. Aufl.) § 3 Rn 41; Meissinger BetrVG § 56 Rn 6; Monjau DB 65, 7o3 f.; Neumann-Duesberg Betriebsverfassungsrecht S. 476; ders. Gesamtanm. BAG SAE 63, 13 (19 f.); ders. Anm. BAG AP Nr. 1 zu § 615 BGB Kurzarbeit (4R); Nikisch BB 53, 175 (177); ders. I S. 647; ders. III S. 395; Pawelke Anm. BAG SAE 58, 8 (11); Peters/Ossenbühl S. 24 Fn 54; Rewolle/Köst S. 262; Richardi Kollektivgewalt S. 292; Scheid S. 136 f.; Rainer Scholz S. 234 f.; Siebert BB 52, 95o (951); ders. AR-Blattei Arbeitszeit I C, D V 3; ders. AR-Blattei Arbeitszeit V, D II; Zmarzlik AZO § 3 Rn 33.

1) Vgl. BAG AP Nr. 14 zu § 56 BetrVG 52 (4); AP Nr. 1 (2R), 2 (2R) zu § 56 BetrVG 52 Arbeitszeit; Bobrowski/Gaul D III Rn 71; Borgis BB 6o, 48; Dietz BetrVG § 56 Rn 86 ff.; ders. Anm. LAG Bayern SAE 59, 153 (155); Neumann-Duesberg Gesamtanm. BAG SAE 63, 13 (19); Pawelke Anm. BAG SAE 58, 8 (11).

2) Vgl. ArbG Mannheim DB 53, 511; Nikisch BB 53, 175 (177); Siebert AR-Blattei Arbeitszeit V, D II; auf diese Möglichkeit der

Vorübergehende Änderungen dieser regelmäßigen Arbeitszeit, also beispielsweise die Kurzarbeit, seien darunter nicht zu verstehen[1]. Es bestehe nämlich ein Bedürfnis dafür, eilige Maßnahmen schnell und elastisch durchzuführen[2].

2.) Begründung aus der nach Sinn und Zweck gebotenen Beschränkung des § 56 BetrVG 52 auf formelle Arbeitsbedingungen

Zum anderen ließen Sinn und Zweck des § 56 BetrVG 52 die Erstrekkung des Mitbestimmungsrechts auf die Dauer der Arbeitszeit nicht zu[3]. Zweck der Vorschrift sei, ein Mitbestimmungsrecht hinsichtlich der betrieblichen Ordnung zu gewähren. Sie umfasse also nicht materielle, sondern nur formelle Arbeitsbedingungen und räume daher[4] auch nur bezüglich dieser ein erzwingbares Mitbestimmungsrecht ein[5].

Interpretation verwiesen auch Bobrowski/Gaul D III Rn 87.

3) A.A. ArbG Essen DB 53, 947, das demgegenüber gerade aus dem Fehlen des Wortes "regelmäßig" den Schluß zog, diese Abweichung gegenüber den Vorgängern des BetrVG 52 müsse beabsichtigt gewesen sein, so daß ein Mitbestimmungsrecht bei der Dauer der Arbeitszeit schlechthin, d.h. auch bei Abweichungen von der Normalarbeitszeit bestehe.

1) Das Problem tauchte auch bei der Lage der Arbeitszeit auf, vgl. unten S. 44 ff.

2) Ähnlich die Argumentation bei Rainer Scholz S. 235.

3) Vgl. BAG AP Nr. 1 (2R), 2 (2R) zu § 56 BetrVG 52 Arbeitszeit; Neumann-Duesberg Gesamtanm. BAG SAE 63, 13 (19).

4) I.E. übereinstimmend Kraegeloh DB 52, 95o mit der abweichenden Begründung, der Umfang der Arbeitspflicht sei weitgehend gesetzlich oder tariflich bestimmt.

5) Vgl. BAG AP Nr. 3 zu § 56 BetrVG 52 Akkord (4R); AP Nr. 1 (2R), 2 (2R, 3) zu § 56 BetrVG 52 Arbeitszeit; AP Nr. 2 (4), 3 (2R,3), 4 (3R) zu § 56 BetrVG 52 Entlohnung; AP Nr. 1 (1R), 3 (1R) zu § 56 BetrVG 52 Ordnung des Betriebes; AP Nr. 3 (1R), 6 (2) zu § 56 BetrVG 52 Wohlfahrtseinrichtungen; zu dieser Rechtsprechung vgl. Stahlhacke DB 63, 66 (67); wie das BAG im Schrifttum auch Biedenkopf Tarifautonomie S. 283 ff.; Boewer DB 7o, 2319 (2324); Canaris AuR 66, 129 (131); Caspers S. 14o; Dietz BB 59, 121o (1215); ders. Probleme S. 17 f.; ders. BB 6o, 367 (37o); ders. RdA 62, 39o (391); ders. Anm. BAG SAE 64, 36 (4o); ders. BetrVG § 56 Rn 24; Dietz/Gaul/Hilger S. 152 ff.; Dutti RdA 67, 135 (137 f.); Erdmann BetrVG § 56 Rn 32; ders. BlStSozArbR 71, 241 (244); Etzel ArbR Rn 158; Fauth BB 62, 374; ders. AZR 1o2 f., 11o f.; Galperin Regierungsentwurf S. 31; ders. BB 6o, 453; Galperin/Siebert § 56 Vorb. 18 ff.; Gaul BB 6o, 559 (56o); ders. Anm. BAG SAE 63, 1oo (1o2 f.); ders. Einigungsstelle S. 59 f.; ders. Arbeitslohn S. 69 f.;

a.) Das Begriffspaar formell - materiell

Das Begriffspaar formelle - materielle Arbeitsbedingungen[1] spielte unter dem BetrVG 52 eine zentrale Rolle für das Mitbestimmungsrecht in sozialen Angelegenheiten. Fußend auf der Lehre Sieberts[2], die von A. Hueck[3] und Schuldt[4] entwickelt und vorbereitet worden war, sollten nur formelle, nicht aber auch materielle Arbeitsbedingungen mitbestimmungspflichtig sein. Unter letzteren verstand man überwiegend diejenigen Arbeitsbedingungen, die das zwischen Arbeitgeber und Arbeitnehmer bestehende Verhältnis von Leistung und Gegenleistung, d.h. die Relation zwischen Arbeits- und Entgeltpflicht betrafen, während erstere die Ordnung des Betriebes gestaltende Maßnahmen zum Inhalt hatten[5].

---

ders. Arbeitsbewertung S. 2oo f.; Großhauser S. 45 ff.; Hiersemann BB 6o, 117o (1172 f.); ders. BB 62, 183 (184); ders. BB 65, 1274 (1276); (einschränkend) Hueck RdA 62, 37o (379); ders. Anm. BAG AP Nr. 3 zu § 56 BetrVG 52 Entlohnung (4R); Hueck/Nipperdey Grundriß S. 35o; ders. II/2 S. 1397; Köhn S. 8 ff.; Maus § 56 Vorb. 12, § 56 Rn 13, 29c; Meyer BB 65, 166 (167); Monjau BB 65, 7o3; Mummenhoff S. 132 ff., 139 ff.; Musa BetrVerf 59, 84 f.; Neumann-Duesberg Gesamtanm. BAG SAE 63, 13 (19); ders. Anm. BAG AP Nr. 6 zu § 56 BetrVG 52 Wohlfahrtseinrichtungen (5); ders. DB 64, 1155; (mit Einschränkungen) Nikisch III S. 374 f.; Nipperdey RdA 68, 45o (451); Pawelke BB 59, 1315 (1316); Richardi RdA 65, 49 (58); ders. Anm. BAG SAE 67, 293 (296); ders. RdA 69, 234 (235); ders. Kollektivgewalt S. 256, 27o; ders. FS Lübtow S. 755 (757); Rump S. 93 Fn 1; Scheid S. 125 ff.; Schönherr BlStSozArbR 65, 157; Rainer Scholz S. 234; Schwerdtfeger S. 23 Fn 27; Siebert AR-Blattei Arbeitszeit I C, D V 3; ders. BB 56, 46 (48); Stadler BB 63, 827 (829 f.); ders. BB 65, 1459 f.; Wiese Anm. BAG AR-Blattei Betriebsverfassung XIV B Entsch. 17, IV 3; ders. RdA 68, 41 (42); Zmarzlik AZO § 3 Rn 33.

1) Grundlegend dazu Boewer DB 7o, 2319 ff. Die Unterscheidung ist seit Jacobi Grundlehren S. 183 geläufig. Vgl. auch unten S. 73 ff.

2) Vgl. Galperin/Siebert § 56 Vorb. 18 ff.

3) Vgl. Hueck NZfAR 1923, 87 ff.

4) Vgl. Schuldt S. 17 ff.

5) Vgl. Dietz BetrVG § 56 Rn 24; Hilger BB 69, 448; Hueck/Nipperdey II/2 S. 1357 f.; Nikisch III S. 374 f.; Wlotzke S. 135.

Die Unterscheidung war allerdings nicht immer ganz eindeutig durchzuführen. So räumten auch zahlreiche Anhänger dieser Lehre[1] die mißglückte terminologische Erfassung beider Begriffsinhalte ein. Dennoch wurde als richtiger Kern der Definition "materielle Arbeitsbedingung" angesehen, daß es jedenfalls primär um die Regelung des Inhalts des Arbeitsverhältnisses gehe[2]; wenigstens typologisch sei die Unterscheidung hilfreich[3].

Nach dieser Auffassung war also bei der Kurzarbeit als gemischt materiell - formeller Arbeitsbedingung eine Aufteilung vorzunehmen: soweit es um die Dauer der Arbeitszeit bzw. deren Verkürzung ging, war diese Frage dem materiellen Bereich zuzuordnen, da die Dauer der Arbeitszeit das Verhältnis von Leistung und Gegenleistung betraf und mithin materiellen Charakters war; soweit die Lage der verkürzten Arbeitszeit in Rede stand, handelte es sich um eine Frage der Ordnung des Betriebes und sonach eine formelle Arbeitsbedingung.

b.) Argumente für die restriktive Interpretation

Mit drei Hauptgründen wurde die restriktive Interpretation des § 56 I lit. a BetrVG 52 auf den formellen Tatbestand begründet.

aa.) Die historische Entwicklung des Betriebsräterechts

Die historische Entwicklung des Betriebsräterechts spreche gegen die Erstreckung der Mitbestimmungsbefugnis auf die Dauer der Arbeitszeit[4]. Nur deren Beginn und Ende seien als Bestandteile der

---

1) Vgl. Boewer DB 7o, 2319 (2324); Canaris AuR 66, 129 (131); Dietz/Gaul/Hilger S. 153; Hilger BB 69, 448; Neumann-Duesberg DB 64, 1155 Fn 1; Richardi DB 71, 621 (624); Schelp DB 62, 1242 (1244); Wiese RdA 68,41; Wlotzke S. 135; Zöllner FS Nipperdey S. 7o6; skeptisch bereits Jacobi Grundlehren S. 183 f.

2) So Wiese RdA 68, 41 (47); ähnlich auch Gaul Arbeitsberwertung S. 2oo ff.

3) So Boewer DB 7o, 2319 (2325); Hueck/Nipperdey II/2 S. 1357 Fn 4; Nipperdey RdA 68, 45o (451).

4) Vgl. dazu BAG AP Nr. 1 (2R), 2 (3) zu § 56 BetrVG 52 Arbeitszeit; AP Nr. 3 zu § 56 BetrVG 52 Entlohnung (3); AP Nr. 3 (1R, 2), 6 (2) zu § 56 BetrVG 52 Wohlfahrtseinrichtungen; Biedenkopf Tarifautonomie S. 3o8; Boers BB 63, 563; Bobrowski/Gaul D III Rn 71; Brüning S. 42; Dietz Probleme S. 7; ders. Anm. LAG Bayern SAE 59, 153 (154); ders. BetrVG § 56 Rn 89; ders. BB 6o,

nach § 134 b GewO obligatorischen Arbeitsordnung, aus der § 56 BetrVG 52 hervorgegangen sei und deren Gegenstände die Vorschrift im wesentlichen erfasse, gem. § 78 Nr. 3 BRG 2o mitbestimmungspflichtig gewesen. Die Dauer der Arbeitszeit habe nach § 78 Nr.2 BRG 2o Gegenstand lediglich freiwilliger Betriebsvereinbarungen sein können. Die starken Parallelen, die diese beiden Normen in §§ 56, 57 BetrVG 52 gefunden hätten, rechtfertigten die Schlußfolgerung, daß in § 56 I lit. a BetrVG 52 lediglich die Lage der Arbeitszeit, nicht aber auch deren Dauer gemeint sei.

bb.) Vermeidung der Zwangsschlichtung

Unterstelle man auch materielle Arbeitsbedingungen der Mitbestimmung nach § 56 I BetrVG 52 und unterwerfe man sie damit der Einigungsprozedur des § 56 II BetrVG 52, sei damit praktisch die Zwangsschlichtung eingeführt, welche dem deutschen Verfassungs- und Arbeitsrechtssystem indessen unbekannt und mit ihm auch unvereinbar sei[1]. Dem auf Art. 9 III GG basierenden Prinzip, im Bereich des Tarifvertrages materielle Arbeitsbedingungen - und sei es unter Einsatz von Arbeitskampfmitteln - auszuhandeln, laufe zuwider, die gleichen Fragen nunmehr im Betrieb durch bindenden Spruch der Einigungsstelle zu regeln. Denn dann sei die Zwangs-

---

367 (37o Fn 25); ders. RdA 62, 39o (393); Dutti RdA 67, 135 (136 f.); Galperin BB 6o, 453; Gaul BB 6o, 559 (56o); Gutike Anm. ArbG Mannheim SAE 53, 68 (69); Hueck/Nipperdey II/2 S. 1355; Hueck RdA 52, 366 (367); Meissinger BetrVerf 55 Heft 3 S. 4 (6); Neumann-Duesberg Betriebsverfassungsrecht S. 475; ders. Gesamtanm. BAG SAE 63, 13 (19); Nipperdey RdA 68, 45o; Scheid S. 127 ff.; vgl. auch Sabel RdA 52, 281 (289).

1) Vgl. zu dieser Argumentation BAG AP Nr. 1 zu § 2 ArbGG 1953 Betriebsvereinbarung (3); AP Nr. 3 zu § 56 BetrVG 52 Akkord (5); AP Nr. 1 (2R), 2 (3) zu § 56 BetrVG 52 Arbeitszeit; AP Nr. 3 zu § 56 BetrVG 52 Entlohnung (3); AP Nr. 3 (2), 6 (2) zu § 56 BetrVG 52 Wohlfahrtseinrichtungen; Brüning S. 13 ff.; Dietz Probleme S. 18; ders. RdA 62, 39o (391); ders. BetrVG § 56 Rn 25; Dietz/Gaul/Hilger S. 151 f.; Dütz Überprüfung S. 24; Dutti RdA 67, 135 (137); Galperin/Siebert § 56 Vorb. 18 ff.; Gaul Einigungsstelle S. 6o; Hiersemann BB 6o, 117o (1172); ders. BB 62, 183 (185); Hueck/Nipperdey II/1 S. 45; dies. II/2 S. 1359; Meyer BB 65, 166 (167); Monjau DB 65, 7o3 (7o4); Mummenhoff S. 136 f.; Nipperdey RdA 68, 45o (451); Richardi RdA 65, 49 (58); ders. FS Lübtow S. 755 (756); ders. Kollektivgewalt S. 256; Scheid S. 129 ff.; Stadler BB 63, 827 (829 f.).

schlichtung, die schon auf überbetrieblicher Ebene "perhorresziert" werde[1], in lediglich versteckter Weise aktualisiert. Dies aber widerspreche auch dem Interesse der Sozialpartner. Schließlich seien bei materiellen Arbeitsbedingungen die Kampfbereitschaft der Arbeitnehmer und demnach auch ihre Abneigung gegen Zwangsfestsetzungen größer als bei formellen Arbeitsbedingungen.

cc.) Mitbestimmung in materiellen Angelegenheiten als Störfaktor im Betriebsleben

Eine ganze Reihe von Stellungnahmen war von einer Zielvorstellung geleitet, die man unter dem Schlagwort "Störfaktor" der Mitbestimmung bei materiellen Angelegenheiten im Betriebsleben zusammenfassen kann.

aaa.) Schutz der Tarifautonomie vor betrieblicher Lohnpolitik

Dazu zählt die Auffassung des BAG[2] und eine gleichgelagerte Literaturmeinung[3], wonach lohnpolitische Fragen ganz aus den Betrieben herauszuhalten seien. Dies habe im Interesse der Stärkung der Tarifautonomie zu erfolgen, welches eine Sicherung des Lohngestaltungsrechts der Tarifparteien erfordere. Lohnpolitik dürfe deshalb nur auf überbetrieblicher Ebene betrieben werden.

bbb.) Gefährdung des Betriebsfriedens

In engem Zusammenhang hierzu gehört ferner die Sorge, die Mitbestimmung bei materiellen Fragen könne den Betriebsfrieden gefährden[4]. Gerade dies aber suche § 49 BetrVG 52 mit der dort niedergelegten Pflicht zur vertrauensvollen Zusammenarbeit zwischen

---

1) So Dietz Probleme S. 18.

2) Vgl. BAG AP Nr. 3 zu § 56 BetrVG 52 Akkord (4R, 5); AP Nr. 3 (3), 4 (3R) zu § 56 BetrVG 52 Entlohnung.

3) Vgl. Brüning S. 37 f.; Dietz Probleme S. 18; ders. BB 59, 121o (1215); Dutti RdA 67, 135 (138); Gaul Einigungsstelle S. 6o; Hiersemann BB 6o, 117o (1173); Stadler BB 63, 827 (83o).

4) Vgl. BAG AP Nr. 3 zu § 56 BetrVG 52 Entlohnung (3); Dutti RdA 68, 135 (137); Hiersemann BB 6o, 117o (1173); Nipperdey RdA 68, 45o (451 f.); Scheid S. 133.

den Betriebsparteien zu verhindern. Deren Beziehungen könnten angesichts der geringeren Kompromißbereitschaft der Betriebsparteien bei materiellen einer stärkeren Belastung als bei formellen Arbeitsbedingungen unterworfen sein, da bei letzteren gewöhnlich keine vergleichbaren Differenzen zu erwarten stünden. Der potentielle Druck der Belegschaft auf den Betriebsrat führe so in materiellen Angelegenheiten zu einer ständigen Gefährdung des Betriebsfriedens und einer latenten Bedrohung des Verhältnisses von Arbeitgeber und Betriebsrat.

ccc.) Bedrohung der individuellen Vertragsfreiheit

Schließlich ist im Zuge dieser Überlegungen die Ansicht Richardis[1] zu nennen, der den Grundsatz der Beschränkung der Mitbestimmung aus § 56 BetrVG 52 auf formelle Arbeitsbedingungen auch daraus herleitete, daß der Betriebsrat durch § 56 BetrVG nur zur Beschränkung des Alleinbestimmungsrechts des Arbeitgebers, nicht aber auch zur Mitgestaltung der Arbeitsverträge berufen sei. Der Betriebsrat dürfe nicht Schranken für individualvertragliche Vereinbarungen setzen.Das Mitbestimmungsrecht nach § 56 BetrVG 52 sei lediglich in dem Bereich verwirklicht, der üblicherweise wegen der für das Arbeitsverhältnis notwendigen Gehorsamspflicht der Arbeitnehmer einer individuellen Beteiligung entzogen sei. Erfasse das Mitbestimmungsrecht jedoch auch materielle Arbeitsbedingungen, wäre der einzelne Arbeitnehmer bei der Regelung seiner Arbeitsbedingungen entmündigt. Die Beseitigung der individuellen Vertragsfreiheit sei die Folge; die Mitbestimmung gerate zu einem Akt der Fremdbestimmung.

ddd.) Bewirkung einer "unerfreulichen Vertragslage"

Es wurde auch behauptet[2], die Mitbestimmung bei der Arbeitszeitdauer könne zu recht unerfreulichen Situationen auf der Vertrags-

---

1) Vgl. Richardi Kollektivgewalt S. 255 f., 291 ff.; ders. FS Lübtow S. 755 (779 ff.); ähnlich bereits Dietz BetrVG (3. Aufl.) § 56 Rn 36 o und (4.Aufl.) § 56 Rn 199; ihm zustimmend Brüning S. 27; vgl. auch den ähnlichen Ansatz bei Caspers S. 141.

2) Vgl. Caspers S. 141 f.

ebene führen und dabei folgendermaßen argumentiert: "Als Beispiel sei etwa der Fall angeführt, in dem zwischen den Vertragspartnern ein pauschaler Wochenlohn von DM 150,-- ausgemacht worden ist, weil man davon ausging, daß der Arbeitnehmer durchschnittlich 45 Stunden arbeiten würde. Und nun kommt anschließend der Betriebsrat und ist nur mit einer 42-Stunden-Woche einverstanden."

3.) Kein Schutzbedürfnis der Arbeitnehmer

Außerdem, so wurde geltend gemacht[1], bedürfe der Arbeitnehmer bei der Dauer der Arbeitszeit gar nicht des Schutzes des Mitbestimmungsrechts. Er sei nämlich schon durch den Umstand, daß Anordnungen über die Dauer der Arbeitszeit nur bei Konkretisierung einer bereits bestehenden Arbeitspflicht wirksam seien, ausreichend gesichert. Es bestehe auch kein über den Inhalt der Arbeitsschutznormen hinausgehendes Schutzbedürfnis.

4.) Begründung aus der Kollision mit der wirtschaftlichen Mitbestimmung nach § 67 ff. BetrVG 52

Fernerhin verbiete sich das Mitbestimmungsrecht bei der Einführung von Kurzarbeit deshalb, weil die Frage der Arbeitszeitdauer wirtschaftlichen Charakter trage[2]. Insoweit sei nur das in § 72 BetrVG 52 abschließend umschriebene wirtschaftliche Mitbestimmungsrecht einschlägig. Die Verkürzung der Arbeitszeit wirke sich dadurch wirtschaftlich aus, daß sie über die Lohnkosten als betriebliche Rechnungsgrößen die Kalkulationsgrundlage des Arbeitgebers beeinträchtige. Dies sei unabhängig davon, ob mit der Kurzarbeit Lohnminderungen verbunden seien; entfallene Arbeitsstunden seien nämlich möglicherweise nur durch zuschlagspflichtige Überstunden wieder auszugleichen. Die Mitbestimmung des Betriebsrats betreffe hier also den wirtschaftlichen Sektor, der aber nur über die Voraussetzungen der §§ 67 ff. BetrVG 52 mitbestimmungsrechtlich zu beeinflussen sei.

---

1) Vgl. Caspers S. 141 f.; Fauth BB 62, 374; Rainer Scholz S.235; vgl. auch Brüning S. 38 f.

2) So BAG AP Nr. 1 (2R), 2 (3) zu § 56 BetrVG 52 Arbeitszeit; Bobrowski/Gaul D III Rn 72; ähnlich Borgis BB 59, 743 f.; Fauth BB 62, 374; Pawelke Anm. BAG SAE 58,8 (11).

5.) Konsequenz: nur freiwillige Betriebsvereinbarungen möglich

Hinsichtlich der Einführung von Kurzarbeit kamen deshalb nur freiwillige Vereinbarungen in Betracht[1]. Der Betriebsrat war auf das Entgegenkommen des Arbeitgebers angewiesen. Die Grundlage für solche fakultativen Regelungen fand sich in § 57 BetrVG 52. Danach wurde ganz überwiegend[2] die Einführung von Kurzarbeit durch freiwillig abgeschlossene Betriebsvereinbarungen für zulässig erachtet[3].

---

1) Vgl. BAG AP Nr. 1 (2) und wohl auch 2 (1R) zu § 615 BGB Kurzarbeit; vgl. zu dieser Rechtsprechung Seiter ZfA 7o, 355 (394 f.); vgl. ferner BAG AP Nr. 1 zu § 56 BetrVG 52 Arbeitszeit (3); AP Nr. 1 zu § 32 SchwbG (2); Bobrowski/Gaul D III Rn 5o; Dietz BetrVG § 57 Rn 5 f.; Erdmann § 56 Rn 1o; Fitting/Kraegeloh/Auffarth § 52 Rn 33a; Galperin/Siebert § 56 Rn 33; Hahn S. 34; Hueck/Nipperdey II/2 S. 1363; Meissinger § 56 Rn 6; Neumann-Duesberg Betriebsverfassungsrecht S. 476; ders. Gesamtanm. BAG SAE 63, 13 (18); Nikisch BB 53, 175 (177); ders. I S. 647; ders. III S. 377, 392; Richardi Kollektivgewalt S. 321 allerdings mit der Einschränkung, daß es sich um einen bestimmten Fall in einer vorübergehenden Situation handeln müsse; vgl. auch Siebert BB 52, 95o (951 f.) und ders. AR-Blattei Arbeitszeit I C, D V 3 sowie Arbeitszeit V, D II 1.

2) So die in 1) Genannten sowie Fauth AZR S. 83; Galperin DB 58, 799; Meisel/Hiersemann AZO (1. Aufl.) § 3 Rn 43; Weller S. 185; a.A. Canaris AuR 66, 129 (135): Die Einführung von Kurzarbeit durch Betriebsvereinbarung sei unzulässig, weil u.a. die Differenzierung des individualrechtlichen Kündigungsschutzes durch eine Pauschalregelung außer Kraft gesetzt und gegen das Günstigkeitsprinzip verstoßen werde; teilweise zustimmend hierzu Weller S. 19o; abweichend auch Söllner Anm. BAG AP Nr. 2 (3R) und 3 (3R) zu § 615 BGB Kurzarbeit und Leistungsbestimmung S. 54 f., der eine besondere tarifvertragliche Ermächtigung verlangte.

3) Hiersemann BB 66, 183 meinte, über die Unterscheidung zwischen obligatorischem und freiwillig gewährtem Mitbestimmungsrecht bestünden in der Praxis keine klaren Vorstellungen, da beide zu einer äußerlich gleichen Betriebsvereinbarung führten. Damit war praktisch die Behauptung aufgestellt, die erzwingbare Mitbestimmung nach § 56 BetrVG 52 sei in concreto nicht allzu bedeutsam.

II. Eingeschränktes Mitbestimmungsrecht bei der Lage der Kurzarbeit

Konnte nach diesen Grundsätzen nur noch die Lage der Kurzarbeit im Mitbestimmungsbereich des Betriebsrats verbleiben, war damit noch keinesfalls festgestellt, daß die Verteilung der verkürzten Arbeitszeit ungeschmälert Gegenstand zwingender betrieblicher Kollektivregelungen sein sollte. Im Gegenteil wurden auch hier weitere Grenzen gezogen. Dabei sind zwei Etappen auseinanderzuhalten.

1.) § 56 I lit. a BetrVG 52 auch bei vorübergehenden Abweichungen

Zunächst war fraglich, ob § 56 I lit. a BetrVG 52 die Lage der Arbeitszeit ganz allgemein meinte, ober ob damit nur die generelle, auf Dauer gerichtete Festlegung der Arbeitszeit erfaßt sei und lediglich temporäre Abweichungen von der Normalarbeitszeit nicht dem Mitbestimmungsrecht unterfallen sollten[1]. Nach der letztgenannten Auffassung hätte die Kurzarbeit als nur vorübergehende Verkürzung der üblichen Arbeitszeit nicht unter § 56 I lit. a BetrVG 52 gefaßt werden können. Anlaß für diese Zweifel war der gegenüber § 78 Nr. 2 BRG 192o und § 27 I lit. a AOG 1934 geänderte Wortlaut, der nur auf die <u>regelmäßige</u> Arbeitszeit abhob, während der Gesetzestext nunmehr die <u>tägliche</u> Arbeitszeit in den Vordergrund stellte.

Überwiegend[2] wurde § 56 I lit. a BetrVG 52 in dem erstgenannten Sinne verstanden. Das Gesetz meine die Arbeitszeit überhaupt und allgemein. Daher seien auch vorübergehende Änderungen der Arbeitszeitlage bis hin zu ihrer einmaligen Verlegung der betrieblichen

---

1) Vgl. dazu hinsichtlich der Dauer der Arbeitszeit oben S. 35 f.

2) Vgl. BAG AP Nr. 2 (3R), 6 (2) zu § 56 BetrVG 52; AP Nr. 26 zu § 1 FeiertagslohnfortzahlungsG (2); ArbG Essen SAE 54, 1 (2); Bobrowski/Gaul D III Rn 68; Dietz BetrVG § 56 Rn 85; Fauth AZR S. 95; ders. BB 62, 374; Fitting/Kraegeloh/Auffarth § 56 Rn 18; Galperin/Siebert § 56 Rn 27; Hahn S. 46; Hilger FS Sitzler S. 56; dies. BB 57, 219 (22o); Hueck/Nipperdey II/2 S. 1363; Maus § 56 Rn 29 a; Neumann-Duesberg S. 463, 474; Nikisch III S. 391; Siebert RdA 58, 161 (163); Tödtmann S. 48 f.

Mitbestimmung unterworfen. Selbstverständlich mußte es sich aber weiterhin um eine Kollektivmaßnahme handeln und nicht um einen Einzelfall, d.h. eine Regelung nur für einen oder wenige Arbeitnehmer[1]. Für die Kurzarbeit wurde das Mitbestimmungsrecht demzufolge bereits dann bejaht, wenn es sich nur um die einmalige Verschiebung der verkürzten Arbeitszeit von einem auf den anderen Arbeitstag handelte. Sollte also ein Arbeitstag mit normaler Arbeitsdauer gegen einen Arbeitstag mit kurzarbeitsbedingter Arbeitszeitverkürzung getauscht werden, war die Mitbestimmung nach § 56 I lit. a BetrVG 52 zu beachten[2]. Dies wurde damit begründet, daß auch einmalige oder nur gelegentlich auftretende Ereignisse die Ordnung des Betriebes und die Interessen der Arbeitnehmer berührten. Die Mitbestimmungswürdigkeit sei aber nicht an die vorübergehende Natur der Maßnahme geknüpft.

Dem widersprach eine starke Mindermeinung[3]. Das Mitbestimmungsrecht beziehe sich nicht auf vorübergehende Abweichungen von der regelmäßigen betrieblichen Ordnung. § 56 I lit. a BetrVG 52 sei nur für Dauerregelungen anwendbar. Unter "täglicher" im Sinne dieser Vorschrift sei nämlich die "regelmäßige" Arbeitszeit zu verstehen. Allerdings wurde teilweise[4] eingeräumt, die Abgrenzung

---

1) Um solche individuell begrenzten Einzelfälle von zeitlich begrenzten Regelungen zu unterscheiden, wurde für letztere auch der Begriff "Sonderfälle" geprägt. Zu dieser Terminologie vgl. Dietz BetrVG § 56, Rn 22; Galperin/Siebert § 56 Vorb. 1o; Hueck/Nipperdey II (6. Aufl.) S. 826 und 832 ff,; Siebert RdA 58, 161 (163 f.) jeweils mwN. Es wurde auch die Unterscheidung nach "Einzelfällen" und "Einzelmaßnahmen" vorgeschlagen, vgl. Siebert/Hilger Anm. LAG Hamm BB 55, 669 (67o). Die Unterscheidung zwischen beiden Fallgruppen wurde besonders in den ersten Jahren nach Inkrafttreten des BetrVG 52 vielfach nicht deutlich genug gesehen.

2) So BAG AP Nr. 2 (3R), 6 (2) zu § 56 BetrVG 52; LAG Düsseldorf DB 58, 13o3; Fitting/Kraegeloh/Auffarth § 56 Rn 4; Neumann-Duesberg Betriebsverfassungsrecht S. 463, 474; Nikisch III S. 368 Fn 22; ders. FS Nipperdey S. 453 (458).

3) Vgl. LAG Hannover DB 54, 64; LAG Hamm BB 56, 273; ArbG Mannheim BB 53, 355; Erdmann § 56 Rn 1o; Groß AuR 53, 3o1 (3o4); Gutike Anm. ArbG Mannheim SAE 53, 68 (69); Nikisch BB 53, 175 (177) im Gegensatz zu Nikisch III S. 391; Siebert BB 52, 95o (951); ders. AR-Blattei Arbeitszeit V, D II 1.

4) Vgl. Siebert BB 52, 95o (951 Fn 1o); ders. AR-Blattei Arbeitszeit V, D II 1.

zwischen einervorübergehenden Regelung aus besonderem Anlaß und der Schaffung einer neuen, regelmäßigen Ordnung könne im Einzelfall Schwierigkeiten bereiten. So fragte Neumann-Duesberg[1], wann bei der Kurzarbeit das "vorübergehend" aufhören solle.

2.) Keine Mitbestimmung beim Ausfall ganzer Arbeitstage

Als nächster Komplex war zu entscheiden, ob jegliche Art der Verteilung der verkürzten Arbeitszeit auf die ganze Woche der Mitbestimmung unterfallen sollte. Die Frage aktualisierte sich an dem Problem, ob das Mitbestimmungsrecht auch dann eingreifen sollte, wenn die Arbeit an einzelnen Tagen überhaupt ausfiel.

Das BAG[2] und mit ihm ein - insoweit allerdings nicht mehr als überwiegend zu bezeichnender[3] - Teil der Literatur[4] vertraten zu diesem Punkt eine enge Auffassung. Danach war der durch Kurzarbeit verursachte Ausfall ganzer Arbeitstage bei Beibehaltung der vollen Arbeitszeit an den restlichen Arbeitstagen mitbestimmungsfrei. Nur zur stundenweisen Verkürzung der bisher maßgebenden täglichen Arbeitszeit, also bei früherem als normalem Arbeitsschluß an einem oder mehreren Tagen, hatte der Betriebsrat mitzubestimmen. Bei einer Kombination beider Möglichkeiten änderte sich an dieser Konstruktion nichts: nur diejenigen Tage, an denen die Arbeitszeit teilweise reduziert werden sollte, ohne jedoch gänzlich zu entfallen, blieben mitbestimmungspflichtig.

---

1) Vgl. Neumann-Duesberg Betriebsverfassungsrecht S. 353.

2) Vgl. BAG AP Nr. 1 (3, 3R) und 2 (3R) zu § 56 BetrVG 52 Arbeitszeit; AP Nr. 1 zu § 615 BGB Kurzarbeit (2); im Widerspruch dazu allerdings AP Nr. 26 zu § 1 FeiertagslohnfortzahlungsG (2) und AP Nr. 2 zu § 56 BetrVG 52 (3R).

3) Vgl. die Gegenstimmen unten S. 54 f.

4) Vgl. Auffarth AR-Blattei Betriebsverfassung XIV B (1964), B III 2; Borgis BB 59, 743; ders. BB 6o, 48; Fauth AZR S. 1o3; ders. BB 62, 374 (375), widersprüchlich dazu allerdings ders. a.a.O. S. 374 zur Mitbestimmung bei der Frage, "an welchen Tagen in der Woche gearbeitet werden soll"; Galperin/Siebert § 56 Rn 33a; Gaul Einigungsstelle S. 63; Küchenhoff Anm. BAG AP Nr. 2 zu § 56 BetrVG 52 Arbeitszeit (4R); Maus § 56 Rn 31; Meisel/Hiersemann AZO (1. Aufl.) § 3 Rn 44; Schönherr BlStSozArbR 65, 157.

Die Begründung für diese außerordentlich nuancierte Differenzierung war unterschiedlich. Das BAG[1] und ein Teil der Literatur[2] stellten auf den Wortlaut des § 56 I lit. a BetrVG 52 ab, der nur von der "täglichen" Arbeitszeit sprach. Bei zwei ausfallenden Werktagen, so das BAG, würden die übrigen Arbeitstage nicht betroffen. Bei "ausfallenden" Arbeitstagen - so mußte man das BAG verstehen[3] - handle es sich aber nicht um Beginn und Ende der "täglichen" Arbeitszeit. Das bedeutete, daß der Betriebsrat jedenfalls insoweit auch nicht über die Verteilung der verkürzten Arbeitszeit auf die einzelnen Wochentage mitbestimmen konnte[4]. Teilweise[5] wurde dies in der Literatur auch mit der grundsätzlichen Überlegung gerechtfertigt, hier müsse das schutzwürdige Interesse der Arbeitnehmer in den Hintergrund treten, weil den wirtschaftlichen Interessen des Arbeitgebers als Unternehmers wegen ihrer Höherwertigkeit der Vorrang zu gewähren sei. Die Verteilung der wöchentlichen Arbeitszeit auf die einzelnen Wochentage, aus der beispielsweise die 5-Tage-Woche resultieren könne, sei anders als etwa die Frage, ob von 7 bis 15 oder 9 bis 17 Uhr gearbeitet werden solle, von entscheidender wirtschaftlicher Bedeutung. Das Interesse des Arbeitgebers sei daher dem Privatinteresse der Arbeitnehmer übergeordnet[6].

C. Die gegenteiligen Auffassungen im Schrifttum

Große Teile des Schrifttums sprachen sich gegen diese Auffassungen des BAG und der ihm folgenden Autoren aus. Der Widerspruch

---

1) Vgl. die Angaben oben S.46 Fn 2.

2) Vgl. Galperin/Siebert § 56 Rn 28; Gaul Einigungsstelle S. 64; der Rechtsprechung folgend auch Küchenhoff Anm. BAG AP Nr. 1 zu § 56 BetrVG 52 Arbeitszeit (4R).

3) Für diese Interpretation der Rechtsprechung auch Neumann-Duesberg Anm. BAG AP Nr. 1 zu § 615 BGB Kurzarbeit (4); ders. DB 64, 1155; Stahlhacke DB 63, 66 (68).

4) So auch Fauth AZR S. 1o3.

5) Vgl. Borgis BB 59, 743; ders. BB 6o, 48.

6) Dennoch ergab eine empirische Untersuchung des Instituts für Selbsthilfe und Sozialforschung, daß die Mitbestimmung über Anfang und Ende der Arbeitszeit überwiegend - wenn auch nicht gänzlich - von den Arbeitgebern ernstgenommen wurde. Über 9o% der befragten Betriebsratsvorsitzenden der IG Metall attestierten den Arbeitgebern, in diesen Punkten die betriebliche Mitbestimmung voll zu respektieren. Vgl. im einzelnen Rump S. 94 f.

richtete sich sowohl gegen die Verneinung des Mitbestimmungsrechts bei der Dauer von Arbeitszeit und Einführung von Kurzarbeit, als auch gegen die nur eingeschränkt bejahte Mitbestimmung bei der Lage der verkürzten Arbeitszeit. Im einzelnen öffnete sich zu diesem Problemkreis ein breites Meinungsspektrum.

I. Mitbestimmung auch hinsichtlich der Einführung von Kurzarbeit

Zahlreiche Stimmen befürworteten ein erzwingbares Mitbestimmungsrecht bei der Einführung von Kurzarbeit. Dies geschah teils[1] explizit, teils[2] implizit durch Bejahung eines Mitbestimmungsrechts bei der Dauer der Arbeitszeit[3]. Danach war bei der Einführung von Kurzarbeit zwischen der Dauer der verkürzten Arbeits-

---

1) Vgl. Baum AuR 62, 272 ff.; Borrmann BB 58, 744; Farthmann RdA 66, 249 (255); ders. AR-Blattei Arbeitszeit V Kurzarbeit, B III 1 a; ders. AR-Blattei Arbeitszeit I D (1970), V; Fitting/Kraegeloh/Auffarth § 56 Rn 16; Rewolle AuR 59, 13; Söllner Anm. BAG AP Nr. 3 zu § 615 BGB Kurzarbeit (3R); Weller S. 190; wohl auch Meissinger § 56 Anm. 6 und Söllner RdA 68, 437 (439).

2) Vgl. ArbG Essen DB 53, 915; Boers BB 63, 562 f.; Herschel Anm. BAG AuR 62, 190 (191 f.); ders. AuR 64, 257 (258 f.); ders. AuR 69, 65 (67); Hueck/Nipperdey II (6. Aufl.) S. 825 f. (im Gegensatz zu dies. II/2 S. 1361 f.); F.W. Kraft AuR 60, 353 (360 f.); Staudinger/Nipperdey/Neumann § 611 Rn 128; wohl auch LAG Bayern SAE 59, 153; Bührig BB 56, 963 (964); Groß AuR 53, 301 (303 f.).

3) Soweit man - wie Tödtmann S. 49 f. und in ähnlicher Weise zuvor bereits Nikisch BB 53, 175 (177) und Frey BB 60, 48 - zwar ein Mitbestimmungsrecht bei der Dauer der Arbeitszeit bejahte, unter "Dauer der Arbeitszeit" aber nicht die Dauer der ü b e r h a u p t, sondern nur die Dauer der t ä g l i c h zu leistenden Arbeitszeit verstand und damit letztlich nur die Verteilung der tarif- oder individualvertraglich festgelegten Arbeitsstundenzahl auf die einzelnen Wochentage erfaßte, konnte man nicht zu einer Bejahung des Mitbestimmungsrechts bei der Einführung von Kurzarbeit als Unterschreitung der Gesamtdauer der Arbeitszeit gelangen. Folgerichtig lehnte auch Nikisch III S. 395 dieses Mitbestimmungsrecht ab, obgleich er zwischen wöchentlicher und täglicher Dauer der Arbeitszeit unterschied (vgl. a.a.O. S. 391 ff.) und letztere als Frage der innerbetrieblichen Ordnung der Mitbestimmung nach § 56 I lit. a BetrVG 52 unterwarf; vgl. auch LAG Baden/Württemberg (Stuttgart) BB 66, 247. Zahlreiche Stimmen im Schrifttum, zumal solche in den Reihen der Befürworter eines Mitbestimmungsrechts bei der Dauer der Arbeitszeit, schienen das Problem nicht erkannt zu haben und ließen es an der erforderlichen Klarheit fehlen; unzutreffend beispielsweise die Auflistung des Meinungsstandes bei Rainer Scholz S. 233 Fn 176.

zeit und deren Lage mitbestimmungsrechtlich nicht zu unterscheiden. Der gesamte Komplex wurde als mitbestimmungspflichtig angesehen.

1.) Begründung aus dem Wortlaut

Die scharfe Trennung zwischen Lage und Dauer der Arbeitszeit könne keineswegs aus dem Wortlaut des § 56 I lit. a BetrVG 52 hergeleitet werden[1]. Die dort verwandte Ausdrucksweise beruhe auf dem alten arbeitsrechtlichen Sprachgebrauch, am einfachsten nur Anfang und Ende der Arbeitszeit zu nennen, wenn zugleich auch deren Dauer bestimmt werden solle. So habe schon § 78 Nr. 2 BRG 192o von der "Festsetzung der Arbeitszeit, insbesondere bei Verlängerung und Verkürzung der regelmäßigen Arbeitszeit" gehandelt. Auch aus der Legaldefinition des § 2 I AZO ("Arbeitszeit ist die Zeit vom Beginn bis zum Ende der Arbeit ohne die Ruhepausen") klinge die gleiche Diktion, daß derjenige, der über Beginn und Ende der Arbeitszeit bestimme, sowohl über die Lage, als auch über die Dauer der Arbeitszeit befinde. Es bestehe kein Anlaß zu der Annahme, daß der Gesetzgeber des BetrVG 52 von der jahrzehntealten Sprachübung habe abweichen wollen.

2.) Keine Trennung zwischen Dauer und Lage der verkürzten Arbeitszeit

Außerdem lasse sich die Dauer der Arbeitszeit von deren Beginn und Ende praktisch nicht trennen[2]. Durch die Festsetzung von

---

1) So Farthmann RdA 66, 249 (255); Herschel AuR 64, 257 (258); vgl. auch ders. Anm. BAG AuR 62, 19o (192); Zweifel auch bei Boers BB 63, 562.

2) So Auffarth AR-Blattei Betriebsverfassung XIV B (1964), III 2; Baum AuR 62, 272 (273); Boers BB 63, 562 (563); Borrmann BB 58, 744; Bührig BB 56, 963 (964); Denecke AZO (7. Aufl.) § 6 Rn 5; Farthmann Anm. BAG AR-Blattei Arbeitszeit V Entsch. 1/3; Fitting/Kraegeloh/Auffarth § 56 Rn 16; Frey BB 6o, 48; Groß AuR 53, 3o3; Herschel AuR 64, 257 (258); ders. Anm. BAG AuR 62, 19o (192); ders. Anm. BAG AR-Blattei Arbeitsausfall I B Entsch. 1 unter 3; Hueck/Nipperdey II (6. Aufl.) S. 826; F.W. Kraft AuR 6o, 353 (36o); Nikisch III S. 393 (jedoch nur hinsichtlich der täglichen, nicht auch der wöchentlichen Arbeitszeit); Rewolle AuR 59, 13; Staudinger/Nipperdey § 611 Rn 128; vgl. auch die oben S. 34 Fn 2 genannte abweichende Rechtsprechung.

Beginn und Ende der Arbeitszeit und der Pausen werde gleichzeitig auch die Dauer der Arbeitszeit bestimmt. Beide Bereiche seien derart miteinander verwoben, daß sie im allgemeinen auch einheitlich bestimmt würden. Die Entscheidung über die Lage der Arbeitszeit setze diejenige über ihre Dauer logisch voraus. Es widerspreche auch dem Grundgedanken des § 56 BetrVG 52, die Mitbestimmung nur auf die Lage, nicht aber auch auf die für die Arbeitnehmer erheblich wichtigere Frage der Dauer der Arbeitszeit zu erstrecken.

Dieser Meinung stimmte Nikisch[1] anfangs mit der Begründung im Ergebnis zu, das Direktionsrecht des Arbeitgebers umfasse Lage und Dauer der Arbeitszeit. Die Mitbestimmung bei der Kurzarbeit ließ er freilich daran scheitern, daß § 56 I lit. a BetrVG 52 nur die regelmäßige Arbeitszeit meine. Seine Auffassung zum Erfordernis der Regelmäßigkeit änderte er später aber[2] und unterwarf die Lage der Kurzarbeit dem Mitbestimmungsrecht[3].

3.) Ablehnung der Lehre von den formellen und materiellen Arbeitsbedingungen

Erheblichen Widerspruch[4] fand die These[5], § 56 BetrVG 52 beziehe sich nur auf formelle Arbeitsbedingungen. Neben der terminolo-

---

1) Vgl. Nikisch BB 53, 175 (177).

2) Vgl. Nikisch III S. 391.

3) Vgl. Nikisch III S. 395 f.

4) Vgl. Auffarth AR-Blattei Betriebsverfassung XIV B (1964), III 1; Baum AuR 62, 272 ff.; Dietz/Gaul/Hilger S. 153 ff. (s. sogl. auch nächste Seite Fn. 1); Farthmann RdA 66, 249 ff.; ders. AR-Blattei Arbeitszeit I D (197o), III 2 b; ders. AR-Blattei Arbeitszeit V Kurzarbeit, B III 1 a; Fitting/Kraegeloh/Auffarth § 56 Rn 7, 7a; Herschel Anm. BAG AuR 62, 19o (191 f.); ders. AuR 64, 257 ff.; ders. AuR 68, 129 ff.; ders. AuR 69, 65 ff.; Hilger BB 69, 448 (452); Linnenkohl S. 122; unter Inaussichtstellung einer sektoralen Überprüfung der Rechtsprechung auch Müller DB 67, 9o3 (9o5); Rumpff AuR 69, 39 (41); Schaefer BB 67, 375 (377); wohl auch Schelp DB 62, 1242 (1245); Söllner RdA 68, 437 (439); Zweifel auch bei Säcker Gruppenautonomie S. 354 Fn 44; Wlotzke S. 134 ff.

5) Vgl. dazu oben S. 36 ff.

gischen Ungenauigkeit der Begriffe formell - materiell[1] wurde dabei vor allem die dogmatische Kritik an der herrschenden Auffassung in den Vordergrund gerückt.

a.) Die geschichtliche Entwicklung

Keine ungeteilte Zustimmung[2] erfuhr bereits der Rekurs der h.M. auf die geschichtliche Entwicklung des Betriebsverfassungsrechts. Die Formulierung des § 56 I lit. a BetrVG 52 sei lediglich die kaum veränderte Übernahme einer eingebürgerten Redewendung, die sich schon in § 134 b I Nr. 1 GewO finde und damals wie heute die Dauer der Arbeitszeit meine. Es bestehe kein Anhaltspunkt für die Annahme, § 56 I lit. a BetrVG 52 weise einen anderen Sinngehalt auf als die bewußt übernommene Bestimmung aus dem Jahre 1891. Die Beweisführung könne sich auch nicht auf den Unterschied zwischen § 78 Nr. 2 BRG 192o einerseits und § 78 Nr. 3 BRG 192o andererseits stützen; denn trotz dieser Regelungen habe die Schlichtungsstelle bei mangelnder Einigung über die Arbeitsordnung auch insoweit verbindlich zu entscheiden gehabt, als materielle Arbeitsbedingungen in Rede gestanden hätten. Die Arbeitsordnung des § 134 b I GewO habe nämlich unzweifelhaft auch materielle Arbeitsbedingungen umfaßt wie etwa die Kündigungsfrist. Zudem habe der Gesetzgeber nach dem Kriege die Mitbestimmung eher erweitern wollen, wie sich aus den Betriebsrätegesetzen der Länder und dem Montan-Mitbestimmungsgesetz von 1951 ersehen lasse.

---

1) Vgl. dazu die oben S. 38 Fn 1) Genannten sowie Herschel (wie oben S. 49 Fn 1); Dietz/Gaul/Hilger S. 153 bewerteten den Streit schließlich als mißverständlich, was Herschel AuR 68, 129 (13o) als "Beziehen einer Art Siegfriedstellung" und Rüthers NJW 68, 146 als "vorsichtiges Rückzugsgefecht" kommentierte.

2) Vgl. Baum AuR 62, 272 (273); Boers BB 63, 562 (563); Farthmann AR-Blattei Arbeitszeit V Kurzarbeit, B III 1 a; ders. RdA 66, 249 (251 f.); Herschel Anm. BAG AuR 62, 19o (192); ders. AuR 64, 257 (258); ders. AuR 69, 65 (67); ders. Anm. BAG AR-Blattei Betriebsverfassung XIV B Entsch. 7, 4; Nikisch FS Nipperdey S. 456 f.; ders. III S. 366 f., anders allerdings die Wertung in BB 53, 175 (176 f.); Weller S. 188.

b.) Das Argument der Zwangsschlichtung

Auch das von der h.M.[1] angeführte Argument der Zwangsschlichtung rief Gegenäußerungen[2] hervor. Weder habe der Gesetzgeber der Zwangsschlichtung jemals abwehrend gegenübergestanden, noch könne man mit Hinweis auf diese das Mitbestimmungsrecht bekämpfen. Zulässig sei lediglich, gegen die Zwangsschlichtung selbst vorzugehen. Im übrigen sei sie die einzig mögliche Konsequenz aus dem Arbeitskampfverbot des § 49 II BetrVG 52. Man könne nämlich nicht zwei Parteien in prinzipieller Gleichberechtigung zur Regelung von Arbeitsbedingungen aufrufen, ohne eine Lösung für Fälle disharmonierender Einigungsvorstellungen zur Verfügung zu stellen. Wenn bei materiellen Fragen eine Ordnung aber nicht durch einen Arbeitskampf herbeizuführen sei, müsse diese im Interesse des reibungslosen Weiterlaufs des Betriebsgeschehens eben über die autoritative Entscheidung eines Dritten hergestellt werden. Darüberhinaus hätten sich die Sozialpartner nur gegen die tarifliche, nicht aber auch gegen die betriebliche Zwangsschlichtung ausgesprochen.

c.) Ausreichender Schutz der Tarifautonomie durch Tarifvorbehalte

Soweit die Beschränkung des Mitbestimmungsrechts auf formelle Arbeitsbedingungen aus Gründen der Stärkung der Tarifautonomie befürwortet wurde[3], hielten Teile der Literatur[4] dem entgegen, diesem Bedürfnis sei bereits durch die Tarifvorbehalte in §§ 56, 59 BetrVG 52 hinlänglich Rechnung getragen. Diese beiden Schranken betrieblicher Normsetzung stellten den Vorrang der Tarifvertragsparteien bei der Gestaltung materieller Arbeitsbedingungen absolut sicher. Eines darüber hinausgehenden Schutzes bedürfe es nicht. Der Gesetzgeber habe ihn offensichtlich auch nicht für nötig gehalten.

---

1) S.o. S. 39 f.
2) Vgl. Farthmann RdA 66, 249 (252); Herschel Anm. BAG AuR 62, 19o (192); ders. AuR 64, 257 (259 f.); ders. AuR 69, 129 (133 ff.); Müller DB 67, 9o3 (9o5); Weller S. 188; vgl. auch die Bedenken bei Zöllner FS Nipperdey S. 699 (7o3).
3) Vgl. oben S. 4o.
4) Vgl. Baum AuR 62, 272 (273); Farthmann RdA 66, 249 (252 f.).

d.) Praktische Schwierigkeiten

Es wurde auch auf Schwierigkeiten in der praktischen Anwendbarkeit der Lehre von den formellen und materiellen Arbeitsbedingungen aufmerksam gemacht[1]. Deren Hinderlichkeit zeige sich beispielsweise im Bereich der Wohlfahrtseinrichtungen daran, daß sich die Ausklammerung materieller Arbeitsbedingungen aus dem Katalog des § 56 BetrVG 52 und die vom BAG[2] bejahte und notwendige Mitbestimmung bei der Festsetzung der Kantinenpreise nicht miteinander vereinbaren ließen. Beim Akkordlohn lasse sich die tarifpolitisch und arbeitstechnisch sinnvolle Unterscheidung zwischen Geld- und Zeitfaktor nicht in ein mitbestimmungsrechtlich relevantes Parallelmuster formell - materiell übertragen, weil beide Faktoren für die Höhe des Akkordverdienstes bedeutsam und daher "materiell" gleichwertig seien. Auch beim Prämienlohn bedingten Lohn und Leistung einander, so daß beide Einflußgrößen nicht voneinander zu trennen seien.

Hinsichtlich der Kurzarbeit, bei der sich eine Arbeitgeber-Maßnahme sowohl im materiellen, als auch im formellen Bereich auswirke, lasse sich die Mitbestimmungsbedürftigkeit nicht durch die Beschränkung auf das "Wie" der Einführung von Kurzarbeit lösen. Wenn schon ein Mitbestimmungsrecht bestehe, dann müsse eine Ablehnung des Betriebsrats bezüglich ihrer Modalitäten auch zur Verhinderung der Einführung von Kurzarbeit selbst führen. Das Mitbestimmungsrecht könne sich nur auf die ganze Maßnahme, so wie sie vom Arbeitgeber geplant sei, beziehen. Schließlich dürfe man bei der Auslegung des Gesetzes auch nicht vergessen, daß es den praktischen Bedürfnissen des Arbeitslebens mit seiner Mehrzahl juristisch Unbefangener Rechnung zu tragen habe.

---

1) Vgl. Baum AuR 62, 272 (274); Farthmann RdA 66, 249 (253 ff.); Schaefer BB 67, 375 (376 f.); Söllner Anm. BAG AP Nr. 1 zu § 615 BGB Kurzarbeit (3R); ders. RdA 68, 437 (439).

2) Vgl. BAG AP Nr. 6, 7 zu § 56 BetrVG 52 Wohlfahrtseinrichtungen.

4.) Keine wirtschaftliche Bedeutung der Arbeitszeitdauer

Es wurde auch argumentiert[1], der Bestimmung der Dauer der täglichen Arbeitszeit sei wirtschaftliche Bedeutung nicht beizumessen. Auch deshalb sei ein Mitbestimmungsrecht bei der Dauer der Arbeitszeit zu bejahen. Diese Meinung verstand unter "Dauer der Arbeitszeit" jedoch nur die Dauer der täglichen Arbeitszeit[2] und schloß demnach wegen der wirtschaftlichen Bedeutung ein Mitbestimmungsrecht erst bei der Dauer der überhaupt, d.h. der im wöchentlichen Gesamtrahmen zu leistenden Arbeitszeit aus.

II. Volle Mitbestimmung bei der Lage der Kurzarbeit

Auf breite Ablehnung[3] stieß bezüglich der Lage der Kurzarbeit die vom BAG[4] vertretene Auffassung der Mitbestimmungsfreiheit beim Ausfall ganzer Arbeitstage. Diese Rechtsprechung wurde mit mehr oder minder scharfen Formulierungen von "seltsam anmutend"[5] bis "sinnlos"[6], als "formalistisch"[7] sowie gar als "unerträgliche Silbenstecherei"[8] attackiert. Sie bedeute das Zugeständnis

---

1) Vgl. Tödtmann S. 5o; LAG Düsseldorf zit. bei Tödtmann S. 86.

2) Vgl. dazu im einzelnen oben S. 48 Fn 3.

3) Vgl. LAG Bayern SAE 59, 153 (154); Baum AuR 62, 272 (274); Brüning S. 55; Caspers S. 143 ff.; Dietz BetrVG § 56 Rn 99; ders. Anm. LAG Bayern SAE 59, 153 (155); ders. RdA 62, 39o (392); ders. RdA 63, 361 (366); Farthmann RdA 66, 249 (25o Fn 7); ders. AR-Blattei Arbeitszeit V Anm. Entscheidungen 1/3; ders. AR-Blattei Arbeitszeit V Kurzarbeit, B II 1 b; Fitting/Kraegeloh/Auffarth § 56 Rn 16 a; Frey BB 6o, 48; Hahn S. 47; Hueck/Nipperdey II/2 S. 1363 Fn 1o; Neumann-Duesberg Betriebsverfassungsrecht S. 476; ders. DB 64, 1155 f.; ders. Anm. BAG AP Nr. 1 zu § 615 BGB Kurzarbeit (4R); Nikisch III S. 396; Söllner AcP 161, 4o8 (431 f.); ders. Leistungsbestimmung S. 72; ders. Anm. BAG AP Nr. 3 zu § 615 BGB Kurzarbeit (3R); Stahlhacke DB 63, 66 (69); unklar Denecke AZO (7. Aufl.) § 4 Rn 1o.

4) S.o. S. 46 f.

5) So Söllner AcP 161, 4o8 (431 f.).

6) So Neumann-Duesberg Anm. BAG AP Nr. 1 zu § 615 BGB Kurzarbeit (4R).

7) So Fitting/Kraegeloh/Auffarth § 56 Rn 16 a; ähnlich Caspers S. 143; Farthmann AR-Blattei Arbeitszeit V Kurzarbeit, B III 1 b; Nikisch III S. 397.

8) So Dietz Anm. LAG Bayern SAE 59, 153 (155).

einseitiger Arbeitszeitverteilung an den Arbeitgeber; dieser könne dann dirigistisch kommandieren, wo doch die Arbeitnehmer wegen praktischer Erwägungen wie An- und Abfahrt zur Arbeitsstätte oder anderweitiger Arbeitsmöglichkeiten während der Kurzarbeitsperiode ein besonderes Interesse an deren Lage hätten. Baum[1] wandte ein, der Arbeitgeber habe die Mitbestimmung des Betriebsrats nur zu beachten, wenn er die Kurzarbeit - beispielsweise aus betrieblichen Gründen - nicht auf einen Tag beschränken könne, sondern sie auf zwei Tage verteilen müsse. Sei er aber in der Lage, die Kurzarbeit auf die Stundenzahl ganzer Arbeitstage zu beschränken, könne er allein entscheiden. Damit wurde dem BAG praktisch die Aushöhlung des Mitbestimmungsrechts nach § 56 I lit. a BetrVG 52 vorgeworfen. Hahn[2] verwies zusätzlich auf die Bedeutung der Lage der Kurzarbeit für das Kurzarbeitergeld.

D. Zur Kurzarbeit als Gegenstand der Mitwirkung in wirtschaftlichen Angelegenheiten nach § 72 I

Eine Mindermeinung[3] befürwortete, die Einführung von Kurzarbeit jedenfalls in Betrieben mit i.d.R. mehr als 2o wahlberechtigten Arbeitnehmern auch der Mitwirkung des Betriebsrats in wirtschaftlichen Angelegenheiten nach § 72 I lit. a BetrVG 52 zu unterwerfen. Kurzarbeit bedeute nämlich immer auch eine Einschränkung des Betriebes, wenngleich das Mitbestimmungsrecht insoweit hinter demjenigen nach § 56 I lit. a BetrVG 52 zurückbleibe und deshalb nur von geringer Bedeutung sei.

Dem widersprach allerdings die h.M.[4]. Als Betriebsänderung i.S. von § 72 BetrVG 52 sei nämlich nur eine grundlegende Umgestaltung

---

1) Vgl. Baum AuR 62, 272 (274); ähnlich Dietz RdA 62, 39o (392).

2) Hahn S. 47 (Fn 87), 89 ff.

3) Vgl. Farthmann AR-Blattei Arbeitszeit V Kurzarbeit, B III 4; Galperin/Siebert § 72 Rn 7 (hinsichtlich eingeschränkter Ausnutzung der Betriebsanlagen); Rumpff MitbGespr. 66, 23 (25); Weller S. 191 f.; wohl auch v. Götz DB 7o, 782 (783).

4) Vgl. Dietz BetrVG § 72 Rn 20; Erdmann § 72 Rn 13; Hahn S. 26 Fn 3o; Hueck/Nipperdey II/2 S. 1474; Maus § 72 Rn 19; Neumann-Duesberg Betriebsverfassungsrecht S. 476 Fn 65; Nikisch III S. 522, 525.

des Betriebes, seiner Struktur und seines Umfanges zu verstehen. Vorübergehende, nur die Ausnutzung der Betriebsanlagen betreffende Vorgänge wie die Kurzarbeit veränderten die Struktur des Betriebes aber nicht. Kurzarbeit sei auch keine Betriebseinschränkung i.S. von § 72 I 2 lit. a BetrVG 52, da sie nicht zu einer Veränderung der äußeren Gestalt des Betriebes führe.

E. Begrenzung des Mitbestimmungsrechts durch Gesetzes- und Tarifvorbehalt

Das Mitbestimmungsrecht bei der Einführung von Kurzarbeit hatte sich schließlich am Vorrang gesetzlicher und tariflicher Regelungen zu orientieren (§ 56 I Eingangssatz BetrVG 52). Mit Ausnahme von § 17 III KSchG 52 fehlten allerdings gesetzliche Bestimmungen[1]. Die weitaus wichtigeren tariflichen Kurzarbeitsklauseln sahen zwar häufig die Beteiligung der Betriebsvertretung in verschiedener Intensität von der bloßen Information des Betriebsrats bis zu dessen echter Zustimmung vor[2]. Ansonsten war ihre Bedeutung für die Mitbestimmung des Betriebsrats jedoch gering zu veranschlagen; denn in der Mehrzahl der Fälle waren Beginn und Ende, Verteilung und Verlegung der Kurzarbeit nicht Gegenstände tariflicher Kurzarbeitsklauseln[3]. Auch die breite Diskussion über die "crux"[4], ob neben der Sperre des § 56 I Eingangssatz möglicherweise auch diejenige des dogmatisch stark - teilweise auch emotional[5] - umstrittenen[6] § 59 BetrVG 52 zu beachten sei[7], war für die Kurzarbeit kaum von Wichtigkeit. Folgte

---

1) Vgl. Hahn S. 21 f.

2) Vgl. Hahn S. 25.

3) So Fauth AZR S. 11o; ders. BB 62, 374 (378); Monjau DB 65, 7o3 (7o5); hinsichtlich der Schichtarbeit ebenso Neumann-Duesberg DB 64, 1155 (1156); ähnlich Nikisch III, S. 378; ders. BB 53, 175 (179); vgl. auch Richardi Anm. BAG SAE 69, 179 (184) und ders. FS Lübtow S. 755.

4) So Säcker Anm. BAG SAE 68, 13 (16).

5) So sah Meissinger BetrVG 55 Heft 3 S. 4 (8) die mögliche "Gefahr eines wirklichen überbetrieblichen Kollektivterrors heraufbeschworen, die dann in dem § 59 BVG geradezu gezüchtet würde".

6) Vgl. zuletzt den Streitstand bei Hablitzel DB 71, 2158 ff. mwN.

7) Vgl. dazu die Nachweise bei Hueck/Nipperdey II/2, S. 1396 f. und Wiese RdA 68, 41.

man nämlich der h.M.[1] mit ihrer Reduzierung der Mitbestimmung auf formelle Angelegenheiten, bei der Kurzarbeit also auf ihre Lage, konnte das Überschneidungsproblem dann nicht relevant werden[2], wenn man, wie es die weitaus h.M.[3] annahm, § 59 BetrVG 52 auf materielle Arbeitsbedingungen begrenzte. Dann konnten selbst übliche (§ 59 BetrVG 52) Tarifklauseln über Anfang und Ende der Arbeitszeit durch erzwingbare Betriebsvereinbarungen überspielt werden[4]. Bestehende (§ 56 BetrVG 52) Kurzarbeitsklauseln schlossen insoweit allerdings auch das die formelle Seite erfassende Mitbestimmungsrecht aus[5]. Für die Kurzarbeit in voller Schärfe zutage getreten ist das Problem der Tarifvorbehalte erst unter dem BetrVG 72[6].

---

1) S.o. S. 36 ff.

2) So auch Hueck/Nipperdey II/2, S. 1396 f. m.w.N. (a.a.O. Fn 47b) sowie Richardi Anm. BAG SAE 69, 179 (184); ders. FS Lübtow S. 755 (757); ders. DB 71, 621 (624).

3) Vgl. die Nachweise bei den in Fn 7 der vorhergehenden Seite Genannten sowie bei Mummenhoff S. 12o ff. und Scheid S. 1o5.

4) Vgl. Auffarth AR-Blattei Betriebsverfassung XIV B (1964) II 1; Dietz BetrVG § 59 Rn 8; ders. RdA 55, 241 (243) f. ; Fauth BB 62, 374 (378); Hueck/Nipperdey II/2 S. 1397; Neumann-Duesberg Betriebsverfassungsrecht S. 469; Nikisch III S. 385; Schelp DB 62, 1242 (1245); i.E. übereinstimmend LAG Hamm BB 54, 8o4; a.A. die Gegenstimmen, die bei den in Fn 3 Genannten aufgeführt sind.

5) Vgl. Hueck/Nipperdey II/2 S. 1397.

6) Vgl. dazu unten S. 2oo ff.

3. Teil Positive Abgrenzung des Mitbestimmungsrechts bei der Einführung von Kurzarbeit

§ 8 Der Umfang der Mitbestimmung nach § 87 I Nr. 3

A. Die Neufassung des Gesetzestextes

I. Vergleich § 87 I Nr. 3 BetrVG 72 - § 56 I lit. a BetrVG 52

Der für die Einführung von Kurzarbeit mitbestimmungsrechtlich einschlägige § 56 I lit. a BetrVG 52 ist im Betriebsverfassungsgesetz 72 nicht unwesentlich umgestaltet worden. Nunmehr ist das Arbeitszeitproblem betriebsverfassungsrechtlich in zwei Tatbestände aufgegliedert. § 87 I Nr. 2 hat § 56 I lit. a BetrVG 52 fast wörtlich übernommen und die Mitbestimmung bei Beginn und Ende der täglichen Arbeitszeit und der Pausen um die "Verteilung der Arbeitszeit auf die einzelnen Wochentage" ergänzt. Neu ist § 87 I Nr. 3. Danach hat der Betriebsrat bei der "vorübergehenden Verkürzung oder Verlängerung der betriebsüblichen Arbeitszeit" mitzubestimmen. Geblieben ist der Eingangssatz des Mitbestimmungskatalogs, wonach die Gestaltungsrechte des § 87 I nur eingeräumt werden, "soweit eine gesetzliche oder tarifliche Regelung nicht besteht".

Trotz der Neukodifizierung bleibt der Gesetzestext dürftig, was die Vereinbarung von Kurzarbeit angeht. Zu Recht wird im Schrifttum[1] bemängelt, daß das Gesetz nicht regelt, unter welchen sachlichen Voraussetzungen und mit welchen Wirkungen die Einführung von Kurzarbeit arbeitsrechtlich möglich ist. Den Ausdruck "Kurzarbeit" verwendet das Betriebsverfassungsgesetz nicht einmal. Es spricht lediglich allgemein von vorübergehender Verkürzung der Arbeitszeit und einem Mitbestimmungsrecht des Betriebsrats hierbei.

II. Weiterhin kein einseitiges Anordnungsrecht des Arbeitgebers

Ohne Einfluß bleibt die Neuregelung auf den bereits während des BetrVG 52 unbestrittenen[2] Grundsatz, daß Kurzarbeit vom Arbeitge-

1) Vgl. Böhm BB 74, 281, 372 (376).

2) Vgl. oben S. 33.

ber nicht einseitig angeordnet werden kann[1].Das Direktionsrecht des Arbeitgebers als dessen Recht, dem Arbeitnehmer zur Konkretisierung der Arbeitspflicht nötige und durch die Einordnung des Arbeitnehmers in den Betrieb erforderliche Weisungen zu erteilen[2], versagt in diesem Zusammenhang schon deshalb, weil es nur die Ausführung der Arbeit und die Konkretisierung der Arbeitspflichten innerhalb des durch den Arbeitsvertrag festgelegten Leistungsrahmens zum Gegenstand hat[3]. Das Direktionsrecht kann lediglich zur Spezifikation der Arbeitsabläufe eingesetzt werden und deckt nur diejenigen Anordnungen, die Art, Ort und Umfang der Tätigkeit sowie die Ordnung im Betrieb betreffen[4]. Bei der mit Lohnkürzung verbundenen Kurzarbeit handelt es sich jedoch um eine Änderung des vereinbarten synallagmatischen Schuldverhältnisses zwischen Arbeitgeber und Arbeitnehmer. Dieses kann der Arbeitgeber nicht durch einseitigen Anordnungsakt verändern, weil es hier um den Arbeitsvertrag selbst geht. Erst nach arbeitsvertraglicher Vereinbarung eines entsprechenden Gestaltungsrechts kommt eine darauf gestützte Anordnung von Kurzarbeit durch den Arbeitgeber in Betracht[5]; sonst ist allenfalls Anordnung von Kurzarbeit bei Weiterzahlung des vollen Lohns möglich[6]. In keinem Fall kann dies allerdings ohne

---

1) Vgl. Bensinger S. 1144; Birk Leitungsmacht S. 412; ders. AR-Blattei Direktionsrecht I, C II 4; Böhm DP Gr. 3 S. 577 (58o); Bohn/Dutti § 87 Rn 7; Brill AR-Blattei Arbeitsausfall II, B VIII und B IX 6; Buchner AG 71, 135, 189 (192); Dietz/Richardi § 87 Rn 18o; Farthmann RdA 74, 65 (69); Farthmann/Bürger AR-Blattei Arbeitszeit V Kurzarbeit, B I 1; Fuhr/Stahlhacke § 1o5, VI 5 d aa sowie § 121 III 4; Gast S. 181; Halberstadt Mitwirkung § 87 Rn 9; v.Hoyningen-Huene Billigkeit S. 183; Kammann/Meisel S. 122; Meisel/Hiersemann AZO (2.Aufl.) Einl. 5o; Röhsler Die Arbeitszeit S. 36, 119; Rumpff/Dröge S. 47 f.; v.Stebut RdA 74, 332 (333); Sturn AuS 75, 189 (19o); Wiese GK-BetrVG § 87 Rn 79 a; unzutreffend Kammann/Hess/Schlochauer § 87 Rn 77, wonach der Arbeitgeber "infolge" des Mitbestimmungsrechts daran gehindert sein soll, kraft seines Direktionsrechts die Arbeitszeit zu kürzen: Dies ist er auch ohne Mitbestimmung jedenfalls dann nicht, wenn die Arbeitszeitverkürzung mit Lohneinbußen gekoppelt ist.

2) Vgl. Birk Leitungsmacht S. 2o f.; Falkenberg DB 78, 193o; Hueck/Nipperdey I S. 41, 158; Neumann AR-Blattei Versetzung des Arbeitnehmers, A II; Nikisch I S. 5; Schaub S. 1o1; Staudinger/Nipperdey/Mohnen § 611 Vorb. 15 ff.

3) Birk AR-Blattei Direktionsrecht I, C II 4; Brox Grundbegriffe S. 33; Lieb Arbeitsrecht S. 14 ff.; Röhsler Die Arbeitszeit S. 119; Söllner Arbeitsrecht S. 213; v.Stebut RdA 74, 332 (333) m.w.N.

4) Vgl. BAG AP Nr. 17 zu § 611 BGB Direktionsrecht (1R); Gast S. 45 m.w.N.; Landmann/Rohmer/Neumann § 121 Rn 6.

Prüfung des Mitbestimmungsrechts nach § 87 I Nr. 3 geschehen. Aus diesem Grunde ist auch, wie sich im folgenden zeigen wird, die betriebliche Kollektivvereinbarung unter den Rechtsgrundlagen für die Einführung von Kurzarbeit - Gesetz, Kollektiv- und Individualvertrag - das wichtigste Gestaltungsmittel.

5) Vgl. Birk Leitungsmacht S. 412; Böttner S. 82 m.w.N.

6) Vgl. Röhsler Die Arbeitszeit S. 36.

B. Inhalt und Art des Mitbestimmungsrechts

Stand nach dem BetrVG 52 nach überwiegender Meinung[1] fest, daß eine betriebliche Regelung nur hinsichtlich der Lage, nicht aber der Dauer der Kurzarbeit erzwungen werden konnte, nimmt die Mitbestimmung bei der Kurzarbeit nunmehr nach § 87 I Nr. 3 einen erheblich höheren Stellenwert ein.

I. Kurzarbeit als Arbeitszeitverkürzung nach § 87 I Nr. 3

Eindeutig[2] ist zunächst, daß § 87 I Nr. 3 - was bei § 56 BetrVG 52 nicht unstreitig war[3] - die Kurzarbeit meint. Unter "vorübergehender Verkürzung der betriebsüblichen Arbeitszeit" ist auch und gerade die Kurzarbeit zu verstehen[4]. Kurzarbeit ist sogar der Hauptanwendungsfall des § 87 I Nr. 3.

II. Der Umfang des Mitbestimmungsrechts

1.) Mitbestimmung bei der Frage des "Ob" der Einführung von Kurzarbeit

a.) Der Stand der Diskussion um die Mitbestimmung bei der durch Kurzarbeit verringerten Dauer der Arbeitszeit

Gestützt auf den Wortlaut des § 87 I Nr. 3 bejaht die ganz herrschende Meinung in Rechtsprechung[5] und Literatur[6] ein Mitbestim-

---

1) Siehe oben S. 34 ff.

2) Vgl. die sogleich in Fn 5 f. Genannten sowie Erdmann/Jürging/Kammann § 87 Rn 45.

3) Siehe oben S. 35 f.

4) Vgl. auch oben S. 12 ff.

5) Vgl. BAG AP Nr. 1 (2), 2 (3) zu § 87 BetrVG Kurzarbeit; BAG DB 79, 655 f.; BAG DB 79, 995; LAG Bremen Beschluß v. 17.8.1976 - 4 Ta BV 11/76-S. 12; LAG Düsseldorf EzA § 87 BetrVG Nr. 1 (S. 5); LAG Hamm DB 73, 1o24; LAG Hamm ARSt 77, 142; LAG Hamm DB 79, 216 (217, 219); LAG Nürnberg AMBlBayStMAS 77, C 13; ArbG Köln DB 79, 457 (458).

6) Arbeitsring Chemie S. 184 (vgl. allerdings auch unten S. 3o6); Auffarth AR-Blattei Betriebsverfassung XIV B, III 3; ders. BUV 71, 193 (2oo); ders. AuR 72, 33 (38); ders. BUV 72, 237 (239); Badura WiR 74, 1 (2o); Badura/Rittner/Rüthers S. 117; Bähringer/Spiegelhalter S. 11; Barthe S. 126; Becker-Schaffner BlStSozArbR 75, 19; Bensinger S. 1146; Biebrach/Nagel S. 149; Birkwald/Pornschlegel S. 114; Bleistein Betriebsverfassung Rn 293; Böhm BB 74, 281, 372 (373); ders. DP Gr. 3, 577 (579);

mungsrecht des Betriebsrats bei der Einführung von Kurzarbeit und

---

Bohn/Dutti § 87 Rn 7; Brauch S. 4 ff.; Brecht § 87 Rn 17; Brede/Etzel S. 151 f.; Buchner AG 71, 193; ders. Fälle S. 116; Bürger/Oehmann/Stubing HwbAR Stichwort "Kurzarbeit" S. 4 sowie Stichwort "Mitwirkung und Mitbestimmung des Betriebsrats" S. 3; Conze Diss. S. 48, 127; Däubler Arbeitsrecht S. 246; Dietz/Richardi § 87 Rn 175; Dütz ZfA 72, 247 (26o); Ebert arbeitgeber 74, 574 (576); Erdmann AuR 73, 135 (138); Etzel Betriebsverfassungsrecht S. 139; Farthmann AR-Blattei Arbeitszeit I D, V; ders. RdA 74, 65 (69); Farthmann/Bürger AR-Blattei Arbeitszeit V Kurzarbeit, B III; Fitting BABl 72, 276 (284); Fitting/Auffarth/Kaiser Das neue Betriebsverfassungsrecht § 87 Rn 6; dies. § 87 Rn 27; Föhr AuR 75, 353 (357, 359); ders. DB 76, 1378 (138o); Frauenkron § 87 Rn 14; Fuhr/Stahlhacke § 1o5, VI 5 d aa; Galperin/Löwisch § 87 Rn 1o7; Gamillscheg Arbeitsrecht S. 385; ders. FS Fechner S. 135 (145); Gester/Isenhardt RdA 74, 8o (81, 83); Girgensohn S. 181; Gnade/Kehrmann/Schneider § 87 Rn 16; Götz S. 117; Grüll S. 45; Halberstadt § 87 Rn 9; ders. Das neue Recht der Betriebsräte S. 1o3; Halberstadt/Zander Rn 499; Hanau BB 72, 499 f.; ders. RdA 73, 281 (283); Hanau/Adomeit S. 1o5; Helfert MitbGespr 78, 182 (186); Henkel/Hagemeier BB 76, 142o (1423); Herdrich S. 34 Fn 2; Herschel Anm. BAG EzA § 87 BetrVG Nr. 3 (S. 18); Hess. Arbeitgeberverbände S. 124; Holland S. 141; v.Hoyningen-Huene JuS 77, 461; ders. Billigkeit S. 183; Hromadka Betriebsverfassungsgesetz S. 25; Hueck/Richardi AR-Blattei Tarifvertrag VI, D I; Janert DB 76, 243 (245); Kammann/Hess/Schlochauer § 87 Rn 77 ff.; Kammann/Meisel S. 123; Krebs I § 64 Rn 4; Kübler/Schmidt/Simitis S. 171, 219; Kuhn BlStSozArbR 76, 65; Kunst S. 39; Lappe JbAR Bd. 16, 55 (64 f.); Lieb Arbeitsrecht S. 66; Luhmann S. 1o1; Meisel/Hiersemann AZO (2. Aufl.) Einl. 48, 5o sowie § 3 Rn 41; Meyer S. 83; Neumann-Duesberg AR-Blattei Betrieb III, D I 2 a cc (2); Peltzer/Boer S. 185; Preis DB 73, 474; Raiser FS Duden S. 423 (428); Ramm FS Duden S. 439 (457); Rehbinder Schaubild 15; Reuter JuS 72, 163 (164); Rewolle/Lorentz S. 424; Richardi JbAR Bd. 13 S. 48; ders. ZfA 76, 1 (33 f.); Ritter S. 74; Röhsler Die Arbeitszeit S. 27, 36, 12o f.; ders. JbAR Bd. 12, 1o7 (116); Rumpff AuR 72, 65 (69 f.); Rumpff/Dröge S. 49, 56, 89 ff.; Ruppert S. 382; Sahmer § 87 Rn 7 b und 7 c; Schaub Arbeitsrecht S. 1o62; Schmidt AR-Blattei Kündigungsschutz II, B II 7; Schneider BABl 72, 292 (295); Schwerdtner Arbeitsrecht I S. 99; Siebert/Degen S. 225; Simitis AuR 75, 321 (333); ders. AuR 77, 97 (1o3 Fn 41); Simitis/Weiss DB 73, 124o ff.; Söllner Arbeitsrecht S. 159; Stahlhacke HzA Gr. 19 S. 289; Staudacher HBV Gr. 4 S. 66; v.Stebut RdA 74, 332 (335, 337); Stege/Weinspach S. 293; Sturn AuS 75, 189 (19o); Thiele GK-BetrVG § 77 Rn 1o2; Unterhinninghofen Der Betriebsrat 75, 3o3 (3o4); Völker S. 77; Vollmer DB 79, 3o8 (357); Weber/Bitzer S. 124; Weiss AuR 74, 37 (48 f.); ders. Betriebsverfassungsgesetz S. 249; Wiese GK-BetrVG § 87 Rn 78; ders. Anm. BAG AP Nr. 1 zu § 87 BetrVG Kurzarbeit (5); ders. Initiativrecht S. 42; Zachert Anm. BAG MitbGespr. 75, 54 (55 f.); ungenau Schwedes Rn 137, der den Eindruck erweckt, die Mitbestimmung bei der Einführung von Kurzarbeit ergebe sich aus § 87 I Nr. 2; verwirrend Haberkorn S. 115 f.

mithin der Dauer der Arbeitszeit. Allerdings ist damit nicht gesagt, daß nunmehr die Dauer der Arbeitszeit grundsätzlich auf betrieblicher Ebene mitbestimmungspflichtig wäre[1]; lediglich im Bereich der Kurzarbeit wird von der genannten h.M. ein Mitbestimmungsrecht bei der Dauer der Arbeitszeit uneingeschränkt bejaht.

Nur eine Mindermeinung[2] lehnt dieses Mitbestimmungsrecht ab. Wie zu § 56 lit. a BetrVG 52 soll weiterhin zwischen "Ob" und "Wie" der Einführung von Kurzarbeit, d.h. der Verkürzung der Arbeitszeitdauer und der Lage der verkürzten Arbeitszeit unterschieden und nur letztere der Mitbestimmung unterstellt werden[3].

Die Begründung für diese Auffassung ist bei Erdmann/Jürging/Kammann[4] zweistufig: Der Gesetzgeber habe an der alten Rechtslage nichts ändern wollen[5]; nach der Begründung des Regierungsentwurfes solle § 87 I Nr. 3 nämlich lediglich eine klarstellende Funktion erfüllen. Der Gesetzgeber habe von der alten Rechtslage aber auch gar nicht abweichen können, weil die Einführung von Kurzarbeit aus verfassungsrechtlichen Gründen mitbestimmungsfrei bleiben müsse; nur bei formellen Arbeitsbedingungen bestünden insoweit keine Bedenken gegen die Mitbestimmung, so daß § 87 I Nr. 3 verfassungskonform dahingehend auszulegen sei, daß nur die durch die Verkürzung der Arbeitszeit notwendig gewordene Änderung der Lage der Arbeitszeit der Mitbestimmung unterfalle.

---

1) Zum Problem der Mitbestimmung bei der regelmäßigen Arbeitszeit als Gegenstand der Mitbestimmung nach § 87 I Nr. 2 vgl. Dietz/Richardi § 87 Rn 159; Farthmann AR-Blattei Arbeitszeit I D, II 2 b; ders. RdA 74, 65 (67); Fitting/Auffarth/Kaiser § 87 Rn 23; Galperin/Löwisch § 87 Rn 84 f.; Weiss Betriebsverfassungsgesetz S. 248; Wiese GK-BetrVG § 87 Rn 7o ff.

2) Vgl. Bundesvereinigung der deutschen Arbeitgeberverbände S. 43; Erdmann/Jürging/Kammann § 87 Rn 46 ff. (anders nunmehr Kammann/Hess/Schlochauer § 87 Rn 77 ff., allerdings widersprüchlich zu a.a.O. § 77 Rn 73); Galperin Leitfaden S. 1o6; Zeitlmann Personal 74, 126 (127); a.A. aus dem Bereich der betriebswirtschaftlichen Literatur Gierhake Personal 75, 318; offengelassen von Rischar S. 196; das Ergebnis der Mindermeinung ist fernerhin zwingend für alle, die die Mitbestimmung in materiellen Angelegenheiten für verfassungswidrig halten, vgl. unten S. 8o ff.

3) Unzutreffend insoweit BAG AP Nr. 1 zu § 87 BetrVG Kurzarbeit (2, 2R), wo Erdmann/Jürging/Kammann a.a.O. als Vertreter eines lediglich beim Ausfall ganzer Arbeitstage verneinten Mitbestimmungsrechts in Anspruch genommen werden; vgl. auch die Kritik bei Wiese Anm. BAG AP Nr. 1 zu § 87 BetrVG Kurzarbeit (5R).

4) Vgl. Erdmann/Jürging/Kammann § 87 Rn 46.

5) Ebenso Galperin Leitfaden S. 1o6.

Unter den Gegenstimmen stützt Galperin[1] eine Beschränkung des Mitbestimmungsrechts auf die Lage der Arbeitszeit gleichfalls mit der Begründung des Regierungsentwurfs, wo es "ausdrücklich" heiße, § 56 a BetrVG 52 werde nicht geändert. Zudem führt er die "erhebliche Bürokratisierung des Arbeitsablaufs" gegen die Mitbestimmung bei der Einführung von Kurzarbeit ins Feld. Allerdings kann letzterer rein organisatorischer Einwand, der im übrigen alle Teilnahmerechte jeglicher Ausprägung gleichermaßen betrifft, im folgenden als zu vordergründig unberücksichtigt bleiben. Das BAG[2] hat zu § 87 I Nr. 9 zutreffend ausgeführt, etwaige durch eine gewisse Bürokratisierung auftretenden Erschwernisse müßten als Ausfluß des "verfassungsfesten" Sozialstaatsprinzips in Kauf genommen werden und ließen sich bei zweckmäßiger Organisation auf ein Minimum begrenzen. Dies gilt auch für die Kurzarbeit und dort selbst in eiligen Fällen[3].

Zeitlmann[4] begründet seine ablehnende Auffassung nur dürftig. Er rezipiert lediglich das Ergebnis der ehedem herrschenden Meinung, nur Beginn und Ende, nicht aber die Dauer der Arbeitszeit seien Gegenstände der Mitbestimmung. "Infolgedessen" habe der Betriebsrat bei der Einführung von Kurzarbeit grundsätzlich kein Mitbestimmungsrecht. Zeitlmann macht allerdings nicht kenntlich, daß zwischenzeitlich ein neues Betriebsverfassungsrecht in Kraft getreten ist. So befremdet im besonderen, daß er seine Ansicht unter der Index-Überschrift "Arbeits- und Sozialrecht, Gesetze, Rechtsprechung, Kommentare" publiziert. Damit wird auch unter vorwiegend betriebswirtschaftlich orientierter Leserschaft der fälschliche Eindruck provoziert, die Rechtsprechung lehne eine Mitbestimmung bei der Kurzarbeit ab[5]. Zum Zeitpunkt der Veröffentlichung des Beitrages Zeitlmanns, der sich mit einem konkreten Fall

1) Vgl. Galperin Leitfaden S. 1o6; ähnlich die Bedenken bei Wisskirchen BABl 72, 288 (29o) und bezüglich § 87 I Nr. 11 bei Erdmann BlStSozArbR 71, 241 (244).

2) Vgl. BAG AP Nr. 1 zu § 87 BetrVG Werkmietwohnungen (4, 4R).

3) Vgl. dazu unten S. 144 ff.

4) Vgl. Zeitlmann Personal 74, 126 (127).

5) Ebenso unzutreffend Haberkorn S. 115 f., wonach dem Betriebsrat nach der Rechtsprechung des BAG kein Mitbestimmungsrecht bei der Entscheidung über die Einführung von Kurzarbeit zustehen soll; vgl. stattdessen die Nachweise oben S. 61 Fn 5.

nicht befaßt, war allerdings mindestens[1] der Beschluß des LAG Düsseldorf vom 12.4.1973[2] bereits seit etwa einem Jahr bekannt. Dieser Beschluß geht eindeutig[3] vom Mitbestimmungsrecht des Betriebsrats bei der Einführung von Kurzarbeit aus und versagt dieses für den dem Beschluß zugrundeliegenden Sachverhalt lediglich aufgrund tarifvorrangrechtlicher Erwägungen[4].

b.) Stellungnahme

aa.) Wortlaut des § 87 I Nr. 3

Hält man sich zunächst einmal an den Wortlaut des § 87 I Nr. 3, findet man keinen Anhaltspunkt für die Verweigerung des Mitbestimmungsrechts. Das Gesetz nennt die Verkürzung der Arbeitszeit als mitbestimmungspflichtigen Tatbestand. Es kann gar kein Zweifel daran bestehen, daß damit die Dauer der Arbeitszeit ausdrücklich angesprochen ist[5]. Verkürzung der Arbeitszeit ist exakt, was der Begriff Kurzarbeit beinhaltet: Eine Verringerung des Arbeitsvolumens. § 87 I Nr. 3 erwähnt die Lage der verkürzten Arbeitszeit mit keinem Wort. Anders als § 56 I lit. a BetrVG 52 stehen nicht Beginn und Ende der Arbeitszeit in Rede, sondern die Reduzierung der Arbeitszeit, ihre Dauer. Daß dieser Text eindeutig ist, erkennen im Grunde auch Erdmann/Jürging/Kammann[6] an. Sie wollen ihn nämlich nur in ihrem Sinne "auslegen"[7], wobei ihre Auslegung fragwürdigerweise mit demjenigen beginnt, was der Gesetzgeber angeblich hat ändern wollen und können, sich nicht aber zunächst einmal damit befaßt, was er - ausgewiesen durch den Wortlaut - tatsächlich geändert hat. Bei dieser Auslegungsmethode wird der Wort-

1) Vermutlich dürfte Zeitlmann sogar den Beschluß des BAG v. 5.3. 1974 (AP Nr. 1 zu § 87 BetrVG Kurzarbeit) mit seiner klaren Bejahung des Mitbestimmungsrechts bei der Einführung von Kurzarbeit bekannt gewesen sein, da er zu Beginn seines Beitrages eine Entscheidung des BAG gleichen Datums zitiert und ausführlich bespricht.

2) Vgl. LAG Düsseldorf EzA § 87 BetrVG Nr. 1.

3) Vgl. LAG Düsseldorf a.a.O. (S. 5 f.).

4) Vgl. dazu die Kritik unten S. 332 ff.

5) Vgl. dazu unten S. 97.

6) Vgl. die vorsichtige Formulierung bei Erdmann/Jürging/Kammann § 87 Rn 12, wo hinsichtlich § 87 I Nr. 3, 9, 1o eingeräumt wird, diese Vorschriften könnten sich "nach ihrem Wortlaut zum Teil auch auf materielle Arbeitsbedingungen erstrecken".

7) Vgl. Erdmann/Jürging/Kammann § 87 Rn 48.

laut, weil eindeutig, als Ansatzpunkt ausgespart und lediglich eine Interpretation unter einer bestimmten Zielvorstellung vorgenommen. Diese ist, wie zu zeigen sein wird, gegen den Wortlaut des Gesetzes nicht tragfähig.

bb.) Vergleich mit § 87 I Nr. 2 BetrVG

Das BAG[1] hat in seiner ersten grundlegenden und zu ihrem Zeitpunkt wichtigen[2] Entscheidung zu § 87 I Nr. 3 auf § 87 I Nr. 2 hingewiesen und erklärt, auch aus dem Nebeneinanderstehen dieser Vorschriften lasse sich ersehen, daß die Mitbestimmung nicht mehr nur auf den "formellen" Teil der Lage der Arbeitszeit beschränkt sei. Auch im Schrifttum[3] wird die Unterschiedlichkeit beider Regelungsbereiche betont.

In der Tat zeigt ein Vergleich beider Normen, daß sie verschiedene Sachverhalte betreffen. § 87 I Nr. 2 spricht von Beginn und Ende, § 87 I Nr. 3 von der Verkürzung und Verlängerung der Arbeitszeit. Die Lage der Arbeitszeit ist gesetzestechnisch in der wünschenswerten Deutlichkeit und offensichtlich in Kenntnis der während des BetrVG 52 aufgetauchten Zweifel[4] von ihrer Dauer abgehoben. Wollte man § 87 I Nr. 3 nur auf die Lage der Arbeitszeit beziehen, wäre die Vorschrift überflüssig[5].

Dieses Ergebnis suchen Erdmann/Jürging/Kammann durch einen Kunstgriff zu vermeiden. § 87 I Nr. 3 gelte nämlich nur bei Änderung der betriebsüblichen Arbeitszeit als solcher, so daß einmalige Arbeitszeitverlegungen im Gegensatz zu Nr. 2 nicht genügten[6]. Die letztgenannte Vorschrift erfasse jede, also nicht nur die betriebsübliche Arbeitszeit[7]. Aber auch diese Begründung überzeugt nicht,

1) Vgl. BAG AP Nr. 1 zu § 87 BetrVG Kurzarbeit (2R).

2) So Bichler RdA 76, 211 (216).

3) Vgl. Wiese GK-BetrVG § 87 Rn 7o f.; ders. Anm. BAG AP Nr. 1 zu § 87 BetrVG Kurzarbeit (5).

4) Vgl. oben S. 34 ff.

5) Vgl. AR Chemie S. 184; Jahnke Anm. BAG AR-Blattei Betriebsverfassung XIV B Entsch. 33, II 1; Wiese Anm. BAG AP Nr. 1 zu § 87 BetrVG Kurzarbeit (5R).

6) Vgl. Erdmann/Jürging/Kammann § 87 Rn 49.

7) Vgl. Erdmann/Jürging/Kammann § 87 Rn 43.

weil Nr. 3 dann immer noch keine selbständige Bedeutung hätte. Wenn Nr. 2 nämlich für einmalige u n d längerdauernde Verlegungen der Arbeitszeit gilt, ist nicht einzusehen, warum der Gesetzgeber mit Nr. 3 einen weiteren Tatbestand nur für längerdauernde Arbeitszeitverlegungen geschaffen haben soll, wenn dieser bereits in Nr. 2 enthalten ist.

cc.) Das Argument der Amtlichen Begründung

Was das Hinzuziehen der Amtlichen Begründung angeht, erscheint empfehlenswert, sich diese noch einmal in Erinnerung zu rufen. Dort[1] heißt es nämlich:"Die in Nr. 2 und Nr. 3 vorgesehene Mitbestimmung des Betriebsrates bei der Verlegung und bei der vorübergehenden Verkürzung oder Verlängerung der betriebsüblichen Arbeitszeit ist an sich inhaltlich bereits von § 56 Abs. 1 Buchstabe a des geltenden Rechts erfaßt, wird jedoch der Klarheit wegen ausdrücklich erwähnt". Diesen Text nehmen Erdmann/Jürging/Kammann[2] und Galperin[3] für ihre Meinung mit dem Argument in Anspruch, § 87 I Nr. 3 erfülle ausweislich dieser Begründung lediglich die klarstellende Funktion, nur die Lage der Arbeitszeit der Mitbestimmung zu unterwerfen. Mit ihr sei nämlich auch Bezug auf die bisherige Praxis der Rechtsprechung[4] genommen, die ein Mitbestimmungsrecht bei der Einführung von Kurzarbeit ja abgelehnt hatte. Auch Göbel[5] übernimmt die Amtliche Begründung - allerdings ohne dies kenntlichzumachen -, um sie sogar als Beschreibung der Mitbestimmung nach § 87 I Nr. 3 genügen zu lassen. Man muß sich allerdings fragen, ob die Begründung zum Regierungsentwurf überhaupt im Sinne einer Begrenzung des Mitbestimmungsrechts verstanden werden kann.

Angesichts der Erweiterung der betrieblichen Mitbestimmung in § 87 I Nr. 3 können die zum BetrVG 52 entwickelten Grundsätze nicht einfach übernommen werden[6]. Eine solche Brücke läßt sich auch nicht

1) Vgl. Amtliche Begründung zum Regierungsentwurf, BT-Drucksache VI/1786 S. 48.

2) Erdmann/Jürging/Kammann § 87 Rn 47.

3) Vgl. Galperin Leitfaden S. 1o6.

4) Vgl. dazu oben S. 34 ff.

5) Vgl. Göbel BlStSozArbR 72, 1, 23 (6).

6) So auch Wiese GK-BetrVG § 87 Rn 1.

mit der Regierungsbegründung errichten, da diese - worauf im Schrifttum[1] zu Recht aufmerksam gemacht wird - nur davon spricht, die Neuerung sei "an sich" bereits von § 56 I lit. a BetrVG 52 erfaßt. Diese Einschränkung wird so zu verstehen sein, daß das Mitbestimmungsrecht bei der Einführung von Kurzarbeit nach Auffassung der Autoren der Regierungsbegründung zwar bereits in § 56 I lit. a BetrVG 52 enthalten war, aufgrund entgegengesetzter Auffassung der damals h.M. aber nicht zum Tragen kam[2]. Es wäre sonst nämlich nicht nötig gewesen, ein nur "an sich" bestehendes Recht durch Verankerung in einem eigenen Tatbestand nunmehr "klarzustellen". Mit dieser Gesetzesänderung wollte der Gesetzgeber nicht Klares wiederholen, sondern Unklares deutlichstellen[3]. Der Verweis auf die Amtliche Begründung kann also gerade nicht als Bestätigung der früher h.M. in Anspruch genommen werden[4].

Insoweit spricht vieles für die Ansicht Brauchs[5], der die ungeschickte Formulierung der Regierungsbegründung darauf zurückführt, daß Fitting, Generalreferent für den Regierungsentwurf, in seinem Kommentar zum BetrVG 52 die Mitbestimmungspflichtigkeit bei der Dauer der Arbeitszeit und der Einführung von Kurzarbeit bejaht hatte[6]. Soweit sich die Begründung auf die überwiegende Auffassung zum BetrVG 52 beziehen sollte, wäre sie, wie Böhm[7] sehr bestimmt feststellt, schlicht falsch.

dd.) Zweck des § 87 I Nr. 3

Die Behauptung, der Gesetzgeber habe an der Beschränkung der Mitbestimmung auf die Lage der Kurzarbeit nichts ändern wollen, beinhaltet zugleich auch die These, der Gesetzgeber habe § 87 I Nr. 3 nur einen eingeschränkten Zweck zugewiesen. Dies begegnet allerdings Bedenken.

---

1) Vgl. Simitis/Weiss DB 73, 124o; Wiese GK-BetrVG § 87 Rn 77; ders. Anm. BAG AP Nr. 1 zu § 87 BetrVG Kurzarbeit (5f.); ähnlich Farthmann RdA 74, 65 (67).

2) Vgl. Wiese GK-BetrVG § 87 Rn 77; ders. Anm. BAG AP Nr. 1 zu § 87 BetrVG Kurzarbeit (5f.); vgl. auch die Einwände bei Buchner AG 71, 135, 189 (192) und Dietz/Richardi § 87 Rn 174.

3) Vgl. Simitis/Weiss DB 73, 124o.

4) Vgl. Wiese GK-BetrVG § 87 Rn 77.

5) Vgl. Brauch S. 4 f.

6) Vgl. Fitting/Kraegeloh/Auffarth § 56 Rn 16.

Ebenso wie das gesamte Arbeitsrecht ein Schutzrecht ist[1], trägt grundsätzlich auch die Zuweisung von Mitbestimmungsrechten an den Betriebsrat im Betriebsverfassungsrecht anerkanntermaßen[2] zunächst einmal Schutzcharakter. Das Arbeitsrecht soll den aus der personellen und wirtschaftlichen Abhängigkeit des Arbeitnehmers entspringenden Gefahren - der Arbeitnehmer ist regelmäßig der weitaus schwächere Teil der Arbeitsvertragsparteien[3] - als ein einziges Kontrollsystem der in der Vergangenheit vielfach mißbrauchten[4], faktisch zur einseitigen Diktatfreiheit des Arbeitgebers führenden[5] und nur formal bestehenden "Vertragsfreiheit" mit ihren katastrophalen sozialen Folgen[6] entgegentreten. Mangels Erreichbarkeit des Arbeitnehmerschutzes mit Mitteln des Privatrechts verhindert die kollektive Regelung von Arbeitsbedingungen, daß die einzelnen Arbeitnehmer den Inhalt der Arbeitsverhältnisse mit dem ihnen wirtschaftlich überlegenen Arbeitgeber aushandeln müssen[7].

Diese Grundsätze gelten in besonderem Maße für die Kurzarbeit. Bei der Verkürzung der Arbeitszeit geht es zugleich auch um Lohnmin-

7) der vorangegangenen Seite: vgl. Böhm BB 74, 281, 372 (373).

1) Vgl. Biedenkopf Tarifautonomie S. 122; Hueck/Nipperdey I S. 26; Nikisch I S. 3o; Preis ZfA 72, 271 (281); Wiese GK-BetrVG § 87 Rn 33; ders. ZfA 71, 273; Zöllner Arbeitsrecht S. 1 ff.

2) Vgl. BAG AP Nr. 1 (4), 2 (3) zu § 87 BetrVG Kurzarbeit; AP Nr. 1 zu § 87 BetrVG Werkmietwohnungen (2); EzA § 87 BetrVG Leistungslohn Nr. 2 (S. 23); ARSt 75, 1oo (1o1); Biedenkopf Tarifautonomie S. 295; ders. Demokratisierung S. 288; Canaris AuR 66, 129; Dietz BB 54, 349 (35o); ders. Anm. BAG AP Nr. 5 zu § 56 BetrVG Akkord (5); Galperin/Löwisch § 87 Rn 51; Hanau BB 71, 485; Hiersemann BB 62, 183; Hoppe BlStSozArbR 74, 29; v.Hoyningen-Huene JuS 77, 461; ders. ZRP 78, 181; Hueck/Nipperdey I S. 26, II/2 S. 1o62; Lappe JbAR Bd. 16, 55 (65); Müller BB 57, 4o9; Neumann-Duesberg Betriebsverfassungsrecht S. 454; Nikisch FS Nipperdey S. 453 (464); Preis DB 73, 474 (477); Reuter Anm. BAG SAE 76, 14 (17); Rüthers Vorträge S. 7 (14, 34); Säcker ZfA 72 (Sonderheft), 41 (52); Simitis/Weiss DB 73, 124o (1245); Söllner RdA 68, 437 (438); v.Stebut RdA 74, 332 (338); Thiele GK-BetrVG Einl. 2o; Wiese GK-BetrVG § 87 Rn 19a, 33 f.; ders. 25 Jahre BAG S. 661 (662); Zöllner Arbeitsrecht S. 325 f.

3) Vgl. dazu auch unten S. 126 ff.

4) Vgl. Hanau/Adomeit S. 29 f.

5) Vgl. Preis ZfA 72, 276 (282).

6) Vgl. Wiese RdA 73, 1; vgl. auch die Schilderung bei Fabricius FS Fechner S. 171 (177 f.).

7) Vgl. Söllner Arbeitsrecht S. 38.

derungen, die je nach Ausprägung, Dauer und individueller Einkommensbezugsbasis unterschiedlich stark ausfallen[1] und möglicherweise die materielle Existenzgrundlage des einzelnen Arbeitnehmers angreifen können[2]. Wie die Regelungen des JASchG, der AZO und des MuSchG zeigen, zählt das gesamte Gebiet der Arbeitszeit zu den besonders schutzempfindlichen Bereichen des Arbeits- und Soziallebens[3], wobei es bei der Kurzarbeit nicht um die im Mittelpunkt der AZO stehende Sorge des Schutzes vor arbeitszeitlicher Überlastung[4] geht, sondern um die mit der Reduzierung der Arbeitszeit verbundenen Lohneinbußen. Zutreffend wird daher im Schrifttum[5] die Kürzung des Arbeitsentgelts als das eigentliche - sozialpolitische[6] - Problem der Kurzarbeit bezeichnet.

Allerdings wird man in diesem Zusammenhang keine besondere Bedeutung auf die Einschränkung des Direktionsrechts legen können[7]. Mitbestimmung setzt nicht voraus, daß eine Befugnis zur einseitigen Bestimmung des Arbeitgebers besteht[8]. Dagegen sprechen Wortlaut und Entstehungsgeschichte des § 87 I Eingangssatz[9] sowie der Umstand, daß mit § 87 I Nr. 3 ein Tatbestand in den Mitbestimmungskatalog aufgenommen worden ist, der gerade nicht dem Direktions-

---

1) Die Betroffenen erhalten für die ausgefallene Zeit ein Kurzarbeitergeld in der Minimalhöhe von 68% ihre vorherigen Nettolohnes(§68 IV AFG). Zu den effektiven Lohneinbußen vgl. die Beispielsrechnungen bei Gierhake Personal 75, 318 f. sowie die tabellarische Erfassung der Verdienstminderung bei Bähringer/Spiegelhalter S. 86 f.

2) Vgl. Kehrmann AuR 67, 193 (2o1); Lappe JbAR Bd 16, 55 (63); Simitis/Weiss DB 73, 124o (1249).

3) Vgl. Simitis/Weiss DB 73, 124o.

4) Vgl. dazu auch unten S. 164 f.

5) Vgl. Böhm DP Gr. 3, 577 (578).

6) Nicht ganz zutreffend Farthmann/Bürger AR-Blattei Arbeitszeit V Kurzarbeit, A III, wonach dies das r e c h t l i c h e Hauptproblem der Kurzarbeit sein soll.

7) So aber Hanau BB 72, 499 (5oo); Säcker ZfA 72 (Sonderheft), 41 (65; Schaub S. 1o6o; danach soll in der Zurückdrängung des Direktionsrechts der Zweck des § 87 I liegen.

8) So aber Weitnauer FS Duden S. 7o5 (7o8), der diesen Satz bei den Darstellungen des BetrVG vermißt; er wurde indessen bereits von Böker S. 95 formuliert.

9) Vgl. Wiese GK-BetrVG § 87 Vorb. 5, § 87 Rn 33a.

recht des Arbeitgebers unterfällt[1]. Man kann daher auch nicht pauschal § 87 I Nr. 3 zum Anwendungsbereich des Direktionsrechts erklären[2]. Vielmehr ergibt sich gerade aus der mitbestimmungsrechtlichen Normierung dieser nur zweiseitig regelbaren Arbeitsbedingung, daß die Einschränkung des Direktionsrechts nicht der alleinige Zweck des Mitbestimmungsrechts sein kann[3]. Durch die Mitbestimmung wird lediglich insgesamt der sachliche Regelungsbereich der Leitungsmacht des Arbeitgebers eingeschränkt[4] und insoweit seine Ausübung der Gestaltungsrechte "gefiltert"[5]. Wo der Arbeitgeber jedoch gar nicht einseitig handeln kann, scheidet das Direktionsrecht als qualitativer Anknüpfungspunkt des Mitbestimmungsrechts aus. In diesem Bereich reguliert die Mitbestimmung die faktische, aus seiner ökonomischen Stärke resultierende Gestaltungsmacht des Arbeitgebers gegenüber dem sozial abhängigen Arbeitnehmer. Hier will § 87 die individualrechtlichen Gestaltungsmöglichkeiten des Arbeitgebers durch kollektive betriebliche Regelungen ersetzen[6].

Im Schutzzweck erschöpft sich der Sinn des Mitbestimmungsrechts aber nicht[7]. Denn mit dem Abbau monokratischer Betriebsstrukturen durch das Mitbestimmungsrecht[8] ist auch eine Teilhabe der Arbeitnehmerschaft an den sie besonders berührenden Fragen beabsichtigt[9], die sie zu gleichberechtigten Mitgliedern in der Gesellschafts- und Rechtsordnung integriert[1o]. Durch die Befreiung aus der "Objektsituation" des Arbeitnehmers bewirkt die innerbetriebliche

---

1) Vgl. bereits oben S. 58 ff.

2) So aber Haug S. 38.

3) So i.E. auch Moll Entgelt S. 175 f.; Wiese GK-BetrVG § 87 Rn 5 ff.

4) Vgl. Birk Leitungsmacht S. 113.

5) Vgl. Söllner Leistungsbestimmung S. 66.

6) Vgl. Wiese 25 Jahre BAG S. 661 (662).

7) A.A. Hiersemann BB 62, 183.

8) Vgl. Hueck/Nipperdey II/2 S. 1o63.

9) Vgl. Galperin/Löwisch § 74 Vorb. 4; Hueck/Nipperdey II/2 S. 1o63; Neumann-Duesberg Betriebsverfassungsrecht S. 454; Nikisch II S. 338; ders. FS Nipperdey S. 453; Schaub S. 964; Wiese GK-BetrVG § 87 Rn 33 m.w.N.; ders. Initiativrecht S. 11, 34; Zachert Anm. LAG Düsseldorf MitbGespr 74, 53 (55).

1o)Vgl. Herschel FS DJT S. 3o5 (3o7).

Mitbestimmung den Ersatz einer patriarchalischen durch eine demokratische Betriebsordnung[1] und versucht im Gedanken der betrieblichen Demokratie[2] eine gerechte Abstimmung der Einzelegoismen[3]. Als Ordnungsprinzip des BetrVG weist der Teilhabegedanke sogar über den Schutzzweck hinaus[4], da das Gesetz den Arbeitnehmer als Wirtschaftsbürger, nicht aber als Wirtschaftsuntertan begreift[5]. Die Mitbestimmung wird so zu einem gesellschaftspolitischen Leitprinzip[6].

Beide Prinzipien würden verkürzt, wenn man § 87 I Nr. 3 auf die Lage der Kurzarbeit beschränken wollte. Insbesondere der Schutzgedanke fällt bei der Kurzarbeit wegen ihrer Lohnfolgen entscheidend ins Gewicht. Das Gesetz hat gerade dadurch, daß es die Kurzarbeit der Mitbestimmung unterworfen hat, insoweit die Notwendigkeit von Schutz und Mitgestaltung besonders anerkannt. Hier handelt es sich um eine beschränkte[7], verschleierte[8] Form der Arbeitslosigkeit[9]. Kurzarbeit ist - was in den tarifvertraglichen Kurzarbeitsklauseln oft als selbstverständlich unterstellt wird[10] - stets mit Lohneinbußen gekoppelt[11]. Letztlich handelt es sich bei

---

1) Vgl. Hueck/Nipperdey II/2 S. 1o62 f.

2) Vgl. dazu Biedenkopf Demokratisierung S. 286 ff.; Neumann-Duesberg Betriebsverfassungsrecht S. 6o ff.; Preis DB 73, 474.

3) Vgl. Reuter ZfA 75, 85 (88 ff.).

4) Vgl. Wiese GK-BetrVG § 87 Rn 33a.

5) Vgl. Obermayer DB 71, 1715 (1718).

6) Vgl. Zöllner Arbeitsrecht S. 318 ff.

7) So Caspers S. 151.

8) So Weller S. 193.

9) Gegen den Begriff des Kurzarbeitergeldes als Leistung für Teilarbeitslosigkeit jedoch Hennig SGb 75, 2o1 (2o3).

1o) So Söllner Arbeitsrecht S. 116; vgl. aber auch die unten S. 1o3 und 278 genannten Tarifverträge.

11) Vgl. BAG AP Nr. 1 zu §65 BetrVG 52 Arbeitszeit (3); Böhm DP Gr. 3, 577 (586); Brill AR-Blattei Arbeitsausfall II, B IX 6; Farthmann RdA 74, 65 (69); Farthmann/Bürger AR-Blattei Arbeitszeit V Kurzarbeit, A II 3; Henkel/Hagemeier BB 76, 142o (1423); Nikisch I S. 643; Richardi AR-Blattei Tarifvertrag VI A, V 3 b; Röhsler Die Arbeitszeit S. 122; Rumpff/Dröge S. 27; Söllner Arbeitsrecht S. 116; v.Stebut RdA 74, 332 (333).

ihr sogar um eine Entgeltfrage[1]. Dadurch, daß das Gesetz hier die Vereinbarungsbefugnis des Arbeitgebers, die allein nicht an die soziale Schutzbedürftigkeit des einzelnen Arbeitnehmers gebunden ist[2], begrenzt hat, ist die Bedeutung des Schutzgedankens zum Ausdruck gekommen. Es bestehen keine Anhaltspunkte dafür, daß das Gesetz in § 87 zwar die Parität bei der Kurzarbeit eingeführt, diese aber im entscheidenden Teil sogleich wieder zurückgenommen hätte.

Der Teilhabegedanke verlangt insbesondere auch deshalb nach Berücksichtigung, weil durch die Kurzarbeit ein Teil des Betriebs- und Wirtschaftsrisikos vom Arbeitgeber auf die betroffenen Arbeitnehmer bzw. die Allgemeinheit der Beitragszahler zur Arbeitslosenversichung abgewälzt wird[3] und deshalb die Frage aufgetaucht ist, ob die Betriebe vom betriebswirtschaftlichen Standpunkt aus gesehen an der Kurzarbeit "verdienen"[4] bzw. bei Schlechtplanung durch Zahlung von Kurzarbeitergeld, das ohnedies die Überbürdung des Wirtschaftsrisikos auf die Arbeitslosenversicherung begünstigt[5], ungerechtfertigt subventioniert werden[6]. Hier kommt der Teilhabe der Arbeitnehmer aus der mit der Mitbestimmung verbundenen Verantwortung auch eine Kontrollfunktion gegenüber mißbräuchlicher Ansetzung und Verteilung[7] von Kurzarbeit zu, die der restriktiven Interpretation der Mitbestimmung widerspricht.

ee.) Kein Zwang zur Restriktion auf den formellen Tatbestand

Eine andere Frage ist, ob das Mitbestimmungsrecht bei der Einführung von Kurzarbeit mit allgemeinen Rechtsgrundsätzen vereinbar

---

1) Vgl. Böhm BB 74, 281, 372 (376).

2) Vgl. Reuter/Streckel S. 15.

3) Vgl. Hiery AuB 76, 178; v.Stebut RdA 74, 332 (336); vgl. auch BAG AP Nr. 13 zu § 615 BGB Betriebsrisiko (2R).

4) Vgl. dazu Hiery a.a.O.

5) Vgl. Hennig/Kühl/Heuer S. 85.

6) Vgl. Hennig SGb 75, 2o1 (2o3).

7) Dies insbesondere bei Gruppierung von Kurzarbeit um hohe Feiertage wie Weihnachten und Ostern, was die betroffenen Arbeitnehmer um den Genuß der Feiertagslöhne bringt, vgl. Unterhinninghofen Der Betriebsrat 75, 3o3 (3o4).

ist, weil es sich hier um eine materielle Arbeitsbedingung handelt. Deren Mitbestimmungspflichtigkeit könnte insbesondere mit dem Verfassungsrecht kollidieren; unter diesem Gesichtspunkt ist eine Beschränkung des § 87 I auf formelle Arbeitsbedingungen gefordert worden[1].

aaa.) Aufnahme materieller Arbeitsbedingungen in § 87 I

Die einstmals mit Schärfe geführte Diskussion über die Inkompatibilität der Mitbestimmung in materiellen Angelegenheiten mit dem Sinn des § 56 BetrVG 52 hat sich im Rahmen des BetrVG 72 auf eine ganz andere Ebene verlagert. Bis auf wenige Gegenstimmen[2] besteht nämlich heute Einigkeit darüber, daß § 87 I auch materielle Arbeitsbedingungen erfaßt[3]. Ihr Hauptanwendungsgebiet findet die Lehre

---

1) Vgl. Erdmann/Jürging/Kammann § 77 Rn 51; ihnen folgend Spoden S. 118; i.E. ähnlich Hoppe BlStSozArbR 74, 29.

2) Vgl. Kammann/Hess/Schlochauer § 77 Rn 73, allerdings im Gegensatz zu § 87 Rn 77 ff., wo die Mitbestimmung bei der Einführung von Kurzarbeit befürwortet wird; Kammann/Meisel S. 314, allerdings in Widerspruch zu S. 112 f., wo der Lohnausfall bei der Kurzarbeit als Hinderungsgrund für die Einführung von Kurzarbeit qua Direktionsrechts des Arbeitgebers genannt und das Mitbestimmungsrecht des Betriebsrats bejaht wird, denn dies ist eindeutig ein "materieller" Tatbestand. Vgl. ferner diejenigen Autoren, die Verfassungswidrigkeit annehmen; dazu unten S.8o ff.

3) Vgl. BAG AP Nr. 1 zu § 87 BetrVG Kurzarbeit (2R); AP Nr. 1 zu § 87 BetrVG Werkmietwohnungen (3); EzA § 87 BetrVG Initiativrecht (S. 27); EzA § 87 BetrVG Lohn und Arbeitsentgelt Nr. 4 (S. 28), 6 (S. 59); DB 79, 655 (656); LAG Düsseldorf EzA § 87 BetrVG Initiativrecht Nr. 1 (S. 11); LAG Hamm DB 75, 2282; LAG München ARSt 77, 2o; ArbG Düsseldorf DB 78, 1985; AR Chemie § 87 Rn 2; Adomeit BB 72, 53; Auffarth BUV 72, 237 (238); ders. AR-Blattei Betriebsverfassung XIV B, III; Badura WiR 74, 1 (18, 2o); Badura/Rittner/Rüthers S. 99 f., 117; Becker-Schaffner BlStSozArbR 75, 17 (18); Birk Anm. BAG EzA § 87 BetrVG Initiativrecht Nr. 2 (S. 23, 27); Bischoff S. 47; Blomeyer ZfA 75, 243 (293); ders. WEX 8, 113, offengelassen allerdings bei ders. Anm. LAG Düsseldorf/Köln EzA Nr. 1 zu § 87 Lohn und Arbeitsentgelt (S. 12); Böhm BB 74, 281, 372 (373); Bötticher SAE 73, 229 (233); Boewer DB 73, 522; Brauch S. 24, 28; Brecht § 87 Rn 6; Buchner AG 71, 135, 189 (193); Conze Diss. S. 127 Fn 1; Dietz/Richardi § 87 Rn 32 (99); Däubler Arbeitsrecht S. 25o; Dütz JuS 72, 685 (691); ders. DB 72, 383 (386); Farthmann RdA 74, 65 (66); ders. AR-Blattei Arbeitszeit I D, III 1; Fitting BABl 72, 276 (284); Fitting/Auffarth/Kaiser § 87 Rn 9; Föhr AuR 75, 353 (357); Frauenkron § 87 Rn 4; Galperin Regierungsentwurf S. 32; ders. Leitfaden S. 1o3; Galperin/Löwisch § 87 Rn 3; Gester/Isenhardt RdA 74, 8o (82 f.); Gnade/Kehrmann/Schneider § 87 Rn 4; Großmann/Schneider Rn 563; Gaul REFA S. 51;

der formellen und materiellen Arbeitsbedingungen, gegenüber welcher unterdessen der Vorwurf der Konzeption praeter legem erhoben worden ist[1)], heute im Bereich des Tarifvorrangs nach § 77 III[2)]. Streitig ist heute aber auch, in welchem Umfang der Gesetzgeber materielle Arbeitsbedingungen der Mitbestimmung in sozialen Angelegenheiten unterworfen hat. Die Diskussion[3)] wird von der Frage beherrscht, ob die Neuordnung des § 87 I die gesamte Problematik formeller - materieller Arbeitsbedingungen hat obsolet werden lassen oder ob das BetrVG weiterhin überwiegend formelle Arbeitsbedingungen erfaßt und nur bei einzelnen Tatbeständen die Mitbestimmung auf materielle Angelegenheiten ausdehnt. Insbesondere die Rechtsprechung[4)] vertritt einen vermittelnden Standpunkt.

Halberstadt HBV Gr. 4 S. 14; Hanau BB 72, 499; ders. ZfA 72 (Sonderheft), 71 (73); ders. RdA 73, 281 (282); ders. BB 77, 35o (353); Hanau/Adomeit S. 1o4 f.; Herschel BABl 74, 134 f.; Hess. Arbeitgeberverbände S. 122; Kirchner BB 72, 1279; Klinkhammer Anm. BAG EzA § 87 BetrVG Lohn und Arbeitsentgelt Nr. 6 (S. 64); Konzen BB 77, 13o7 (1311); Kübler/Schmidt/Simitis S. 214; Kunst S. 37; Lappe JbAR Bd. 16, 55 (64); Lieb Arbeitsrecht S. 143; ders. ZfA 78, 179 (183 f.) im Widerspruch zu a.a.O. S. 196 Fn 48 ("Grundsätzliche Mitbestimmungsfreiheit materieller Arbeitsbedingungen"); Löwisch DB 73, 1746 f.; ders. ZHR 75, 362 (37o f.); Luhmann S. 1o1; Meisel/Hiersemann (2. Aufl.) Einl. 5o; Moll Entgelt S. 161; ders. BlStSozArbR 77, 177; Peterek Anm. BAG SAE 78, 139 (143); Piltz S. 53; Reuter Anm. BAG SAE 76, 14 (16); ders. JuS 72, 163 (164); Reuter/Streckel S. 19; Richardi DB 71, 621 (624); ders. JABl 72, 137 (141); ders. JbAR Bd. 13, 19 (47); ders. Anm. BAG AP Nr. 1 zu § 87 Werkmietwohnungen (7R); ders. ZfA 78, 269 (277); P.C. Ritter S. 9; Rüthers ZfA 73, 399 (416); ders. Anm. LAG Düsseldorf EzA § 87 BetrVG Initiativrecht Nr. 1 (S. 13); Rumpff AuR 72, 65 (69 ff.); Säcker ZfA 72 (Sonderheft), 41 (44); Schaub Arbeitsrecht S. 1o35; Schlüter DB 72, 96, 139 (141 Fn 55); Schneider BABl 72, 292 (295); Simitis/Weiss DB 73, 124o (1245); Söllner Arbeitsrecht S. 159; Stadler BB 72, 8oo (8o1); v.Stebut RdA 74, 332 (34o); Stege/Weinspach S. 268, 271; Sturn AuS 75, 189 (19o); Vogt DB 75, 1o25 (1o28); Vollmer DB 79, 3o8, 355 (3o9, 31o); Weiss Betriebsverfassungsgesetz S. 2o9 f., 241; Wiese JbAR Bd. 9, 55 (71); ders. GK-BetrVG § 87 Rn 13 ff., 78; ders. Anm. BAG AP Nr. 1 zu § 87 Kurzarbeit (5R f.); ders. Initiativrecht S. 25, 35; Zöllner Arbeitsrecht S. 362 f.

1) Vgl. Rüthers ZfA 73, 399 (416).

2) Vgl. dazu ausführlich Piltz S. 241 ff. sowie unten S. 226 ff.

3) Zum Streitstand vgl. insbesondere Blomeyer ZfA 75, 243 (292 f.); Brauch S. 23 ff.; Gester/Isenhardt RdA 74, 8o (81 ff.); Moll Entgelt S. 162 ff.; Piltz S. 133 ff.; Wiese GK-BetrVG § 87 Rn 13 ff.

4) Vgl. BAG AP Nr. 1 zu § 87 Werkmietwohnungen (3, 3R); AP Nr. 1 zu § 87 BetrVG Kurzarbeit (2R); übereinstimmend Farthmann

Die einheitliche Linie des BetrVG 52, so das BAG[1], sei nicht mehr aufrechtzuerhalten. Vielmehr legt sich das Gericht insoweit erst bei den jeweiligen Arbeitsbedingungen fest, indem es diese einzeln würdigt.

Anlaß dazu, in dieser Kontroverse Position zu beziehen, besteht vorliegend allerdings nicht. Jedenfalls die Einführung von Kurzarbeit, um die es hier geht, stellt eindeutig[2] eine materielle Arbeitsbedingung dar, d.h. einen primär auf die Gestaltung des Inhalts der Arbeitsverhältnisse gerichteten Tatbestand[3]. An dieser Einordnung können keine vernünftigen Zweifel bestehen, da die Arbeitszeit, um deren Ausfall es bei der Kurzarbeit geht, neben dem Lohn den zentralen Bereich des Verhältnisses von Leistung und Gegenleistung der Arbeitsvertragsparteien darstellt[4]. Kurzarbeit bedeutet teilweisen Verzicht auf gegenseitige Leistungen. Mit der Verkürzung der Arbeitszeit verändert sich unmittelbar die Vertragspflicht zur Arbeitsleistung[5]. Darüber hinaus hängen Kurzarbeit und Entgelt eng zusammen, weil die Höhe des Arbeitsentgelts von der Dauer der Arbeitszeit bestimmt wird[6].

RdA 74, 65 (66); ders. AR-Blattei Arbeitszeit I D, III 1; Fitting/Auffarth/Kaiser § 87 Rn 9; Hanau RdA 73, 281 (282); ders. Anm. BAG AP Nr. 4 zu § 87 BetrVG Altersversorgung (4R); Hanau/Adomeit S. 1o6; Kammann/Hess/Schlochauer § 87 Rn 19 (im Gegensatz zu § 77 Rn 73); Löwisch DB 73, 1246 (1247); ders. ZHR 75, 362 (37o ff.); Rumpff AuR 72, 65 (69 f.); Söllner Arbeitsrecht S. 159; Stadler BB 72, 8oo; Wiese GK-BetrVG § 87 Rn 16; ders. Anm. BAG AP Nr. 1 zu § 87 BetrVG Kurzarbeit (6); ders. Initiativrecht S. 36.

1) Vgl. BAG AP Nr. 1 zu § 87 BetrVG Kurzarbeit (2R).

2) Vgl. in diesem Zusammenhang die oben S. 74 Fn 3 Genannten.

3) So die Definition von Wiese GK-BetrVG § 87 Rn 13.

4) Unverständlich daher, wieso bei der Kurzarbeit die Beschränkung des BetrVG 52 auf formelle Arbeitsbedingungen nur indirekt aufgegeben worden sein soll, wie Adomeit BB 72, 53 meint; nicht recht einsichtig auch, wieso § 87 I Nr. 3 eine formelle, die vorübergehende Kurzarbeit jedoch eine materielle Arbeitsbedingung sein soll, so aber Hanau/Adomeit S. 1o4 f.

5) Vgl. Wiese Anm. BAG AP Nr. 1 zu § 87 BetrVG Kurzarbeit (6).

6) Vgl. dazu unten S. 1o4.

Diesen Zusammenhängen verschließen sich im Grunde auch nicht einige derjenigen Autoren, die hier ein Mitbestimmungsrecht verneinen[1]. Ihre Zweifel betreffen nicht den materiellen Charakter der Arbeitsbedingung Kurzarbeit, sondern in erster Linie nur das Mitbestimmungserfordernis. Der Versuch der restriktiven Interpretation des § 87 I Nr. 3 bedeutet nicht, die Einführung von Kurzarbeit nicht mehr als materielle Arbeitsbedingung anzuerkennen, sondern lediglich, das Mitbestimmungsrecht nur auf deren formelle Seite, nämlich ihre Lage, zu begrenzen[2].

Damit ist aber nur bejaht, daß die Trennlinie zwischen dem formellen und dem materiellen Bereich jedenfalls in § 87 I Nr. 3 zumindest nach dem Wortlaut der Norm durchbrochen ist. Im weiteren ist nicht ausschlaggebend, ob so nur eine Art Fremdkörper[3] zwischen die sozialen Arbeitsbedingungen gemengt wurde und die formellen Arbeitsbedingungen weiterhin Hauptgegenstand der betrieblichen Mitbestimmung bilden[4] oder ob es sich bei der Einführung von Kurzarbeit lediglich um eine materielle Annexregelung zu dem formellen Tatbestand ihrer Lage handelt[5]. Solche Analysen befassen sich damit, allgemeine Grundsätze für ein System der sozialen Mitbestimmungsrechte zur Verfügung zu stellen[6]. Sie ändern nichts an der Klassifizierung der Kurzarbeit als "materieller Arbeitsbedingung".

---

1) Ganz deutlich Erdmann BlStSozArbR 71, 241 (244) für § 87 I Nr. 11 und Erdmann/Jürging/Kammann § 87 Rn 12 auch für die Kurzarbeit; vgl. auch Obermayer BB 71, 1715 (1722).

2) Ob auch bei einer solchen restriktiven Auslegung die Anordnung von Kurzarbeit durch den Betriebsrat nicht blockiert werden könnte, wird angesichts dessen Möglichkeiten, dann im Wege seines Mitbestimmungsrechts bei den Modalitäten der Kurzarbeit eine Lösung zu erschweren, von v.Stebut RdA 74, 332 (346 Fn 184) bezweifelt.

3) So Giese BB 73, 198 (2oo).

4) So LAG Düsseldorf DB 76, 1438 (1439); Hanau RdA 73, 281 (284); Stege/Weinspach S. 268.

5) So Hanau RdA 73, 281 (282 f.).

6) Vgl. dazu unten S. 286 Fn 1.

bbb.) Die Rechtmäßigkeit der Mitbestimmung nach § 87 I Nr. 3

Die Angriffe, die gegen die Rechtmäßigkeit der Mitbestimmung in materiellen Angelegenheiten vorgetragen werden, zielen in zwei Stoßrichtungen: Sie haben den Vorwurf der Unvereinbarkeit mit einfachgesetzlichen, aber auch mit verfassungsrechtlichen Grundsätzen zum Inhalt.

(1) Einfachgesetzliche Bedenken

Der einfachgesetzliche Vorwurf wurzelt in dem betriebsverfassungsrechtlich gesicherten Prinzip des Betriebsfriedens. Dieser sei, so einzelne Autoren[1],bei der Mitbestimmung in materiellen Angelegenheiten gefährdet, weil nunmehr der Kampf um die Festsetzung der Höhe von Arbeitsentgelten unmittelbar in die Betriebe hineingetragen worden sei. Solcherlei Kritik knüpft geradewegs an entsprechende Vorhalte aus der Zeit des BetrVG 52[2] an.

Jedenfalls im Bereich der Kurzarbeit ist die Warnung vor der Gefährdung des Betriebsfriedens aber nicht stichhaltig. Die Ungereimtheiten beginnen damit, daß der Anstoß zur Einführung von Kurzarbeit in aller Regel vom Arbeitgeber ausgeht[3]. Unabhängig davon, ob man den Betriebsrat hier mitbestimmen läßt, tangiert das bloße Inaussichtstellen der Arbeitszeitverkürzung mit ihrer Folge der Verdienstminderung bereits den bisherigen kooperativen Status quo in den Beziehungen zwischen den Arbeitsvertragsparteien. Angesichts der materiellen Folgen der Kurzarbeit lokalisiert bereits deren unverbindliche Ankündigung notwendigerweise eine Unruhezone im Betriebsleben. Das BAG spricht in seinem Beschluß vom 14.2.1978[4] sogar von einer "explosiven Lage" in einem Betrieb aufgrund des Taktierens der Geschäftsleitung mit der Einführung von Kurzarbeit. Man fragt sich, wie hier durch die Mitbestimmung Unruhe in den

---

1) Vgl. Erdmann/Jürging/Kammann § 87 Rn 9; Galperin Regierungsentwurf S. 32 f.; ders. BB 71, 137 (141); vgl. auch Erdmann BlStSozArbR 71, 241 (244).

2) Vgl. oben S. 4o f.

3) So Bähringer/Spiegelhalter S. 15; Böhm DP Gr. 3, 577 (581); Rumpff/Dröge S. 89.

4) Vgl. BAG DB 78, 14o3 (14o5).

Betrieb getragen werden soll, die dort möglicherweise längst ih- Eingang gefunden hat. So verwundert denn auch nicht,daß manche der Kritiker[1] die Kurzarbeit als Beispiel für ihre Einwände aussparen.

Aber auch im Vereinbarungsstadium von Kurzarbeit ist der Betriebsfrieden nicht in Gefahr. Im Arbeitsleben bestehen unterschiedliche Sozialinteressen zwischen Arbeitgeber und Arbeitnehmer, wobei der Betrieb als deren praxisbedingte Nahtstelle Stätte natürlicher Interessenkonflikte ist[2]. Das BetrVG gibt aber an keiner Stelle zu erkennen, daß es kollektive innerbetriebliche Auseinandersetzungen über materielle Arbeitsbedingungen unterbinden will[3]. Die Verpflichtung zur Wahrung des Betriebsfriedens (§ 74 II 2) dient lediglich dazu, die aus solchen Konflikten resultierenden Reibungseffekte zu kanalisieren und einer Lösung zuzuführen[4]. Formell geschieht dies durch die Bereitstellung rechtsförmlicher Verfahren im Betriebsverfassungsrecht, um offene Auseinandersetzungen zu vermeiden; die Einigungsstelle wird zum "Ventil"[5] zur Erhaltung des Arbeitsfriedens in vorhandenen, nicht aber von der Einigungsstelle erst geschaffenen[6] Konflikten. Materiell verlangt das BetrVG vertrauensvolle Erreichung des Betriebsziels. Mit der Verpflichtung zur Einhaltung des Betriebsfriedens will das Gesetz also keinesfalls die existenten Interessensgegensätze von vornherein ignorieren oder ausschließen, sondern nur die Art und Weise ihrer Austragung innerhalb eines geordneten Arbeitsablaufs statuarisch fixieren. So gesehen muß eine betriebliche Konfliktlösung keinesfalls zwingend den Betriebsfrieden beeinträchtigen. Wer dies dennoch betont, läßt außer acht, daß die betriebliche Friedenspflicht nicht dazu da ist, eine Betriebspartei zu veranlassen, jeden Vorschlag der anderen zu akzeptieren[7].

---

1) So Galperin Regierungsentwurf S. 33 f.
2) Vgl. Fitting BABl 72, 276 (279).
3) Vgl. ArbG Düsseldorf DB 78, 1985.
4) Vgl. zum Ganzen Germelmann S. 42 ff.
5) So Fitting BABl 72, 276 (279).
6) So auch Schneider BABl 72, 293 (294).
7) Vgl. BAG NJW 66, 1333 (1335).

In diesem Lichte führt die betriebliche Mitbestimmung geradezu den angestrebten Zustand relativer Betriebsruhe herbei[1]. Sie beteiligt die Arbeitnehmer an einer Entscheidung, die für sie mit Nachteilen verknüpft ist, statt sie in Verfolg vergangener Entscheidungsstrukturen vor vollendete Tatsachen zu stellen. Im Fall divergierender Vorstellungen entscheidet die Einigungsstelle verbindlich, ohne daß es zum Arbeitskampf kommen könnte. Die Betriebsräte genießen ein umfassendes Informationsrecht in sozialen Angelegenheiten (§ 8o II)[2]. Dieses System von Unterrichtung und wirksamer Teilhabe gerade an existentiellen materiellen Arbeitsbedingungen wie der Kurzarbeit fördert die Erreichung des Betriebszwecks viel intensiver als eine einseitige Entscheidung von Arbeitgeberseite[3].

(2) Der Vorwurf der Verfassungswidrigkeit

Die Aufnahme materieller Arbeitsbedingungen in den Katalog mitbestimmungspflichtiger Angelegenheiten ist aus verfassungsrechtlicher Sicht beanstandet worden[4]. Als Grundlagen der Kritik dienen insbesondere die Art. 2 I, 9 III, 12 I und 14 I GG. Die Heranziehung insbesondere der Art. 2 I, 9 III und 14 I GG, die zusammen mit dem Sozialstaatsprinzip das normative Gerüst der Sozialpartnerschaft bilden[5], bedeutet eine Absage an das durch die erweiterte Mitbe-

---

1) So BAG AP Nr. 2 zu § 56 BetrVG 52 (3R).

2) Dazu eingehend Bächle DB 73, 14oo ff.; Dütz FS Westermann S. 37 (46 ff.); Föhr DB 76, 1378 ff.; Hunold BB 76, 648 ff.; Pramann BB 75, 519 ff.; Schaub S. 1o53 f.; Vogt Personal 77, 284.

3) Verfehlt daher auch die Behauptung von Hoppe BlStSozArbR 74, 29, der Betriebsrat habe sich bei der Wahrung der Arbeitnehmerinteressen auf die formellen, nicht aber die materiellen Arbeitsbedingungen zu beschränken, da er im letzteren Fall nicht den Interessen des Betriebes nachkomme.

4) Vgl. Bundesvereinigung der deutschen Arbeitgeberverbände S. 8; Erdmann BlStSozArbR 71, 241 (244 f.); Erdmann/Jürging/Kammann § 87 Rn 7 ff.; Galperin BB 71, 137; ders. Regierungsentwurf S. 32, 34, 5o; ders. DB 71, 13o5 (13o7 Fn 12); Giese BB 73, 198 (2oo); Kreutz BlStSozArbR 71, 272 (282); Krüger S. 59; Obermayer DB 71, 1715 (1721 ff.); Wisskirchen BABl 72, 288 (292); skeptisch auch Buchner AG 71, 135, 189 (193).

5) Vgl. Kaiser S. 13.

stimmung neu balancierte Kräfteverhältnis der Betriebsparteien. So wurden die verstärkten Rechte des Betriebsrats denn auch als Gefährdung des sozialen Gleichgewichts im Betrieb verurteilt[1]. Aus der Grundrechtskritik werden hinsichtlich der einzelnen materiellen Arbeitsbedingungen jedoch unterschiedliche Folgerungen gezogen. Insbesondere bei der Kurzarbeit wird lediglich eine "verfassungskonforme Interpretation" auf ihren formellen Bereich gefordert[2].

Der Vorwurf der Verfassungswidrigkeit der Mitbestimmung in materiellen Angelegenheiten ist hauptsächlich während der Gesetzgebungsphase und der unmittelbaren Folgezeit nach Verkündung des BetrVG erhoben worden. In der wissenschaftlichen Erörterung hat er sich nicht durchsetzen können. Rechtsprechung[3] und Schrifttum[4] weisen ihn durchweg zurück. Das Bundesverfassungsgericht hat durch Beschluß vom 14.10.1976[5] die Verfassungsbeschwerden gegen verschiedene Vorschriften des BetrVG als unzulässig und in einem Fall mit der Begründung mangelnder Aussicht auf Erfolg abgelehnt.

---

1) Vgl. Galperin Regierungsentwurf S. 32.

2) Vgl. Erdmann/Jürging/Kammann § 87 Rn 7, 12; Obermayer DB 71, 1715 (1722); vgl. auch Wisskirchen BABl 72, 288 (292).

3) Vgl. BAG AP Nr. 1 zu § 87 BetrVG Kurzarbeit (2R, 3); AP Nr. 1 zu § 87 BetrVG Werkmietwohnungen (3 R ff.); EzA § 87 BetrVG Leistungslohn Nr. 2 (S. 27); LAG Düsseldorf EzA § 87 BetrVG Initiativrecht Nr. 1 (S. 12 f.).

4) Vgl. Auffarth AuR 72, 33 (41); Bischoff S. 49 ff.; Blomeyer ZfA 75, 243 (292 f.); Dietz/Richardi § 76 Rn 40 f.; Dütz DB 72, 383 (389 ff.); Fitting/Auffarth/Kaiser § 76 Rn 35 ff.; zweifelnd Galperin/Löwisch § 76 Rn 4; Gester/Isenhardt RdA 74, 80 (86 f.); Hanau BB 72, 499; Herschel Anm. BAG EzA § 87 BetrVG Nr. 3 (S. 18); Hoffmann AuR 71, 271 ff.; Jahnke Anm. BAG AR-Blattei Betriebsverfassung XIV B Entsch. 33, II 2; Jäcker S. 58 ff.; Konzen BB 77, 1307 (1311 Fn 58); Lappe JbAR Bd. 16, 55 (67 f.); Moll Entgelt S. 46; ders. BlStSozArbR 77, 177; Müller FS Barz 505 f.; Piltz S. 147 ff.; Reuter/Streckel S. 93 ff.; Säcker ZfA 72 (Sonderheft), 41 (57, 63 Fn 86, 64 Fn 90); Rupert Scholz S. 71 Fn 80; Schwerdtner BlStSozArbR 72, 49 ff.; Sahmer § 87 Rn 7; Simitis/Weiss DB 73, 1240 (1241 Fn 8, 1245); Wiese GK-BetrVG § 87 Rn 17 f., 78; ders. Anm. BAG AP Nr. 1 zu § 87 BetrVG Kurzarbeit (6R); ders. Initiativrecht S. 36, 43.

5) Vgl. BVerfG AuR 77, 60.

Die Diskussion ist in letzter Zeit ruhiger geworden[1], obgleich nach mehrjähriger Pause jüngst nochmals, und zwar von Kammann/Hess/Schlochauer[2], die Verfassungswidrigkeit der Mitbestimmung in materiellen Angelegenheiten betont worden ist. Es scheint allerdings, daß diese Autoren nur bedingt zu ihrer eigenen Auffassung stehen, nachdem sie ihr nur einen einzigen und zudem nur behauptenden, nicht aber auch begründenden Satz widmen, der noch dazu durch spätere Ausführungen seines Sinnes praktisch entleert wird. Kammann/Hess/Schlochauer bejahen nämlich das Mitbestimmungsrecht bei den materiellen Arbeitsbedingungen des § 87 I Nr. 3[3] und Nr. 11[4], so daß sich ihre Verfassungsbedenken eher als Replik auf die Überlegungen in der von Erdmann maßgeblich gestalteten Vorauflage darstellen.

Bei Abwägung der in der Diskussion aufgeworfenen Aspekte[5] wird man keinen Anlaß sehen können, die Mitbestimmung bei der Einführung von Kurzarbeit aus verfassungsrechtlichen Gründen auf die formelle Seite zu beschränken.

Die auf Art. 9 III GG gegründete Tarifautonomie ist bei der Kurzarbeit nicht gefährdet, weil es sich dabei um eine Arbeitsbedingung handelt, die nicht in die klassischen Kompetenzen der Koalitionen fällt[6]. Sie betrifft nicht die generelle Dauer der Arbeitszeit, sondern nur den Ausnahmefall ihrer vorübergehenden Verkürzung. Dies aber stellt keinen Eingriff in den Kernbereich koalitions-

---

1) Vgl. die abschließende Würdigung von Moll BlStSozArbR 77, 177 ff. m.w.N.

2) Vgl. Kammmann/Hess/Schlochauer § 77 Rn 73.

3) Vgl. a.a.O. § 87 Rn 78.

4) Vgl. a.a.O. Rn 216.

5) Brauch S. 31 Fn 153 bemängelt, die Bedenken der Kritiker seien nur vordergründig verfassungsrechtlich, in Wirklichkeit nämlich vielmehr rechtspolitisch begründet; rechtspolitische Bedenken beispielsweise deutlich voranstellend Erdmann BlStSozArbR 71, 241 (244).

6) Vgl. BAG AP Nr. 1 zu § 87 BetrVG Kurzarbeit (3); vgl. zu dieser Rechtsprechung Etzel Die Rechtsprechung zum BetrVG 72 S. 116 f.; abweichend allerdings Ramm FS Duden S. 439 (457), wonach die Mitbestimmung bei der Kurzarbeit einen Eingriff in den ureigensten gewerkschaftlichen Betätigungsbereich darstellen soll.

rechtlicher Sozialgestaltung nach Art. 9 III GG dar[1], der allein verfassungsrechtlich geschützt ist[2]. Regelmäßig sind die Sozialparteien sogar darauf angewiesen, daß die Betriebsparteien die Kurzarbeit normativ regeln, weil diese als Ergebnis unvorhersehbarer wirtschaftlicher Konstellationen gar nicht tarifvertraglich bewältigt werden kann[3]. Zudem wird das durch den Ausnahmecharakter der Materie bereits begrenzte Regelungsfeld durch den Tarifvorbehalt des § 87 I Eingangssatz dem Vorrecht der Tarifparteien überlassen. Ihr Primat, welcher der betrieblichen Regelungsmacht einen nur sekundären Rang beläßt, bietet der Tarifautonomie genügend Schutz vor betrieblicher Konkurrenz[4].

Nicht durchgesetzt haben sich insoweit auch die Bedenken gegen die "Zwangsschlichtung" (§ 87 II). An der Notwendigkeit bindender betrieblicher Schlichtungssprüche - die man angesichts des nur innerbetrieblichen Wirkungsfeldes der Einigungsstelle gar nicht mit der von der Weimarer Zeit geläufigen Zwangsschlichtung vergleichen kann[5] - führt kein Weg vorbei[6], wenn man einerseits die paritätische Mitbestimmung installiert (§ 87 I), andererseits aber die betrieblichen Kontrahenten der Friedenspflicht unterwirft (§ 74 II). Die "Zwangsschlichtung" stellt als Korrelat zum betrieblichen Arbeitskampfverbot lediglich ein Institut des Interessenausgleichs dar[7], das mangels anderer Formen friedlicher Kompromißbildung die einzige Alternative zur Ausdehnung der betrieblichen Mitbestimmung bildet[8]. Zumindest bei betriebsnahen Angelegenheiten, zu denen

---

1) Zur Bestimmung des Kernbereichs im BetrVG vgl. Ritter S. 2o8 ff.

2) Vgl. BVerfGE 19, 3o3 (321); 4, 96 (1o8); 17, 319 (333 f.); 18, 18 (27).

3) Vgl. dazu im einzelnen unten S.271 ff.

4) Vgl. BAG AP Nr. 1 zu § 87 BetrVG Kurzarbeit (3); AP Nr. 1 zu § 87 BetrVG Werkmietwohnungen (4R); Badura WiR 74, 1 (25 Fn 76); Fitting/Auffarth/Kaiser § 76 Rn 36; Wiese GK-BetrVG § 87 Rn 17.

5) Vgl. BAG AP Nr. 1 zu § 87 BetrVG Werkmietwohnungen(4R); den Begriff der Zwangsschlichtung dagegen unbefangen gebrauchend LAG Düsseldorf/Köln EzA § 87 BetrVG Lohn und Arbeitsentgelt Nr. 1 (S. 4 f.).

6) Vgl. zuletzt Dütz RdA 78, 291 (299); Wiese Anm. BAG AP Nr. 1 zu § 87 BetrVG Kurzarbeit (7).

7) Vgl. Söllner Arbeitsrecht S. 144.

8) Vgl. Dütz DB 72, 383 (387).

die Kurzarbeit gehört[1], muß eine autoritative Entscheidung möglich sein[2], wenn überbetriebliche Mechanismen nicht greifen können. Deshalb hilft es nicht weiter, den Ausnahmecharakter der "Zwangsschlichtung" zu betonen[3] und damit ihre Unzulässigkeit im Regelfall anzudeuten. Verfassungsrechtlich besteht dazu kein Anlaß[4], nachdem Art. 9 III GG die Autonomie nur der überbetrieblichen Sozialgestaltung garantiert und das Sozialstaatsgebot (Art. 2o I, 28 I GG) der Ausformung durch den Gesetzgeber unterliegt[5]; zudem kommt die Prävalenz des Tarifbereichs durch die Tarifvorbehalte der §§ 87 I Eingangssatz, 77 III noch stärker als früher zum Ausdruck. Schließlich ist die Betriebsverfassung ebenso wie das Koalitionsrecht (Art. 9 III GG) verfassungsrechtlich legitimiert; Grundlagen dafür sind das Sozialstaatsprinzip und die Kompetenznorm des Art. 74 Nr. 12 GG, die sich auch als sozialpolitisches Bekenntnis zur Betriebsverfassung als Basis einer innerbetrieblichen Mitbestimmung versteht[6].

Als verfassungsrechtlich besonders anfällig scheint sich die Kurzarbeit unter dem Blickwinkel der durch Art. 2 I, 14 GG geschützten unternehmerischen Entscheidungsfreiheit zu erweisen, die durch die Mitbestimmung beeinträchtigt werden könnte. Befürwortern der auf diesen Gedankengang gestützten These der Verfassungswidrigkeit der Mitbestimmung bei der Einführung von Kurzarbeit nach § 87 I Nr.3[7] widerspricht die Entstehungsgeschichte des Gesetzes, in der sich deutliche Hinweise auf den Willen zur Respektierung der unternehmerischen Entscheidungsfreiheit durch das BetrVG finden[8]; ihnen kommt zugute, daß von den materiellen Arbeitsbedingungen gerade die Kurzarbeit einen ausgeprägt unternehmerisch-wirtschaftlichen

---

1) Vgl. unten S. 271 ff.

2) Vgl. Müller DB 67, 9o3 (9o5).

3) So aber Bötticher Anm. BAG SAE 73, 229 (243).

4) Vgl. im einzelnen Moll BlStSozArbR 77, 177 (178).

5) Vgl. BVerfGE 8, 274 (329); 36, 73 (84).

6) Vgl. Rupert Scholz S. 7o f.

7) Vgl. Erdmann/Jürging/Kammann § 87 Rn 1o; Galperin Regierungsentwurf S. 9 f., 5o f.; Krüger S. 56 ff.

8) Vgl. im einzelnen Wiese Initiativrecht S. 37 f.

Bezug aufweist[1]).Denn Kurzarbeit ist gleichbedeutend mit einer Verringerung der Produktion. Da das Arbeitsergebnis vom Umfang des Arbeitseinsatzes abhängig ist, entscheidet die Dauer der Arbeitszeit über die Menge der erzeugten Produkte sowie über Vertrieb und Lagerhaltung[2]) und stellt insoweit einen unternehmerischen Aktionsparameter dar[3]). Rechtzeitige Anpassungen an veränderte wirtschaftliche Variablen wie Absatz-, Ertrags- und Liquiditätslage durch Einführung von Kurzarbeit dürften bisweilen sogar über den Fortbestand des Unternehmens entscheidend sein können[4]). Muß der Arbeitgeber aber auf die Vorstellungen des Betriebsrats Rücksicht nehmen, ist die Kurzarbeit - ebenso wie die anderen materiellen Angelegenheiten[5]) - nicht mehr Gegenstand seines unbeeinflußten unternehmerisch-wirtschaftlichen Handelns.

Allerdings ist die Arbeitszeit ein traditioneller Ansatzpunkt legislativer Intervention[6]). Speziell die Kurzarbeit unterliegt ausweislich der sozialrechtlichen Regelung des Kurzarbeitergeldes dem staatlichen Einfluß und seiner Beurteilung, ob Arbeitsplätze erhaltenswert sind oder nicht[7]). Der moderne Gesetzgeber, der insoweit verschiedenartige Interessen auszugleichen hat, wird hinsichtlich der unternehmerischen Freiheit in seiner Regelungsmacht verfassungsrechtlich aber nur ab der Grenze aufgehalten, ab der ein angemessener Spielraum zur selbstverantwortlichen Unternehmerinitiative beginnt[8]). Die unternehmerische Handlungsfreiheit besteht nicht schrankenlos, sondern findet ihr Gegengewicht in der Verpflichtung des Staates, für eine gerechte Sozialordnung zu sorgen[9]).

---

1) Vgl. dazu auch unten S. 118 ff.

2) Vgl. <u>Badura/Rittner/Rüthers</u> S. 117; <u>Kammann/Hess/Schlochauer</u> § 87 Rn 86; <u>Moll</u> Entgelt S. 219; <u>Wiese</u> Initiativrecht S. 44.

3) Vgl. <u>Reuter</u> Anm. BAG SAE 76, 14 (16).

4) Vgl. <u>Badura/Rittner/Rüthers</u> S. 117; <u>Bähringer/Spiegelhalter</u> S. 16.

5) So auch <u>Erdmann</u> RdA 76, 87 (88); <u>Kübler/Schmidt/Simitis</u> S. 168; <u>Rupert Scholz</u> S. 68.

6) Vgl. <u>Kübler/Schmidt/Simitis</u> S. 173 ff.

7) Vgl. <u>Schwerdtfeger</u> SGb 75, 349 (352).

8) Vgl. <u>Badura</u> AöR 92, 382 (4o4).

9) Vgl. <u>BVerGE</u> 22, 18o (2o4).

Sie untersteht danach bis zu ihrem Kernbereich der legislativen Disposition[1]; dieser beinhaltet im Fall der unternehmerischen Entscheidungsfreiheit, daß diese weder abgeschafft noch ausgehöhlt werden darf[2].

Vor diesem Hintergrund ist zunächst zu beachten, daß die Einführung von Kurzarbeit hinsichtlich der einzelnen Arbeitnehmer überhaupt nicht Gegenstand völlig ungebundener unternehmerischer Entscheidung sein kann[3]. Denn ein Eingriff in diese setzt voraus, daß der Arbeitgeber das Verhältnis von Leistung und Gegenleistung autonom gestalten kann[4]. Wie oben[5] dargelegt, ist mit Lohnminderungen verknüpfte Kurzarbeit aber nur aufgrund gesetzlicher oder vertraglicher Ermächtigung und nicht einseitig vom Arbeitgeber einzuführen. Man muß also streng unterscheiden zwischen der unternehmerischen Entscheidung, Kurzarbeit einzuführen, und der Durchsetzung dieser Entscheidung gegenüber den betroffenen Arbeitnehmern.

Auf diese Weise wird klar, daß es sich bei der Mitbestimmung lediglich um <u>mittelbare</u> Auswirkungen auf die unternehmerische Entscheidung handelt[6]. Diese[7] wird von zahlreichen Faktoren beeinflußt; dazu gehören beispielsweise Produktionsumfang und Lieferfristen, Lagerhaltung und Personalkosten[8]. Innerhalb dieser Rechnungsgrößen stellt die Mitbestimmung lediglich ein Datum dar[9], das bei der

---

1) Vgl. BVerfGE 4, 97 (1o8).

2) Vgl. Badura a.a.O.

3) Vgl. Reuter ZfA 74, 235 (288); ders. Anm. BAG SAE 76, 14 (16).

4) Vgl. Reuter ZfA 74, 235(288); Reuter/Streckel S. 32 Fn 71; zustimmend Birk Anm. BAG EzA § 87 BetrVG Initiativrecht Nr.2(S.3o).

5) Vgl. oben S.58 ff.

6) Dies verkennen Badura/Rittner/Rüthers S. 117 und Rüthers ZfA 73, 399 (418).

7) Zu den Wesensmerkmalen der unternehmerischen Entscheidung vgl. Gaugler S. 83 ff.

8) Vgl. Neyses BlStSozArbR 77, 181.

9) Vgl. Auffarth RdA 76,2; Birk Anm. BAG EzA § 87 BetrVG Initiativrecht Nr. 2 (S. 3o f.); Farthmann RdA 74, 65 (68); Gester/Isenhardt RdA 74, 8o (87); Mayer BlStSozArbR 76, 173 f.; Mayer BlStSozArbR 78, 129 (131); Moll Entgelt S. 181, 22o ff.; Raiser MitbG Einl. 54; Reuter Anm. BAG SAE 76, 14 (16); ders. ZfA 74, 235 (288); Reuter/Körnig AG 78, 325; Richardi JbAR Bd. 13, 19 (48); Wiese Initiativrecht S. 39; vgl. zum BetrVG 52 bereits Schwerdtfeger Mitbestimmung S. 24.

unternehmerischen Entscheidung unter mehreren Gesichtspunkten eine Rolle spielt und nur die Durchsetzbarkeit der Entscheidung betrifft[1]. Die Entscheidung darüber, ob wirklich Kurzarbeit eingeführt werden soll, ist aber dem Arbeitgeber überlassen und verbleibt letztverantwortlich auf der Ebene der Unternehmensleitung. Dies gilt auch dann, wenn Kurzarbeit durch die wirtschaftliche Situation des Betriebes dem Arbeitgeber quasi diktiert wird; denn auch dann bleibt seine unternehmerische Verantwortung bestehen[2]. Der Betriebsrat wird aber,selbst wenn man davon ausgeht, daß er bei der Entscheidung über Einführung von Kurzarbeit "unternehmerischen Einsatz" zeigen kann, damit noch nicht zum Mitunternehmer; denn rechtlich sind selbst leitende Angestellte, die Unternehmerfunktionen wahrnehmen, Arbeitnehmer und keine Mitunternehmer[3].

Aus der verfassungsrechtlichen Perspektive der Art. 2 I, 14 GG ist selbst gleichgültig, mit welchen Gründen der Betriebsrat seine Zustimmung ablehnt oder unter welchen Bedingungen er sie zu erteilen bereit ist. Auch ein modifiziertes Einverständnis, das die Zustimmung zur Kurzarbeit vom Abbau von Sonderschichten, Umsetzung, wirtschaftlich vertretbarer Produktion auf Halde, Aufräumungs- und Instandsetzungsarbeiten etc. abhängig macht[4], ändert nichts an der Letztentscheidung des Arbeitgebers. Ihm bleibt es - im Fall der Verlängerung der Arbeitszeit in Form von Sonderschichten ebenso wie im Fall der Verkürzung der Arbeitszeit in Form von Kurzarbeit - überlassen, das geplante Produktionsprogramm zu verwirklichen oder nicht[5].

Die Sicherung der unternehmerischen Entscheidung ergibt sich dort, wo es um die Zustimmung zu einer Initiative des Arbeitgebers geht, bereits aus dem Entscheidungsvorgang, nämlich dem ersten Schritt des Arbeitgebers[6], welcher nur zu einer Einführung von Kurzarbeit

---

1) Vgl. Wiese Initiativrecht S. 46.

2) Vgl. BAG BB 79, 782.

3) Vgl. LAG Bremen DB 78, 2489 f.

4) Vgl. zu den Möglichkeiten der Vermeidung und Beschränkung von Kurzarbeit unten S. 1o8 f.

5) So für den Fall von Sonderschichten Neyses BlStSozArbR 77,181(182).

6) Vgl. Badura WiR 74, 1 (23) sowie unten S. 118 ff.

mit seinem Willen führen kann. Diese Sachlage ist, wie die Analyse von Wiese[1] zeigt, dann anders, wenn der Arbeitgeber durch eine Initiative des Betriebsrats gegen seinen Willen zur Einführung von Kurzarbeit gezwungen würde.Erst dann kann die unternehmerische Entscheidungsfreiheit nämlich zum Gegenstand eines mitbestimmten Entscheidungsverfahrens geraten[2]. Dort liegt daher die eigentliche verfassungsrechtliche Problematik[3]. Ansonsten ist die Kompetenz des Betriebsrats lediglich aus der Reichweite seines Mitbestimmungsrechts nach dem BetrVG zu beurteilen.

Unter diesen Voraussetzungen hat die Mitbestimmung bei der Einführung von Kurzarbeit gegenüber Art. 2 I, 14 GG ohne Bedenken Bestand. Diese Grundrechte sind - wie alle anderen auch - keine Tabuzone für den Gesetzgeber. Ihr Kernbereich ist, da § 87 I Nr. 3 die unternehmerische Letztentscheidung in diesem Punkt nicht beseitigt, auch bei der Einführung von Kurzarbeit gewährleistet. Damit ist die unternehmerische Entscheidungsfreiheit zwar notwendigerweise[4] nicht unangetastet geblieben; sie ist aber auch nicht ausgehöhlt worden. Daß die Mitbestimmung als Schutz für sozial Schwächere bei der Kurzarbeit den Verhältnisgrundsatz oder die Wesensgehaltsgarantie der Grundrechte angetastet hätte, ist nicht ersichtlich[5].

ff.) Ergebnis

Die Bedenken gegen die Mitbestimmung bei der Einführung von Kurzarbeit vermögen nicht zu überzeugen. Es besteht kein Anlaß, den im Wortlaut des § 87 I Nr. 3 zum Ausdruck gekommenen Willen des Gesetzgebers interpretatorisch ins Gegenteil zu kehren. Auch verfassungsrechtlich begründete Einwände sind nicht stichhaltig.

---

1) Vgl. Wiese Initiativrecht S. 39, 44, 46.

2) So auch Lieb ZfA 78, 179 (183).

3) So auch Boewer DB 73, 522 (526 Fn 57);Säcker ZfA 72 (Sonderheft), 41 (63 Fn 86).

4) Plakativ Farthmann RdA 74, 65 (68): "Die Mitbestimmung, die einerseits den Arbeitnehmern effektive Mitwirkungsmöglichkeiten sichert und andererseits die Entscheidungsfreiheit des Unternehmers völlig unangetastet läßt, ist noch nicht erfunden worden".

5) Vgl. Wiese GK-BetrVG § 87 Rn 17.

Das Mitbestimmungsrecht bei der Einführung von Kurzarbeit ist, wie Herschel[1] es ausdrückt, über jeden Zweifel erhaben. Es ist sogar zu bezweifeln, ob die abweichenden Stellungnahmen heute überhaupt noch durchweg gelten sollen, nachdem mit Erdmann einer ihrer markantesten Verfechter seine Meinung geändert hat. Auch Erdmann[2] erkennt nunmehr die Erstreckung des Mitbestimmungsrechts auf materielle Arbeitsbedingungen und hier besonders das "Ob" der Einführung von Kurzarbeit an. Man darf insoweit nunmehr von einem breiten Konsens in der Arbeitsrechtswissenschaft sprechen. Dieser betrifft - entgegen der Ansicht von Lieb[3] - nicht nur die nähere Ausgestaltung der Arbeitgebermaßnahme, sondern mit der Bejahung des Mitbestimmungsrechts über die Einführung der Kurzarbeit auch deren Durchsetzbarkeit. Zutreffend bilanziert das BAG[4] bei dieser Abkehr vom alten Recht: "Die Mitbestimmung in sozialen Angelegenheiten hat mit ihrer Nr. 3 einen jedenfalls nach der ständigen Rechtsprechung bisher nicht gekannten Tatbestand von großem Gewicht für das betriebliche Geschehen eingeführt."

gg.) Exkurs: Zur Lage nach Inkrafttreten des MitbG

Durch das Inkrafttreten des MitbG von 1976 kann sich an dieser Beurteilung keine Änderung ergeben. Zwar spielt im Schrifttum[5] die Frage nach der "Überparität" der Arbeitnehmerseite durch Kumulation ihrer Teilnahmerechte nach BetrVG und MitbG eine wichtige Rolle.

---

1) Vgl. Herschel Anm. BAG EzA § 87 BetrVG Nr. 3 (S. 18).

2) Vgl. Erdmann RdA 76, 87 (88).

3) Vgl. Lieb ZfA 78, 179 (183).

4) Vgl. BAG AP Nr. 1 (4), 2(3) zu § 87 BetrVG Kurzarbeit.

5) Vgl. Auffarth RdA 76, 2 ff.; Badura/Rittner/Rüthers S. 98 ff.; Bieback/Reich AuR 78, 161 (164 ff.); Buchner ZfA 76, 147 (179 f.); Erdmann RdA 76, 87 ff.; Hanau BB 69, 1497 ff.; ders. ZGR 77, 397 ff.; ders. BB 78, 1593 (1596 ff.); Kammann/Hess/Schlochauer § 87 Rn 2o; Kübler/Schmidt/Simitis S. 168 ff.; Lieb ZfA 78, 179 (185 f.); ders. JA 78, 261 (264); Martens ZGR 77, 422 ff.; Mayer BlStSozArbR 76, 193 ff.; Papier ZHR 78, 71 ff.; Raiser Grundgesetz S. 24. ff.; ders. NJW 76, 1337 (1339); ders. MitbG Einl. 52 f.; ders. FS Duden S. 423 (425 ff.); Reuter/Körnig AG 78, 325 (326); Richardi JbAR Bd. 13, 19 (48 ff.); ders. AG 79, 29 (34 ff.); Rüthers DB 73, 1649 (1653); Rupert Scholz S. 64 ff.; Zöllner RdA 69, 65 (68 f.).

Selbst wenn sich aber auf diese Weise ein Übergewicht der Arbeitnehmer im Unternehmensbereich ergäbe, wäre dies trotz des Vorschlages[1], die Mitbestimmung auf einer der beiden Entscheidungsebenen "erheblich unter das Paritätsniveau" zu reduzieren, nicht zwingend über das BetrVG zu regulieren. Denn das BetrVG geht dem MitbG vor[2]. Zudem ist zweifelhaft, ob sich die Frage der Überparität im Rahmen der Kurzarbeit überhaupt stellen kann. Daß die Mitbestimmung nach § 87 I Nr. 3 die unternehmerische Letztentscheidung nicht beseitigt und damit im Unternehmensbereich auch keine Parität bewirkt, wurde bereits ausgeführt[3]. Wichtig ist aber auch, daß die Einführung von Kurzarbeit, wie Raiser[4] überzeugend nachweist, auch deshalb kein Gegenstand funktionswidriger Doppelkompetenz ist, weil insoweit keine gesetzliche Zuständigkeit des Aufsichtsrats gem. § 111 IV AktG besteht. Im Gegenteil stellt das Verfahren nach § 87 I Nr. 3 eine Entlastung des Aufsichtsrats dar, das bei mißbräuchlicher Verbindung mit Forderungen auf Unternehmensebene gem. §§ 138, 826 BGB sowie § 116 AktG i.V.m. § 25 MitbG bekämpft werden kann[5]. Das BVerfG hat der Kumulation der Mitbestimmungsrechte in seinem Mitbestimmungsurteil vom 1.3.1979[6] nur wenige Absätze gewidmet und wegen des Funktions- und Verfahrensunterschiedes der Mitbestimmung nach beiden Gesetzen eine Steigerung der Mitbestimmung über das Maß der jeweiligen Mitbestimmungsform hinaus verneint. Es besteht also kein Grund, aus mitbestimmungsgesetzlichen Erwägungen die Regelung des § 87 I abzuschwächen.

2.) Mitbestimmung beim Ausmaß der Kurzarbeit

Mit Bejahung des Mitbestimmungsrechts bei der grundsätzlichen Entscheidung, ob Kurzarbeit eingeführt werden soll, ist noch nichts darüber ausgesagt, ob auch alle anderen mit der Kurzarbeit zusammen-

---

1) Vgl. Badura/Rittner/Rüthers S. 135; Rüthers DB 73, 1649 (1655) befürwortet eine Beschränkung der betrieblichen Mitbestimmung.

2) Vgl. Naendrup GK-MitbG Einl.II Rn 122; vgl.auch Rupert Scholz S.72.

3) Vgl. oben S. 86 ff.

4) Vgl. Raiser FS Duden S. 423 (428 f.); einschränkend Martens ZGR 77, 422 (427); vgl. auch Auffarth RdA 76, 2 (3).

5) Vgl. Raiser a.a.O.

6) Vgl. BVerfG BB 79 Beil. 2 S. 12.

hängenden Fragen mitbestimmungsrechtlich erfaßt sind. Dies ist nunmehr zu prüfen, und zwar beginnend mit der am engsten mit der Grundentscheidung über das "Ob" der Einführung von Kurzarbeit zusammenhängenden Frage. So steht zwar fest, daß über § 87 I Nr. 3 die Dauer der Arbeitszeit vom Betriebsrat zu beeinflussen ist; es bleibt aber noch offen, ob dies auch für den Umfang und das Ausmaß der Kurzarbeit gilt.

a.) Meinungsstreit um die vorzeitige Beendigung der Kurzarbeit

Im Schrifttum ist umstritten, ob das Mitbestimmungsrecht nach § 87 I Nr. 3 hinsichtlich des Ausmaßes der Kurzarbeit uneingeschränkt gilt. Ein großer Teil der Stimmen[1] unterwirft mit der Einführung zugleich auch den Umfang der Kurzarbeit ohne Abstriche der betrieblichen Mitbestimmung. Dieses Ergebnis dürfte auch für diejenigen gelten, die bei der Kurzarbeit ein umfassendes, auch die materielle Seite betreffendes Mitbestimmungsrecht proklamieren[2].

Dementgegen ist neuerdings eine Auffassung im Vordringen, die ein vorzeitiges Ende der Kurzarbeit in die einseitige Entscheidungsmacht des Arbeitgebers stellt[3]. Danach erstreckt sich das Mitbestimmungsrecht nach § 87 I Nr. 3 zwar auch grundsätzlich darauf, daß der Betriebsrat die Feststellung des zeitlichen Umfangs der Kurzarbeit mitgestaltet[4]; dies gilt aber nur zum Zeitpunkt der Einführung von Kurzarbeit, nicht auch zu einem späteren Termin, wenn neu aufgetretene Umstände wie etwa eine Besserung der wirt-

---

1) Vgl. AR Chemie S. 184; Auffarth AR-Blattei Betriebsverfassung XIV B, III 3; Bähringer/Spiegelhalter S. 11; Becker-Schaffner BlStSozArbR 75, 17 (19); Bensinger S. 1146; Conze Diss S. 126; Farthmann AR-Blattei Arbeitszeit I D,V; Fitting/Auffarth/Kaiser § 87 Rn 27; Frauenkron § 87 Rn 14; Galperin/Löwisch § 87 Rn 107; Gnade/Kehrmann/Schneider § 87 Rn 16; Lappe JbAR Bd. 16, 55 (65); Meisel/Hiersemann AZO (2.Aufl.) Einl 43, § 3 Rn 42; Rischar S. 196; Rumpff/Dröge S. 90; Schneider BABl 72, 293 (295); Simitis AuR 75, 321 (333); Wiese GK-BetrVG § 87 Rn 81 f.

2) Vgl. Dietz/Richardi § 87 Rn 175.

3) Vgl. BAG DB 79, 655 (656); LAG Bremen Beschluß v. 17.8.1976 - 4 Ta BV 11/76; Haberkorn S. 116; Hromadka BetrVG S. 25; Kammann/Hess/Schlochauer § 87 Rn 79; Röhsler Die Arbeitszeit S. 122; Staudacher HBV Gr. 4 S. 67; Stege/Weinspach S. 294.

4) So ausdrücklich Kammann/Hess/Schlochauer § 87 Rn 78.

schaftlichen Lage des Betriebes eine Reduzierung des einmal vereinbarten Ausmaßes der Kurzarbeit nahelegen. Diese Einschränkung wird damit verteidigt, eine Rückführung der Kurzarbeit auf die Normalarbeitszeit bedeute keine Änderung der betriebsüblichen Arbeitszeit, sondern lediglich die Aufhebung der außerordentlichen Regelung zugunsten des Normalzustandes[1].

Gegen diese Beschränkung der Mitbestimmung ist Widerspruch erhoben worden[2]. Wiese[3] wendet ein, die Verkürzung der betriebsüblichen Arbeitszeit stelle einen mitbestimmungspflichtigen Tatbestand dar, so daß alle hierauf bezogenen Entscheidungen einschließlich der Änderung oder Aufhebung einer durch den Betriebsrat oder durch die Einigungsstelle getroffenen Regelung mitbestimmungspflichtig seien. Andernfalls könne der Arbeitgeber bis zur Rückführung der Kurzarbeit auf die betriebsübliche Arbeitszeit nach Belieben die kurzarbeitsbedingte Arbeitszeit Schritt für Schritt verringern.

b.) Diskussion

aa.) Bedeutung der Auseinandersetzung

Mit einiger Berechtigung ist gesagt worden[4], dem Mitbestimmungstatbestand der vorzeitigen Beendigung der Kurzarbeit ermangele die praktische Bedeutung. In der Tat ist kaum vorstellbar, daß ein Betriebsrat das Angebot eines Arbeitgebers zu frühzeitiger als vorgesehener Rückkehr zum Normalzustand ablehnen und stattdessen auf der Weiterführung der einmal verabredeten Kurzarbeit bestehen wird. Ein solches Verhalten wäre ohne weiteres nach § 23 BetrVG zu ahnden. Das Schwergewicht des Falles liegt indessen nicht auf dem bloßen Zustimmungsrecht. Viel bedeutsamer ist nämlich die Möglichkeit, daß der Betriebsrat von sich aus aufgrund veränderter betrieblicher Indikatoren die vorzeitige Beendigung einer Kurzarbeitsphase betreibt.

---

1) Vgl. BAG a.a.O.; ähnlich für Überstunden BAG DB 78, 4o3 (4o4).

2) Vgl. Bürger/Oehmann/Stubing HwbAR Stichwort "Kurzarbeit" S. 4; Farthmann/Bürger AR-Blattei Arbeitszeit V Kurzarbeit, C I; Frauenkron § 87 Rn 14; Wiese GK-BetrVG § 87 Rn 81a.

3) Vgl. Wiese a.a.O.

4) Vgl. Bürger/Oehmann/Stubing HwbAR a.a.O.; Farthmann/Bürger a.a.O.

Eine entsprechende Initiative wäre mitbestimmungsrechtlich aber nur dann gedeckt, wenn als Grundvoraussetzung auch ein Zustimmungsrecht bestünde; das Initiativrecht kann nämlich naturgemäß nicht weitergehen als der mitbestimmungsrechtliche Grundtatbestand[1]. Solche Initiativen wären jedoch nicht gedeckt, wenn man dem Betriebsrat bereits das Zustimmungsrecht bei der Beendigung der Kurzarbeit verweigerte.

bb.) Methodische Aspekte

Das Gesetz enthält zu dem angeschnittenen Problem keine explizite Aussage. Der Wortlaut des § 87 I Nr. 3 ist anerkanntermaßen[2] weit gefaßt. Er besagt weder etwas über den genauen Umfang des Mitbestimmungsrechts noch darüber, welche Verkürzung betriebsüblicher Arbeitszeit - abgesehen von ihrem vorübergehenden Charakter - gemeint ist. Dennoch muß eine Auslegung zunächst beim Wortlaut als Ansatzpunkt des Verständisses beginnen[3]. Entscheidend sind vorliegend die Worte "bei der vorübergehenden Verkürzung der betriebsüblichen Arbeitszeit" des Gesetzestextes.

Bereits hier zeigen sich unter den Gegnern des fraglichen Mitbestimmungsrechts Schwächen. Das LAG Bremen[4] meint, eine entsprechende Befugnis des Betriebsrats sei dem Wortlaut des § 87 I Nr. 3 nicht zu entnehmen und auch nicht im Wege der Auslegung zu ermitteln. Beides wird folgendermaßen begründet: "Eindeutig wird das Mitbestimmungsrecht des Betriebsrats in § 87 Abs. 1 Nr. 3 BetrVG beschränkt auf die Einführung von Kurzarbeit, nicht aber wird hier ein umfassendes Mitspracherecht bei Kurzarbeitsregelungen gewährt. Das Gesetz gibt vielmehr ein Minimum und überläßt es den Tarifvertragsparteien, die Ausweitung zu vereinbaren". Das Gesetz gewähre dem Betriebsrat keinen Einfluß bei Aufhebungen von Kurzarbeitszeitregelungen, da solche Maßnahmen keine Änderungen der betriebsüblichen Arbeitszeit, sondern lediglich die Aufhebung der außerordentlichen Regelung zugunsten des Normalzustandes bedeuteten; dies

1) Vgl. Wiese Initiativrecht S. 3o.

2) Vgl. BAG AP Nr. 1 zu § 87 BetrVG Kurzarbeit (2R); Sahmer § 87 Rn 7 c.

3) Vgl. Enneccerus/Nipperdey S. 331; Larenz S. 3o7.

4) Vgl. LAG Bremen Beschluß v. 17.8.1976 - 4 Ta BV 11/76 - S. 12.

liege im Interesse aller Beteiligten und auch der Arbeitnehmer des Betriebes, die damit wieder ihren normalen Arbeitsverdienst erzielen könnten[1].

Im Ergebnis ebenso, in der Begründung aber abweichend entschied das BAG als Rechtsbeschwerdeinstanz. Das Gericht argumentierte[2], aus dem Gesetzeswortlaut ergäben sich zwei Beschränkungen, nämlich das Erfordernis einer nur vorübergehenden, nicht aber einer auf Dauer gerichteten Veränderung der Arbeitszeit und die Notwendigkeit, daß sich diese Veränderung auf die betriebsübliche Arbeitszeit beziehen und sich an und mit ihr messen lassen müsse. Letzteres sei beim Zurückführen der Kurzarbeit auf die betriebsübliche Arbeitszeit tatbestandlich nicht erfüllt, weil es sich hier nur um die Wiederherstellung des Normalzustandes handele. Aus § 87 I Nr. 3 könne nicht geschlossen werden, daß der Betriebsrat jede Änderung der einmal vereinbarten Kurzarbeitszeit mitzubestimmen habe.

Beiden Beschlüssen ist der fehlerhafte Ansatzpunkt gemeinsam, den Gesetzestext nur unvollständig zu berücksichtigen. Das LAG Bremen stellt schwerpunktmäßig auf das Wort "Verkürzung" der betriebsüblichen Arbeitszeit ab und folgert daraus, "eindeutig" sei nur die Einführung von Kurzarbeit mitbestimmungspflichtig. Das BAG begnügt sich mit dem Wort Verkürzung der "betriebsüblichen" Arbeitszeit und verneint dieses Merkmal bei Rückführung der Kurzarbeit auf den Normalzustand. In beiden Fällen wird übersehen, daß der Betriebsrat "bei" der Verkürzung der betriebsüblichen Arbeitszeit mitzubestimmen hat. Dies heißt aber zunächst einmal, daß sich das Mitbestimmungsrecht dem Gesetzestext nach auf alle Vorgänge erstreckt, die "bei" der vorübergehenden Verkürzung der betriebsüblichen Arbeitszeit auftreten. Bei, d.h. im Zusammenhang mit der Kurzarbeit stellt sich indessen auch die Frage, ob die Kurzarbeit vorzeitig abgebrochen werden soll.

Von diesem weiten Wortlaut hat eine korrekte Gesetzesauslegung auszugehen. Sie kann sich nicht auf eine aus dem Satzzusammenhang gerissene Einzelformulierung stützen und sich mit dieser begnügen.

---

1) Vgl. LAG Bremen a.a.O. (S. 13).

2) Vgl. BAG DB 79, 655 (656).

Sie hat vielmehr einzelne, vom Wortlaut an sich gedeckte Interpretationen an weiteren normativen Kriterien zu messen und auf diese Weise zu versuchen, den Umfang der Mitbestimmung zu konkretisieren. Diesen Weg schlagen beide Beschlüsse und die zum gleichen Ergebnis gelangende Literaturmeinung in methodisch vorwerfbarer Weise nicht ein.

cc.) Auslegung des § 87 I Nr. 3

Aufgrund des weiten Wortlauts des § 87 I Nr. 3, der alle "bei" den vorübergehenden Verkürzungen der betriebsüblichen Arbeitszeit auftretenden Fragen mitbestimmungsrechtlich erfaßt, können keine vernünftigen Zweifel darin bestehen, daß dem Betriebsrat ein umfassendes Mitbestimmungsrecht eingeräumt wurde, so daß grundsätzlich alle hierauf bezogenen Entscheidungen mitbestimmungspflichtig sind[1]. Zwar fallen darunter nur vorübergehende, d.h. für einen begrenzten Zeitraum vorgesehene Verkürzungen der betriebsüblichen Arbeitszeit, und insoweit ist das Mitbestimmungsrecht nach § 87 I Nr. 3 tatsächlich eingeschränkt; für diese vorübergehenden Verkürzungen der Arbeitszeit jedoch, zu denen gerade die Kurzarbeit zählt, ist ein unbegrenztes Mitbestimmungsrecht des Betriebsrats vom Wortlaut des Gesetzes gedeckt, da er "bei" allen damit zusammenhängenden Fragen zuzustimmen hat.

Die dem entgegengehaltene Auffassung des LAG Bremen[2], § 87 I Nr. 3 gewähre ein mitbestimmungsrechtliches Minimum und überlasse eine Ausweitung der Vereinbarung der Tarifparteien, ist nicht nachzuvollziehen. Ausweislich des Eingangssatzes des § 87 I ist die betriebliche Mitbestimmung nämlich gerade davon abhängig, daß eine Tarifregelung nicht besteht, nicht aber, daß der Rahmen betrieblicher Regelungsmöglichkeiten tariflich vorgezeichnet ist. Aus § 87 I Eingangssatz folgt das Gegenteil, daß nämlich die betriebliche Regelungsmacht durch Tarifvertrag eingeschränkt, nicht aber eröffnet wird. Jedes andere Ergebnis würde die Durchsetzung der mit der Mitbestimmung verknüpften sozialpolitischen Vorstellungen des

1) Vgl. Farthmann/Bürger AR-Blattei Arbeitszeit V Kurzarbeit, B III 2; Wiese GK-BetrVG § 87 Rn 81 a.

2) Vgl. LAG Bremen a.a.O. (S. 12).

Gesetzgebers in das Belieben der Tarifparteien stellen. Im übrigen hätte der Gesetzgeber dann auch weitgehend auf die Neuregelung verzichten können, weil sich an der Rechtslage gegenüber dem BetrVG 52 dann insoweit nichts geändert hätte, als zwar die Grundentscheidung über die Einführung, nicht aber die für die materiellen Folgen im einzelnen wichtige Festlegung der Dauer der Kurzarbeit mitbestimmungspflichtig wäre. Solche Resultate wären unsinnig. Die Tarifparteien haben gem. § 87 I Eingangssatz nicht die Möglichkeit, das Mitbestimmungsrecht "auszugestalten"[1], sondern nur, es durch eigene sachliche Regelung überflüssig zu machen und auf diese Weise rein praktisch einzuschränken[2].

Die Auffassung des BAG[3], wonach § 87 I Nr. 3 nur ein eingeschränktes Mitbestimmungsrecht enthält, steht mit der hier vertretenen Auffassung insoweit nicht in Widerspruch, als die mitbestimmungsrechtliche Beschränkung der Dauer der Arbeitszeit auf nur vorübergehende und von der nur betriebsüblichen Arbeitszeit abweichende Veränderungen nicht zu bestreiten ist. Sehr fraglich ist aber, ob die durch diese Begrenzungen erst charakterisierte Arbeitsbedingung Kurzarbeit nun ihrerseits über den Wortlaut des Gesetzes hinaus nicht umfassend, sondern nur teilweise mitbestimmungspflichtig sein soll. Sich hier auf den Standpunkt zu stellen, der Abbau von Kurzarbeit stelle keine Änderung der betriebsüblichen Arbeitszeit dar, verkürzt den Gesetzeswortlaut zumindest, als die Mitbestimmung "bei" der vorübergehenden Verkürzung der betriebsüblichen Arbeitszeit gegeben ist. Da es sich hier um einen arbeitszeitlichen Ausnahmefall handelt, liegt die Vermutung nahe, bei allen diesen Ausnahmekomplex betreffenden Maßnahmen sei die Zustimmung des Betriebsrats erforderlich. Zumindest sind vom Gesetzestext her beide Auslegungen möglich, so daß sich eine Klärung erst aus Sinn und Zweck des Gesetzes ergeben kann.

Was das zeitliche Ausmaß der Kurzarbeit anbelangt, lassen sich keine normativen Anhaltspunkte auffinden, die gegen das entsprechende, vom Wortlaut des § 87 I Nr. 3 gesicherte Mitbestimmungsrecht streiten.

---

1) So aber LAG Bremen a.a.O. (S. 13).

2) Vgl. dazu unten S. 331 ff.

3) Vgl. BAG DB 79, 655 (656).

Unzweifelhaft befaßt sich § 87 I Nr. 3 mit der Dauer der Arbeitszeit[1]; Kurzarbeit ist nichts anderes als eine Frage der Dauer der Arbeitszeit[2]. Es wäre inkonsequent, hier eine Unterscheidung in das Gesetz hineinzuinterpretieren und die kurzarbeitsbeeinflußte Dauer der Arbeitszeit mitbestimmungsrechtlich in die Bereiche "Ob" und "Wie lange" aufzuteilen. Beide hängen eng miteinander zusammen und beruhen auf den gleichen wirtschaftlichen Erwägungen[3]. Das Ausmaß der Kurzarbeit stellt also keinen Tatbestand tariflicher Erweiterung des Mitbestimmungsrechts gem. § 87 I Nr. 3 dar[4], sondern dessen Bestandteil[5]. Die Eingangsentscheidung, ob die Arbeitszeit überhaupt verkürzt werden soll, stellt als Mitbestimmungstatbestand einen viel schwerwiegenderen Eingriff in die unternehmerische Vereinbarungsbefugnis dar, als dies bei der Dauer der Kurzarbeit der Fall ist. Erst hier entfaltet sich aber der Schutzzweck der Mitbestimmung voll, da noch nicht das abstrakte "Ob", sondern erst das konkrete "Wie lange" der Arbeitszeitverkürzung effektive materielle Folgen bewirkt. Beide Teile unterliegen somit einer inneren Wechselwirkung, die ihre mitbestimmungsrechtliche Verschiedenbehandlung verbietet.

Was die vorzeitige Beendigung der Kurzarbeit angeht, läßt ein einseitiges Gestaltungsrecht des Arbeitgebers zunächst einmal den Teilhabezweck der Mitbestimmung unberücksichtigt. Man löst sich eben doch nicht konsequent aus dem Denkschema einer monokratischen Betriebsstruktur, wenn man einen die gleichberechtigte Mitentscheidung bezweckenden Mitbestimmungstatbestand ohne Not auf ein partielles Alleinentscheidungsrecht reduziert. Aus diesem Grunde hilft es auch nicht, den Betriebsrat auf die Geltendmachung des Wegfalls

---

1) Vgl. BAG AP Nr. 1 zu § 87 BetrVG Kurzarbeit (2); Dietz/Richardi § 87 Rn 175; v.Hoyningen-Huene JuS 77, 461 (462); Simitis/Weiss DB 73, 124o; Wiese GK-BetrVG § 87 Rn 78; ders. Anm. BAG AP Nr. 1 zu § 87 BetrVG Kurzarbeit (5).

2) Vgl. BAG a.a.O.; Fauth AZR S. 1o2; Hahn S. 34; Simitis/Weiss a.a.O.

3) Vgl. Hanau RdA 73, 281 (283).

4) So aber LAG Bremen a.a.O.

5) Vgl. auch die Kritik des BAG DB 79, 655 an LAG Bremen a.a.O.: "Es stellt sich übrigens die Frage nach Erweiterungsmöglichkeiten des Katalogs von § 87 BetrVG durch Tarifvertrag nicht".

der Geschäftsgrundlage zu vertrösten[1]. Ein dem Wortsinn nach nicht eindeutiges Gesetz kann man nur unter Berücksichtigung der tragenden Prinzipien des Mitbestimmungsrechts auslegen, nicht aber lediglich anhand einer eigenen Wortinterpretation.

Bezieht man neben dem Teilhabe- den Schutzzweck des § 87 I Nr. 3 in die Überlegungen mit ein, wird die Bejahung des Mitbestimmungsrechts beim Abbau von Kurzarbeit zwingend. Unter dem Gesichtspunkt, daß die Kurzarbeit bei den einzelnen Arbeitnehmern erhebliche materielle Folgen zu bewirken vermag, kann es nicht zutreffend sein, die soziale Schutzbedürftigkeit durch Schaffung des § 87 I Nr. 3 einerseits anzuerkennen, andererseits aber die Wahrnehmung dieser Aufgabe zu erschweren. Ein Alleinentscheidungsrecht beim Abbau vereinbarter Kurzarbeit beschränkt die zeitliche Dispositionsfreiheit der Arbeitnehmer - etwa im Hinblick auf eine anderweitige Beschäftigung innerhalb der Ausfallzeit[2] - und verstellt dem Betriebsrat die Möglichkeit, sich für eine möglichst zügige Ablösung einzusetzen. Sie nimmt ihm die Möglichkeit, bei nur teilweiser Reduzierung von Kurzarbeit auf den Kreis der Betroffenen Einfluß zu nehmen, und beraubt ihn des Initiativrechts zum Abbau von Kurzarbeit. Gerade letzteres wiegt jedoch unter sozialen Gesichtspunkten schwer, da für die Arbeitnehmer unabhängig von den Planungen des Arbeitgebers ein Interesse an der baldigen Rückkehr zum Normalzustand besteht. Dessen Geltendmachung wäre allerdings verhindert. Vollends unverständlich wäre, daß der Arbeitgeber bei Ablehnung des fraglichen Mitbestimmungsrechts praktisch in der Lage wäre, die - kurzarbeitsbedingte - Arbeitszeit nach Belieben schrittweise zu verkürzen[3]. So müßte etwa die nochmalige Verkürzung der durch Kurzarbeit bereits reduzierten Arbeitszeit nach Auffassung des BAG mitbestimmungsfrei sein, da dann ja nicht die betriebsübliche - worauf das BAG so entscheidend abstellt -, sondern nur die vorübergehende Arbeitszeit Bemessungsgrenze wäre. Ähnliches gilt für Überstunden. Es ist zu bezweifeln, ob das BAG diese Konseqzuenzen gesehen hat.

---

1) Vgl. in diesem Zusammenhang LAG Düsseldorf BB 74, 1347 (1348); Kammann/Hess/Schlochauer § 87 Rn 81.

2) Vgl. Rumpff/Dröge S. 1o8.

3) Vgl. Wiese GK-BetrVG § 87 Rn 81 a.

c.) Ergebnis

Infolge vorstehender Erwägungen besteht kein Grund, das Mitbestimmungsrecht beim Ausmaß der Kurzarbeit einzuschränken. Dieses Recht besteht vielmehr auch dann, wenn ein einmal vereinbarter zeitlicher Umfang von Kurzarbeit geändert werden soll. Nur wenn der Arbeitgeber durch Betriebsvereinbarung generalklauselartig zur Einführung von Kurzarbeit ermächtigt ist und über deren Dauer keine Absprachen getroffen sind, kann der Arbeitgeber die Kurzarbeit einseitig abbauen[1].

3.) Mitbestimmung bei der Auswahl der Betroffenen

Im Ergebnis die gleichen Überlegungen gelten für die Frage, ob sich die Mitbestimmung nach § 87 I Nr. 3 auch auf den Kreis der von der Kurzarbeit Betroffenen erstreckt. Auch hier deckt der Wortlaut und fordert der Zweck des Mitbestimmungsrechts die Zustimmung des Betriebsrats. Sie wird denn auch im Schrifttum - soweit ersichtlich unbestritten - anerkannt[2]. Zu beachten ist allerdings, daß es sich bei der Mitbestimmung nach § 87 I Nr. 3 um einen kollektiven Tatbestand handelt[3]. Dieses Merkmal ist freilich erfüllt, wo es um die Auswahl von Gruppen von Arbeitnehmern zur Heranziehung von Kurzarbeit geht, da diese auf einen kollektiven Tatbestand bezogen und damit mitbestimmungspflichtig ist[4]. Grenzen ergeben sich ferner teilweise daraus, daß für einzelne Gruppen von Arbeitnehmern - wie z.B. für Auszubildende[5] - Kurzarbeit nicht statthaft ist.

---

1) Vgl. Wiese a.a.O.; zur individualrechtlichen Seite vgl. Rumpff/Dröge S. 1o7 f.

2) Vgl. Bähringer/Spiegelhalter S. 11; Gnade/Kehrmann/Schneider § 87 Rn 16; Kammann/Hess/Schlochauer § 87 Rn 78; Rumpff/Dröge S. 9o; Wiese GK-BetrVG § 87 Rn 8o.

3) Vgl. dazu auch unten S. 132.

4) Vgl. Wiese a.a.O.; a.A. Galperin/Löwisch § 87 Rn 1o8; Sahmer § 87 Rn 7 c.

5) Vgl. zu diesem Fragenkreis Farthmann/Bürger AR-Blattei Arbeitszeit V Kurzarbeit, D VI; Hahn S. 73 ff.; Hoffmann BB 59, 234 (235); ders. DB 68, 616 (617); Natzel DB 7o, 2267 (2268) m.w.N.; Rumpff/Dröge S. 121 ff.; Rumpff/Kuhfuhs AR-Blattei Berufsbildung II, C I 7 b aa.

4.) Mitbestimmung bei Entlohnungsfragen und sonstigen materiellen Leistungen im Zuge der Kurzarbeit?

a.) Problem und Meinungsstand

Für die Arbeitnehmer von erheblicher Bedeutung, im Schrifttum jedoch oft nur am Rande behandelt, ist die Frage, ob der Betriebsrat bei den materiellen Folgen der Kurzarbeit mitzubestimmen hat. Es ist denkbar, daß der Betriebsrat auf die infolge der verkürzten Arbeitszeit anstehenden Auswirkungen im Lohnbereich Einfluß nehmen will oder seine Zustimmung von materiellem Entgegenkommen des Arbeitgebers - sei es beim Lohn, sei es bei den freiwilligen Sozialleistungen - abhängig macht. Die Entscheidung, ob in einem Betrieb Kurzarbeit eingeführt werden soll oder nicht, würde auf diese Weise eine besondere betriebswirtschaftliche und mitbestimmungsrechtliche Dimension erhalten.

Nur wenige Stimmen im Schrifttum befassen sich ausdrücklich mit diesem Komplex. Teilweise[1] werden Entlohnungsfragen im Zusammenhang mit der Kurzarbeit ohne jegliche Begründung der Mitbestimmung nach § 87 I Nr. 3 zugewiesen. Teilweise[2] wird dem Betriebsrat eine Befugnis zur Regelung der Einkommensminderung mit der Überlegung zugesprochen, die Einführung von Kurzarbeit und deren Folgen auf der Einkommensseite ließen sich nicht trennen. Den Zusammenhang zwischen mitbestimmter Einführung von Kurzarbeit und dadurch automatisch mitbestimmten Einkommenseinbußen betonen auch andere Autoren[3], ohne daß damit freilich ein über die Regelung der notwendigen, d.h. im Verhältnis zur Arbeitszeitverkürzung auftretenden Lohnminderungen hinausgehendes Mitbestimmungsrecht befürwortet wäre. Das Zustimmungserfordernis zu den "entsprechenden" - womit gleichfalls auf die Verbindung zwischen Arbeitszeitverkürzung und Lohnkürzung abgestellt sein dürfte - Folgen der Kurzarbeit wird auch mit dem Argument[4] verteidigt, das BetrVG habe die Unterschei-

---

1) Vgl. Haberkorn S. 116; Halberstadt Mitwirkung S. 127; unsicher Frauenkron § 87 Fn 14: "evtl. die Vergütung".

2) Vgl. Henkel/Hagemeier BB 76, 1420 (1423).

3) Vgl. Bähringer /Spiegelhalter S. 15; Brecht § 87 Rn 17; Föhr AuR 75, 353 (359).

4) Vgl. Rumpff/Dröge S. 95 ff.

dung zwischen formellen und materiellen Arbeitsbedingungen aufgegeben. Vereinzelt[1] wird ein Mitbestimmungsrecht bei der Anrechnung der Arbeitszeitverkürzung auf betriebliche Rechte befürwortet.

Nicht ganz eindeutig ist die Auffassung derjenigen zu beurteilen, die "sämtliche Fragen"[2] der Kurzarbeit dem Mitbestimmungsrecht zuordnen bzw. hier ein "umfassendes", sich auch auf materielle Fragen erstreckendes Mitbestimmungsrecht annehmen[3]. Zweifelhaft ist auch der Standpunkt derjenigen, die das Mitbestimmungsrecht auf die arbeitsrechtlichen Folgewirkungen beschränken[4] oder das Mitbestimmungsrecht nur gewähren, wenn und soweit es sozial vertretbar ist[5]. Der Lohnentzug als soziale Hauptkonsequenz der Kurzarbeit wäre nach jeder dieser Formulierungen mitbestimmungsrechtlich erfaßt.

Die Gegner dieser Auffassungen argumentieren, die Mitbestimmung nach Nr. 3 erfasse nur die Änderung der Arbeitszeit, nicht auch die Konsequenzen auf der Einkommensseite, die den Komplex "Arbeitsentgelt" beträfen und gemäß § 77 III vorrangig den Tarifparteien vorbehalten seien[6]. § 87 I Nr. 3 erfasse weder materielle Auswirkungen der Kurzarbeit, noch könne der Betriebsrat seine Zustimmung von der Gewährung zusätzlicher Leistungen abhängig machen[7]. Über § 87 könnten keine zusätzlichen Nebenleistungspflichten in sozialen Angelegenheiten begründet werden, die nicht zwangsläufige Folge der getroffenen Regelung seien[8]. Hätte der Gesetzgeber bei § 87 I Nr. 3 außer der Frage, wann und in welcher Form Kurzarbeit eingeführt werden solle, noch weitere materielle Regelungen anläßlich der Einführung von Kurzarbeit der Mitbestimmung unterwerfen wollen,

1) Vgl. Frauenkron a.a.O.; Haberkorn a.a.O.; Rischar S. 196.
2) So Farthmann/Bürger AR-Blattei Arbeitszeit V Kurzarbeit, B II 2.
3) So Dietz/Richardi § 87 Rn 175.
4) So Dietz/Richardi § 87 Rn 9; Lieb ZfA 78, 179 (186); Säcker JbAR Bd. 12, 17 (55).
5) So Sahmer § 87 Rn 1.
6) So Janert DB 76, 243 (245).
7) So Meisel/Hiersemann AZO (2. Aufl.) Einl. 5o f., § 3 Rn 42 f.; Stege/Weinspach S. 293.
8) So Wiese GK-BetrVG § 87 Rn 15.

hätte er dies wie etwa bei Nr. 11 hinsichtlich der Akkord- und Prämiensätze zum Ausdruck bringen müssen[1]. Daher könne der Betriebsrat seine Zustimmung auch nicht von der Erstattung des Lohnausfalls bei Nichtzahlung von Kurzarbeitergeld durch das Arbeitsamt abhängig machen[2]. Abgesehen davon bestehe eine vorrangige gesetzliche Regelung in § 63 AFG[3]. Überhaupt dürfe sich der Betriebsrat nicht von sachfremden Überlegungen leiten lassen; eine solche stelle aber die Kopplung von Zustimmung und Gewährung sonstiger zusätzlicher Leistungen dar[4].

b.) Vorrang von Gesetz und Tarifvertrag (§ 87 I Eingangssatz)

Das aufgeworfene Problem erledigt sich nicht schon dadurch, daß man die Vorschriften der §§ 63 ff. AFG über die Gewährung von Kurzarbeitergeld als gesetzliche und damit dem Mitbestimmungsrecht vorrangige Regelungen i.S. von § 87 I Eingangssatz ansieht[5]. Kurzarbeit i.S. von § 87 I Nr. 3 ist nicht deckungsgleich mit Kurzarbeit i.S. von §§ 63 ff. AFG[6]. Die arbeitsrechtlichen Erfordernisse der Kurzarbeit sind geringer als die sozialrechtlichen,so daß Kurzarbeit grundsätzlich auch ohne die Gewährung von Kurzarbeitergeld einführbar ist[7]. Dieses beträgt zudem nur 68% des Arbeitsentgelts (§ 68 IV AFG) und setzt erst bei über 10% Arbeitsausfall ein (§ 64 I Nr. 3 AFG), so daß nicht einzusehen ist, warum diese Schwelle für die Arbeitnehmer unabdingbar sein soll.

Anders ist die Sachlage, wenn Tarifverträge die Entgeltfolgen von Kurzarbeit regeln. Solche Tarifverträge sind nicht allzu häufig.

---

1) So LAG Nürnberg AMBlBayMAS C 13 (C 14).

2) So LAG Nürnberg a.a.O.; zustimmend Staudacher HBV Gr. 4 S. 66; Wiese GK-BetrVG § 87 Rn 82a; unter Berücksichtigung eines offensichtlichen Druckfehlers auch Kammann/Hess/Schlochauer § 87 Rn 81.

3) So Meisel/Hiersemann AZO (2. Aufl.) § 3 Rn 42.

4) So Kammann/Hess/Schlochauer a.a.O.

5) So aber Meisel/Hiersemann a.a.O.

6) Vgl. LAG Düsseldorf BB 74, 1347 (1348); Fauth AZO S. 8o; Frauenkron § 87 Rn 14.

7) Vgl. Rumpff/Dröge S. 144.

Wo sie abgeschlossen wurden[1], legen sie oft einen Zuschuß des Arbeitgebers zum Kurzarbeitergeld fest, der den Arbeitnehmern während der Kurzarbeit 80%[2], 90%[3] oder sogar 95%[4] ihres Normallohnes gewährleistet. Teilweise werden Gehaltskürzungen auch bei

---

1) Vgl. § 7 MTV für gewerbliche Arbeitnehmer und Angestellte in der chemischen Industrie vom 22.2.1973; § 5 Abs. 3, 7 MTV für die Arbeitnehmer der Technischen Betriebe für Film und Fernsehen, gültig ab 1.4.1977; Nr. 6 MTV für Graveure, Galvaniseure, Gürtler und verwandte Berufe für das Wirtschaftsgebiet der Bundesrepublik Deutschland, gültig ab 1.1.1977; § 21 Abs. 2 MTV für die Arbeitnehmer der Hohlglasindustrie Gruppe I und II, gültig ab 1.1.1975; § 14 Abs. 4, 5 MTV für die gewerblichen Arbeitnehmer, Angestellten und Auszubildenden der Miederindustrie im Bundesgebiet und West-Berlin, gültig ab 1.5.1977; § 13 Abs. 3,5 MTV für die Arbeitnehmer der Papier erzeugenden Industrie in der Bundesrepublik Deutschland einschließlich Berlin, gültig ab 1.1.1977; § 5 Abs. 3 MTV für die gewerblichen Arbeitnehmer in der Papier, Pappe und Kunststoff verarbeitenden Industrie, im Gebiet der Bundesrepublik Deutschland (einschließlich Berlin-West), gültig ab 1.7.1974; Nr. 171 f RTV für die gewerblichen Arbeitnehmer und Auszubildenden der Säureschutzindustrie in der Bundesrepublik Deutschland und West-Berlin, gültig ab 1.7.1973; § 4 MTV für die kaufmännischen Angestellten in den Verlagen von Tageszeitungen im Lande Nordrhein-Westfalen, gültig ab 1.1.1974; § 4 MTV für gewerbliche Arbeitnehmer in Buch- und Zeitschriftenverlagen in Nordrhein-Westfalen, gültig ab 1.1.1976; § 7 Abs. 5 MTV für die Arbeiter und Angestellten des Klempner- und Installateurhandwerks in Rheinland-Rheinhessen, gültig ab 1.7.1978; § 4 MTV für Angestellte und gewerbliche Arbeitnehmer im Bereich der Tarifgemeinschaft Groß- und Außenhandel und des genossenschaftlichen Groß- und Außenhandels im Lande Nordrhein-Westfalen, gültig ab 1.1.1977; § 3 TV über Kurzarbeit für die Arbeitnehmer der Deutschen Texaco-AG, gültig ab 1.1.1976; § 1 TV über Leistungen bei Kurzarbeit und vorübergehenden Stillegungen von einzelnen Produktionsanlagen für die Arbeitnehmer in der Zentrale, dem Forschungszentrum, in den Raffinerien und im Vertrieb der Esso AG in der Bundesrepublik Deutschland und West-Berlin, gültig ab 1.1o.1975; § 3 Nr. 3.3.7. MTV für die Werksangehörigen des Volkswagenwerks vom 9.11.1978; vgl. auch unten S. 273 Fn 5.

2) Vgl. § 14 Abs. 4, 5 MTV Miederindustrie (wie Fn 1).

3) Vgl. (jeweils wie Fn 1) § 7 MTV Chemische Industrie; Nr. 171 f RTV Säureschutzindustrie; § 3 TV Deutsche Texaco-AG.

4) Vgl. § 3 Nr. 3.3.7. MTV Volkswagenwerk (wie Fn 1), allerdings nur bis zu einem Arbeitsausfall von 80 Stunden pro Kalendermonat.

Nichtzahlung von Kurzarbeitergeld nach dem AFG untersagt[1] bzw. erst ab einer Arbeitszeitkürzung von mehr als 4 Stunden pro Woche[2] oder 9/10 der wöchentlichen Arbeitszeit[3] gestattet. Es gibt aber auch Regelungen[4], die lediglich eine Entgeltkürzung im gleichen Verhältnis wie die Kürzung der Arbeitszeit anordnen. Wo solche Tarifverträge den Anforderungen einer vollständigen Tarifregelung i.S. von § 87 I Eingangssatz genügen[5], erübrigt sich die Frage nach einem entsprechenden Mitbestimmungsrecht.

c.) Abhängigkeit Arbeitszeit - Lohnkürzungen

Ein Teil des Problems entfällt mit der Erkenntnis, daß zwischen der Dauer der Arbeitszeit und der Höhe des Entgelts grundsätzlich ein Junktim besteht. Nach dem aus der synallagmatischen Verbindung von Arbeitsleistung und Vergütung gem. §§ 32o ff. BGB fließenden Rechtsgrundsatz "Ohne Arbeit kein Lohn"[6] sind Dauer der Arbeitszeit und Entlohnung untrennbar miteinander verknüpft, so daß die Höhe des Einkommens in aller Regel vom Umfang der Arbeitsleistung abhängt[7]. Eine Entscheidung über die Dauer ist somit zugleich auch eine Entscheidung über die Höhe des Entgelts[8]. Das bedeutet, daß der Betriebsrat, der über das Ausmaß der Kurzarbeit mitbestimmt, zugleich auch über entsprechende Lohnminderungen mitbestimmt, wenn nicht die Tarifverträge diesbezüglich abweichende Regelungen treffen. Kurzarbeit ist immer eine Frage des Entgelts[9]. Insoweit sind mit derMitbestimmung nach § 87 I Nr. 3 zwangsläufig materielle Konsequenzen für die betroffenen Arbeitnehmer verbunden.

---

1) Vgl. § 7 Abs. 5 MTV Klempner- und Installateurhandwerk Rheinland-Pfalz (wie Fn 1 der vorhergehenden Seite).

2) Vgl.(jeweilswie Fn 1 der vorhergehenden Seite) § 6 MTV Graveure; § 4 MTV Tageszeitungen Nordrhein-Westfalen; § 4 MTV Buch- und Zeitsschriftenverlage Nordrhein-Westfalen.

3) Vgl. § 21 Abs. 2 MTV Hohlglasindustrie (wie Fn 1 der vorhergehenden Seite).

4) Vgl. § 5 Abs. 3 MTV Papier (wie Fn 1 der vorhergehenden Seite).

5) Vgl. dazu unten S. 189 ff.

6) Vgl. dazu ausführlich Hueck/Nipperdey I S. 324 ff.; Söllner AcP 167, 132 ff.; abweichend Staudinger/Nipperdey/Neumann/Riedel § 614 Rn 24.

7) Vgl. LAG Hamm DB 74, 2o14 (2o15); Röhsler Die Arbeitszeit S.122; Söllner Leistungsbestimmung S. 7o.

8) Vgl. BAG AP Nr. 1 (3), 2(3) zu § 56 BetrVG 52 Arbeitszeit.

9) Vgl. dazu oben S.72 f., 76.

d.) Der Einfluß des Betriebsrats auf Sonderzahlungen im Zusammenhang mit der Kurzarbeit

Eine andere Frage ist, ob der Betriebsrat das Verhältnis von Arbeitsrhythmus gleich Lohnrhythmus[1] durchbrechen und nach seinen eigenen Vorstellungen gestalten kann, indem er beispielsweise für die ausgefallene Arbeitszeit eine Sonderzahlung fordert[2]. Der weite Wortlaut des § 87 I Nr. 3 untersagt ein solches Mitbestimmungsrecht zumindest nicht, da es sich hier um eine Frage handelt, die "bei" der Verkürzung der Arbeitszeit auftritt und im engen Zusammenhang mit dieser steht.

aa.) Zur Beschränkung der inhaltlichen Einflußmacht des Betriebsrats

Insbesondere der Versuch, die Forderung nach solchen zusätzlichen Leistungen als "sachfremde Überlegung"[3] zu disqualifizieren, stellt hier einen folgenreichen Lösungsvorschlag dar. Er korrespondiert im Ansatz mit der Vorstellung, das Recht auf Mitbestimmung müsse "sozial vertretbar"[4] bzw. auf "sozial ungerechtfertigte" Aktionen des Arbeitgebers begrenzt sein[5], erfasse nur die arbeitsrechtlichen Folgewirkungen[6] und beschränke sich auf die soziale Komponente eines zustimmungsbedürftigen Geschäfts[7].

Beide Vorschläge gehen von einer an der "Sachlichkeit" des Vorbringens des Betriebsrats gemessenen inhaltlichen Grenze des Mitbestimmungsrechts aus, wobei "Sachlichkeit" unterschiedlich verstanden wird:

Wer auf die soziale Vertretbarkeit abstellt, legt dem Betriebsrat ein Nein zu jeder Einführung von Kurzarbeit nahe, weil die

---

1) Vgl. Simitis/Weiss DB 73, 124o (1241).

2) Vgl. dazu die Beispiele bei Meisel/Hiersemann AZO (2.Aufl.) § 3 Rn 42a.

3) So Kammann/Hess/Schlochauer § 87 Rn 81.

4) So Sahmer § 87 Rn 1.

5) So Adomeit BB 72, 53 (55).

6) So Dietz/Richardi § 87 Rn 9; Lieb ZfA 78, 179 (186); Säcker JbAR Bd. 12, 17 (55).

7) So Auffarth RdA 76, 1 (3).

Fortzahlung des Normallohnes ohne Einbußen die sozialste Form der Arbeitszeitverkürzung ist. Dieses Resultat ist von den Vertretern der These der sozialen Vertretbarkeit zwar nicht bedacht, weil mit der Bindung an die soziale Vertretbarkeit eine Beschränkung des Mitbestimmungsrechts erreicht werden soll, bei der Kurzarbeit jedoch die unabweisbare Konsequenz dieser Formel. Zum gleichen Ergebnis der Mitbestimmungspflichtigkeit gelangt, wer auf die arbeitsrechtlichen Folgewirkungen abstellt, weil die Lohnkonsequenzen die wichtigste Folge der Kurzarbeit sind.

Wer auf die Sachfremdheit der Überlegungen des Betriebsrats abhebt, läßt offen, ab welcher Grenze mit der Kurzarbeit prinzipiell zusammenhängende Fragen mitbestimmungsrechtlich abgetrennt werden sollen,und entscheidet nach Gutdünken, was der Betriebsrat inhaltlich anbringen darf und was nicht. Man kann die Gewährung von Zusatzleistungen als Zustimmungsbedingung des Betriebsrats zur Einführung von Kurzarbeit nämlich genausogut als sachnah bezeichnen, weil Kurzarbeit sozialpolitisch letztlich nur ein Problem der Verdienstminderung ist und alle hieraus resultierenden Einwände des Betriebsrats in engem sachlichen Zusammenhang mit der Kurzarbeit stehen.

Die Beschränkung der Mitbestimmung auf die arbeitsrechtlichen Folgewirkungen ist in wirtschaftlichen Angelegenheiten ausweislich der Sozialplanregelung (§ 112) geltendes Recht, steht bei der Kurzarbeit aber im klaren Gegensatz zum Gesetz[1]. § 87 I Nr. 3 unterstellt zu allererst das "Ob" der Einführung von Kurzarbeit der Mitbestimmung. Dies ist eine Grundsatz-,nicht eine Folgeentscheidung wie etwa die Lage der Kurzarbeit. Es geht in § 87 I Nr. 3 nicht mehr darum, wie vorgegebene unternehmerische Entscheidungen organisatorisch umgesetzt werden, sondern um einzelne unternehmerische Aktionsparameter wie den Umfang der Arbeitszeit[2]. Folgen der Einführung von Kurzarbeit sind ferner alle mit ihr verketteten Fragen, so daß insoweit praktisch ein unbegrenztes Mitbestimmungsrecht entsteht, wenn man die Mitbestimmung auf die Folgeentscheidungen bezieht.

---

1) Vgl. auch die Kritik bei v.Stebut RdA 74, 332 (343).

2) Vgl. Reuter Anm. BAG SAE 76, 14 (16).

Bedenklich ist auch, die Grundentscheidung aus der Sicht des Betriebsrats inhaltlich i.S. der sozialen Vertretbarkeit zu verengen und so am Teilnahmezweck der Mitbestimmung, der die gemeinsame Disposition der Betriebsparteien fordert[1], Abstriche vorzunehmen. Zwar findet sich die Mitbestimmung bei der Kurzarbeit im Gesetz unter der Abschnittsüberschrift "Soziale Angelegenheiten"; daraus kann man aber nur begrenzte Kenntnisse herleiten[2], insbesondere nicht "sozial" i.S. von "fürsorgerisch" verstehen[3]. Arbeitsbedingungen wie die Kurzarbeit betreffen schwerpunktmäßig die arbeitsrechtlichen Beziehungen im Betrieb und gehören daher zu den sozialen Arbeitsbedingungen im weiteren Sinne[4], können insoweit aber - wie schon erwähnt[5] - zwangsläufige Folgen im unternehmerisch-wirtschaftlichen Bereich bewirken. Soziale Mitbestimmung nach dem BetrVG hat unternehmerisch-wirtschaftliche Relevanzen; beides ist nicht mehr zu trennen[6].

Bereits diese Folgewirkungen verbieten, die Kurzarbeit nur aus "sozialem" Horizont zu beurteilen. Darüber hinaus hat das Gesetz den Betriebsrat nicht an einen engen "sozialen", sondern an einen sehr viel weiteren Maßstab gebunden: Er muß gemäß § 2 I auch das Wohl des Betriebes beachten. Dieses beinhaltet aber nicht nur soziale, sondern auch wirtschaftliche Aspekte. Die Generalklausel des § 2 I verbietet dem Betriebsrat geradezu, nur auf die Interessen der Arbeitnehmer Rücksicht zu nehmen[7]. Stattdessen ist er gehalten, die Notwendigkeiten und Bedürfnisse des Betriebes insgesamt zu beachten[8].

---

1) Vgl. Wiese Initiativrecht S. 43, 45.

2) So auch Badura/Rittner/Rüthers S. 127; Kübler/Schmidt/Simitis S. 171; Raiser FS Duden S. 423 (427); Richardi JbAR Bd. 13, 19 (46); ders. AG 79, 29 (34); Rüthers ZfA 73, 399 (416); Wiese Initiativrecht S. 28.

3) Vgl. Gester/Isenhardt RdA 74, 8o (87).

4) Vgl. im einzelnen Moll Entgelt S. 181.

5) Vgl. oben S. 84 ff.

6) Vgl. Richardi AG 79, 29 (35); Rupert Scholz S. 68.

7) Vgl. Fitting/Auffarth/Kaiser § 2 Rn 11; Kraft GK-BetrVG § 2 Rn 23.

8) Vgl. ArbG Elmshorn BB 78, 962; Galperin/Löwisch § 2 Rn 18; Hueck/Nipperdey II/2 S. 1338 f.; Kammann/Hess/Schlochauer § 2 Rn 33.

Die Ursachenneutralität der Kurzarbeit, wonach auch wirtschaftliche Gründe für die Einführung von Kurzarbeit in Betracht kommen, verstärkt die Forderung nach einer inhaltlich umfassend mitbestimmten Kurzarbeitskonzeption. Dazu paßt gut das Geheimhaltungsgebot des § 79, das den Verbleib der kurzarbeitsprägenden Betriebs- und Unternehmensdaten im Kreis der Entscheidungsträger garantiert und zusammen mit weiteren Vorschriften eine betriebsverfassungsrechtliche Schweigepflicht normiert[1].Im übrigen sind die Gründe des Betriebsrats nur schwer feststellbar, so daß sich bei der Einführung von Kurzarbeit seitens des Betriebsrats immer mit sozial beachtlichen Arbeitnehmerinteressen argumentieren ließe[2].

Von diesem Ansatzpunkt her ist der Betriebsrat in seiner Entscheidung und in den inhaltlichen Bedingungen, unter denen er seine Zustimmung zur Einführung von Kurzarbeit zu erteilen bereit ist, unbeschadet allgemeiner Grenzen seiner Normsetzungskompetenz zunächst einmal frei. Seine Mitentscheidung bei der Einführung von Kurzarbeit umfaßt - nicht anders als diejenige des Arbeitgebers - auch Notwendigkeit und Mittel-Zweck-Geeignetheit der Kurzarbeit[3]. Ebenso wie der Arbeitgeber hat er zu prüfen, ob für die Kurzarbeit ein berechtigter Anlaß wie Mangel an Arbeitszeit, Rohstoffen und Energie sowie Erhaltung von Arbeitsplätzen besteht[4].Dementsprechend genießt der Betriebsrat ein umfassendes Unterrichtungsrecht (§ 8o), das ohne inhaltliche Breite des Mitbestimmungsrechts nicht verständlich wäre und das der Arbeitgeber beispielsweise dann verletzt, wenn er sich weigert, dem Betriebsrat im Rahmen der Kurzarbeitsplanung konkrete Angaben zur wirtschaftlichen Situation des Betriebes zu machen[5]. Das Gesetz hat die Mitbestimmung nur an objektive Tatbestände gebunden[6] und überläßt den Betriebsparteien die freie Entscheidung über die von ihnen für zweckmäßig erachtete Sozial-

---

1) Vgl. im einzelnen Stege DB 77 Beil. 8 S. 3 ff.

2) Vgl. Wiese Initiativrecht S. 43, 45.

3) Vgl. Rumpff/Dröge S. 9o; die Zweckmäßigkeit unterliegt hingegen nicht der Nachprüfung durch die Gerichte, vgl. LAG Hamm AP Nr. 274 sowie unten S. 138 ff.

4) Vgl. LAG Nürnberg AMBlBayStMAS C 13.

5) Vgl. BAG DB 78, 14o3 (14o5).

6) Vgl. Wiese Anm. BAG AR-Blattei Betriebsverfassung XIV B Entsch. 18/2o, IV.

gestaltung[1]. Es fordert eine gemeinsame Einschätzung der gesamten Betriebssituation als Grundlage für die Modifikation der Arbeitszeit[2], die naturgemäß verschieden ausfallen kann und bei vergeblichem Bemühen um einen Konsens von der Einigungsstelle zu bewerten ist (§ 87 II).

Der Betriebsrat hat danach die Möglichkeit, seine Zustimmung zu verweigern, selbst wenn nach Ansicht des Arbeitgebers die dringende wirtschaftliche Notwendigkeit für die Einführung von Kurzarbeit besteht[3]. Er kann sie aber auch davon abhängig machen, daß das Arbeitsamt Kurzarbeitergeld gem. § 63 ff. AFG leistet[4]. Dies kommt insbesondere dann in Betracht, wenn der Betriebsrat zweifelt, ob trotz der vom Arbeitgeber konkret und detailliert (§ 80 II) zu unterbreitenden Gründe für die Kurzarbeit deren Einführung überhaupt bzw. in welchem Umfang notwendig ist. Die Gewährung von Kurzarbeitergeld kommt nämlich nur bei Unvermeidbarkeit der Kurzarbeit in Betracht (§ 64 AFG), was von der Arbeitsbehörde an Ort und Stelle im Betrieb geprüft wird[5]. Dabei wird unter dem Blickpunkt der Vermeidbarkeit unter anderem untersucht[6], ob Überstunden und Sonderschichten abgebaut, restlicher Urlaub abgewickelt, Umsetzungen und vertretbare Entlassungen vorgenommen und Aufräumungs-, Füll- und Instandsetzungsarbeiten angeordnet wurden. Räumlich und wirtschaftlich vertretbare Produktion auf Lager sowie wirtschaftlich zumutbare Umstellung auf andere Energiequellen und Transportwege bei Heiz- oder Brennstoffmangel müssen ausgeschöpft sein. Alles dies sind Kriterien, die die Notwendigkeit der Kurzarbeit bestimmen und in den Interventionsbereich sowohl des Betriebsrats in arbeits-, als auch der Arbeitsverwaltung in sozialrechtlicher Hinsicht fallen.

---

1) Vgl. Wiese 25 Jahre BAG S. 661 (663).

2) Vgl. Simitis / Weiss DB 73, 124o (1244).

3) Vgl. v.Stebut RdA 74, 332 (346).

4) Ähnliche Regelungen finden sich auch in einzelnen Tarifverträgen, vgl. die Nachweise oben S. 1o4.

5) Vgl. Müller Arbeitsrecht für Vorgesetzte S. 66.

6) Vgl. dazu im einzelnen Bähringer/Spiegelhalter S. 25; Billing AuB 75, 359 (36o); Müller a.a.O.; Schmidt AFG § 64 Rn 17; Siegert/Schmidt S. 17o f.; Unterhinninghofen Der Betriebsrat 75, 3o3 (3o6 ff.); Zachert Anm. BAG MitbGespr 75, 54 (56).

Nicht zu Unrecht ist darauf aufmerksam gemacht worden[1], daß die Mitbestimmung nach § 87 I Nr. 3 sogar einen Ansatzpunkt für beschäftigungswirksame Interessenvertretung bildet. Sie kann dazu beitragen, unsinnig rasche Wechsel von Mehrarbeit und Kurzarbeit abzuwehren. In mehreren Großbetrieben wurden Garantien der Unternehmensleitungen erreicht, für bestimmte Zeitabschnitte nach einer Mehrarbeitsphase weder Kurzarbeit einzuführen noch betriebsbedingte Entlassungen vorzunehmen[2].

bb.) Gesetzesimmanente Schranken

Allerdings stellen die einzelnen Mitbestimmungstatbestände keine losgelösten Rechtspositionen dar[3]. Zunächst folgt aus Aufbau und Sinnzusammenhang des Gesetzes, daß Mitbestimmungsrechte, die in dem einen Abschnitt nicht enthalten sind, auf dem Umweg über einen anderen nicht begründet werden können[4]. Das Mitbestimmungsrecht nach § 87 I Nr. 3 darf also nicht zu einer Aushöhlung der Regelungen über die wirtschaftliche Mitbestimmung (§§ 1o6 ff.) führen. Andererseits kann dort, wo soziale Mitbestimmungsrechte notwendigerweise Reflexe im unternehmerisch-wirtschaftlichen Bereich bewirken, diese Beziehung nicht lediglich mit Systemargumenten mitbestimmungsrechtlich unterbrochen, sondern nur anhand des Normzwecks ausgedeutet werden[5]. Hier ergeben sich gesetzesimmanente Schranken, welche die Mitbestimmungsrechte determinieren.

aaa.) Kurzarbeit und Mitbestimmung in wirtschaftlichen Angelegenheiten

Auszugehen ist davon, daß der Gesetzgeber in § 87 I Nr. 3 ein Mitbestimmungsrecht geregelt hat, mit welchem in den unternehmerisch-wirtschaftlichen Bereich mittelbar eingegriffen wird, weil die Entscheidung über die Verkürzung der Arbeitszeit zugleich auch eine

---

1) Vgl. Mendius WSI-Mitteilungen 78, 2o2 (211 f.).
2) Vgl. Mendius a.a.O. (S. 212).
3) Vgl. ArbG Köln DB 79, 457 (458).
4) Vgl. Wiese Initiativrecht S. 27.
5) Vgl. Wiese a.a.O. (S. 28).

solche - wenngleich nur partielle[1] - über den Produktionsumfang ist. Diese Grundentscheidung des Gesetzgebers, den unternehmerisch-wirtschaftlichen Bereich zumal bei der Kurzarbeit nicht völlig auszusparen[2], läßt sich nicht teleologisch wegdiskutieren, weil ein notwendiger Zusammenhang zwischen der Entscheidung über das "Ob" der Kurzarbeit und ihren unternehmerisch-wirtschaftlichen Relevanzen besteht. Daher ist unzutreffend, wenn Stege/Weinspach[3] meinen, die Mitbestimmung dürfe nicht in den wirtschaftlichen Bereich eingreifen, so daß etwa Absatzlage und Auftragsbestand mitbestimmt würden. Die Absatzlage wird durch die Entscheidung über den kurzarbeitsbedingten Produktionsumfang nämlich automatisch mitbeeinflußt. Kurzarbeit ist im übrigen ein Anzeichen für die wirtschaftliche Krisenlage eines Unternehmens[4]. Eine verantwortungsvolle Entscheidung über die Einführung von Kurzarbeit dürfte folglich kaum ohne eine Prüfung der Auswirkungen eines Produktionsstillstandes auf den Rentabilitätsverlust des Betriebes zu treffen sein[5].

Andererseits respektiert das Gesetz einen Kernbereich unternehmerischer Entscheidungsfreiheit in wirtschaftlichen Angelegenheiten[6]. Unternehmerische Tätigkeit ist die gesamte wirtschaftliche, technische, kaufmännische, organisatorische, personelle und wissenschaftliche Führung des Betriebes[7]. Entscheidungsfreiheit in diesem Rahmen bedeutet in erster Linie das prognostisch-disponierende Tätigwerden des Arbeitgebers mit der Festlegung der Unternehmensziele, Produktions- und Absatzplanung, Investitionsplanung und Gewinnverwendung[8]. Hierein über § 87 I Nr. 3 einzugreifen, reicht das Mitbestimmungsrecht nicht. Der Betriebsrat kann seine Zustimmung zur Einführung von Kurzarbeit also nicht von der Entwicklung neuer Produkte oder anderen unternehmenspolitischen Aktivitäten

1) So zutreffend Richardi JbAR Bd. 13, 19 (48).
2) Vgl. Weiss Betriebsverfassungsgesetz S. 242.
3) Vgl. Stege/Weinspach S. 274.
4) Vgl. BVerfG DB 78, 1356 (1357).
5) Vgl. Weiss AuR 74, 37 (49).
6) Vgl. Rüthers ZfA 73, 399 (418).
7) Vgl. BAG DB 77, 1146.
8) Vgl. Moll Entgelt S. 218, 226.

wie Verlagerung lohnintensiver Produktion in Niedriglohnländer, Ausführung von Lohnaufträgen statt Eigenfertigung und Umstellungen in der Distribution wie Verstärkung des Händlernetzes und intensivierter Beschickung von Fachmessen abhängig machen[1]. Der wirtschaftliche Sinn oder Unsinn eines neuen Produkts oder die Einführung neuer Maschinen steht außerhalb der mitbestimmungsrechtlichen Diskussion[2]. Eine solche Einflußnahme läßt sich auch nicht unter Berufung auf den Schutzzweck des § 87 I Nr. 3 rechtfertigen. Die Arbeitnehmer sind nach dem Gesetz mitbestimmungsrechtlich erst spät betroffen, nämlich dann, wenn der wirtschaftliche Mißerfolg zu Kurzarbeit nötigt[3]. Diese Situation ist konkret, nicht aber langfristig planerisch-dispositiv zu bewältigen.Das soziale Problem der drohenden Lohnkürzungen ist bei der Kurzarbeit stets ein aktuelles und mit aktuellen Mitteln zu bekämpfen; langfristig-konzeptionelle Entscheidungen fallen auf Unternehmensebene und würden das betriebliche Einigungsverfahren überfordern[4].

bbb.) <u>Kurzarbeitsbedingter Lohnausfall und Mitbestimmung</u>

Aus den prinzipiell gleichen Erwägungen beantwortet sich die Frage nach der Mitbestimmung bei den materiellen Folgen der Kurzarbeit. Soweit diese zwangsläufig mit der Kurzarbeit verbunden sind, erfaßt die Mitbestimmung über das Ausmaß der Kurzarbeit zugleich auch die Entscheidung über den Umfang des Lohnausfalls, so daß sich insoweit keine Besonderheiten ergeben[5]. Soweit darüber hinaus Zusatzleistungen des Arbeitgebers beansprucht werden, handelt es sich nicht um das normale Entgelt, das ja im Verhältnis zur effektiven Arbeitszeit geleistet wird, sondern um eine Leistung, auf die kein Anspruch aus dem Synallagma besteht. Solche Leistungen sind mitbestimmungsfrei. Nach § 87 I Nr. 1o hat der Betriebsrat nicht bei der Höhe des Entgelts, sondern nur bei den Grundlagen

---

1) Vgl. insoweit die weitgehenden Vorschläge von <u>Billing</u> AuB 75, 359 (36o).

2) Vgl. <u>Reuter/Körnig</u> AG 78, 325.

3) Vgl. <u>Reuter/Streckel</u> S. 12.

4) Vgl. <u>Säcker</u> ZfA 72 (Sonderheft), 41 (63 Fn 86).

5) Vgl. oben S. 1o4.

der Entgeltberechnungen mitzubestimmen[1]; auch freiwillige Leistungen können über diese Vorschrift nicht erzwungen werden[2]. § 87 I Nr. 1o läßt grundsätzlich mitbestimmungsfrei, ob der Arbeitgeber die Entlohnung - und andere materielle Leistungen - auch dann gewähren muß, wenn der Arbeitnehmer seine Leistungen nicht erbringt[3]. Dieses Ergebnis wird gestützt durch § 88, wo vermögenswirksame Leistungen als Gegenstand nur fakultativer Betriebsvereinbarungen genannt sind, was den Schluß zuläßt, daß auch freiwillige Leistungen anderer Art von der Mitbestimmung ausgenommen sein sollen[4].

An dieser Wertentscheidung des Gesetzes kann eine mitbestimmungsrechtliche Beurteilung kurzarbeitsverursachten Lohnersatzes nicht vorbeigehen. Deshalb hilft es auch nicht, die Mitbestimmung beim kurzarbeitsbedingten Entgelt allein aus der Erwägung zu beantworten, die Mitbestimmung erstrecke sich auch auf materielle Arbeitsbedingungen. Damit ließe sich praktisch jeder materielle Annex ohne Blick auf den Sinnzusammenhang des Gesetzes begründen. Der Gesetzgeber hat jedoch mit der Regelung des § 87 I Nr. 1o zum Ausdruck gebracht, inwieweit er den Lohnbereich im weitesten Sinne der betrieblichen Regelungskompetenz überantworten wollte und insoweit den Schutzzweck der betrieblichen Mitbestimmung nur beschränkt anerkannt. Die Nrn. 1o, 11 zeigen, daß nur eine partielle, nicht aber eine umfassende Mitbestimmung beim Entgelt gewollt ist; andernfalls hätten die in diesen Vorschriften zum Ausdruck gebrachten Grenzen der Mitbestimmung keinen Sinn.

Diesem Sinn- und Zweckzusammenhang würde widersprechen, zusätzliche Leistungen des Arbeitgebers, die - wie bei der Kurzarbeit - nicht zwangsläufige Folge der getroffenen Regelung sind, der notwendigen Mitbestimmung zu unterstellen[5]. Eine so weitreichende Regelung, die die Minimalregelung des § 87 I Nr. 1o deutlich über-

---

1) Vgl. zuletzt Wiese GK-BetrVG § 87 Rn 136 m.w.N.

2) Vgl. Wiese a.a.O. (Rn 135 i).

3) Vgl. Richardi ZfA 76, 1 (1o).

4) Vgl. Hanau RdA 73, 281 (282 f.).

5) Vgl. Wiese GK-BetrVG § 87 Rn 15.

schritte, hätte vom Gesetzgeber geregelt werden müssen, wie dies in § 87 I Nr. 11 geschehen ist[1]. Nur für leistungsbezogene Entgelte ist dort indessen die Mitbestimmung verankert.

Etwas anderes folgt auch nicht unter dem Gesichtspunkt, daß es sich hier um einen materiellen Annex handeln könnte. Die Theorie der materiellen Annexbedingungen[2] versucht lediglich, materielle Annexe formeller Arbeitsbedingungen mitbestimmungsrechtlich zu erfassen. Zusätzlichen freiwilligen Leistungen ermangelt es indessen des notwendigen engen sachlichen Zusammenhangs, in dem die Folgeregelung mit der Hauptregelung stehen muß.

Daraus ergibt sich, daß der Betriebsrat über § 87 I Nr. 3 keinen wie immer gearteten Ersatz für kurzarbeitsbedingten Lohnausfall fordern kann. Mitbestimmungsrechtlich irrelevant ist beispielsweise, die Zustimmung zur Einführung von Kurzarbeit von der Erstattung des Lohnausfalls bei Nichtzahlung von Kurzarbeitergeld durch das Arbeitsamt[3] oder von anderen zusätzlichen Leistungen abhängig zu machen, auf die sich das Mitbestimmungsrecht nicht erstreckt. Bei bereits bestehenden freiwilligen Leistungen des Arbeitgebers gelten die dafür entwickelten besonderen Grundsätze[4].

e.) Ergebnis

§ 87 I Nr. 3 gewährt kein Mitbestimmungsrecht auf Lohnersatz durch den Arbeitgeber für kurzarbeitsbedingten Lohnausfall. Insoweit handelt es sich um freiwillige Zusatzleistungen, die auch nicht nach § 87 I Nr. 1o mitbestimmungspflichtig sind. Die durch die Verkürzung der Arbeitszeit zwangsläufigen Entgelteinbußen werden durch die Mitbestimmung über die Einführung von Kurzarbeit automatisch mitbestimmt. Damit beeinflußt der Betriebsrat auf dem Umweg über den Umfang der Kurzarbeit letztlich auch das Ausmaß der von der Länge der Arbeitszeit abhängigen Höhe des Entgelts. Darüber hinausgehende Entgeltforderungen sind mitbestimmungsrechtlich nicht gedeckt.

---

1) So auch LAG Nürnberg AMBlBayStMAS C 13 (C 14); Wiese GK-BetrVG § 87 Rn 15a.

2) Vgl. dazu Hanau RdA 73, 281 (282 f.) sowie unten S.286 Fn 1.

3) Übereinstimmend LAG Nürnberg a.a.O. (C 13); Staudacher HBV Gr.4 S. 66; Wiese BK-BetrVG § 87 Rn 82a.

4) Vgl. dazu im einzelnen Wiese GK-BetrVG § 87 Rn 135i ff. m.w.N.

5.) Mitbestimmung bei den formellen Teilen der Kurzarbeit

a.) Art der Arbeitszeitverkürzung

Die mitbestimmungsrechtlich geringsten Probleme werfen die formellen Aspekte der Kurzarbeit auf. Das Gesetz spricht nur von "Verkürzung" der Arbeitszeit und läßt so offen, um welche Art von Arbeitsverkürzung es sich bei § 87 I Nr. 3 handeln muß[1]. Die überwiegende Meinung[2] nimmt daher zu Recht an, daß es keine Rolle spielt, ob die Arbeitszeit an einzelnen Tagen jeweils um ein bestimmtes Maß reduziert wird, oder ob sie - wie etwa bei Feierschichten - gänzlich ausfällt. Dieses Ergebnis wird dadurch unterstützt, daß das AFG im Gegensatz zum AVAVG für die Zahlung von Kurzarbeitergeld keine Mindestarbeitszeit, sondern nur noch eine Mindestausfallzeit vorsieht, so daß auch von daher keine Gründe gegen eine Verkürzung der täglichen Arbeitszeit auf Null wie bei Feierschichten bestehen.

Die dem widersprechende Auffassung im Schrifttum[3], wonach der kurzarbeitsbedingte Ausfall ganzer Tage mitbestimmungsfrei sein soll, findet weder im Gesetzeswortlaut noch im Gesetzeszweck eine Stütze. Sie ist vielmehr Ausfluß der zuvor[4] bereits abgelehnten Auffassung, die Mitbestimmung in materiellen Arbeitsbedingungen sei verfassungswidrig. Im übrigen ist denkbar, daß der Ausfall einer ganzen Schicht für die Arbeitnehmer einschneidender wirkt als eine prozentuale Verkürzung der täglichen Arbeitszeit. Hier den Schutz

---

1) Vgl. Simitis/Weiss DB 73, 124o (1244) sowie oben S. 12 ff.

2) Vgl. BAG AP Nr. 2 zu § 87 BetrVG Kurzarbeit (2R f.); ArbG Köln 79, 458; Bähringer/Spiegelhalter S. 11; Becker-Schaffner BlSt-SozArbR 75, 17 (19); Bensinger S. 1146; Böhm BB 74, 281 372 (373); ders. DP Gr. 3, 577 (579); Conze Diss. S. 127; Dietz/Richardi § 87 Rn 175; Etzel Betriebsverfassungsrecht S. 138; Farthmann RdA 74, 65 (69 f.); Farthmann/Bürger AR-Blattei Arbeitszeit V Kurzarbeit, B III 3; Fuhr/Stahlhacke § 1o5 Anm. VI 5 d bb; Galperin/Löwisch § 87 Rn 1o7; Lappe JbAR Bd. 16, 55 (65); Löwisch Anm. BAG AP Nr. 2 zu § 87 BetrVG Kurzarbeit (5R); Sahmer § 87 Anm. 7 c; Simitis/Weiss DB 73, 124o (1244); Söllner Arbeitsrecht S. 159 Fn 29; Staudacher HBV Gr. 4 S. 67; Stege/Weinspach S.293; Weiss Betriebsverfassungsgesetz S. 249; Wiese GK-BetrVG § 87 Rn 82.

3) Vgl. Erdmann/Jürging/Kammann § 87 Rn 46; widersprüchlich Haberkorn S. 115 f.

4) Vgl. oben S. 8o ff.

des § 87 I Nr. 3 zu versagen, widerspräche dem Zweck der Mitbestimmung[1].

Nur in der Begründung, nicht aber auch im Ergebnis der Mitbestimmungspflichtigkeit abweichend ist die Meinung derjenigen, die den Ausfall ganzer Arbeitstage mitbestimmungsrechtlich unter § 87 I Nr. 2 und nicht unter Nr. 3 subsumieren[2]. Diese Differenzierung, die nicht näher begründet wird, erscheint allerdings auch nicht begründbar. Das Gesetz gibt für eine solche Aufspaltung keinen Anhaltspunkt, da es nur auf die Verkürzung der Arbeitszeit selbst, nicht aber auch auf deren Form abstellt. Zu Recht ist diese Auffassung daher als willkürlich kritisiert worden[3]. Bei Feierschichten handelt es sich nicht mehr um eine Verlegung, sondern um einen endgültigen Ausfall von Arbeitszeit. Nur wo es um die terminliche Festsetzung der einzelnen Feierschichten geht, kommt ein Mitbestimmungsrecht nach Nr. 2 in Betracht[4].

b.) Ankündigungsfristen

Keine Besonderheiten ergeben sich hinsichtlich der Mitbestimmungspflichtigkeit der Ankündigungsfristen von Kurzarbeit. Wenn der Betriebsrat darüber mitbestimmen kann, ob überhaupt Kurzarbeit eingeführt werden soll, hat er damit zugleich auch die Möglichkeit zum Mitentscheid, ob die Kurzarbeit sofort oder zu einem späteren Datum angesetzt werden soll. Die Vereinbarung von Ankündigungsfristen der Kurzarbeit bedeutet materiell aber nichts anderes als die Verabredung des Beginns der Kurzarbeit. An der Mitbestimmungspflichtigkeit des Zeitpunkts, wann Kurzarbeit angesetzt werden soll[5] und damit auch der Ankündigungsfristen und ähnlicher Durchführungsmodalitäten bestehen daher keine Zweifel[6].

---

1) Vgl. auch BAG AP Nr. 2 zu § 87 BetrVG Kurzarbeit (2R f.).

2) Vgl. Auffarth AR-Blattei Betriebsverfassung XIV B, III 3; Fitting/Auffarth/Kaiser § 87 Rn 27; Rumpff/Dröge S. 97; wohl auch Arbeitsring Chemie S. 184.

3) Vgl. Galperin/Löwisch § 87 Rn 1o7.

4) Vgl. zur Mitbestimmung nach § 87 I Nr. 2 sogleich S. 117 f.

5) Vgl. Thiele GK-BetrVG § 77 Rn 1o2.

6) So i.E. auch Frauenkron § 87 Rn 14; Meisel/Hiersemann AZO (2. Aufl.) § 3 Rn 42; Rischar S. 196.

c.) Lage und Verteilung der verkürzten Arbeitszeit

Ohne weitreichende Bedeutung ist der Streit darüber, ob die Verteilung der aufgrund von Kurzarbeit verkürzten Arbeitszeit und die Neufestsetzung des täglichen Arbeitsbeginns und -endes nach § 87 I Nr. 3[1] oder nach § 87 I Nr. 2[2] mitbestimmungsrechtlich zu beurteilen ist; in jedem Fall bleibt nämlich das Ergebnis der vollen Mitbestimmungspflichtigkeit gleich.

M.E. sprechen die besseren Gründe dafür, die Lage der Kurzarbeit nach § 87 I Nr. 2 zu behandeln, obgleich dies ein Problem ist, das "bei" der Einführung von Kurzarbeit relevant wird und deswegen auch der Mitbestimmung nach § 87 I Nr. 3 zugeordnet werden könnte. § 87 I Nr. 3 stellt keinen Unterfall von Nr. 2 dar[3], weil beide Vorschriften verschiedene Sachverhalte regeln. Nr. 2 behandelt nach zutreffender Ansicht nicht die Dauer der Arbeitszeit, sondern lediglich deren Lage[4]; andernfalls hätte Nr. 3 keinen eigenen Sinn, weil dieser Tatbestand dann bereits in Nr. 2 enthalten wäre[5]. § 87 I Nr. 2 erscheint so als selbständiger Mitbestimmungstatbestand über die Lage der Arbeitszeit[6], der als allgemeine Regelung

---

1) So Auffarth AR-Blattei Betriebsverfassung XIV B, III 3; Becker-Schaffner BlStSozArbR 75, 17 (19); Bensinger S. 1146; Dietz/Richardi § 87 Rn 175 f.; Farthmann RdA 74, 65 (69 f.); ders. AR-Blattei Arbeitszeit I I D, V; Farthmann/Bürger AR-Blattei Arbeitszeit V Kurzarbeit, B III 2; Fitting/Auffarth/Kaiser § 87 Rn 27; Lappe JbAR Bd. 16, 55 (65); Meisel/Hiersemann AZO (2.Aufl.) § 3 Rn 42; Rischar S. 196; Stege/Weinspach S. 293; Thiele GK-BetrVG § 77 Rn 1o2; Weiss Betriebsverfassungsgesetz S. 249.

2) So Arbeitsring Chemie S. 184; Bähringer/Spiegelhalter S. 11; Etzel Betriebsverfassungsrecht S. 138; Frauenkron § 87 Rn 14; Galperin/Löwisch § 87 Rn 92; Hanau RdA 73, 281 (286); Kammann/Hess/Schlochauer § 87 Rn 71; Wiese GK-BetrVG § 87 Rn 76, 85; wohl auch LAG Hamm DB 74, 2o14 (2o15).

3) So aber Auffarth a.a.O.; Fitting/Auffarth/Kaiser a.a.O.

4) Vgl. Dietz/Richardi § 87 Rn 153 ff.; Galperin/Löwisch § 87 Rn 85; Kammann/Hess/Schlochauer § 87 Rn 62; Stege/Weinspach S. 293 f.; Wiese GK-BetrVG § 87 Rn 7o; wohl auch BAG DB 79, 655; offen gelassen von BAG DB 78, 4o3 (4o4); a.A. Auffarth AR-Blattei Betriebsverfassung XIV B, III 2; Farthmann RdA 74, 65 (66 f.); Farthmann AR-Blattei Arbeitszeit I D, III 2 b; Fitting/Auffarth/Kaiser § 87 Rn 23; Sahmer § 87 Anm. 7a; Weiss Betriebsverfassungsgesetz S. 248.

5) So auch Wiese a.a.O.

6) Vgl. Hanau RdA 73, 281 (286).

die Lage der Arbeitszeit erfaßt[1], wogegen sich Nr. 3 nur mit der Dauer der Arbeitszeit befaßt. Diese Aufspaltung deutet darauf hin, die mitbestimmungsrechtliche Zuordnung nach dem jeweiligen Tatbestand vorzunehmen und auch bei der Kurzarbeit alle Lage- und Verteilungsaspekte wie Beginn und Ende der Kurzarbeitsphase, Neufestsetzung des täglichen Beginns und Endes der verkürzten Arbeitszeit, Terminierung von Feierschichten und - soweit möglich - Vertauschung arbeitsfreier und arbeitsbelasteter Tage nach § 87 I Nr. 2 zu regeln.

III. Art des Mitbestimmungsrechts: Keine Initiativkompetenz des Betriebsrats

Seit Beginn des Gesetzgebungsverfahrens zum BetrVG 72 ist lebhaft umstritten, ob der Betriebsrat bei der Einführung von Kurzarbeit auf ein Zustimmungs- oder Vetorecht beschränkt bleiben soll, oder ob er selbst gem. § 87 I Nr. 3 zur vorübergehenden Verkürzung der Arbeitszeit initiatorisch tätig werden darf.

Die Frage erscheint zunächst theoretisch. Zum einen ist der Betriebsrat im allgemeinen weniger daran interessiert, sich in die wirtschaftliche Leitung eines Unternehmens einzuschalten[2]; zum anderen muß der Betriebsrat wegen der nachteiligen materiellen Folgen für die Arbeitnehmer an der Beibehaltung der Normalarbeitszeit oder jedenfalls einer vorübergehenden Verkürzung der Normalarbeitszeit nur bei gleichem Lohnniveau interessiert sein. Letzteres ist aber weder als Kurzarbeit anzusehen noch ist eine vorübergehende Verkürzung der Arbeitszeit ohne Lohneinbuße im Wege der notwendigen Mitbestimmung erreichbar[3]. Dementsprechend wird bei der Kurzarbeit in aller Regel der Arbeitgeber initiativ[4].

Unter dem Gesichtspunkt der Vermeidung sich verfestigender sozialer Nachteile schon eher vorstellbar sind Initiativen des Betriebsrats

---

1) Vgl. Wiese GK-BetrVG § 87 Rn 85.
2) Vgl. Nikisch FS Nipperdey S. 453.
3) Vgl. dazu oben S. 1oo ff.
4) Vgl. oben S. 78.

zur Wiederherstellung der Normalarbeitszeit während einer Kurzarbeitsphase. Solche "restaurativen" Aktivitäten des Betriebsrats würden keine völlige Gleichstellung zwischen Arbeitgeber und Betriebsrat bedeuten, während eine Initiative zur Einführung von Kurzarbeit den Betriebsrat - wie es Gaul[1] ausgedrückt hat - möglicherweise in die oberste Verwaltungsspitze des Betriebes aufrücken ließe.

Das Meinungsspektrum im Schrifttum ist vielfältig. Zu den Befürwortern des Initiativrechts bei der Einführung von Kurzarbeit zählen zunächst diejenigen, die dieses Gestaltungsmittel bei § 87 I Nr. 3 ausdrücklich anerkennen[2]. Dieser Gruppe sind ferner alle Stimmen zuzuordnen, die bei sämtlichen Tatbeständen des § 87 I ein Initiativrecht generell befürworten[3]. Tragende Begründung ist in beiden Fällen, das Mitbestimmungsrecht schließe grundsätzlich die Befugnis ein, eine entsprechende Initiative zu ergreifen; andernfalls werde das Mitbestimmungsrecht ungerechtfertigt verkürzt. Eine Gegenposition nehmen diejenigen Autoren ein, die unter Hinweis auf gesetzesimmanente Wertentscheidungen ein Initiativrecht bei der Einführung von Kurzarbeit ablehnen[4]. Speziell die Befürch-

---

1) Vgl. Gaul Arbeitsbewertung S. 171 .

2) Vgl. Badura WiR 74, 1 (23); Farthmann RdA 74, 65 (68); ders. AR-Blattei Arbeitszeit I D, 3 a; Fitting/Auffarth/Kaiser § 87 Rn 27a; Galperin/Löwisch § 87 Rn 111; Henkel/Hagemeier BB 76, 142o (1423); Löwisch Anm. BAG AP Nr. 2 zu § 87 BetrVG Kurzarbeit (5R); Meisel/Hiersemann AZO (2. Aufl.) Einl. 5o; Rumpff/Dröge S. 89.

3) Vgl. Auffarth BUV 72, 237 (238); ders. AR-Blattei Betriebsverfassung XIV B, II 1 a; Birk Anm. BAG EzA § 87 BetrVG Initiativrecht Nr. 2 (S. 3o f.); Bohn/Dutti § 87 Rn 4; Brecht § 87 Rn 9; Bürger/Oehmann/Stubing HwbAR Stichwort "Mitwirkung und Mitbestimmung des Betriebsrats" S. 3; Dütz DB 72, 383 (388); ders. JuS 72, 685 (691); Föhr AuR 75, 353 (357); Frauenkron § 87 Rn 3; Gnade/Kehrmann/Schneider § 87 Rn 1; Lappe JbAR Bd. 16, 55 (89); Löwisch DB 73, 1746 (175o); Luhmann S. 1oo; Rumpff AuR 72, 65 (71); Säcker ZfA 72 (Sonderheft),41 (63); Sahmer § 87 Anm. 5; Staudacher HBV Gr. 4 S. 67; Thiele GK-BetrVG Einl. 1o9.

4) Vgl. Adomeit BB 72, 53 (54); Boewer BB 73, 522 (527); Dietz/Richardi § 87 Rn 9, 37o; Hromadka NJW 72, 183 (185); Kammann/Hess/Schlochauer § 87 Rn 26, 86; Rüthers ZfA 73, 399 (419 f.); Stege/Weinspach S. 294; Wiese Initiativrecht S. 42 ff.; ders. GK-BetrVG § 87 Rn 79c; mit Einschränkungen Hanau RdA 73, 281 (287).

tung eines Eingriffs in den mitbestimmungsrechtlich unzugänglichen wirtschaftlich-unternehmerischen Bereich durch Ausübung des Mitbestimmungsrechts spielt insoweit eine bedeutsame Rolle.

Die Konzeption Wieses[1] zeigt, daß eine Abwägung der Interessen bei der Initiativproblematik im Kurzarbeitsrecht hier ihren kritischen Punkt erreicht. Für das Initiativrecht des Betriebsrats bei der Einführung von Kurzarbeit streitet lediglich der Teilhabezweck der Mitbestimmung. Der Schutzzweck der Mitbestimmung könnte allenfalls in mittel- und langfristigen Zeiträumen relevant werden, da dann, wenn der Betriebsrat dem Arbeitgeber initiatorisch zuvorkommt, zumindest kurzfristig keine Gefahr der Einführung vom Arbeitgeber für erforderlich gehaltener Kurzarbeit besteht. Langfristige Strategien gehen indessen nahtlos in den unternehmerisch-wirtschaftlichen, d.h. dispositiv-planerischen Bereich über. Eine Initiative des Betriebsrats zur Einführung von Kurzarbeit entgegen den unternehmerischen Vorstellungen des Arbeitgebers würde bedeuten, Produktions- und Absatzplanung insoweit von der Unternehmensleitung in die Einigungsstelle zu verlagern.

Dies wäre bereits als wirtschaftsordnungspolitische Kalamität der Einigungsstelle[2], die für eine abgewogene Entscheidung in die gesamten Finanz-, Markt- und Planungskenntnisse des Managements versetzt werden müßte, praktisch undurchführbar. Entscheidend ist aber, daß damit unmittelbar in den unternehmerisch-wirtschaftlichen Bereich eingegriffen und für den aktuellen Fall der Kurzarbeit die unternehmerische Entscheidungsfreiheit beseitigt würde[3]. Die vom Betriebsrat gegen die Vorstellungen des Arbeitgebers initiierte Kurzarbeit beraubt diesen des Letztentscheids, weil dann das "Ob" der Kurzarbeit ausschließlich vom Votum der Einigungsstelle abhängt. Dies ist anders, wenn der Arbeitgeber initiativ wird: dann hat er sich für die Einführung von Kurzarbeit entschieden, so daß das "Ob" der Einführung von Kurzarbeit nicht gegen, sondern nur

---

1) Vgl. Wiese Initiativrecht S. 42 ff.

2) So Säcker ZfA 72 (Sonderheft), 41 (63 Fn 86); dagegen Schneider Quelle 73, 5o1 (5o2).

3) Vgl. Wiese Initiativrecht S. 44.

mit seinem Willen erfolgen kann. Zu Recht hat Badura[1] die Gewährleistung des unternehmerischen Entscheidungsbereichs davon abhängig gemacht, welche der Betriebsparteien den ersten Schritt unternimmt. Konsequent wäre dann aber auch, das Voreilen des Betriebsrats an eben dieser Interdependenz zu messen.

Die Konsequenz, daß ein Initiativrecht des Betriebsrats den unternehmerischen Letztentscheid beseitigt, läßt sich auch nicht damit auffangen, daß man Initiativen im Rahmen der sozialen Angemessenheit[2] oder innerhalb der auch für die Einigungsstelle verbindlichen Grenzen des Betriebswohls (§§ 2 I, 76 V 3) zuläßt[3]. Denn trotz dieser Beschränkungen findet die Entscheidung über die Einführung von Kurzarbeit dann nicht mehr auf seiten der Werksleitung, sondern in der Einigungsstelle statt, die dem Arbeitgeber die Entscheidung über den Sinn der Kurzarbeit abnimmt, während sie im Normalfall nur feststellt, ob die vom Arbeitgeber für sinnvoll gehaltene Kurzarbeit durchgeführt werden soll oder nicht. Konsequenz des Initiativrechts wäre folglich eine partielle Kompetenz des Betriebsrats zur Mitentscheidung im unternehmerisch-wirtschaftlichen Bereich.

Eine solche Beseitigung der unternehmerischen Letztentscheidung wäre verfassungsrechtlich bedenklich[4], da sie das soziale Mitbestimmungsrecht von nur mittelbarer in unmittelbare Relevanz auf unternehmerisch-wirtschaftlicher Ebene verdichten würde. Aber auch betriebsverfassungsrechtlich wäre eine solche Dimensionierung des Mitbestimmungsrechts unausgewogen[5]. Das BetrVG nimmt den unternehmerisch-wirtschaftlichen Bereich von der paritätischen Mitbestimmung mit Ausnahme des Sozialplans aus und beschränkt sich auf ein Unterrichtungs- und Beratungsrecht des Betriebsrats. Dies stellt eine gesetzesimmanente Wertung dar[6], der auf der anderen

---

1) Vgl. Badura WiR 74, 1 (23).

2) Vgl. dazu oben S. 1o5 ff.

3) So aber Badura WiR 74, 1 (23 f.); Löwisch Anm. BAG AP Nr. 2 zu § 87 BetrVG Kurzarbeit (5R); wohl auch Lieb ZfA 78, 179 (191 ff.); vgl. auch Hanau RdA 73, 281 (286 f.).

4) Vgl. dazu oben S.85 ff.

5) Vgl. dazu im einzelnen Wiese a.a.O. (S. 42 ff.).

6) Vgl. auch oben S. 11o ff.

Seite kein durchschlagendes Schutzbedürfnis der Arbeitnehmer gegenübersteht. Ohne Einräumung eines Initiativrechts wird ihre soziale Position nicht geschmälert, weil es bei der Normalarbeitszeit bleibt. Der Schutzzweck der Mitbestimmung erzwingt Teilhabe erst bei aktuellen, nicht aber bereits bei hypothetischen Einwirkungen auf das Synallagma.

Daraus folgt, daß ein Initiativrecht nicht zur Einführung, wohl aber zur Abschaffung von Kurzarbeit anzuerkennen ist[1]. In diesem Fall sind die Arbeitnehmer unmittelbar betroffen und materiell beeinträchtigt, so daß der Schutzzweck der Mitbestimmung anerkannt werden kann. Beim Arbeitgeber liegt keine gravierende Rechtsbeeinträchtigung vor. Zwar ist nicht zu leugnen, daß eine dem Initiativantrag des Betriebsrats gegen den Willen des Arbeitgebers folgende Entscheidung der Einigungsstelle zur Beendigung der Kurzarbeit unter Aufhebung der Letztentscheidung des Arbeitgebers ergeht; hier handelt es sich jedoch nur um einen eng begrenzten Sachverhalt, der das normale Produktionsprogramm nicht tangiert und ohne Einfluß auf den planerisch-dispositiven unternehmerischen Kernbereich bleibt. Im übrigen muß der Arbeitgeber bei seiner Entscheidung, ob Kurzarbeit eingeführt werden soll, das Streben der Arbeitnehmerseite nach Geringhaltung der Kurzarbeit ins Kalkül einbeziehen. Unter diesem Blickwinkel erscheint das Initiativrecht des Betriebsrats zur Beendigung von Kurzarbeit nur als Teil des unternehmerischen Datenkranzes.

Versuche, auch dieses eingeschränkte Initiativrecht des Betriebsrats nur im Maße der sozialen Vertretbarkeit zuzulassen, müßten wie beim Zustimmungsrecht, d.h. beim mitbestimmungsrechtlichen Grundtatbestand selbst[2], erfolglos bleiben. Selbst "unsinnige" Initiativen ändern an diesem Ergebnis nichts. Solche werden nach den Intentionen des Gesetzgebers nicht durch eine Inhaltskontrolle über die Initiative, sondern durch eine Ermessenskontrolle über die Entscheidung seitens der Einigungsstelle vorgenommen, die eine sinnvolle Lösung suchen und finden wird.[3]

---

1) Vgl. Wiese Initiativrecht S. 45.

2) Vgl. dazu oben S. 1o5 ff.

3) Vgl. Löwisch DB 73, 1746 (175o).

C. Notwendigkeit der Mitbestimmung

I. Der Streit um die Wirksamkeitstheorie

Das Mitbestimmungsrecht nach § 87 I Nr. 3 bliebe nun wie jedes andere Recht von geringem Wert, wenn seine Verletzung keine Sanktion zeitigte. Müßte der Arbeitgeber nicht befürchten, daß ihm nachteilige Folgen bei Einführung von Kurzarbeit ohne die Zustimmung des Betriebsrats drohten, könnte das Mitbestimmungsrecht rasch verwässert werden. Diese Konsequenz sucht die Theorie der Wirksamkeitsvoraussetzung zu vermeiden, die schon während des BetrVG 52 herrschende Auffassung war[1] und dies erst recht unter dem BetrVG 72 ist[2]. Danach sind Anordnungen, die der Arbeitgeber unter Verletzung

---

1) Vgl. insbesondere die Nachweise bei Dietz BetrVG § 56 Rn 46 ff.; Dietz/Richardi § 87 Rn 34 ff.; Hueck/Nipperdey II/2 S. 139o ff.; Säcker Gruppenautonomie S. 351 f. Fn 36; Wiegand S. 42 ff.; Wiese GK-BetrVG § 87 Rn 34 ff.

2) Vgl. BAG AP Nr. 1 (4R), 2 (5) zu § 87 BetrVG Kurzarbeit; LAG Düsseldorf DB 75, 747; LAG Hamm DB 73, 1o24; LAG Hamm DB 75, 1515; LAG Hamm DB 79, 216 (219); ArbG Solingen ARSt 77, 68 (69); Auffarth AR-Blattei Betriebsverfassung XIV B, II 1 e; Becker-Schaffner BlStSozArbR 75, 17 (18); Birk Leitungsmacht S. 113; Blomeyer Anm. LAG Düsseldorf/Köln EzA § 87 BetrVG Lohn und Arbeitsentgelt Nr. 1 (S. 13); Boewer DB 73, 522; Borrmann DB 78, 1978 (1982); Brecht § 87 Rn 7; Brede/Etzel S. 15o; Buchner Fälle S. 115; Bürger/Oehmann/Stubing HwbAR Stichwort "Mitwirkung und Mitbestimmung des Betriebsrats" S. 1; Conze Diss. S. 145; Dütz ZfA 72, 247 (263 ff.); Etzel Betriebsverfassungsrecht S. 129; Farthmann AR-Blattei Arbeitszeit I D, I 3; Fitting/Auffarth/Kaiser Das neue Betriebsverfassungsgesetz § 87 Rn 1; dies. § 87 Rn 3 a; Föhr AuR 75, 353 (357); Fuhr/Stahlhacke § 121, V; Galperin/Löwisch § 87 Rn 16, 112; Gnade/Kehrmann/Schneider Quelle 72, 55 (1o6); dies. § 87 Rn 2; Göbel BlStSozArbR 72, 1, 23, 45 (6); Halberstadt HBV Gr. 4 S. 6; Hanau RdA 73, 281 (289 ff.) und wohl auch BB 72, 499 (5o1 Fn 16); Hanau/Adomeit S. 1o4; Kammann/Hess/Schlochauer § 87 Rn 2; Kammann/Meisel S. 312; Krebs I § 64 Rn 4; Kübler/Schmidt/Simitis S. 219; Kuhn BlStSozArbR 76, 65; Lappe JbAR Bd. 16, 55 (65); Löwisch AuR 78, 97 (1o1); Luhmann S. 1oo; Reuter/Streckel S. 21 ff.; Ritter S. 8o; Röhsler Die Arbeitszeit S. 27; Rumpff BB 72, 325 (326); Rumpff/Dröge S. 48; Säcker AR-Blattei Betriebsvereinbarung I, D II 4 c; ders. ZfA 72 (Sonderheft), 41 (55 ff.); ders. Gruppenautonomie S. 351 f.; Schmidt AFG § 64 Rn 22 b; Schwerdtner Arbeitsrecht I S. 99; Simitis/Weiss DB 73, 124o f.; Söllner Arbeitsrecht S. 157 f.; ders. ZfA 73, 1 (2o); Stahlhacke HzA Gr. 19 S. 279; Staudacher HBV Gr. 4 S. 63; v.Stebut RdA 74, 332 (334, 337); Stege/Weinspach S. 269; Thiele GK-BetrVG Einl. 98; Weiss AuR 74, 37 (48); ders. Betriebsverfassungsgesetz S. 24o; Weitnauer FS Duden, 7o5 (7o8); Wiese GK-BetrVG § 87 Rn 34 ff. 79; ders. Initiativrecht S. 26; mit Bedenken und Einschränkungen Blomeyer WEX 8 S. 1o8 f. und Zöllner Arbeitsrecht S. 266 ff.; offengelassen bei Schaub S. 1o69 f.

des Mitbestimmungsrechts des Betriebsrats trifft, rechtsunwirksam; die Mitbestimmung ist notwendige Voraussetzung für alle Maßnahmen im Bereich des § 87 I. Dies wird im wesentlichen mit dem Wortlaut ("hat mitzubestimmen") und dem Zweck des § 87 I, nämlich der Sicherstellung der gleichberechtigten Einflußnahme der Arbeitnehmer und der Verwirklichung der Parität, begründet.

Die Gegner dieser Auffassung[1], die im Anschluß an die Konzeption von Dietz[2] die Mitbestimmung lediglich für erzwingbar halten und folglich nur zu einem Anspruch des Betriebsrats auf Entscheidungsbeteiligung gelangen[3], kommen zu dem Ergebnis, daß einseitige Maßnahmen des Arbeitgebers erst ab Nichtbefolgung des Mitbestimmungsbegehrens des Betriebsrats trotz gegenteiligen Spruchs der Einigungsstelle rechtswidrig sind. Sie rechtfertigen diese Ansicht im wesentlichen[4] mit der Unangreifbarkeit der individuellen, durch die Mitbestimmung jedoch überlagerten Vertragsfreiheit. Eine Mittelmeinung[5] befürwortet eine modifizierte Unwirksamkeitstheorie

---

1) Vgl. Dietz/Richardi § 87 Rn 34 ff.; Galperin Leitfaden S. 1o4; Richardi DB 71, 621 (626 ff.); ders. ZfA 76, 1 (35 ff.); Schlüter DB 72, 92 (95 f., 139 ff.); ebenso bereits Richardi FS Lübtow 755 ff.; ders. Kollektivgewalt S. 291 ff.; ders. Anm. BAG SAE 69, 182 (186).

2) Vgl. Dietz BetrVG § 56 Rn 46 ff.; ders. Probleme S. 7 ff.; ders. RdA 62, 39o (393 ff.); ders. BB 59, 121o (1213 ff.); ders. FS Nipperdey S. 161 ff.; ders. RdA 55, 241; ähnlich Dieckhoff DB 65, 555 (556).

3) Abweichend Schlüter DB 72, 92 (94 ff.), der dem Betriebsrat nicht nur einen Anspruch, sondern ein echtes Mitbestimmungsrecht gewährt, bei dessen Verletzung durch den Arbeitgeber dessen Maßnahme aber nicht für unwirksam hält; davon, daß § 87 I dem Betriebsrat einen "Anspruch auf Abschluß einer betrieblichen Regelung" einräume, spricht neuerdings aber auch Sahmer § 87 Rn 1; ähnlich unpräzise die Terminologie bei BAG DB 79, 655, wo von einem "Mitbestimmungsanspruch" die Rede ist.

4) Abweichend Galperin Leitfaden S. 1o4 mit der Begründung, die Unwirksamkeitstheorie gefährde das Gleichgewicht der innerbetrieblichen Kräfte.

5) Vgl. Adomeit DB 72, 53; Sahmer § 87 Rn 3.

dahingehend, daß nur sozial ungerechtfertigte einseitige Maßnahmen des Arbeitgebers im Bereich des § 87 I unwirksam bzw. angreifbar sein sollen[1].

II. Stellungnahme im Hinblick auf die Kurzarbeit

1.) Die Bedeutung des Theorienstreits im Kurzarbeitsrecht

Der Theorienstreit ist für die Kurzarbeit nicht von erstrangiger Bedeutung. Der Grund liegt darin, daß der Arbeitgeber bei der Kurzarbeit ohne die Zustimmung des Betriebsrats praktisch nicht auskommt. Zwar ist er in jedem Fall auf eine zumindest einzelvertragliche Abmachung mit den Arbeitnehmern angewiesen, um Kurzarbeit wirksam einführen zu können[2]; dieser Weg ist aber zeitraubend und beschwerlich und daher wenig praktisch[3].
Weil der Arbeitgeber sich erst mit den Betroffenen ins Benehmen setzen und sodann möglicherweise einen Kündigungsschutzprozeß bestehen müßte, dürfte auch die Änderungskündigung zu unpraktisch[4] und nur in betriebsratslosen Betrieben rechtlich sinnvoll sein[5]. Diese Schwierigkeiten lassen sich bei Beteiligung des Betriebsrates in der Regel vermeiden, indem der Arbeitgeber mit dem Betriebsrat eine Betriebsvereinbarung abschließt, welche die einzelnen Arbeitsverhältnisse normativ (§ 77 IV) umgestaltet. Dieser Effekt der Mitbestimmung kann nicht unterschätzt werden. Letztlich wurde auf diese Weise die Rechtstellung des Arbeitgebers nämlich verbessert[6]. Der Arbeitgeber kann auch gegen den Willen der Arbeitnehmer

---

1) Schwer verständlich ist daher, daß Adomeit DB 72, 53 seinem Beitrag das Wort Sieberts voranstellt, der Bereich der Mitbestimmung beginne da, wo die Arbeitnehmerschaft an den betrieblichen Entscheidungen beteiligt und wo diese Beteiligung für Wirksamkeit und Rechtsfolgen dieser Entscheidung rechtserheblich sei.

2) Siehe oben S. 58 ff.

3) Vgl. Böhm BB 74, 281, 372 (373).

4) Vgl. Bähringer/Spiegelhalter S. 14, 17 f.; Böhm a.a.O.; Farthmann/Bürger AR-Blattei Arbeitszeit V Kurzarbeit, B I 2; Röhsler Die Arbeitszeit S. 36.

5) Vgl. Böhm a.a.O.

6) Vgl. Böhm DP Gr. 3, 577 (58o); Galperin/Löwisch § 87 Rn 1o6; Wiese GK-BetrVG § 87 Rn 79 a; ders. Initiativrecht S. 74 ff.

eine Regelung über die Einigungsstelle erreichen, die Änderungskündigung ist überflüssig und der Arbeitgeber muß sich nur noch mit einem einzigen Gesprächspartner auseinandersetzen. Dementsprechend wird Kurzarbeit heute vielfach durch Betriebsvereinbarung[1] als der unproblematischsten Regelungsmöglichkeit[2] eingeführt.

2.) Ablehnung der Theorie der erzwingbaren Mitbestimmung

Stehen einseitigen Kurzarbeitsanordnungen des Arbeitgebers aber solche nahezu unüberwindlichen Barrieren entgegen[3], öffnet sich für den Streit um Sanktionen bei einseitigen Arbeitgebermaßnahmen nur wenig Raum. Das Problem stellt sich bei der Kurzarbeit erst dann, wenn der Arbeitgeber trotz der angedeuteten Schwierigkeiten auf individualvertraglicher Ebene mit den einzelnen Arbeitnehmern Kurzarbeit einzuführen versuchen und es auf die Reaktion des Betriebsrates ankommen lassen sollte. Nach der Theorie der erzwingbaren Mitbestimmung könnte dies zumindest bis zur Stellungnahme des Betriebsrats keine unzulässige Umgehung des Mitbestimmungsrechts bedeuten.[4]

Hier zeigt sich dann allerdings die ganze Fragwürdigkeit dieser Konstruktion. Räumte man dem Betriebsrat nämlich einen erzwingbaren Anspruch auf Regelung durch Betriebsvereinbarung ein, könnte der Arbeitgeber, gestützt auf eine individualvertragliche Einheitsregelung, zunächst ohne den Betriebsrat vorgehen. Zwar würde er damit nur Zeit bis zu einem bindenden Spruch der Einigungsstelle gewinnen und könnte diese Spanne dann, wenn die Einigungsstelle gegen ihn entschiede, mangels Suspensivwirkung der Anrufung des Arbeitsgerichts[5] auch durch Beschreiten des Prozeßweges nicht verlängern; immerhin könnte er zunächst aber vollendete Tatsachen schaffen und dabei gegenüber den einzelnen Arbeitnehmern seine wirtschaftliche Stärke ausspielen.

---

1) Böhm BB 74, 281, 372 (376).

2) So Neumann-Duesberg Betriebsverfassungsrecht S. 457.

3) Die Kündigung als ultima ratio der Arbeitsstreckung kann in diesem Zusammenhang außer Ansatz bleiben.

4) Vgl. dazu unten S. 131 ff.

5) Vgl. Dütz ZfA 72, 247 (269).

Es liegt auf der Hand, daß das Gesetz gerade diesen Fall vermeiden will. Mitbestimmung bedeutet gleichberechtigte Teilhabe und ein sofort wirkendes, nicht aber erst einzuklagendes und insofern ineffektives Recht. Wer dem Betriebsrat lediglich ein erzwingbares Recht auf Abschluß von Betriebsvereinbarungen einräumt, verkennt weiter, daß die Mitbestimmung kein Anspruch des Betriebsrats, sondern eine Funktion seines Amts[1] und somit eine Pflicht[2] ist und daß sie zur Verwirklichung ihres Schutzzwecks nach präventiver Einschaltung des Betriebsrats in den Willensbildungsprozeß des Arbeitgebers verlangt[3]. Ohne die Notwendigkeit der Mitbestimmung wäre diese streckenweise wertlos, die vom Gesetz geforderte vertrauensvolle Zusammenarbeit der Betriebsparteien (§§ 2 I, 74 I BetrVG) unnötig.

Folgte man der These der erzwingbaren Mitbestimmung bei der Kurzarbeit um der Vertragsfreiheit des einzelnen willen, müßte man diese schnell als nur formalen Rechtsstatus enttarnen[4]. Der einzelne Arbeitnehmer ist im individualrechtlichen Bereich stets der sozialen Machtüberlegenheit des Arbeitgebers unterworfen, was ihn in der Geltendmachung seiner Rechte behindern kann[5]. Der einzelne Arbeitnehmer ist ein schwächerer[6], nicht aber ein ebenbürtiger Kontrahent des wirtschaftlich dominanten Arbeitgebers, wenn er vor der Alternative steht, entweder vordiktierte Arbeitsbedingungen zu verminderten Konditionen zu akzeptieren oder aber seiner Entlassung entgegenzusehen. Wegen seiner wirtschaftlichen Überlegenheit ist der Arbeitgeber faktisch in der Lage, die arbeitsver-

---

1) Nikisch III S. 366; ders. FS Nipperdey S. 453 (455).

2) Vgl. BAG AP Nr. 5 zu § 56 BetrVG 52 Entlohnung (2R); anders Dieckhoff DB 65, 555 (556).

3) Vgl. Säcker ZfA 72 (Sonderheft), 41 (56) und Gruppenautonomie S. 32; von den Anhängern der Gegenmeinung auch Schlüter DB 72, 92 (95); vgl. auch BAG DB 78, 14o3 (14o5), wo als Verstoß gegen das BetrVG gewertet wird, wenn der Arbeitgeber sich weigert, dem Betriebsrat im Rahmen der Kurzarbeitsplanung konkrete Angaben zur wirtschaftlichen Situation des Betriebes zu machen.

4) Ähnlich Simitis/Weiss DB 73, 124o (1241): Die "Fremdbestimmung" des Betriebsrats sei ein bewußt in Kauf genommenes Korrektiv formal existenter, inhaltlich aber fragwürdiger Selbstbestimmung.

5) Vgl. Brox Grundbegriffe S. 11.

6) Vgl. Ramm Die Parteien des Tarifvertrages S. 24.

traglichen Beziehungen weitgehend nach seinen Vorstellungen zu gestalten[1]. Dies gilt insbesondere bei Kollektivmaßnahmen wie der Kurzarbeit[2], die sich schon "ihrer Natur nach" der inhaltlichen Einflußnahme der einzelnen Arbeitnehmer entziehen[3]. Es darf daher als wahrscheinlich gelten, daß die auf sich allein gestellten Arbeitnehmer die Kurzarbeit ohne weiteres akzeptieren werden[4].

Hat der Betriebsrat statt dessen zu befinden, ist dies so sicher nicht; denn dann steht dem Arbeitgeber ein stärkergewichtiger Kontrahent gegenüber, dessen Verhandlungsposition in den Angelegenheiten den § 87 I gesetzlich besonders abgesichert ist. Zutreffend hat das BAG[5] ausgesprochen: "... der einzelne Arbeitnehmer, dem der Arbeitgeber eine Vertragsänderung anträgt, ist bei seiner Entschließung, ob er das Angebot annehmen soll, nicht so frei wie der durch besondere Gesetzesgarantien geschützte Betriebsrat". Vom Betriebsrat ist anzunehmen, daß er zunächst alle betrieblichen Möglichkeiten wie Umsetzungen, vorgezogene Urlaubsantritte, Abbau von Sonderschichten etc. ausschöpfen wird, bevor er seine Zustimmung zur dann oft unvermeidlichen Kurzarbeit gibt. Ein anschauliches Beispiel dafür liefert die Schilderung des Gesamtbetriebsratsvorsitzenden Weihs der August-Thyssen-Hütte[6], der zu Jahresbeginn 1975 im Werk Hamborn mit konstruktiven Vorschlägen die Kurzarbeit um Monate hinauszuschieben und Entlassungen zu vermeiden vermochte. Dementgegen führt die Theorie der erzwingbaren Mitbestimmung hinter dem Schild, dem einzelnen die Vertragsfreiheit gegen eine "partielle Entmündigung"[7] sichern und ihn gar vor der "Kuratel des Betriebsrats" schützen zu wollen[8], bei der Kurzarbeit

---

1) Vgl. Adomeit Rechtsquellenfragen S. 143; Säcker Gruppenautonomie S. 8 ff., 87 ff.; ders. ZfA 72 (Sonderheft), 41 (53, 57).

2) Vgl. dazu sogleich S. 132.

3) Vgl. Reuter/Streckel S. 24.

4) Vgl. Böhm BB 74, 281, 372 (373); Borrmann DB 78, 1978 (1982).

5) BAG AP Nr. 2 zu § 56 BetrVG 52 Entlohnung (4R, 5).

6) Vgl. Weihs GMH 75, 644 ff.

7) So Richardi Anm. BAG SAE 69, 179 (185); ders. FS Lübtow S. 755 (78o).

8) So Richardi Anm. BAG SAE 69, 179 (185).

zu einem faktischen Rechtsverlust des Arbeitnehmers, weil dessen angeblich unabhängige Position gegenüber dem Arbeitgeber nicht auch sozial gewährleistet ist. Zu Recht hat Säcker[1)] diese Konsequenz als idealistische Verabsolutierung des Selbstbestimmungsprinzips zu einem allgemeinen formellen Ordnungsprinzip und realiter einer Verschleierung des einseitigen Diktats des Arbeitgebers gerügt.

Zwar ist die Regelungsmacht der Betriebsparteien im Unterordnungsverhältnis der Individual- gegenüber den Kollektivinteressen noch nicht abschließend geklärt[2)]; bei der Kurzarbeit fällt indessen die Überlegung, daß eine Betriebsvereinbarung über die Einführung von Kurzarbeit zu direkten Lohnminderungen führt[3)], nicht entscheidend zugunsten des Individualinteresses in die Waagschale. Kurzarbeit ist - ob mit oder ohne Mitbestimmung - stets mit Lohneinbußen verbunden. Der einzelne Arbeitnehmer ist hier angesichts der ihm drohenden materiellen Nachteile und der Sorge vor dem Verlust des Arbeitsplatzes aber psychisch so belastet, daß er sich bei der Kurzarbeit viel eher fügen wird als bei Arbeitsbedingungen, die seine existentiellen Grundlagen nicht berühren. Daher erscheint auf seiten der Arbeitnehmer eine Dominanz der kollektiven Interessenvertretung als Gegenmacht zu der wirtschaftlich starken Sozialposition des Arbeitgebers geradezu als wünschenswert.

Nicht recht einsichtig sind auch die Bedenken[4)] gegen die Wirksamkeitstheorie aus Gründen der Rechtssicherheit. Zum einen stellt § 87 I Nr. 8 den einzigen Fall mit Außenwirkung im Bereich der sozialen Mitbestimmung dar[5)]; zum anderen beschränkt die Mitbestimmung die Kompetenz des Arbeitgebers nur im Innenverhältnis zum Betriebsrat, nicht aber auch im Außenverhältnis zu Dritten, so daß

---

1) Säcker ZfA 72 (Sonderheft), 41 (57); ders. JurA 7o, 165 (172); ders. AR-Blattei Betriebsvereinbarung I, D II 4 c; dagegen Schlüter DB 72, 92, 139 (141); vgl. auch unten S. 3o9.

2) Vgl. Wiese GK-BetrVG § 87 Rn 36 f.

3) Vgl. Böhm DP Gr. 3, 577 (586).

4) Vgl. Dietz/Richardi § 87 Rn 5o f.; Schaub S. 1o7o; Schlüter DB 72, 96, 139.

5) Vgl. Reuter/Streckel S. 27 f.

Rechtsgeschäfte mit diesen ohne Zustimmung des Betriebsrats wirksam sind[1]. Kaufverträge des Arbeitgebers mit Dritten hängen daher auch in dem gern erörterten Fall des Erwerbs eines Scheuerlappens[2] nicht von der Zustimmung des Betriebsrats ab. Nach zivilrechtlichen Grundsätzen geht das Eigentum an solchen Gegenständen an den Arbeitgeber als Käufer über. Lediglich betriebsverfassungsrechtlich mag dann zu diskutieren sein, ob der Scheuerlappen in dem mitbestimmten Kantinenbetrieb Einsatz findet. Gleichgültig, ob der Arbeitgeber beim Kauf das Zustimmungserfordernis des Betriebsrats erwähnt oder nicht: bis auf den Fall der aufschiebenden Bedingung trägt er das wirtschaftliche Risiko eines Vertragsabschlusses mit Dritten ohne Zustimmung des Betriebsrats[3]. In anderen Fällen, in denen der Arbeitgeber seine Verpflichtungen gegenüber Dritten nicht erfüllen kann, ist er wegen subjektiver Unmöglichkeit in Höhe des Erfüllungsinteresses schadensersatzpflichtig[4]. Der Vertrag selbst ist aber wirksam, so daß auch eine Gefährdung der Rechtssicherheit nicht als Argument gegen die notwendige Mitbestimmung anerkannt werden kann. Bei der Kurzarbeit entstehen Probleme mit Dritten ohnedies kaum. Hier folgt aus der Theorie der notwendigen Mitbestimmung ganz allgemein, daß jede Maßnahme, die ohne Rücksicht auf § 87 I Nr. 3 ergeht, unwirksam ist.

Die betriebliche Praxis wird in diesem Zusammenhang unterschiedlich beurteilt. Einerseits meint Däubler[5], die Arbeitnehmer verzichteten angesichts der betrieblichen Machtverhältnisse häufig darauf, sich auf die Rechtslage zu berufen. Andererseits ist an die bereits erwähnte[6] empirische Untersuchung des Instituts für Selbsthilfe und Sozialforschung zu erinnern, nach der die Mitbestimmung über Anfang und Ende der Arbeitszeit von den Arbeitgebern überwiegend,

---

1) Vgl. Galperin/Löwisch § 87 Rn 192; Gumpert BB 78, 968 (971); Wiese GK-BetrVG § 87 Rn 36e; Zöllner Arbeitsrecht S. 367; vgl. auch BAG DB 78, 2129 (2131); skeptisch hierzu Reuter JuS 79, 71 (72).

2) Vgl. BAGE 15, 136 (143).

3) Vgl. Reuter/Streckel S. 27 f.

4) Vgl. Wiese GK-BetrVG § 87 Rn 36d.

5) Vgl. Däubler Arbeitsrecht S. 236.

6) Vgl. oben S. 47.

wenn auch nicht gänzlich ernst genommen wurde. Bei dieser Umfrage verdient allerdings festgehalten zu werden, daß sie ein Jahrzehnt vor der Erweiterung der Mitbestimmung durch § 87 I Nr. 3 stattfand.

3.) Mitbestimmung und Änderungskündigung

a.) Die Umgehungsproblematik im Kurzarbeitsrecht

Trotz aller praktischen Schwierigkeiten läßt sich vorstellen, daß von seiten des Arbeitgebers versucht werden könnte, auf individualvertraglicher Ebene, etwa durch Einzelarbeitsverträge oder kollektive Änderungskündigungen, das Ziel der Einführung von Kurzarbeit zu erreichen[1]. Dies könnte als - hier allerdings nicht weiter zu untersuchender - Fall der Umgehung allgemeiner Kündigungsschutzbestimmungen zu werten sein[2]. Ein solches Vorgehen interessiert im hier bedeutsamen Zusammenhang aber insbesondere unter dem Gesichtspunkt der möglichen Umgehung des betrieblichen Mitbestimmungsrechts. Dabei bieten sich drei Wege an: Der Arbeitgeber könnte, gestützt auf eine einzelvertragliche Ermächtigung, Kurzarbeit einführen. Er könnte sich ferner nachträglich mit den Arbeitnehmern darüber auf freiwilliger Basis einigen (§ 3o5 BGB) und er könnte im Weigerungsfalle die Vertragsänderung schließlich im Wege der Änderungskündigung zwangsweise durchzusetzen versuchen.

Eine Umgehung des Mitbestimmungsrechts des Betriebsrats dürfte erst bei der konkreten Anordnung von Kurzarbeit relevant werden, nicht aber schon im Stadium individualrechtlicher Zulässigkeitsabreden[3]. Für die Umgehungsproblematik selbst mag die einzelvertragliche Ermächtigung teilweise außer Betracht bleiben, da sich, wenn man entsprechenden Äußerungen im Schrifttum[4] folgen will, Ermächtigungen zur Einführung von Kurzarbeit insoweit kaum finden; auch freiwillige Vereinbarungen sind selten[5]. Die Darstellung kann sich

1) Simitis/Weiss DB 73, 124o (1242) nennen gleichlautende Einzelarbeitsverträge und Änderungskündigungen als "ebenso alte wie bewährte" und "naheliegende" Mittel, die Mitbestimmung des Betriebsrats zu umgehen.

2) Dazu ausführlich v.Stebut RdA 74, 332 (333 f.).

3) Vgl. v.Stebut RdA 74, 332 (334 f.).

4) Vgl. Gamillscheg FS Fechner S. 135 (145); Hahn S. 41; Sturn AuS 75, 189 (19o).

5) Vgl. Farthmann RdA 66, 249 (255); Nikisch I S. 644.

daher ungeachtet aller Praktikabilitätsaspekte auf die Änderungskündigung als rechtlich am weitesten gehende Möglichkeit beschränken.

Dabei ist festzuhalten, daß sich die Umgehungsproblematik nur bei kollektivem Vorgehen des Arbeitgebers, d.h. bei Änderungskündigungen nur den sog. Massenänderungskündigungen[1] aktualisieren kann. Denn die Mitbestimmung nach § 87 I ist, von einzelnen Ausnahmen abgesehen, an kollektive Tatbestände gebunden[2]. Bei der Kurzarbeit folgt dieses Erfordernis bereits aus dem Wortlaut und bereitet insoweit keine weiteren Schwierigkeiten, als diese Form der vorübergehenden Arbeitszeitverkürzung mit Rücksicht auf betriebswirtschaftliche Rationalisierungsbedürfnisse[3] nur als kollektive Maßnahme sinnvoll ist[4], daher in aller Regel für alle Arbeitnehmer eines Betriebes oder wenigstens einer Betriebsabteilung vereinheitlicht wird[5] und sich so schon wegen ihrer Ursachen gewöhnlich als kollektive Maßnahme auswirkt[6]. Daher wird sich

1) Zu den Arten der Änderungskündigung vgl. Schaub S. 662.

2) Vgl. LAG Baden-Württemberg und LAG Frankfurt, zit. jeweils nach Brill DB 78 Beil. 9 S. 3 (Fn 31, 32), 5 (Fn 83); LAG Berlin ARSt 77, 52; ArbG Ludwigshafen/Landau ARSt 77, 2 (3); ArbG Hamburg DB 77, 59o; ArbG Wuppertal BB 78, 964; AR Chemie S. 181; Böhm BB 74, 281, 372 (374); Brecht § 87 Rn 4; Fitting/Auffarth/Kaiser § 87 Rn 4 ff.; Frauenkron § 87 Rn 4; Galperin/Löwisch § 87 Rn 6 ff.; Hanau RdA 73, 281 (282); Hanau BB 77, 35o (354); Kammann/Hess/Schlochauer § 87 Rn 8; Löwisch DB 72, 23o4 (23o6); ders. AuR 78, 98 (1o7); Reuter Anm. BAG SAE 76, 14 (17); Stege/Weinspach S. 272 f.; Wiese GK-BetrVG § 87 Rn 7a, 8 ff., 8o; Zöllner Arbeitsrecht S. 363 f.; a.A. Dietz/Richardi § 87 Rn 23; Dütz DB 72, 383 (387); Farthmann AR-Blattei Arbeitszeit I D, I 3 b; Gnade/Kehrmann/Schneider § 87 Rn 8; Simitis/Weiss DB 73, 124o (1242); Weiss Betriebsverfassungsgesetz S. 241.

3) Vgl. Reuter Anm. BAG SAE 76, 14 (17).

4) Vgl. Nikisch I S. 644; Weller S. 194.

5) Vgl. v.Stebut RdA 74, 332 (334); deutlich auch LAG Hamm AP 53, 274, wo Kurzarbeit zwar nur für 2 Beschäftigte angeordnet wurde, diese aber das gesamte Personal der Packstube bildeten.

6) Vgl. Conze Diss. S. 13o; Hahn S. 18; v.Stebut RdA 74, 332 (334).

insbesondere bei der Kurzarbeit die Diskussion[1] darüber, wann eine Kollektiv- und wann eine Einzelmaßnahme vorliegt sowie die damit verknüpfte Auseinandersetzung um das Kriterium des "quantitativen Kollektivs " des BAG[2] weitgehend erübrigen. Im hier interessierenden Zusammenhang mag der Hinweis genügen, daß der Abschluß zahlreicher Einzelvereinbarungen immer indiziert, daß in Wirklichkeit eine kollektive Ordnung gewollt ist,[3]

b.) Meinungsstand

Im Schrifttum sind die Meinungen darüber, ob trotz des Mitbestimmungsrechts nach § 87 I Nr. 3 Änderungskündigungen zur Einführung von Kurzarbeit zulässig sein sollen, geteilt. Die heute[4] ganz herrschende Meinung in der Literatur[5] lehnt einzelvertragliches Vorgehen des Arbeitgebers ohne positive Zustimmung des Betriebsrats

---

1) Vgl. dazu die Nachweise bei Böhm BB 74, 281, 372 (374; Galperin/Löwisch § 87 Rn 6 ff.; Gnade/Kehrmann/Schneider § 87 Rn 8; Löwisch AuR 78, 97 (1o1); Wiese GK-BetrVG § 87 Rn 12.

2) Vgl. BAG AP Nr. 5 zu § 56 BetrVG 52 Entlohnung (3).

3) Vgl. Wiese Anm. BAG AR-Blattei XIV B Entsch 19 unter IV.

4) Generell zur Umgehungsproblematik bei § 56 BetrVG 52 vgl. Dietz BetrVG § 56 Rn 46; Galperin/Siebert § 56 Vorb. 54 a; Hässler AuR 65, 289 ff.; Hahn S. 39 ff.; Hueck/Nipperdey II/2 S. 139o Fn 39; Neumann-Duesberg Betriebsverfassungsrecht S. 456; Nikisch III S. 373; Richardi Kollektivgewalt S. 295 ff.; Säcker Gruppenautonomie S. 351.

5) Vgl. Auffarth AR-Blattei Betriebsverfassung XIV B, II 1 c; Bähringer/Spiegelhalter S. 17; Becker-Schaffner BlStSozArbR 75, 17 (18); Bensinger S. 1146; Betz S. 2o; Böhm BB 74, 281, 372 (373); ders. DP Gr. 3, 577 (579); Brecht § 87 Rn 7; Buchner AG 71, 135, 189 (192); Conze Diss. S. 129 ff.; Dietz/Richardi § 87 Rn 61, 18o, vgl. aber auch § 87 Rn 63; Fitting/Auffarth/Kaiser § 87 Rn 6, 27 b, 3 a; Fuhr/Stahlhacke § 1o5 Rn 12 d; Galperin/Löwisch § 87 Rn 19, 1o6; Hanau BB 72, 5oo; Kammann/Hess/Schlochauer § 87 Rn 11, 77; Kuhn BlStSozArbR 76, 65 (66); Röhsler Die Arbeitszeit S. 27; Rumpff BB 72, 325 (326); Rumpff/Dröge S. 49, 51, 87; Säcker ZfA 72 (Sonderheft), 41 (56 f.); ders. AR-Blattei Betriebsvereinbarung I, D II 4 c; Schmidt AFG § 65 Rn 22; Simitis/Weiss DB 73, 124o (1242); Stege/Weinspach S. 269; Wiese GK-BetrVG § 87 Einf. 8, § 87 Rn 18, 39, 79.

als Umgehung des Mitbestimmungsrechts ab und sieht die Änderungskündigung als nur rein technisch geeignetes Mittel an. Die Begründungen sind aber nicht ganz konvergent. Ein Teil der Stimmen[1] stützt sich allgemein auf die Wirksamkeitstheorie und verurteilt kollektive Änderungskündigungen als Verstöße gegen das obligatorische Mitbestimmungsrecht. Ein anderer Teil rügt speziell einen Verstoß gegen Sinn und Zweck des Mitbestimmungsrechts[2] oder äußert, es komme nicht auf die äußere Form, sondern den in Wahrheit generellen Charakter solcher Maßnahmen an[3]. Schließlich[4] heißt es auch, das Gebot der vertrauensvollen Zusammenarbeit verlange, daß der Arbeitgeber sich nicht über die Mitbestimmung hinwegsetze.

Die Gegenstimmen[5] argumentieren unter zwei verschiedenen Gesichtspunkten. Die einen[6] wollen die Änderungskündigung trotz fehlender Zustimmung des Betriebsrats gelten lassen, weil die betroffenen Arbeitnehmer unter Vorbehalt der Annahme der Kurzarbeit Kündigungsschutzklage erheben könnten und auch dann der Betriebsrat durch eine Anhörung gemäß § 1o2 in den Entscheidungsprozeß eingeschaltet sei. Ihre Interessen seien also gewahrt. Die anderen[7] halten die Interessen der Arbeitnehmer durch Zulassung der Änderungskündigung sogar für besser gewahrt, da es dann zum Kündigungsschutzprozeß komme. Zwar müsse der Arbeitnehmer dann die Drei-Wochen-Frist des § 4 KSchG einhalten; die Kündigung werde dafür aber auch an der Sozialwidrigkeit (§§ 1, 2 KSchG) gemessen. Folge man der Wirksamkeitstheorie und die Änderungskündigung stelle sich als gerechtfertigt heraus, weil der Betriebsrat - etwa mangels Mitbestimmungserfordernisses oder kollektiven Charakters der fraglichen Maßnahme -

---

1) Vgl. Buchner AG 71, 135, 189 (192); Böhm BB 74, 281, 372 (373); Säcker AR-Blattei Betriebsvereinbarung I, D II 4; Säcker ZfA 72 (Sonderheft), 41 (56 f.).

2) Vgl. Kammann/Hess/Schlochauer § 87 Rn 11; Wiese GK-BetrVG § 87 Rn 39.

3) Vgl. Auffarth a.a.O.; Böhm DP Gr. 3, 577 (579); Fitting/Auffarth/Kaiser § 87 Rn 6; Simitis/Weiss a.a.O.

4) Vgl. Dietz/Richardi § 87 Rn 61.

5) Vgl. AR Chemie S. 184 f.; Bensinger S. 1145; Schlüter DB 72, 92 (139, 141 f.); unklar Farthmann/Bürger Arbeitszeit V Kurzarbeit, B I 2, B IV 1 sowie Krebs I § 64 Rn 4.

6) Vgl. AR Chemie S. 184 f.

7) Vgl. Schlüter DB 72, 92, 139 (141 f.); teilweise zustimmend Dietz/Richardi § 87 Rn 63.

letztlich doch nicht habe zustimmen müssen, sei wegen Fristablaufs der Prozeßweg versperrt und die Abfindung nach § 9 KSchG nicht mehr erreichbar.

Die Rechtsprechung[1] folgt im wesentlichen der h.M. und tritt Ängerungskündigungen als Umgehung des jeweiligen Mitbestimmungsrechts entgegen. Die Unzulässigkeit dieser Umgehung wird sowohl mit Sinn und Zweck[2], als auch mit dem Willen des Gesetzgebers[3] und der Wirksamkeitstheorie[4] begründet.

c.) Wertung

Vom Standpunkt der oben befürworteten Wirksamkeitstheorie und der sie tragenden Gründe her kann eine kollektive Änderungskündigung - und nichts anderes gilt für einheitliche Individualabsprachen - ohne Zustimmung des Betriebsrats keinen Bestand haben. Es wäre in der Tat sinnwidrig, in § 87 I eine Einschränkung der Verfügungsmacht des Arbeitgebers zu sehen, die Ausschaltung des Betriebsrats dagegen für zulässig zu halten, wenn der Arbeitgeber sich der Änderungskündigung bedient[5]. Die gleiche Zwangssituation, die das Mitbestimmungsrecht egalisieren will, wäre in rechtlich anderer Gestalt wieder präsent. Es ginge nur noch um nachträgliche Kontrolle, nicht mehr aber kondominiale Wirkung. Nicht Beteiligung der Arbeitnehmer und Mitbestimmung an sie besonders betreffenden Fragen wären gewährleistet, sondern lediglich Überprüfung einer Arbeitgebermaßnahme durch eine fremde Instanz, nämlich das Gericht. Man läßt so den gewichtigen gesellschaftspolitischen Aspekt der Mitbestimmung außer Ansatz, nämlich denjenigen der Teilhabe und Mitgestaltung des betrieblichen Lebens. Wer die Änderungskündigung

---

1) Vgl. BAG AP Nr. 4 (4R, 5), 22 (2, 2R), 27 (3) zu § 56 BetrVG 52; AP Nr. 2 (4R), 5 (3) zu § 56 BetrVG 52 Entlohnung; LAG Düsseldorf DB 75, 747; ArbG Solingen DB 77, 547.

2) Vgl. BAG AP Nr. 4 (4R, 5), 22 (2, 2R) zu § 56 BetrVG 52; AP Nr. 2 zu § 56 BetrVG 52 Entlohnung (4R).

3) Vgl. BAG AP Nr. 5 zu § 56 BetrVG 52 Entlohnung (3).

4) Vgl. BAG AP Nr. 27 zu § 56 BetrVG 52 (3); LAG Düsseldorf DB 75, 474 f.; wohl auch ArbG Solingen DB 77, 547.

5) Vgl. Säcker AR-Blattei Betriebsvereinbarung I, D II 4.

favorisiert, reduziert sein Mitbestimmungsverständnis von paritätischer Berechtigung zu einem gerichtlich ausübbaren Sorgerecht in sozialen Angelegenheiten.

Dem läßt sich nicht mit dem Argument entgegentreten, die Änderungskündigung mit nachfolgender Kündigungsschutzklage entfalte ebensolchen[1)] oder gar noch wirksameren[2)] Schutz des Arbeitnehmers als das Mitbestimmungsrecht. Abgesehen davon, daß man damit den soeben unterstrichenen Teilhabeaspekt der Mitbestimmung ignoriert, erheben sich oft Zweifel an der effektiveren Schutzqualität des Kündigungsschutzverfahrens.

Der Einwand, auch hier sei ja der Betriebsrat gem. § 1o2 in den Entscheidungsprozeß einbezogen, ist zu vordergründig, da § 1o2 nur ein Anhörungsrecht des Betriebsrats einräumt. Dieses ist gem. § 1o2 I Satz 3 zwar Wirksamkeitsvoraussetzung für die Kündigung; eine Anhörung ist aber gegenüber der Mitbestimmung ein erhebliches rechtliches Minus. Dies dokumentiert sich bei § 1o2 ganz deutlich darin, daß der Betriebsrat nur mit den in § 1o2 III genannten Gründen widersprechen kann, der Widerspruch aber nicht zur Unwirksamkeit der Änderungskündigung führt[3)], sondern dem Arbeitnehmer die Überprüfung im Kündigungsschutzprozeß überlassen bleibt. Weitgehend unbeachtlich dürfte dabei hinsichtlich der Einführung von Kurzarbeit die Auseinandersetzung darüber sein, ob eine Änderungskündigung neben § 1o2 zugleich auch nach § 99 und dem dort besonders strukturierten Mitbestimmungsrecht zu behandeln ist[4)]. Denn

---

1) So AR Chemie S. 184 f.; vgl. auch v.Stebut RdA 74, 332 (334), der den kollektivrechtlichen (§ 87 I Nr. 3) und den individualrechtlichen (§ 622 I, II BGB) Arbeitnehmerschutz für gleichwertig hält.

2) So Schlüter DB 72, 92, 139 (141 f.).

3) Vgl. Bleistein Kündigung S. 185; Dietz/Richardi § 1o2 Rn 71; Fitting/Auffarth/Kaiser § 1o2 Rn 12; Galperin/Löwisch § 1o2 Rn 55.

4) Vgl. dazu BAG DB 78, 1136; LAG Düsseldorf DB 74, 1967; Dietz/Richardi § 1o2 Rn 74; Fitting/Auffarth/Kaiser § 1o2 Rn 2a; Galperin/Löwisch § 99 Rn 28; Gnade/Kehrmann/Schneider § 95 Rn 13; Hanau BB 72, 451 (455); Hessel AR-Blattei Kündigungsschutz I A, VI 2; Meisel BB 73, 944 (945 f.); Richardi DB 74, 1285, 1335; Schlochauer RdA 73, 157 (16o); Stege DB 75, 15o6 (151o f.).

eine Umgruppierung nach § 99 erfordert die Überführung des Arbeitnehmers in eine andere Lohn- und Gehaltsgruppe[1], was bei der Kurzarbeit, die in aller Regel nur zu einer Arbeitszeitverkürzung ohne Änderung der grundsätzlichen tariflich oder betriebsvereinbarungsrechtlich[2] festgelegten Lohngruppe führt, so gut wie nie der Fall sein dürfte. Auch eine Versetzung im Sinne von § 99 liegt bei einer Änderung der Dauer der Arbeitszeit nicht vor[3]. Damit bleibt es bei der schwach ausgebildeten Mitwirkungsmöglichkeit des Betriebsrates nach § 1o2.

Aber auch dann, wenn der Arbeitnehmer als nächsten Schritt Kündigungsschutzklage erhebt und diesen Weg - häufig empfehlenswerterweise - in Verfolg der nur vorbehaltlichen Annahme der Änderungskündigung gem. §§ 2, 4 KSchG geht, womit regelmäßig auch noch der Widerspruch des Betriebsrats nach § 1o2 III Nr. 5 entfällt[4], wird er jedenfalls bei der Kurzarbeit nicht viel gewinnen. Denn die soziale Rechtfertigung der Kündigung dürfte bei der Kurzarbeit regelmäßig gegeben sein[5].

Der Grund liegt darin, daß Kurzarbeit kaum ohne dringende betriebliche Gründe eingeführt wird. Um eine Formulierung von Caspers[6] aufzugreifen: "Aus dem natürlichen Gewinnstreben des Arbeitgebers ergibt sich, daß Kurzarbeit im Normalfall nur aus dringenden betrieblichen Erfordernissen eingeführt wird, d.h. die beabsichtigte Vertragsänderung im Regelfall sozial gerechtfertigt ist". Kurzarbeit bedeutet naturgemäß einen Umsatzrückgang in den betroffenen Betrieben und damit in aller Regel auch einen Gewinnausfall[7].

---

1) Vgl. BAG AP Nr. 1 (1R), 4 (3) zu § 63 BetrVG 52; Dietz/Richardi § 99 Rn 22; Galperin/löwisch § 99 Rn 33; Kraft GK-BetrVG § 99 Rn 21 ff.

2) Vgl. Dietz/Richardi § 99 Rn 3o.

3) Vgl. Richardi DB 74, 1285 1335 (1287). Allerdings kann eine kurzfristige Zuweisung eines beschwerlicheren Arbeitsplatzes eine Versetzung bedeuten, vgl. Stege DB 75, 15o6 (15o9); dies könnte im Fall kurzarbeitsbedingter Änderung des Arbeitsbereichs ein möglicherweise zu beachtender Umstand sein.

4) Vgl. Schlochauer RdA 73, 157 (162).

5) Vgl. in diesem Zusammenhang auch LAG Frankfurt AuR 78,253, wonach dringende betriebliche Erfordernisse im Sinne von § 1 Abs.2 Satz 1 KSchG nur vorliegen, wenn der Arbeitnehmer nicht mehr benötigt wird und die Vermeidung seines Ausscheidens u.a. durch Kurzarbeit unzumutbar ist.

6) Vgl. Caspers S. 91 f.

7) Vgl. BVerfG DB 78, 1356 (1357).

Als der Interessenlage des Arbeitgebers insoweit prinzipiell widersprechend ist ihre Einführung ohne beachtliche Gründe des Arbeitgebers unrealistisch. Ihre soziale Rechtfertigung ist in aller Regel gegeben und das Kriterium der sozialen Auswahl sogar bedeutungslos, da dieses Merkmal bei der Massenänderungskündigung, die alle vergleichbaren Arbeitnehmer erfaßt, leerläuft[1]. Damit aber erringt der Arbeitnehmer, der sich der durch Änderungskündigung eingeführten Kurzarbeit gem. § 4 KSchG widersetzt, keinen Vorteil: In aller Regel wird er den Prozeß verlieren und, wenn er gem. § 2 KSchG vorgegangen ist, zu den vom Arbeitgeber alleinbestimmten Konditionen weiterarbeiten müssen. Hat er seinem Wahlrecht entsprechend die Änderungskündigung ohne Vorbehalt angefochten, verliert er in diesem Fall sogar den Arbeitsplatz[2], da es bei der Änderungskündigung um den Inhalts-, nicht aber um den Bestandsschutz geht[3].

Beide Alternativen sind, hinsichtlich der letzteren unzweifelbar, schlechter als die Regelungen nach § 87 I Nr. 3[4]. Das BAG[5] mißt die Sozialwidrigkeit der Änderungskündigung daran, ob eine vernünftige Abwägung der Änderungsinteressen des Arbeitgebers und des Bestandsinteresses des Arbeitnehmers die Änderungskündigung als billigenswert und angemessen erscheinen lassen. Dieser im nachhinein an einen sozusagen "hypothetischen" Arbeitgeber[6] angelegte Maßstab ist weniger streng als die durch das Mitbestimmungsrecht vorgenommene Überprüfung.

Bei innerbetrieblichen Umständen, aus denen sich ein dringendes betriebliches Erfordernis für eine Kündigung ergeben kann (§ 1 II KSchG), ist der Prüfungsmaßstab der Gerichte begrenzt. Änderungen

---

1) Vgl. v.Stebut RdA 74, 332 (334).

2) Vgl. Hanau BB 72, 451 (455); Meisel BB 73, 944 (947); Richardi DB 74, 1285, 1335 (1338); Schlochauer RdA 73, 157 (161).

3) Vgl. LAG Berlin ARSt 78, 65.

4) Übereinstimmend Weller S. 185 Fn 15 a.

5) Vgl. BAG AP Nr. 17 zu § 62o BGB Änderungskündigung (1R).

6) So Maus KSchG § 1 Rn 156.

organisatorischer Art wie Zuweisung neuer Arbeiten oder solche wirtschaftlicher Art wie etwa Umstellung, Verlegung oder Stillegung der Produktion sind von den Gerichten nämlich nicht auf Notwendigkeit und Zweckmäßigkeit zu untersuchen[1], sondern können lediglich auf offenbar unsachliche und willkürliche Gründe überprüft werden[2]. Beruht die Änderungskündigung also auf diesen Gründen, findet insoweit keine Nachprüfung im Kündigungsschutzprozeß statt. Das Gericht fragt nämlich nur, ob auf der Basis dieser Gründe die Änderungskündigung als einzige Möglichkeit in Betracht kam[3].

Die Wirkungsweise der Mitbestimmung bei der Kurzarbeit ist anders. Hier erstreckt sich der Einfluß des Betriebsrats auch auf die Mittel-Zweck-Geeignetheit[4]. Organisatorische Umstellungen, die den Arbeitgeber zur vorübergehenden Kurzarbeit veranlassen, kann der Betriebsrat mit seinem Mitbestimmungsrecht insoweit bekämpfen, als drohender Arbeitsausfall beispielsweise durch Korrekturen in der Betriebsorganisation aufzufangen ist. Auch im wirtschaftlichen Bereich kann der Betriebsrat etwa darauf dringen, in wirtschaftlich vertretbare Maße auf Halde zu produzieren bzw. organisatorische Änderungen, wie sie oben[5] bereits beschrieben wurden, vorzunehmen. Alle diese Einflußmöglichkeiten sind dem Gericht verschlossen. Nur die Mitbestimmung, nicht aber auch die Nachprüfung durch die Gerichte ist danach zur Mitgestaltung des Betriebes tauglich[6].

Darüber hinaus hat das Gericht notwendigerweise nicht die detaillierten Kenntnisse über die betrieblichen Abläufe wie der Betriebsrat; wegen seiner "Betriebsferne" kann es bei den nicht mehr immer deutlich rekonstruierbaren Ausgangspositionen oft auch nicht mehr korrigierend eingreifen und ist häufig überfordert[7]. Als Beispiel

---

1) Vgl. Schmidt AR-Blattei Kündigungsschutz IV, C I; Weng DB 78, 884 (887 Fn 4o); bezüglich der Anordnung von Kurzarbeit dezidiert LAG Hamm AP 53 Nr. 274.

2) Vgl. BAG NJW 79, 233 (236) m.w.N.

3) Vgl. Böhm DP Gr. 3, 577 (583).

4) Vgl. oben S. 1o8.

5) Siehe oben S. 1o9.

6) Vgl. auch Weng DB 78, 884 (887 Fn 4o).

7) Vgl. dazu und zu den Schwierigkeiten bei der ex-post-Bewertung über die Notwendigkeit der Produktionseinstellung Simitis/Weiss DB 73, 124o (1249 Fn 73) unter Hinweis auf ArbG Kassel DB 72, 1121 ff.

mag auch hier wieder der Fall der August-Thyssen-Hütte[1] dienen. Es ist überaus fraglich, ob die nachträgliche Kontrolle des Gerichts bis zu der dort praktizierten völligen Ausschöpfung kurzarbeitsalternativer Arbeitsgestaltung vorgedrungen wäre. Das Mitbestimmungsrecht als akut wirksamer Kontrollmechanismus, der sogar auf positive Veränderungen in der kurzarbeitsbedingenden Wirtschaftslage durch das Initiativrecht zur Abschaffung von Kurzarbeit[2] schnell reagieren kann, ist sehr viel praxisnäher und flexibler als der oft langwierige Kündigungsschutzprozeß. Der Kompromißzwang der Betriebsparteien läßt das Ausloten aller Möglichkeiten zur Vermeidung von Kurzarbeit viel eher erwarten als die einseitig ausgesprochene, von einer betriebsdistanzierten Instanz überprüfte Änderungskündigung.

Schließlich läßt sich jedenfalls bei der Kurzarbeit auch der Einwand[3], das Mitbestimmungserfordernis sei oft fraglich, unschwer entkräften. Vorübergehende Arbeitszeitverkürzungen sind nach § 87 I Nr. 3 eindeutig mitbestimmungspflichtig[4] und auch die Einstufung als Kollektivmaßnahme spielt bei der Kurzarbeit,wie erwähnt, keine große Rolle.

Zusammengefaßt ist aus all diesen Gründen der Meinung zu folgen, die Kollektivänderungskündigungen oder Einheitsverträge mit § 87 I Nr. 3 für unvereinbar hält. Andernfalls wären sowohl der Teilhabegedanke des Mitbestimmungsrechts eliminiert, als auch sein Schutzaspekt in Frage gestellt. Solche Maßnahmen des Arbeitgebers sind daher als zweckwidrige Umgehung des Mitbestimmungsrechts unwirksam. Anmerkenswert ist in diesem Zusammenhang, daß zwar unbedingte Kündigungen im Schrifttum[5] ohne Mitbestimmung des Betriebsrats zugelassen werden, wenn diese vom Arbeitgeber mangels Einigung mit dem Betriebsrat über die Einführung von Kurzarbeit ausge-

---

1) Vgl. Weihs GMH 75, 644 ff.

2) Vgl. dazu oben S. 118 ff.

3) Vgl. Schlüter DB 72, 92, 139 (141); zustimmend Dietz/Richardi § 87 Rn 63.

4) Vgl. oben S. 61 ff.

5) Vgl. Becker-Schaffner BlStSozArbR 75, 17 (18); Galperin/Löwisch § 87 Rn 1o6; Hanau BB 72, 499 (5oo); Wiese GK-BetrVG § 87 Rn 79.

sprochen werden, die Rechtsprechung hier aber eine wichtige Einschränkung macht. Das BAG[1] hat nämlich entschieden, daß unter bestimmten Voraussetzungen das Mitbestimmungserfordernis auch für Druckkündigungen gilt, die eine endgültige Beendigung der Arbeitsverhältnisse herbeiführen sollen. Denn damit werde kein anderes Ziel verfolgt als mit der Änderungskündigung, nämlich den Arbeitnehmer dahin gefügig zu machen, auf einseitige, unter Mißachtung des Mitbestimmungsrechts des Betriebsrats zustandegekommene Vorschläge des Arbeitgebers einzugehen. Es wird in Kurzarbeitsphasen also stets darauf ankommen, Kündigungen unter dem Gesichtspunkt möglicher Umgehung des Mitbestimmungsrechts zu untersuchen.

III. Konsequenzen der notwendigen Mitbestimmung im Kurzarbeitsrecht

Ausgehend von der These der notwendigen Mitbestimmung ist nunmehr zu entscheiden, ob die Zustimmung des Betriebsrats bei der Einführung von Kurzarbeit unbedingte Voraussetzung ist. Dabei sind zwei Fallgruppen zu unterscheiden: Einmal die im normalen Geschäftsbetrieb vorhersehbare, beispielsweise durch die Absatzlage und Umbauten im Betrieb bedingte Kurzarbeit, sodann die Einführung von Kurzarbeit in Ausnahmesituationen.

1.) Folgerungen für den Normalfall

a.) Keine einseitige Einführung von Kurzarbeit durch den Arbeitgeber

Wie soeben dargestellt, widerspricht die Einführung von Kurzarbeit ohne Zustimmung des Betriebsrats auf individualvertraglicher Basis dem Sinn und Zweck des Mitbestimmungsrechts, das eine gleichberechtigte Teilnahme der Arbeitnehmerseite verlangt. Daraus folgt, daß der Arbeitgeber nicht handeln kann, ohne den Betriebsrat erfolgreich um dessen Zustimmung ersucht zu haben; andernfalls würde das Mitbestimmungsrecht zu sehr verwässert. Der Arbeitgeber ist verpflichtet, bei der Einführung von Kurzarbeit den Betriebsrat von vornherein in den Entscheidungsprozeß zu integrieren und dessen Zustimmung zu vorübergehender Verkürzung der Arbeitszeit zu erwirken.

---

1) Vgl. BAG AP Nr. 22 zu § 56 BetrVG 52 (2, 2R).

b.) Keine vorläufigen Anordnungen durch den Arbeitgeber

Eine andere Frage ist, ob der Arbeitgeber dann zu vorläufigen Regelungen auf individualvertraglicher Ebene[1] berechtigt ist, wenn er diese Einigung zwar versucht hat, eine solche aber nicht zustandegekommen ist. Das BAG[2] hatte dazu während der Geltung des BetrVG 52 eine positive Haltung eingenommen. Zur Vermeidung eines regelungslosen Zustandes hatte das Gericht dem Arbeitgeber das Recht zur alleinigen Bestimmung der Lage der Kurzarbeit konzediert, wenn eine der Betriebsparteien unmittelbar nach Scheitern der Verhandlungen die Einigungsstelle anrief. Die Anordnung des Arbeitgebers sollte aber nur rechtswidrig sein, wenn die Entscheidung der Einigungsstelle nicht alsbald herbeigeführt wurde. Ein Teil der Literatur[3] hatte sich der Auffassung des BAG angeschlossen. Auch zum neuen Recht werden einseitige, vorläufige Maßnahmen des Arbeitgebers in Normalfällen für zulässig erachtet[4].

Im Schrifttum ist verschiedentlich[5] auf den Ausnahmecharakter des genannten Urteils des BAG aufmerksam gemacht worden. In der Tat muß man berücksichtigen, daß bei dem vom BAG zu bewertenden Sachverhalt die Entscheidung, ob und in welchem Umfang die Kurzarbeit eingeführt werden sollte, allein dem Arbeitgeber zustand. Die primär interessierende Frage, ob überhaupt kurzgearbeitet werden solle, war vom Betriebsrat also gar nicht zu beeinflussen. Er hätte sie aber über den Umweg des Randproblems der Lage der verkürzten Arbeitszeit aufhalten können[6]. Nachdem das BetrVG 72 bezüglich

---

1) Zur Frage, wann der Arbeitgeber sich allein auf tarifliche Kurzarbeitsklauseln stützen kann vgl. unten S. 312 ff.

2) Vgl. BAG AP Nr. 1 zu § 56 BetrVG 52 Arbeitszeit (3R); unzutreffend die Behauptung von Reuter ZfA 74, 235 (289) und Hanau BB 72, 499 (5o1), es habe sich in dem diesem Urteil zugrundeliegenden Sachverhalt um einen Eilfall gehandelt; vgl. auch BAG AP Nr.4 zu § 56 BetrVG 52 Akkord (3R) mit der fragwürdigen Begründung eines Vorschlagsrechts des Arbeitgebers.

3) Vgl. Fauth BB 62, 374 (377); ders. AZR S. 1o7; a.A. Dietz RdA 63, 361 (366), allerdings aufgrund des einschlägigen Tarifvertrages; wohl auch Nikisch FS Nipperdey S. 453 (461).

4) So ausdrücklich Galperin Leitfaden S. 1o4; unklar Hanau BB 71, 485 (49o); das Ergebnis ist auch für die Gegner der Wirksamkeitstheorie zwingend, vgl. oben S. 124.

5) Vgl. Dütz ZfA 72, 247 (261); Hanau BB 72, 499 (5o1); Nikisch III S. 372 f; Nikisch FS Nipperdey S. 453 (461).

6) Vgl. auch die dogmatischen Einwände bei Fitting/Auffarth/Kaiser § 87 Rn 8 m.w.N.

des Umfangs des Mitbestimmungsrechts eine nachhaltige Änderung gebracht hat, besteht kein Anlaß zur Aufrechterhaltung der zitierten Rechtsprechung. Das Gesetz gibt lediglich in §§ 1oo, 115 VII Nr. 4 zu erkennen, daß es unter gewissen Voraussetzungen einseitige Anordnungen des Arbeitgebers toleriert. Es handelt sich dabei aber um Ausnahmeregelungen, die nicht auf die Mitbestimmung nach § 87 I übertragbar sind[1].

Der Wortlaut des § 87 I liefert hingegen keinen Anhaltspunkt dafür, daß das Mitbestimmungsrecht bei vorläufigen Maßnahmen bis zum Entscheid der Einigungsstelle[2] entfallen soll. Mit dieser Begründung hat auch das BAG[3] seine Rechtsprechung nunmehr geändert. Auch der Zweck der Mitbestimmung würde einer solchen Aufweichung entgegenstehen. Der Arbeitgeber kann danach grundsätzlich auch nach Anrufen der Einigungsstelle nicht vorläufig handeln und Kurzarbeit nicht vorläufig ohne die Zustimmung des Betriebsrats einführen[4]. Da es sich hierei um Grundsätze handelt, die für alle sozialen Angelegenheiten des § 87 I gelten, entfalten diese auch Wirkung für alle nach § 87 I mitbestimmungspflichtigen Aspekte der Kurzarbeit, so daß gleichgültig ist, ob diese sämtlich nach § 87 I Nr. 3 oder - bezüglich der Lage der Kurzarbeit - auch nach § 87 I Nr. 2 zu beurteilen sind[5].

---

1) Ganz h.M., vgl.BAG AP Nr. 1 zu § 87 Kurzarbeit (4R); ArbG Siegburg DB 75, 555; Auffarth AR-Blattei Betriebsverfassung XIV B, II 1 d; Becker-Schaffner BlStSozArbR 75, 17 (18); Brill BlStSozArbR 75, 177 (179); Dütz ZfA 72, 247 (265); Fitting/Auffarth/Kaiser § 87 Rn 8; Simitis /Weiss DB 73, 124o (1243); Säcker ZfA 72 (Sonderheft), 41 (6o); Wiese GK-BetrVG § 87 Rn 49; a.A. Erdmann/Jürging/Kammann § 87 Rn 19; Hanau BB 71, 485 (49o); ders. RdA 73, 281 (292); ders. BB 72, 499 (5o1).

2) Zur Diskussion, ob mangels Erreichbarkeit einer schnellen Entscheidung der Einigungsstelle statt dessen das Arbeitsgericht eine einstweilige Verfügung erlassen kann, vgl. Bischoff S. 57; Brill BlStSozArbR 75, 177 (179); Galperin/Löwisch § 87 Rn 23; Grunsky § 85 Rn 14.

3) Vgl. BAG AP Nr. 1 (4R), 2 (4R) zu § 87 Kurzarbeit; vgl.auch ArbG Siegburg DB 75, 555.

4) I.E. übereinstimmend Auffarth AR-Blattei Betriebsverfassung XIV B, II 1 d; Conze Diss. S. 131; Fitting/Auffarth/Kaiser § 87 Rn 8; Galperin/Löwisch § 87 Rn 22 f.; Gnade/Kehrmann/Schneider § 87 Rn 9; Kammann/Hess/Schlochauer § 87 Rn 81; Kuhn BlStSozArbR 76, 65; Rumpff/Dröge S. 48; Simitis/Weiss DB 73, 124o (1241); Wiese GK-BetrVG § 87 Rn 5oa, 79; ders. Anm. BAG AP Nr. 1 zu § 87 BetrVG Kurzarbeit (8R).

5) Siehe oben S. 117 f.

2.) Kurzarbeit im Eil- und Notfall

Weniger als alle anderen Arbeitsbedingungen ist die Arbeitszeit eine Konstante von anhaltendem Bestand. Der Betriebsablauf ist nicht immer präzise vorauszuberechnen. Jede wirtschaftliche Betriebsführung wäre unmöglich gemacht, wenn der Arbeitgeber gezwungen wäre, jede einmal vereinbarte Arbeitsdauer unter allen Umständen einzuhalten[1]. Unerwartete Ereignisse können flexible Reaktionen und eine Änderung der normalen Arbeitszeit erforderlich machen. Dies wird bei dem oft erörterten Fall dringend notwendiger Überstunden[2], aber auch bei der Kurzarbeit deutlich. Ein plötzlicher Energieausfall, unfallbedingte Unterbrechung beim Nachschub von Zubehörteilen, Funktionsstörungen von Produktionsmitteln - dies alles können Anlässe sein, die eine kurzfristige Einführung von Kurzarbeit nahelegen[3]. Deshalb erscheint erwägenswert, dem Arbeitgeber wenigstens in Eilfällen, in denen ein schneller Konsens mit dem Betriebsrat auf Schwierigkeiten stößt, das Recht zur vorläufigen einseitigen Maßnahme zuzugestehen. Nikisch[4] hat dazu gefragt, ob man sich des Prinzips willen über die Bedürfnisse des Betriebs hinwegsetzen oder ob man der besonderen Situation Rechnung tragen und eingedenk des Satzes, daß eine gute Regel auch einmal eine Ausnahme vertrage, "fünf gerade sein lassen" sollte.

a.) Der Meinungsstand im Schrifttum

Über die Behandlung eiliger Fälle besteht im Schrifttum keine Einigkeit. Am homogensten präsentiert sich die Gruppe derjenigen, die einseitiges Vorgehen des Arbeitgebers durchgehend ablehnen und auch in Eilfällen unterschiedslos die Zustimmung des Betriebsrats

---

1) Vgl. Nikisch II S. 313 f.

2) Vgl. Denecke/Neumann AZO § 14 Rn 1 ff.; Farthmann AR-Blattei Arbeitszeit I D, IV 2 d; ders. AR-Blattei Arbeitszeit III, F.; ders. RdA 74, 65 (68); Fitting/Auffarth/Kaiser § 87 Rn 27; Röhsler Die Arbeitszeit S. 84 ff.; Wiese GK-BetrVG § 87 Rn 51, 84.

3) Zu den Ursachen der Kurzarbeit s.o. S. 14 f.

4) Vgl. Nikisch FS Nipperdey S. 453 (46o).

fordern[1]. Ausnahmen bedeuteten die zumindest partielle Wiederherstellung des Alleinbestimmungsrechts des Arbeitgebers in Situationen, die als "Eilfälle" terminologisch nur verschwommen abzugrenzen seien. Die Beteiligten müßten sich eben zu einem flexiblen, der Situation angepaßten Verhalten bereitfinden.

Dementgegen verneint eine Reihe von Autoren[2] das Mitbestimmungserfordernis in Eilfällen, ohne sich allerdings über die näheren Voraussetzungen einig zu sein. Teils[3] wird die Vorschrift des § 1oo I für allgemeingültig erachtet und der Arbeitgeber demnach analog § 1oo bis zu der von ihm zu beantragenden einstweiligen Verfügung zu einseitigem Vorgehen für befugt gehalten, teils[4] soll dies nur nach Scheitern der Einigungsbemühungen mit dem Betriebsrat wegen der Kürze der Zeit oder des Widerstandes des Betriebsrats gelten, teils[5] wird auch auf dieses Erfordernis verzichtet und eine vorläufige Regelung bis zur Einigung mit dem Betriebsrat oder einem Spruch der Einigungsstelle bejaht.

---

1) Vgl. LAG Frankfurt NJW 79, 783; ArbG Siegburg DB 75, 555; Auffarth AR-Blattei Betriebsverfassung XIV B, II 1 d und wohl auch BUV 72, 237 (238; Bähringer/Spiegelhalter S. 12; Etzel Betriebsverfassungsrecht S. 134; Fitting/Auffarth/Kaiser (1o.Aufl.) § 87 Rn 8 im Gegensatz zu 12. Aufl. § 87 Rn 8; Frauenkron § 87 R 3; Gnade/Kahrmann/Schneider § 87 Rn 9; Simitis/Weiss DB 73, 124o (1243 f.); Stahlhacke HzA Gr. 19 S. 284; v.Stebut RdA 74, 332 (337); Weber/Bitzer S. 126; Weiss AuR 74, 37 (49); ders. Betriebsverfassungsgesetz S. 242; wohl auch Zachert Anm. BAG MitbGespr 75, 54 (55) sowie Herschel Anm. BAG EzA § 87 BetrVG Nr. 3 (S.19) mit der Maßgabe, Ausnahmen bedürften ausdrücklicher gesetzlicher Regelung.

2) Vgl. Adomeit BB 72, 53 (55); ders. DB 71, 236o (2362); Boldt Anm. BAG AR-Blattei Bergarbeitsrecht Entsch. 14 unter 2; Brecht § 87 Rn 8; Brill BlStSozArbR 75, 177 (179 f.); Dietz/Richardi § 87 Rn 15; Erdmann/Jürging/Kammann § 87 Rn 19 (anders nunmehr allerdings Kammann/Hess/Schlochauer § 87 Rn 13 ff.); Galperin Leitfaden S. 1o4; Hanau BB 71, 485 (49o); ders. BB 72, 499 (5o1); ders. RdA 73, 281 (292); Kammann/Meisel S. 313; Meyer S. 8o f.; wohl auch Stege/Weinspach S. 27o f.; Zöllner Arbeitsrecht S. 365.

3) Vgl. Adomeit DB 71, 236o (2362); Hanau BB 72, 499 (5o1); Hanau RdA 73, 281 (292).

4) Vgl. Brecht § 87 Rn 8; Dütz ZfA 72, 247 (267); Stege/Weinspach S. 27o; Zöllner Arbeitsrecht S. 365; wohl auch Brill BlStSozArbR 75, 177 (179 f.).

5) Vgl. Adomeit BB 72, 53 (55); Erdmann/Jürging/Kammann § 87 Rn 19; ähnlich Galperin Leitfaden S. 1o4.

Zwischen diesen Blöcken hat sich eine vermittelnde Meinung[1] angesiedelt, die man inzwischen als herrschend bezeichnen darf, die aber untereinander argumentatorisch variiert. Grundkonzept ist, daß die Mitbestimmung des Betriebsrats nicht in Eil-, wohl aber in Notfällen[2] unbeachtlich sein soll. Dem Gesetz sei nicht zu entnehmen, daß es für Eilfälle vom Erfordernis der Mitbestimmung in § 87 I - anders als bei §§ 1oo, 115 VII Nr. 4 - habe abrücken wollen.Die Betriebsparteien müßten für Eilfälle Vorsorge treffen. Nur in dringenden Notfällen mit der Gefahr nicht mehr gutzumachenden Schadens für den Betrieb bestehe das Bedürfnis für eine Ausnahme.

b.) Stellungnahme

Man wird sich bei der Abwägung der Argumente daran zu orientieren haben, auch in außergewöhnlichen Fällen eine für beide Betriebsparteien sach- und interessengerechte Lösung zur Verfügung stellen zu müssen[3]. Das bedeutet, daß man einerseits der Gefahr der Aushöhlung des Mitbestimmungsrechts nach § 87 I begegnen, andererseits

---

1) Vgl. BAG AP Nr. 1 (4R), 2 (4R) zu § 87 BetrVG Kurzarbeit, LAG Hamm DB 75, 1515; Becker-Schaffner BlStSozArbR 75, 17 (19); Birk AR-Blattei Direktionsrecht I, E II 3 b; Brill BlStSozArbR 75, 177 (179 f.); Dütz ZfA 72, 247 (264 f.); Farthmann RdA 74,68; Fitting/Auffarth/Kaiser § 87 Rn 8; Fuhr/Stahlhacke § 121, V 1; Föhr AuR 75, 353 (357, 359); Gamillscheg Arbeitsrecht S. 381; Galperin/Löwisch § 87 Rn 22 ff. (25), 112; Halberstadt/Zander Rn 497; Herschel Anm. BAG EzA § 87 BetrVG Nr. 3 (S. 19); Kammann/Hess/Schlochauer § 87 Rn 13 ff.; Konzen ZfA 78, 451 (48o); Lappe JbAR Bd. 16, 55 (65); Löwisch Anm. BAG AP Nr. 2 zu § 87 BetrVG Kurzarbeit (6, 6R); Luhmann S. 1oo; Meisel/Hiersemann AZO (2.Aufl.) Einl. Rn 43; Säcker ZfA 72 (Sonderheft), 41 (6o); Schaub S. 1o71; Wiese GK-BetrVG § 87, Rn 47 ff. (51); ders. Anm. BAG AP Nr. 1 zu § 87 Kurzarbeit (8 R ff.); wohl auch Bohn/Dutti § 87 Rn 4; Böhm DP Gr. 3, 577 (582); Denecke/Neumann § 2 Rn 15; Sahmer § 87 Rn 7; offenbar auch Bürger/Oehmann/Stubing HwbAR Stichwort "Mitwirkung und Mitbestimmung des Betriebsrats" S. 1, wo im Gegensatz zur gebräuchlichen Terminologie allerdings nicht zwischen Eil- und Notfall unterschieden wird, sondern nur von "dringenden Fällen" bzw. "dringenden Ausnahmefällen" (a.a. O. S. 3) die Rede ist; wie die h.M. wohl auch Röhsler Die Arbeitszeit S. 27, der nur in "unaufschiebbaren" Eilfällen auf die Zustimmung des Betriebsrats verzichten will.

2) Insoweit offengelassen von BAG a.a.O. und LAG Hamm a.a.O.; ähnlich bereits BAG AP Nr. 2 zu § 56 BetrVG 52 (3); offengelassen auch von Staudacher HBV Gr. 4 S. 63.

3) Vgl. Wiese GK-BetrVG § 87 Rn 48.

aber auch den Erfordernissen der Praxis Rechnung tragen muß. Die Verfechter der ausnahmslosen Mitbestimmung verkennen, daß das gesamte Rechtsleben von dem Grundsatz der Wahrung von Treu und Glauben (§ 242 BGB) durchzogen ist[1]. Dieser gilt nicht nur im Privatrecht, sondern ebenfalls im Arbeitsrecht[2] und dort - wenn auch unter Berücksichtigung der Besonderheiten der Materie[3] - selbst im Betriebsverfassungsrecht[4]. Der Leitgedanke von Treu und Glauben kann es aber gebieten, Rechte und Pflichten abzuändern, wenn ihre Ausübung unzumutbar wäre[5]. Alles andere würde die Pflicht zum vertrauensvollen Zusammenwirken (§ 2 I) unterbewerten. Von diesem Ausgangspunkt her gibt es kein lineares "Muß" der betrieblichen Mitbestimmung. Sie kann nicht nur der konsequenten Verfolgung eines Prinzips wegen durchgesetzt werden. Es muß auch möglich sein, Ausnahmesituationen betriebsverfassungsrechtlich zu bewältigen, ohne daß sie zu irreparablen Schäden für den Betrieb führen. Dabei wird es allerdings stets auf die Besonderheiten des Einzelfalls ankommen.

Diesbezüglich ist von den vorentscheidenden (§ 87 I Eingangssatz) Tarifverträgen i.d.R. nicht viel Hilfestellung zu erwarten. Denn nur selten hat die Eilfall-Problematik Eingang in die tariflichen Kurzarbeitsklauseln gefunden. Eine Ausnahme stellt beispielsweise § 18 MTV für die Mitarbeiter im Rheinischen Braunkohlebergbau, Stand: 1. Dezember 1974, dar, wo zwar für die Einführung von Kurzarbeit ein Abkommen mit der Betriebsvertretung gefordert wird, es im nächsten Satz aber auch heißt:

> "Kommt dieses nicht rechtzeitig zustande, so ist die Betriebsleitung berechtigt, mit einer Frist von drei Tagen Kurzarbeit anzuordnen."

Im rheinisch-westfälischen Steinkohlebergbau stellt die Protokollarische Erklärung zu § 19 I des Tarifvertrages[6] über die Betriebsverfassung vom 12.1o.1976 klar, daß trotz des Mitbestimmungs-

---

1) Vgl. Enneccerus/Nipperdey 2. Halbbd. S. 1443.

2) Vgl. dazu eingehend Savaète AuR 55, 263.

3) Vgl. LAG Düsseldorf DB 61, 311.

4) Vgl. BAGE 15, 3o7 (314); LAG Düsseldorf DB 61, 311.

5) Zum Zumutbarkeitskriterium vgl. Soergel/Siebert § 242 Rn 41 ff.; Staudinger/Weber § 242, B 1 ff.

6) Vgl. dazu auch Boldt Anm. BAG AR-Blattei Bergarbeitsrecht Entsch. 14, 3; BAG AP Nr. 2 zu § 87 BetrVG Kurzarbeit (4R).

rechts nach § 87 I die Werksleitung in Not- und Eilfällen die erforderlichen Maßnahmen ohne Zustimmung des Betriebsrats treffen kann, wenn dieser nicht erreichbar ist. Die Wirksamkeit solcher Klauseln ist allerdings fraglich, wenn man mit der h.M. nur in Notfällen eine Ausnahme vom Mitbestimmungserfordernis macht und ferner eine tarifliche Einschränkung des Mitbestimmungserfordernisses nach § 87 I Nr. 3 ablehnt[1]. Eindeutig ist hingegen die Regelung in § 4 MTV für die gewerblichen Arbeitnehmer in den Betrieben des Verbandes der Südwestdeutschen Kunststoffindustrie und verwandter Industrien, gültig ab 1.7.1972, wo sich folgende Vorschrift findet:

> "In Fällen, in denen ein plötzlich eintretendes Ereignis die Notwendigkeit von Kurzarbeit nicht vorhersehbar erscheinen läßt, ist die Einführung nur unter Mitbestimmung des Betriebsrats bei Einhaltung einer Frist von 6 Arbeitstagen - den Tag der Ankündigung eingeschlossen - möglich."

Hier ist unter keinen Voraussetzungen ein Abgehen von der Mitbestimmung zulässig.

Mehrere Manteltarifverträge[2] verlangen zwar die Zustimmung des Betriebsrats zur Einführung von Kurzarbeit, verkürzen in Fällen höherer Gewalt aber die Ankündigungsfrist. Dabei entfällt diese teils ganz, teilweise wird sie auf wenige Tage beschränkt. Teilweise[3] erschweren Tarifverträge auch die Behandlung von Eilfällen durch Abmachungen wie:

> "In Betrieben, in denen kein Betriebsrat (Betriebsobmann) besteht, sind die Tarifvertragsparteien bei der Einführung von Kurzarbeit hinzuziehen."

---

1) Vgl. dazu unten S. 327 ff.

2) Vgl. § 3 MTV für die Lederhandschuhindustrie des Bundesgebiets, gültig ab 1.1.1976; § 5 Abs. 2 MTV für die Arbeiter der Treibriemen-, tech. Lederartikel- und ASA-Industrie vom 1.1o.1977; § 7 Abs. 3 MTV für die gewerblichen Arbeitnehmer, die Angestellten und die Auszubildenden in der Margarine- und Konstspeisefettindustrie, gültig ab 1. Juli 1977; § 2 Abs. 1o MTV für die gewerblichen Arbeitnehmer der rheinland-pfälzischen Textilindustrie, gültig ab 1. Mai 197o; § 6 MTV für die Arbeitnehmer der Milchindustrie in Bayern, gültig ab 1.Mai 1975; § 3 Abs. 1 MTV für die Schindustrie des Bundesgebiets, gültig ab 1.Juli 1976; § 7 RMTV für die Arbeitnehmer der Ernährungsindustrie von Baden-Württemberg, gültig ab 1.7.1974; § 5 Nr. 2 MTV für die ledererzeugende Industrie in der Bundesrepublik Deutschland, gültig ab 1.1o.1977.

3) Nr. 175 MTV für die gewerblichen Arbeitnehmer und Auszubildenden der Säureschutzindustrie in der Bundesrepublik Deutschland und West-Berlin, gültig ab 1. Juli 1973.

Daß hier Raum für ein einseitiges Vorgehen des Arbeitgebers besteht, wo die Tarifparteien sich ausdrücklich ein Mitspracherecht vorbehalten haben, ist kaum anzunehmen.

Abzulehnen ist schon vom Ansatz her die Meinung, Mitbestimmung sei auf Normal-, nicht aber auch auf Eilfälle begrenzt. Gerade an § 87 I Nr. 3 wird dies deutlich[1]: Kurzarbeit ist ein oft kurzfristig auftretendes, dringendes[2] Problem. Hätte der Gesetzgeber eine Ausnahme vom Mitbestimmungserfordernis gestatten wollen, hätte er dies gerade bei dieser Vorschrift zum Ausdruck gebracht. Stattdessen sah er den Dispens nur für die ganz anders gelagerten Fälle der §§ 1oo, 115 VII Nr. 4 vor. Es entspricht also dem deutlichen Willen des Gesetzes, die Zusammenarbeit der Betriebsparteien nicht an der Eiligkeit der zu regelnden Angelegenheit scheitern zu lassen. Andernfalls stünde die Gefahr des weitgehenden Leerlaufs der betrieblichen Mitbestimmung zu befürchten. Völlig ungeklärt ist zudem, was unter dem zugegebenermaßen[3] verschwommenen Begriff des Eilfalles verstanden werden soll. Wenn man die Beurteilung darüber noch dazu dem subjektiven Ermessen des Arbeitgebers überläßt[4], fordert man den Vorwurf geradezu heraus[5], dem Arbeitgeber so durch die Hintertür wenigstens teilweise wieder das Alleinentscheidungsrecht, das § 87 I Nr. 3 gerade beseitigen wollte, zu eröffnen. Ohne präzise Beschreibung der Voraussetzungen eines Eilfalles entsteht eben die Gefahr einer Aushöhlung der Rechte des Betriebsrats.

Dabei ist die betriebliche Einigungsprozedur gar kein zwingendes Hindernis rascher Entscheidungsfindung. Denn die vorsorgliche Organisation des Zusammentritts der Einigungsstelle und die Pflicht zur vertrauensvollen Zusammenarbeit der Betriebsparteien (§ 2 I)

---

1) So auch BAG AP Nr. 2 zu § 87 BetrVG Kurzarbeit (4R); Wiese GK-BetrVG § 87 Rn 49; ders. Anm. AP Nr. 1 zu § 87 Kurzarbeit (9).

2) Vgl. Böhm BB 74, 281, 372 (375); auf die Eilbedürftigkeit bei Arbeitszeitregelungen insgesamt verweist Nikisch FS Nipperdey S. 453 (459).

3) Vgl. Becker-Schaffner BlStSozArbR 75, 17 (18); Böhm DP Gr. 3, 577 (582); Wiese GK-BetrVG § 87 Rn 48.

4) So Stege/Weinspach S. 271.

5) Vgl. Simitis/Weiss DB 73, 124o (1243).

sind funktionstüchtige Instrumente zur Durchführung eines Eilverfahrens[1], die trotz gelegentlich[2] geäußerter Bedenken, in der Praxis werde zu wenig von den gesetzlichen Möglichkeiten ständiger Einigungsstellen Gebrauch gemacht, ihrer Wirksamkeit nicht entbehren. Dazu kommt, daß die Einigungsstelle gem. § 76 BetrVG mit einer paritätischen Anzahl arbeitgeber- und betriebsratsbenannter Beisitzer arbeitet und ihr kurzfristiges Zusammentreten danach allenfalls an der Person des unparteiischen Vorsitzenden scheitern kann. Die Zweifel von Stege/Weinspach[3], die Bildung der Einigungsstelle könne sich zumal bei Streitigkeiten über diesen "erfahrungsgemäß" über Wochen hinziehen, vermögen nicht zu überzeugen. In deutlichem Gegensatz dazu hat beispielsweise das ArbG Siegburg[4] - offenbar aus gründlicher Kenntnis der Praxis - ausdrücklich festgestellt, es sei gerichtsbekannt, daß die Verfahren vor der Einigungsstelle in der Regel zügig durchgeführt würden. Bei Streitigkeiten über die Person des Vorsitzenden sei eine schnelle Entscheidung durch den Vorsitzenden des ArbG ohne mündliche Verhandlung möglich. Förderlich ist insoweit der Vorschlag[5] einer vorsorglichen Einigung der Betriebsparteien auf den Vorsitzenden der Einigungsstelle und seinen Stellvertreter.

Ein Schnellentscheid wird ferner dadurch erleichtert, daß die Einigungsstelle bis auf die Beschlußfassungsmodalitäten des § 76 III praktisch ohne formalisiertes Verfahren arbeitet und die öffentlich-rechtlichen Verfahrensvorschriften insoweit auch nicht analog anwendbar sind[6]. Schließlich erscheint bei der gesamten Betrachtung die mitunter[7] sichtbare Sorge, der

---

1) So auch BAG AP Nr. 2 zu § 87 BetrVG Kurzarbeit (4R); Galperin/Löwisch § 87 Rn 24; Wiese GK-BetrVG § 87 Rn 5o.

2) Vgl. Gaul/Bartenbach S. 134 Fn 5.

3) Vgl. Stege/Weinspach S. 27o; Bedenken auch bei Böhm DP Gr. 3, 577 (581) und Boldt Anm. AR-Blattei Bergarbeitsrecht Entsch. 14 unter 2, der das zweiinstanzliche Einigungs- und Schlichtungsverfahren nach dem Tarifvertrag über die Betriebsverfassung im rheinisch-westfälischen Steinkohlebergbau vom 12.1o.1976 für zu schwerfällig bei Eilentscheidungen hält.

4) Vgl. ArbG Siegburg DB 75, 555.

5) Vgl. Tödtmann S. 52.

6) Vgl. Bischoff S. 1o1 f.

7) Vgl. Böhm DP Gr. 3, 577 (581 f.); ders. BB 74, 281, 372 (375); Gamillscheg Arbeitsrecht S. 381.

Betriebsrat könne grundlos seine Mitentscheidung verweigern[1] oder zumindest verzögern, überzogen. Solche Bedenken verlieren unter dem Eindruck der Pflichtbindung des Betriebsrats nach §§ 2, 74[2] und vor dem Hintergrund der sonst zumindest bei groben Pflichtverletzungen nach § 823 BGB[3] bzw. § 23 BetrVG[4] anstehenden Sanktionen erheblich an Größe. Nicht zu unterschätzen ist schließlich das sozialpolitische Demoklesschwert drohender Entlassungen, die dem Interesse des Betriebsrats aber widersprächen[5]. Im übrigen lassen die empirischen Untersuchungen der Mitbestimmungskommission - wie Säcker[6] berichtet - eine Bereitschaft des Betriebsrats zu schnellen und vernünftigen Absprachen erwarten[7].

Die einseitige Anordnung von Kurzarbeit muß danach auf echte Notfälle eingeschränkt werden und darf dann keine Dauerregelung darstellen[8]. Allgemein läßt sich sagen, daß nicht jede im Betrieb

---

1) Diese Möglichkeit nimmt Farthmann RdA 66, 249 (252) sogar zum Anlaß, für erzwingbare Mitbestimmung anstatt nur freiwilliger Betriebsvereinbarungen zu plädieren, da dann ein uneinsichtiger Betriebsrat über die Einigungsstelle überspielt werden könne. In gewissem Gegensatz dazu Blomeyer Anm. LAG Düsseldorf/Köln EzA § 87 BetrVG Lohn und Arbeitsentgelt Nr. 1 (S. 13 f.), der - allerdings bei Kontoführungsgebühren - wegen Entfallens des Einigungskompromisses (§ 87 Abs. 2) die Position der Arbeitnehmer bei freiwilligen Betriebsvereinbarungen für stärker erachtet als bei Ausübung der obligatorischen Mitbestimmung.

2) Vgl. auch BAG AP Nr. 7 zu § 56 BetrVG 52 Wohlfahrtseinrichtungen (3), wonach der Betriebsrat, der ohne Rücksicht auf die wirtschaftlichen Auswirkungen seines Handels auf den Betrieb seine Wünsche durchzusetzen versucht, rechtsmißbräuchlich handelt.

3) Vgl. Galperin/Löwisch § 87 Rn 24.

4) Vgl. Säcker ZfA 72 (Sonderheft), 41 (6o); Wiese GK-BetrVG § 87 Rn 5o.

5) Vgl. Farthmann RdA 74, 65 (68); Farthmann/Bürger Arbeitszeit V Kurzarbeit, B III 3; berechtigt daher auch die Kritik von Farthmann RdA 74, 65 (68 Fn 36) an Rüthers ZfA 73, 399 (415), der den faktischen Spielraum des Betriebsrats überschätzt.

6) Vgl. Säcker ZfA 72 (Sonderheft), 41 (6o).

7) Vgl. auch Wisskirchen BABl 72, 288 (292), der aufgrund der Erfahrungen der Arbeitgeber deren Erwartungen auf sinnvolle Kooperation mit den Betriebsräten ausdrückt.

8) Vgl. Wiese GK-BetrVG § 87 Rn 51; skeptisch Brill BlStSozArbR 75, 177 (179).

anfallende Schwierigkeit als Notfall gelten kann[1]. Schon gar nicht können Dispositionsfehler des Arbeitgebers die Anerkennung eines mitbestimmungsrechtlichen Notfalls rechtfertigen[2]. Notfälle sind vielmehr nur Extremsituationen[3], d.h. plötzlich auftretende, unvorhersehbare Situationen, die sofortiges Handeln zur Vermeidung irreparablen Schadens[4] erfordern und bei denen die Zustimmung des Betriebsrats nicht sogleich erreichbar ist[5]. Diese Perspektive verschiebt man freilich, wenn man wie Böhm[6] argumentiert, Kurzarbeit werde vermutlich nirgends ohne Not eingeführt. Denn damit leistet man einer Verwechslung zwischen der (wirtschaftlichen) Not zur Einführung von Kurzarbeit und der (zeitlichen) Not zum Schnellentscheid Vorschub, um die es hier allein geht.

---

1) Vgl. Birk AR-Blattei Direktionsrecht I, C I 1 b bb (2) mit Nachweisen zu dem ähnlich gelagerten Problem des Eil- und Notfalles im Zusammenhang mit dem Direktionsrecht; vgl. auch ders. Leitungsmacht S. 38o f. mit Hinweis auf die uneinheitliche Rechtsprechung zu Notfällen i.S.von § 14 AZO; zutreffend daher BAG AP Nr. 2 zu § 56 BetrVG 52 (3, 3R), wo die Verlegung der Arbeitszeit vom Himmelfahrtstag auf den sonst arbeitsfreien folgenden Montag als voraussehbar und die Zustimmung des Betriebsrats bzw. der Einigungsstelle demnach für rechtzeitig einholbar gewertet wird.

2) Übereinstimmend für § 14 AZO Röhsler Die Arbeitszeit S. 85.

3) Vgl. BAG AP Nr. 2 zu § 87 BetrVG Kurzarbeit (4R).

4) Ähnlich § 14 Abs. 2 AZO, wo als Kriterium u.a. ein "unverhältnismäßiger wirtschaftlicher Schaden" aufgeführt ist.

5) In diesem Sinne auch Denecke/Neumann AZO § 14 Rn 2; LAG Hamm DB 75, 1515; Galperin/Löwisch § 87 Rn 25; Stege/Weinspach S. 271; Wiese GK-BetrVG § 87 Rn 51; übersteigert Becker-Schaffner BlStSozArbR 75, 17 (19), der nur "besonders schwere" Nostandsfälle anerkennen will, sowie Dütz ZfA 72, 247 (267) mit Beschränkung auf "dringende" Notfälle.

6) Vgl. Böhm DP Gr. 3, 577 (582); ders. BB 74, 281, 372 (375).

Als Notfälle sind bei der Einführung von Kurzarbeit demnach nicht zu betrachten alle Ursachen, die als vorhersehbar[1] im Verantwortungsbereich des Arbeitgebers liegen. Dazu gehören Produktionsstörungen etwa wegen mangelnden Rohstoff-[2] und Zubehörnachschubs, technisch bedingter Ausfall von Maschinen, Umbauten der Betriebsanlagen, Umstellungen in der Produktionspalette und alle marktbedingten Ursachen wie Absatzmangel und schlechte wirtschaftliche Lage. In allen diesen Fällen obliegt es dem Arbeitgeber, rechtzeitig und sorgfältig zu planen und seine Dispositionen nach den Grundsätzen einer verantwortungsbewußten und ordnungsgemäßen Geschäftsführung auch auf Eventualfälle auszurichten. Durch Streik in Drittbetrieben und Arbeitskämpfe erforderliche Produktionseinschränkungen sind regelmäßig vorhersehbar[3], durch ausreichende Lagerhaltung und auf-Lager-Produktion oft weitgehend aufzufangen[4] und daher nicht als Notfälle zu behandeln[5]. Damit bleiben bei der Kurzarbeit

---

1) Für dieses Kriterium als Abgrenzungsmerkmal gegenüber dem Notfall auch Konzen ZfA 78, 451 (48o); zu undeutlich hingegen Boldt AR-Blattei Bergarbeitsrecht III, C I 2 d, der als Notfälle lediglich plötzlich auftretende Situationen ansieht, die zur Vermeidung nicht wieder gutzumachenden Schadens zu unaufschiebbaren Maßnahmen zwingen, und als Eilfälle diejenigen Sachverhalte bezeichnet, in denen sofortige Maßnahmen im Interesse eines ordnungsmäßigen Betriebsablaufs notwendig sind. Letztlich unterscheiden sich nämlich beide Fälle deshalb nicht, weil die Vermeidung nicht wieder gutzumachenden Schadens auch zur Einhaltung eines ordnungsmäßigen Betriebsablaufs gehört, zum letzteren aber auch Maßnahmen zählen, die nicht eilig sind. Im Hinblick auf die Undurchführbarkeit einer präzisen Abgrenzung nach seinen Definitionen verzichtet Boldt (Anm. BAG AR-Blattei Bergarbeitsrecht Entsch 14 unter 2) denn auch auf eine mitbestimmungsrechtliche Verschiedenbehandlung von Eilfällen und Notfällen.

2) Einführung von Kurzarbeit zur Vorratsstreckung ist ein Anzeichen für die Vermeidbarkeit des Arbeitsausfalls im Sinne des AFG, vgl. Schmidt AFG § 64 Rn 18; dies übersieht Borrmann DB 78, 1978 (198o) bei ihrem Vorschlag, mit der Kurzarbeit schon vor Eintritt akuter Zulieferungsprobleme zu beginnen.

3) Borrmann DB 78, 1978 (198o) schlägt daher vor, die Betriebsparteien sollten bereits vor Ausbruch des Arbeitskampfes zur schnellen Reaktion auf dessen Folgen zumindest eine Rahmenvereinbarung anstreben.

4) So auch Kalb S. 144; unterläßt der Arbeitgeber also angesichts drohenden Streiks in der Zuliefererindustrie die übliche und zumutbare Vorratshaltung, hat er die Unmöglichkeit der Arbeitsleistung zu vertreten, vgl. Ehmann DB 78, 1946, 1994 (1998 Fn 1o4).

5) Zur Mitbestimmung bei streikbedingtem Arbeitsausfall vgl. unten S. 339 ff.

als Notfälle praktisch nur unkalkulierbare Risiken, in erster Linie Naturkatastrophen und Einwirkung höherer Gewalt übrig[1]. Hierzu zählen beispielsweise Brände[2], Überschwemmungen und Sabotageakte. Auch dann muß sich der Arbeitgeber allerdings unverzüglich um einen Konsens mit dem Betriebsrat bemühen und dem gesetzlich vorgesehenen Einigungsmechanismus entsprechend versuchen, durch Personalumsetzungen, Anordnung von Aufräumungsarbeiten etc. den Arbeitsausfall so gering wie möglich zu halten[3]. Verneint das Arbeitsgericht im nachhinein die Voraussetzungen des Notfalles [4], ist der Arbeitgeber zur Zahlung des vollen Arbeitslohnes verpflichtet, wenn faktisch Kurzarbeit geleistet wurde[5].

3.) Folgerungen

Damit ist bezüglich der Notwendigkeit der Mitbestimmung im Kurzarbeitsrecht folgendes festzuhalten:

a) Der Arbeitgeber kann grundsätzlich nicht, auch nicht vorläufig, kraft individualvertraglicher Ermächtigung Kurzarbeit einführen, ohne daß der Betriebsrat eingewilligt hätte.

b) Gegen das Mitbestimmungsrecht verstoßende faktische Maßnahmen des Arbeitgebers sind rechtswidrig und rechtsunwirksam; sie müssen von den Arbeitnehmern nicht befolgt werden[6].Das bedeutet nach zivilrechtlichen Regeln, daß der Arbeitgeber bei einseitig von ihm angesetzter Kurzarbeit in Annahmeverzug gerät und die Arbeitnehmer ihren vollen Lohnanspruch gem. § 615 BGB trotz geringerer Arbeitsleistung behalten[7]. Widersetzen sie sich vorläufigen Anordnungen

---

1) Ähnlich für dringende Überstunden Denecke/Neumann AZO § 14 Rn 2.

2) Zur Vergütungspflicht des Arbeitgebers in diesem Fall vgl. BAG AP Nr. 2 zu § 324 BGB (2R ff.).

3) Schon nach den Grundsätzen des Individualarbeitsrechts ist Kurzarbeit nur im Rahmen des unbedingt Erforderlichen gestattet, vgl. v.Stebut RdA 74, 332 (335) sowie BAG AP Nr. 8 zu § 615 BGB Betriebsrisiko.

4) Zum Beurteilungsspielraum der Gerichte insoweit vgl. BAG AP Nr. 2 zu § 87 BetrVG Kurzarbeit (5).

5) Vgl. Dütz ZfA 72, 247 (267).

6) Vgl. Galperin/Löwisch § 87 Rn 99; Kammann/Hess/Schlochauer § 87 Rn 3; Wiese GK-BetrVG § 87 Rn 39.

7) BAG AP Nr. 1 zu § 56 BetrVG Arbeitszeit (3R); BAG AP Nr. 2 zu § 87 Kurarbeit (2R, 5); Conze Diss. S. 134 ff.; Dietz/Richardi § 87 Rn 183; Fitting/Auffarth/Kaiser § 87 Rn 27 b; Galperin/Löwisch § 87 Rn 99; Gnade/Kehrmann/Schneider § 87 Rn 19; Kuhn

des Arbeitgebers bezüglich der Lage der Kurzarbeit, d.h. des Beginns und Endes der verkürzten Arbeitszeit, verletzen sie nicht ihre Pflichten aus dem Arbeitsverhältnis; die bisherige Arbeitszeitregelung gilt bis zu ihrer wirksamen Änderung weiter[1].

c) Das Mitbestimmungsrecht besteht auch in Eilfällen.

d) Eine Ausnahme davon gilt in Notsituationen wie Naturkatastrophen und Einwirkungen höherer Gewalt. Dann kann der Arbeitgeber bei Nichterreichen einer einvernehmlichen Lösung mit dem Betriebsrat einseitig Kurzarbeit anordnen.

BlStSozArbR 76, 65; Stahlhacke HzA Gr. 19 S. 289; v.Stebut RdA 74, 332 (338); Wiese GK-BetrVG § 87 Rn 79.

1) Vgl. Wiese GK-BetrVG § 87 Rn 79d.

§ 9 Rechtspolitische Aspekte

Erwähnenswert sind im Zusammenhang mit der Gewährung eines Mitbestimmungsrechts bei der Kurzarbeit zwei rechtspolitische Aspekte, die allerdings aus völlig verschiedenen Überlegungen resultieren.

I. Mitbestimmung bei der Kurzarbeit - Entwicklungsstörung im Betriebsverfassungsrecht?

Galperin[1] hat in sehr engagierter Form bedauert, ausgerechnet im Bereich der Betriebsverfassung sei die Rechtsentwicklung durch das Betriebsverfassungsgesetz 1972 auf einen neuen Nullpunkt zurückgeworfen worden. Trotz gewisser Unzulänglichkeiten im alten Gesetz sei das Erfordernis einer völlig neuen Kodifikation zu bezweifeln. Viele Möglichkeiten des alten Gesetzes seien kaum durchgedrungen gewesen; erneut seien erbitterte Auseinandersetzungen über die gegenseitigen Befugnisse zu erwarten. Gerügt wird - allerdings ohne Nennung der Kurzarbeit - die Erweiterung der Mitbestimmung in einzelnen sozialen Angelegenheiten[2].

Jedenfalls was die Kurzarbeit betrifft,erscheint diese Kritik allerdings überzogen. Zwar stellt § 87 I Nr. 3 in gewisser Weise einen Neuanfang in der Qualifikation der Mitbestimmungsrechte dar; dies allein ist aber noch kein Nachteil. In Anbetracht der ersten im Winter 1966/1967[3] manifest gewordenen Kurzarbeitsproblematik mit der enormen Steigerung der Kurzarbeiterzahl von 1ooo (Juli 1966) auf 344 ooo (Februar 1967) wird man sich kaum der Einsicht verschließen können, daß hier ein soziales Problem entstanden war, dessen Bedeutung der Gesetzgeber des BetrVG 52 unterschätzt hatte.

---

1) Vgl. Galperin BB 71, 137; zustimmend Richardi DB 71, 621.

2) Vgl. Galperin BB 71, 137 (14o); noch stärker politisch motiviert die Bedenken von Boldt ZAS 72, 43 (47), Gefahren für das ordnungsgemäße Funktionieren der Wirtschaft durch Mißbrauch der erweiterten Mitbestimmungsrechte seien angesichts zunehmenden Einflusses radikaler Kräfte in der Bundesrepublik nicht von der Hand zu weisen.

3) Vgl. die Statistiken bei Kehrmann AuR 67, 193 und Rumpff/Dröge S. 36 ff.

Hier hatten sich Umstände geändert, die nach mehr gesetzlichem Schutz riefen[1] und die Motivation des Gesetzgebers[2] erhellen, durch das BetrVG 72 das Betriebsverfassungsrecht nach den "umwälzenden wirtschaftlichen, technischen und gesellschaftlichen Veränderungen" seit Inkrafttreten des BetrVG 52 "mit der betrieblichen Wirklichkeit wieder in Einklang zu bringen"[3]. Die Kodifakation des § 87 I Nr. 3 klärt den jahrelangen, im Ergebnis unbefriedigend entschiedenen Streit um die Mitbestimmung bei der Dauer der Arbeitszeit.

Indem Galperin[4] einräumt, es sei nach allgemeiner Auffassung an der Zeit gewesen, die Beteiligungsrechte der Arbeitnehmer anzupassen und zu erweitern, setzt er sich hier in Gegensatz zu seinem eigenen Ausgangspunkt des Zweifels an der Notwendigkeit der Neukodifikation. Nebenbei sei erwähnt, daß die Aussage über das Erfordernis der Aufstockung der Mitbestimmungsrechte ihrerseits mit der These Galperins[5] kollidiert, die sozialen Angelegenheiten seien im BetrVG 52 im ganzen zweckentsprechend geregelt gewesen. So wird man jedenfalls die Kurzarbeit aus pauschaler Kritik an der Erweiterung der Mitbestimmungsrechte in § 87 I auszunehmen haben. Daß mit einem dergestalt ausgebauten Betriebsverfassungsrecht auch ein Indikator für den sozialen Charakter der Arbeitsordnung verbunden ist[6], versteht sich fast von selbst.

II. Mitbestimmung bei der Kurzarbeit - Anpassung des Betriebsrats an die Interessen des Arbeitgebers?

Stimmen, die der Mitbestimmung bei der Einführung von Kurzarbeit nur bedingt positiv gegenüber stehen, finden sich allerdings auch

---

1) Ähnlich für die erst durch die Betriebsstillegungen und -einschränkungen der Rezessionsphase 66/67 zutage getretenen Mängel der Mitbestimmung in wirtschaftlichen Angelegenheiten Kehrmann/Schneider BlStSozArbR 72, 60.

2) Vgl. BT-Drucksache VI/1786, Vorblatt.

3) Generell zu den Gründen der soziologischen Legitimation des BetrVG 72 wie stetiger Zurückdrängung der individuellen Arbeitsverträge zugunsten "Allgemeiner Arbeitsbedingungen", Trend der Unternehmen zu innerer Autonomie und Verständniswandel im Verhältnis Arbeitgeber-Arbeitnehmerschaft vgl. Reuter/Streckel S. 12 ff. sowie Reuter JuS 72, 163, jeweils m.w.N.

4) Vgl. Galperin BB 71, 137 (140).

5) Vgl. Galperin Regierungsentwurf S. 31.

6) Vgl. Richardi JbAR Bd. 13, 19 (49).

im gewerkschaftsnahen Schrifttum. Reinhard Hoffmann[1] artikulierte entsprechende Bedenken noch während des BetrVG 52 folgendermaßen: "An den Schnittpunkten zwischen der untersten innerbetrieblichen Ebene und der übergeordneten unternehmensleitenden Ebene muß in dem hier behandelten Rahmen eine direkte Ausdehnung der (innerbetrieblichen) Mitbestimmung überhaupt ausscheiden. Das gilt für ... Massenkündigungen wegen Betriebseinstellung und für große Teile der arbeitstechnischen Organisation, für die Einführung von Kurzarbeit, größere technische Umstellungen, Betriebsänderungen ... Durch einen (allgemeinen) Tarifvertrag kann 'lediglich' ein Einspruchsrecht des Betriebsrats gegen solche schwerwiegenden Entscheidungen der Geschäftsleitung eingeführt werden, entsprechend der Regelung des BetrVG bei weniger einschneidenden Betriebsänderungen... In dem Rahmen der innerbetrieblichen Mitbestimmung würde ein Mehr über den aufschiebenden Einspruch hinaus den Betriebsrat nur mit einer ungerechtfertigten 'unternehmerischen Mitverantwortung' belasten."

Aus diesem rechtspolitischen Ansatz können sich einleuchtende rechtspolitische Argumente gegen das - auch vorliegend verneinte[2] - Initiativrecht des Betriebsrats zur Einführung von Kurzarbeit ergeben. Aus ihr spricht aber auch ein generelles Mißtrauen gegenüber dem Betriebsrat. Hoffmann befürchtet, es könne die Tendenz verstärkt werden, "daß der Betriebsrat sich harmonisch in das bestehende Management einfügt und zwangsläufig an das vorgegebene Herrschaftssystem anpaßt, ohne dessen Prinzip ändern zu können"[3]. Auf ähnlicher Ebene liegen die Befürchtungen der IG Chemie[4] hinsichtlich der Mitarbeit des Betriebsrats in einzelnen sozialen Fragen: "Solche Maßnahmen bringen die Gefahr mit sich, daß manche Betriebsratsmitglieder sich eng mit dem Unternehmen identifizieren und ganz im sozialpartnerschaftlichen Denken verhaftet bleiben. Sie sehen dann nur noch die Teilinteressen des Betriebes, ohne die Gesamtsituation der abhängig Beschäftigten zu berücksich-

---

1) Vgl. Hoffmann S. 32.

2) Vgl. oben S. 118 ff.

3) Vgl. Hoffmann S. 28.

4) Vgl. IG Chemie S. 438; vgl. auch Rose GMH 73, 614 (618).

tigen und schwächen dadurch die gewerkschaftlichen Aktionsvoraussetzungen". Es bestehe die Gefahr, daß man den Betriebsrat zu einer Art Sonderabteilung für Soziales degradiere.

Diese Stellungnahmen spiegeln freilich nicht eine für die Gewerkschaften repräsentative Ablehnung der Mitbestimmung wieder. Distanzierten Auffassungen gegenüber dem Mitbestimmungsrecht bei der Kurzarbeit stehen zahlreiche Äußerungen im gewerkschaftlichen Schrifttum[1] gegenüber, die die Erweiterung der Mitbestimmungsrechte des Betriebsrats im BetrVG 72 und hier auch der Kurzarbeit ausdrücklich begrüßen und darüber hinaus sogar volle Mitbestimmung bei allen wirtschaftlichen, sozialen und personellen Angelegenheiten fordern[2]. Sie steht auch im Gegensatz zum Aktionsprogramm des DGB von 1965[3], wo es heißt: "Mitbestimmung der Arbeitnehmer am Arbeitsplatz, im Betrieb und in der gesamten Wirtschaft muß die politische Demokratie ergänzen. Betriebsräte und Personalräte müssen bei allen wirtschaftlichen, sozialen und personellen Entscheidungen mitbestimmen." Der DGB-Vorschlag zum BetrVG 72, dem es vor allem um die Ausweitung der Mitbestimmungsrechte des Betriebsrats

---

1) Vgl. nur Anders BABl 72, 299 (3o2); Farthmann GMH 72, 4 ff.; ähnlich Heinz S. 44, der darüber hinaus einen weiteren Ausbau der betrieblichen Mitbestimmung fordert (S.45), im Katalog der durch das BetrVG 72 erweiterten Mitbestimmungsrechte nach § 87 eigenartigerweise aber nicht die Einführung von Kurzarbeit nennt (S. 41 ff.); Rose GMH 73, 614 ff.; Schneider BABl 72, 292 (295); Schneider GMH 77, 769 ff.

2) Vgl. Vetter Quelle 72, 435 (437); ähnlich bereits während des BetrVG 52 Müller MitbGespr 64, 82 sowie Radke MitbGespr 64, 54 (58, 6o) und Spieker MitbGespr 62, 181; Vetter erklärte erst kürzlich wieder, die Gewerkschaften sähen Möglichkeiten zur Entwicklung von mehr Arbeitnehmereinfluß "insbesondere ... in den Betrieben als dem Ort, in dem vor allem über die materiellen und immateriellen Arbeitsbedingungen der Arbeitnehmer entschieden wird" (vgl. Frankfurter Rundschau vom 13.9.1978 S. 1); vgl. auch entsprechende Presseberichte in der Süddeutschen Zeitung (S. 2) und der Welt (S. 1) vom gleichen Tage, in denen die zitierte Passage allerdings fehlt. Die Aussparung wirtschaftlicher Mitbestimmung nach dem BetrVG 72 kritisieren gerade für entlassungs- und kurzarbeitsgekennzeichnete Perioden neuestens Benze/Föhr/Kehrmann/Kieser/Lichtenstein/Schwegler/Unterhinninghofen Einl. 7, 12.

3) Vgl. Aktionsprogramm des DGB S. 5.

gegangen war[1], unterwarf der Mitbestimmung in § 56 I a[2]: "Dauer, Beginn und Ende der täglichen Arbeitszeit ... Festsetzung von Kurz- und Mehrarbeit" und reichte erheblich weiter als § 87 I Nr. 2, 3 BetrVG. Schließlich gerät Hoffmann in einen gewissen Widerspruch zu der an anderer Stelle von ihm selbst[3] verteidigten Erweiterung der sozialen Angelegenheiten durch materielle Tatbestände gegenüber kritischen Stellungnahmen Galperins[4] und Richardis[5].

Man mag tatsächlich an Stärke und Unabhängigkeit der Betriebsräte zur Durchsetzung der Arbeitnehmerinteressen in vielen Fällen berechtigte Zweifel hegen[6]. Natürlich sind die Gewerkschaften aufgrund ihrer überbetrieblichen Stellung unabhängiger als die ins Betriebsleben unmittelbar involvierten Betriebsräte[7]. Zu Recht hat das BAG[8] ausgesprochen, die Arbeitnehmerverbände seien zur Sicherung und Besserung der wirtschaftlichen Lage der Arbeitnehmer besser befähigt, als die mitunter abhängigeren und schwächeren Betriebsräte. Ob das freilich soweit führt, daß - wie bisweilen[9] vertreten wird - tarifliche Kurzarbeitsklauseln die Interessen der Arbeitnehmer wegen der unterschiedlichen Machtverhältnisse regelmäßig besser wahren als vom Betriebsrat ausgehandelte Kurzarbeitsbestimmungen, leuchtet nicht ohne weiteres ein. Das hieße nämlich, den tarifvertraglichen Schutz bei der Kurzarbeit von vornherein überzubewerten, ohne daß bewiesen wäre, ob die Tarifverträge diesen Schutz bei der Kurzarbeit zu leisten überhaupt imstande sind[1o]. Nur dann, wenn tarifliche Klauseln

---

1) Vgl. Wiese RdA 73, 1 (3).

2) Vgl. RdA 7o, 237 (244 f.).

3) Vgl. Hoffmann AuR 71, 271 ff.

4) Vgl. Galperin Regierungsentwurf S. 31 ff.

5) Vgl. Richardi DB 71, 621 (624 ff.).

6) Vgl. Säcker AR-Blattei Betriebsvereinbarung III, A 3; Säcker Gruppenautonomie S. 449, jeweils mit Bezugnahme auf die Rechtsprechung.

7) Vgl. Biedenkopf Tarifautonomie S. 3o2; Wlotzke S. 1o5.

8) Vgl. BAG AP Nr. 23 zu § 59 BetrVG 52 (2); AP Nr. 63 zu § 611 BGB Gratifikationen (2).

9) Vgl. Weller S. 185.

1o) Vgl. dazu unten S. 271 ff.

eine hohe Regelungsintensität erreichen, verdienen sie vom Blickwinkel des unabhängigeren Zustandekommens her die Bezeichnung als interessengerechter für den Arbeitnehmer. Im anderen - regelmäßigen - Fall blieben die Arbeitnehmer ohne den Betriebsrat sich selbst und damit der wirtschaftlichen Übermacht des Arbeitgebers überlassen. Gerade bei eng betriebsspezifischen Sachverhalten aber sind Betriebsräte als Ergänzung überbetrieblicher Interessenvertretung nötig. Der Betriebsrat kann hier konkreten sozialen Belangen, denen tarifvertraglich nur abstrakt Rechnung zu tragen ist, Geltung verschaffen[1].

Leminsky[2] weist pointiert darauf hin, daß sich der Betriebsrat bei sozialen Fragen wie der Kurzarbeit an der "Frontlinie des sozialen Konflikts" als erster mit ihnen auseinandersetzen muß. Die Vertretung der Arbeitnehmer im Betrieb ist nun einmal betriebsverfassungsrechtlich in Betriebsrat und Gewerkschaften geteilt und funktionell unterschiedlich bewertet[3]. Der Betriebsrat ist von beiden das bestimmende Organ auf Betriebsebene. Ihm und nicht den Gewerkschaften fallen die betrieblichen Vertretungsrechte der Arbeitnehmer zu; insoweit erfüllen die Gewerkschaften nur eine Art Hilfsfunktion[4]. Folglich muß der Betriebsrat sich dort, wo sich gewerkschaftlich bestimmte Tarifpolitik mangels Betriebsnähe nicht voll zum Schutz der Arbeitnehmer entfalten kann, bewähren. Würde man ihn an dieser Stelle zurückziehen, blieben die Arbeitnehmer in kritischen Fällen ohne Einfluß. Gerade in den beiden zurückliegenden wirtschaftlichen Rezessionsphasen ist aber die hohe praktische Bedeutung des Mitbestimmungsrechts deutlich geworden[5]. Dabei macht sein Einfluß den Betriebsrat aber nicht zum Mitunternehmer, weil die betriebsverfassungsrechtliche Mitbestimmung den unternehmerischen Letztentscheid nicht beseitigt[6] und die Mitbe-

---

1) Vgl. Erdmann AuR 73, 135 (136).

2) Vgl. Leminsky GMH 75, 585 (588).

3) Vgl. Regierungsentwurf BT-Drucksache VI/1786 S. 33 f.; vgl. auch Auffarth Betriebsverfassung V Grundbegriffe, G; Buchner DB 72, 1236; Kraft ZfA 73, 243 (246 ff.); Richardi RdA 72, 8 (9).

4) Vgl. Kraft ZfA 73, 243 (246).

5) Vgl. Wiese Anm. BAG AP Nr. 1 zu § 87 Kurzarbeit (5R).

6) Vgl. oben S.86 ff.

stimmung auch bei der Kurzarbeit keinen Teil unternehmerischer Tätigkeit darstellt.

Daß die durch § 2 I umschriebene Mittlerrolle des Betriebsrats[1] nicht einfach ist, liegt auf der Hand. Dahrendorf[2] hat sie als "Radfahrerstellung" karikiert, in der man sich nach oben duckt, um nach unten zu treten. Der Konflikt zwischen Betriebswohl und Belegschaftsinteresse bedingt grundsätzliche Schwierigkeiten, die oft sogar dazu führen, daß sich - zumal in kleineren und mittleren Betrieben mit stark dominanten Arbeitgebern - niemand findet, die Interessen der Arbeitnehmer im Betrieb zu vertreten[3], obwohl die soziale Schutzfunktion des Betriebsrats in kleinen Betrieben mindestens die gleiche[4], wenn nicht sogar stärkere Bedeutung als in grossen Betrieben hat. Wollte man den Betriebsrat dennoch wegen der Gefahr, in die Abhängigkeit der Gegenseite zu geraten[5] oder als Puffer zur Umsetzung unliebsamer Unterscheidungen mißbraucht zu werden[6], von der Mitbestimmung in materiellen Angelegenheiten fernhalten, würde man ihn, wie Hensche[7] zutreffend warnt, zum Ombudsmann für soziale Fragen abstempeln.

Allerdings liegt ein Hinweis auf eine möglichst kooperative Zusammenarbeit zwischen Betriebsrat und Gewerkschaften nahe. In diesem Zusammenhang kann an Däublers[8] Vorschlag erinnert werden, möglichen Integrationstendenzen mit einer Stärkung der gewerkschaftlichen Organisation zu begegnen und so der Befürchtung[9] entgegenzuwirken, ein allzu kooperationswilliger Betriebsrat könnte vor-

---

1) Vgl. Neumann-Duesberg Betriebsverfassungsrecht S. 438.

2) Vgl. Dahrendorf S. 2oo.

3) Vgl. Krosta ZRP 71, 256 (257); von der relativ schwachen Position der Betriebsräte in Familienunternehmen berichtet Rump S.283.

4) So auch BAG DB 73, 1256.

5) Vgl. Hamann/Lenz Art. 9 Anm. B 8 b aa sowie ausführlich Brock/Hindrichs/Hoffmann/Pöhler/Sund S. 44 ff.

6) Vgl. Kraft ZfA 73, 243 (244) m.w.N.; Leminsky GMH 75,585 (588).

7) Vgl. Hensche GMH 75, 589 (591).

8) Vgl. Däubler Grundrecht S. 39o.

9) Vgl. Simitis/Weiss DB 75, 124o (1247).

schnell Bündnisse mit dem Arbeitgeber eingehen. Oft wird sich dieses Problem dadurch verringern, daß die Gewerkschaften über das ungleich höhere Informationspotential verfügen[1] und die Betriebsräte ohne die Hilfe der Gewerkschaften oft überfordert sind[2]. Zumindest in Großbetrieben scheint eine enge Zusammenarbeit zwischen Betriebsräten und Gewerkschaften inzwischen der Fall zu sein, wenn man bedenkt, daß neueren Presseberichten[3] zufolge in den 24 größten deutschen Unternehmen 734 von 772 Betriebsratsmitgliedern gewerkschaftlich organisiert sind.

---

1) Vgl. in diesem Zusammenhang Seidel S. 121, wonach diese Überlegung als Hauptargument für eine enge Gewerkschaftsbindung von mehrheitlich mit Angestellten besetzten Betriebsräten genannt wurde.

2) Vgl. Leminsky Mitbestimmung S. 45 sowie unten S. 263 f.

3) Vgl. Die Zeit vom 12.1o.1978.

4. Teil Negative Abgrenzung der Mitbestimmungskompetenz

§ 10 Mitbestimmung und Gesetzesvorbehalt (§ 87 I Eingangssatz)

I. Möglichkeiten gesetzlicher Schranken

Die Mitbestimmung bei der Einführung von Kurzarbeit steht nach § 87 I Eingangssatz unter dem Vorbehalt einer anderweitigen gesetzlichen Regelung. Einschlägige Gesetzesnormen, welche sich mit der Kurzarbeit befassen, sind jedoch selten. Insbesondere das in verschiedenerlei Rechtsquellen kodifizierte Arbeitszeitrecht[1] äußert in aller Regel keine Einflüsse auf das Kurzarbeitsrecht. Der Grund liegt darin, daß die in Gesetzen wie AZO, JASchG, MuSchG und GewO enthaltenen Arbeitszeitvorschriften als öffentlich-rechtliche Schutznormen zugunsten der Arbeitnehmer grundsätzlich lediglich Höchstgrenzen der Arbeitszeit festlegen und die Voraussetzungen deren exzeptioneller Überschreitung beschreiben[2]. Die Kurzarbeit als Unterschreitung wie immer festgelegter Grenzen normaler Arbeitszeit bleibt insoweit naturgemäß unberührt. Das geltende Recht kennt auch keine Mindestarbeitszeit[3], vielmehr wird die Dauer der Arbeitszeit kollektiv- oder einzelvertraglich festgelegt[4]. Die Kurzarbeit ist damit grundsätzlich kein Gegenstand des öffentlich-rechtlichen Arbeitszeitschutzes[5].

Speziell die AZO erfaßt entweder nur die Verkürzung der regelmäßigen Arbeitszeit (vgl. § 4 AZO) bzw. deren Verlängerung in Ausnahmefällen (vgl. § 14 AZO). Beide Vorschriften sind daher für die Einführung von Kurzarbeit praktisch nicht einschlägig[6], während bei der Lage der Kurzarbeit beispielsweise die Pausenregelungen des § 12 AZO[7] und des FeiertagslohnzahlungsG zu beachten sind[8].

---

1) Vgl. dazu die Aufstellung bei Röhsler Die Arbeitszeit S. 22 f.

2) Vgl. Hueck/Nipperdey II/2 S. 1362 Fn 8a; Röhsler a.a.O. S. 23; Wiese GK-BetrVG § 87 Rn 69.

3) Vgl. Hueck/Hueck § 19 Rn 5; Maus KSchG § 19 Rn 7.

4) Vgl. Wiese a.a.O.

5) Vgl. Farthmann/Bürger AR-Blattei Arbeitszeit V Kurzarbeit, A III; Fauth AZR S. 8o.

6) So auch BAG AP Nr. 2 zu § 87 BetrVG Kurzarbeit (3).

7) Vgl. Maus KSchG § 19 Rn 13.

8) Vgl. Röhsler Die Arbeitszeit S. 122.

Im übrigen scheidet auch die AZO in aller Regel aus der Betrachtung kurzarbeitsrechtlicher Probleme aus[1].

So kommt als einzige[2] gesetzliche Grundlage für die Einführung von Kurzarbeit § 19 KSchG in Betracht. Danach kann der Arbeitgeber durch das Landesarbeitsamt dazu ermächtigt werden, an Stelle von Massenentlassungen (§ 17 KSchG) während der Dauer der Sperrfrist (§ 18 KSchG) Kurzarbeit einzuführen (§ 19 I KSchG).

Dieser Fall dürfte jedoch nur von geringer praktischer Bedeutung sein[3]. Zwar wird im Schrifttum[4] gerade im Zusammenhang mit § 19 III KSchG das Mitbestimmungsrecht des Betriebsrats für besonders wichtig gehalten; es muß aber bezweifelt werden, ob sich dieses hinreichend oft aktualisieren wird. Die Hauptursache dafür liegt in der Lohnregelung des § 19 II KSchG, wonach der Arbeitgeber hinsichtlich der Kürzung des Arbeitsentgelts an die allgemeinen gesetzlichen Bestimmungen gebunden ist. Aus § 622 BGB ergibt sich für Angestellte eine Kündigungsfrist von 6 Wochen, für Arbeiter eine solche von mindestens 2 Wochen. Zwar zwingt § 19 II KSchG nur zur Beachtung der allgemeinen und nicht auch der besonderen Kündigungsvorschriften, so daß beispielsweise die Bestimmungen des Mutterschutzgesetzes und des Angestelltenkündigungsgesetzes sowie die besonderen Kündigungsvorschriften für Schwerbehinderte und Betriebsratsmitglieder keine Anwendung finden[5]; auch die allgemeinen Kündigungsfristen des § 622 BGB können jedoch zu einer weitreichenden Ausschöpfung der Zweimonatsfrist des § 18 II KSchG führen, die dem Landesarbeitsamt für seine Maßnahmen allein zur

---

1) Vgl. Farthmann/Bürger a.a.O.

2) So Röhsler Die Arbeitszeit S. 119.

3) Ebenso Böhm BB 74, 281, 372 (372 f.); Farthmann/Bürger a.a.O. B V 3; Maus KSchG § 19 Rn 9 Fn 2; Röhsler a.a.O.; v.Stebut RdA 74, 332 (344); ebenso bereits Nikisch I S. 852.

4) Vgl. Galperin/Löwisch § 87 Rn 114; Kammann/Hess/Schlochauer § 87 Rn 83.

5) Allg. Meinung: vgl. Auffarth/Müller § 17 Rn 5; Bähringer/Spiegelhalter S. 21 f.; Böhm DP Gr. 3 S. 586; Farthmann/Bürger a.a.O.; Geyer/Blum S. 1o7 f.; Herschel/Steinmann § 17 Rn 1o; Hueck/Hueck § 19 Rn 19; Rohlfing/Rewolle § 19 Rn 6; Rumpff/Dröge S. 59 f.

Verfügung steht. Dazu kommt, daß gemäß § 19 II KSchG auch die vereinbarten Kündigungsfristen zu beachten sind, die - etwa bei besonderen fachlichen Kenntnissen des einzelnen Arbeitnehmers - gleichfalls den Zeitpunkt hinausschieben können, ab welchem der Arbeitgeber zur Lohnkürzung berechtigt ist[1]. Schließlich können sich aus den einschlägigen Tarifverträgen Regelungen für den Fall der Kurzarbeit ergeben, die gemäß § 19 III KSchG durch die Ermächtigung des Landesarbeitsamts unberührt bleiben[2]. Alle diese Gründe erschweren auch vor Massenentlassungen die betriebseinheitliche Einführung von Kurzarbeit, welche sicherzustellen indessen als Zweck des § 19 KSchG genannt wird[3].

Bezeichnenderweise ist die Mitbestimmung im Fall des § 19 KSchG - soweit ersichtlich - denn auch noch nicht Gegenstand der arbeitsgerichtlichen Rechtsprechung gewesen. Der Beschluß des LAG Düsseldorf/Köln vom 12.4.1973[4] reflektiert diese Norm zwar, untersucht aber nicht, ob die Mitbestimmung bei einer Ermächtigung des Landesarbeitsamts i.S. von § 19 I KSchG entfällt. Gefragt wird in diesem Beschluß nur, ob im Hinblick auf § 19 III KSchG lediglich die Tarifparteien über die allgemeine Regelungsbefugnis verfügen, oder ob auch die Betriebsparteien insoweit kompetent sind. Eine Zulassung der Einführung von Kurzarbeit durch das Landesarbeitsamt war bereits auf Grund des Tatbestandes nicht zu berücksichtigen.

---

1) Vgl. Rohlfing/Rewolle § 19 Rn 7; a.A. Bähringer/Spiegelhalter S. 21. Nur insoweit zutreffend Maus KSchG § 19 Rn 9 Fn 2, wonach der Sinn der Kurzarbeit gem. § 19 KSchG bei "längeren Kündigungsfristen, die über die Sperrfristen hinauslaufen", völlig aufgehoben sein soll; die allgemeinen gesetzlichen Kündigungsfristen schöpfen den Zweimonatszeitraum nämlich nicht gänzlich aus.

2) Soweit Tarifverträge wie etwa § 6 MTV für die Metallindustrie in Rheinland-Pfalz vom 9.9.1959 i.d.F. vom 21.1.1975 die Mitbestimmung im Fall des § 19 KSchG ausschließen, sind die entsprechenden Klauseln unwirksam, vgl. unten S. 312 ff., 337; Tarifverträge, die sich überhaupt mit diesem Mitbestimmungstatbestand befassen, sind jedoch selten, wie Rumpff/Dröge S. 57 zutreffend feststellen.

3) Vgl. Hueck/Hueck § 19 Rn 19.

4) Vgl. LAG Düsseldorf/Köln EzA § 87 BetrVG Nr. 1 (S. 5 f.).

II. Einwirkungen des § 19 KSchG auf die Mitbestimmung

1.) Die beiden Problemkreise

Dennoch findet das Verhältnis zwischen § 87 I Nr. 3 BetrVG und § 19 KSchG im Schrifttum vielfache Beachtung. Dafür sind zwei Problemkreise maßgebend: Erstens könnte § 19 III KSchG eine Zuständigkeitsklausel des Inhalts enthalten, daß nur die Tarifparteien zwingende Vorschriften zur Einführung der Kurzarbeit zu treffen vermögen. Wäre dem so, bliebe die betriebliche Mitbestimmung ohne tarifvertragliche Einräumung des Mitbestimmungsrechts auf den seltenen Fall beschränkt, daß in einem einzelnen Wirtschaftszweig koalitionsfähige Tarifparteien nicht existieren. Zweitens steht zu klären, ob das Mitbestimmungsrecht nach § 87 I Nr. 3 auch dann beachtlich ist, wenn der Arbeitgeber gem. § 19 I KSchG vom Landesarbeitsamt zur Einführung von Kurzarbeit ermächtigt wurde. Beide Problemgruppen hängen eng miteinander zusammen.

2.) Der jeweilige Meinungsstand

a.) Zur Frage des § 19 III KSchG als Zuständigkeitsklausel

Am weitesten geht die Auffassung Säckers[1], gem. § 19 III KSchG könnten ausschließlich die Tarifparteien zwingende Vorschriften zur Regelung von Kurzarbeit treffen. Trotz des Mitbestimmungsrechts nach § 87 I Nr. 3 sei der Betriebsrat dazu nicht in der Lage, weil dieses gem. § 87 I Eingangssatz gegenüber der gesetzlichen Regelung der §§ 19 I, II KSchG subsidiär sei. Dieser engen Grenzen sei sich der Gesetzgeber des BetrVG bei der Schaffung des § 87 I Nr. 3 nicht bewußt gewesen.

Diese Argumentation knüpft an eine während des BetrVG 52 vertretene, allerdings auf den Fall der Ermächtigung durch das Landesarbeitsamt beschränkte Auffassung an. Aus § 19 III KSchG - so die damals wohl h.M.[2] - ergebe sich nämlich der Umkehrschluß, daß

---

1) Vgl. Säcker ZfA 72 (Sonderheft), 41 (49).

2) Vgl. Auffarth/Müller § 17 Rn 3; Hahn S. 45; Hueck KSchG § 19 Rn 6; Söllner Anm. BAG AP Nr. 2 (3R), 3 (3R) zu § 615 BGB; Weller S. 195 f.; a.A. Herschel/Steinmann § 17 Rn 14; Rohwer-Kahlmann § 17 Rn 3.

nur Tarifverträge, nicht aber auch betriebliche Regeln der fraglichen Ermächtigung vorgingen. Allein an dieser und dem einschlägigen Tarifvertrag habe sich der Arbeitgeber - der ja nach überwiegender Auffassung ein Mitbestimmungsrecht bei der Einführung von Kurzarbeit auch außerhalb des KSchG nicht zu beachten hatte[1)] - zu orientieren. Insoweit entgegenstehende Betriebsvereinbarungen waren gegenstandslos. In ähnlich begrenztem Rahmen, nämlich lediglich unter dem Gesichtspunkt der Abdingbarkeit von Betriebsvereinbarungen durch Ermächtigungen nach § 19 I KSchG, wird dieser Umkehrschluß auch heute verbreitet nachvollzogen[2)].

Die Auffassung Säckers ist, soweit sie aus § 19 III KSchG eine über den Fall des § 19 I KSchG hinausgehende, allgemeine gesetzliche Kompetenzbeschneidung zu Lasten der Betriebsparteien folgert, wenig erörtert worden. Unter den Stimmen, die sich mit ihr beschäftigen, ist sie vereinzelt[3)] auf Zustimmung, hauptsächlich jedoch auf Ablehnung gestoßen[4)]. Es wird eingewandt[5)], § 19 KSchG behandele nur die öffentlich-rechtlichen Vorschriften über die Zulässigkeit von Kurzarbeit und gewähre in diesem Rahmen bestehenden Tarifklauseln den Vorrang vor der in § 19 II KSchG festgelegten Regelung über die Durchführung der Kurzarbeit; § 19 III KSchG wolle demnach nur den Vorrang tariflicher Regelungen gegenüber der dem Arbeitgeber im Rahmen der §§ 19 I, II KSchG erteilten Ermächtigung zur Einführung von Kurzarbeit sicherstellen[6)]. Die Vorschrift normiere also nur eine Schranke für die Befugnisse des Landesarbeitsamts, ohne eine abschließende Regelung aller

---

1) Vgl. oben S. 34 ff.

2) Vgl. Hueck/Hueck § 19 Rn 8; Maus KSchG § 19 Rn 14 a; Rohlfing/Rewolle § 19 Rn 9; einschränkend, nämlich nur für der Ermächtigung durch das Landesarbeitsamt zeitlich vorgehende Betriebsvereinbarungen v.Stebut RdA 74, 332 (344); unklar Rumpff/Dröge S. 57.

3) Vgl. Kunst S. 39 Fn 3.

4) Vgl. LAG Düsseldorf/Köln EzA § 87 BetrVG Nr. 1 (S. 5 f.); Farthmann RdA 74, 65 (70); Farthmann/Bürger AR-Blattei Arbeitszeit V Kurzarbeit, B III 2; Wiese GK-BetrVG § 87 Rn 82 a.

5) Vgl. LAG Düsseldorf/Köln a.a.O.

6) So ferner Farthmann a.a.O.; Farthmann/Bürger a.a.O.

denkbaren Fälle von Kurzarbeit in dem Sinne treffen zu wollen, daß Kurzarbeit nur nach Abs. 1 durch das Landesarbeitsamt oder nach Abs. 3 durch Tarifvertrag zugelassen werden dürfe[1].

b.) Zum Bestand des Mitbestimmungsrechts im Fall der Ermächtigung des Landesarbeitsamts (§ 19 I KSchG)

Kontrovers erörtert wird im Schrifttum die Frage, ob die Ermächtigung des Landesarbeitsamts gem.§ 19 I KSchG dem Mitbestimmungsrecht auch bei der Einführung von Kurzarbeit gem. § 87 I Nr. 3 den Boden entzieht. Das Meinungsspektrum spaltet sich in zwei etwa gleich große Blöcke. Dogmatische Begründungen der jeweiligen Ergebnisse fehlen oft.

Diejenigen, die das Mitbestimmungsrecht des Betriebsrats nach § 87 I Nr. 3 durch die Ermächtigung des Landesarbeitsamts als nicht verdrängt erachten[2], argumentieren überwiegend[3] mit der Überlegung, der Arbeitgeber sei trotz der Ermächtigung des Landesarbeitsamts in seiner Entscheidung zur Einführung von Kurzarbeit frei. Da durch die Zulassung dem Arbeitgeber lediglich ein Gestaltungsrecht zur einseitigen Umgestaltung der Arbeitsverträge eingeräumt, nicht aber bereits eine Regelung getroffen werde, verbleibe es bei dem Mitbestimmungsrecht des Betriebsrats[4]. Eine nur zur Regelung ermächtigende, nicht aber selbst den konkreten Fall regelnde Gesetzesnorm genüge nämlich nicht für den Gesetzesvorbehalt des § 87 I Eingangssatz[5]. Schon insoweit, als

---

1) Vgl. Farthmann a.a.O.; Farthmann/Bürger a.a.O.

2) Vgl. Auffarth AR-Blattei Betriebsverfassung XIV B, II 3; Etzel Betriebsverfassungsrecht S. 139; Farthmann RdA 74, 65 (69 f.); Farthmann/Bürger AR-Blattei Arbeitszeit V Kurzarbeit, B V 3; Fitting/Auffarth/Kaiser § 87 Rn 27 a; Galperin/Löwisch § 87 Rn 114; Gnade/Kehrmann/Schneider § 87 Rn 17; Kammann/Hess/Schlochauer § 87 Rn 83; Lappe JbAR Bd. 16, 55 (65); Stahlhacke HzA Gr. 19 S. 289; Staudacher HBV Gr. 4 S. 66; v.Stebut RdA 74, 332 (343 ff.); Wiese GK-BetrVG § 87 Rn 82 a; Zachert Anm. BAG MitbGespr 75, 54 (56); wohl auch Weiss Betriebsverfassungsgesetz S. 243; offen gelassen von Schaub S. 684.

3) Vgl. Farthmann/Bürger a.a.O.; Gnade/Kehrmann/Schneider a.a.O.; v. Stebut a.a.O.; Wiese a.a.O.

4) Vgl. Wiese a.a.O.

5) Vgl. v.Stebut RdA 74, 332 (345).

die an einzelne Voraussetzungen geknüpfte Ermächtigung des Landesarbeitsamts dem Arbeitgeber einen Gestaltungsfreiraum belasse, müsse das Mitbestimmungsrecht bestehen bleiben[1]. Obgleich die Mitbestimmung des Betriebsrats möglicherweise arbeitsmarktpolitische Absichten des Landesarbeitsamts zu durchkreuzen imstande sei, komme eine teleologische Interpretation des § 87 I Nr. 3 dahingehend, dem Arbeitgeber müsse in derartigen Fällen die Alleinentscheidung überlassen bleiben, deshalb nicht in Betracht, weil die Mitbestimmung des Betriebsrats grundsätzlich immer erforderlich sei; wenn die Einführung von Kurzarbeit nach der unternehmerischen Entscheidung des Arbeitgebers sinnvoll sei, bedürfe diese zu ihrer Wirksamkeit wie jede andere Maßnahme nach § 87 I Nr. 3 der Zustimmung des Betriebsrats[2]. Schließlich sei das fragliche Mitbestimmungsrecht auch deshalb gegeben, weil sonst gerade die besonders brisanten Fälle von der Mitbestimmung ausgespart blieben[3].

Die Gegenstimmen[4] betonen hauptsächlich den Vorrang der Ermächtigung des Landesarbeitsamts vor dem Mitbestimmungsrecht des Betriebsrats. Dieser soll teils[5] aus der schlicht als Sonderregelung bezeichneten Vorschrift des § 19 KSchG resultieren, teils[6] aus dem Gesetzesvorbehalt des § 87 I Eingangssatz bzw. der Regelung des § 19 III KSchG[7], aus welcher sich der Gegenschluß ergebe,

---

1) Vgl. v. Stebut a.a.O.

2) Vgl. v. Stebut a.a.O. (S. 345 f.).

3) Vgl. Galperin/Löwisch § 87 Rn 114.

4) Vgl. Bähringer/Spiegelhalter S. 20; Becker-Schaffner BlStSozArbR 75, 17 (18); Böhm DP Gr. 3 S. 586; ders. BB 74, 281, 372 (284); Hanau BB 72, 499 (5oo); v.Hoyningen-Huene Billigkeit S. 183; Maus KSchG § 19 Rn 9 ff. (jedoch nicht hinsichtlich der Verteilung der Kurzarbeit); Rohlfing/Rewolle § 19 Rn 9; Rumpff/Dröge S. 58; Säcker ZfA 72 (Sonderheft), 41 (49); Schmidt AR-Blattei Kündigungsschutz II, B II 7; Stege/Weinspach S. 295; Sturn AuS 75, 189 (19o); wohl auch Geyer/Blum S. 1o7; Hueck/Hueck § 19 Rn 8; Bürger/Oehmann/Stubing HwbAR Stichwort "Massenentlassungen" S. 8; Maus/Schmidt § 29 Rn 76 f.; Niemann BlStSozArbR 74, 33 (34); Röhsler Die Arbeitszeit S. 119 f.; Wilrodt/Neumann § 12 Rn 68.

5) Vgl. Becker-Schaffner a.a.O.; Hanau a.a.O.

6) Vgl. Bähringer/Spiegelhalter a.a.O.; Säcker a.a.O.; Schmidt a.a.O. Sturn a.a.O.

7) Vgl. Stege/Weinspach a.a.O.; ähnlich Schmidt a.a.O.

der Arbeitgeber habe nicht auch die Mitbestimmung des Betriebsrats zu beachten. Dem Betriebsrat sei verwehrt, die arbeitsmarktpolitischen Entscheidungen der zuständigen Arbeitsbehörde zu unterlaufen[1]. Hier handle es sich lediglich um eine Milderung der an sich bestehenden Möglichkeit zur Genehmigung einer Verkürzung der Sperrfrist, wobei allein das Landesarbeitsamt "verfügungsbefugt" sei[2].

3.) Kein Verlust des Mitbestimmungsrechts

a.) Wirkung und Inhalt der Ermächtigung des Landesarbeitsamts

Eine befriedigende Antwort auf die Frage nach dem Verhältnis zwischen § 87 I Nr. 3 und § 19 KSchG hat sich zunächst am normativen Gehalt der letztgenannten Vorschrift zu orientieren.

Die Ermächtigung des Landesarbeitsamts gem. § 19 I KSchG kommt nur in engen Grenzen, nämlich als Ersatz für eine allein auf §§ 17 f. KSchG beruhende Kündigungssperre in Betracht[3]. Sie stellt einen privatrechtsgestaltenden Verwaltungsakt dar[4]. Mit ihr erlangt der Arbeitgeber ein Gestaltungsrecht zur einseitigen Umgestaltung der Arbeitsverträge[5].Die Zulassung begünstigt den Arbeitgeber insofern, als sie arbeitsvertragliche Hindernisse überwindet und insbesondere eine Änderungskündigung zum Zwecke der Herabsetzung des Lohnes überflüssig macht. Sie benachteiligt die Arbeitnehmer insofern, als es auf deren Willen bei der Einführung von Kurzarbeit im Rahmen des § 19 KSchG nicht ankommt; sind Arbeitnehmer mit der verkürzten Arbeitszeit nicht einverstanden, bleibt ihnen nur die Auflösung ihres Arbeitsverhältnisses unter Einhaltung der Kündigungsfrist übrig[6].

---

1) Vgl. Böhm DP Gr. 3 S. 586.

2) Vgl. Böhm BB 74, 281, 372 (284).

3) Vgl. Böhm a.a.O.

4) Vgl. Auffarth/Müller § 19 Rn 6; Herschel/Steinmann § 17 Rn 5; Bürger/Oehmann/Stubing HwbAR Stichwort "Massenentlassungen" S. 7; Röhsler Die Arbeitszeit S. 119; v.Stebut RdA 74, 332(344).

5) Vgl. Wiese GK-BetrVG § 87 Rn 82 a.

6) Vgl. Auffarth/Müller § 17 Rn 2; Maus KSchG § 19 Rn 1o.

Die Ermächtigung dient dazu, bei bevorstehenden Massenentlassungen dem Arbeitgeber den Ausgleich des verminderten Arbeitskräftebedarfs[1] und eine Entlastung bezüglich der Lohnkosten zu ermöglichen[2]; an Stelle der sofortigen Entlassung eines Teils der Arbeitnehmer kann durch Arbeitsstreckung für alle Arbeitnehmer die Beendigung des Arbeitsverhältnisses hinausgeschoben werden[3]. Sie wird damit begründet[4], die Behörde sei auf Grund ihrer Zuständigkeit auf dem Gebiet der produktiven Arbeitsbeschaffung in der Lage, geeignete Maßnahmen zur Verhinderung der Stillegung des Betriebes und zur Erhaltung der Vollbeschäftigung zu treffen. Die Arbeitsämter sollten Zeit gewinnen, um die von Entlassungen betroffenen Arbeitnehmer anderweitig unterzubringen[5].

Unstreitig[6] kann das Landesarbeitsamt seine Ermächtigung modifizieren, das Ausmaß der Kurzarbeit begrenzen und so den Gestaltungsspielraum des Arbeitgebers einschränken. Die Kurzarbeit kann in beliebigem zeitlichem und personellen Umfang zugelassen werden. Entfallen die Gründe für ihre Einführung, kann der Verwaltungsakt wieder aufgehoben werden[7]. Unstreitig ist weiter[8], daß die Zulassung den Arbeitgeber nicht dazu verpflichtet, nun auch tatsächlich Kurzarbeit einzuführen. Er ist lediglich dazu ermächtigt, nicht aber an die Anordnung gebunden und in seiner Entscheidung, Kurzarbeit einzuführen oder dies zu unterlassen, von ihr unabhängig.

---

1) Vgl. Röhsler a.a.O.

2) Vgl. Hueck/Hueck § 19 Rn 1.

3) Vgl. v.Stebut a.a.O.

4) Vgl. Rohlfing/Rewolle § 19 Rn 2.

5) Vgl. Auffarth/Müller § 15 Rn 2, die in der Schonung des Arbeitsmarktes vor plötzlichen Entlassungen das Hauptziel der §§ 17 ff. KSchG sehen.

6) Vgl. Herschel/Steinmann § 17 Rn 5; Hueck/Hueck § 19 Rn 5; Bürger/Oehmann/Stubing HwbAR Stichwort "Massenentlassungen" S. 8; Maus KSchG § 19 Rn 5 f.; Rohlfing/Rewolle § 19 Rn 2; Rumpff/Dröge S. 55.

7) Insoweit einschränkend Rumpff/Dröge a.a.O.

8) Vgl. Auffarth/Müller § 17 Rn 3; Bähringer/Spiegelhalter S.2o; Böhm DP Gr. 3 S. 586; Geyer/Blum S. 1o7; Herschel/Steinmann a.a.O.; Hueck/Hueck § 19 Rn 6; Bürger/Oehmann/Stubing HwbAR a.a.O. S. 7; Maus KSchG § 19 Rn 1o; Rumpff/Dröge S. 57 f. sowie die oben S. 169 Fn 2 Genannten.

b.) Zur Nachordnung des Mitbestimmungsrechts

aa.) Keine Mißachtung arbeitsmarktpolitischer Ziele

Diejenigen, die das fragliche Mitbestimmungsrecht mit der Begründung ablehnen, die Einflußnahme des Betriebsrats vermöge das Erreichen der mit der Ermächtigung zur Einführung von Kurzarbeit verbundenen arbeitsmarktpolitischen Ziele des Landesarbeitsamts zu verhindern[1], können sich auf die verbreitete Meinung stützen, wonach der Kündigungsschutz im Rahmen der Massenentlassungen nach §§ 17 f. KSchG arbeitsmarktpolitischen Zwecken und nicht dem Schutz der Arbeitnehmer dient[2]. Demgemäß läßt sich mit einiger Berechtigung argumentieren[3], auch die Ermächtigung zu der den Massenentlassungen vorgeschalteten bzw. in der Zweimonatsfrist des § 18 II KSchG die Massenentlassungen ersetzenden Kurzarbeit erfülle die arbeitsmarktpolitische Aufgabe, Arbeitslosigkeit zu verhüten und Arbeitsplätze zu erhalten.

Letzteres bedarf jedoch der Einschränkung. Während der genannten Zweimonatsfrist - innerhalb deren allein die Einflußmöglichkeit des Landesarbeitsamts besteht - ist das Landesarbeitsamt darin frei, wie es sich verhält und welche Maßnahmen es ergreift. Die Arbeitsbehörde hat als weitestgehendes Mittel die Möglichkeit, Entlassungen und jegliche Änderungen des Arbeitsvertrages zu untersagen. Sie kann gerade damit in dem ihr zu Verfügung stehenden Zeitraum Schritte zu einer Funktionsstärkung des Arbeitsmarktes unternehmen. Demgegenüber erscheint die Ermächtigung zur Einführung von Kurzarbeit nur bedingt auf die Erreichung dieses arbeitsmarktpolitischen Zieles abzustellen, weil bei der Kurzarbeit gemäß § 19 I KSchG Entlassungen zunächst nicht stattfinden. Hier handelt es sich lediglich um eine Milderung der an sich bestehenden Möglichkeit zur Genehmigung einer Verkürzung der Sperrfrist[4].

---

1) Vgl. die Nachweise oben S. 17o f.

2) Allg. Auffassung: vgl. Auffarth/Müller § 15 Rn 2; Bleistein Kündigung Rn 353; Böhm BB 74, 281, 372 (283) m.w.N.; Hueck/Hueck § 17 Vorb. 4.

3) Vgl. v.Stebut RdA 74, 332 (345).

4) Insoweit zutreffend Böhm BB 74, 281, 372 (284).

Das Ziel, Zeit zur Vermittlung freiwerdender Arbeitskräfte zu gewinnen, wird durch die Ermächtigung zur Einführung von Kurzarbeit also gar nicht verfolgt; dies ist anders allenfalls in Fällen dramatisch zugespitzter wirtschaftlicher Schwierigkeiten eines Betriebes, bei denen die Ausschöpfung der Sperrfrist unvertretbar, andererseits der plötzlichen Massenarbeitslosigkeit gezielt zu begegnen wäre.

Gerade auf Grund des § 19 KSchG ist das Landesarbeitsamt auch gar nicht in der Lage, ungehindert Arbeitsmarktpolitik zu betreiben. Vielmehr ist auch an den Vorrang des Tarifvertrages gem. § 19 III KSchG, der solche Ziele blockieren kann, und an den bereits genannten[1], von Rücksichtnahme auf den Arbeitsmarkt ganz unabhängigen Zweck des § 19 KSchG zu erinnern, dem Arbeitgeber durch die Ermächtigung zur Kurzarbeit einen Teil der Lohnlast abzunehmen. § 19 KSchG kann also jedenfalls nicht ausschließlich unter arbeitsmarktpolitischen Gesichtspunkten gesehen werden.

Gegen deren Überbetonung und die Folgerungen einer solchen Betrachtungsweise, nur das Landesarbeitsamt für "verfügungsbefugt" zu halten, spricht auch, daß die moderne Arbeitsmarktpolitik darauf abzielt, durch Kurzarbeit Entlassungen zu verhindern[2]. Genau dies erreicht die Ermächtigung zur Einführung von Kurzarbeit gem. § 19 I KSchG im Endergebnis nicht, weil sie wegen der zeitlichen Begrenzung der "Verfügungsmacht" des Landesarbeitsamts Entlassungen lediglich aufschieben,nicht aber verhindern kann. Mehr noch: im Fall normaler Kurzarbeit ohne drohende Massenentlassungen hat die Arbeitsbehörde keine, der Betriebsrat gem. § 87 I Nr. 3 aber weitreichende Kompetenzen, um ihre Einführung zu unterbinden. Man fragt sich, wieso der Betriebsrat in diesen bei weitem überwiegenden und oft lang anhaltenden Fällen Einfluß auf die Arbeitsmarktpolitik haben soll, nicht aber in den Fällen, in welchen von vornherein höchstens zwei Monate Zeit zur Einflußnahme bestehen

---

1) Vgl. oben S. 172.

2) Vgl. Böhm BB 74, 281, 372 (373) mit zutreffendem Verweis auf § 63 I AFG, wo die Gewährung von Kurzarbeitergeld von der Erhaltung der Arbeitsplätze abhängig gemacht wird.

und arbeitsmarktpolitische Zwecke ohnedies nur begrenzt, auf Grund des Tarifvorranges in § 19 III KSchG möglicherweise gar nicht verfolgt werden können.

bb.) Zur Ausschaltung der Mitbestimmung auf Grund des Gesetzesvorranges (§ 87 I Eingangssatz)

Trotz all dieser Einwände könnte sich der Betriebsrat allerdings nicht auf sein Mitbestimmungsrecht berufen, wenn die Bestimmungen des § 19 KSchG als gesetzliche Regelung i.S. von § 87 I Eingangssatz und die Mitbestimmung nach § 87 I Nr. 3 demgemäß als subsidiär anzusehen wären. Wie in Literatur[1] und Rechtsprechung[2] zutreffend bemängelt wird, scheint der Gesetzgeber dieses Problem nicht gesehen zu haben, nachdem sich in den Materialien keine Indizien für dessen Erörterung im Laufe des Gesetzgebungsverfahrens finden. An dieser Stelle entscheidet sich allerdings, welche der beiden Regelungen den Vorrang hat. Wenn die Ermächtigung des § 19 KSchG als Sonderregelung vorgehen soll, kann dies nur auf Grund der Vorrangregelung des § 87 I Eingangssatz geschehen.

Nach dem Wortlaut des Eingangssatzes sind die Mitbestimmungsrechte in sozialen Angelegenheiten nur gegeben, "soweit eine gesetzliche ... Regelung nicht besteht". § 19 KSchG enthält jedoch keine Regelung, durch welche Kurzarbeit angeordnet würde. Hier wird lediglich dem Landesarbeitsamt die Befugnis eingeräumt, dem Arbeitgeber die Einführung von Kurzarbeit zu gestatten. Kurzarbeit im Fall des § 19 KSchG wird also nicht durch, sondern auf Grund eines Gesetzes und der darin enthaltenen Ermächtigung eingeräumt, die auszunutzen dem Arbeitgeber freisteht.

Das BAG[3] hat durch Gesetz eingeräumte bloße rechtliche Gestaltungsmöglichkeiten grundsätzlich nicht als gesetzliche Regelungen

---

1) Vgl. Böhm BB 74, 281, 372 (281 Fn 2); Säcker ZfA 72 (Sonderheft), 41 (49 Fn 31); v.Stebut RdA 74, 332 (345).

2) Vgl. LAG Düsseldorf/Köln EzA § 87 BetrVG Nr. 1 (S. 5 f.).

3) Vgl. BAG AP Nr. 1 zu § 87 BetrVG Werkmietwohnungen (2); zur Diskussion beim Tarifvorbehalt vgl. unten S. 321 f.

von Mitbestimmungstatbeständen anerkannt, weil der soziale Schutzzweck der Mitbestimmungsrechte nur durch eine die sachliche Substanz selbst regelnde gesetzliche Norm verdrängt werde. Ähnlich wird speziell § 19 KSchG im Schrifttum[1] deshalb nicht als gesetzliche Regelung i.S. von § 87 I Eingangssatz angesehen, weil die Vorschrift nur zu einer Regelungsermächtigung des Arbeitgebers führt.

Hier ist indessen Zurückhaltung geboten. Maßgeblich für die Beurteilung des Gesetzesvorbehalts kann nicht sein, ob die Einschränkung des Mitbestimmungsrechts durch oder nur auf Grund eines Gesetzes erfolgt. Denn auch Verwaltungsakte, die auf Grund gesetzlicher Vorschriften ergehen, stehen in ihrer Wirkung einer gesetzlichen Regelung gleich und schränken die Befugnisse der Betroffenen ein[2]. Jedes andere Ergebnis wäre unsinnig, weil gesetzliche Normen nicht alle Sachverhalte konkret im voraus regeln können und die Einzelbeurteilung deshalb notwendigerweise häufig exekutiven Organen überlassen müssen. Diese Zusammenhänge würde man außer acht lassen, wenn man lediglich darauf abstellte, ob die mitbestimmungsbeschränkende Norm durch ein Gesetz selbst oder nur durch eine Maßnahme auf Grund eines Gesetzes erfolgt ist. Vielmehr wirken auch Einschränkungen auf Grund behördlicher Befugnisse auf die Mitbestimmung des Betriebsrats zurück[3].

Eine gegenteilige Sicht würde zu dem schwer verständlichen Ergebnis führen, daß § 19 KSchG völlig aus dem Regelungsfeld des § 87 I Nr. 3 ausschiede. Es wäre dann zu fragen, welchen Sinn § 19 KSchG überhaupt noch haben könnte, wenn der Betriebsrat jeglichen Entscheid der Arbeitsbehörde ignorieren könnte. Allenfalls in betriebsratslosen Betrieben könnte die Norm dann noch Anwendung finden. Zwar bleibt - wie bereits erwähnt[4] - unbefriedigend, daß der arbeitsmarktpolitische Zweck des § 19 KSchG nur in geringem Umfang durch die Mitbestimmung nach § 87 I Nr. 3 tangiert

---

1) Vgl. die Nachweise oben S. 169 Fn 4, 5.

2) Vgl. Fitting/Auffarth/Kaiser § 87 Rn 1o; Wiese 25 Jahre BAG S. 665 (679).

3) Vgl. Wiese a.a.O.

4) Vgl. oben S. 173 ff.

werden kann. Dennoch läßt sich der Vorrang des § 19 KSchG nicht einfach mit der Erwägung aufheben, der Gesetzgeber habe das gesamte Problem nicht erkannt. Da beide Vorschriften einander nicht ausschließen, kommt eine korrigierende Interpretation nicht in Betracht. Man wird sich mit der Erkenntnis abfinden müssen, daß § 19 KSchG zwar mit dem BetrVG 52 - jedenfalls in der damals herrschenden Interpretation[1], die kein Mitbestimmungsrecht bei der Einführung von Kurzarbeit kannte - harmonierte, im Verhältnis zu dem zeitlich später erlassenen § 87 I Nr. 3 aber gesetzestechnisch unbedacht ist.

Dennoch kann auch die hier befürwortete Respektierung des Gesetzesvorbehalts nicht dazu führen, daß die Ermächtigung des Landesarbeitsamts nunmehr einen völligen Ausschluß der Mitbestimmung nach § 87 I Nr. 3 bewirkte. Dieser ist nach dem Wortlaut des § 87 I Eingangssatz nämlich nur gegeben, soweit die gesetzliche oder auf Grund eines Gesetzes verfügte Regelung reicht[2]. Die Mitbestimmung ist danach nur ausgeschlossen, wenn eine allgemeine gesetzliche Verpflichtung durch einen behördlichen Akt soweit konkretisiert ist, daß der Arbeitgeber nichts mehr regeln kann, sondern nur noch die Anordnung zu vollziehen hat[3]. Soweit die behördliche Anordnung hingegen einen Regelungsspielraum beläßt, gebieten der Schutz- und insbesondere auch der Teilnahmezweck des § 87 I Nr. 3[4] die mitbestimmungsrechtliche Mitgestaltung des Betriebsrats.

Dies bedeutet konkret, daß der Betriebsrat trotz Ermächtigung des Landesarbeitsamts bei der Einführung von Kurzarbeit mitzubestimmen hat, weil damit die Anordnung von Kurzarbeit selbst noch nicht präjudiziert ist[5]; das "Ob" der Einführung von Kurzarbeit ist in jedem Fall nicht einseitig vom Arbeitgeber zu entscheiden. Der Betriebsrat muß aber die Modifikationen zu der fraglichen

---

1) Vgl. oben S. 34 ff.

2) Vgl. dazu unten S. 189 f.

3) Vgl. <u>Wiese</u> 25 Jahre BAG S. 665 (679).

4) Vgl. dazu im einzelnen zuvor S. 68 ff.

5) Vgl. oben S. 172.

Ermächtigung berücksichtigen. Er kann also Einfluß darauf nehmen, in welchem Umfang die Ermächtigung ausgenutzt und die Verkürzung der Arbeitszeit herbeigeführt werden soll[1]. Er kann aber nicht den durch die Ermächtigung gezogenen Rahmen überschreiten und sich beispielsweise zu einer Ausdehnung des von der Ermächtigung festgelegten Personenkreises durch normativ wirkende Betriebsvereinbarung bereiterklären. Er kann hingegen der vorzeitigen Beendigung der Kurzarbeit i.S. von § 19 KSchG zustimmen, weil dies eine Frage der Ausnutzung des behördlich eingeräumten Gestaltungsrahmens darstellt.

cc.) Keine Ausschaltung des Mitbestimmungsrechts auf Grund des § 19 III KSchG

Etwas anderes folgt auch nicht aus der Berücksichtigung der Regelung des § 19 III KSchG, aus der ein Gegenschluß den Vorrang der Zulassung des Landesarbeitsamts ergeben soll[2].

Nach § 19 III KSchG werden tarifliche Kurzarbeitsbestimmungen durch die Zulassung des Landesarbeitsamts gem. § 19 I KSchG nicht berührt. Daraus läßt sich mit einer weitverbreiteten Meinung[3] aber allenfalls schließen, daß im Gegensatz zu Tarifverträgen jedenfalls Betriebsvereinbarungen durch die Ermächtigung des Landesarbeitsamts verdrängt werden sollen, was noch dazu notwendigerweise nur für bestehende und nicht auch nachfolgende Betriebsvereinbarungen gelten kann. Nach dem Wortlaut des § 19 III KSchG "werden" Tarifregelungen durch die Ermächtigung nicht berührt; die Vorschrift wendet sich also an das Landesarbeitsamt[4] und nicht an Dritte wie etwa die Tarifparteien. Das Landesarbeitsamt kann bei seiner Zulassung von Kurzarbeit aber nur bereits geltende Tarifklauseln beachten und nicht auch künftige Tarifabsprachen, deren Inhalt völlig ungewiß ist. Nur auf dieser im Gesetz zum

---

1) Ebenso Farthmann RdA 74, 65 (7o).

2) So aber die oben S. 17o Fn 7 genannte Literaturmeinung.

3) Vgl. die Nachweise oben S. 167 Fn 2, 168 Fn 2.

4) So auch Farthmann RdA 74, 65 (7o); a.A. Kehrmann AuR 67, 193 (198).

Ausdruck kommenden Basis kann auch ein Umkehrschluß bezüglich einer Betriebsvereinbarung stattfinden. Aus § 19 III KSchG kann daher allenfalls für bestehende, nicht aber auch der Zulassung zeitlich nachfolgende Betriebsvereinbarungen etwas hergeleitet werden, wobei das Gestaltungsrecht älteren Regelungen schon deshalb vorgehen muß, weil es sonst völlig wirkungslos wäre[1].

Skepsis gegen einen mitbestimmungsverdrängenden Umkehrschluß aus § 19 III KSchG erweckt weiter, daß damit die Kurzfristigkeit der Kurzarbeit übersehen wird. Betriebsvereinbarungen dürften kaum im Vorgriff auf zu erwartende Kurzarbeit abgeschlossen werden; sie dienen vielmehr zur flexiblen Sozialgestaltung ad hoc auf Grund der unmittelbaren Sachnähe der Betriebsparteien. Sind demnach aber nur aktuelle und nicht vorsorgliche Betriebsvereinbarungen sinnvoll, fragt man sich, wieso die Zulassung des Landesarbeitsamts gemäß § 19 I KSchG an solche Betriebsvereinbarungen theoretisch überhaupt soll gebunden werden müssen. Die Erwähnung eines Vorbehalts zugunsten der Betriebsvereinbarung in § 19 III KSchG wäre also überflüssig, aus der Nichterwähnung ist folglich nichts herzuleiten.

Die Konsequenz der hier vertretenen Auffassung, daß Betriebsvereinbarungen über die Einführung von Kurzarbeit trotz erfolgter Zulassung durch die Arbeitsbehörde möglich sind, wird durch eine weitere Überlegung gestützt. Wenn § 19 III KSchG sich lediglich an das Landesarbeitsamt wendet und diesem folglich auch nur vorschreibt, daß es sich nicht über tarifliche Kurzarbeitsklauseln hinwegsetzen darf[2], normiert die Vorschrift nur eine Grenze für die Befugnisse der Arbeitsbehörde, nicht aber auch für diejenigen der Betriebsparteien; deren Regelungsmacht wird durch § 87 I Eingangssatz - i.V. mit §§ 19 I, II KSchG, wenn es um den Gesetzesvorbehalt geht - abgesteckt. § 19 III KSchG trifft daher gar keine Regelung aller(auch der nicht von § 19 KSchG erfaßten)Fälle

---

1) Vgl. v.Stebut RdA 74, 332 (344).

2) Vgl. LAG Düsseldorf/Köln EzA § 87 BetrVG Nr. 1 (S. 6); Farthmann RdA 74, 65 (7o); Farthmann/Bürger AR-Blattei Arbeitszeit V Kurzarbeit, B III 2; Hueck/Hueck § 19 Rn 9.

von Kurzarbeit[1], sondern beschränkt sich auf die öffentlich-rechtlichen Vorschriften über die Zulässigkeit von Kurzarbeit[2] und bindet deren Anwendung an den Vorrang des Tarifvertrages. § 19 III KSchG erfüllt aber keine kompetenzabgrenzende Funktion zwischen Tarif- und Betriebsparteien.

4.) Folgerungen

Die Mitbestimmung des Betriebsrats ist Wirksamkeitsvoraussetzung auch dann, wenn der Arbeitgeber nach Ermächtigung des Landesarbeitsamts gem. § 19 I KSchG Kurzarbeit anordnen will. Nicht anders als bei normaler Kurzarbeit, die nicht mit Massenentlassungen im Zusammenhang steht, hat der Betriebsrat darüber mitzubestimmen, ob Kurzarbeit für den jeweiligen Betrieb aufgrund dessen jeweiliger Lage eingeführt werden soll. Die Mitbestimmung kommt allerdings so weit nicht zum Zuge, als die Ermächtigung des Landesarbeitsamts inhaltlich reicht; diese geht der Mitbestimmung als gesetzlicher Regelung i.S. von § 87 I Eingangssatz vor. Auch § 19 III hindert nicht die betriebliche Mitbestimmung und stellt insbesondere keine allgemeine Kompetenzgrenze des Inhalts dar, daß nur die Tarifparteien hinsichtlich der Kurzarbeit regelungsbefugt seien. § 19 III KSchG begrenzt lediglich die Befugnisse des Landesarbeitsamts. Die Regelungsmacht der Betriebs- gegenüber den Tarifparteien wird durch § 87 I Eingangssatz bestimmt.

---

1) So auch Farthmann a.a.O.; Farthmann/Bürger a.a.O.

2) So auch LAG Düsseldorf/Köln a.a.O.

§ 11 Keine Mitbestimmung bei vollständiger Tarifklausel (§ 87 I Eingangssatz)

Mit dem soeben Gesagten ist die wichtige Rolle des § 87 I Eingangssatz bereits beleuchtet worden. Die Vorschrift ordnet die Mitbestimmung bei der Einführung von Kurzarbeit aber nicht nur dem Primat anderweitiger gesetzlicher Regelungen unter, sondern stellt sie auch unter den Vorbehalt, daß im konkreten Fall keine Tarifklausel einschlägig ist. Das bedeutet, daß die Mitbestimmung nur zum Zuge kommen soll, soweit überbetrieblich vereinbarte Kollektivnormen fehlen. Der Tarifvertrag genießt den Regelungsvorrang vor der Betriebsvereinbarung; die Mitbestimmung entfällt, wenn § 87 I Eingangssatz eingreift. Wenigstens darüber besteht im Rahmen des Tarifvorrangrechts Einigkeit im Schrifttum.

I. Inhaltliche oder institutionelle Abgrenzung nach § 87 I Eingangssatz?

Die Auseinandersetzungen beginnen mit der Frage, auf welche Weise die Mitbestimmungskompetenz durch § 87 I Eingangssatz beschnitten wird. Zwei Wege bieten sich dafür an: Man kann die "soweit"-Regelung des § 87 I Eingangssatz materiell, d.h. im Hinblick auf ihren Inhalt verstehen; dann entfällt die Mitbestimmung bei Vollständigkeit der betreffenden Tarifklausel und bleibt im Umfang deren Lükkenhaftigkeit bestehen, wobei zu klären steht, wann der Tarifvertrag in diesem Sinne "vollständig" ist. Man kann § 87 I Eingangssatz aber auch institutionell[1], d.h. unabhängig von ihrem Inhalt interpretieren und die Mitbestimmung versagen, wenn nur überhaupt eine Tarifnorm besteht; diese müßte dann inhaltlich nicht abschließend sein. Der Wortlaut des Gesetzes läßt beide Möglichkeiten offen. Denn der Begriff "soweit" ist in der deutschen Sprache zweideutig: Er kann sich auf den Hauptsatz insgesamt, aber auch nur auf Teile seiner Aussage beziehen.

---

1) Das Begriffspaar materiell-institutionell bei Bestimmung des Tarifvorbehalts prägend BAG AP Nr. 5 zu § 56 BetrVG 52 Akkord (2R).

1.) Der Standpunkt der h.M. und ihre geschichtliche Entwicklung

Streit gab es darüber seit dem BRG 192o schon von Anfang der betrieblichen Mitbestimmung an. Die Kontroverse entzündete sich namentlich an § 78 Nr. 2 BRG 192o ("soweit eine tarifvertragliche Regelung nicht besteht"). Die Rechtsprechung[1] war zuerst der Auffassung, eine Betriebsvereinbarung sei überhaupt nur dann zulässig, wenn gar kein Tarifvertrag bestehe, und befaßte sich gar nicht erst mit der Vollständigkeit der für den Betrieb geltenden Tarifverträge. Eine andere Ansicht vertrat die überwiegende Literatur[2]. Dort[3] wurde argumentiert, nach der gesetzlichen Formulierung "soweit" bilde der Tarifvertrag nur einen Rahmen, innerhalb dessen zu den durch Tarifvertrag nicht geregelten Teilen der Arbeitsverhältnisse ergänzende Regelungen möglich seien, soweit und solange der bestehende Tarifvertrag keine Bestimmung über Einzelfragen treffe. Dies lasse gewissermaßen eine Ausführung der im Tarifvertrag allgemein getroffenen Regelungen auf die besonderen Verhältnisse der Betriebe zu. Diese Auffassung setzte sich schließlich auch in der Rechtsprechung[4] durch. Wichtig war dabei die Erkenntnis, daß die Tarifverträge nur die in den Wirtschaftszweigen allgemein, nicht aber die für die einzelnen Betriebe bestehenden besonderen Verhältnisse berücksichtigen und für betriebliche Regelungen nur den Rahmen stellen könnten[5].

Auch während des BetrVG 52 verstanden Rechtsprechung[6] und Schrifttum[7] den Vorrang in § 56 BetrVG 52 ("soweit eine gesetzliche oder

---

1) Vgl. RAG Bensh. 2, 15 (18); LAG Frankfurt Bensh. 1,LAG S.132(134).

2) Vgl. Feig/Sitzler S. 193; Flatow/Kahn-Freund S.322 f.; Hueck/Nipperdey II (1932) S. 411; Mansfeld § 78 Rn 3 c; Opitz AR 25, 427 (434); Sinzheimer S. 24o; a.A. Groh Anm. RAG JW 1428,1324(1325).

3) Vgl. insbesondere Mansfeld § 78 Rn 3 c.

4) Vgl. RAG Bensh. 3, 153 (154); 8, 124 (126 f.); 1o, 23o (234); 13, 548 (551); 14 41 (43); 16, 138 (14o f.); LAG Dortmund Bensh. 2, LAG S. 98 (1o8).

5) Vgl. LAG Dortmund a.a.O.

6) Vgl. BAG AP Nr. 5 zu § 56 BetrVG 52 Akkord (2R); AP Nr. 25 zu § 56 BetrVG 52 (2).

7) Vgl. Dietz BetrVG § 56 Rn 63; Fauth BB 62, 374 (378); Fauth AZR S. 1o9; Galperin/Siebert § 56 Rn 17; Fitting/Kraegeloh/Auffarth (9.Aufl.) § 56 Rn 11 a; Hueck/Nipperdey II (6.Aufl.)S.834;Hueck RdA 51, 366 (368); Kraegeloh DB 52, 95o (951); Monjau DB 65,7o3 (7o5); Neumann-Duesberg Betriebsverfassungsrecht S. 467;Nikisch

tarifliche Regelung nicht besteht") vornehmlich[1] inhaltlich im Sinne von "bis zu welchem Umfang". Inwieweit der Tarifvertrag jedoch als lückenhaft und ergänzungsbedürftig anzusehen sein sollte, inwieweit mithin in den Angelegenheiten des § 56 BetrVG 52 noch mitbestimmt werden konnte, wurde unterschiedlich beantwortet[2]. Nur einzelne Autoren[3] versagten im Rahmen einer tariflichen Regelung eine Ergänzung auf Betriebsebene und zogen sich damit den Vorwurf zu, die Begriffe "soweit" und "sofern" ungenügend zu unterscheiden[4]. Nach der ganz herrschenden Meinung[5] konnte jedenfalls nur eine effektive[6], erschöpfende[7] tarifliche Regelung das Mitbestimmungsrecht des Betriebsrats nach § 56 BetrVG 52 ausschließen.

Dieses Verständnis hat auch nach Inkrafttreten des BetrVG 72 mit der wörtlichen Übernahme des Tarifvorbehalts aus § 56 BetrVG 52 in § 87 I durchweg Geltung behalten. Literatur[8] und Rechtspre-

---

BB 53, 175 (179); Nikisch II S. 399; ders. III S. 38o; ders. FS Nipperdey S. 453 (467 f.); Weinheimer S. 129; Wiese RdA 68, 41 (45); wohl auch Baum AuR 62, 272 (273); Hueck/Nipperdey II/1 S.586.

1) Zweifelhaft Hiersemann BB 62, 183 (185) und Hueck/Nipperdey II/2 S. 1394, wo lediglich darauf abgestellt wird, ob die Frage (an sich) tariflich geregelt ist.

2) Vgl. dazu die Übersichten bei Dietz a.a.O. und Fitting/Kraegeloh/Auffarth a.a.O.

3) Vgl. Erdmann (1.Aufl.) § 56 Rn 1 g und wohl auch 2. Aufl. § 56 Rn 2; i.E. zustimmend Vielhaber BB 53, 981 (983).

4) Vgl. Habrich DB 54, 434 Fn 5.

5) Vgl. oben vorherige S. Fn. 7.

6) So Wiese a.a.O.

7) So Neumann-Duesberg a.a.O.; Stahlhacke DB 63, 66.

8) Vgl. Auffarth AR-Blattei Betriebsverfassung XIV B, II 2; Becker-Schaffner BlStSozArbR 75, 17 (2o); Bohn/Dutti § 87 Rn 2; Dietz/Richardi § 87 Rn 95; Etzel Betriebsverfassungsrecht S. 132; Farthmann RdA 74, 65 (7o); ders. AR-Blattei Arbeitszeit I D, I 3 c aa und III; Farthmann/Bürger AR-Blattei Arbeitszeit V Kurzarbeit, B III 1; Fitting/Auffarth/Kaiser § 87 Rn 14; Frauenkron § 87 Rn 8; Galperin/Löwisch § 87 Rn 47 ff.; Hanau Anm. BAG AP Nr. 4 zu § 87 Altersversorgung (6); Hess. Arbeitgeberverbände S. 123; Kammann/Hess/Schlochauer § 87 Rn 36; Konzen BB 77, 13o7 (13o9); Löwisch AuR 78, 97 (1o4); Moll Entgelt S. 176; Preis DB 73, 474 (475); Rumpff AuR 72, 65 (75); Rumpff/Dröge S. 92 f.; Schaub S. 1o71; Simitis/Weiss DB 73, 124o (1246 ff.); Stahlhacke HzA Gr. 19 S. 282; Stege/Weinspach S. 278 (vgl. aber auch S. 184 Fn 4); Vogt DB 75, 1o25 (1o26); Weiss Betriebsverfassungsgesetz S. 244; Wiedemann/Stumpf § 4 Rn 281; Wiese GK-BetrVG § 87 Rn 19a; ders. 25 Jahre BAG S. 661 (672 ff.); ders. Anm. BAG AP Nr. 1 zu § 87 BetrVG Kurzarbeit (7 f.).

chung[1]) stimmen weitgehend darin überein, daß die Mitbestimmung nach § 87 nicht schon dann durch den Eingangssatz ausgeschlossen sein soll, wenn überhaupt eine Regelung der fraglichen Materie im Tarifvertrag erfolgt ist. Es soll vielmehr darauf ankommen, wie weit diese Regelung inhaltlich reicht. Die Regelungsintensität[2]) des Tarifvertrags ist für die Fixierung des Rahmens, bis zu welchem die Mitbestimmungsmacht des Betriebsrats reicht, maßgeblich. Danach kann nur eine vollständige, abschließende Regelung im Tarifvertrag die Mitbestimmung verdrängen. Wann dies der Fall ist, unterliegt gesonderter Prüfung.[3])

2.) Die Gegenposition in der neueren Literatur

Dieses Ergebnis wird nun neuerdings durch die Überlegung Liebs[4]) in Frage gestellt. Danach soll es im Rahmen des § 87 I auf den Vorrang der Normsetzungsbefugnis, nicht aber den Vorrang der aus ihr hervorgegangenen Normen entscheidend ankommen. Die tarifvertragliche Regelung dürfe nämlich nicht durch erzwingbare konkurrierende Betriebsvereinbarungen "überholt" werden. Sei also ein bestimmter Gegenstand tarifvertraglich geregelt, komme eine konkurrierende Regelung auch im Bereich des § 87 I nur bei Existenz einer Öffnungsklausel in Betracht. Dieses Ergebnis wird über eine Neuinterpretation des § 87 I Eingangssatz erreicht, dessen Sinn darin bestehe, die Tarifordnung vor weitergehenden betrieblichen Regelungen

---

1) Vgl. BAG AP Nr. 1 zu § 87 BetrVG Kurzarbeit (3R); AP Nr. 1 zu § 87 BetrVG Werkmietwohnungen (2); AP Nr. 4 zu § 87 BetrVG Altersversorgung (3, 3R); AP Nr. 1 zu § 87 Provisionen (3); DB 79, 655; LAG Hamm DB 74, 2161 (2162); DB 75, 2282; LAG Berlin DB 78, 115; ArbG Herford DB 75, 1323.

2) Vgl. Becker-Schaffner BlStSozArbR 75, 17 (20; Fitting/Auffarth/Kaiser § 87 Rn 14.

3) Vgl. dazu unten S. 189 ff.

4) Vgl. Lieb ZfA 78, 179 (2o4 ff.).Mißverständlich Stege/Weinspach S. 131, wonach bei § 87 ein Mitbestimmungsrecht nicht bestehen soll, "wenn die Angelegenheit bereitsdurch Gesetz oder Tarifvertrag geregelt ist"; ebenso undeutlich a.a.O. S. 139, wonach Betriebsvereinbarungen über Fragen des § 87 I hinfällig werden sollen, wenn "die gleiche Materie" tarifvertraglich geregelt wird. Daß Stege/Weinspach § 87 I Eingangssatz dennoch nicht i.S. einer institutionellen Schranke verstanden wissen wollen, ergibt sich aus a.a.O. S. 278, wo insoweit auf die inhaltliche Vollständigkeit des Tarifvertrages abgestellt wird.

zu schützen[1]. Die Gesamtheit der Normen, also auch ihr negativer Bestand, sei zu respektieren.

Solche Erwägungen führen bei der Kurzarbeit zu dem Resultat, daß betriebliche Vereinbarungen nach § 87 I nur möglich sind, wenn die Tarifvertragsparteien keine Kurzarbeitsklausel vereinbart oder zusätzliche betriebliche Regelungen ausdrücklich zugelassen haben, während nach der Konzeption der h.M. Betriebsvereinbarungen bis zum Erreichen der Vollständigkeitsgrenze möglich sind. Anders ausgedrückt: Nach der Auffassung der h.M. entfällt die Mitbestimmungskompetenz erst bei erschöpfender Kurzarbeitsklausel im Tarifvertrag, nach derjenigen Liebs bereits bei deren bloßem Vorhandensein ohne Rücksicht auf inhaltliche Anforderungen.

3.) Stellungnahme

a.) Praktische Aspekte

Spielt man die These Liebs für die Kurzarbeit einmal modellhaft durch, stößt man schnell auf befremdliche Ergebnisse. Zu bedenken ist nämlich, daß die Sozialpartner eine in etwa vollständige Kurzarbeitsklausel gar nicht vereinbaren können. Es entspricht einer weitverbreiteten, speziell auch zur Kurzarbeit vertretenen Auffassung im Schrifttum[2], daß sich die Angelegenheiten des § 87 I wegen ihrer Betriebsnähe oft einer überbetrieblichen Regelung entziehen. Die Ursachen der Kurzarbeit[3] sind viel zu zahlreich, als daß sie bei Abschluß eines Tarifvertrages vorhersehbar wären und in tarifliche Normen einfließen könnten. Bei dieser hypothetischen Ausgangslage ist unwahrscheinlich, daß beispielsweise ein Regionaltarifvertrag den Umfang der zu verkürzenden Arbeitszeit festlegt; sein Schweigen dazu ist fast zwingend vorprogrammiert. Damit fragt sich, welchen Sinn es haben soll, einen negativen Normenbestand zu respektieren, der positiv von den Normsetzern gar nicht ausgefüllt werden kann.

---

1) Vgl. Lieb a.a.O.; ähnlich Birk Anm. BAG EzA § 87 Nr. Initiativrecht (S.32); Farthmann RdA 74, 65 (71); Farthmann/Bürger AR-Blattei Arbeitszeit V Kurzarbeit, B III 4; Ritter S. 78; Sahmer § 87 Rn 3; Säcker ZfA 72 (Sonderheft), 41 (64); Schaub S. 1070.

2) Vgl. im einzelnen unten S. 272 f.

3) Vgl. dazu oben S. 14 f.

Hier verkennt Lieb die Betriebsbezogenheit der Angelegenheiten des § 87 I. Weder lassen sich Beginn und Ende der normalen täglichen Arbeitszeit angesichts der örtlich verschiedenen infrastrukturellen Gegebenheiten in einen globalen Rahmen pressen,noch ist dies mit exzeptionellen Angelegenheiten wie der Kurzarbeit so, die nur einen bestimmten Betrieb betreffen und demnach auch betriebsspezifische Berücksichtigung erfordern. Die Sorge, der in den Tarifverhandlungen "Unterlegene" könne sich auf Betriebsebene rehabilitieren (§ 87 II), ist unbegründet; denn die Angelegenheiten des § 87 I sind ein so enger Ausschnitt aus dem weiten Bereich der Arbeitsbedingungen, daß sich Tarifvertrag und erzwingbare Betriebsvereinbarung nur wenig überschneiden und eine Neuauflage des Tarifstreits, diesmal auf Betriebsebene, unwahrscheinlich ist. So hat der Betriebsrat ja nicht beim Lohn generell, sondern nur bei den Akkordsätzen mitzubestimmen (§ 87 I Nr. 11); er hat keinen Einfluß auf die Länge des Urlaubs, sondern nur auf dessen Lage (§ 87 I Nr. 5) und kann nicht über die Dauer, sondern nur über die Lage der regelmäßigen Arbeitszeit mitentscheiden (§ 87 I Nr. 2)[1]. Lediglich bei der Kurzarbeit macht das Gesetz eine Ausnahme, dies aber mit dem im einzelnen noch zu bestätigenden guten Grund[2], daß Kurzarbeit überbetrieblich nur schwer zu regeln ist. Die Mitbestimmung ist also jedenfalls bei der Kurzarbeit zum "Überspielen" tariflicher Abmachungen ein weitgehend untaugliches Instrument.

b.) <u>Zweck des § 87 I Eingangssatz</u>

Gegen eine institutionelle Interpretation des Tarifvorrangs sprechen vor allem teleologische Argumente. Der Zweck des § 87 I Eingangssatz, unbestreitbar dogmatisch schwer zu erschließen[3], liefert dafür nämlich keine ausreichende Basis.

Der Zweck des § 87 I Eingangssatz kann kaum in der Nachordnung der betrieblichen gegenüber der überbetrieblichen Normsetzungskompetenz zu sehen sein, da diese bereits aus Tarifrecht folgt und der

---

1) H.M.; vgl. auch oben S. 117 f.

2) Vgl. unten S. 271 ff.

3) Vgl. <u>Hueck/Nipperdey</u> II/2 S. 1394.

Gesetzgeber dann durch schlichte Wiederholung etwas Selbstverständliches ausgesagt hätte[1]. Zunächst einmal läßt er sich nicht ohne Berücksichtigung des Normzwecks des § 87 I ergründen, dessen Bestandteil er ist. Danach verfolgen die dort aufgeführten sozialen Mitbestimmungsrechte Schutz und Teilhabe der Arbeitnehmer unter Zurückdrängung der Verfügungsmacht des Arbeitgebers[2]. Dieses Bedürfnis entfällt, wenn die Ziele der betrieblichen Mitbestimmung bereits anderweitig durch Gesetz oder Tarifvertrag verwirklicht sind[3]. Ein Verzicht auf betriebliche Teilhabefunktionen unter diesen Gesichtspunkten setzt aber voraus, daß eine ausreichende tarifliche Regelung tatsächlich besteht[4], weil sonst die Zwecke des § 87 I in ihrer Gesamtheit weder durch den Tarifvertrag als vorgehendes Schutzinstrument[5] noch durch die betriebliche Mitbestimmung erreicht wären. Die Gewährung eines fugenlosen kollektiven oder gesetzlichen Mindestschutzes bestimmt wesentlich den Zweck des gesamten § 87 I[6].

Andererseits ist mit der mangelnden Notwendigkeit noch nicht zwingend über die Zulässigkeit tarifüberschreitender Betriebsvereinbarungen, insbesondere unter Günstigkeitsgesichtspunkten, entschieden. Hier wird man einzuräumen haben, daß § 87 I Eingangssatz zugleich auch dem tarifvertraglichen Konkurrenzschutz vor sozial nicht mehr erforderlichen betrieblichen Regelungen dient. Es ist

---

1) Vgl. Dietz BetrVG § 56 Rn 62; ders. RdA 55, 241 (242); ders. BB 54, 349 (35o); Hueck/Nipperdey a.a.O.; Wiese GK-BetrVG § 87 Rn 191; ders. 25 Jahre BAG S. 661.

2) Vgl. oben S. 68 ff.

3) Vgl. Galperin/Löwisch § 87 Rn 42; Kammann/Hess/Schlochauer § 87 Rn 31; Löwisch AuR 78, 97 (1o3); Simitis/Weiss DB 73, 124o (1246 ff.); Wiese GK-BetrVG § 87 Rn 19a; ders. Anm. BAG AP Nr. 1 zu § 87 BetrVG Kurzarbeit (7R); ders. 25 Jahre BAG S. 661 (662) m.w.N.

4) Vgl. Boewer DB 73, 522 (524); Etzel Betriebsverfassungsrecht S. 131; Hilger BB 69, 448 (45o); Nikisch III S. 38o; Säcker ZfA 72 (Sonderheft), 41 (64); Simitis/Weiss DB 73, 124o (1248); v.Stebut RdA 74, 332 (34o); Vollmer DB 79, 3o8, 355 (3o9); Wiese GK-BetrVG § 87 Rn 19a.

5) Vgl. BAG AP Nr. 57 zu § 611 BGB Gratifikationen (2R).

6) Vgl. Wiese GK-BetrVG § 87 Rn 18, 21; ders. Anm. BAG AP Nr. 1 zu § 87 BetrVG Kurzarbeit (8).

anerkannt[1], daß gegenüber Gesetz und Tarifvertrag günstigere betriebliche Regelungen im Bereich des § 87 I nicht erzwungen werden können. Dieses Ergebnis wäre nicht erreichbar, wenn man nur die betrieblichen Belange berücksichtigen würde. Sonst wären betriebliche Regelungen möglich, die insbesondere für die Funktionsfähigkeit der Gewerkschaften nachteilige Folgen nach sich ziehen könnten[2].

Der Eingangssatz kann also nur als ein subtiler Abgrenzungsmechanismus begriffen werden, der sowohl den Erfordernissen der Mitbestimmung, als auch denjenigen der Koalitionen Rechnung tragen will und unter Berücksichtigung beider einen nahtlosen Mindestschutz in den einzelnen Mitbestimmungsangelegenheiten garantiert. Er ermöglicht die Wahrnehmung der Mitbestimmung als Komplementärfunktion[3] und determiniert die Freiräume der notwendigen Mitbestimmung.

In diesem Lichte bleibt für eine institutionelle Interpretation des Eingangssatzes kein Raum. Nur so weit, als der Inhalt des Tarifvertrages reicht, kann auf das Mitbestimmungsrecht nach § 87 I Nr. 3 verzichtet werden, weil dann dem Schutzbedürfnis der Arbeitnehmer Genüge getan ist. Der tarifvertragliche Konkurrenzschutz wirkt sich wegen der Betriebsnähe der Mitbestimmungstatbestände nur auf günstigere, nicht aber auch auf ergänzende betriebliche Regelungen aus. Nur auf dem Gebiet des § 77 III, nicht aber auch im Rahmen des § 87 I hat der Gesetzgeber den unbedingten Primat der Tarifvertragsparteien anerkannt[4].

---

1) Vgl. nur Fitting/Auffarth/Kaiser § 87 Rn 12; Galperin/Löwisch § 87 Rn 43. Eine andere Frage ist, ob günstigere freiwillige Regelungen möglich sind; vgl. dazu zuletzt Wiese 25 Jahre BAG S. 661 (67o) m.w.N.

2) Vgl. zu dieser Überlegung unten S. 265 ff.

3) Vgl. Kübler/Schmidt/Simitis S. 213 ff.; Simitis/Weiss DB 73, 124o (1247). Der Begriff des "komplementären" Mitbestimmungsrechts wurde bereits von Karl Renner, Die Rechtsinstitute des Privatrechts und ihre soziale Funktion S. 155, 158 geprägt. Skeptisch dazu Lieb ZfA 78, 179 (21o).

4) Vgl. Biedenkopf Tarifautonomie S. 285; a.A. Hueck/Nipperdey II/2 S. 1397 Fn 47d.

II. Zur Vollständigkeit tariflicher Kurzarbeitsklauseln

Für den Ausschluß des Mitbestimmungsrechts entscheidend ist, wann eine vollständige tarifliche Kurzarbeitsklausel vorliegt. Der Betriebsrat hat bei der Einführung von Kurzarbeit nämlich nur so weit mitzubestimmen, als eine Tarifklausel in dieser Angelegenheit nicht besteht (§ 87 I Eingangssatz).

Abstrakt - d.h. unabhängig von tariflichen Besonderheiten - ist die Kurzarbeit dann regelungstechnisch vollständig erfaßt, wenn alle mit ihr notwendig zusammenhängenden Fragen durchnormiert sind. Zu diesen zählen Zulässigkeitsvoraussetzungen für die Einführung von Kurzarbeit, zeitliches Ausmaß, Kreis der Betroffenen, Art, Lage und Ankündigungsfristen der Arbeitszeitverkürzung[1]. Jede Regelung, die diese Tatbestände erfaßt, bedeutet eine zumindest quantitativ vollständige Regelung der Einführung von Kurzarbeit.

Eine andere Frage ist, ob Tarifverträge dieses Vollständigkeitsmaß konkret erreichen müssen. Insoweit ergibt sich zunächst aus dem Grundsatz[2], daß in Angelegenheiten der notwendigen Mitbestimmung betrieblich keine günstigeren als tariflich festgeschriebene Vereinbarungen über die Einigungsstelle durchgesetzt werden dürfen, ein nur quantitativer, nicht aber qualitativer Vollständigkeitsmaßstab. Zweifelhaft kann hinsichtlich der Vollständigkeit tariflicher Kurzarbeitsklauseln also nur sein, in welchem Maß tarifliche Klauseln den Regelungskatalog der Kurzarbeit erfüllen müssen, um dem quantitativen Anforderungsprofil einer vollständigen Tarifregelung zu entsprechen.

Insoweit wird es genügen müssen, daß der Tarifvertrag die Einführung von Kurzarbeit sachlich selbst und inhaltlich derart regelt, daß der durch das Mitbestimmungsrecht bezweckte Schutz bereits verwirklicht ist und zusätzliche betriebliche Regelungen überflüssig macht[3]. Eine solche Formel wird einerseits dem Mitbestimmungsrecht

---

1) Vgl. Frauenkron § 87 Rn 14; Simitis/Weiss DB 73, 124o (1248 f.).

2) Vgl. zuvor S. 187 f.

3) Vgl. Wiese 25 Jahre BAG S. 661 (674) m.w.N.; ders. Anm. BAG AP Nr. 1 zu § 87 BetrVG Kurzarbeit (6R f.).

nach § 87 I gerecht, dessen Bestandteil der Tarifvorrang des Eingangssatzes ist und von dem er folglich nicht zu trennen ist, andererseits respektiert sie die Besonderheiten des Tarifvertrages. Tarifregelungen sind im allgemeinen selten und im speziellen schon gar nicht bei der Kurzarbeit zu vollständiger Kodifikation geeignet[1]. Folglich muß genügen, wenn jedenfalls der wesentliche Gehalt der beiderseitigen Rechte und Pflichten tarifvertraglich bestimmt ist[2]. Verbleibende Vakanzen lassen sich mit dem Hinweis verteidigen, daß die Betriebsparteien nicht die Rolle von Ersatzkoalitionen spielen.

Das BAG, dessen Rechtsprechung zum Tarifvorbehalt des § 87 I Eingangssatz mancherlei Unebenheiten aufweist[3], hat in seinem Beschluß vom 5.3.1974[4] zwar die Auffassung vertreten, jede einigermaßen vollständige tarifliche Kurzarbeitsregelung schließe die Mitbestimmung nach § 87 I Nr. 3 aus; dennoch erhebt sich an der Beurteilung der diesem Beschluß zugrundeliegenden Tarifvertragsklausel durch das BAG Kritik. In der fraglichen Kurzarbeitsklausel waren die Voraussetzungen der Einführung von Kurzarbeit durch generalklauselartige Nennung der Zulässigkeitsgründe ("Dringende betriebliche Gründe, z.B. zur Vermeidung von Entlassungen oder vorübergehenden Stillegungen"), die Ankündigungsfristen und die Auswahl der Betroffenen durch Vereinbarungspflicht mit dem Betriebsrat angesprochen.Offen blieb eine entscheidende Frage, nämlich das zeitliche Ausmaß der Kurzarbeit.

Eine solche Klausel kann entgegen dem BAG keinen Anspruch auf Vollständigkeit in den regelungsbedürftigen Punkten der Einführung von Kurzarbeit erheben[5], da sie, wie das BAG insoweit zutreffend ausführt, alle diese Punkte umfassen muß[6]. Erst das Ausmaß der Arbeitszeitverkürzung kennzeichnet den Umfang der Lohneinbußen und

---

1) Vgl. dazu unten S. 271 ff.

2) Vgl. Wiese a.a.O.

3) Vgl. dazu im einzelnen Rumpff AuR 72, 65 (75 ff.); Wiese 25 Jahre BAG S. 661 (672 ff.).

4) Vgl. BAG AP Nr. 1 zu § 87 BetrVG Kurzarbeit (3R).

5) A.A. Herschel Anm. BAG EzA § 87 BetrVG Nr. 3 (S. 19); Wiese Anm. BAG AP Nr. 1 zu § 87 BetrVG Kurzarbeit (7).

6) Dies betont zu Recht Bötticher Anm. BAG SAE 74, 2o1 (2o5).

fixiert präzise die materiellen Konsequenzen der Kurzarbeit für die betroffenen Arbeitnehmer. Nicht schon das abstrakte "Ob", sondern erst das konkrete "Wie lange" entscheidet darüber, mit welchen finanziellen Nachteilen die Kurzarbeiter zu rechnen haben und mit welchen betriebswirtschaftlichen Folgen der Arbeitgeber zu kalkulieren hat. Es handelt sich beim Ausmaß der Kurzarbei also um einen der wesentlichsten Regelungspunkte der Kurzarbeitsklausel überhaupt. Gerade hier ist die Wahrnehmung einer Schutzfunktion unentbehrlich, der Verbleib einer Mitbestimmungsexklave mithin zweckwidrig.

Die hier vertretene Auffassung wird i.E. bestätigt durch den Beschluß des BAG vom 21.11.1978[1]. Dort befand das BAG über den für den Beschluß einschlägigen Tarifvertrag, der über die Aufhebung der Kurzarbeit zugunsten der Normalarbeitszeit nichts mitteilte, sogar folgendermaßen: "Sonach fehlt eine tarifliche Regelung im Sinne von § 87 Abs. 1 Eingangssatz BetrVG, soweit es um die Aufhebung oder Teilaufhebung von Kurzarbeit geht. Folglich tritt hier keine tarifliche Sperrwirkung ein". Diese Entscheidung liegt konsequent auf der Linie, daß erst die einigermaßen vollständige Regelung aller mit der Kurzarbeit notwendig zusammenhängenden Fragen die Sperrwirkung des § 87 I Eingangssatz auslöst und hinsichtlich des verbleibenden Teils die Mitbestimmung nicht versperrt. Gerade beim Ausmaß der Arbeitszeitverkürzung, bei dem es um den Kern des Synallagmas geht, ist diesem Grundsatz die Anwendung nicht zu versagen.

III. Zur Tarifbindung nach § 87 I Eingangssatz

1.) Alternative Betriebsnormen - Inhaltsnormen

Von erheblicher Bedeutung für den Kompetenzverlust nach § 87 I Eingangssatz ist ferner, wann unter dem Aspekt der Tarifbindung eine tarifliche Regelung im Sinne dieser Vorschrift "besteht", d.h. wann und für welche Arbeitnehmer ein bestehender Tarifvertrag auch verbindlich ist. Nach dem Grundsatz des § 3 I TVG gilt, daß nur Mitglieder der vertragschließenden Parteien tarifunterworfen sind.

---

1) Vgl. BAG DB 79, 655.

Diese Prämisse erfährt eine Ergänzung dahingehend, daß Inhaltsnormen gem. § 4 I 1 TVG nur für die beiderseits Organisierten Rechtswirkungen entfalten, während Betriebsnormen gem. § 4 I 2 i.V. mit § 3 II TVG unabhängig von ihrer Koalitionszugehörigkeit für alle Arbeitnehmer gelten, wenn nur der Arbeitgeber tarifgebunden ist.

Je nachdem, wie man tarifliche Kurzarbeitsklauseln tarifrechtlich klassifiziert, ergeben sich hinsichtlich der betrieblichen Mitbestimmung unterschiedliche Einflußbereiche. Sieht man solche Tarifklauseln als Inhaltsnormen an, gelten sie unmittelbar nur für organisierte Arbeitnehmer , während Nichtorganisierte durch solche Tarifnormen nicht betroffen sind. Beurteilt man sie als Betriebsnormen, kommt es auf die Tarifbindung der Arbeitnehmer nicht an[1].

Im ersten Fall ist zweifelhaft, ob für die nicht organisierten Arbeitnehmer im tariflich abgedeckten Raum eine kollektive Interessenvertretung überhaupt noch stattfindet, weil Betriebsvereinbarungen gem. § 87 I Eingangssatz insoweit von der Prävalenz des Tarifvertrages abhängig sind. Zu klären ist dann weiter, welcher Grad von Tarifbindung auf Arbeitnehmerseite gegeben sein muß, um die Tarifsperre auszulösen. Im zweiten Fall spielen beide Fragen keine Rolle, da für das Bestehen einer Tarifklausel dann bereits die Tarifbindung des Arbeitgebers ausreicht.

2.) <u>Der synallagmatische Aspekt der Kurzarbeitsklausel</u>

Mit der Einführung von Kurzarbeit verändert sich unmittelbar die aus dem Arbeitsvertrag folgende Vertragspflicht zur Arbeitsleistung[2]. Der Umfang der Arbeitspflicht und in seinem Gefolge die Höhe des Arbeitsentgelts erfahren durch die Einführung von Kurzarbeit eine Neubestimmung. Insoweit weist die Regelungsmaterie Kurzarbeit einen starken Bezug zu den Erfordernissen einer Inhaltsnorm i.S. von § 4 I 1 TVG auf. Als Inhaltsnormen werden herkömmlich[3] diejenigen

---

1) Vgl. <u>v.Stebut</u> RdA 74, 332 (335).

2) Vgl. oben S. 76.

3) Vgl. <u>Buchner</u> AR-Blattei Tarifvertrag V, B I 1; <u>Däubler/Hege</u> Tarifvertragsrecht S. 56; <u>Hueck/Nipperdey</u> II/1 S. 25o ff.; <u>Nikisch</u> II S. 287 ff.; <u>Wiedemann/Stumpf</u> § 1 Rn 15o; <u>Zöllner</u> Arbeitsrecht S. 25o.

Tarifnormen bezeichnet, die den Inhalt der Arbeitsverhältnisse bestimmen und die im Arbeitsverhältnis wurzelnden Rechte und Pflichten der Arbeitsvertragsparteien konkretisieren. Mit Rücksicht auf die Auswirkungen der Kurzarbeit auf das Synallagma ist weitverbreitete Ansicht[1], die tarifliche Kurzarbeitsklausel gehöre zur Gruppe der Inhaltsnormen i.S. von § 4 I 1 TVG.

Die Probleme, die diese Deutung im Kurzarbeitsrecht veranlaßt, sind beachtlich. Erste Konsequenz ist, daß die Mitbestimmung hinsichtlich des tariflich geregelten Bereichs verdrängt wird, ohne daß die Unorganisierten kollektiv vertreten wären; dies, obgleich sich die Zweigleisigkeit arbeitnehmerschaftlicher Interessenvertretung in einer Funktionsteilung zwischen Betriebsrat und Gewerkschaften niederschlägt und der betrieblichen gegenüber der überbetrieblichen Mitbestimmung selbständige Bedeutung zukommt. Die zweite, damit eng zusammenhängende Konsequenz ist, daß für die nicht Organisierten ein Weg gefunden werden muß, den tariflich geregelten Komplex auch auf sie zu übertragen. Dies soll dann im Wege einzelvertraglicher Vereinbarungen geschehen[2].

Die Impraktikabilität dieses Vorgehens zumal bei größeren Belegschaften liegt auf der Hand. So verwundert nicht, daß nach Auswegen aus dem arbeitsvertraglichen Wirrwarr[3] und dem Dilemma der im Regelfall nur für Organisierte bestehenden Ermächtigungsgrundlage gesucht wird. Die Lösungen sind sehr unterschiedlich. Die einen[4] vermuten, nichtorganisierte Arbeitnehmer hielten sich ohnedies aus Gründen der Solidarität für verpflichtet, es ihren organisierten Kollegen gleichzutun und sich bei Kurzarbeit ebenso zu verhalten wie diese; schließlich müßten sie ja dann, wenn sie auf voller

---

1) Vgl. LAG Düsseldorf EzA § 87 BetrVG Nr. 1 (S.5); Bobrowski/Gaul S. 153; Buchner a.a.O. (B I 3 b);. Fauth AZR S. 82; Gamillscheg FS Fechner S. 135 (145); Hahn S. 29; Hueck/Nipperdey II/1 S.254f.; Hueck/Nipperdey/Stahlhacke § 1 Rn 48; Rumpff/Dröge S. 8o ff.; v.Stebut RdA 74, 332 (335 f.); Weller S. 184 f.; Wiedemann/Stumpf § 4 Rn 2o4.

2) So Rumpff/Dröge S. 81.

3) Mit Blick hierauf hat Nipperdey RdA 68, 45o (452) bei der Aufnahme materieller Arbeitsbedingungen in den Bereich der notwendigen Mitbestimmung eine "heillose Verwirrung" vorausgesagt.

4) Vgl. Gamillscheg FS Fechner S. 135 (149 f.); Völker S. 78; ähnlich der Ansatz bei Farthmann RdA 74, 65 (71 Fn 61).

Beschäftigung bestehen wollten, mit ihrer Entlassung rechnen. Andere[1] vertrösten die nicht Organisierten auf schuldrechtliche Gleichstellungsabreden. Am einfachsten machen es sich diejenigen, die nur die Tarifbindung des Arbeitgebers verlangen[2] und damit die gleiche Wirkung von Inhalts- und Betriebsnormen erreichen, nämlich die unmittelbare Geltung des Tarifvertrages für alle Betriebsangehörigen. Wie dieses Ergebnis angesichts des klaren Wortlauts des § 4 I 1 TVG dogmatisch begründet werden soll, ist aber nicht ersichtlich. Nicht viel überzeugender ist deshalb auch die Argumentation derjenigen[3], die zur Tarifbindung des Arbeitgebers zusätzlich noch diejenige wenigstens eines Arbeitnehmers verlangen. Am konsequentesten erschiene, neben derjenigen des Arbeitgebers die Tarifbindung sämtlicher Arbeitnehmer zu fordern[4]. Dann müßte man sich aber damit abfinden, daß angesichts des relativ geringen Organisationsgrades der Gewerkschaften[5] die Wirkung des Tarifvertrages äußerst begrenzt bliebe.

3.) Der Ordnungsaspekt der Kurzarbeitsklausel

Der betriebswirtschaftliche Sinn der Kurzarbeit hängt vielfach davon ab, die Arbeitszeitverkürzung einheitlich einzuführen. Moderne Produktionsabläufe in einer arbeitsteiligen Herstellung lassen sich nur einheitlich stoppen, nicht aber durch zeitweiligen Abzug von Arbeitskräften nach willkürlichem (Organisatonszugehörigkeit) statt sachlichem (Aufgabengebiet) Maßstab weiterführen[6]. Insoweit trägt die Kurzarbeitsklausel Züge einer Betriebsnorm. Als solche

---

1) Vgl. Herschel AuR 69, 65 (71 ff.); Säcker ZfA 72 (Sonderheft), 41 (68).

2) Vgl. Boewer DB 73, 522 (525); Conze DB 78, 49o (492); Dietz/Richardi § 87 Rn 98; Lieb Arbeitsrecht S. 145; Meisel/Hiersemann AZO (2.Aufl.) Einl. 58; Moll Entgelt S. 174 Fn 83; Reuter Anm. BAG SAE 76, 14 (17); Säcker ZfA 72 (Sonderheft), 41 (67); Schaub S. 1o72; Stege/Weinspach S. 279; Weiss Betriebsverfassungsgesetz S. 244.

3) Vgl. Etzel Betriebsverfassungsrecht S. 131; Fitting/Auffarth/Kaiser § 87 Rn 13; Galperin/Löwisch § 87 Rn 56; Halberstadt HBV Gr. 19 S. 281; Stahlhacke HzA Gr. 19 S. 281.

4) So Hueck/Nipperdey II/2 S. 1395; Säcker Gruppenautonomie S.36o; Wiese GK-BetrVG § 87 Rn 22.

5) Vgl. dazu die Angaben S. 266 f.

6) Vgl. Simitis/Weiss DB 73, 124o (1249).

worden diejenigen Tarifbestimmungen bezeichnet, die für die Belegschaft nur bei einheitlicher Geltung Sinn haben[1]. Sie betreffen mehr die betrieblichen, nicht die individuellen Rechtsverhältnisse, so daß ihnen speziell formelle Arbeitsbedingungen[2] und hier gerade Beginn und Ende der Arbeitszeit[3] zugeordnet werden. Sie bezwecken die Herstellung einer einheitlichen Ordnung im Betrieb.

Nach gleichfalls weitverbreiteter Ansicht[4] weist daher der Umstand, daß Kurzarbeit nur betriebseinheitlich sinnvoll ist, einer tariflichen Kurzarbeitsklausel Betriebsnormqualität zu, wobei teilweise[5] vom Doppelcharakter der Kurzarbeitsklausel als Inhalts- und Betriebsnorm die Rede ist. Soweit man die Kurzarbeitsklausel nur als Betriebsnorm einstuft, wird man aber kaum dem durch die Kurzarbeit neu umrissenen gegenseitigen Leistungsverhältnis gerecht. Was die individualrechtliche Seite anbelangt, ist eine Kurzarbeitsklausel als reine Betriebsnorm sicher unzutreffend eingestuft.

4.) Der betriebsverfassungsrechtliche Aspekt der Kurzarbeitsklausel

Tarifverträge, die die Mitbestimmung des Betriebsrats bei der Einführung von Kurzarbeit vorschreiben, beleuchten eine weitere Dimension tariflicher Kurzarbeitsklauseln. Wo nämlich die Rechtsbeziehungen der Belegschaften zu ihren Organen tariflich geregelt werden, handelt es sich um betriebsverfassungsrechtliche Normen i.S. von § 1 I TVG[6]. Bei einer Tarifklausel, die zur Einführung

---

1) Vgl. Buchner AR-Blattei Tarifvertrag V, B III; Däubler/Hege a.a.O. S. 56; Hueck/Nipperdey II/1 S. 291 ff.; Nikisch II S. 3o1 f.; Wiedemann/Stumpf § 1 Rn 241 ff.

2) Vgl. Hueck/Nipperdey II/1 S. 292.

3) Vgl. Buchner a.a.O. (B II 2);Hueck/Nipperdey a.a.O.

4) Vgl. Becker-Schaffner BlStSozArbR 75, 17 (21); Bürger/Oehmann/Stubing HwbAR Stichwort "Kurzarbeit" S. 2; Farthmann AR-Blattei Arbeitszeit V Kurzarbeit, B II 4; ders. RdA 74, 65 (7o f.); Kehrmann AuR 67, 193 (198); Röhsler JbAR Bd. 12, 1o7 (116); ders. Die Arbeitszeit S. 12o; Simitis/Weiss DB 73, 124o (1249); vgl. auch Zöllner Anm. BAG AP Nr. 1 zu § 4 TVG Lehrlingsskalen 4 f.).

5) Vgl. Farthmann RdA a.a.O.; Kehrmann a.a.O.; Simitis/Weiss a.a.O.

6) Vgl. Buchner AR-Blattei Tarifvertrag V A, I; Wiedemann/Stumpf § 1 Rn 248.

von Kurzarbeit die Mitbestimmung des Betriebsrats verlangt, handelt es sich folglich um eine betriebsverfassungsrechtliche Norm[1] ohne Rücksicht darauf, daß diese auch auf den Inhalt der einzelnen Arbeitsverhältnisse einwirkt. Für betriebsverfassungsrechtliche Normen gilt die gleiche Wirkung wie für Betriebsnormen: sie setzen gem. § 3 II TVG die Tarifbindung lediglich des Arbeitgebers voraus. Auch hier entstehen also die Außenseiterprobleme tariflicher Inhaltsnormen nicht.

5.) Der Doppelcharakter der Kurzarbeitsklausel als Kriterium für die Tarifbindung

Berücksichtigt man, daß die meisten Tarifverträge mit Kurzarbeitsklauseln die Zustimmung des Betriebsrats anordnen[2], kann man die praktische Bedeutung der Tarifbindungsproblematik nicht allzu hoch veranschlagen. Dogmatisch gesehen liefert der Wortlaut der §§ 3 II, 4 I TVG keinen sicheren Anhaltspunkt für die eine oder die andere Auffassung[3]. Man wird dem Problem aber nicht gerecht, wenn man bei der Kurzarbeit nicht den synallagmatischen neben dem Ordnungsaspekt in Rechnung stellt. Es überzeugt nicht, die notwendig betriebseinheitliche Einführung von Kurzarbeit mit dem Argument zu bestreiten, Jugendliche und Frauen könnten grundsätzlich verschieden lang arbeiten, so daß eine einheitliche Länge der Arbeitszeit offenbar nicht nötig und rechtzeitiger Ersatz im übrigen Sache des Arbeitgebers sei[4]. Diese Beispiele befassen sich nur mit der normalen Arbeitszeit, in der ein verschiedenartiger zeitlicher Einsatz der Arbeitskräfte organisatorisch machbar und betriebswirtschaftich oft belanglos ist. Bei der Kurzarbeit handelt es sich hingegen um einen Ausnahmefall, in dem eine ganze Produktion oder zumindest Teile davon stillgelegt werden sollen. Demnach gilt die Kurzarbeit - ohne abweichende Vereinbarungen - beispielsweise auch für ausgebildete Jugendliche, Schwerbehinderte und werdende Mütter[5]. Mit der normalen Arbeitsorganisation hat die Frage der Einheitlichkeit der Einführung von Kurzarbeit also nichts zu tun.

---

1) Vgl. Nikisch II S. 288.

2) Vgl. die Nachweise unten S. 313 ff.

3) So auch v.Stebut RdA 74, 332 (335).

4) So aber Gamillscheg FS Fechner S. 135 (146).

5) Vgl. Rumpff/Dröge S. 128 ff.

Arbeitszeitregelungen haben vielmehr die beiden Seiten, einerseits die gegenseitigen Leistungspflichten zu bestimmen und andererseits die betriebliche Organisation zu gestalten. Betriebsvereinbarungen über Änderungen der Arbeitszeit erfüllen sowohl eine Arbeitsvertrags-, als auch eine Ordnungsfunktion[1]. Zutreffend ist daher Arbeitszeitregelungen generell der Doppelcharakter von Inhalts- und Betriebsnormen zuerkannt worden[2]. Für Kurzarbeitsklauseln kann hier nichts anderes gelten[3]. Dies folgt schon daraus, daß mit der Verkürzung der Arbeitszeit notwendigerweise eine Neuregelung von Arbeitsbeginn und Arbeitsende verbunden ist. Funktional läßt sich beides nicht voneinander trennen.

Es fällt auch schwer, überzeugende Argumente gegen die bereits zuvor[4] betonte notwendig einheitliche Einführung von Kurzarbeit zu benennen. Eine Feierschicht läßt sich bei komplexen Produktionsabläufen nicht auf einzelne Arbeitnehmer beschränken, ein Fließband nicht mit halber Besetzung fahren. Zweck der Kurzarbeit ist nicht eine Drosselung der Produktion durch verminderte Auslastung laufender Produktionskapazitäten, weil dies mit dem betriebswirtschaftlich unsinnigen In-Gang-Halten des betrieblichen Maschinenparks verbunden wäre; Zweck der Kurzarbeit ist vom betriebswirtschaftlichen Standpunkt her vielmehr die Verhinderung von Produktivitätseinbrüchen, was aber optimal nur durch einen sektoralen Produktionsstillstand und nicht einen lediglich personell verdünnten Produktionsbetrieb zu erreichen ist. Dies bedeutet, daß der Einsparungseffekt der Kurzarbeit wesentlich von der Einheitlichkeit im Betrieb oder der Betriebsabteilung abhängt.

Wenngleich diese Situation im Einzelfall von Betrieb zu Betrieb variieren mag, kann dies doch nicht zu einem fallweise verschiedenen personellen Geltungsbereich der Kurzarbeitsklauseln führen[5].

---

1) So zutreffend bereits Denecke RdA 51, 5 (6).

2) Vgl. Wiedemann/Stumpf § 4 Rn 293.

3) So auch Simitis/Weiss DB 73, 124o (1249); ebenso für tarifliche Arbeitszeitverlängerungen Hueck/Nipperdey II/1 S. 264 Fn 93.

4) Vgl. oben S. 132 sowie Nikisch I S. 647.

5) Vgl. Simitis/Weiss a.a.O. (S. 125o).

Da sich Betriebs- und Inhaltsnormen nicht gegenseitig ausschließen[1], darf sich die Beurteilung der tariflichen Kurzarbeitsklausel als Tarifnorm mit Doppelcharakter hinsichtlich des personellen Geltungsbereichs auch nicht auf das enge Gebiet der Inhaltsnormen beschränken, sondern muß den weitergehenden Rahmen der Betriebsnormen berücksichtigen. Das bedeutet, daß für das "Bestehen" der tariflichen Kurzarbeitsregelung i.S. von § 87 I Eingangssatz die Tarifbindung des Arbeitgebers genügt. Die Nachteile daraus für Nichtorganisierte, d.h. den Tarifvertrag nicht durch Mitgliedschaft in einer Gewerkschaft unterstützende Arbeitnehmer sind gering, wenn man bedenkt, daß in aller Regel der Mitbestimmung des Betriebsrats eine entscheidende Rolle zukommt[2].

1) Vgl. Hueck/Nipperdey II/1 S. 260; Nikisch II S. 288 Fn 16; Wiedemann/Stumpf § 1 Rn 117 f.

2) Vgl. dazu unten S. 271 ff.

§ 12 Keine Mitbestimmung bei unvollständiger tariflicher Kurzarbeitsklausel (§ 77 III) ?

I. Allgemeines zu § 77 III

In Betracht kommt, daß die betriebliche Mitbestimmung nicht nur bei einer vollständigen, sondern auch bei einer unvollständigen Tarifklausel entfällt. Diese Folgerung könnte aus § 77 III zu ziehen sein. Dort heißt es nämlich, daß Betriebsvereinbarungen schon dann unzulässig sind, w e n n eine Tarifklausel besteht oder üblich ist. Damit scheint die in § 87 I Eingangssatz festgelegte Abstufung der Sperrwirkung in zweifacher Hinsicht übertroffen zu sein: Die inhaltliche Vollständigkeit des Tarifvertrages könnte als Abgrenzungskriterium der betrieblichen zur überbetrieblichen Mitbestimmung entfallen, wenn § 77 III es genügen lassen würde, daß nur überhaupt eine Regelung der betrieblichen Angelegenheiten im Tarifvertrag erfolgt ist; selbst das Bestehen einer gültigen Tarifklausel könnte überflüssig sein, wenn eine solche nur üblich ist.

Zwischen § 77 III und § 87 I Eingangssatz besteht ein konstruktiver Unterschied. Denn zwar führen beide Vorschriften zur Nachordnung der betrieblichen gegenüber der überbetrieblichen Sozialgestaltung; sie erreichen dieses Ziel aber auf verschiedenen Wegen. Bei § 87 I Eingangssatz wird, wie oben[1] ausgeführt, die Mitbestimmung im Maße der inhaltlichen Vollständigkeit des Tarifvertrages verdrängt, während § 77 III unstreitig[2] eine funktionelle Zuständigkeitsabgrenzung verkörpert. Wie das Tatbestandsmerkmal der Tarifüblichkeit ausweist, kommt es bei § 77 III nämlich gar nicht darauf an, ob ein Tarifvertrag besteht. Betriebsvereinbarungen - und nicht nur diese, wie noch auszuführen sein wird[3] - sollen schon dann unzulässig sein, wenn Tarifverträge nur üblicherweise entsprechende Regelungen enthalten. Bei § 77 III beruht die

1) S.o. S. 181 ff.

2) Vgl. Dietz/Richardi § 77 Rn 177; Galperin/Löwisch § 77 Rn 73; Konzen BB 77, 13o7 (1311); Richardi AR-Blattei Tarifvertrag VI A, III 2; ders. JABl 72, 137 (14o); Wiedemann/Stumpf § 4 Rn 296.

3) Vgl. unten S. 299 ff.

Sperrwirkung des Tarifvertrages also auf einer von vornherein feststehenden Kompetenzabgrenzung, während bei den Angelegenheiten des § 87 I erst im konkreten Fall anhand des Maßstabes des § 87 I Eingangssatz zu entscheiden ist, wie weit die Betriebsparteien zuständig sind. Mit einem Wort: Bei § 77 III beruht die Sperrwirkung auf der Zuständigkeitsverteilung zwischen betrieblicher und überbetrieblicher Normsetzung, nicht aber auf stärkerer Normenwirkung[1]. § 77 III schließt die Regelungskompetenz - dem Wortlaut nach jedenfalls zum Abschluß einer Betriebsvereinbarung - aus, § 87 I Eingangssatz die obligatorische Mitbestimmung, soweit die tarifliche Regelung reicht.

II. Kurzarbeit als "sonstige Arbeitsbedingung" im Sinne von § 77 III?

Daß die Mitbestimmung gemäß § 87 I Nr. 3 neben § 87 I Eingangssatz auch nach § 77 III entfallen soll, setzt allerdings voraus, daß beide Vorschriften nebeneinander anwendbar sind. Die Kurzarbeit müßte eine "sonstige Arbeitsbedingung" im Sinne von § 77 III sein. Unbeachtlich ist an dieser Stelle der Streit, ob § 77 III - wie nach Auffassung der h.M.[2] - wegen der sprachlich engen Verknüpfung "Arbeitsentgelte und sonstige Arbeitsbedingungen" nur sog. materielle, oder aber auch formelle Arbeitsbedingungen erfaßt. Denn jedenfalls die Einführung von Kurzarbeit betrifft das Verhältnis von Leistung und Gegenleistung und kommt insoweit nach beiden Ansichten als Regelungsgegenstand im Sinne von § 77 III in Betracht.

Ob dennoch § 77 III und § 87 I Eingangssatz kumulativ angewendet werden sollen, ist außerordentlich umstritten. Mehr noch als bei §§ 56, 59 BetrVG 52[3] handelt es sich um eine "quaestio aurea"[4], bei der sich die Auffassungen zweier großer Meinungsgruppen mit untereinander nicht immer einheitlichen Begründungen gegenüber-

---

1) So Löwisch AuR 78, 97 (1o6).

2) So namentlich die Anhänger der Zwei-Schranken-Theorie, s. dazu sogl. S. 2o1 sowie ferner die unten S.226 Fn 2 Genannten.

3) Vgl. dazu oben S. 56 f.

4) So Birk Anm. BAG EzA § 87 BetrVG Initiativrecht Nr. 2 (S. 32).

stehen. Im Anschluß an Säcker[1] hat sich ihre Bezeichnung als "Zwei-Schranken-Theorie"[2] und "Vorrangtheorie" eingebürgert[3].

1.) Die Meinungen in der Literatur

a.) Zwei-Schranken-Theorie

Die Vertreter der Zwei-Schranken-Theorie[4] kommen durch die

---

1) Vgl. Säcker ZfA 72 (Sonderheft), 41 (65).

2) Gegen diesen Begriff Dietz/Richardi § 77 Rn 18o.

3) Unberücksichtigt kann insoweit die Auffassung von Kammann/Hess/Schlochauer § 77 Rn 73 bleiben, wonach sich § 77 III und § 87 I gegenseitig ausschließen sollen, weil die eine Vorschrift nur materielle, die andere nur formelle Arbeitsbedingungen erfasse. Diese Meinung geht von der Verfassungswidrigkeit der Mitbestimmung in materiellen Angelegenheiten aus, was indessen bereits zuvor (vgl. oben S. 8o ff.) zurückgewiesen wurde und im übrigen widersprüchlich ist (vgl. oben S. 82).

4) Vgl. Adomeit BB 72, 53; Auffarth AR-Blattei Betriebsverfassung XIV A, I; ders. AR-Blattei Betriebsverfassung XIV B, II 3 a; ders. AuR 72, 33 (38); ders. BUV 72, 237 (238); Bitter DB 79, 695; Blomeyer ZfA 75, 243 (295 f.); Boewer DB 73, 522 (526); Bohn/Dutti § 87 Rn 2; Brecht § 87 Rn 11; Buchner Fälle S. 114 und wohl auch AG 71, 135 (139 f.); Conze Diss. S. 8o ff.; ders. DB 78, 49o (492); Dietz/Richardi § 77 Rn 178 ff., § 87 Rn 1o2; Eickelberg S. 148; Etzel Betriebsverfassungsrecht S. 129, 227 f.; Fitting BABl 72, 276 (279, 284); Fitting/Auffarth/Kaiser Das neue Betriebsverfassungsgesetz § 87 Rn 2; dies. § 77 Rn 61, § 87 Rn 11; Frauenkron § 87 Rn 1o; Galperin/Löwisch § 77 Rn 76, § 87 Rn 57; Gaul BB 78, 764 (766 f.); ders. REFA S. 5o; Halberstadt HBV Gr. 4 S. 17; Hanau BB 72, 499; ders. RdA 73, 281 (284); ders. BB 77, 35o; Hanau/Adomeit S. 1o3 f.; Herschel RdA 78, 166 (171); Hess. Arbeitgeberverbände S. 123; Hofe S. 111 f.; v.Hoyningen-Huene JuS 77, 461 (462); Janert DB 76, 243 (244); Kammann/Meisel S. 311; Kirchner BB 72, 1279 ff.; Kunst S. 35; Lappe JbAR Bd. 16, 55 (83); Lieb Arbeitsrecht S. 143; ders. ZfA 78, 179 (211); Löwisch AuR 78, 97 (1o6); Meisel/Hiersemann AZO (2. Aufl.) Einl.5o; Neumann AR-Blattei Betriebsfeier I, C III; Peltzer/Boer S. 184; Piltz S. 277 f.; Raatz DB 72 Sonderbeilage 1 S. 13; Rehbinder Schaubild 14; Richardi RdA 72, 8 (11); ders. ZfA 76, 1 (2 ff.); ders. Anm. BAG AP Nr. 1 zu § 87 BetrVG (5R, 6); ders. WEX 8 S.6o; ders. AG 79, 29 (37 f.); Rüthers BRD : DDR S. 149 sowie tendenziell ZfA 73, 399 (417); Rumpff/Dröge S. 47 ff., 84 f.; Scheid S. 142; Stahlhacke HzA Gr. 19 S. 279, 377 f.; Staudacher HBV Gr. 4 S. 66; v.Stebut RdA 74, 332 (339 f.); Stege/Weinspach S. 279 f.; Sturn AuS 75, 189 (19o); Thiele GK-BetrVG § 77 Rn 88; Vogt DB 75, 1o25 (1o27); Wiedemann/Stumpf § 4 Rn 277 f.; Wiese GK-BetrVG § 87 Rn 18, 8oa; ders. Anm. BAG AP Nr. 1 zu § 87 BetrVG Kurzarbeit (6R); ders. Initiativrecht S. 33; ders. 25 Jahre BAG S. 661 (664); Zöllner Arbeitsrecht S. 365 f.; wohl auch Föhr AuR 75, 353 (359); Matthes DB 72, 286 (29o); Meinert BB 76, 1615; Moll Entgelt S. 173; Sahmer § 87 Rn 3; Stadler BB 72, 8oo (8o4);

kumulative Anwendung von § 87 I Eingangssatz und § 77 III zu einem doppelten Schrankenvorbehalt bei den Mitbestimmungstatbeständen des § 87 I. Dies hat u.a. zur Folge, daß das Mitbestimmungsrecht des Betriebsrats nicht nur bei bestehender (§ 87 I Eingangssatz), sondern auch bei üblicher (§ 77 III) tarifvertraglicher Regelung entfällt. Hauptargument der Vertreter der Zwei-Schranken-Theorie ist, ohne die Einbeziehung des § 77 III in den Abschnitt der sozialen Angelegenheiten werde das zentrale gesetzgeberische Ziel dieser Regelung, nämlich dem unbedingten Vorrang der Tarifautonomie Rechnung zu tragen, verfehlt. Ohne sie trete insoweit ein Verlust an Bestandsschutz der Tarifautonomie ein. Unerträgliche betriebliche Verhältnisse seien zu besorgen; da § 87 I Eingangssatz nämlich nur für bestehende Tarifverträge gelte, sei in den Fällen, in denen wegen Ablaufs, Kündigung oder aus sonstigen Gründen eine tarifvertragliche Regelung nicht gelte, ohne Anwendung des § 77 III eine Durchsetzung des Mitbestimmungsrechts des Betriebsrats in der Form der Betriebsvereinbarung für die Phase des tariflosen Zustandes nicht auszuschließen. Man müsse also befürchten, daß ein Tarifkonflikt, der sich auf Angelegenheiten des § 87 beziehe, bei Nichtgeltung des § 77 III der Einigungsstelle zugewiesen werden könnte. Normzweck, Gesetzessystematik und praktisches Bedürfnis verlangten aber, in § 77 III die Formulierung eines allgemeinen Prinzips anzuerkennen, wonach im Bereich materieller Arbeitsbedingungen keine Regelung durch Betriebsvereinbarung zulässig sei, wenn eine tarifliche Vereinbarung oder Übung bestehe.

b.) Vorrangtheorie

Die - zahlenmäßig weitaus schwächer vertretenen - Anhänger der Vorrangtheorie[1] belassen es bei der Schranke des § 87 I Eingangs-

---

Zachert Anm. BAG MitbGespr 76, 37 (38); offengelassen bei Söllner Arbeitsrecht S. 169.

1) Vgl. AR Chemie S. 181 (widersprüchlich zu S.184); Barwasser DB 75, 2275 ff. (für Misch- und tarifungebundene Betriebe); Birk Anm. BAG EzA § 87 Initiativrecht Nr. 2 (S. 32); Däubler Arbeitsrecht S. 241; Dütz JuS 72, 685 (691); Fabricius RdA 73, 125 (126); Farthmann RdA 74, 65 (67, 72); Farthmann/Bürger AR-Blattei Arbeitszeit V Kurzarbeit, B III 4 b (unter Rücknahme der gegenteiligen Auffassung in RdA 66, 252); Gnade/Kehrmann/Schneider § 77 Rn 9, § 87 Rn 5; Kübler/Schmidt/Simitis S. 221 ff.; Reuter Anm. BAG SAE 76, 14 (16 ff.); Reuter/Streckel S. 33 f.; Säcker ZfA 72 (Sonderheft), 41 (63 ff.); Schneider BlStSozArbR 77, 196 (198);Simitis/Weiss DB 73, 124o (1247);

satz und wenden § 77 III im Rahmen des § 87 I nicht an. Inhaltlich wird diese Theorie mit dem Schutzbedürfnis der Arbeitnehmer begründet. Diesem werde nur dann Rechnung getragen, wenn entweder eine tarifliche Regelung bestehe oder über das Mitbestimmungsrecht einseitige Direktiven des Arbeitgebers ausgeschlossen würden. Nur dann könne ein nichttarifgebundener Arbeitgeber die tarifübliche Angelegenheit bei fehlender Tarifnorm nicht einfach durch seine Alleinentscheidung regeln. § 87 I Eingangssatz wäre sonst eine überflüssige Wiederholung eines bereits aus § 77 III folgenden Ergebnisses. Soweit eine konstruktiv-methodische Begründung gegeben wird, soll § 87 I Eingangssatz lex specialis gegenüber § 77 III sein[1].

2.) Die Auffassungen in der Rechtsprechung

a.) Bundesarbeitsgericht

Das BAG hat es bislang vermieden, in dem genannten Theorienstreit ausdrücklich Stellung zu beziehen. In seinem Beschluß vom 13.3.1973[2] spricht das BAG nur allgemein davon, daß "im neuen Recht durch § 77 III und § 87 I Eingangssatz BetrVG 72 der Vorrang des Tarifvertrages noch stärker betont" sei als früher. Diese Rechtsprechung hält das BAG in seinem Beschluß vom 5.3.1974[3] aufrecht. Es prüft in diesem Fall allerdings auch § 77 III[4], stellt fest, daß diese Vorschrift bei der Kurzarbeit "schon deshalb" dem Mitbestimmungsrecht nicht entgegenstehe, weil Kurzarbeitsbedingungen nicht üblicherweise durch Tarifvertrag geregelt würden und vermeint daraufhin, auf den Meinungsstreit um die Einbeziehung des § 77 III in § 87 I nicht eingehen zu müssen.

Deutlicher kommt eine Präferenz des BAG für die Zwei-Schranken-Theorie in dem Beschluß vom 13.11.1974[5], wo eine Betriebsver-

---

Vollmer DB 79, 3o8, 355 (357); Weiss Betriebsverfassungsgesetz S. 2o9; wohl auch Röhsler Die Arbeitszeit S. 121.

1) Vgl. Farthmann RdA 74, 65 (72); Farthmann/Bürger a.a.O.; Reuter/Streckel a.a.O.

2) Vgl. BAG AP Nr. 1 zu § 87 BetrVG Werkmietwohnungen (4R).

3) Vgl. BAG AP Nr. 1 zu § 87 BetrVG Kurzarbeit (3).

4) Vgl. BAG a.a.O. (4R).

5) Vgl. BAG DB 75, 648 (65o).

einbarung über einen ermäßigten Akkorddurchschnitt wegen Verstoßes gegen § 77 III für unwirksam erklärt wird, und in dem Beschluß vom 14.11.1974[1] zum Ausdruck. Dort heißt es zunächst noch, aufgrund des Vorbringens des Antragstellers könne "noch nicht festgestellt werden, ob die beabsichtigte Regelung mit §§ 77 III, 87 I Eingangssatz BetrVG 72 vereinbar" sei. Dann wird allerdings ein Verbot betriebsvereinbarungsrechtlicher Zeitlohnregelungen bei Bestehen entsprechender Tarifnormen aus § 77 III hergeleitet. Kurz darauf wird § 77 III wieder in einem Atemzug mit § 87 I Eingangssatz genannt ("... was mit §§ 77 III, 87 Abs. I Eingangssatz BetrVG 72 unvereinbar wäre ..."). Zwar ist damit, wie Richardi[2] richtig bemerkt, keine ausdrückliche Stellungnahme zu dem Theorienstreit abgegeben. Es kann aber auch nicht verkannt werden, daß die aus § 77 III abgeleitete Sperre abweichender Zeitlohnregelungen auf betrieblicher Ebene eine Anerkennung dieser Vorschrift auch im Rahmen des § 87 I bedeutet. Man wird daher beide Beschlüsse als Befürwortung der Zwei-Schranken-Theorie ansehen müssen, obwohl es auf den Streit bei dem letztgenannten Beschluß im Ergebnis nicht ankam.

Keinerlei Parteinahme spricht aus dem Beschluß vom 12.6.1975[3]. Dort heißt es lediglich, die Mitbestimmungsrechte des Betriebsrats würden nach § 87 I Satz 1 BetrVG 72 verdrängt. Unerfindlich ist, wie man dem BAG bei dieser textlichen Klarheit unterstellen kann, damit sei "insgesamt wohl an § 87 I gedacht, im letzten Bereich aber wohl § 77 III gemeint"[4]. Für diese Hypothese bietet der Beschluß keinerlei Anlaß.

Neuerdings scheint sich die Rechtsprechung des BAG auf einer einheitlichen Linie der Unentschiedenheit einzupendeln.

---

1) Vgl. BAG AP Nr. 1 zu § 87 BetrVG (2,2R); Hanau BB 77, 35o vermutet, dieser Beschluß des BAG dürfe den Ausschlag zugunsten der Zwei-Schranken-Theorie gegeben haben; auch Wiedemann/Stumpf § 4 Rn 279 und Wiese Gk-BetrVG § 87 Rn 18 ziehen die Entscheidung in diesem Sinne heran.

2) Vgl. Richardi Anm. BAG AP Nr. 1 zu § 87 BetrVG (5R).

3) Vgl. BAG AP Nr. 2 zu § 87 BetrVG Altersversorgung (4R).

4) So aber Steindorff Anm. BAG AP Nr. 2 zu § 87 BetrVG Altersversorgung (7).

Sowohl in dem Beschluß vom 29.3.1977[1], als auch in demjenigen vom 13.7.1977[2] - dort unter Bezugnahme auf den Beschluß vom 5.3.1974[3] - heißt es in sprachlich nahezu identischer Weise: "Das Mitbestimmungsrecht des Betriebsrats scheitert ferner nicht an der Sperrwirkung des § 77 III, sofern diese Vorschrift neben dem Eingangssatz des § 87 I Platz greifen sollte". Daß diese nicht wirksam werden konnte, wurde in beiden Beschlüssen mit der mangelnden Üblichkeit entsprechender tariflicher Regelungen begründet.

Lediglich mit dem Abschluß freiwilliger Betriebsvereinbarungen (§ 88) und der Sperrklausel des § 77 III befaßt sich der Beschluß vom 19.5.1978[4]. Nebeneinander erwähnt, mangels bestehender Tarifregelung (so das BAG) aber nicht weiter untersucht werden die beiden Sperrklauseln in dem Urteil vom 29.11. 1978[5].

b.) Instanzgerichte

Ohne weiteres an den Regelungsvorbehalten der §§ 77 III, 87 I Eingangssatz scheitern läßt das LAG Baden-Württemberg, Kammer Freiburg, in seinem Urteil vom 29.6.1973[6] ein Mitbestimmungsrecht im Bereich des § 87 I Nrn. 1o, 11.

Eine stillschweigende Anerkennung der Zwei-Schranken-Theorie bedeutet der Beschluß vom 17.7.1973 des LAG Düsseldorf[7]. Dort prüft das Gericht, ob die Gewährung des Mitbestimmungs- bzw. Initiativrechts bei der Leistungsentlohnung gegen § 77 III verstößt und stellt fest, daß die Voraussetzungen dieser Vorschrift in dem zu entscheidenden Fall nicht gegeben seien. Das LAG Düsseldorf läßt den Streit also nicht durch eine nur

---

1) Vgl. BAG AP Nr. 1 zu § 87 BetrVG Provision (3R).
2) Vgl. BAG AP Nr. 2 zu § 87 BetrVG Kurzarbeit (4R).
3) Vgl. oben S. 2o3.
4) Vgl. BAG EzA § 77 BetrVG Nr. 6 (S. 13).
5) Vgl. BAG DB 79, 995.
6) Vgl. LAG Baden-Württemberg, Kammer Freiburg DB 73, 1952.
7) Vgl. LAG Düsseldorf EzA § 87 BetrVG Initiativrecht Nr. 1 (S. 11 ff.).

vorsorgliche Prüfung des § 77 III auf sich beruhen, sondern geht von der Geltung des § 77 III im Rahmen des § 87 I (in diesem Fall Nr. 1o) aus. Diese Stellungnahme zugunsten der Zwei-Schranken-Theorie wird schließlich durch das Heranziehen des § 77 III zur Ablehnung der Verfassungswidrigkeit der Mitbestimmung beim Leistungslohn untermauert. Auf der gleichen Linie liegt bereits der Beschluß vom 12.4.1973 des LAG Düsseldorf[1]. Indem das Gericht feststellt, daß von der Mitbestimmungsregelung des § 87 nur Gebrauch gemacht werden könne, wenn die Tarifparteien den Bereich noch nicht an sich gezogen hätten (§ 87 I Eingangssatz) oder dieser nicht üblicherweise (§ 77 III) durch Tarifvertrag geregelt werde, postuliert es die Geltung beider Vorschriften nebeneinander. Auch in seinem Beschluß vom 27.2.1975[2] prüft das LAG Düsseldorf/Köln §§ 77 III, 87 I Eingangssatz nebeneinander und verneint einen Verstoß gegen beide Vorschriften mangels bestehender tariflicher Regelungen. Auf eine stillschweigende Bevorzugung der Zwei-Schranken-Theorie deutet auch der Beschluß vom 22.2.1978 des LAG Düsseldorf/Köln[3]. Dort heißt es, der Abschluß von Betriebsvereinbarungen für außertarifliche Angestellte sei "nicht etwa durch §§ 77 III, 87 I ausgeschlossen". Ein weiteres Eingehen dazu erübrigte sich mangels Tarifvertrages allerdings.

Das LAG Rheinland-Pfalz läßt in seinem Beschluß vom 8.8. 1975[4] Betriebsvereinbarungen über betriebliche Lohnregelungen an § 77 III scheitern.

Das LAG Hamm mißt in seinem Beschluß vom 14.5.1976[5] das Mitbestimmungsrecht des Betriebsrats auch an § 77 III und verneint das Eingreifen dieser Vorschrift. In keinem der vorgenannten Beschlüsse wird der Theorienstreit aber ausdrücklich gewürdigt.

---

1) Vgl. LAG Düsseldorf EzA § 87 BetrVG Nr. 1 (S.7).

2) Vgl. LAG Düsseldorf/Köln EzA § 87 BetrVG Lohn und Arbeitsentgelt Nr. 1 (S. 4).

3) Vgl. LAG Düsseldorf/Köln BB 78, 861 f.

4) Vgl. LAG Rheinland-Pfalz DB 75, 1996.

5) Vgl. LAG Hamm EzA § 87 BetrVG Leistungslohn Nr. 1(S.14 f.).

Das LAG Berlin setzt sich in seinem Beschluß vom 15.6.1977[1] ausdrücklich mit der Zwei-Schranken-Theorie auseinander und bejaht sie für § 87 I Nrn. 10, 11. Die Tarifpolitik müsse vor betrieblicher Konkurrenz geschützt werden. Es sei auch sinnwidrig, den Vorrang des Tarifvertrages gegenüber freiwilligen Betriebsvereinbarungen weiterzuspannen als gegenüber erzwingbaren Betriebsvereinbarungen, da nur letztere ernsthafte Konkurrenten des Tarifvertrages seien.

Das LAG Frankfurt[2] läßt ein Mitbestimmungsbegehren des Betriebsrats letztlich an § 77 III scheitern. Das ArbG Stuttgart, Kammer Aalen[3], befürwortet gleichfalls den doppelten Schrankenvorbehalt und verneint bei materiellen Arbeitsbedingungen die Möglichkeit einer Betriebsvereinbarung, wenn die Voraussetzungen des § 77 III gegeben sind.

3.) Wertung

a.) Aussage der Materialien

Die Vorboten der Auseinandersetzung, ob § 77 III in § 87 I einzubeziehen sei, zeigten sich schon während des Gesetzgebungsverfahrens. Der Bundesrat[4] setzte sich in Übernahme des Vorschlages der Ausschüsse[5] ausdrücklich für die Einbeziehung des § 77 III in § 87 I ein und schlug bei § 87 I einen Absatz 1a mit dem Inhalt "§ 77 ist anzuwenden" vor. In ihrer Gegenäußerung weigerte sich die Bundesregierung[6], diesem Vorschlag zu folgen. Insoweit wurde der ursprüngliche Regierungsentwurf schließlich auch Gesetz.

Diese Entstehungsgeschichte spricht nach Ansicht Hanaus[7] für die Einbeziehung des § 77 III. Ein besonderer Hinweis auf

1) Vgl. LAG Berlin DB 78, 115.

2) Vgl. LAG Frankfurt Beschluß vom 27.1.1977, zitiert nach Lieb ZfA 78, 179 (18o).

3) Vgl. ArbG Stuttgart, Kammer Aalen, Beschluß vom 19.4.1973, zit. nach Brill BB 73 Beil. 15 S. 13 sowie Galperin/Löwisch § 87 Rn 57.

4) Vgl. BT-Drucksache VI/1786 S. 64 Nr. 2o.

5) Vgl. dazu Wiese JbAR Bd. 9, 55 (68 Fn 97).

6) Vgl. BT-Drucksache zu VI/1786 S. 2 Nr. 6.

7) Vgl. Hanau RdA 73, 281 (284).

diese Vorschrift in § 87 sei überflüssig gewesen, da sie als allgemeine Bestimmung ohnehin für alle Mitbestimmungsrechte gelte. Säcker[1] hingegen behauptet, die Materialien schwiegen zu dieser Frage.

Tatsächlich ergeben sich aus den Materialien aber starke Anhaltspunkte gegen die Anwendung des § 77 III innerhalb des § 87 I. Insbesondere eine Analyse der Stellungnahme der Bundesregierung[2] legt eine Ablehnung der Standpunkte sowohl Hanaus als auch Säckers nahe. Hatte der Bundesrat seinen Vorschlag noch damit begründet, der Grundsatz des Vorrangs der Tarifüblichkeit müsse auch in den Fällen des § 87 Anwendung finden, so argumentierte die Bundesregierung, welcher der Bundestag im Ergebnis durch seine Zustimmung zu dem Gesetz folgte, diese Änderung beeinträchtige die Ausgewogenheit der Gesamtkonzeption. Man muß sich das vergegenwärtigen: Die Tarifsperre des § 77 III stört nach Ansicht des Gesetzgebers die "balance of powers"[3] des Betriebsverfassungsgesetzes, die ausweislich der genannten Äußerungen der Bundesregierung durch eine Koordination der betroffenen und zum Teil sehr kontroversen Interessenbereiche der Arbeitnehmer, Betriebsräte, Gewerkschaften und Arbeitgeber gefunden wurde und einheitlich und ausgewogen sein sollte. Das nach Meinung des Gesetzgebers "ausgewogene" Verhältnis der einzelnen Positionen untereinander würde aber durch Einbeziehung auch des Vorrangs des § 77 III in § 87 I "beeinträchtigt".

Bei einer auf diese Argumentation gestützten Gesetzesfassung wird man die Materialien - unabhängig von einzelnen Meinungsäußerungen in den Hearings[4] - kaum zur Stütze der These Hanaus und Säckers heranziehen können[5].Vielmehr ist die Äußerung der Bundesregierung, die möglicherweise eine zu deutliche

---

1) Vgl. Säcker ZfA 72 (Sonderheft), 41 (65).

2) Vgl. BT-Drucksache zu VI/1786 S. 2 Nr. 6.

3) Vgl. Schleyer DB 62, 13o6.

4) Vgl. dazu Hanau RdA 73, 281 (284).

5) Ebenso Fabricius RdA 73, 125 (126), der die Meinung von Säcker als "irrig" bezeichnet.

Beeinträchtigung der Mitbestimmungsrechte des Betriebsrats befürchtete, ein prägnantes Indiz gegen die Zwei-Schranken-Theorie[1].

b.) Die unterschiedliche Reichweite der Sperrwirkungen von § 87 I Eingangssatz und § 77 III

aa.) Ausgangspunkt

§ 77 III verbietet Betriebsvereinbarungen über Arbeitsentgelte und sonstige Arbeitsbedingungen, die durch Betriebsvereinbarung geregelt sind oder üblicherweise geregelt werden. Dieser Text wird in der Literatur teilweise demjenigen des § 87 I Eingangssatz für sehr ähnlich gehalten. Nach Hablitzel[2] sind beide Regelungen im Wortlaut "fast übereinstimmend". Auch Konzen[3] sieht nur eine "graduell unterschiedliche" Reichweite des Tarifvorrangs in beiden Vorschriften.

Solche Wertungen müssen Skepsis erwecken. Sie scheinen nämlich einen selten[4] beachteten Unterschied im Wortlaut beider Vorschriften zu übersehen. Dieser besteht darin, daß § 87 I die Mitbestimmung verbietet, "soweit" Tarifverträge bestehen, während § 77 III schon bei Arbeitsbedingungen eingreift, "die" tariflich geregelt sind.

Soweit ersichtlich, wird das Abweichen beider Formulierungen voneinander in der Literatur wenig reflektiert. Dies ist um so überraschender, als sich daraus folgende Konsequenzen für das Mitbestimmungsrecht nach § 87 I ergeben könnten: Griffe § 77 III schon ein, wenn überhaupt und ohne Rücksicht auf ihre inhaltliche Vollständigkeit eine tarifliche Regelung bestünde, wogegen § 87 I Eingangssatz aber nur eine entsprechende

1) Zu einfach Eickelberg S. 148 Fn 5, der die Gegenäußerung der Bundesregierung wegen ihrer "formelhaften Begründung" nicht als ausschlaggebend bewertet.

2) Vgl. Hablitzel DB 71, 2158 (2164).

3) Vgl. Konzen BB 77, 13o7 (1312).

4) Dies selbst dort, wo Voraussetzungen und Wirkungen beider Tarifvorbehalte gegenübergestellt und verglichen werden, vgl. etwa Zöllner Arbeitsrecht S. 365 f.

Betriebsvereinbarung untersagt, soweit die Tarifvorschrift materiell reicht und den verbleibenden Raum nicht für Betriebsvereinbarungen sperrt, dann wäre dem Mitbestimmungsrecht des Betriebsrats im Falle der Geltung des § 77 III eine sehr viel generellere Schranke gesetzt. Er wäre dann schon bei einer nur teilweisen Tarifregelung vollständig seiner - zumindest durch eine Betriebsvereinbarung ausgeübten[1] - Mitbestimmung enthoben, während § 87 I Eingangssatz dann immer noch die Mitbestimmung für den verbleibenden Teil garantierte. Für die Mitbestimmung im Kurzarbeitsrecht könnte § 87 I Eingangssatz also jedenfalls hinsichtlich des wichtigen materiellen Teils völlig belanglos sein. Die Betriebsparteien hätten sich ausschließlich mit § 77 III als der weiterreichenden Vorschrift zu befassen. De jure würde dies gleichzeitig bedeuten, daß unter Umständen überhaupt kein Kollektivvertrag gelten könnte. Dies wäre etwa dann der Fall, wenn für einen Betrieb im Geltungsbereich eines Tarifvertrages dieser mangels Tarifbindung keine Anwendung finden könnte, wegen des generellen Tarifvorrangs in § 77 III andererseits aber auch eine Betriebsvereinbarung nicht möglich wäre[2].

bb.) <u>§ 87 I Eingangssatz als Vergleichsgröße</u>

Die Sperrweite des § 87 I Eingangssatz richtet sich, wie zum besseren Verständnis noch einmal betont werden soll[3], nach dem Kriterium der inhaltlichen Reichweite des einschlägigen Tarifvertrages. Ist aber die materielle Substanz des Tarifvertrages ausschlaggebend, stellt der Begriff "soweit" in § 87 I Eingangssatz eine Grenzbestimmung der Gültigkeit der Aussage dar[4], nämlich der Einräumung des Mitbestimmungsrechts in § 87 I. § 87 I Eingangssatz ist also - um ihn gegenüber dem nachfolgend zu erörternden § 77 III zu präzisieren - so zu verstehen, daß die Mitbestimmung nur ausscheiden soll, <u>wenn</u>

---

1) Vgl. aber unten S. 299 ff.

2) Vgl. <u>Farthmann</u> RdA 74, 65 (72); <u>Fitting/Auffarth/Kaiser</u> § 77 Rn 54; <u>Lieb</u> Arbeitsrecht S. 142.

3) Vgl. im einzelnen oben S. 181 ff.

4) Vgl. <u>Brinkmann</u> S. 687.

und soweit ein Tarifvertrag besteht[1]. Küchenhoff[2] hat dies zutreffend bereits zum BetrVG 52 unter Hinweis auf Art. 12 WRV hervorgehoben. Dort hatte es geheißen: "Solange und soweit das Reich von seinem Gestaltungsrechte Gebrauch macht, behalten die Länder das Recht der Gesetzgebung". Danach war klar, daß neues Landesrecht in die vom Reich offengelassenen Lücken eingeschoben werden konnte[3]. Ähnliches gilt heute für Art. 71 GG[4]. Die Sperrweite des § 87 I Eingangssatz[5] weist also zwei Stufen auf: 1. Es muß überhaupt ein Tarifvertrag bestehen, 2. dessen Vollständigkeit ist maßgeblich für die Verdrängung der Mitbestimmung nach § 87 I.

cc.) Die institutionelle Schranke des § 77 III

Die Frage nach der inhaltlichen Reichweite des § 77 III verlangt nach zwei Seiten hin eine Antwort. Zunächst muß nämlich geklärt werden, was eine Arbeitsbedingung im Sinne von § 77 III darstellt. Sodann ist zu untersuchen, wie weit der so präzisierte Gegenstand tariflich geregelt sein muß, um die - zumindest betriebsvereinbarungsrechtliche - Einführung von Kurzarbeit zu verhindern. Beide Punkte sind in der Vergangenheit oft nicht mit der genügenden Deutlichkeit auseinandergehalten worden.

aaa.) Der Regelungsgegenstand im Sinne von § 77 III

Der Begriff "Arbeitsbedingung", wie ihn § 77 III verwendet, stellt ein grobes Raster dar, das sich als Abgrenzungskriterium für die Sperrwirkung dieser Vorschrift nicht ohne weiteres eignet. Denn Arbeitsbedingungen sind ganz allgemein zunächst alle Bedingungen, die sich unmittelbar auf die Arbeits-

---

1) So auch LAG Berlin DB 78, 115; Becker-Schaffner BlStSozArbR 75, 17 (2o); Fitting/Auffarth/Kaiser § 87 Rn 11; Rumpff AuR 72, 65 (78); Rumpff/Dröge S. 92; vgl. auch unten S. 298.

2) Vgl. Küchenhoff BetrVG (1.Aufl.) § 59 Rn 1.

3) Vgl. Giese Verfassung S. 161.

4) Vgl. auch unten S. 298.

5) Vgl. dazu im einzelnen bereits oben S. 188 ff.

verhältnisse selbst beziehen[1]. Im Sinne dieser Beschreibung sind aber auch sehr detaillierte Tatbestände Arbeitsbedingungen, da auch sie auf die Arbeitsverhältnisse einwirken. So ist nicht nur die regelmäßige Arbeitszeit, sondern auch die vorübergehende Verkürzung der Arbeitszeit aus bestimmtem Anlaß eine Arbeitsbedingung. Man kann also nicht die einzelnen Arbeitsbedingungen in große Gruppen wie etwa Arbeitszeit und Lohn zusammenfassen[2] und für die Sperrwirkung des § 77 III genügen lassen, daß nur eine Art des Lohns tariflich geregelt ist, um alle anderen Entlohnungssysteme der Betriebsvereinbarung zu versperren; denn der Zeitlohn ist ebenso eine Arbeitsbedingung wie etwa Gratifikationszahlungen aus besonderen Gründen.

Der Begriff der "Arbeitsbedingung" i.S. von § 77 III hat im Schrifttum eine praktikable Konturierung erfahren. Danach werden durch diese Vorschrift Betriebsvereinbarungen in solchen Angelegenheiten erfaßt, die an andere tatbestandliche Voraussetzungen anknüpfen als die tariflich oder tarifüblich geregelten[3]. Das bedeutet, daß durch Betriebsvereinbarung alle Zulagen normativ festgesetzt werden können, die aufgrund eines bestimmten, im Tarifvertrag nicht verankerten Zwecks oder Anlasses gewährt werden[4]. Eine Aufspaltung der Arbeitsbedingung in einen tariflichen Sockel und eine übertarifliche, durch Betriebsvereinbarung zu regelnde Aufstockung findet nach dem eindeutigen Wortlaut des § 77 III nicht statt[5]. Betriebsver-

---

1) Vgl. v.Münch Art. 9 Rn 37; vgl. zum Begriff der Arbeits- und Wirtschaftsbedingungen zuletzt Söllner JbAR Bd. 16, 19 ff.

2) Nach Göbel S. 53 sollen Zeitlohn, Zulagen, Prämien usw. Teilbereich der "umfassenden" Arbeitsbedingung Lohn sein. Diese Einordnung ist zumindest überflüssig, weil auch die als Teilbereiche genannten Entlohnungsarten Arbeitsbedingungen im Sinne der zuvor genannten Definition sind.

3) Vgl. Dietz BetrVG § 59 Rn 2 ff.; Dietz/Richardi § 77 Rn 194; Fitting/Auffarth/Kaiser § 77 Rn 51; Hanau/Adomeit S. 99 f.; Hueck/Nipperdey II/2 S. 14o1; Neumann-Duesberg Betriebsverfassungsrecht S. 471; Nikisch III S. 385 f.; Thiele GK-BetrVG § 77 Rn 1o1; Zöllner FS Nipperdey S. 699 (717 f.); a.A. noch die Anhänger der subjektiven Begrenzungsmethode, vgl. Großhauser S. 78; Schelp DB 62, 1275 (1276); Wlotzke S. 149 f.

4) Vgl. Dietz/Richardi § 77 Rn 194.

5) Vgl. Sauerbier AR-Blattei Tariflohnerhöhung I, A III 2; zu den - nur während des BetrVG 52 vertretenen - Gegenmeinungen vgl. die Angaben unten S. 217.

einbarungen aber, die nicht lediglich einen ohne weitere Voraussetzungen gewährten, sondern durch zusätzliche Leistungen oder besonderes Verhalten gekennzeichneten Zuschlag zum tariflichen Zeitlohn beinhalten, sind trotz § 77 III zulässig[1]; dabei muß sichergestellt sein, daß es sich nicht lediglich um eine durch Umetikettierung versteckte Zulage zum Tariflohn handelt[2]. Ist die Arbeitszeit geregelt, ist damit noch nicht die Anordnung von Überstunden erfaßt[3]. Bestehen nur über die generelle Dauer der Arbeitszeit tarifliche Abmachungen, kann Kurzarbeit aus der Sicht des § 77 III als nur vorübergehende Abweichung durch Betriebsvereinbarung angeordnet werden[4].

Nach dieser Präzisierung steht fest, daß es in § 77 III - und darüber dürfte heute weitgehend Einverständnis bestehen[5] - nur darum geht, daß sich die Regelungsgegenstände bei Tarifvertrag und Betriebsvereinbarung gegenständlich entsprechen. Daran fehlt es, wenn unterschiedliche Tatbestandsvoraussetzungen vorliegen. Nur spezielle, in sich geschlossene[6] und gewissermaßen "autonome" Regelungsgegenstände, die nicht weiter unterteilbar sind, lösen die Sperrwirkung des § 77 III aus. Als solche kommen die in § 87 I genannten Arbeitsbedingungen nicht grundsätzlich[7], sondern nur dann in Betracht, wenn sie sich

---

1) Vgl. BAG AP Nr. 24 zu § 59 BetrVG 52 (3R); AP Nr. 1 zu § 87 BetrVG (2R); Etzel Betriebsverfassungsrecht S. 227; Löwisch AuR 78, 97 (1o7); Sauerbier AR-Blattei Tariflohnerhöhung I, A III 2 b; Thiele GK-BetrVG § 87 Rn 1o1; zweifelnd Hanau BB 77, 35o (356).

2) Vgl. BAG AP Nr. 24 zu § 59 BetrVG 52 (3R); LAG Rheinland-Pfalz DB 75, 1996.

3) Vgl. v.Hoyningen-Huene JuS 77, 461 (463).

4) Vgl. BAG AP Nr. 1 zu § 32 SchwbG (2R); Thiele GK-BetrVG § 87 Rn 1o2; zustimmend Schaub S. 1o42; ungenau Bürger/Oehmann/Stubing HwbAR Stichwort "Kurzarbeit" S. 3, wonach dies aus der Bedeutung der tariflichen Arbeitszeit als Höchstarbeitszeit folgen soll.

5) Vgl. Auffarth AR-Blattei Betriebsverfassung XIV B, II 2; Brecht § 77 Rn 24; Conze DB 78, 49o (491); v.Hoyningen-Huene JuS 77, 461 (463); Löwisch AuR 78, 97 (1o7); v.Stebut RdA 74, 332 (342); Wiedemann/Stumpf § 4 Rn 298; vgl. auch Scheid S. 149 mwN und Zöllner FS Nipperdey S. 699 (717 f.).

6) Vgl. Fitting/Auffarth/Kaiser § 77 Rn 64; dazu einschränkend aber unten S. 219.

7) So aber Gaul Anm. BAG SAE 63, 1oo (1o2).

in ihren tatbestandlichen Bedingungen nicht mit dem Tarifvertrag überschneiden. Knüpft eine Betriebsvereinbarungnorm an neue Voraussetzungen an, fehlt es an der tatbestandlichen Identität mit der vorgehenden Tarifnorm. § 77 III greift für solche außertariflich geregelten Arbeitsbedingungen dann nicht ein.

Dem läßt sich nicht damit entgegentreten, § 87 I enthalte - beispielsweise in Nr. 4 - zum eigenen Mitbestimmungstatbestand erhobene Modalitäten einer materiellen Arbeitsbedingung, so daß Regelungsgegenstand auch der verselbständigte formelle Teil einer Arbeitsbedingung sein könne. Zwar sind Zeit, Ort und Art der Auszahlung der Arbeitsentgelte nur Modalitäten des Lohnanspruchs[1]; ihre Kodifizierung in § 87 I Nr. 4 besagt aber nichts anderes, als daß der Gesetzgeber kein volles, sondern nur ein eingeschränktes Mitbestimmungsrecht des Betriebsrats bei den betreffenden Arbeitsbedingungen wünschte. Während bei § 87 I die Überlegung bestimmend ist,nur in einem beschränkten Umfang ein erzwingbares betriebliches Mitbestimmungsrecht gegenüber dem Arbeitgeber zu schaffen, will § 77 III als Norm der Zuständigkeitsabgrenzung zwischen Betriebsrat und Gewerkschaften - und das ist ganz unstreitig[2] - jedoch auch freiwillige Betriebsvereinbarungen, die in § 88 ihre Rechtsgrundlage finden könnten, verhindern. Im Rahmen des § 87 I erfüllt der Begriff der Arbeitsbedingung also gar keine funktionale Rolle.

bbb.) Völlige Abschirmung durch § 77 III

Offen bleibt danach aber noch, ob ein- und dieselbe Arbeitsbedingung durch § 77 III völlig vor einer parallelen Betriebsvereinbarung abgeschirmt wird oder ob dies nur bei inhaltlicher Vollständigkeit der Fall ist.

1) Vgl. Dietz/Richardi § 77 Rn 195; Wiese RdA 68, 41 (46).

2) Vgl. statt aller Dietz/Richardi § 88 Rn 6; Fitting/Auffarth/Kaiser § 88 Rn 4; Galperin/Löwisch § 88 Rn 7; Gnade/Kehrmann/Schneider § 88 Rn 6; Kammann/Hess/Schlochauer § 88 Rn 5; Wiese GK-BetrVG § 88 Rn 4.

Insoweit ist zunächst die Ansicht[1] zurückzuweisen, die tarifvertragliche Regelung sei nicht nur hinsichtlich ihres positiven, sondern auch hinsichtlich ihres negativen Gehalts schützenswert. Mit dieser Argumentation ließe sich jegliche Mitbestimmung in allen Angelegenheiten abblocken, die tarifvertraglich mit keinem Wort erwähnt sind. Sie basiert auf einer Regelungsvermutung, der man ebensogut die umgekehrte Vermutung entgegensetzen könnte, im Tarifvertrag nicht erwähnte Regelungen sollten den Betrieben selbst überlassen bleiben[2]. Zutreffend ist daher geltend gemacht worden[3], eine solche Regelung durch "Nicht-Regelung" mißachte den Wortlaut des § 77 III, der eine tatsächliche Regelung, d.h. eine positive Sozialgestaltung verlange[4]. Andernfalls hätte § 77 III 2 keinen Sinn. Die gegensätzliche Meinung scheitert aber auch daran, daß sie praktisch nicht durchführbar ist und zur Rechtsunsicherheit führt. Ohne niedergelegtes Verhandlungsergebnis wäre der Regelungswille der Tarifparteien nicht feststellbar und eine Tarifauslegung unmöglich gemacht, die nach ständiger Rechtsprechung[5] überhaupt nur insoweit erfolgen kann, als der den Tarifregelungen zugrundeliegende Wille der Tarifparteien im Tarifvertrag einen erkennbaren Ausdruck gefunden hat. Die Nichtregelung einer ganzen Arbeitsbedingung würde aber nicht einmal Platz zu einer ergänzenden Vertragsauslegung lassen. Die Gegenmeinung muß denn auch selbst zugestehen[6], daß sich eine

---

1) Vgl. Lieb ZfA 78, 179 (2o7).

2) Vgl. bereits Nikisch III S. 385.

3) Vgl. ArbG Düsseldorf DB 78, 1985 (1986); Bitter DB 79, 695 (696).

4) Im Bereich des § 87 I Eingangssatz scheidet die These vom negativen Gehalt des Tarifvertrages von vornherein aus, weil damit eine unzulässige (vgl. unten S. 327 ff.) Einschränkung des Mitbestimmungsrechts verbunden wäre. Der kollektivrechtliche Schutz der Mitbestimmung nach § 87 I entfällt nicht einmal bei einer "unbewußten Regelungslücke" im Tarifvertrag, vgl. Wiese 25 Jahre BAG S. 665 (673). Im Rahmen des § 87 I Eingangssatz darf daher bei lückenhafter Tarifregelung ein zusätzlicher Wille der Tarifparteien, den Betriebsparteien die Restregelung zu überlassen, nicht gefordert werden, vgl. Rumpff AuR 72, 65 (8o) sowie auch oben S. 189 ff.

5) Vgl. BAG AP Nr. 68 zu Art. 3 GG (1R); AP Nr. 4 (3R), 1o (1R), 96 (2R), 117 (1R), 121 (1R) zu § 1 TVG Auslegung.

6) Vgl. Lieb a.a.O.

Fixierung des Inhalts der Tarifverhandlungen anhand der aufgestellten, von der anderen Seite jedoch abgewehrten und demnach im Tariftext nicht berücksichtigten Forderungen mit ausreichender Sicherheit kaum bewerkstelligen läßt.

Kommt es also auch hinsichtlich § 77 III auf den positiven Inhalt der Tarifnorm an, stellt sich als nächstes die Frage, welche materiellen Erfordernisse an diese zur Auslösung der Regelungssperre zu richten sind. Im Schrifttum finden sich zu diesem Punkt einige Stellungnahmen, die darauf schließen lassen könnten, auch bei § 77 III sei die inhaltliche Vollständigkeit der Tarifnorm maßgeblich.

So sind nach Reichel[1)] der Betriebsvereinbarung Regelungen über Arbeitsbedingungen verschlossen, "soweit diese durch Tarifvertrag geregelt sind oder üblicherweise geregelt werden (§ 77 III BetrVG)". Auffarth[2)] meint, nach § 77 III seien Betriebsvereinbarungen unzulässig, "soweit Arbeitsentgelte oder sonstige Arbeitsbedingungen tatsächlich oder (auch nur) üblicherweise durch Tarifvertrag geregelt" würden. Auch Etzel[3)] schreibt, nach § 77 III könnten Arbeitsbedingungen nicht Gegenstand einer Betriebsvereinbarung sein, "soweit sie durch Tarifvertrag geregelt sind oder üblicherweise geregelt werden". Eine ähnliche Formulierung findet sich bei Herschel[4)] und Söllner[5)]. Der Umfang der Sperrwirkung des § 77 III richte sich, so Wiedemann/Stumpf[6)], "nach dem Umfang der tariflichen Regelung, wie er sich aus der Auslegung des Tarifvertrages ergibt". Im übrigen bestimme sich das Verhältnis Tarifvertrag/Betriebsvereinbarung nach dem Günstigkeitsprinzip, "soweit die Normsetzungsprivilegierung der Tarifvertragsparteien nach § 77 III nicht gilt oder nicht in Anspruch genommen

---

1) Vgl. Reichel S. 18.
2) Vgl. Auffarth AR-Blattei Betriebsverfassung XIV B, II 3 a.
3) Vgl. Etzel Betriebsverfassungsrecht S. 227.
4) Vgl. Herschel Arbeitsrecht S. 64.
5) Vgl. Söllner Arbeitsrecht S. 169.
6) Vgl. Wiedemann/Stumpf § 4 Rn 298.

wird"[1]. Richardi[2] bezieht die Sperrwirkung des § 77 III "nur insoweit auf Arbeitsentgelte und sonstige Arbeitsbedingungen, als eine tarifliche Regelung über sie besteht oder üblich ist" und läßt den Inhalt der Tarifbestimmung maßgeblich für den Umfang der Sperrwirkung sein.

Solche Formulierungen sind mißverständlich. Sie insinuieren dadurch, daß sie am Gebrauch des im Deutschen zweideutigen[3], vom Gesetz nur noch in § 87 I Eingangssatz weiter verwendeten "soweit" auch in § 77 III und dort in einer Weise festhalten, die offen läßt, ob sich der mit "soweit" eingeleitete Nebensatz auf den Hauptsatz insgesamt oder nur auf Teile davon bezieht, eine inhaltlich übereinstimmende Reichweite der Tarifvorbehalte beider Vorschriften. Dies aber kann nicht ernsthaft gemeint sein, weil es dem Gesetz widerspräche. Nur während des BetrVG 52 - das den Begriff "soweit" in beiden Tarifvorbehalten (§§ 56, 59 BetrVG 52) verwendete - und dort auch nur beim Lohn wurde vereinzelt[4] vertreten, übertarifliche Erhöhungen seien trotz § 59 BetrVG 52 durch Betriebsvereinbarung regelbar, weil der Tarifvertrag schon begrifflich den übertariflichen Raum nicht erfassen und die Sperrwirkung somit nicht eintreten könne. Zu Recht widersprach dem die h.M.[5] unter Hinweis auf Sinn und Zweck des § 59 BetrVG 52. Das BAG legte in ständiger Rechtsprechung[6] die Sperrwirkung des

---

1) Vgl. Wiedemann/Stumpf § 4 Rn 3o3; ähnlich a.a.O. Rn 294.

2) Vgl. Richardi Anm. BAG SAE 72, 132 (14o); ähnlich Conze DB 78, 49o (492); präziser allerdings Dietz/Richardi § 77 Rn 2o8.

3) Vgl. oben S. 181.

4) Vgl. Galperin/Siebert § 59 Rn 7; Gaul Anm. BAG SAE 63, 1oo (1o3; Hessel Anm. BAG AuR 56, 155 (158); König BlStSozArbR 56, 123 (124 f.); Monjau BB 65, 632 (633).

5) Vgl. Dietz BetrVG § 59 Rn 2 ff.; Dietz RdA 55, 241 (243); Erdmann BetrVG (2.Aufl.) § 59 Rn 2; Fitting/Kraegeloh/Auffarth § 59 Rn 11 ff.; Habrich DB 54, 434; Hensche RdA 71, 9 f.; Herschel Anm. BAG BABl 56, 449 (451); Hueck/Nipperdey II/2 S. 14o1; Neumann-Duesberg Betriebsverfassungsrecht S. 47o; Nikisch III S. 85 f.; Rebhahn AuR 56, 289 (296); Säcker AR-Blattei Betriebsvereinbarung III, B 5; Tophoven Anm. BAG AP Nr. 1 zu § 59 BetrVG 52 (3).

6) Vgl. BAG AP Nr. 1 (2), 9 (3), 23 (1R), 26 (3R) zu § 59 BetrVG 52; AP Nr. 1 zu § 2 ArbGG Betriebsvereinbarung (3).

§ 59 BetrVG 52 weit aus, so daß tariflich auch nur teilweise geregelte Arbeitsbedingungen schlechthin aus dem Bereich der Betriebsvereinbarungen ausgenommen waren.

Zu § 77 III kann hier nichts anderes gelten. Bei Tatbeständen, die nur lückenhaft geregelt sind, verbietet bereits der Wortlaut des § 77 III Ergänzungen, die nicht tariflich dispensiert sind. Das bedeutet aber nichts anderes, als daß jede Betriebsvereinbarung nach § 77 III unzulässig ist, wenn der betreffende Gegenstand von den Tarifparteien einmal besetzt ist[1], wobei gleichgültig ist, in welchem inhaltlichen Umfang sich die Koalitionen mit ihm befaßt haben[2]. Betriebsvereinbarungen sind schlechthin[3] unzulässig, wenn nur überhaupt[4] eine Tarifregelung getroffen worden ist[5]. § 77 III entfaltet zugunsten der Tarifklauseln eine unbedingte und absolute[6], abstrakte[7] Sperrwirkung und entzieht so selbst unvollständige, d.h. auch Teilregelungen der fraglichen Materie auf Tarifebene der Vervollständigung durch Betriebsvereinbarungen[8]. § 77 III umschreibt die "Tabuzone", die der Betriebsvereinbarung nicht zu-

---

1) Vgl. Thiele GK-BetrVG § 77 Rn 1o4.

2) Vgl. LAG Berlin DB 78, 115 (117); Thiele GK-BetrVG § 77 Rn 1o5.

3) Vgl. Galperin/Löwisch § 77 Rn 73, 84; Löwisch AuR 78, 97 (1o7); Sauerbier AR-Blattei Tariflohnerhöhung I, A III 2; Wiese JbAR Bd. 9, 55 (68).

4) Vgl. Buchner AG 71, 135, 189 (139).

5) Teilw. a.A. ArbG Siegburg DB 78, 1281 u. Kammann/Hess/Schlochauer § 77 Rn 88, wonach jedenfalls die inhaltlich unveränderte Übernahme eines Tarifvertrages durch Betriebsvereinbarung nicht gegen § 77 III verstoßen soll. Dies widerspricht jedoch Wortlaut, Begründung und Zweck des § 77 III, vgl. unten S.266; wie hier i.E. auch Wiese GK-BetrVG § 87 Rn 25. Zur Ausnahme bei nichttarifgebundenen Arbeitnehmern vgl. v.Stebut RdA 74, 332 (341) und Fitting/Auffarth/Kaiser § 77 Rn 63.

6) Vgl. Auffarth AR-Blattei Betriebsverfassung XIV B, II 3 a; Conze DB 78, 49o (491); Galperin/Löwisch § 77 Rn 73; Großmann/Schneider Rn 549; Lieb ZfA 78, 179 (2o5); Wiedemann/Stumpf § 4 Rn 289.

7) Vgl. Blomeyer ZfA 75, 243 (295).

8) Vgl. Kirchner BB 72, 1279 (1282); Rumpff/Dröge S. 86.

gänglich ist[1]. Konsequenterweise eröffnet daher nicht einmal das Günstigkeitsprinzip betriebsvereinbarungsrechtlichen Spielraum[2]. Lediglich die Koalitionen sind im Bereich des § 77 III normsetzungsbefugt[3]. Auf ihre Zuständigkeit, nicht auf die aufgrund der Zuständigkeit ergangenen Regelungen kommt es an. § 77 III wird so zur Trennstelle der funktionellen Zuständigkeiten von Betriebsrat und Gewerkschaften[4].

Daher ist unzutreffend, wenn im Schrifttum[5] gesagt wird, § 77 III greife bei aus sich heraus praktikablen, im wesentlichen a b s c h l i e ß e n d e n Tarifregelungen ein. Denn auf die inhaltliche Vollständigkeit des Tarifvertrages kommt es wegen der Abstraktheit der Sperre des § 77 III gerade nicht an. Auch das Kriterium, § 77 III verlange eine in sich geschlossene materielle Regelung des Tarifvertrages[6], wird man nicht im inhaltlichen Sinne, sondern, wie oben[7] geschehen, zur Bestimmung des Regelungsgegenstandes im Sinne von § 77 III zu verwen-

---

1) Vgl. Weiss Betriebsverfassungsgesetz S. 2o9; zu Recht weist allerdings Ramm ZRP 72, 13 (18 Fn 32) darauf hin, daß auch dann noch keine absolute Sicherheit gegen die betriebliche Überschreitung des Tariflimits gewährleistet ist. Denn nach wie vor bleibt die Möglichkeit einseitiger freiwilliger Mehrleistungen des Arbeitgebers. De facto laufen tarifliche Regelungen dann doch leer; vgl. auch unten S. 269 ff.

2) Vgl. Buchner AG 71, 135 (139); Dietz/Richardi § 77 Rn 183; Fitting/Auffarth/Kaiser § 77 Rn 5o, 62; Galperin/Löwisch § 77 Rn 71, 84; Hanau RdA 73, 282 (285); Kammann/Hess/Schlochauer § 77 Rn 86; Kirchner DB 72, 1279 (1282); Konzen BB 77, 13o7 (13o8, 131o); Richardi RdA 72, 8 (12); ders. DB 71, 621 (623); ders. AR-Blattei Tarifvertrag VI A, III 2; Sauerbier AR-Blattei Tariflohnerhöhung I, A III 2; Säcker ZfA 72 (Sonderheft), 41 (42); Stege/Weinspach S. 133; Wiedemann/Stumpf § 4 Rn 289, 294; a.A. Thiele GK-BetrVG § 77 Rn 144 ff.

3) Vor diesem Hintergrund ist auch die Diskussion um die Geltung des § 77 III im AT-Bereich zu sehen; vgl. dazu aus letzter Zeit ArbG Düsseldorf DB 78, 1985 f.; Conze DB 78, 49o ff.; Gaul BB 78, 764 ff.; Henkel/Hagemeier BB 76, 142o ff.; Janert DB 76, 243 ff.

4) Vgl. Konzen BB 77, 13o7 (1311); Richardi AR-Blattei Tarifvertrag VI A, IV 2; vgl. auch oben S. 199 f. ; a.A. noch Biedenkopf S.285.

5) Vgl. Kirchner BB 72,1279(1281); Wiedemann GS Dietz S.361(376).

6) So Fitting/Auffarth/Kaiser § 77 Rn 64.

7) Vgl. oben S. 213.

den haben[1]. Um hier keine Mißverständnisse aufkommen zu lassen, wird man entweder - wie das Gesetz - in § 77 III auf die "soweit"-Formulierung verzichten müssen, um klarzustellen, daß die Sperrwirkung der Vorschrift inhaltlich in keiner Weise differenziert wird, oder aber man muß, wie in der Literatur[2] auch teilweise geschehen, durch eindeutige Satzstellung des Wortes "soweit" klarstellen, daß sich die Sperrwirkung auf den Regelungsgegenstand als Ganzes bezieht.

Aus dem Gesagten ergibt sich ferner, daß auch eine tarifkonkretisierende Betriebsvereinbarung, wie sie während des BetrVG 1952 entgegen der Rechtsprechung[3] im Schrifttum[4] teilweise bejaht wurde, unzulässig ist[5]. Jedenfalls den Tarifrahmen ausfüllende Betriebsvereinbarungen stellen Ergänzungen dar, die nur unter den Voraussetzungen des § 77 III 2 statthaft sind.

dd.) Zwischenergebnis

Die inhaltliche Sperrweite von § 87 I Eingangssatz und § 77 III unterscheidet sich also keineswegs - wegen der Üblichkeitsalternative in § 77 III - nur "graduell"[6]. Sie stellt sich vielmehr zusammenfassend so dar[7]:

---

1) Soweit man, wie Bötticher Anm. BAG SAE 74, 2o1 (2o5), diesen Maßstab bei § 87 Abs. 1 Eingangssatz ansetzt, gilt die hier vorgetragene Kritik natürlich nicht.

2) Unmißverständlich z.B. Konzen BB 77, 13o7 (131o): "Eine Betriebsvereinbarung ist ... unwirksam, soweit sie ... Arbeitsbedingungen ... betrifft, die ... ein Tarifvertrag regelt". Hier wird durch eindeutige Bezugnahme klargestellt, daß die Arbeitsbedingung als Ganzes gemeint und für die Betriebsvereinbarung gesperrt ist. Eindeutig auch Galperin/Löwisch § 77 Rn 73: "Betriebsvereinbarungen sind unzulässig, soweit sie Regelungen enthalten...".

3) Vgl. BAG AP Nr. 26 zu § 59 BetrVG 52 (3R).

4) Vgl. Galperin/Siebert § 59 Rn 8; Hueck/Nipperdey II/2 S.1398; Säcker RdA 67, 371 (373 Fn 3o).

5) Zustimmend Thiele GK-BetrVG § 77 Rn 1o8.

6) So aber Konzen, vgl. oben S. 2o9.

7) Ähnlich bereits Nikisch BB 53, 175 (179) zu §§ 56, 59 BetrVG 52.

1. § 87 I Eingangssatz orientiert sich allein an der inhaltlichen Intensität des Tarifvertrages und schützt diesen nur, soweit er inhaltlich vollständig und abschließend ist.
2. Darüber hinaus verhindert § 77 III jegliche Betriebsvereinbarung über einen tariflichen Regelungsgegenstand ohne Rücksicht auf dessen inhaltliche Lückenhaftigkeit. Regelungsgegenstand im Sinne dieser Vorschrift sind alle speziellen, an selbständige Tatbestandsvoraussetzungen geknüpfte Arbeitsbedingungen.

c.) Konsequenzen der Zwei-Schranken-Theorie bei der Kurzarbeit

aa.) Keine Einführung von Kurzarbeit unabhängig von § 77 III

Der skizzierte Theorienstreit könnte hinsichtlich der Kurzarbeit weitgehend auf sich beruhen, wenn § 77 III bei der Kurzarbeit gar nicht relevant werden könnte. Im Schrifttum[1)] wird die Auffassung vertreten, Betriebsvereinbarungen über die Einführung von Kurzarbeit seien trotz § 77 III möglich, da man zwischen einer Kurzarbeitsklausel und der Einführung von Kurzarbeit selbst unterscheiden müsse. Im Hinblick auf § 77 III komme es entscheidend darauf an, ob die Einführung von Kurzarbeit selbst üblicherweise durch Tarifvertrag erfolge. Damit wird die Rechtsprechung des BAG[2)] zum BetrVG 52 übernommen, welche die Sperrwirkung des § 59 bei der Kurzarbeit verneinte, weil die Tarifverträge höchstens Form und Voraussetzung der Einführung von Kurzarbeit regelten, nicht jedoch die Anwendung im Einzelfall. Die Üblichkeit der tariflichen Einführung von Kurzarbeit, die allein ausschlaggebend sei, wurde in den jeweils zu entscheidenden Fällen, nämlich der Werft- und Metallindustrie in Niedersachsen[3)] für diese und das Bundesgebiet sowie beim Ruhrbergbau[4)] verneint. Das Schrifttum[5)] war -

1) Vgl. Galperin/Löwisch § 77 Rn 27; vgl. für Überstunden v. Hoyningen-Huene JuS 77, 461 (463).

2) Vgl. BAG AP Nr. 1 zu § 615 BGB Kurzarbeit (2R); AP Nr. 1 zu § 32 SchwbG (2, 2R).

3) Vgl. BAG AP Nr. 1 zu § 615 BGB Kurzarbeit (2R, 3).

4) Vgl. BAG AP Nr. 1 zu § 32 SchwbG (2).

5) Vgl. Fauth AZR S. 83; Kehrmann AuR 67, 193 (2oo); Neumann-Duesberg Betriebsverfassungsrecht 472, 476; Nikisch I S.647; Meisel/Hiersemann AZO (2.Aufl.) § 3 Rn 43;Schlessmann S.353.

bis auf vereinzelte Gegenstimmen[1] - der gleichen Ansicht wie die Rechtsprechung.

Das BAG[2] hat zunächst in seiner ersten Entscheidung zu § 87 I Nr. 3 an seiner zuvor[3] vertretenen Meinung zumindest indirekt angeknüpft, indem es mangels Üblichkeit tariflicher Kurzarbeitsbedingungen von vornherein darauf verzichtete, die Anwendbarkeit des § 77 III dogmatisch zu untersuchen[4]. Allerdings ist damit eine Abweichung von der überkommenen Rechtsprechung in zweierlei Hinsicht verbunden: Einerseits konnte das Erfordernis der Tarifüblichkeit (§ 77 III) schon mit dem Hinweis darauf, daß diese seit Inkrafttreten des BetrVG 72 noch gar nicht entstanden sein konnte, abgelehnt werden[5]. Die knappe Zeitspanne von zwei Jahren konnte noch nicht zur gefestigten Tarifüblichkeit der Einführung von Kurzarbeit geführt haben, so daß sich insoweit eine Prüfung erübrigte und eine Festlegung im Streit um die Zwei-Schranken-Theorie vermeiden ließ. Andererseits fällt auf, daß der Beschluß im entscheidenden Punkt anders formuliert ist als die vorangehende Rechtsprechung. In dem Urteil vom 1.2.1957[6] wurde die Sperrwirkung mit der Begründung abgelehnt, tarifliche Kurzarbeitsklauseln träfen nicht unmittelbare Regelungen für die einzelnen Betriebe. Das Urteil vom 15.12.1961[7] präzisierte dies dahingehend, man müsse zwischen der Klausel als solcher und der Einführung von Kurzarbeit unterscheiden. Denn es komme darauf an, ob die Einführung von Kurzarbeit in den einzelnen Betrieben üblicherweise durch Tarifvertrag erfolge. In dem Beschluß vom 5.3.1974[8] wird nunmehr aber auf die tarifliche Üblichkeit von Kurzarbeitsbedingungen, nicht

---

1) Vgl. Farthmann AR-Blattei Arbeitszeit V (197o), B III 3; vgl. auch Hahn S. 35.

2) Vgl. BAG AP Nr. 1 zu § 87 BetrVG Kurzarbeit (4R); vgl. auch BAG DB 79, 995.

3) Vgl. oben S. 221.

4) Zur Kritik dieser Rechtsprechung vgl. unten S. 237 ff.

5) Ähnlich auch BAG AP Nr. 2 zu § 87 BetrVG Kurzarbeit (4R).

6) Vgl. BAG AP Nr. 1 zu § 32 SchwbG (2, 2R).

7) Vgl. BAG AP Nr. 1 zu § 615 BGB Kurzarbeit (2R).

8) Vgl. BAG AP Nr. 1 zu § 87 BetrVG Kurzarbeit (4R).

mehr also die Einführung von Kurzarbeit abgestellt. Dies bedeutet einen erheblichen Unterschied: Kurzarbeitsbedingungen sind beispielsweise Form und Frist der Ankündigung, Dauer, Kreis der Betroffenen usw. Sollte es nur insoweit auf die Üblichkeit ankommen, nicht aber auf die Üblichkeit tariflicher Einführung von Kurzarbeit selbst, würde dies bedeuten, daß sich die Einführung von Kurzarbeit hinsichtlich § 77 III nur am Text des Tarifvertrages zu orientieren hätte, wobei gleichgültig wäre, ob dieser die konkrete Einführung von Kurzarbeit beinhaltete oder nicht.

Offenbar neigt das BAG aber nicht dazu, seine überkommene Rechtsprechung zu revidieren, nachdem es in seinem Urteil vom 29.11.1978[1)] bei der Nichteinstufung des dort zu prüfenden § 14 TV-ABA als Kurzarbeitsklausel wiederum auf seine während des BetrVG 52 vertretene Rechtsposition und die ihr zustimmende neuere Literatur verwiesen hat. Allerdings bleiben insoweit Zweifel, da das BAG die fragliche Tarifbestimmung gar nicht erst als Kurzarbeitsklausel ansah[2)] und demnach der alten These, es sei zwischen der Kurzarbeitsklausel selbst und der Einführung von Kurzarbeit zu unterscheiden, die Grundlage fehlte.

Soweit das Problem im Schrifttum überhaupt ventiliert wird, trifft die überkommene Rechtsprechung und die mit ihr übereinstimmende neuere Literatur aber auch auf Widerspruch[3)]. Es wird verlangt, in jedem Fall den konkreten Sachverhalt unter die Norm zu subsumieren. Enthalte also der Tarifvertrag eine Kurzarbeitsklausel, sei gemäß § 77 III eine Betriebsvereinbarung auch über die Einführung von Kurzarbeit nur bei ausdrücklicher Zulassung gemäß § 77 III 2 zulässig.

Soweit im Schrifttum[4)] das Problem der Geltung des § 77 III

---

1) Vgl. BAG DB 79, 995.

2) Vgl. zur Kritik unten S. 24o ff.

3) Vgl. Röhsler Die Arbeitszeit S. 121; Rumpff/Dröge S. 86.

4) Vgl. v.Stebut RdA 74, 332 (34o).

im Kurzarbeitsrecht mit der Bemerkung abgetan wird, bei längerer Tarifpause entfalle die Üblichkeit, wird man dies als praktisch-hypothetisches, nicht aber dogmatisch fundiertes Argument vernachlässigen dürfen. Darüber hinaus verkennen aber die Befürworter der überkommenen Rechtsprechung wie diese, daß der Regelungsvorbehalt des § 77 III, wie oben[1] dargestellt, unabhängig von der inhaltlichen Intensität des Tarifvertrages ist. § 77 III greift bereits ein, wenn nur über die betreffende Arbeitsbedingung eine Tarifregelung besteht. Es ist aber unbeachtlich, wie und wie weit dies geschehen ist. Diese Sperre unterläuft man, wenn man auf inhaltliche Kriterien des Tarifvertrages abstellt. Bei § 77 III ist zu prüfen, ob die Arbeitsbedingung an sich, nicht aber, ob ein bestimmter Teil der Arbeitsbedingung tarifüblich geregelt ist. Auf einen solchen Ausschnitt stellt aber ab, wer zwischen vertraglichen Voraussetzungen und konkreter Anordnung im Hinblick auf § 77 III unterscheidet. Denn der Tatbestand "Einführung von Kurzarbeit" beinhaltet neben Ankündigung und Dauer auch die konkrete Anordnung der Kurzarbeit zu einem bestimmten Zeitpunkt. Letzteres ist in den Tarifverträgen natürlich kaum zu finden. Man kann aber nicht diesen Teil der Einführung von Kurzarbeit aus dem Gesamttatbestand herausbrechen und nur insoweit die Üblichkeitsfrage stellen, ohne gegen den Wortlaut und die Funktion des § 77 III zu verstoßen, die eine institutionelle Interpretation der Vorschrift verlangen[2].

Es ist auch mißverständlich, wenn das BAG[3] ausführt, in Tarifverträgen würden nur Voraussetzungen und Form der Einführung von Kurzarbeit, nicht aber unmittelbare Regelungen für die einzelnen Betriebe getroffen. Denn selbstverständlich setzen auch Tarifnormen über Form und Bedingungen der Kurzarbeit aufgrund ihrer normativen Wirkung (§ 4 I TVG) unmittelbar zwingendes Recht für die einzelnen tarifunterworfenen Betriebe, ohne freilich für einen gerade aktuellen Fall von Kurzarbeit

---

1) Vgl. oben S. 211 ff.

2) S.o. a.a.O.

3) Vgl. BAG AP Nr. 1 zu 32 SchwbG (2, 2R).

abgeschlossen zu werden. Mit derselben Begründung, es liege keine unmittelbare Tarifregelung vor, müßte dann nämlich auch eine - der Kurzarbeit eng verwandte[1] - betriebliche Schlechtwetterregelung[2] trotz entsprechender Tarifklausel möglich sein. Denn auch eine Schlechtwetterregelung ist in diesem Sinne nicht "unmittelbar", weil erst ein weiteres Ereignis, nämlich die Anordnung der Arbeitseinstellung wegen ungünstiger Witterung hinzutreten müßte, um mögliche tariflich festgesetzte Rechtsfolgen auszulösen. Wegen § 77 III würde aber niemand auf den Gedanken kommen, hier eine Betriebsvereinbarung zuzulassen, bloß weil es an einer tariflichen Anordnung der Arbeitseinstellung selbst fehlt und möglicherweise lediglich Voraussetzungen und lohnrechtliche Konsequenzen bei schlechtem Wetter festliegen.

Solche Parallelen lassen sich durchaus vermehren. Sie zeigen, daß für § 77 III allein maßgeblich ist, ob die jeweilige Arbeitsbedingung tariflich oder tarifüblich geregelt ist. Ergibt die Subsumtion des Sachverhalts, daß die Tarifnorm diese Arbeitsbedingung regelt, ist für Betriebsvereinbarungen unter dem Gesichtspunkt, die Tarifklausel stelle in einzelnen Teilen keine unmittelbare Regelung dar, kein Raum mehr.Letztlich beinhaltet die These, Betriebsvereinbarungen über die Einführung von Kurzarbeit seien trotz des Tarifvorrangs nach § 77 III möglich, nur das Zugeständnis, daß die Anwendung dieser Vorschrift - wie noch zu zeigen sein wird[3] - im Rahmen der Kurzarbeit nach § 87 I Nr. 3 zu unbrauchbaren Ergebnissen führt. Man kann aber nicht bei § 77 III ein absolutes Sperrprinzip postulieren und dies dann funktionswidrig dort korrigieren, wo es nicht paßt.

---

1) So Hennig SGb 75, 2o1 (2o3); Schwerdtfeger SGb 75, 349 (35o); Siegers NJW 72, 841 (845).

2) Zum Schlechtwettergeld vgl. §§ 83 ff. AFG.

3) S. sogl. S. 229 ff.

bb.) Unvollständige Kurzarbeitsklausel hindert jede Betriebsvereinbarung

aaa.) Beschränkung auf den materiellen Teil der Kurzarbeit?

Unklar kann indessen sein, ob § 77 III trotz der hier vertretenen weiten Auslegung auch die Modalitäten der Kurzarbeit erfaßt. Die Frage stellt sich deshalb, weil § 77 III nach heute[1] weit verbreiteter Meinung[2] nur für materielle, nicht aber auch für formelle Arbeitsbedingungen gelten soll. Sie ist in dem hier interessierenden Zusammenhang allerdings nicht von entscheidender Bedeutung.

Unbeachtlich sind dabei noch zum alten Recht geäußerte Bedenken[3], wonach die Trennung zwischen formellen und materiellen Arbeitsbedingungen bei der Kurzarbeit deshalb nicht in Frage kommen soll, weil sich die gleiche Maßnahme in beiden Richtungen auswirke, das Nein der Betriebsvertretung zu den Modalitäten also auch die Durchführung der Kurzarbeit selbst hindern müsse. In der Tat mag zwar in manchen Fällen nur eine einheit-

1) Zur alten Rechtslage während des BetrVG 52 vgl. die Nachweise bei Dietz BetrVG § 59 Rn 7; Hueck/Nipperdey II/2 S. 1397 Fn 47; Thiele GK-BetrVG § 77 Rn 83.

2) Vgl. LAG Berlin DB 78, 115 f.; AR Chemie § 77 Rn 3; Boewer DB 73, 522 (525); Bohn/Dutti § 77 Rn 9; Dietz/Richardi § 77 Rn 176; Galperin/Löwisch § 77 Rn 76, § 87 Rn 57; Hanau RdA 73, 281 (283 f.); ders. BB 77, 35o; Hanau/Adomeit S. 99; v.Hoyningen-Huene JuS 77, 461 (462); Kammann/Hess/Schlochauer § 77 Rn 72; Kirchner BB 72, 1279 (128o ff.); Lieb ZfA 78, 179 (212); Löwisch AuR 78, 97 (1o7); Rewolle/Lorentz S. 418; Richardi AR-Blattei Tarifvertrag VI A, III 2; v.Stebut RdA 74, 332 (339); Stege/Weinspach S. 133, 279; Thiele GK-BetrVG § 77 Rn 83; Wiedemann/Stumpf § 4 Rn 293; Wiese GK-BetrVG § 87 Rn 17a; ders. 25 Jahre BAG S. 661 (665); Zöllner Arbeitsrecht S. 353; a.A. Adomeit BB 72, 53; Bleistein Betriebsverfassung § 77 Rn 3o6; Farthmann RdA 74, 65 (72 Fn 7o); Galperin Leitfaden S. 1o4 Anm. 12; Gnade/Kehrmann/Schneider § 77 Rn 9; Hanau/Adomeit S. 99; Kübler/Schmidt/Simitis S. 224; Kunst S. 37; Lappe JbAR Bd. 16, 55 (82); Löwisch DB 73, 1246 (1247); Richardi DB 71, 621 (624); Säcker ZfA 72 (Sonderheft), 41 (66); Stadler BB 72, 8oo (8o4); Vollmer DB 79, 3o8, 355 (3o9); Fitting/Auffarth/Kaiser § 77 Rn 41 und Sahmer § 77 Rn 12 beziehen die Sperrwirkung des § 77 III auf die Inhaltsnormen des Tarifvertrages; offengelassen von Janert DB 76, 243 Fn 2.

3) Vgl. Söllner RdA 68, 437 (439).

liche Regelung gemischter Arbeitsbedingungen möglich sein[1]. Schon während des BetrVG 52 hat jedoch die Rechtsprechung des BAG[2] gezeigt, daß eine Trennung beider Bereiche prinzipiell möglich ist. Bei der Kurzarbeit läßt sich zwanglos teilen und Ob und Umfang der Kurzarbeit dem materiellen, ihre Lage jedoch dem formellen Sektor zuordnen[3]. Im Hinblick auf § 77 III lassen sich kaum Gründe finden, die gegen die Aufspaltung in einen formellen und materiellen Teil bei der Kurzarbeit sprechen. Das Mitbestimmungsrecht an sich ist ja, wie oben[4] festgestellt, in beiderlei Hinsicht gewährleistet, so daß auch aus diesem Grund die genannten Einwände nicht Platz greifen können.

Man mag jedoch bezweifeln, ob nach der Einbeziehung materieller Arbeitsbedingungen in den Katalog des § 87 I[5] die das BetrVG 52 prägende Unterscheidung zwischen materiellen und formellen Arbeitsbedingungen noch aufrechtzuerhalten ist. Während die einen[6] ihre "Renaissance" auch im BetrVG 72 begrüßen, klagen die anderen[7] "Ihr naht euch wieder, schwankende Gestalten".

Ihre hauptsächliche Bedeutung spielt die überkommene Unterscheidung aber trotz neuerdings sich mehrender Befürworter[8] weniger im Rahmen des § 87 I[9], als vielmehr bei § 77 III, wo sie zum tragenden Kriterium der Zwei-Schranken-Theorie zur Abgrenzung des durch § 77 III innerhalb der Angelegenheiten des § 87 I erfaßten Raumes geworden ist. Damit ist ein signifikanter Verständniswandel verbunden: Die Theorie von den formellen und materiellen Arbeitsbedingungen, konzipiert als Grenze der Mitbestimmungskompetenzen gegenüber dem Arbeitgeber, gerät nun zur Zuständig-

---

1) Vgl. Quasten S. 1o2 ff.

2) Vgl. oben S. 34, 46.

3) So auch Thiele GK-BetrVG § 77 Rn 1o2, Piltz S. 53 sowie oben S. 38; vgl. in diesem Zusammenhang auch Wiese GK-BetrVG § 87 Rn 7o.

4) Vgl. oben S. 61 ff., 115 ff.

5) Vgl. oben S. 74 ff.

6) Vgl. Richardi ZfA 78, 269 (277).

7) Vgl. Herschel BABl 74, 134.

8) Vgl. Buchner Anm. BAG Betriebsverfassung XIV B, Entsch. 27, 5; Richardi ZfA 78, 269 (277).

9) Vgl. allerdings auch unten S. 3o7.

keitssperre gegenüber dem Betriebsrat. Diese veränderte Zielrichtung, die im allgemeinen noch nicht genügend gesehen wird, scheint nicht ohne weiteres zu rechtfertigen zu sein. Widersprüchlich ist, daß man mit der weiteren Verwendung der überkommenen Lehre stillschweigend zwar auch deren Grundgedanken übernimmt, für die exemplarisch die Leitpunkte Gefährdung des Betriebsfriedens, Vermeidung der Zwangsschlichtung und Schutz der Tarifautonomie vor betrieblicher Lohnpolitik genannt sein sollen, diese Überlegungen aber sämtlich ablehnt, soweit man die Mitbestimmung in materiellen Angelegenheiten - wie es ganz überwiegend[1] geschieht - nicht für verfassungswidrig hält. Im Rahmen des § 77 III fungiert die alte Lehre nur als das Mittel zu dem Zweck, das Verhältnis zu dem weiteren Regelungsvorbehalt in § 87 I Eingangssatz abzustimmen.

In diesem Schnittpunkt spielen Betriebsfrieden, Zwangsschlichtung und Tarifautonomie keine Rolle mehr. Jetzt geht es darum, anhand der Lehre von den formellen und materiellen Arbeitsbedingungen letztlich die völlige Abschnürung der Mitbestimmung nach § 87 I durch die Zwei-Schranken-Theorie zu verhindern. Denn auch unter ihren Befürwortern[2] wird anerkannt, daß die Erstreckung des § 77 III auch auf formelle Arbeitsbedingungen zu einer weitgehenden Ausschaltung der Mitbestimmung in sozialen Angelegenheiten führt. So stellt die überkommene Lehre ein conditio sine qua non für die Zwei-Schranken-Theorie dar. Ihr Ergebnis, nur die Mitbestimmung in formellen Angelegenheiten schrankenlos zu gewährleisten, ist insoweit notwendig, die Begründung der alten Lehre aber unbrauchbar. Ob diese bei einer solchen Umfunktionierung eine tragfähige Stütze darstellt, erscheint sehr zweifelhaft. Viel näher würde doch liegen, die drohende Knebelung der Mitbestimmungsrechte in § 87 I durch einen Verzicht auf die Zwei-Schranken-Theorie zu vermeiden.

Daß diese Gedanken im hier interessierenden Zusammenhang keiner vertiefenden Erörterung bedürfen, liegt daran, daß die Bedenk-

---

1) Vgl. oben S. 8o ff.

2) Vgl. <u>Lieb</u> Arbeitsrecht S. 142.

lichkeit der Zwei-Schranken-Theorie jedenfalls im Kurzarbeitsrecht auch dann offenkundig wird, wenn man der h.M. folgt und § 77 III lediglich auf materielle Arbeitsbedingungen bezieht. Die Ergebnisse wären zwar noch drastischer, wenn man auch die formelle Seite einbezöge; es wird aber genügen, diese nur anzudeuten und sich bei der Einführung von Kurzarbeit selbst, die materiellen Charakters ist, im Kern mit der h.M. auseinanderzusetzen. Für die weitergehenden Gegenmeinungen kann dann nichts anderes gelten, so daß sich eine Antwort auf die Frage, ob § 77 III nur materielle Angelegenheiten betrifft, erübrigt.

bbb.) Folgen bei der Einführung von Kurzarbeit im einzelnen

(1) Keine betriebliche Komplementärgestaltung bei tariflichen Teilregelungen

Die Anwendung des § 77 III führt bei der Kurzarbeit dazu, daß unvollständige tarifliche Kurzarbeitsklauseln ohne Dispens gemäß § 77 III 2 jedenfalls den gesamten materiellen Tatbestand der betrieblichen - nicht nur durch Betriebsvereinbarung auszuübenden[1] - Mitbestimmung entziehen. Regelt also beispielsweise ein Tarifvertrag lediglich die Voraussetzungen, unter denen im Betrieb Kurzarbeit eingeführt werden kann, sonst aber nichts, ist der gesamte materielle Komplex der Kurzarbeit durch Betriebsvereinbarung nicht mehr zu gestalten. Der Betriebsrat hätte nicht mehr über das "Ob" der Einführung von Kurzarbeit, nicht mehr über die Dauer der Arbeitszeitverkürzung und nicht mehr über die Zahl der Betroffenen mitzubestimmen. Nicht mehr die wichtigen, weil lohnrelevanten, sondern nur doch die sekundären Aspekte der Lage der Kurzarbeit wären mitbestimmungsrechtlich zu beeinflussen. Dieses Ergebnis, daß betriebliche Komplementärregelungen den tariflichen Freiraum nicht ausfüllen dürfen, folgt zwingend aus den oben[2] angestellten Überlegungen zur inhaltlichen Sperrweite des § 77 III.

Die tarifliche Beschreibung der Voraussetzungen von Kurzarbeit genügt zum einen aus dem Gesichtspunkt des Regelungsgegenstandes

---

1) Vgl. dazu unten S. 299 ff.

2) Vgl. oben S. 211 ff.

im Sinne von § 77 III. Denn zwar besteht die Arbeitsbedingung Kurzarbeit aus wesentlich mehr Bestandteilen als nur den Voraussetzungen ihrer Einführung.Dazu gehören nämlich auch der Umfang der Arbeitszeitverkürzung, die Bestimmung des von Kurzarbeit betroffenen Personenkreises, die Folgen für das Lohngefüge sowie Modalitäten wie Ankündigungsfristen und Lage[1] der verkürzten Arbeitszeit[2]. Alle diese Einzelpunkte erfüllen aber jeweils nicht die Anforderungen eines von § 77 III nicht erfaßten außertariflichen Regelungsgegenstandes. Denn weder handelt es sich jeweils um besondere Anlässe oder Zwecke,noch liegt jeweils eine tatbestandliche Verschiedenheit der genannten Punkte untereinander vor. Lediglich der Gesamtkomplex Einführung von Kurzarbeit ist eine in sich geschlossene Species des verwandten Tatbestandes Dauer der Arbeitszeit, da gegenüber dem Normalfall die Besonderheit besteht, daß aus bestimmten Anlässen betrieblicher Art die übliche Arbeitszeit gekürzt werden soll und es sich ferner nicht um eine neue Dauerregelung handelt, sondern nur um eine vorübergehende Abweichung von der tariflich fixierten Normalarbeitszeit; beide Besonderheiten stempeln die Kurzarbeit zu einer sehr speziellen Art von Arbeitszeit[3], so daß - wie bereits erwähnt[4] - tarifliche Normalarbeitszeitregelungen Betriebsvereinbarungen über die Einführung von Kurzarbeiten nicht verhindern können. Anders aber, wenn Teile der speziellen Arbeitsbedingung Kurzarbeit tariflich geregelt sind. Dann stellen die ungeregelten Teile - im Beispielsfall also Dauer der Arbeitszeitverkürzung und Auswahl der Betroffenen - keine autonomen Regelungsgegenstände mehr dar. Denn alle diese Punkte hängen von der gleichen Tatbestandsvoraussetzung ab, daß überhaupt Kurzarbeit eingeführt werden soll und sind so eng miteinander verbunden. Dauer der Kurzarbeit und Regelung ihrer Voraussetzungen sind gegenseitig abhängige, notwendige Bestandteile des Regelungsgegenstandes Kurzarbeit, nicht aber in sich geschlossene, selbständig zu handhabende Arbeitsbedingungen, die ohne Rücksicht zueinander einer eigenen Normgebung zugänglich wären.

---

1) Beispiele für tarifliche Regelungsmöglichkeiten hierzu bei Dietz/Richardi § 87 Rn 93.

2) Vgl. dazu oben S. 189.

3) Ähnlich auch Hahn S. 36.

4) Vgl. oben S. 213.

Zum anderen folgt die vollständige Sperrung der Arbeitsbedingung Kurzarbeit bei unvollständiger Kurzarbeitsklausel aus der Abstraktheit des § 77 III. Danach genügt, wie oben erwähnt[1], eine Teilregelung unabhängig von ihrer inhaltlichen Vollständigkeit. Die tarifliche Beschreibung beispielsweise der Voraussetzungen der Einführung von Kurzarbeit stellt eine solche Regelung dar. Konsequenz ist, daß dann etwa eine Betriebsvereinbarung über den Umfang der zu verkürzenden Arbeitszeit nicht mehr möglich ist, wenn nicht vom Dispens des § 77 III 2 Gebrauch gemacht wurde.

Tarifklauseln, die in der hier beschriebenen Weise die Mitbestimmung des Betriebsrats gemäß § 87 I Nr. 3 auch bei bescheidenem Inhalt sperren, finden sich in der Praxis durchaus. Als Beispiel kann § 7 MTV für das Molkerei- und Käsereigewerbe in Bayern, gültig ab 1.5.1977, gelten. Dort heißt es:

> "Ist aus betrieblichen oder wirtschaftlichen Gründen oder infolge höherer Gewalt Kurzarbeit notwendig, sind die gesetzlichen Bestimmungen zu beachten".

Will man die drei Punkte betriebliche Gründe, wirtschaftliche Gründe und höhere Gewalt in Anlehnung an das BAG[2] als generalklauselartige Nennung der Zulässigkeitsgründe für die Einführung von Kurzarbeit genügen lassen, kann der Betriebsrat nunmehr über die Grundentscheidung der Einführung, die Dauer der Kurzarbeit und den Kreis der Betroffenen nicht mehr mitbestimmen. Ähnlich liegt der Fall bei § 2 des Tarifvertrages über Kurzarbeit für die Arbeitnehmer der Deutschen Texaco AG, gültig ab 1.1.1974, welcher lautet:

> "Bei wirtschaftlichen Schwierigkeiten kann die regelmäßige wöchentliche Arbeitszeit im ganzen Betrieb oder in einzelnen Betriebsabteilungen unter Beachtung des Betriebsverfassungsgesetzes sowie des Arbeitsförderungsgesetzes durch die Betriebsleitung unter entsprechender Entgeltkürzung herabgesetzt werden (Kurzarbeit)" 3).

Auch § 6 MTV (Kurzarbeit) für die Erdöl- und Erdgas-Bohr- und Gewinnungsbetriebe, gültig ab 1.1o.1973, erwähnt den Betriebsrat nicht, sondern bestimmt lediglich:

---

1) Vgl. oben S. 218.

2) Vgl. BAG AP Nr. 1 zu § 87 Kurzarbeit (3R) sowie oben S. 19o.

3) Vgl. zu diesem Tarifvertrag auch unten S. 279.

"Bei wirtschaftlichen Schwierigkeiten kann die regelmäßige Arbeitszeit im Betrieb oder in einzelnen Betriebsabteilungen unter Beachtung des Arbeitsförderungsgesetzes mit entsprechender Entgeltkürzung herabgesetzt werden".

Da die Einführung der Kurzarbeit wenigstens teilweise geregelt ist, versperrt die Reichweite des § 77 III eine Ergänzung durch Betriebsvereinbarungen.

An diesem Ergebnis ändert nichts, daß in den beiden erstgenannten Kurzarbeitsklauseln angeordnet wird, es seien die gesetzlichen Bestimmungen zu beachten. Denn einmal ist dies insoweit ein banaler Hinweis, als die gesetzlichen Bestimmungen immer zu beachten sind. Zum anderen läßt sich in diese nichtssagende Formulierung aber auch nicht die Auslegung hineininterpretieren, damit wollten die Tarifparteien letztlich auf die Mitbestimmung des Betriebsrats hingewiesen haben. § 77 III 2 verlangt dafür nämlich eine "ausdrückliche" Zulassung im Tarifvertrag. Dies erfordert nach ständiger Rechtsprechung[1], die § 77 III 2 eng auslegt, eine eindeutig positive Bestimmung, nach welcher der Abschluß ergänzender Betriebsvereinbarungen für zulässig erklärt wird. Eine solche kann für die genannten Tarifverträge aber nicht angenommen werden, da der allgemeine Hinweis auf das Gesetz letztlich auch auf § 77 III verweist[2], womit für die Zulassung von Betriebsvereinbarungen aber nichts gewonnen ist. Zwar wäre nicht die Verwendung des Ausdrucks "Betriebsvereinbarung" durch die Tarifparteien zu fordern[3]; sie hätten aber eine eindeutige Regelung des Inhalts treffen müssen, daß zusätzliche Betriebsvereinbarungen möglich sein sollten. Diese Eindeutigkeit fehlt bei einer schlichten, nur auf das Gesetz und mithin sowohl auf das Mitbestimmungsrecht als auch auf die weite Sperre des § 77 III verweisenden Klausel[4]. Mit Blickrichtung auf den Ausnahmecharakter der Öffnungsklausel von

---

1) Vgl. BAG AP Nr. 1 (2R), 7 (3), 8 (2), 26 (3R), 27 (2) zu § 59 BetrVG 52; AP Nr. 1 zu § 2 ArbGG 1953 Betriebsvereinbarung (3R); LAG Düsseldorf BB 66, 1453.

2) So auch BAG AP Nr. 26 zu § 59 BetrVG 52 (4R).

3) Vgl. BAG Nr. 7 zu § 59 BetrVG 52 (3).

4) Vgl. BAG AP Nr. 26 zu § 59 BetrVG 52 (4R).

dem unfassend konzipierten Sperrvorrang des § 77 III ist diese enge Interpretation des § 77 III 2 zu Recht allgemeine Meinung[1].

In diesem Punkt kommt auch die Auffassung[2], die den Begriff "ausdrücklich" nicht im Sinne von eindeutig positiv, sondern im Sinne von Erkennbarkeit des realen Willens - im Gegensatz zum hypothetischen Willen - versteht, nur durch einen interpretatorischen Kunstgriff zu einem anderen Ergebnis. Denn auch sie erkennt grundsätzlich an, daß § 77 III den Rekurs auf den nur aus den Umständen erschließbaren stillschweigenden Parteiwillen verbietet. Unzutreffend ist aber die Behauptung, durch den Bezug auf das BetrVG werde wenigstens andeutungsweise der übereinstimmende Wille der Tarifparteien sichtbar, abweichende Betriebsvereinbarungen zuzulassen und dies genüge[3]. Zu recht hat Thiele[4] diese Auslegung zurückgewiesen. Denn das Gesetz spricht präzise von "ausdrücklicher" Zulassung, was sich qualitativ von einer "angedeuteten" Zulassung erheblich unterscheidet. Schließlich darf dabei nicht die Zielvorstellung des Gesetzgebers unberücksichtigt bleiben, daß mit dem Erfordernis der Ausdrücklichkeit der Gefahr vorgebeugt werden soll, hinterher etwas in den Tarifvertrag hineinzuinterpretieren, was die Tarifparteien gar nicht wollten[5].

Unter diesen Umständen muß es dabei bleiben, daß der Verweis auf "das Gesetz", das ja die Mitbestimmung des Betriebsrats einerseits und die Sperre des § 77 III andererseits beinhaltet, sich auf zwei so gegensätzliche Tatbestände bezieht, daß ein Parteiwille zugunsten des einen nicht ohne weiteres anzunehmen ist.

---

1) Vgl. Dietz/Richardi § 77 Rn 2o6; Fitting/Auffarth/Kaiser § 77 Rn 63; Galperin/Löwisch § 77 Rn 86; Kammann/Hess/Schlochauer § 77 Rn 89; Neumann-Duesberg Betriebsverfassungsrecht S.472 f.; Nikisch III S. 386; Stege/Weinspach S. 134; Thiele GK-BetrVG § 77 Rn 114; Wlotzke Anm. BAG AP Nr. 8 zu § 59 BetrVG 52 (3,3R).

2) Vgl. Hueck/Nipperdey II/2 S. 1397 Fn 48; Säcker RdA 67, 37o (373 f.); Säcker Anm. BAG SAE 68, 13 (18).

3) So aber Säcker Anm. BAG SAE 68, 13 (19).

4) Vgl. Thiele GK-BetrVG § 77 Rn 114.

5) Vgl. BAG AP Nr. 1 zu § 59 BetrVG 52 (2R).

Im Fall der aufgeführten drei Tarifverträge ist also bei Anwendung des § 77 III jede Mitbestimmung des Betriebsrats hinsichtlich der Einführung von Kurzarbeit ausgeschlossen. Dies gilt uneingeschränkt für alle materiellen Bestandteile des Regelungsgegenstandes Kurzarbeit; erstreckt man die Sperrwirkung des § 77 III auch auf den formellen Aspekt, bleiben selbst Ankündigungsfrist und Lage der Kurzarbeit mitbestimmungsfest.

Diese Rechtslage wäre im Prinzip nicht anders, wenn der Tarifvertrag etwa nur den Kreis der Betroffenen, die Dauer der Kurzarbeit oder auch beides festlegte. Der jeweils übrigbleibende ungeregelte Rest wäre der Mitbestimmung verschlossen. Dieses Ergebnis ist für alle Anhänger der Zwei-Schranken-Theorie zwingend. Für diejenigen, die § 77 III nur auf materielle Arbeitsbedingungen beziehen, gilt es nur für die materiellen Teile der Kurzarbeit, speziell also "Ob" der Einführung, Dauer und Personenkreis, für diejenigen, die § 77 III auch auf formelle Arbeitsbedingungen beziehen, für die Kurzarbeit insgesamt. Hier würde sich dann sogar die erstaunliche Folge ergeben, daß beispielsweise schon eine Regelung der Ankündigungsfristen der Kurzarbeit im Tarifvertrag ausreichen würde, um die betriebliche Mitbestimmung insgesamt mattzusetzen.

Damit wird klar, daß die Zwei-Schranken-Theorie zu einer Art Verfügungshoheit der Tarifparteien über die Mitbestimmung bei der Einführung von Kurzarbeit führt. Letztere hängt dann nämlich nur davon ab, ob die Koalitionen dadurch eine betriebsverfassungsfreundliche Regelung getroffen haben, daß sie von ihrem Dispensrecht nach § 77 III 2 Gebrauch gemacht haben. Erst dann öffnet sich der Raum für betriebliche Zusatzregelungen in den Grenzen des § 87 I Eingangssatz. Deren Abhängigkeit von der Öffnungsklausel ist bedenklich, weil erst dann eine Zustimmung des Betriebsrats auch für nichtorganisierte Arbeitnehmer bestünde[1] und die Intentionen des Gesetzgebers, die mit der Mitbestimmungsregelung

---

1) Zu Recht kritisiert Kraft ZfA 73, 243 (251) diese Zuständigkeitseinschränkung des Betriebsrats durch § 77 III.

des § 87 I Nr. 3 verknüpft sind[1], von den Koalitionen leicht zu negieren wären. Die Kurzarbeit wäre, obwohl tariflich gar nicht regelbar[2], ein Reservat der Tarifpolitik mit allen sich aus ihrem Machtspiel ergebenden Konsequenzen; möglicherweise wäre die betriebliche Mitbestimmung sogar von dem Zufall abhängig, daß die Sozialpartner es mangels sorgfältiger Redaktion des Tariftextes einmal unterlassen haben, die Mitbestimmung ausdrücklich zuzulassen.

(2) Ausschluß der Mitbestimmung durch entsprechende tarifliche Kurzarbeitsklausel

Die Konstruktion des § 77 III als Angelpunkt funktioneller Zuständigkeitszuweisung führt zu weiteren, bislang wenig beachteten Konsequenzen der Zwei-Schranken-Theorie. Sind die Tarifparteien nämlich allein zuständig, unterliegen sie auch grundsätzlich in Mitbestimmungsangelegenheiten (§ 87 I) keinen gestalterischen Grenzen. Das bedeutet, daß im Rahmen des § 77 III tarifliche Zuweisungen einseitiger Anordnungshoheit des Arbeitgebers bei der Einführung von Kurzarbeit zulässig sein müßten.

Allein aufgrund des Tarifvorbehalts des § 87 I Eingangssatz ist dies, wie noch auszuführen sein wird[3], nicht möglich. Nur im Zusammenhang mit dieser Vorschrift findet jedoch die Diskussion über die Zulässigkeit solcher Tarifklauseln statt. Dabei wird aber nicht berücksichtigt, daß die absolute Sperre des § 77 III zu dem ganz anderen Ansatz zwingt, die Mitbestimmung völlig und nicht nur teilweise ("soweit") dem Tarifvertrag unterzuordnen und jegliche Kompetenz der Betriebsparteien zu verneinen. Sind die Betriebsparteien von vornherein unzuständig, erübrigt sich im Grunde auch die Frage nach der Einschränkung ihrer Regelungsmacht durch Einräumung einseitiger Gestaltungsrechte des Arbeitgebers in mitbestimmungspflichtigen Angelegenheiten wie der

---

1) Vgl. die Amtliche Begründung in BT-Drucksache VI/1786 S. 31, wo ausdrücklich der Wandel in den gesellschaftlichen Anschauungen als Grund für die Neufassung des BetrVG genannt wird.

2) Vgl. dazu unten S. 271 ff.

3) Siehe unten S.312 ff.

Kurzarbeit. Hier ließe sich nicht mit Schutz und Teilhabe der Arbeitnehmer, Geist und Kernbereich der Mitbestimmung oder Überschreitung des tariflichen Ermessensspielraums argumentieren[1]. Zwar sind die Regelungen des § 87 I in dem Sinne zwingend, daß die notwendige Mitbestimmung nicht durch Tarifvertrag aufgehoben werden kann[2]; dabei sind jedoch die Besonderheiten der §§ 77 III, 87 I Eingangssatz zu beachten[3], die im Fall des § 77 III eben dazu führen, die Mitbestimmung dem Tarifvertrag absolut und bedingungslos unterzuordnen. Die Zwei-Schranken-Theorie bildet aus Mitbestimmung gemäß § 87 I und Tarifvorrang gemäß § 77 III eine Einheit,so daß alle Hinweise auf die Mitbestimmungsregelungen und deren Erfordernisse zugleich auch Hinweise auf § 77 III sind, der die Mitbestimmung aber weitgehend ausschaltet.

Aus diesem Grunde hilft auch nicht die an sich richtige Erwägung weiter, die Tarifparteien seien inhaltlich an die grundlegenden Prinzipien des geltenden BetrVG und seine zwingenden Rechtsnormen gebunden[4]. Denn solche Prinzipien finden sich nicht nur in § 87 I, sondern auch in dem gerade von den Anhängern der Zwei-Schranken-Theorie hoch bewerteten Tarifvorrang des § 77 III. Wenn dieses Vorrecht im Ergebnis zu einer Alleinzuständigkeit bei Mitbestimmungstatbeständen führen kann, ist nicht einzusehen, wieso die Tarifparteien dies nicht sollen ausnutzen können, ohne an die Grenzen des § 87 I gebunden zu sein, der durch den Tarifvorrang des § 77 III ja überspielt wird. Demnach müßten Tarifklauseln des Inhalts, daß der Arbeitgeber bei bestimmten Voraussetzungen zur einseitigen Anordnung von Kurzarbeit imstande sein solle, nach der Zwei-Schranken-Theorie zulässig sein. Allenfalls destruktive Formeln wie diejenige, daß der Betriebsrat bei der Einführung von Kurzarbeit nicht mitbestimmen solle, wären mit der Erwägung, die Tarifparteien könnten die Beteiligungsrechte des Betriebsrats nicht einfach beseitigen[5], zu unterbinden.

---

1) Vgl. zu diesen Gesichtspunkten im Zusammenhang mit § 87 I Eingangssatz unten S. 316 ff.

2) Vgl. Wiese GK-BetrVG § 87 Rn 4 m.w.N.

3) Vgl. Wiedemann/Stumpf § 1 Rn 253.

4) Vgl. dazu Wiedemann/Stumpf Einl. 165.

5) Vgl. Dietz/Richardi § 2 Rn 83.

Schon bei der Regelung eines Teilbereichs der Kurzarbeit ließe sich eine Zuweisung des gesamten Restbereichs zur einseitigen Regelung an den Arbeitgeber aber mit dem Hinweis auf die funktionelle Zuständigkeit der Tarifparteien rechtfertigen. Die Richtigkeit dieses Ergebnisses wird dadurch bestätigt, daß die genannte Zuweisung dann sogar überflüssig ist; auch ohne sie bliebe die Mitbestimmung nach dem Grundsatz, daß auch tarifliche Teilregelungen betriebliche Ergänzungsregelungen gem. § 77 III versperren, ausgeschlossen.

ccc.) Kritik an der Rechtsprechung

Die Rechtsprechung verkennt die bislang dargelegten Konsequenzen der Zwei-Schranken-Theorie in mehrfacher Hinsicht.

(1) Zur Vernachlässigung der 1. Alternative des § 77 III

In seinem Beschluß vom 5.3.1974 hat das BAG[1] die inhaltliche Reichweite des § 77 III nicht genügend berücksichtigt. Der dort zu bewertende MTV für die Arbeiter der Eisen-, Metall- und Elektroindustrie Nordrhein-Westfalen vom 3.12.1969 lautete in § 2 Nr. 7 u.a. folgendermaßen:

> "Aus dringenden betrieblichen Gründen, z.B. zur Vermeidung von Entlassungen oder vorübergehenden Stillegungen, kann der Arbeitgeber nach frühzeitiger Beratung mit dem Betriebsrat für die gesamte Belegschaft oder für einen Teil (nicht einzelne Arbeitnehmer) eine kürzere als die regelmäßige Arbeitszeit nach einer Ankündigungsfrist von 14 Tagen einführen".

Zwar ließ das BAG die gesamte Klausel als abschließende Regelung aller mit der Kurzarbeit zusammenhängenden Fragen genügen[2], lehnte deren Wirksamkeit aber wegen Verstoßes der Verfahrensregelung gegen den Geist der Mitbestimmung ab[3]. Sodann befaßte sich das Gericht mit § 77 III und argumentierte[4], diese Regelung

---

1) Vgl. BAG AP Nr. 1 zu § 87 BetrVG Kurzarbeit.

2) Vgl. BAG a.a.O.; zur Kritik insoweit vgl. oben S. 19o f.

3) Vgl. BAG a.a.O. (3R, 4).

4) Vgl. BAG a.a.O. (4R); ähnlich BAG AP Nr. 2 zu § 87 BetrVG Kurzarbeit (4R); vgl. zu dieser Rechtsprechung Konzen ZfA 78, 451 (479).

stehe dem Mitbestimmungsrecht "schon deshalb" nicht entgegen, weil Kurzarbeitsbedingungen nicht üblicherweise durch Tarifvertrag geregelt würden; eine solche Übung habe seit Inkrafttreten des BetrVG 72 nicht entstehen können.

Dieser Gedankengang befriedigt deshalb nicht, weil er die unterschiedliche inhaltliche Reichweite der §§ 77 III, 87 I Eingangssatz vernachlässigt. Zwar trifft im Ergebnis zu, daß eine tarifliche Verkürzung des Mitbestimmungs- auf ein bloßes Beratungsrecht unwirksam ist; dies läßt sich aber nur über § 87 I Eingangssatz, nicht auch über § 77 III erreichen und gilt folglich nur im Rahmen der erstgenannten Vorschrift[1]. Da § 77 III eine funktionelle Kompetenzweiche stellt und den Betriebsparteien jegliche Zuständigkeit nimmt, kann nicht ohne weiteres davon ausgegangen werden, daß auch im Rahmen des § 77 III die tarifliche Gewährung eines bloßen Beratungsrechts des Betriebsrats unzulässig ist. Erschwerend kommt hinzu, daß nach Auffassung des BAG die Tarifparteien in dem zitierten Tarifvertrag alles zur Regelung der Kurzarbeit getan und lediglich den Verfahrensmodus abgeschwächt hatten; danach lag also eine eigene Regelung der Tarifparteien vor, so daß nicht einmal das im Zusammenhang mit § 87 I Eingangssatz angeführte Gegenargument gelten könnte, der Tarifvertrag müsse die jeweilige Angelegenheit substantiell selbst regeln[2].

So aber ist es zu einfach, sich bei der Prüfung des § 77 III lediglich mit der Üblichkeitsalternative zu begnügen[3]. Dies war aufgrund des unterschiedlichen Wortlauts lediglich nach § 59 BetrVG 52 möglich, während § 77 III nunmehr nicht nur auf die Üblichkeit, sondern auch auf das Geregeltsein der fraglichen Materie abstellt, was eine Ausdehnung der Sperrwirkung gegenüber dem alten Recht bedeutet[4]. Man kann bei der Diskussion um die

---

1) Vgl. dazu oben S. 235 ff. und zu § 87 I Eingangssatz im einzelnen unten S. 312 ff.

2) Vgl. dazu unten S. 317.

3) Vgl. auch BAG DB 79, 655 (656), wo bei § 77 III auf das übliche, bei § 87 I Eingangssatz jedoch das tatsächliche Geregeltsein abgestellt wird.

4) So zutreffend Brecht § 77 Rn 24; Kammann/Hess/Schlochauer § 77 Rn 69.

Tarifvorbehalte nach §§ 77 III, 87 I Eingangssatz nicht lediglich betonen, § 77 III greife "schon" bei Üblichkeit, § 87 I Eingangssatz hingegen "erst" bei Bestehen eines Tarifvertrages ein[1]. Damit vernachlässigt man nämlich die sehr viel weitergehende Sperrwirkung des § 77 III gerade bei bestehenden Tarifklauseln[2].

In dem genannten Beschluß konnte das BAG den einschlägigen Tarifvertrag nicht einfach deshalb aus der Betrachtung der 1. Alt. des § 77 III ausscheiden, weil es ihn für unwirksam hielt. Dieses Ergebnis wurde mit Kriterien des § 87 I Eingangssatz erreicht, die für § 77 III nicht ohne weiteres gelten, so daß bei Prüfung dieser Vorschrift auch nicht lediglich die Frage nach der Tarifüblichkeit von Kurzarbeitsklauseln zu stellen war. Vielmehr hätte § 2 Nr. 7 des fraglichen MTV nach den für § 77 III dargelegten Grundsätzen eine ausreichende Regelung zur Verhinderung von Betriebsvereinbarungen dargestellt. Jedenfalls die Voraussetzung für die Einführung von Kurzarbeit waren - wovon auch das BAG ausgeht - gegeben. Wegen der Abstraktheit des § 77 III hätte diese unvollständige Regelung aber zur völligen Sperrung der Kurzarbeit gegenüber betrieblicher Mitbestimmung genügt, weil es auf die inhaltliche Ausschließlichkeit der Kurzarbeitsklauseln ja nicht ankommt. Bei Anwendung der Zwei-Schranken-Theorie wäre die Mitbestimmung des Betriebsrats entgegen dem Ergebnis des BAG daher entfallen.

Dieses Resultat ließe sich allenfalls dann vermeiden, wenn man die von den Tarifparteien - allerdings noch während des BetrVG 52 -

---

1) So aber Kübler/Schmidt/Simitis S. 223; ungenau auch Conze DB 78, 49o (492), der das Verhältnis beider Vorschriften dann für bedeutsam hält, wenn keine Tarifregelung besteht; unverständlich auch v.Hoyningen-Huene JuS 77, 461 (463), wonach der Theorienstreit bei materiellen Arbeitsbedingungen unerheblich sein soll.

2) Dies gilt für alle soeben in Fn 1 genannen Autoren; unbefriedigend insoweit auch LAG Düsseldorf EzA § 87 BetrVG Nr. 1 (S. 7) und Henkel/Hagemeier BB 76, 142o (1422); deutlich hingegen LAG Berlin DB 78, 115 (116) - wo die gerade im Tatbestand des Geregeltseins liegende Erweiterung des § 77 III gegenüber § 59 BetrVG 52 betont wird - und neuerdings BAG DB 79, 995, wo die Sperrwirkung der §§ 77 III, 87 I Eingangssatz mangels bestehender Regelung abgelehnt wird.

gewollte "Beratung" in eine "Mitbestimmung" des Betriebsrats umdeutete. Dies ist aber angesichts des Ausdrücklichkeitserfordernisses der dispensiven Ermächtigung des § 77 III 2[1] zweifelhaft. Auch aus dem Gesichtspunkt der möglichen Unzulässigkeit einseitiger Gestaltungsermächtigung an den Arbeitgeber wird man nichts herleiten können. Denn dieser Grundsatz kommt nur im Rahmen des § 87 I[2], nicht aber bei § 77 III zum Tragen, da es dort um eine absolute Zuständigkeitssperre geht, die den gesamten Regelungskomplex mindestens dann der Alleinherrschaft der Tarifparteien unterwirft, wenn sie wenigstens eine Teilregelung treffen[3]. Das BAG hätte also sehr wohl in dem Theorienstreit Partei ergreifen und ihn, wenn es das von ihm für richtig gehaltene Ergebnis hätte erzielen wollen, zugunsten der Vorrangtheorie entscheiden müssen.

(2) Zur Kurzarbeitsklausel i.S. von § 77 III

Problematisch ist auch das Urteil des BAG vom 29.11.1978[4], und zwar hinsichtlich der Nichteinstufung des dort zu begutachtenden § 14 I TV-ABA als Kurzarbeitsklausel. Diese Vorschrift in dem am 12.4.1975 abgeschlossenen Tarifvertrag über allgemeine betriebliche Arbeitsbedingungen im rheinisch-westfälischen Steinkohlebergbau ist mit "Schichtausfall wegen Absatzmangels oder sonstigen betrieblichen Gründen" überschrieben und lautet folgendermaßen:

> "(1) Müssen Schichten wegen Absatzmangels ausfallen, so sind diese Schichten voll zu vergüten, wenn sie nicht fünf Arbeitstage vorher abgesetzt worden sind. Die Absagefrist von fünf Arbeitstagen entfällt, wenn der Absatzmangel mittelbar oder unmittelbar durch Arbeitskämpfe verursacht wird.
>
> (2) Bei Ausfall der Schichten aus sonstigen betrieblich notwendigen Gründen sind die davon betroffenen Arbeitnehmer möglichst rechtzeitig zu unterrichten. Wenn eine Schicht nicht rechtzeitig vor Erscheinen der betroffenen Arbeitnehmer abgesagt worden ist, entsteht für die zur Schicht erschienenen Arbeiter ein Anspruch auf 25 v.H. des Schichtverdienstes."

1) Vgl. oben S.232 ff.

2) Vgl. dazu ausführlich unten S. 327 ff.

3) So auch Rumpff/Dröge S. 86.

4) Vgl. BAG DB 79, 995.

Entgegen der Vorinstanz hielt das BAG diese Tarifbestimmung nicht für eine Kurzarbeitsklausel und nicht für eine geeignete Grundlage zur Einführung von Kurzarbeit, weil nach ihrem Wortlaut und Inhalt lediglich die lohnrechtliche Seite geregelt werde. Diese Beschränkung sei im Ruhrbergbau historisch begründet, so daß daraus, daß die bisherige Tarifregelung der heutigen im wesentlichen entspreche, gefolgert werden müsse, die Tarifparteien hätten mit § 14 I TV-ABA keine Kurzarbeitsklausel schaffen wollen; schließlich finde diese Tarifvorschrift sich ja auch in dem mit "Arbeitsentgelt" überschriebenen Abschnitt V. Die bisherige Übung einseitiger Anordnung von Feierschichten sei nunmehr aber durch § 87 I Nr. 3 überholt. Einer Betriebsvereinbarung stehe auch nicht die Sperrwirkung nach §§ 77 III, 87 I Eingangssatz entgegen, da die genannte Tarifklausel die Einführung von Kurzarbeit nicht regele.

An dieser Rechtsprechung überzeugt allenfalls die Feststellung, § 14 I TV-ABA regele vom ausdrücklichen Wortlaut her lediglich die Frage der lohnrechtlichen Folgen bei Versäumung der rechtzeitigen Mitteilung des Schichtausfalls. Denn in der Tat erwähnt der Tariftext an keiner Stelle expressis verbis die Einführung von Kurzarbeit. Andererseits erweist er sich bei näherem Hinsehen als inhaltliche Teilregelung der Kurzarbeit. Es wird dort nämlich davon ausgegangen, daß Schichten aus Absatzmangel (§ 14 I TV-ABA) oder sonstigen betrieblich notwendigen Gründen (§ 14 II TV-ABA) ausfallen können. Dies impliziert notwendigerweise, daß bei Vorliegen dieser Voraussetzungen Kurzarbeit in Form von Feierschichten angeordnet werden kann. Damit ist materiell eine Teilregelung der Kurzarbeit in der Weise vorgenommen, daß die Mitbestimmung des Betriebsrats nicht dispensiert ist (§ 77 III 2).Nach den zuvor aufgestellten Grundsätzen genügt diese Teilregelung vollkommen, um die Sperrwirkung des § 77 III auszulösen. Das gleiche gilt hinsichtlich der Lohnregelung, die gleichfalls eine Teilregelung der Kurzarbeit beinhaltet. Zur Bejahung des Mitbestimmungsrechts hätte das BAG korrekterweise also nur in Anwendung der Vorrangtheorie gelangen können. Diese hat das BAG aber nicht geprüft, sondern jegliche Erörterungen der

§§ 77 III, 87 I Eingangssatz mit dem knappen Satz vermieden, die genannte tarifliche Bestimmung regele nicht die Einführung von Kurzarbeit.

Ist dies jedenfalls nach dem Inhalt des § 14 TV-ABA unzutreffend, erscheint fraglich, ob sich aus dem Willen der Tarifparteien und der systematischen Stellung der Tarifnorm etwas anderes ergibt. Für das BAG mag sprechen, daß erst am 1.1.1977 der Tarifvertrag über die Betriebsverfassung im rheinisch-westfälischen Steinkohlebergbau in Kraft getreten ist, der in § 19 I die Mitbestimmung des Betriebsrats in den in § 87 I genannten Fällen anordnet[1]. Man könnte also meinen, § 14 TV-ABA solle im Gegensatz zu § 19 I TV-BetrV die Kurzarbeit gar nicht regeln. Dies wäre aber zu eng, da § 19 I TV-BetrV lediglich das Erfordernis der Mitbestimmung, nicht jedoch auch sonstige Fragen der Kurzarbeit regelt. So bleibt fraglich, ob man allein daraus, daß im Ruhrbergbau in der Vergangenheit nur die Lohnseite von Feierschichten tariflich erfaßt wurde, auch heute auf einen entsprechenden Willen der Tarifparteien schließen kann. Schließlich führte das BetrVG 72 drei Jahre vor Abschluß des § 14 I TV-ABA das Mitbestimmungsrecht bei der Anordnung von Kurzarbeit ein.

Diesbezügliche Bedenken lassen sich auch nicht mit dem Hinweis darauf ausräumen, § 14 TV-ABA finde sich systematisch in dem das Arbeitsentgelt regelnden V. Teil, nicht aber in dem die Arbeitszeit regelnden IV. Teil dieses Tarifvertrages. Denn die Lohneinbußen sind das eigentliche sozialpolitische Problem bei der Kurzarbeit[2], so daß deren Einführung aus Gründen des Sachzusammenhangs ebenso im Rahmen der Lohnbestimmungen des Tarifvertrages geregelt werden kann. Kritikwürdig bleibt jedenfalls, daß das BAG den Inhalt des § 14 TV-ABA als Kurzarbeitsklausel verkannt und sich lediglich auf eine historische Auslegung des Tarifvertrages gestützt hat.

---

1) Vgl. zu diesem Tarifvertrag auch oben S. 147 f.

2) Vgl. oben S. 7o.

(3) Zur Ermächtigung zu einseitigem Handeln aufgrund § 77 III

Wie schwer sich die Zwei-Schranken-Theorie mit dem Problem tariflicher Ermächtigungen zu einseitigem Handeln des Arbeitgebers tut, zeigt neben dem bereits erwähnten Beschluß des BAG[1] auch deutlich der Beschluß des LAG Berlin vom 15.6.1977[2]. Dort heißt es nämlich zunächst noch[3], den überbetrieblichen Sozialpartnern sei im Geltungsbereich des § 77 III eine Vorrangkompetenz eingeräumt, welche ihnen das Ausschalten konkurrierender betrieblicher Rechtsetzung ermögliche. Sodann urteilt das Gericht aber unter Berufung auf das BAG folgendermaßen[4]: "Ein Tarifvertrag kann folglich nicht den Arbeitgeber zu einseitigen, das Mitbestimmungsrecht des Betriebsrats ausschließenden Regelungen ermächtigen, weil dadurch gegen den Schutzzweck des § 87 I verstoßen wird". Diese Begründung ist unbefriedigend. Sie berücksichtigt nämlich nicht, daß der angezogene Beschluß des BAG vom 5.3.1974[5] die Einschränkung betrieblicher Mitbestimmungsbefugnisse lediglich unter dem Aspekt des § 87 I Eingangssatz behandelt und insoweit zu einem konsequenten Ergebnis gelangt. Dieses ist aber nicht ohne weiteres auf § 77 III übertragbar, weil der dort normierte Tarifvorrang der weitergehende ist. Es ist daher inkonsequent, zuerst die Ausschaltung betrieblicher Rechtsetzung nach § 87 I durch § 77 III zu betonen, dann aber die überbetriebliche Normsetzung am Schutzzweck der ausgeschalteten Mitbestimmungsnorm auszurichten und ihr insoweit Grenzen aufzuerlegen. Wiederum wird unterlassen, die unterschiedlichen Reichweiten beider Tarifvorbehalte zu reflektieren. Man kann bei Anwendung der Zwei-Schranken-Theorie aber nicht einfach Argumente aus einem Bereich übernehmen, dessen Aussage durch diese Theorie im wesentlichen hinfällig wird. Über das Einfallstor des § 77 III sind hier einseitige Regelungen möglich, die nach der Vorrangtheorie nicht in Betracht kommen[6].

---

1) Vgl. oben S. 237 ff.

2) Vgl. LAG Berlin DB 78, 115.

3) Vgl. LAG Berlin a.a.O. (116).

4) Vgl. LAG Berlin a.a.O.

5) Vgl. BAG AP Nr. 1 zu § 87 BetrVG Kurzarbeit (4R).

6) Vgl. dazu unten S. 327 ff.

cc.) Zwischenergebnis

Kurz zusammengefaßt ist bezüglich der Auswirkungen der Zwei-Schranken-Theorie im Kurzarbeitsrecht folgendes festzuhalten:
1. § 77 III gilt auch im Rahmen der Kurzarbeit. Dabei ist entgegen der Rechtsprechung für die Anwendung der Vorschrift nicht entscheidend, ob die Einführung von Kurzarbeit üblicherweise durch Tarifvertrag vorgenommen wird. Es kommt vielmehr darauf an, ob Kurzarbeitsbedingungen im Tarifvertrag bestehen oder üblicherweise bestehen.

2. Liegt eine Kurzarbeitsklausel vor oder ist eine solche wenigstens üblich, sperrt bereits eine unvollständige Teilregelung die gesamte Arbeitsbedingung Kurzarbeit gegenüber innerbetrieblicher Mitbestimmung. Dies gilt uneingeschränkt jedenfalls für den materiellen Bereich der Einführung von Kurzarbeit, also "Ob" und Umfang der Arbeitszeitverkürzung. Fixiert der Tarifvertrag also lediglich die Voraussetzungen, unter denen Kurzarbeit eingeführt werden kann, ist beispielsweise die Mitbestimmung hinsichtlich der Dauer der Arbeitszeitverkürzung nicht mehr möglich.

d.) Keine Rechtfertigung dieser Konsequenzen

aa.) Ausgangspunkt

Dieses Ergebnis, das fortan besonders hinsichtlich seines zweiten Teils interessiert, ist unproblematisch, wenn eine umfassende tarifliche Regelung der Kurzarbeit vorliegt. Daß dann nämlich die Mitbestimmung des Betriebsrats ausgeschlossen ist, folgt sowohl aus § 87 I Eingangssatz, als auch aus § 77 III. Es entspricht den Intentionen des Gesetzes, daß die betriebliche Mitbestimmung dann nicht nötig ist, wenn der Schutz der Arbeitnehmer bereits durch tarifliche Regelung gewährleistet ist[1] und muß deshalb als unschädlich angesehen werden[2].

Die demgegenüber aufgestellte Behauptung[3], ein echter Konflikt zwischen Tarifautonomie und Mitbestimmungsrecht des Betriebsrats

1) Vgl. dazu oben S. 187.
2) Ebenso v.Stebut RdA 74, 332 (34o).
3) Vgl. Preis DB 73, 474 (475).

könne nur dann praktisch werden, wenn der Tarifvertrag in einer mitbestimmungspflichtigen Angelegenheit eine abschließende, keiner weiteren betrieblichen Ergänzung mehr zugängliche Regelung enthalte, ist nicht nachvollziehbar. Aus den Tarifvorbehalten in § 77 III und § 87 I Eingangssatz folgt nämlich gerade das Gegenteil. In beiden Fällen besteht kein Raum mehr für die innerbetriebliche Mitbestimmung, wenn die jeweiligen Voraussetzungen erfüllt sind und eine komplette tarifvertragliche Regelung vorliegt. Wie es dann noch zu einem Kompetenzkonflikt kommen soll, wo doch diese Materie bereits abschließend geregelt ist, bleibt unerfindlich; dies gilt uneingeschränkt jedenfalls für materielle Arbeitsbedingungen bzw. - bei der Kurzarbeit - für deren materielle Bestandteile. Vielmehr eröffnen sich erst bei Lückenhaftigkeit des Tarifvertrages Reibungsflächen, die aus der unterschiedlichen inhaltlichen Reichweite von § 77 III und § 87 I Eingangssatz resultieren[1]. Im anderen Fall besteht für das Mitbestimmungsrecht überhaupt keine Basis.

Für die nunmehr vorzunehmende Prüfung der Ergebnisse[2], zu denen die Zwei-Schranken-Theorie bei der Kurzarbeit führt, hat das BAG[3] noch unter dem BetrVG 52 folgende zutreffende Prämisse formuliert: "Welche Gegenstände aufgrund der Sperrwirkung des § 59 BetrVG 52 der Regelung durch Betriebsvereinbarung entzogen sind, kann nur dann richtig entschieden werden, wenn zwischen der Notwendigkeit, den Vorrang zu wahren und den Bedürfnissen der Betriebe, ihre Besonderheiten betriebs- oder gar unternehmenseinheitlich zu regeln, ein vernünftiger Ausgleich gefunden wird". Es kommt also darauf an, die widerstreitenden Gesichtspunkte so gegeneinander abzuwägen, daß sich die Intentionen des Gesetzes in praktikabler Weise verwirklichen. Viel zu oft fehlt diese Abwägung im Schrifttum. Mehrfach[4] wird im Spannungsfeld zwischen

---

1) Vgl. dazu oben S. 2o9 ff.

2) Zur besonderen Bedeutung des Ergebnisses in der juristischen Methodik vgl. Enneccerus/Nipperdey S. 334.

3) Vgl. BAG AP Nr. 5 zu § 57 BetrVG 52 (4).

4) So bei Conze DB 78, 49o (492); Hanau RdA 73, 281 (284); Kirchner BB 72, 1279 (128o); Lieb ZfA 78, 179 (213); signifikant auch Konzen BB 77, 13o7 (13o8), dessen Ausgangsbasis für die Lösung sich überschneidender Kompetenzzuweisungen lediglich von der Überlegung der umfassenden und durchschlagskräftigen Tarifautonomie, nicht aber auch dem Zweck der betrieblichen Mitbestimmung gekennzeichnet ist; vgl. auch unten S. 251.

§ 87 I und § 77 III lediglich auf den Vorrang der überbetrieblichen Normsetzung abgestellt, oft ohne den Zweck des Mitbestimmungsrechts auch nur ansatzweise zu diskutieren.

Zwei Pole haben sich aus den vorangegangenen Erörterungen herauskristallisiert: Einerseits der Schutzzweck des betrieblichen Mitbestimmungsrechts in sozialen Angelegenheiten, andererseits die Regelungssperre des § 77 III, die den Anspruch auf ausschließlichen Vorrang des Tarifvertrages erhebt. Dieses Verhältnis wird sich letztlich nur bei konsequenter teleologischer Interpretation klären lassen. Es spitzt sich auf die von Wiedemann[1] zutreffend - allerdings mit unbefriedigender Antwort - gestellte Frage zu, ob der Schutzzweck des § 87 I die Vorrangtheorie erzwingt.

bb.) <u>Verstoß gegen den Zweck des Mitbestimmungsrechts gem. § 87 I</u>

Bereits oben[2] wurde auf die doppelte Zweckrichtung des Mitbestimmungsrechts nach § 87 I hingewiesen. Wie im einzelnen ausgeführt, geht es sozialpolitisch um den Schutz der Arbeitnehmer, allgemeinpolitisch um eine Beteiligung der Arbeitnehmerschaft an sie besonders berührenden Entscheidungen des Arbeitgebers[3]. Beide Zwecke sind bei Anwendung des § 77 III im Kurzarbeitsrecht nicht erreichbar.

aaa.) <u>Kein genügender Schutz der Arbeitnehmer</u>

Der Schutzzweck des Mitbestimmungsrechts, der die Position des Arbeitnehmers gegenüber dem wirtschaftlich überlegenen Arbeitgeber stärken will, manifestiert sich, wie erwähnt[4], auch und gerade bei der Kurzarbeit, da es bei der Verkürzung der Arbeitszeit zugleich auch um Lohnminderungen geht.Dem Schutzbedürfnis der Arbeitnehmer wird aber nur Rechnung getragen, wenn jede einseitige Adhäsion des Arbeitgebers ausgeschlossen ist[5]. Das heißt,

---

1) Vgl. <u>Wiedemann/Stumpf</u> § 4 Rn 28o.

2) Vgl. oben S. 68 ff.

3) So auch <u>Schaub</u> S. 964.

4) Vgl. oben S. 126 ff.

5) Vgl. <u>Säcker</u> ZfA 72 (Sonderheft), 41 (65).

nur eine nahtlose kollektivrechtliche Absicherung der dem Mitbestimmungsraum zugeordneten Arbeitsbedingungen garantiert einen angemessenen Schutz.

Die zuvor[1] für die Kurzarbeit durchgeprüfte Anwendung des § 77 III hat gezeigt, daß die Zwei-Schranken-Theorie einen sehr löchrigen Schutz entfaltet. In allen Punkten nämlich, in denen ein Regelungsgegenstand unvollständig erfaßt ist, scheidet die Mitbestimmung des Betriebsrats und damit die Wahrnehmung der Schutzinteressen des Arbeitnehmers aus. Bei Geltung des § 77 III könnte also die betriebliche Mitbestimmung entfallen, ohne daß ein dem Mitbestimmungsrecht vergleichbarer Schutzmechanismus an dessen Stelle träte[2]. Dieses Ergebnis ist auch deshalb unbefriedigend, weil die Tarifverträge nach wiederholter Einschätzung des BAG[3] im allgemeinen keinen Anspruch auf Vollständigkeit und Lückenlosigkeit erheben. Tariflich nur mögliche Mindestregelungen bewirken bei kurzarbeitsbetroffenen Arbeitnehmern aber nicht einmal einen respektablen Mindestschutz; im Beispiel des genannten § 7 MTV für das Molkerei- und Käsereigewerbe in Bayern und in allen anderen ähnlich gelagerten Fällen, in denen sich die Kurzarbeitsklausel auf die Beschreibung der Voraussetzungen für die Einführung von Kurzarbeit beschränkt, sind die Arbeitnehmer im zentralen Punkt der Einführung und des Umfangs der Kurzarbeit von der Wahrnehmung ihrer Interessen und Schutzbedürfnisse ferngehalten. Dies ist gerade dort besonders nachteilig, weil der Umfang der Arbeitszeitverkürzung zugleich maßgeblich für die Entlohnung ist und sich daher gerade dann der Schutzzweck des Mitbestimmungsrechts bei der Kurzarbei voll entfalten müßte[4].

Diesen Sinn des Mitbestimmungsrechts kann die Zwei-Schranken-Theorie geradezu ins Gegenteil kehren: Sie kann nämlich zu einer Überdimensionierung eines Direktionsrechts führen, das der Arbeitgeber nach individualrechtlichen Grundsätzen gar nicht hätte[5].

---

1) Siehe oben S. 226 ff.

2) So zutreffend <u>Weiss</u> Betriebsverfassungsgesetz S. 243.

3) Vgl. <u>BAG</u> AP Nr. 1 zu § 1 TVG Arbeitsentgelt (3); AP Nr. 123 zu § 1 TVG Auslegung (2R).

4) Verharmlosend daher <u>Herschel</u> AuR 78, 275, der "das heute noch monotone Akzentuieren des sozialen Schutzprinzips" bemängelt.

5) Unverständlich daher, wieso es "gut passen soll", daß die Mit-

In den tarifvertraglich nicht abgedeckten Bereichen eines Regelungsgegenstandes im Sinne von § 77 III kann der Arbeitgeber nämlich einseitig und ungehindert vorgehen. Zur Einführung von Kurzarbeit bedarf der Arbeitgeber zwar einer individual- oder kollektivrechtlichen Ermächtigung[1]; ein Tarifvertrag aber, der die Voraussetzungen der Einführung von Kurzarbeit normiert, stellt eine Ermächtigung an den Arbeitgeber dar, Kurzarbeit anzuordnen. Da die Tarifklausel gemäß § 77 III nicht vollständig zu sein braucht, deckt sie hinsichtlich des von ihr angesprochenen Regelungsgegenstandes auch vervollständigende Maßnahmen des Arbeitgebers. Dieser kann bei der Kurzarbeit dann also den Umfang der zu verkürzenden Arbeitszeit einseitig bestimmen und sich dabei auf die Ermächtigung des Tarifvertrags berufen. Das Ergebnis ist nahezu paradox: Der Arbeitgeber vermag dann nämlich aufgrund tarifvertraglich verankerter Direktionsmacht einseitig in das synallagmatische Leistungsgefüge einzugreifen, obwohl dies nach individualrechtlichen Grundsätzen ohne gegenseitige Vereinbarung der Arbeitsvertragsparteien (§ 3o5 BGB) gar nicht möglich wäre. Es wäre ein gerade im Bereich von Leistung und Gegenleistung unerträgliches[2] Diktat des Arbeitgebers hergestellt. Der durch den Tarifvertrag auszuübende Schutz der Arbeitnehmer bewirkte über § 77 III bei der Kurzarbeit das Gegenteil, wenn die Koalitionen nicht von ihrem Dispensrecht (§ 77 III 2) Gebrauch machten.

Nicht ohne Grund ist daher im Schrifttum die Befürchtung geäußert worden, § 77 III führe gerade bei der Kurzarbeit zu einer Einschränkung des mitbestimmungsrechtlichen Schutzes[3]; die Vorschrift sei zu weit geraten[4] und beschränke in bedenklicher Weise die Zuständigkeit des Betriebsrats zur Normsetzung auch für nichtorganisierte Arbeitnehmer[5]. Alle Antworten aber, § 77 III deswegen restriktiv zu interpretieren, befriedigen nicht.

---

bestimmung bei materiellen Angelegenheiten bloß deshalb, weil § 87 I hauptsächlich formelle Arbeitsbedingungen erwähnt, schon bei bloßer Üblichkeit abweichender Tarifverträge abgeschnitten sein soll, wie Hanau RdA 73, 281 (284) meint.

1) Vgl. dazu oben S. 58 ff.

2) So auch Reuter/Streckel S. 34.

3) Vgl. Wiese 25 Jahre BAG S. 661 (665).

4) So Lieb Arbeitsrecht S. 142.

5) Vgl. Kraft ZfA 73, 243 (251).

Eine teleologische Reduktion des § 77 III im Sinne eines "allgemeinen Ordnungskonzepts" mit dem Inhalt, den Betriebsparteien eine Vorrangkompetenz einzuräumen, wenn und soweit es sich um konkrete betriebsbedingte Konflikte handelt[1], scheitert daran, daß § 77 III nach seinem Wortlaut eine absolute Zuständigkeitsverteilung vornimmt, bei der es auf den Gegenstand ankommt, nicht aber eine relative, bei welcher der Inhalt des Tarifvertrages entscheidend wäre; im übrigen wären sonst im betriebsspezifischen Rahmen freiwillige Regelungen nach § 88 ohne Rücksicht auf den Tarifvertrag möglich, was jedoch die Rangfolge der arbeitsrechtlichen Rechtsnormen[2] mit ihrer Nachordnung der Betriebsvereinbarung gegenüber dem Tarifvertrag als der stärkeren und ranghöheren Rechtsquelle[3] und ihrer Konsequenz, daß sich eine Betriebsvereinbarung grundsätzlich nicht mit einem Tarifvertrag in Widerspruch setzen darf, auf breiter Front verwässern würde.

Eine Reduktion des § 77 III auf materielle Arbeitsbedingungen[4] unterschätzt, daß bei materiellen Angelegenheiten, bei denen es um direkte Lohnfolgen für die einzelnen Arbeitnehmer geht, der Schutzgedanke besonders drängend ist. Hier wird die Existenzgrundlage der einzelnen Arbeitnehmer berührt[5], so daß materielle Fragen die Arbeitnehmer noch viel einschneidender angehen als formelle[6] und die Mitbestimmung bei letzteren sich, wie Farthmann[7] es im Bundestag ausgedrückt hat, auf eine "Spielweise" reduziert. Deshalb beraubt die teleologische Reduktion des § 77 III

---

1) So Vollmer DB 79, 3o8, 355 (357).

2) Vgl. dazu Hanau/Adomeit S. 26 f.

3) Vgl. BAG AP Nr. 4 zu § 56 BetrVG 52 Akkord (3R); Biedenkopf Tarifautonomie S. 3o6; Dietz/Richardi § 77 Rn 51; Galperin/Löwisch § 77 Rn 7o; ders. AuR 78, 97 (1o6); Neumann-Duesberg Betriebsverfassungsrecht S. 472; Nikisch III S. 399; Nipperdey/Säcker AR-Blattei Tarifvertrag I C, VIII 1; Schaub S. 1o43.

4) So die ganz herrschende Meinung, vgl. oben S.226.

5) Vgl. die oben S. 7o Fn 2 Genannten.

6) So auch Canaris AuR 66, 129 (131, 139).

7) Vgl. Farthmann in: Verhandlungen des Deutschen Bundestages, 6. Wahlperiode, stenografische Berichte Band 75, 1o1. Sitzung vom 11.2.1971, S. 58o3 (5891).

auf materielle Arbeitsbedingungen die Vorrang-Theorie keineswegs ihrer wichtigsten Waffen[1]. Denn hinsichtlich der Erreichung des Schutzzwecks der Mitbestimmung ist diese Reduktion völlig unbeachtlich.

Weiter kann nur eine bestehende Regelung dem Arbeitnehmer den Schutz gewährleisten, der die Mitbestimmung nach § 87 I entbehrlich macht[2]. Bei Anwendung des § 77 III würde indessen auch dieser Grundsatz aufgegeben. Denn für § 77 III genügt es, wenn eine tarifliche Regelung nur wenigstens üblich ist, ohne daß sie realiter bestehen müßte. Schließlich benachteiligt § 77 III sowohl die Tarifaußenseiter als auch die organisierten Arbeitnehmer im Betrieb eines nicht koalitionsgebundenen Arbeitgebers[3]. Denn diejenigen Arbeitnehmer, die - durch das Grundrecht der negativen Koalitionsfreiheit (Art. 9 I GG) gedeckt - keiner Gewerkschaft angehören, dürfen sich zumindest auf den mitbestimmungsrechtlichen Kollektivschutz verlassen. Diesen aber nimmt ihnen § 77 III, weil diese Vorschrift nach herrschender Ansicht[4] auch dann gilt, wenn in dem konkreten Betrieb weder Arbeitgeber noch Arbeitnehmer tarifgebunden sind. Nach § 77 III würde das von § 87 I anerkannte Schutzbedürfnis der Arbeitnehmer entfallen, wenn nur in der "Umgebung"[5] des Betriebes tarifliche Kurzarbeitsregelungen üblich wären. Das aber ist nicht einzusehen, denn der

---

1) So aber Konzen BB 77, 13o7 (1311).

2) So auch Nikisch FS Nipperdey S. 453 (465).

3) Vgl. Farthmann RdA 74, 65 (72); Kübler/Schmidt/Simitis S. 225 f.; Reuter Anm. BAG SAE 76, 14 (17); Säcker ZfA 72 (Sonderheft), 41 (65).

4) Vgl. Beiersmann DB 76, 53; Brecht § 77 Rn 25; Dietz/Richardi § 77 Rn 192; Erdmann/Jürging/Kammann § 77 Rn 54; Fitting/Auffarth/Kaiser § 77 Rn 58; Galperin/Löwisch § 77 Rn 81; Hueck/Nipperdey II/2 S. 14o9; Neumann-Duesberg Betriebsverfassungsrecht S. 469; Nikisch II S. 4oo, III S. 384; Thiele GK-BetrVG § 77 Rn 9o; Wiedemann/Stumpf § 4 Rn 291; a.A. Barwasser DB 75, 2275; Fabricius RdA 73, 125 (126); Hablitzel DB 71, 2158.

5) So Säcker ZfA 72 (Sonderheft), 41 (65).

Schutz der Arbeitnehmer wird nicht in unbeteiligten Drittbetrieben, sondern in ihrem eigenen konkreten Betrieb verwirklicht. Darüber hinaus genießen auch organisierte Arbeitnehmer in Betrieben tarifungebundener Arbeitgeber oft aus rechtstatsächlichen Gründen nicht den Schutz der Tarifautonomie[1]. Hindert man über § 77 III auch noch den Betriebsrat an der Mitbestimmung, könnte der Arbeitgeber allein vorgehen und deshalb bei mangelnder tariflicher Dispensklausel (§ 77 III 2) geradezu dazu angehalten werden, durch Austritt aus seiner Koalitionsorganisation die Mitbestimmung des Betriebsrats grundsätzlich zu unterlaufen[2]. Das soziale Gewicht des § 87 I[3] wäre mühelos überwogen. Wer hier die Sicherung des Tarifvorrangs auch und gerade dann fordert[4], wenn eine tarifvertragliche Regelung nicht getroffen wurde, setzt sich mit Sinn und Zweck des § 87 I in Widerspruch. Das gleiche gilt für diejenigen[5], die die Zwei-Schranken-Theorie damit begründen, sie erziele eine umfassendere Sperrwirkung als die Vorrang-Theorie.

Zu dieser Betonung des Schutzmoments im Rahmen des § 87 I Nr. 3 wird im Schrifttum[6] geltend gemacht, Kurzarbeitsklauseln - wie immer sie zustandegekommen seien - verschlechterten die Rechtsstellung des Arbeitnehmers. Sie wälzten nämlich einen Teil des Betriebs- und Wirtschaftsrisikos vom Unternehmer auf die Belegschaft ab. Dies zeige sich deutlich daran, daß Kurzarbeit auch bei wirtschaftlichen Schwierigkeiten wie Absatzmangel möglich sei. Erst mitbestimmungsrechtlich sei der nötige Kollektivschutz gewährleistet.

Diese Argumentation überzeugt indessen nicht ganz. Denn der durchaus einleuchtende Ansatz, daß kurzarbeitende Arbeitnehmer einen

---

1) So Reuter Anm. BAG SAE 76, 14 (17).

2) Vgl. die oben S. 25o Fn 3 Genannten.

3) Dieses betont BAG AP Nr. 2 zu § 87 BetrVG Kurzarbeit (4).

4) So Lieb ZfA 78, 179 (213).

5) Vgl. Conze DB 78, 49o (492); Hanau RdA 73, 281 (284).

6) Vgl. v.Stebut RdA 74, 332 (336); ähnlich Brauch S. 113 für die Erweiterung der Mitbestimmung in § 87 I Nr. 11.

Teil des unternehmerischen Wirtschaftsrisikos mittragen[1], indem sie durch Übernahme von Einbußen im Entgelt die mit ihnen arbeitsvertragsrechtlich sonst nicht verknüpfte wirtschaftliche Ertragslage des Betriebes zu stabilisieren helfen, gilt für tarifliche ebenso wie für betriebliche Kurzarbeitsklauseln. Die Kurzarbeit ist jedoch eine - wie noch zu zeigen sein wird[2] - zu betriebsspezifische Angelegenheit, als daß sie in Tarifklauseln befriedigend regelbar wäre. Die Abwälzung des Wirtschaftsrisikos kann also viel besser durch betriebsnahe Regelungen in Grenzen gehalten werden. Die Erweiterung der Mitbestimmung in § 87 I Nr. 3 dokumentiert geradezu, daß solche Konflikte besser mitbestimmungsrechtlich als tarifvertraglich gelöst werden[3].

bbb.) Keine gleichberechtigte Teilhabe der Arbeitnehmer

Allenthalben[4] wird unterstrichen, daß die Mitbestimmung in sozialen Angelegenheiten nach § 87 I das Kern- oder sogar Herzstück[5] der Betriebsverfassung darstellt. Hier findet der Betriebsrat seine ureigenste Aufgabe[6] und den Schwerpunkt seiner praktischen Tätigkeit[7]. Im Bereich des § 87 I haben die Beteiligungsrechte der Arbeitnehmer ihre stärkste Ausprägung erfahren, nämlich diejenige der Parität. Anders als bei personellen und wirtschaftlichen ist die Mitbestimmung in sozialen Angelegenheiten durchweg nach dem Grundsatz der Gleichberechtigung ausgestaltet.

---

1) Vgl. dazu auch unten S. 351.

2) Vgl. unten S. 271 ff.

3) So auch Vollmer DB 79, 3o8, 355 (357).

4) Vgl. Boewer DB 7o, 2319; Dietz RdA 62, 39o; Herschel AuR 69, 65; Kraegeloh DB 52, 95o; Löwisch AuR 78, 97; Hanau RdA 73, 281; Obermayer DB 71, 1715 (1716); Schlüter DB 72, 92; Schwerdtfeger Mitbestimmung S. 23 Fn 27; Söllner Arbeitsrecht S. 157; Stege/Weinspach S. 268; Neumann-Duesberg Betriebsverfassungsrecht S. 453; Wiese JbAR Bd. 9, 55 (7o); ders. GK-BetrVG § 87 Vorb. 1; ders. Initiativrecht S. 25.

5) So Gester/Isenhardt RdA 74, 8o (83).

6) So Hoffmann/Lehmann/Weinmann Einl. Rn 23.

7) So Däubler Arbeitsrecht S. 243.

Von der gleichberechtigten Mitbestimmung nach § 87 I Nr. 3, die der Gesetzgeber auch wirklich gewollt hat[1], bleibt bei Anwendung der Zwei-Schranken-Theorie aber mitunter nicht mehr viel übrig. Anspruchsvolle Ziele wie diejenigen, durch die Mitbestimmung die Belegschaftsvertreter an der Führung des Betriebes zu beteiligen[2], dem Bedürfnis der Arbeitnehmer nach gemeinsamer Gestaltung der Arbeitsordnung mit dem Arbeitgeber Rechnung zu tragen[3] oder die Selbstbestimmungsordnung im Bereich der abhängigen Arbeit zu verwirklichen[4], bleiben Illusionen, wenn es möglich sein soll, diese Postulate gerade dort, wo es zur Nagelprobe kommt, als entbehrlich zu verabschieden. Wenn die Tarifverträge Freiräume lassen, bieten sich diese als Wirkungsebenen der Mitbestimmungsprinzipien geradezu an. Der Selbstbestimmungsgedanke läßt sich aber nicht realisieren, wenn bei unvollständigen Tarifverträgen ohne Ermächtigungsklausel die Zwei-Schranken-Theorie letztlich zu einer Verfestigung des Direktionsrechts des Arbeitgebers im Gesamtbereich der Arbeitsbedingung führt. Die gleichberechtigte Teilhabe der Arbeitnehmer entfällt, wenn der Arbeitgeber völlig einseitig, d.h. weder durch Tarifvertrag noch durch Betriebsvereinbarung gehindert, den Umfang der Kurzarbeit bestimmen kann. Von der Mitbestimmung als positivem Konsensprinzip[5] bliebe nicht mehr viel übrig. Der prägnante Gedanke von der Mitbestimmung als kondominialer Mitwirkung[6] mit dem Recht, am Entscheidungsprozeß präventiv teilzuhaben und auf dessen inhaltliche Ausgestaltung einzuwirken[7], geriete zur leeren Schlagzeile. Denn ohne tarifvertraglichen Dispens hätte der Betriebsrat im materiellen Bereich der Kurzarbeit überhaupt keine Einflußmöglichkeiten.

---

1) So BAG AP Nr. 2 zu § 87 Kurzarbeit (4R).

2) So Nikisch FS Nipperdey S. 453.

3) So Obermayer DB 71, 1715 (1716).

4) So Richardi FA Lübtow S. 755 (78o).

5) Vgl. Dietz RdA 62, 39o; Richardi DB 71, 621 (63o f.); ders. ZfA 76, 1 (33).

6) Vgl. Hanau BB 69, 1497 (1498 f.); Säcker ZfA 72 (Sonderheft), 41 (59).

7) Vgl. auch Adomeit BB 72, 53 (55).

Im neueren Schrifttum finden sich Überlegungen, nach denen letzteres so unwillkommen nicht zu sein scheint. Lieb, dessen Meinung zum Tarifvorbehalt des § 87 I Eingangssatz bereits oben[1] abgelehnt worden ist, meint nämlich weiter[2], bei materiellen Arbeitsbedingungen müsse es bei der "Zuständigkeit" der Parteien des Einzelarbeitsvertrages verbleiben, wenn die Tarifvertragsparteien nicht tätig geworden seien. Der Betriebsrat sei nämlich nicht zum Mitunternehmer berufen; der Betriebsrat als Ersatztarifvertragspartner sei ein dem Betriebsverfassungsgesetz fremder Gedanke. Zwar entwickelt Lieb seine Thesen am Beispiel der Lohnabstände der einzelnen Vergütungsgruppen außertariflicher Angestellter; da er aber generell von materiellen Arbeitsbedingungen spricht, wird man seine Meinung für deren Gesamtbereich zumindest als Tendenz zu werten haben.

Abgesehen von der an sich richtigen, aber in unzutreffendem Zusammenhang gebrauchten Argumentation, der Betriebsrat sei nicht zum Mitunternehmer berufen - das sind auch nicht die Gewerkschaften -, wird jedoch auch hier wieder[3] der Gleichberechtigungsgedanke der Mitbestimmung zugunsten einer Absolutierung überbetrieblicher Normsetzung vernachlässigt. Der Eingangssatz des § 87 I sagt ganz klar, daß der Betriebsrat zur Mitbestimmung aufgerufen ist, soweit die Tarifverträge lückenhaft sind. Wer den Betriebsrat gerade dann <u>nicht</u> mitbestimmen lassen will, setzt sich in Widerspruch zum Wortlaut des Gesetzes und mißachtet den Zweck des § 87 I. Danach soll eben der Arbeitnehmer nicht mehr seiner fragwürdigen "Vertragsfreiheit" überlassen werden, sondern effektiv gleichberechtigt teilhaben an ihn essentiell berührenden Fragen. Dies läßt sich angesichts der faktischen Machtverhältnisse im Betrieb nur über kollektive Regelungsmechanismen auf Betriebs- oder Tarifebene bewerkstelligen.

cc.) <u>Verstoß gegen den Zweck des § 77 III</u>

Bedenken könnten sich gegen die Vorrangtheorie allerdings dann

1) Vgl. oben S. 184 ff.

2) Vgl. <u>Lieb</u> ZfA 78, 179 (2o2).

3) Vgl. bereits die oben S. 245 Fn 4 Genannten.

ergeben, wenn § 77 III ein übergeordnetes Prinzip darstellte, dessen Zweck seine Gestaltung auch im Rahmen des § 87 I unbedingt erforderte. Denkbar ist nämlich, daß der Normzweck des § 77 III eine Einschränkung im Rahmen des § 87 I nicht zuläßt[1] und so der Kritik, die Mitbestimmung dürfe nicht einfach vom guten Willen oder auch nur der Aufmerksamkeit der Tarifparteien abhängen (§ 77 III 2), die Grundlage entzogen wird. Diese Möglichkeit zwingt dazu, die Zweckdiskussion, die bereits für die Parallelvorschrift des § 59 BetrVG 52 ausgiebig geführt worden ist[2], insoweit für die neue Vorschrift des § 77 III aufzuzeichnen, als dies für den Theorienstreit im Rahmen der Kurzarbeit notwendig ist.

aaa.) Der Zweck des § 77 III

(1) Formale Deutungen

Vorab zurückzuweisen sind Zweckinterpretationen, wonach § 77 III die Zuständigkeiten zwischen Betriebs- und Tarifparteien trennen[3] bzw. - negativ ausgedrückt - eine Zuständigkeitskollison zwischen ihnen vermeiden[4] oder auch den Sozialpartnern bzw. den von ihnen abgeschlossenen Tarifverträgen eine Vorrangstellung einräumen[5] und ihre Initiativpriorität sichern soll[6]. Solche Deutungen kennzeichnen den Zweck nämlich nur formal[7]. Es kann gar keine

---

1) So Wiese 25 Jahre BAG S. 661 (665).

2) Vgl. insbesondere Eickelberg S. 128 ff.; Fitting BetrVerf 56,21o; Göbel S. 14 ff.; Großhauser S. 2o ff.; Mummenhoff S. 4 ff.; Quasten S. 88 ff.; Scheid S. 2 ff.; Wiese RdA 68, 41 (42 ff.); Zöllner FS Nipperdey S. 699 (7oo ff.).

3) So LAG Berlin DB 78, 115 (116); ArbG Düsseldorf DB 78, 1985 (1986); Conze DB 78, 49o (491); Kammann/Hess/Schlochauer § 77 Rn 7o; Säcker ZfA 72 (Sonderheft), 41 (64); Spoden S. 116 f.; Stege/Weinspach S. 131; ähnlich Frauenkron § 77 Rn 2o.

4) So Fabricius RdA 73, 125 (126).

5) So ArbG Düsseldorf DB 78, 1985; Galperin/Löwisch § 77 Rn 73; Kammann/Hess/Schlochauer § 77 Rn 7o; Lieb ZfA 78, 179 (2o5); Richardi ZfA 76, 1 (4).

6) So Weiss Betriebsverfassungsgesetz S. 211.

7) So auch Hablitzel DB 71, 2158 (216o); Zöllner FS Nipperdey S. 699 (7o1).

Frage sein, daß eine Norm, die der einen Partei zu Lasten einer anderen eine Vorrangkompetenz einräumt, damit zugleich auch eine Zuständigkeitsabgrenzung vornimmt. Damit ist aber noch nicht geklärt, warum und mit welchem Ziel dieses geschieht. Der Grund der Regelung, ihre Ratio, bleibt weiter offen[1]. Schließlich hängt die Bevorzugung der Tarifparteien in § 77 III davon ab, daß sie auch von ihrem Vorrang Gebrauch machen. Wäre es dem Gesetzgeber aber primär um den Vorrang des Tarifvertrages gegangen, dann hätte er bei Arbeitsentgelten und anderen Arbeitsbedingungen schlechthin das Verbot entsprechender Betriebsvereinbarungen aussprechen können[2].

Aus diesem Grunde kann auch nicht der Schutz der Tarifautonomie vor Aushöhlung und Verdrängung durch konkurrierende Betriebsvereinbarungen[3] herangezogen werden. Denn als Rechtsinstitut ist die Tarifautonomie deshalb nicht gefährdet, weil sie als das Recht der Berufsverbände auf selbstverantwortliche Regelung der Arbeits- und Wirtschaftsbedingungen[4] von betrieblicher Seite kaum behindert werden kann[5]. Auch ihre Ordnungsfunktion, d.h. die im öffentlichen Interesse liegende Gestaltung des Arbeitslebens in den von der staatlichen Rechtssetzung freien Raum[6] kann der Gesetzgeber nicht für absolut gehalten haben, weil sonst die Öffnungsklausel mit ihrer möglichen Folge tarifdurchkreuzender Betriebsvereinbarungen keinen Sinn hätte.

---

1) Vgl. Wiese RdA 68, 41 (42).

2) Vgl. Wiese RdA 68, 41 (44).

3) So aber ArbG Siegburg DB 78, 1281; Adomeit BB 72, 53; Auffarth AR-Blattei Betriebsverfassung XIV B, II 3 a; Birk Anm. BAG EzA § 87 BetrVG Initiativrecht Nr. 2 (S. 32); Boewer DB 73, 522 (525); Conze DB 78, 49o (493); Däubler Arbeitsrecht S. 241; Fitting/Auffarth/Kaiser Das neue Betriebsverfassungsgesetz § 77 Rn 8; Henkel/Hagemeier BB 76, 142o (1421); Kammann/Hess/Schlochauer § 77 Rn 71; Reuter Anm. BAG SAE 76, 14 (17); Reuter/Streckel S. 33; Säcker ZfA 72 (Sonderheft), 41 (64); v.Stebut RdA 74, 332 (34o); Thiele GK-BetrVG § 77 Rn 9o, insoweit widersprüchlich allerdings zu a.a.O. Rn 8o; etwas zurückhaltender die Amtliche Begründung (BT-Drucksache 715/7o S. 47), wonach § 77 III dem Vorrang der Tarifautonomie Rechnung tragen soll.

4) Vgl. Wiedemann/Stumpf Einl. 1.

5) So zutreffend Eickelberg S. 132.

6) Vgl. BVerfG AP Nr. 15 zu § 2 TVG (5).

(2) Den materiellen Inhalt einzelner Mitbestimmungsrechte negierende Deutungen

An der Ergänzung der sozialen Mitbestimmung durch materielle Tatbestände entscheidet sich das Schicksal einer ganzen Reihe von Vorschlägen, die noch der alten, von Säcker[1] als synkretistisch bezeichneten Normzwecklehre mit ihrer Beschränkung auf die Mitbestimmung in formellen Angelegenheiten geprägt sind. Zusammengefaßt sind dies die Verschaffung eines Monopols an die Sozialpartner zur einheitlichen Gestaltung materieller Arbeitsbedingungen, mit dem betriebliche Streitigkeiten über materielle Arbeitsbedingungen vermieden und die Tarifpolitik der Verbände vor Störungen bewahrt werden soll[2] sowie die Einheit der überbetrieblichen Ordnung[3].

Dem Monopolanspruch würde § 77 III nur dann genügen, wenn die entsprechende Arbeitsbedingung - der Definition[4] entsprechend, daß als Monopol eine Marktform anzusehen ist, bei dem das Angebot in einer Hand vereinigt ist - auf Arbeitnehmerseite nur von den Gewerkschaften geregelt werden könnten. Dem ist jedoch nicht so, weil in den Betriebsparteien weitere zur Regelung befähigte Kollektivvertragsparteien bereitstehen. Deshalb läßt sich die Monopoltheorie auch nicht damit retten, daß man sich im Hinblick auf § 77 III 2 mit einem "wenn auch verzichtbaren" Monopol begnügt[5];

---

1) Vgl. Säcker ZfA 72 (Sonderheft), 41 (64).

2) So LAG Berlin DB 78, 115 (116); ArbG Siegburg DB 78, 1281; Barwasser DB 75, 2275; Conze DB 78, 49o (491), der insoweit auch vom "lohnpolitischen Zweck" des § 77 III spricht; Dietz/Richardi § 77 Rn 175; Galperin/Löwisch § 77 Rn 73; Feichtinger Diss. S. 117; Gamillscheg Arbeitsrecht S. 375; Janert DB 76, 243; Kammann/Hess/Schlochauer § 77 Rn 71; Kirchner BB 72,1279 (1282); Konzen BB 77, 13o7 (1311); Kunst S. 36; Löwisch AuR 78, 97 (1o6 f.); Rewolle/Lorentz S. 418; Sauerbier AR-Blattei Tariflohnerhöhung I, A III 2; Stege/Weinspach S. 131.

3) So Kammann/Hess/Schlochauer § 77 Rn 7o; Stege/Weinspach S. 131.

4) Vgl. Brockhaus Enzyklopädie Bd. 12 (1971), Stichwort "Monopol".

5) So Lieb ZfA 78, 179 (2o5).

schon eher zutreffend wäre, sie in eine "Kompetenz zur Schaffung einer Monopolstellung"[1] umzubenennen. Beide Varianten ändern aber nichts daran, daß die Monopoltheorie schon von der Terminologie her ungenau ist; denn Gewerkschaften und Betriebsräte sind - und zwar unabhängig voneinander[2] - zur Regelung der Arbeits- und Wirtschaftsbedingungen berufen. Letzteren gegenüber genießen die Tarifparteien lediglich einen Vorrang, nicht aber ein Ausschließlichkeitsrecht. Zutreffend weist Nipperdey[3] auf die sprachliche Unkorrektheit mit der Bemerkung hin, § 77 III gewährleiste kein Normsetzungs<u>allein</u>recht, sondern lediglich ein Normsetzungs<u>vor</u>recht. Insoweit widerspricht sich auch Richardi, wenn er als Anhänger der Zwei-Schranken-Theorie einerseits[4] ein Monopol der Tarifparteien sieht, andererseits[5] die Angelegenheiten des § 87 I wegen deren Betriebsnähe regelmäßig einer tariflichen Regelung nicht für zugänglich erachtet. Wenn demnach aber die Betriebsparteien selbst tätig zu werden vermögen, kann es mit der Exklusivität der Tarifparteien nicht allzu gut bestellt sein.Schließlich wird das angebliche Monopol auch von daher aufgeweicht, daß der Arbeitgeber trotz Zugehörigkeit zu einer Arbeitgebervereinigung tariffähig bleibt[6] und einen eigenen Firmentarifvertrag abschließen kann[7].

Gegen die Bedeutung des § 77 III als Garanten des Betriebsfriedens in materiellen Angelegenheiten sprechen zwingend deren Einbeziehung in das innerbetriebliche Mitbestimmungsrecht[8] und die Vorstellung, daß der Gesetzgeber über die Öffnungsklausel des § 77 III 2 den Betriebsfrieden in die Disposition der Tarifparteien

---

1) So <u>Boewer</u> DB 7o, 2319 (2323).

2) Vgl. <u>Thiele</u> GK-BetrVG § 77 Rn 8o.

3) Vgl. <u>Hueck/Nipperdey</u> II/2 S. 1395 Fn 46.

4) Vgl. <u>Dietz/Richardi</u> § 77 Rn 175.

5) Vgl. <u>Dietz/Richardi</u> § 87 Rn 1o3.

6) Allg. Ansicht,vgl. nur <u>Wiedemann/Stumpf</u> § 2 Rn 67, 82 m.w.N.

7) <u>Clasen</u> BABl 78, 64 berichtet, daß rund 1/3 aller Tarifverträge <u>in der</u> Bundesrepublik Ende 1977 Firmentarifverträge waren.

8) Zutreffend <u>ArbG Düsseldorf</u> DB 78, 1985: "Dem BetrVG 72 läßt sich an keiner Stelle entnehmen, daß es kollektive innerbetriebliche Auseinandersetzungen über materielle Arbeitsbedingungen ausschließen will, wie sich aus § 87 BetrVG ergibt".

gestellt haben soll[1]. In Widerspruch zu der so motivierten Überlagerung des § 87 I durch § 77 III steht auch das Urteil der Mitbestimmungskommission[2], daß der "Zwang zur Kooperation" ein tendenziell taugliches Mittel zur Versachlichung und zum Abbau der sozialen Spannungen sei.

Wenig überzeugend ist auch das Schlagwort vom Betriebsegoismus, der die Solidarität der Arbeitnehmer ebenso wie die Konkurrenzsituation der Unternehmer zu gefährden imstande sein und deshalb durch § 77 III vermieden werden soll[3]. Denn auch Firmentarifverträge tendieren dazu, die für die jeweiligen Unternehmen günstigste Regelung zu favorisieren, so daß sich die Betriebsparteien in der gleichen Lage wie die Firmentarifvertragsparteien finden: Ihre Verpflichtung, Lösungen für dermaßen unternehmenskonkrete Fragen wie die Kurzarbeit zu finden, kann ihr Blickfeld für übergreifende Gesichtspunkte verstellen[4]. Wie viele der zahlreichen Arbeitsbedingungen von gesamtwirtschaftlicher oder -arbeitnehmerschaftlicher Relevanz und danach von überbetrieblicher Regelungsbedürftigkeit sind, läßt sich gar nicht feststellen. Jedenfalls sind es, wie das Beispiel der Kurzarbeit und anderer betriebsspezifischer Angelegenheiten dokumentiert, bei weitem nicht alle. Zudem fragt man sich, wieso gerade durch mitbestimmte Entscheidungsprozesse betriebsegoistische Lösungen begünstigt werden sollen. Viel näher liegt doch die Erwägung, daß gerade durch starke einseitige Befugnis des Arbeitgebers ohne Gegenmachtkontrolle auch nur einseitige Interessen verfolgt werden[5]. Daß diese dann auf fernerliegende Aspekte wie die Tarifeinheitlichkeit viel Rücksicht nehmen würden, erscheint unwahrscheinlich.

---

1) So Henkel/Hagemeier DB 76, 142o (1421); Säcker RdA 67, 37o (371); Säcker ZfA 72 (Sonderheft), 41 (64).

2) Vgl. Mitbestimmung im Unternehmen, Bericht der Sachverständigenkommission S. 118 f.

3) Vgl. in diesem Zusammenhang Simitis/Weiss DB 73, 124o (1247).

4) Vgl. Simitis AuR 75, 321 (333).

5) So Simitis/Weiss DB 73, 124o (1247).

Die Einheit der überbetrieblichen Ordnung ist schließlich nur mehr eine Fiktion[1]. Bei einem Gefüge von 3oooo Tarifverträgen im Bundesgebiet[2] und zahlreichen freiwilligen Zusatzregelungen, die in einzelnen Wirtschaftszweigen bis zu 50% des Effektivverdienstes in den tariffreien Raum umschichten[3], fragt man sich, worin diese einheitliche Ordnung bestehen soll. Oft sind nicht einmal unternehmenseinheitliche Regelungen möglich, weil die räumlichen Geltungsbereiche regelmäßig nicht mit den Unternehmensbereichen übereinstimmen[4]. Auch die Möglichkeit der Konkurrenz von Verbands- und Firmentarifvertrag[5] und die Öffnungsklausel des § 77 III 2 führen diese Zweckdeutung zu teleologischem Widerspruch[6].

(3) Interessenkollision Betriebsrat - Gewerkschaften

Im Schrifttum[7] wird als Zweck des § 77 III auch die Vermeidung eines Interessenkonflikts zwischen Betriebsrat und Gewerkschaften

---

1) Vgl. Wiese RdA 68, 41 (43).

2) So Pornschlegel RdA 78, 155; ebenso Clasen BABl 78, 64 mit zusätzlichem Hinweis darauf, daß von 1949 bis 1977 insgesamt 156ooo Tarifverträge in der Bundesrepublik Deutschland abgeschlossen wurden.

3) So Hensche RdA 71, 9; Weiss Koalitionsfreiheit S. 27 f. verweist auf eine Untersuchung aus dem Jahre 1962, nach der im Gaststätten- und Beherbergungsgewerbe sogar 54,3% des Lohns in den übertariflichen Bereich entfielen. Der Durchschnitt der übertariflichen Bezahlung in den untersuchten Wirtschaftszweigen betrug bei den männlichen Arbeitern 14% und bei den weiblichen Arbeitern 11%. In den erfaßten Wirtschaftszweigen wurden alle Arbeiter übertariflich belohnt. Nach Bergmann/Jacobi/Müller-Jentsch S. 228 übertrafen 197o in der Metallverarbeitenden Industrie die effektiven Stundenlöhne die Tarifsätze um 24% und in der Chemischen Industrie um 2o%. Auch Buchner AR-Blattei Tarifvertrag V B, I 1 a berichtet von übertariflicher Entlohnung "in weiten Bereichen unserer Wirtschaft" mit branchenverschieden hohen Zuschlägen. Vgl. in diesem Zusammenhang auch unten S. 3o5.

4) Vgl. Nasserke AuR 66, 14o (142).

5) Vgl. dazu Wiedemann/Stumpf § 2 Rn 82.

6) So auch Säcker ZfA (Sonderheft), 41 (64).

7) Vgl. Barwasser DB 75, 2275; Beiersmann DB 76, 53; Bitter DB 79, 695; Fitting/Auffarth/Kaiser § 77 Rn 5o; ähnlich P.C. Ritter S. 1o; die Gefahr eines solchen Interessenkonflikts sieht unabhängig von § 77 III auch Erdmann BlStSozArbR 71, 241 (242).

vor allem auf dem Gebiet der Lohnpolitik genannt. Wlotzke[1] hat dieses Argument bereits unter dem BetrVG 52 ausführlich begründet: "Denn die Gewerkschaften müssen die Belegschaften vieler zum Teil auch wirtschaftlich schlechter gestellter Betriebe vertreten, während die Lohnforderungen der Betriebsräte nur auf die wirtschaftliche Kraft der einzelnen Betriebe Rücksicht nehmen müssen. Solche Interessengegensätze können die Stellung der Gewerkschaften schwächen. § 59 BetrVG (1952) soll dies verhindern". Das BAG[2] hat im Zusammenhang mit dem Zweck des § 59 BetrVG 52 etwas unschärfer von der Vermeidung von Unruhe und Spannungen zwischen Gewerkschaften und Betriebsräten gesprochen, während sich die Rechtsprechung zum Verhältnis Gewerkschaften - Betriebsräte insgesamt[3] mit dem Problem des Interessenkonflikts soweit ersichtlich nicht dezidiert auseinandergesetzt hat. Die Gegenmeinung im Schrifttum[4] wendet ein, es frage sich, weshalb ein solcher Interessenkonflikt vermieden und von vornherein zugunsten der Gewerkschaften entschieden werden solle, da diese im Wettstreit mit den Betriebsräten doch wegen ihrer notwendigen Rücksichtnahme auf betriebsfremde Belange im Nachteil seien.

Zu vordergründig ist in diesem Punkt die Meinung von Barwasser[5], der Interessenkonflikte zwischen Betriebsräten und Gewerkschaften jedenfalls bei nichttarifgebundenen Betrieben für ausgeschlossen hält. Zwar erscheint auf den ersten Blick der Maßstab der Organisationszugehörigkeit als klare Abgrenzung der betrieblichen und der überbetrieblichen Interessenssphäre; das Argument bleibt aber im Formalen verhaftet, weil danach erst der schlichte Beitritt der Betriebsparteien zu ihren Dachverbänden den Kontakt zu überbetrieblicher Sozialgestaltung herstellen würde. Dabei kommt es im Arbeitsrecht auf die Organisationszugehörigkeit aber gar nicht unbedingt an. Das Institut der Allgemeinverbindlicherklärung beweist deutlich, daß Reibungsflächen zwischen betrieblicher und

---

1) Vgl. Wlotzke S. 13o.

2) Vgl. BAG AP Nr. 9 zu § 59 BetrVG 52 (3).

3) Vgl. dazu Schober S. 1o9 ff.

4) Vgl. Zöllner FS Nipperdey S. 699 (7o3 Fn 2o); ihm folgend Eickelberg S. 138; vgl. auch Schelp DB 62, 1244.

5) Vgl. Barwasser DB 75, 2275.

überbetrieblicher Ebene keinesfalls notwendig von der Tarifbindung abhängen[1].

Das Problem liegt also tiefer. Es beginnt mit der organisatorischen Trennung arbeitnehmerschaftlicher Interessenvertretung, dem "Januskopf"[2] Gewerkschaften - Betriebsräte, dessen Probleme auch in der gewerkschaftlichen Gesamtorganisation - wie es heißt - "oft diskret"[3] behandelt werden. Klar scheint zunächst nur zu sein, daß sich, durch die Doppelrepräsentation der Arbeitnehmer bedingt[4], zwischen den Repräsentanten auch Konfliktfelder öffnen, die aus den unterschiedlichen Wirkungsebenen betrieblicher und überbetrieblicher Kollektivgestaltung vorgezeichnet sein können. Die Gewerkschaften müssen - anders als der Betriebsrat - die Interessen aller Arbeitnehmer des betreffenden Wirtschaftszweiges im Auge behalten und dabei die unterschiedliche wirtschaftliche Lage der einzelnen Betriebe berücksichtigen. Sie wirken zwar durch eine Vielfalt an Initiativ-, Beratungs- und Kontrollrechten auf eine arbeitnehmerorientierte Politik der Betriebsräte ein, sind andererseits aber nicht die von Verfassung wegen geborenen alleinigen Repräsentanten der Arbeitnehmer[5].

Statt dessen können die Betriebsräte nach dem BetrVG erhebliche Einwirkungsmöglichkeiten auf das betriebliche Geschehen reklamieren. Bergmann/Jacobi/Müller-Jentsch[6] haben diese Situation mit folgenden Worten gekennzeichnet: "Mit der relativen Autonomie der Betriebsräte und der strukturell angelegten betriebsfernen gewerkschaftlichen Interessenvertretung entstand ein Spielraum für

1) Die Bedeutung dieses Rechtsinstituts wird besonders daran sichtbar, daß für jeden fünften Arbeitnehmer allgemeinverbindliche Tarifverträge maßgeblich sind, vgl. die Statistik in RdA 79, 47.

2) So Seitenzahl S. 9o, 96.

3) So Seitenzahl S. 92 mit Nachweisen des innergewerkschaftlichen Diskussionsstandes.

4) Vgl. dazu oben S. 8 ff.

5) Vgl. Säcker JbAR Bd. 12, 17 (57); zu dem daraus resultierenden Problem konkurrierender Listen von Gewerkschafts- und Betriebsratsmitgliedern bei der Betriebsratswahl vgl. BGH NJW 78, 137o ff.

6) Vgl. Bergmann/Jacobi/Müller-Jentsch S. 221.

eine eigenständige, tarifpolitisch nicht erfaßte innerbetriebliche Lohnpolitik". Krasser formuliert Rump[1]: "Mit der organisatorischen Trennung von Betriebsräten und Gewerkschaften setzte der Gesetzgeber den Betriebsrat der Versuchung aus, ein Eigenleben zu führen, das sich bisweilen auch gegen die Gewerkschaften richten kann und auf diese Weise die allgemeine Solidarität der Arbeitnehmer zumindest latent stets gefährdet".

Die potentiellen Reibungsmöglichkeiten aus diesem Nebeneinander können vielgestaltiger Natur sein. Es kann sich beispielsweise um Zielinteressen der inhaltlichen Arbeit, aber auch nur um Organisationsinteressen[2] handeln. Der Begriff "Interessenkonflikt" ist aber terminologisch zu vielschichtig, als daß sich mit ihm ausdrücken ließe, auf welcher der möglichen Ebenen die interessenmäßige Diskrepanz liegt: Auf der eher rechtspolitischen, daß der stärkere Einfluß der Gewerkschaften im Betriebsleben aus Gründen der effektiveren und solidarischeren Wahrnehmung von Arbeitnehmerinteressen möglicherweise wünschenswert wäre[3], oder auf der mehr sachbezogenen, daß nämlich Meinungsunterschiede über die inhaltliche Günstigkeit der jeweiligen betrieblichen Regelung überbrückt werden sollen. In beiden Fällen bleibt nicht nur die Art des Interessenkonflikts offen, sondern auch die Erklärung dafür, warum die Interessenvertretung der Organisierten derjenigen der Nichtorganisierten vorgehen soll. Man fragt sich, warum die - wie immer definierten - Interessen der Gewerkschaften dominieren sollen, wo doch nicht sie, sondern die Betriebsräte als betriebliche Kontrahenten des Arbeitgebers in Erscheinung treten.

Die Bedenken verdichten sich, wenn man in Rechnung stellt, daß der Betriebsrat ohne die Zusammenarbeit mit den Gewerkschaften oft

---

1) Vgl. Rump S. 276.

2) Zu den Grenzen der Betriebsratsarbeit insoweit vgl. Rüthers Vorträge S. 37 f.

3) Mit bejahender Tendenz Hammann/Lenz Art. 9 Anm. B 8 b aa; mit verneinender Tendenz Schmidt Personal 75, 322.

überfordert wäre[1] und zwischen beiden die Parallelität besteht, daß sie dem gleichen Interesse verbunden sind[2]. Schutz und Selbstbestimmung der Arbeitnehmer zu verwirklichen sind Aufgabe sowohl der betrieblichen als auch der überbetrieblichen Repräsentanten der Arbeitnehmerschaft. Dabei muß der Betriebsrat aber zugleich auch das Wohl des Betriebes im Auge behalten (§ 2) und organisierte wie nichtorganisierte Arbeitnehmer vertreten, während die Gewerkschaften im Grunde nur den Belangen ihrer Mitglieder verpflichtet sind. Gestattete man nun den Gewerkschaften, das betriebliche Interesse bevorzugt zu vertreten, würde man sie zu "Oberbetriebsräten" machen, die aber weder an das gemeinsame Interesse der Betriebsparteien an der Funktionsfähigkeit des Betriebes noch an institutionelle Kategorien wie etwa die Wahl der Belegschaftsrepräsentanten gebunden wären[3]. Es ist auch fraglich, ob es "das" Interesse der Gewerkschaften überhaupt gibt, wenn man sich die Möglichkeit mehrerer konkurrierender Gewerkschaften im Betrieb vor Augen hält[4].

Schließlich scheinen auch die Koalitionen das Interessenargument nicht allzu hoch einzuschätzen. Denn es ist statistisch erwiesen[5], daß mehr als ein Drittel der in Deutschland abgeschlossenen Tarifverträge Firmentarifverträge sind. Diese aber unterscheiden sich in einem wesentlichen Punkt nicht von Betriebsvereinbarungen: Auch Firmentarifverträge riskieren, gesamtwirtschaftlich relevante Aspekte zugunsten partikularistischer Erwägungen zu benachteiligen[6]. All diese Widersprüche vermag die Deutung, § 77 III wolle Interessenkonflikte vermeiden, nicht zu entwirren.

---

1) Dementsprechend sieht § 2 BetrVG die Unterstützung der Betriebsratstätigkeit durch gewerkschaftliche Beauftragte für erwünscht an, vgl. BAG AP Nr. 1 zu § 2 BetrVG (8R).

2) Vgl. Biedenkopf Tarifautonomie S. 292; IG Druck S. 5; Raiser Grundgesetz und paritätische Mitbestimmung S. 26; Ramm ZRP 72, 13 (18); Rüthers Vorträge S. 39 Fn 116; Säcker Gruppenautonomie S. 454; Schneider GMH 77, 769 (771).

3) Vgl. Reuter ZfA 78, 1 (28).

4) Vgl. dazu etwa BAG AP Nr. 8 zu § 23 BetrVG 52 (3R); Richardi RdA 72, 8 (14 f.).

5) Vgl. Clasen BABl 78, 64.

6) So Simitis AuR 75, 321 (333); vgl. auch oben S.259.

(4) Stärkung der Funktionsfähigkeit der Koalitionen

Demgegenüber stellt Wiese[1)] auf die Gewährleistung der Funktionsfähigkeit der Koalitionen ab. Hanau[2)] befürchtet gleichfalls, die Attraktivität der Gewerkschaften müsse leiden, wenn im tariffreien Raum die Betriebsräte als Ersatzgewerkschaften fungieren könnten. Auch das LAG Berlin[3)] zieht nach vorangegangener Bejahung zahlreicher weiterer oben abgelehnter Zweckdeutungen[4)] des § 77 III diesen Aspekt schließlich als für die Auslegung der Vorschrift entscheidend heran. Ähnlich lenkt Thiele[5)] das Augenmerk primär auf die Funktionsfähigkeit der Koalitionen[6)] und dort besonders der Gewerkschaften[7)].

Die genannten Auffassungen gehen auf eine bereits zu § 59 BetrVG 52 entwickelte Rechtsmeinung[8)] zurück. Sie gründet sich auf die

1) Vgl. Wiese GK-BetrVG § 87 Rn 18; ders. 25 Jahre BAG S. 661 (664).

2) Vgl. Hanau BB 77, 35o, insoweit allerdings inkonsequent, als er nicht nur die Attraktivität der Gewerkschaften, sondern auch die Absicherung der Tarifpolitik gegenüber betrieblicher Konkurrenz und die Abschirmung der Tarifautonomie (vgl. ders. RdA 73, 281, 284) als jeweils "entscheidende" Aspekte für die Auslegung des § 77 III bezeichnet.

3) Vgl. LAG Berlin DB 78, 115 (116).

4) So befürwortet das LAG Berlin a.a.O. nacheinander die Schaffung einer überbetrieblichen Vorrangkompetenz zur Ausschaltung betrieblicher Rechtssetzung, die Vermeidung betrieblicher Unruhen, die Ausschaltung gewerkschaftlich nicht legitimierter Lohnkämpfe, die Verhinderung der Zwangsschlichtung, die Stützung der Attraktivität der Gewerkschaften sowie die Vermeidung der betrieblichen Übernahme tarifvertraglicher Regelungen außerhalb von Allgemeinverbindlicherklärungen als Zwecke des § 77 III.

5) Vgl. Thiele GK-BetrVG § 77 Rn 8o; Jahnke Gratifikationen S. 8o; ähnlich Gamillscheg Arbeitsrecht S. 375; Vollmer DB 79, 3o8, 355 (31o).

6) Ähnlich Richardi Betriebsverfassung S. 16.

7) In diesem Sinne dürften auch Kübler/Schmidt/Simitis S. 224 zu verstehen sein, wonach § 77 III die Gewerkschaften vor einer Usurpation ihrer Aufgaben schützen soll.

8) Vgl. Biedenkopf Tarifautonomie S. 28o ff.; ders. Verhandlungen 46. DJT Bd. I Teil 1 S. 13o; Hablitzel DB 71, 2158 (216o f.); Kollmar S. 72; Scheid S. 44, 14o; Mummenhoff S. 19 ff.; Quasten S. 93 ff.; Zöllner FS Nipperdey S. 699 (7o3 ff.); Wiese RdA 68, 41 (43 f.).

Anerkennung der Koalitionen in Art. 9 III GG und sieht in deren Stärkung ein legitimes Anliegen des Gesetzgebers[1]. Damit werde im besonderen die Attraktivität und Funktionsfähigkeit der Gewerkschaften durch Erhaltung und Erweiterung ihres Mitgliedsbestandes erhöht.

Diese Interpretation hat, wie Thiele[2] zutreffend bemerkt, nunmehr auch den gegenüber § 59 BetrVG 52 geänderten Wortlaut ("können nicht Gegenstand sein") und die dafür gegebene Amtliche Begründung[3] für sich. Danach soll vermieden werden, daß der persönliche Geltungsbereich von Tarifverträgen auf einem anderen als dem hierfür vorgesehenen Weg der Allgemeinverbindlicherklärung nach dem TVG ausgedehnt wird. § 77 III verhindert also die inhaltliche Übernahme eines Tarifvertrages durch Betriebsvereinbarung mit der Folge der indirekten Erstreckung des Tarifvertrages auf Außenseiter oder anderweitig organisierte Arbeitnehmer[4]. Dies hat seinen guten Grund darin, daß die Betriebsräte sonst in der Lage wären, als eine Art betrieblicher "Ersatzgewerkschaft"[5] zu fungieren, die keinerlei Beiträge verlangt und keine Verpflichtungen mit sich bringt oder gar die Betriebsparteien zu "Zensoren des Tarifvertrages"[6] aufwertet.

Natürlich würde eine solche Rolle der Betriebsräte mangels Möglichkeiten des Arbeitskampfes mit einem erheblichen rechtlichen Machtdefizit belastet sein. Es drängt sich aber die Frage auf, ob wegen der "Beitragsfreiheit" betrieblicher Kollektivvertretung nicht ein Gutteil der organisierten Arbeitnehmer ihrer Gewerkschaft den Rücken kehren und deren ohnehin im Schnitt "nur" bis zu einem starken Drittel der Arbeitnehmerschaft reichenden Orga-

---

1) Vgl. Wiese RdA 68, 41 (43).

2) Vgl. Thiele GK-BetrVG § 77 Rn 8o.

3) Vgl. Begründung Regierungsentwurf BT-Drucksache VI/1786 S.47.

4) Vgl. Fitting/Auffarth/Kaiser § 77 Rn 5o; vgl. jedoch einschränkend die oben S. 218 Fn 5 Genannten.

5) So Hanau BB 77, 35o.

6) Vgl. Hanau RdA 73, 281 (284).

nisationsgrad[1] fühlbar verringern würde. Zumindest wäre nicht auszuschließen, daß das Interesse der Arbeitnehmer am Beitritt zu ihrer Gewerkschaft und die Überzeugung ihrer Nützlichkeit und Erforderlichkeit nachlassen würde[2]. Mit Recht prognostiziert Biedenkopf[3] den Gewerkschaften schlechte Aussichten in der Werbung neuer Mitglieder, wenn für diese der Tarifvertrag ohnehin kraft Betriebsvereinbarung gelten sollte. Die Effektivität der Koalitionen hängt aber von der Bereitschaft der Arbeitnehmer ab, Mitglied einer Gewerkschaft zu werden und die damit verbundenen Verpflichtungen zu übernehmen[4]. Erst aus der Zahl ihrer freiwilligen Mitglieder beziehen die Koalitionen ihre Macht[5] und mit dieser wächst wiederum die - gerade auch in Fragen der Arbeitszeitdauer besonders ausgeprägte[6] - Anziehungskraft der Gewerkschaften[7], um deren Schutzaufgabe es geht.

Diesem Verständnis des § 77 III ist entgegengehalten worden, es sei spekulativ[8] und unterstelle machtpolitische Erwägungen als ratio legis[9]. Es basiere auf einer "unbegrenzten Auslegung" und denaturiere Arbeitsrecht und Arbeitsverfassung zum Vollzug verbandspolitischer Aktionen.

---

1) 1975 waren 36,6% der Arbeitnehmer gewerkschaftlich organisiert, so die Statistik in RdA 78, 118. Am 1.8.1977 waren insgesamt 7,6 Millionen Arbeitnehmer allein Mitglieder im DGB, vgl. AuR 78, 179. Der Grund für den relativ niedrigen Organisationsgrad dürfte darin liegen, daß hiesige Arbeitnehmer nicht nur auf das kollektive Arbeitsrecht mit den Gewerkschaften als Schutzmacht angewiesen sind, sondern im Gegensatz zu manchen anderen Ländern mit höher organisierter Arbeitnehmerschaft mehr gesetzlich kodifizierten Schutz genießen als diese, vgl. Ramm ZRP 72, 13 (16).

2) So Zöllner FS Nipperdey S. 699 (7o4).

3) Vgl. Biedenkopf Tarifautonomie S. 282.

4) Vgl. Biedenkopf Tarifautonomie S. 281.

5) Vgl. Richardi Kollektivgewalt S. 267.

6) Vgl. Konzen BB 77, 13o7 (1311).

7) Vgl. Hensche RdA 71, 9 (1o Fn 6).

8) So Säcker RdA 67, 37o (371).

9) So Eickelberg S. 133 ff., der einen selbständigen Normzweck des § 77 III nicht zu sehen vermag (a.a.O. S. 14o).

Solche starken Worte ignorieren indessen, daß die Interessenvertretung der Arbeitnehmerschaft nach dem System der Trennung[1] in Gewerkschaften und Betriebsräte aufgegliedert ist. Zwar können sich die Tarifparteien mit den Fragen der Betriebsverfassung befassen, ihnen ist aber keine Befugnis zur innerbetrieblichen Rechtssetzung eingeräumt. Gewerkschaften und Betriebsräten sind also verschiedene Aufgaben zugewiesen[2], obgleich beide dem gemeinsamen Ziel des Schutzes und des Wohles der Arbeitnehmer verpflichtet sind[3]. Es kann aber kaum im Interesse des Gesetzgebers gelegen haben, diese Trennung zu einer weitgehenden Spaltung im Lager der Arbeitnehmerschaft geraten zu lassen. Denn dann wären nachteilige Auswirkungen auf die Funktionsfähigkeit der Tarifautonomie, die ihrerseits nur bei funktionsfähigen Gewerkschaften gewährleistet ist, nicht zu vermeiden[4]. Das Bundesverfassungsgericht hat in seinem Beschluß zur Mitgliederwerbung der Gewerkschaften vom 26.5.197o[5] festgestellt, die Koalitionen könnten ihrer spezifisch koalitionsgemäßen Betätigung der Wahrung und Förderung der Arbeits- und Wirtschaftsbedingungen um so wirksamer nachkommen, je mehr Mitglieder sie zählten. Bejaht man aber einerseits die Ordnungsfähigkeit der Koalitionen und sichert diese verfassungsrechtlich ab (Art. 9 III GG), kann man die so erreichte Stabilität nicht ausgerechnet dort, wo sie sich bewähren muß - nämlich im Betrieb - wieder in Frage stellen. Vor diesem Hintergrund geht es nicht um die Stärkung der Verbände um ihrer selbst willen[6], sondern um deren Aufgabenerfüllung als "parakonstitutionelle Kräfte"[7] im Rahmen des gesamten Arbeits- und Wirtschaftssystems. Es kann dem Staat, der individuelle Freiheit und Gleichheit in der Rechtsordnung zu verwirklichen hat, nicht gleichgültig

---

1) Vgl. Dietz/Richardi § 2 Rn 28.

2) Vgl. Dietz/Richardi a.a.O.; Begründung zum Regierungsentwurf VI/1786,33 f. sowie grundsätzlich Richardi RdA 72, 8 ff.

3) Vgl. oben S. 264.

4) Insoweit besteht eine Interdependenz zwischen beiden Zwecken, vgl. Wiese RdA 68, 41 (43).

5) Vgl. BVerfGE 28, 295 (3o5); zum verfassungsrechtlichen Schutz dieser gewerkschaftlichen Betätigungen vgl. ferner BVerfGE 19, 3o3 ff. sowie BAG AP Nr. 1o zu Art. 9 GG.

6) Vgl. zu dieser Forderung BAG AP Nr.13 zu § 59 BetrVG 52.

7) So Ehmann Anm. BAG SAE 77, 2oo (2o5).

sein, wenn die Gewerkschaften als Ordnungsmächte aus dem Arbeits- und Sozialleben partiell ausscheiden[1]. Diese Zusammenhänge kann man nicht einfach unter Berufung auf "Rüthers,Unbegrenzte Auslegung, passim"[2] beiseite schieben und so tun, als entbehre die hier vertretene Meinung jeglichen normadäquaten Fundaments. Sie ist im Gegenteil zweckrational und an den Postulaten der Verfassung orientiert.

Diese Zweckdeutung wird freilich auch von ihren Befürwortern wegen der Öffnungsklausel als mit Ungereimtheiten belastet und nicht restlos überzeugend eingestuft[3]. Gerade die Dispensmöglichkeit des § 77 III 2 erscheint in diesem Fall aber nicht als hinderlich. Denn die ausdrückliche Zulassung von Betriebsvereinbarungen im Tarifvertrag kann nur so verstanden werden, daß die Gewerkschaften in einzelnen, genau umschriebenen Bereichen keine Gefahr für ihre Funktionsfähigkeit sehen. Dies wäre etwa bei der Kurzarbeit so, wo Gewerkschaften und Arbeitnehmern klar sein muß, daß eine umfassende tarifliche Regelung gar nicht in Betracht kommt[4], ein echtes Konkurrenzverhältnis also fernliegt. Die Öffnungsklausel führt hier demnach - anders als etwa bei der Alternative des Betriebsfriedens - nicht zu teleologischem Widerspruch: Die Funktionsfähigkeit der Gewerkschaften unterliegt weitgehend auch deren Disposition, nicht aber auch ordnungsrechtliche Prinzipien wie der Betriebsfrieden.

Eine andere Frage ist, ob der Tarifvorbehalt des § 77 III seine Aufgabe vollständig erfüllen kann. Schon zuvor[5] wurde auf die Möglichkeit verwiesen, daß einseitige Leistungen des Arbeitgebers die Barriere des § 77 III überspringen können. Aufgrund der Häufigkeit einzelvertraglicher Vereinbarungen übertariflicher Zulagen ist in diesem Zusammenhang von "Wildwuchs" gesprochen worden[6]. Auch von der Ignorierung des § 77 III durch zweiseitige Verein-

---

1) Vgl. Richardi Kollektivgewalt S. 267 f.

2) So aber Eickelberg S. 134.

3) Vgl. Zöllner FS Nipperdey S. 699 (7o4, 72o).

4) Vgl. dazu sogl. S. 271 ff.

5) Vgl. oben S. 26o.

6) Vgl. Zachert Anm. BAG MitbGespr. 76, 37 (38).

barungen zwischen Arbeitgeber und Betriebsrat ist im Schrifttum[1] häufig die Rede. Nur weil es nach dem Motto "Wo kein Kläger, da kein Richter" nicht zum Rechtsstreit komme[2], werde die Nichtigkeit solcher Vereinbarungen nicht rechtskräftig festgestellt. Das eigentliche Problem ist damit aber noch nicht angesprochen. Denn zwar sind Betriebsvereinbarungen, die contra legem abgeschlossen werden, gem. §§ 134, 139 BGB nichtig[3] und dies kann grundsätzlich im Beschlußverfahren nach § 2 a ArbGG 1979 festgestellt werden[4]; erst hier werden die Schwierigkeiten aber, wie Rudolph[5] zutreffend nachweist, drängend: Faktisch können die Gewerkschaften den Rechtsweg nämlich doch nicht beschreiten, weil sie ihren Kredit bei der Arbeitnehmerschaft verspielen würden, wenn sie materiell günstigere betriebliche Regelungen qua Gerichtsbeschlusses wieder rückgängig machen würden[6]. Erst hier wird deutlich, wie begrenzt der Schutz des § 77 III eigentlich ist. Allenfalls betriebsnahe Tarifverträge können hier Abhilfe schaffen[7], wenngleich auch bei diesen, wie nunmehr zu zeigen

---

1) Vgl. Buchner AG 71, 135, 189 (14o); Großhauser S. 96 ff.; Hablitzel DB 71, 2158; Kübler/Schmidt/Simitis S. 222; Monjau DB 65, 632; Neumann-Duesberg Betriebsverfassungsrecht S. 47o; Ramm ZRP 78, 361 (363 Fn 5); Säcker Anm. BAG SAE 68, 13 (19); Schelp DB 62, 1242, 1275 (1277); Stadler BB 71, 7o9; Thiele GK-BetrVG § 77 Rn 82; Wiese RdA 68, 41 (43); Zöllner FS Nipperdey S. 699 (7o2).

2) Vgl. Monjau DB 65, 632.

3) Vgl. BAG AP Nr. 1 zu § 59 BetrVG 52 (2R); Hensche RdA 71, 9(1o); Kammann/Hess/Schlochauer § 77 Rn 91; Stadler BB 71, 7o9 ff; Wiese GK-BetrVG § 87 Rn 25; zweifelnd Hablitzel DB 71, 2158(2162).

4) Vgl. bereits BAG AP Nr. 1 zu § 2 ArbGG 1953 Betriebsvereinbaung (1R).

5) Vgl. Rudolph S. 87 f.

6) Abweichend Wiese RdA 68, 41 (43 f.) zu § 59 BetrVG 52 mit dem Hinweis, eine Derogation dieser Vorschrift sei ausgeschlossen.

7) Allerdings ergeben sich bei diesen - worauf Vollmer DB 79, 3o8, 355 (31o) hinweist - möglicherweise Probleme aus finanziell nicht genügend gesicherter Kampfparität; vgl. grundsätzlich zum Problem betriebsnaher Tarifverträge aus neuerer Zeit insbesondere Buchner DB 7o, 2o25 ff., 2o74 ff.; Däubler/Hege Tarifvertragsrecht S. 1o9 ff.; Hensche RdA 71, 9; Heß Diss. passim; Heß DB 75, 5o4 ff.; Heß ZfA 76, 45 ff.; Leminsky GMH 69, 641; Richardi JA 71, 334; Richardi AR-Blattei Tarifvertrag XIII, A 2; Weiss Koalitionsfreiheit S. 25 ff.

sein wird, erhebliche Probleme aus ganz anderen Gründen erwachsen. Dieser faktische Sachverhalt kann an der rechtlich gebotenen Zweckinterpretation des § 77 III allerdings nichts ändern.

bbb.) Betriebsbezogenheit der Kurzarbeit und Zweck des § 77 III

Nun ließe sich mit Wiedemann/Stumpf[1] unter Berufung auf Biedenkopf[2] argumentieren, der Gesetzgeber habe das Schutzbedürfnis der Arbeitnehmer den in § 77 III zum Ausdruck kommenden Prinzipien untergeordnet und die Erhaltung der uneingeschränkten Regelungszuständigkeit der Tarifparteien höher bewertet als die betriebliche Mitbestimmung. Damit wird zwar nur einer von zwei Aspekten beleuchtet, da Biedenkopf[3] andererseits auch festgestellt hat, für den Bereich des § 87 habe der Gesetzgeber den Anspruch der Gewerkschaften als Schutzverbund gerade nicht anerkannt; die entscheidende und schon zuvor[4] angeschnittene Frage, um die es nunmehr geht, ist damit dennoch herauskristallisiert: Erzwingt der Zweck des § 77 III bei der Kurzarbeit die Zwei-Schranken-Theorie?

(1) Die Betriebsbezogenheit der Kurzarbeit

Die Funktionsfähigkeit der Gewerkschaften geriete zuallererst dann durch die Vorrangtheorie in Gefahr, wenn die Tarifverträge vollständige Regelungen über die Einführung von Kurzarbeit überhaupt treffen könnten. Würden die Gewerkschaften trotz eines solchen faktischen Könnens nämlich dennoch unvollständige Kurzarbeitsklauseln in die Tarifverträge einbauen, läge der Gedanke nahe, hier werde im Wege des Aushandelns der Arbeits- und Wirtschaftsbedingungen durch den Kompromiß des Gebens und Nehmens bei der Kurzarbeit etwas nachgelassen, was im Tarifvertrag an anderer Stelle wieder aufgewogen würde. Dann müßte man in der Tat diagnostizieren, eine betriebliche Zusatzregelung über die Kurzarbeit könne ein solches fein aufeinander abgestimmtes Tarifgeflecht an wichtigen - da materiellen - Stellen wieder aufknoten.

---

1) Vgl. Wiedemann/Stumpf § 4 Rn 28o.

2) Vgl. Biedenkopf Tarifautonomie S. 284.

3) Vgl. Biedenkopf Tarifautonomie S. 285; dagegen Hueck/Nipperdey II/2 S. 1397 Fn 47 d.

4) Vgl. oben S. 246.

In diesem Punkt stößt man auf erstaunliche Zusammenhänge. Aufgrund durchweg unzureichender empirischer Abstützung wird schon die Vorfrage, ob sich die Kurzarbeit überhaupt in Tarifverträgen findet, im Schrifttum diametral gegensätzlich beantwortet. Ohne ausdrückliche Nutzbarmachung statistischen Materials wird im Schrifttum sowohl behauptet, die Kurzarbeit sei nur selten Gegenstand von Tarifverträgen[1)], als auch, sie sei häufig bzw. sehr oft in Tarifverträgen gestaltet[2)].

Wenigstens dieser Widerspruch läßt sich durch Heranziehung der Fakten entscheiden. Denn ausweislich der Tarifauswertung des Bundesministeriums für Arbeit und Sozialordnung vom 31.12.1976[3)] und 31.12.1977[4)] enthielten zu diesen Zeitpunkten die Tarifverträge für jeweils 58% der Arbeitnehmer Bestimmungen über die Kurzarbeit. Damit ist aber noch nichts darüber gesagt, wie präzise diese Tarifverträge die Arbeitsbedingung Kurzarbeit regeln. Auch hier wird sowohl behauptet, die meisten Tarifverträge enthielten für die Einführung von Kurzarbeit abschließende Tarifregelungen[5)] bzw. - allgemeiner - die meisten Tarifverträge enthielten in der Mehrzahl der Mitbestimmungsfälle detaillierte Bestimmungen[6)]. Dementgegen entspricht weitverbreiteter Ansicht, daß gerade die Angelegenheiten des § 87 I weitgehend der abschließenden Gestal-

---

1) Vgl. BAG AP Nr. 1 zu § 87 BetrVG Kurzarbeit (3) durch zu weitgehend formulierten Bezug auf BAG AP Nr. 1 zu § 87 BetrVG Werkmietwohnungen; Sturn AuS 75, 189 (19o); ähnlich für § 87 I genrell: Blomeyer ZfA 75, 243 (296); Dietz/Richardi § 87 Rn 1o3; Föhr AuR 75, 353 (359); Richardi ZfA 76, 1 (5).

2) Vgl. Bensinger S. 1145; Böhm DP Gr. 3, 577 (579); Farthmann RdA 74, 65 (69); Farthmann/Bürger AR-Blattei Arbeitszeit V Kurzarbeit, B II 1; Fuhr/Stahlhacke § 1o5 Anm. VI 5 d aa; Galperin/Löwisch § 87 Rn 116; Hanau BB 72, 499 (5oo); Janert DB 76, 243 (245); Preis DB 73, 474 (478 Fn 48); Stege/Weinspach S. 294.

3) Vgl. Clasen BABl 77, 122 (125).

4) Vgl. Clasen BABl 78, 64 (68).

5) So Hess. Arbeitgeberverbände S. 123.

6) So Brauch S. 11o.

tung durch die Tarifparteien entzogen sind[1] und besser betriebsnah geregelt werden[2].

Soweit dies für die Kurzarbeit besonders betont wird[3], bietet sich die Tarifwirklichkeit als beste Beweisführung an. Eine Durchsicht von Bundes- und großen Regional-Manteltarifverträgen zeigt schlaglichtartig, daß sich die Verbandstarifverträge in aller Regel mit dürren Kurzarbeitsklauseln begnügen. Hier werden zwar häufig[4], dafür aber durchweg nur mit dürftiger Genauigkeit und allenfalls generalklauselartig[5] die Voraussetzungen für die

---

1) Vgl. BAG AP Nr. 1 zu § 87 BetrVG Werkmietwohnungen (4R); AP Nr. 1 zu § 87 BetrVG Kurzarbeit (3); die Betriebsbezogenheit der Tatbestände des § 87 I betonend auch BAG AP Nr. 1 zu § 5o BetrVG (3R); LAG Düsseldorf EzA § 87 BetrVG Initiativrecht Nr. 1 (S. 12); Becker-Schaffner BlStSozArbR 75, 17 (2o); Bergmann/Jacobi/Müller-Jentsch S. 372; Birk Anm. BAG EzA § 87 BetrVG Initiativrecht Nr. 1 (S. 32); Blomeyer ZfA 75, 243 (296); Böhm BB 74, 281, 372 (376); Bötticher Anm. BAG SAE 74, 2o1 (2o6); Dietz BB 54, 349 (351); Dietz/Richardi § 87 Rn 1o3; Farthmann RdA 74, 65 (7o); Fauth BB 62, 374 (378); ders. AZR S. 11o; Kollmar S. 7o, 73; Konzen BB 77, 13o7 (13o9); Monjau DB 65, 7o3 (7o5); Nikisch BB 53, 175 (179); Preis DB 73, 474 (477); Richardi FS Lübtow S. 755; ders. Anm. BAG SAE 69, 179 (184); ders. ZfA 76, 1 (5); Simitis/Weiss DB 73, 124o (1248); v.Stebut RdA 74, 332 (338); Weiss Betriebsverfassungsgesetz S. 245; Wiese 25 Jahre BAG S. 661 (674); Zöllner FS Nipperdey S. 699 (7o4); ähnlich auch Vollmer DB 79, 3o8 (3o9); vgl. auch Erdmann AuR 73, 135 (138); ähnlich bereits LAG Dortmund Bensh. 2, LAG S. 98(1o8) und Nikisch III S. 378.

2) Vgl. Wiese GK-BetrVG § 87 Rn 16, 78.

3) Vgl. BAG AP Nr. 1 zu § 87 BetrVG Kurzarbeit (3); LAG Hamm DB 74, 2o14 (2o15); Becker-Schaffner a.a.O.; Bötticher a.a.O.; Farthmann a.a.O.; Fitting/Auffarth/Kaiser § 87 Rn 27b; Konzen a.a.O.; Reuter/Streckel S. 33; Simitis/Weiss a.a.O.; v.Stebut a.a.O.; Vollmer DB 79, 3o8, 355 (357).

4) So auch die Beobachtung von Wiese GK-BetrVG § 87 Rn 8o.

5) Gängig sind Formulierungen wie "aus dringenden betrieblichen Gründen, z.B. zur Vermeidung von Entlassungen", "wenn die betrieblichen Verhältnisse es erfordern", "im Bedarfsfall", "wenn Kurzarbeit nicht zu vermeiden ist" und "bei Mangel an Arbeit"; vgl. hierzu auch Simitis/Weiss DB 73, 124o (1251); teilweise (z.B. § 4 Abs.4 MTV für die Arbeiter und Angestellten des Schlosser-, Schmiede- und Mechanikerhandwerks in der Pfalz vom 26.1o.1977 und § 6 Abs.2 MTV für die gewerblichen Arbeitnehmer der Steppendeckenindustrie im Bundesgebiet vom 18.7.1973) wird die Einführung von Kurzarbeit auch von der Gewährung des Kurzarbeitsgeldes nach dem AFG abhängig gemacht.

Kurzarbeit beschrieben[1]. Auch die Ankündigungsfristen sind

---

1) § 3 Abs. 7 MTV für die Arbeiter und Angestellten der Deutschen Bleistiftindustrie gültig ab 1.4.197; § 5 Abs. 2 MTV für die gewerblichen Arbeitnehmer des Buchbinder-Handwerks in der Bundesrepublik Deutschland, gültig ab 1.4.1977; § 7 Abs. 1 MTV für gewerbliche Arbeitnehmer und Angestellte in der Chemischen Industrie vom 22.2.1973; § 4 MTV für die Arbeitnehmer in der Cigarettenindustrie, gültig ab 1.1.1976; § 6 MTV für die Erdöl- und Erdgas-Bohr- und Gewinnungsbetriebe, gültig ab 1.1o.73; § 4 MTV für alle Arbeiter und Angestellten der Branchen Färberei/Chemische Reinigung/ Wäscherei im Bundesgebiet und West-Berlin, gültig ab 1.1o.1975; § 5 Abs. 1 MTV für die Arbeitnehmer der Technischen Betriebe für Film und Fernsehen, gültig ab 1.4.1977; § 21 MTV für die gewerblichen Arbeitnehmer und Auszubildenden der Betriebe, die Flachglas aller Art verarbeiten und veredeln im Gebiet der Bundesrepublik Deutschland; Nr. 6 MTV für die Graveure, Galvaniseure, Gürtler und verwandten Berufe für das Wirtschaftsgebiet der Bundesrepublik Deutschland, gültig ab 1.1.1977; § 2o Abs. 1 MTV für die gewerblichen Arbeitnehmer und Auszubildenden der Betriebe, die Hohlglas aller Art oder Glasfasern erzeugen, veredeln und verarbeiten in der Bundesrepublik Deutschland, gültig ab 1.8.1976; § 21 Abs. 1 MTV für die Arbeitnehmer der Hohlglasindustrie Gruppe I und II, gültig ab 1.1.1975; Nr. 44 MTV für die Knopfindustrie im Bundesgebiet ohne West-Berlin, gültig ab 1.1.1977; § 3 MTV für die Lederhandschuhindustrie des Bundesgebietes, gültig ab 1.1. 1976; § 7 MTV für die gewerblichen Arbeitnehmer, die Angestellten und die Auszubildenden in der Margarine- und Kunstspeisefett-Industrie, gültig ab 1.7.1977; § 14 Abs. 1 MTV für die gewerblichen Arbeitnehmer, Angestellten und Auszubildenden der Miederindustrie im Bundesgebiet und West-Berlin, gültig ab 1.5.1977; § 13 Abs. 2 MTV für die Arbeitnehmer der Papier erzeugenden Industrie in der Bundesrepublik Deutschland einschließlich West-Berlin, vom 15.1o.1976 in der Fassung vom 22. 12.1976, gültig ab 1.1.1977; § 5 Abs. 2 MTV für die gewerblichen Arbeitnehmer in der Papier, Pappe und Kunststoffe verarbeitenden Industrie im Gebiet der Bundesrepublik Deutschland (einschließlich Berlin-West), gültig ab 1.7.1974; § 3 Abs. 2 MTV für die gewerblichen Arbeitnehmer der Pelzbekleidungsindustrie im Bundesgebiet, gültig ab 1.6.1978; § 3 Abs. 2 MTV für die gewerblichen Arbeitnehmer der Rauchwarenveredelungs- und Pelzbekleidungsindustrie im Bundesgebiet, gültig ab 1.6.1977; Nr. 44 a BMTV für die Arbeiter, Angestellten und Auszubildenden der Sägeindustrie und der übrigen Holzbearbeitung für das Bundesgebiet außer Bayern, gültig ab 1.6.1975; Nr. 168 RMTV für die gewerblichen Arbeitnehmer und Auszubildenden der Säureschutzindustrie in der Bundesrepublik Deutschland und West-Berlin, gültig ab 1.7.1973; § 3 Abs. 2 MTV für die gewerblichen Arbeitnehmer, Heimarbeiter und Auszubildenden des Schuhmacherhandwerks im Bundesgebiet mit Ausnahme des Landes Bayern, gültig ab 1.1.1977; § 5 BMTV für die Arbeitnehmer im Verband privater Städtereinigungsbetriebe, gültig ab 1.2.1976; § 4 Abs. 1o MTV für die Arbeitnehmer in der Zuckerindustrie der Bundesrepublik Deutschland, gültig ab 1.1.1974; § 3 Abs. 7 MTV für die Arbeitnehmer und Auszubildenden der Spirituosenindustrie in Baden-Württemberg, gültig ab 1.1.1978; § 8 MTV für

tariflich häufig[1] festgelegt und zwar teilweise[2] neben den

---

die Arbeiter und Angestellten in der Eisen- und Stahlindustrie von Nordrhein-Westfalen, die Klöckner-Werke AG, Hütte Bremen, Georgsmarienhütte und Werk Osnabrück sowie die Werke Dillenburg und Niederschelden der Stahlwerke Südwestwestfalen AG vom 3o.1. 1975; § 4 MTV für die kaufmännischen Angestellten in den Verlagen von Tageszeitungen im Lande Nordrhein-Westfalen, gültig ab 1.1.1974; § 4 MTV für gewerbliche Arbeitnehmer in Buch- und Zeitschriftenverlagen in Nordrhein-Westfalen, gültig ab 1.1. 1976; § 4 MTV für die Arbeiter und Angestellten des Schlosser-, Schmiede- und Mechanikerhandwerks in der Pfalz, gültig ab 1.1. 1978; § 5 MTV für die Arbeiter und Angestellten des Klempner- und Installateurhandwerks im Saarland, gültig ab 1.1.1978; § 7 Abs. 1 MTV für die Arbeiter und Angestellten des Klempner- und Installateurhandwerks Rheinland-Rheinhessen, gültig ab 1.7.1978; § 4 MTV für Angestellte und gewerbliche Arbeitnehmer im Bereich der Tarifgemeinschaft Groß- und Außenhandel und des genossenschaftlichen Groß- und Außenhandels im Lande Nordrhein-Westfalen, gültig ab 1.1.1977; § 8 MTV für den Einzelhandel in Nordrhein-Westfalen, gültig ab 1.1.1977; § 3 Abs. 1 MTV für die Arbeitnehmer des Kraftfahrzeughandwerks in Rheinland-Rheinhessen, gültig ab 1.1.1976; § 6 MTV für die Arbeitnehmer der Milchindustrie in Bayern, gültig ab 1.5.1975; § 18 MTV für die Mitarbeiter im Rheinischen Braunkohlebergbau, gültig ab 1.12.74; § 7 RMTV für die Arbeitnehmer der Ernährungsindustrie in Baden-Württemberg, gültig ab 1.7.1974; § 6 MTV für die Arbeitnehmer und Auszubildenden der Brauereien in Südbaden, gültig ab 1.5. 1977; § 3 Nr. 1 MTV für die Arbeitnehmer der Metallindustrie in Bayern, gültig ab 1.2.1974; § 3 MTV für die Arbeitnehmer der Metallindustrie in Hessen i.d.F. vom 14.2.1975; § 6 Abs. 1 MTV für die Arbeitnehmer der Metallindustrie in Nordrhein-Westfalen vom 23.1.1975; § 6 MTV für die Arbeitnehmer der Metallindustrie Rheinland-Pfalz i.d.F. vom 21.1.1975; § 5 MTV für die Arbeitnehmer der Eisen- und Stahlindustrie im Saarland vom 19. 9.1975; § 3 MTV für die Arbeitnehmer der Metallindustrie Nordwürttemberg-Nordbaden vom 2o.1o.1973; § 3 MTV für die Arbeitnehmer der Metallindustrie in Südbaden vom 13.6.1973; § 3 MTV für die Arbeitnehmer der Metallindustrie in Südwürttemberg-Hohenzollern vom 5.7.1972.

1) So auch Lappe JbAR Bd. 16, 55 (64).

2) § 3 Abs. 8 MTV für die Arbeiter und Angestellten der Deutschen Bleistiftindustrie, gültig ab 1.4.1976; § 5 Abs. 2 MTV für die gewerblichen Arbeitnehmer des Buchbinder-Handwerks in der Bundesrepublik Deutschland, gültig ab 1.4.1977; § 7 Abs. 1 MTV für gewerbliche Arbeitnehmer und Angestellten in der Chemischen Industrie vom 22.2.1973; § 4 MTV für alle Arbeiter und Angestellten der Branchen Färberei/Chemische Reinigung/Wäscherei im Bundesgebiet und West-Berlin, gültig ab 1.1o.1975; § 5 Abs. 2 MTV für die Arbeitnehmer der Technischen Betriebe für Film und Fernsehen, gültig ab 1.4.1977; § 21 Abs. 2 MTV für die gewerblichen Arbeitnehmer und Auszubildenden der Betriebe, die Flachglas aller Art verarbeiten und veredeln im Gebiet der Bundesrepublik Deutschland; Nr. 6 MTV für die Graveure, Galvaniseure, Gürtler und verwandte Berufe für das Wirtschaftsgebiet der Bundesrepublik Deutschland, gültig ab 1.1.1977; § 2o Abs.2

Voraussetzungen, teilweise[1] auch ohne diese. Es werden auch in

---

MTV für die gewerblichen Arbeitnehmer und Auszubildenden der Betriebe, die Hohlglas aller Art oder Glasfasern erzeugen, veredeln und verarbeiten in der Bundesrepublik Deutschland, gültig ab 1.8.1976; Nr. 44 MTV für die Knopfindustrie im Bundesgebiet ohne West-Berlin, gültig ab 1.1.1977; § 3 MTV für die Lederhandschuhindustrie des Bundesgebietes, gültig ab 1.1.1976; § 7 Abs. 3 MTV für die gewerblichen Arbeitnehmer, die Angestellten und die Auszubildenden in der Margarine- und Kunstspeisefett-Industrie, gültig ab 1.7.1977; § 14 Abs. 1 MTV für die gewerblichen Arbeitnehmer, Angestellten und Auszubildenden der Miederindustrie im Bundesgebiet und West-Berlin, gültig ab 1.5.1977; § 13 Abs. 2 MTV für die Arbeitnehmer der Papier erzeugenden Industrie in der Bundesrepublik Deutschland einschließlich Berlin, gültig ab 1.1.1977; § 5 Abs. 2 MTV für die gewerblichen Arbeitnehmer in der Papier , Pappe und Kunststoffe verarbeitenden Industrie, gültig ab 1.1.1974; § 3 Abs. 2 MTV für die gewerblichen Arbeitnehmer der Pelzbekleidungsindustrie, gültig ab 1.6. 1978; § 3 Abs. 2 MTV für die gewerblichen Arbeitnehmer der Rauchwarenveredelungs- und Pelzbekleidungsindustrie, gültig ab 1.6. 1977; Nr. 44 d BMTV für die Arbeiter, Angestellten und Auszubildenden der Sägeindustrie und der übrigen Holzverarbeitung im Bundesgebiet außer Bayern, gültig ab 1.6.1975; § 5 MTV für die gewerblichen Arbeitnehmer der Steppdeckenindustrie im Bundesgebiet, gültig ab 1.7.1973; § 4 Abs.1o MTV für die Arbeitnehmer in der Zuckerindustrie der Bundesrepublik Deutschland, gültig ab 1.1.1974; § 3 MTV für die Arbeitnehmer und Auszubildenden der Spirituosenindustrie in Baden-Württemberg, gültig ab 1.1.1978; § 8 MTV für die Arbeiter und Angestellten in der Eisen- und Stahlindustrie von Nordrhein-Westfalen, die Klöckner-Werke AG, Hütte Bremen, Georgsmarienhütte und Werk Osnabrück sowie die Werke Dillenburg und Niederschelden der Stahlwerke Südwestfalen AG vom 3o.1.1975; § 4 MTV für die kaufmännischen Angestellten in den Verlagen der Tageszeitungen im Lande Nordrhein-Westfalen, gültig ab 1.1.1974; § 4 MTV für gewerbliche Arbeitnehmer in Buch- und Zeitschriftenverlagen in Nordrhein-Westfalen, gültig ab 1.1.1976; Nr. 41 MTV für die Holzindustrie, die kunststoffverarbeitende Industrie und das holz- und kunststoffverarbeitende Handwerk im nordwestdeutschen Raum der Bundesrepublik Deutschland, gültig ab 15.9.1976; § 4 MTV für die Arbeiter und Angestellten des Schlosser-, Schmiede- und Mechanikerhandwerks in der Pfalz, gültig ab 1.1.1978; § 5 MTV für die Arbeiter und Angestellten des Klempner- und Installateurhandwerks im Saarland, gültig ab 1.1.1978; § 3 Abs. 1 MTV für die Arbeitnehmer des Kraftfahrzeughandwerks in Rheinland-Rheinhessen, gültig ab 1.1. 1976; § 6 MTV für die Arbeitnehmer der Milchindustrie in Bayern, gültig ab 1.5.1975; § 7 RMTV für die Arbeitnehmer der Ernährungsindustrie in Baden-Württemberg, gültig ab 1.7.1974; § 6 MTV für die Arbeitnehmer und Auszubildenden der Brauereien in Südbaden, gültig ab 1.5.1977; § 3 Nr. 1 MTV für die Arbeitnehmer der Metallindustrie in Bayern, Stand 1.2.1974; § 3 MTV für die Arbeitnehmer der Metallindustrie in Hessen i.d.F.vom 14.2.1975; § 6 MTV für die Arbeitnehmer der Metallindustrie in Rheinland-Pfalz i.d.F. vom 21.2.1975; § 5 MTV für die Arbeitnehmer der Eisen- und Stahlindustrie im Saarland vom 19.9.75.

1) § 13 Abs. 1 MTV für die gewerblichen Arbeitnehmer der Feinkeramischen Industrie in der Bundesrepublik Deutschland,gültig ab 1.1.1978; § 5 MTV für die ledererzeugende Industrie in der Bun-

vielen Fällen die Bedingungen für Kündigungen während der Kurzarbeit normiert[1]. Nur in überraschend geringem

---

desrepublik Deutschland, gültig ab 1.1o.1977; § 3 Abs. 1 MTV für die Schuhindustrie des Bundesgebietes, gültig ab 1.7.1976; § 5 Abs. 1 MTV für die gewerblichen Arbeitnehmer der Treibriemen-, technische Lederartikel- und ASA-Industrie für das Gebiet der Bundesrepublik Deutschland, gültig ab 1.1o.1977; § 13 MTV für den bayerischen Graphitbergbau, gültig ab 1.1.1977; § 4 MTV für die gewerblichen Arbeitnehmer in den Betrieben des Verbundes der Südwestdeutschen Kunststoffindustrie und verwandten Industrien, gültig ab 1.7.1972.

1) § 7 Abs. 3 MTV für gewerbliche Arbeitnehmer und Angestellte in der Chemischen Industrie vom 22.2.1973; § 13 Abs. 7 MTV für die gewerblichen Arbeitnehmer der Feinkeramischen Industrie in der Bundesrepublik Deutschland, gültig ab 1.1. 1978; § 5 Abs. 5 MTV für die Arbeitnehmer der Technischen Betriebe für Film und Fernsehen, gültig ab 1.4.1977; § 21 Abs. 3, 5 MTV für die Arbeitnehmer der Hohlglasindustrie Gruppe I und II, gültig ab 1.1.1975; § 5 MTV für die ledererzeugende Industrie in der Bundesrepublik Deutschland, gültig ab 1.1.1977; § 7 MTV für die gewerblichen Arbeitnehmer, die Angestellten und die Auszubildenden in der Margarine- und Kunstspeisefett-Industrie, gültig ab 1.7.1977; § 14 Abs. 3 MTV für die gewerblichen Arbeitnehmer, Angestellten und Auszubildenden der Miederindustrie im Bundesgebiet und West-Berlin, gültig ab 1.5.1977; Nr. 173 RMTV für die gewerblichen Arbeitnehmer und Auszubildenden der Säureschutzindustrie in der Bundesrepublik Deutschland und West-Berlin, gültig ab 1.7.1973; § 3 Abs. 1 MTV für die Schuhindustrie des Bundesgebietes, gültig ab 1.7.1976; § 5 MTV für die gewerblichen Arbeitnehmer der Steppdeckenindustrie des Bundesgebietes, gültig ab 1.7.1973; § 5 Nr.4 MTV für die gewerblichen Arbeiter der Treibriemen-, technische Lederartikel- und ASA-Industrie in der Bundesrepublik Deutschland, gültig ab 1.1o.1977; § 4 Abs. 1o MTV für die Arbeitnehmer in der Zuckerindustrie der Bundesrepublik Deutschland, gültig ab 1.1.1974; § 3 MTV für die Arbeitnehmer und Auszubildenden der Spirituosenindustrie in Baden-Württemberg, gültig ab 1.1.1978; § 5 Abs. 2 MTV für die Arbeitnehmer der Eisen- und Stahlindustrie des Saarlandes vom 19.9.1975; § 8 MTV für die Arbeiter und Angestellten in der Eisen- und Stahlindustrie von Nordrhein-Westfalen, der Klöckner-Werke AG, Hütte Bremen, Georgsmarienhütte und Werk Osnabrück sowie die Werke Dillenburg und Niederschelden der Stahlwerke Südwestfalen AG vom 3o.1.1975; § 4 MTV für die kaufmännischen Angestellten in Verlagen von Tageszeitungen im Lande Nordrhein-Westfalen, gültig ab 1.1.1974; § 4 MTV für gewerbliche Arbeitnehmer in Buch- und Zeitschriftenverlagen in Nordrhein-Westfalen, gültig ab 1.1.1976; Nr. 41 MTV für die Holzindustrie, die kunststoffverarbeitende Industrie und das holz- und kunststoffverarbeitende Handwerk im nordwestdeutschen Raum der Bundesrepublik Deutschland, gültig ab 15.9.1976; § 5 MTV für die Arbeiter und Angestellten des Klempner- und Installateur-Handwerks des Saarlandes, gültig ab 1.1.1978; § 7 MTV für die Arbeiter und Angestellten des Klempner- und Installateurhandwerks in Rheinland-Rheinhessen, gültig ab 1.7.78; § 8 MTV für den Einzelhandel in Nordrhein-Westfalen, gültig ab 1.1.1977;

Umfang[1] finden sich Kurzarbeitsklauseln, die sich mit der kurzarbeitbedingten Lohnminderung befassen. Für die im Schrifttum[2] aufgestellte Behauptung, in den Tarifverträgen werde vielfach die Höchstdauer der Kurzarbeit festgesetzt, konnte kein einziger Beweis entdeckt werden. Lediglich ausnahmsweise[3] ist eine wöchentliche Mindestarbeitszeit, die durch Kurzarbeit nicht unterschritten werden darf, bestimmt[4]. Die überwiegende Mehrzahl der Tarifverträge mit Kurzarbeitsklauseln fordert das Einverständnis des Betriebsrats[5].

Nicht einmal Firmentarifverträge, die speziell - allerdings als generelle Regelungen, nicht zur konkreten Einführung von Kurzarbeit in einem akuten Fall - über die Kurzarbeit abgeschlossen wurden, überschreiten die hier genannten Regelungspunkte quantitativ, wenngleich sie in diesen einzelnen Punkten ein höheres Maß an qualitativer Vollständigkeit erreichen. Dies gilt beispielsweise für § 1 der Tarifvereinbarung über Leistungen bei Kurzarbeit und vorübergehenden Stillegungen von einzelnen Produktionsanlagen für die Arbeitnehmer in der Zentrale, dem Forschungszentrum, in den Raffinerien und im Vertriebsbereich der Esso AG in der Bundesrepublik Deutschland und West-Berlin, gültig ab 1.1o.1975. Dort sind außer dem Mitbestimmungsrecht des Betriebsrats und den Ankündigungsfristen lediglich detaillierte Regelungen über einen Zuschuß zum Kurzarbeitsgeld sowie Auswirkungen der Kurzarbeit auf Urlaub,

---

§ 3 Abs. 3 MTV für die Arbeitnehmer des Kraftfahrzeughandwerks in Rheinland-Rheinhessen, gültig ab 1.1.1976; § 7 RMTV für die Arbeitnehmer der Ernährungsindustrie in Baden-Württemberg, gültig ab 1.7.1974; § 3 Nr. 2 Abs. 2 MTV für die Arbeitnehmer der Metallindustrie in Bayern, Stand 1.2.1974; § 6 Abs. 2 für die Arbeitnehmer der Metallindustrie in Nordrhein-Westfalen vom 23.1.1975.

1) Vgl. die Nachweise oben S. 1o3 f.

2) Vgl. Bensinger S. 1145.

3) Vgl. § 7 Abs. 1 RMTV für die Arbeitnehmer der Ernährungsindustrie in Baden-Württemberg, gültig ab 1.7.1974; § 6 Abs. 2 für die Arbeitnehmer und Auszubildenden der Brauereien in Südbaden, gültig ab 1.5.1977.

4) In den genannten Fällen sind dies 75% der regelmäßigen wöchentlichen Arbeitszeit bzw. 32 Wochenstunden.

5) Ausnahmen vgl. oben S.231 f.und unten S. 315 f.

Mutterschafts- und Weihnachtsgeld sowie den Krankheitsfall getroffen. Von ähnlichem Umfang ist der Tarifvertrag über Kurzarbeit für die Arbeitnehmer der Deutschen Texaco AG, gültig ab 1.1.1976, wonach die Einführung von Kurzarbeit "bei wirtschaftlichen Schwierigkeiten", allerdings nur "unter Beachtung des Betriebsverfassungsgesetzes" möglich ist[1] und zusätzlich zu den Regelungspunkten des Esso-Tarifvertrages beispielsweise auch die Weiterzahlung vermögenswirksamer Leistungen angesprochen ist. Der - allerdings nicht speziell zur Regelung der Kurzarbeit abgeschlossene - MTV für die Werksangehörigen des VW-Werkes vom 9.11.1978 enthält ebenfalls recht detaillierte Ankündigungs- und Lohnausfallregelungen, nennt als Zulässigkeitsvoraussetzungen aber nur zwingende betriebliche Gründe, nämlich Produktionsschwierigkeiten aus wirtschaftlichen einschließlich betriebsstrukturellen Gründen sowie Material- und Energiemangel. Keiner der vorgenannten Tarifverträge regelt den Umfang der Kurzarbeit und den Kreis der Betroffenen.

Bei solch bescheidener kurzarbeitsrechtlicher Regelungsintensität wird die Vermutung[2], wenigstens die Frage, ob und in welchem Ausmaß Kurzarbeit eingeführt werden solle, sei tarifvertraglich nicht regelbar, zur Gewißheit[3]. Es ist im Wege der Tarifdurchsicht nicht gelungen, auch nur einen der angeblich[4] "in aller Regel" zu findenden Tarifverträge namhaft zu machen, der über den Umfang der Kurzarbeit präzise Aussagen enthielte[5]. Nicht einmal die

---

1) Vgl. dazu auch oben S. 229 ff.

2) Vgl. Simitis/Weiss DB 73, 124o (1248).

3) Wenig nützlich ist daher der Vorschlag von Kehrmann AuR 67, 193 (2o2), die Tarifpartner sollten in Kurzarbeitsklauseln alle für die Kurzarbeit bedeutsamen Fragen,auch die des zulässigen Umfangs, so festlegen, daß sie praktisch nur noch vollziehungsbedürftig seien.

4) Vgl. Farthmann RdA 74, 65 (69).

5) Ganz im Gegenteil fordern verschiedene Tarifverträge eine Regelung der Dauer der Kurzarbeit und des betroffenen Personenkreises im Rahmen der Betriebsvereinbarung, nämlich beispielsweise: § 8 Abs. 2 MTV für die Arbeiter und Angestellten der Eisen- und Stahlindustrie von Nordrhein-Westfalen, der Klöckner-Werke AG, Hütte Bremen, Georgsmarienhütte und Werk Osnabrück sowie die Werke Dillenburg und Niederschelden der Stahlwerke Südwestfalen AG vom 3o.1.1975; § 6 Abs. 2 MTV für die Arbeitnehmer der Metallindustrie in Nordrhein-Westfalen vom 23.1.1975.

erwähnten[1] Firmentarifverträge, die sich ausschließlich mit der Kurzarbeit befassen, kommen über das Stadium der Fixierung der Lohnfolgen bei Einführung von Kurzarbeit hinaus, von der Einführung der Kurzarbeit selbst ganz zu schweigen[2]. Die Tarifstichproben zeigen, daß die Kurzarbeit durch Tarifvertrag in den entscheidenden Punkten des "Ob" und "Wie lange" gar nicht geregelt werden kann. Es ist gerechtfertigt, hier von einer "faktischen Schranke tariflicher Regelungsmacht" zu sprechen[3].

Die Gründe dafür, die in dieser Praxis zum Ausdruck kommen, sind auch in der Theorie einleuchtend. Denn die Kurzarbeit ist, wie das BAG[4] zu Recht feststellt, eine ausgeprägt betriebsbezogene, betriebseigene Erscheinungsform. Jeder Betrieb steht in einem komplizierten Beziehungsgefüge ihm eigener Faktoren, die sich in den unterschiedlichsten Konstellationen auswirken können[5]. Absatz-, Auftrags- und Finanzlage, Qualität des Managements und Motivation der Arbeitnehmerschaft, strukturelle und konjunkturelle Einflüsse können im konkreten Fall in so unterschiedlicher Gestalt kulminieren, daß eine einigermaßen abschätzbare und von den längerfristig vereinbarten Manteltarifverträgen erfaßbare Kurzarbeitslage als undenkbar erscheint[6]. Wirtschaftliche Umstände sind nicht wie technische Vorgänge vorauszuberechnen, "richtige" unternehmerische Entscheidungen angesichts der dafür nötigen Erfahrung und Begabung als wichtigsten Voraussetzungen nicht immer vorab einzuschätzen[7]; die vielfältigen Ursachen, auf denen Kurzarbeit beruhen kann, machen diese schlechterdings unvorhersehbar[8].

---

1) Vgl. dazusoeben S. 278 f.

2) Auch v.Stebut RdA 74, 332 (338) betont den lediglich theoretischen Charakter von Firmentarifverträgen, die anläßlich konkret anzuordnender Kurzarbeit abgeschlossen werden.

3) Vgl. Weiss Betriebsverfassungsgesetz S. 245.

4) Vgl. BAG AP Nr. 1 zu § 87 BetrVG Kurzarbeit (3).

5) So Simitis/Weiss DB 73, 124o (1248).

6) Zustimmend Farthmann RdA 74, 65 (7o).

7) Vgl. Gutenberg S. 136.

8) So auch v.Stebut RdA 74, 332 (338).

So kann der pauschalierende und großräumige Verbandstarif zwangsläufig nicht alle betrieblichen Erfordernisse berücksichtigen[1], nicht einmal die genannten Firmentarifverträge vermögen dies, wie im Schrifttum[2] erklärt wird und die aufgeführten Beispiele nachdrücklich belegen. Es erscheint realitätsfern, daß etwa ein zu "normalen" wirtschaftlichen Zeiten abgeschlossener Tarifvertrag plötzliche Konjunktureinbrüche, wie sie beispielsweise bei der sog. Ölkrise 1973/74 auftraten[3], im vorhinein hinsichtlich des Umfangs der Kurzarbeit regelungstechnisch soll auffangen können. Aktuelle Schwankungen im Wirtschaftskreislauf lassen sich ebensowenig im vorhinein fixieren wie die notwendigen Reaktionen darauf. Gerade die Kurzarbeit als sehr konjunktursensible Arbeitsbedingung ist dafür das beste Beispiel. Die Kurzarbeit ist so betriebsspezifisch, daß sogar zweifelhaft erscheint, ob eine unternehmenseinheitliche, zentrale Vereinbarung durch den Gesamtbetriebsrat statt den Betriebsrat möglich ist[4].

Formelle Aspekte wie die Ankündigungsfristen von Kurzarbeit lassen sich - und dies ist, wie gezeigt, auch oft der Fall - eher tariflich vereinbaren. Aber auch hier wird es schon bei der Lage der verkürzten Arbeitszeit wieder schwierig. In den zentralen Punkten des "Ob", "Wer" und "Wie lange" der Kurzarbeit ist eine Vorabregelung im Tarifvertrag nicht mehr möglich. Mehr als Generalklauseln und allgemeine Richtlinien können die Tarifparteien[5]

---

1) So auch Birk Anm. BAG EzA § 87 BetrVG Initiativrecht Nr. 2 (S. 32); Preis DB 73, 474 (477).

2) Vgl. Reuter/Streckel S. 33; Simitis/Weiss a.a.O.

3) Über das schlagartige Ansteigen der Kurzarbeiterzahlen im Winter 1973/74 von 11 000 (August 1973) auf 105 000 (November 1973) und dann 309 000 (Februar 1974) sowie von 105 000 (August 1974) auf 700 000 (November 1974) vgl. die Statistik bei Rumpff/Dröge S. 39.

4) Vgl. Nasserke AuR 66, 14o (142); ähnlich Kuhlendahl BB 62, 1159; allerdings dürfte nach dem Willen des Gesetzgebers insoweit primär der Einzelbetriebsrat als zuständig anzusehen sein, vgl. BAG DB 76, 129o (1291); einzelne Fragen der Arbeitszeit wie z.B. die Pausen sollen sogar besser in kleineren Gruppen als mit dem Betriebsrat geregelt werden können, vgl. Pleyer RdA 68, 447 (449).

5) Vgl. für die Gewerkschaften Schwegler GMH 77, 7o5 (7o8) :"Die gewerkschaftliche Tarifpolitik hat - nicht zuletzt infolge der Institutionalisierung der Betriebsverfassung - nur überbetrieblich regelbare Probleme zum Gegenstand. Die Besonderheiten der einzelnen Betriebe oder gar Unternehmen werden damit nicht erfaßt".

nicht festschreiben[1]. Die konkreten Entscheidungen müssen in den jeweiligen Betrieben getroffen werden.

Es genügt also nicht, die Zwei-Schranken-Theorie mit der Erwägung[2] zu stützen, die Regelung der Arbeitsbedingungen gehöre zu den vornehmsten Aufgaben der Koalitionen, die allein den notwendigen Überblick hätten und für eine einheitliche, die Bedürfnisse der Wirtschaft im ganzen berücksichtigende Tarifpolitik sorgen könnten. In diesem Zusammenhang erscheint bemerkenswert, daß sogar zu bedenken gegeben worden ist[3], bei betriebsspezifischen Angelegenheiten sei der Betriebsrat für den Arbeitgeber der möglicherweise sachgemäßere Partner als die Gewerkschaften.

Mit der Tarifferne der Kurzarbeit erledigt sich auch der Vorwurf[4], mit der Vorrangtheorie sei ein Verlust an Bestandsschutz der Tarifautonomie verbunden. Diese auf Art. 9 III GG gestützte These fällt bereits angesichts des Umstandes, daß Kurzarbeitsregelungen auf Tarifebene nicht oder nur sehr unvollkommen möglich sind, in sich zusammen; im übrigen ist der unbedingte Vorrang des Tarifvertrages auch verfassungsrechtlich nicht zwingend geboten[5]. Der subtilere Tarifvorrang in § 87 Eingangssatz ist demgegenüber ganz auf die Erfordernisse der Angelegenheiten des § 87 I zurechtgeschnitten. Er erkennt einerseits den Tarifvertrag als höherrangige Rechtsquelle, andererseits aber auch die Betriebsnähe der Mitbestimmungstatbestände des § 87 I an und begrenzt wegen der sich daraus ergebenden Schwierigkeiten für die Tarifparteien den Tarifvorrang auch nur soweit, als diese eine Regelung haben vornehmen können. Außerhalb dieser für die Betriebsparteien tabuisierten Zone sind die Arbeitnehmer nicht schutzlos, sondern zur Mitbestim-

---

1) So auch Becker-Schaffner BlStSozArbR 75, 17 (2o); Simitis/Weiss DB 73, 124o (1249).

2) Vgl. Löwisch AuR 78, 97 (1o6).

3) Vgl. Bitter DB 79, 695 (696), der freilich dadurch in Widerspruch gerät, daß er die Zwei-Schranken-Theorie befürwortet und so gerade betriebsspezifische Lösungen mit dem Betriebsrat erschwert.

4) Vgl. Kirchner BB 72, 1279 (138o); Lappe JbAR Bd. 16, 55 (83).

5) Vgl. dazu Preis DB 73, 474 (478).

mung aufgerufen. Hier den umfassenden Tarifvorrang des § 77 III anerkennen zu wollen, heißt eine Abwägung zu Lasten der innerbetrieblichen Mitbestimmung treffen, die sie in zentralen Gebieten lahmlegt, ohne daß für Ersatz auf tarifvertraglicher Ebene gesorgt wäre. Wie gering der Tarifschutz offenbar auch von den Tarifparteien veranschlagt wird, zeigt sich in besonderem Maße an den überraschend selten anzutreffenden Tarifregelungen über die Entgeltfragen der Kurzarbeit. Nicht einmal dort, wo Vorabregelungen der Koalitionen möglich wären, ist von tariflicher Normsetzung in befriedigendem Umfang Gebrauch gemacht worden.

Hiergegen versagt auch das Argument, die Zustimmung des Betriebsrats sei als Wirksamkeitsbedingung praktisch immer erforderlich, damit sich die Anordnung von Kurzarbeit überhaupt auf die Ansprüche der Arbeitnehmer auswirken könne[1].Denn zwar ist angesichts der Unvollkommenheit tariflicher Kurzarbeitsklauseln die Zustimmung des Betriebsrats nötig, wenn man einseitige Maßnahmen des Arbeitgebers verhindern will; diese Zustimmung ist aber angesichts des ganz klaren Wortlauts des § 77 III nur aufgrund des Dispenses nach § 77 III 2 möglich, wenn man der Zwei-Schranken-Theorie folgt. Ohne tarifliche Ermächtigung des Betriebsrats ist die gesamte Arbeitsbedingung Kurzarbeit bei tariflicher Teilregelung seiner Mitbestimmung verschlossen. Zwar findet sich in fast allen Tarifverträgen mit Kurzarbeitsklauseln[2] in - wenn auch unterschiedlicher Form - die Bestimmung, der Arbeitgeber müsse bei der Einführung von Kurzarbeit die Zustimmung des Betriebsrats einholen; damit ist aber nur eine faktische, jederzeit revisible und daher anfällige Korrektur der widersprüchlichen Ergebnisse der Zwei-Schranken-Theorie für die Kurzarbeit vorgenommen. An dem juristisch-dogmatischen Gefüge, das hier allein entscheidend ist, ändert sich allein durch eine augenblickliche, künftige Tarifauseinandersetzung in keiner Weise präjudizierende Tarifkonstellation nichts. Nicht zu Unrecht ist im Schrifttum[3] vermutet worden,

---

1) So aber v.Stebut RdA 74, 332 (340).

2) Vgl. dazu bereits oben S.278 sowie unten S. 312 ff.

3) Vgl. Ritter S. 79.

die Tarifparteien könnten wegen der Betriebsferne des Tarifvertrages zur Einräumung einseitiger Bestimmungsrechte geneigt sein; eine solche latente Bereitschaft erhält durch die Zwei-Schranken-Theorie erheblichen Auftrieb.

(2) Auswirkungen auf den Zweck des § 77 III

Aus vorstehenden Erkenntnissen folgt, daß die Mitbestimmung bei der Kurzarbeit unabhängig von tariflichen Regelungen notwendig ist, weil Tarifverträge die Kurzarbeit in aller Regel nur dürftig und in den zentralen Bereichen (Ob, Wer, Wie lange) gar nicht regeln können. Deshalb ist die Beschränkung des § 77 III auf den materiellen Tatbestand auch unbeachtlich. Daraus, daß die Gewerkschaften die Kurzarbeit regelmäßig nicht selbst regeln können, der Betriebsrat mithin der einzig kompetente Kollektivvertragspartner des Arbeitgebers ist, folgt aber auch, daß die Funktionsfähigkeit der Gewerkschaften durch die Vorrangtheorie nicht bedroht sein kann[1]. Wenn die tarifferne Materie Kurzarbeit nämlich gar nicht innerhalb des effektiven Aktionsradius der Gewerkschaften liegt, können sie insoweit auch nicht durch betriebliche Konkurrenz in der Wahrnehmung ihrer Aufgaben beschränkt werden. Damit ist zugleich der entscheidende Einwand dagegen vorgebracht, daß die Mitbestimmung nach § 87 I von der Zulassung nach § 77 III 2 abhängig sein soll. Es ist nämlich ungereimt, den Tarifparteien ein Reservat zu verschaffen, das sie gar nicht pflegen können.

Man wird aber noch einen Schritt weitergehen müssen. Es ist nämlich zu fragen, welchen Wert es angesichts der betrieblich viel effizienteren Interessenwahrnehmung bei der Kurzarbeit aus der Perspektive der Arbeitnehmer noch haben könnte, sich auf Vereinbarungen einzulassen, die hinter der Mitbestimmung zurückbleiben[2].

---

1) Zweifelhaft daher Ramm FS Duden S. 439 (457), wonach die Betriebsräte bei der Einführung von Kurzarbeit in den ureigensten gewerkschaftlichen Betätigungsbereich eingreifen sollen. Dies trifft weder in bezug auf das Regelungsthema Kurzarbeit an sich zu noch in bezug auf die diesbezügliche effektive Wahrnehmung des Interesses der Belegschaftsmitglieder. Zutreffend vielmehr BAG AP Nr. 1 (3), 2 (3) zu § 87 BetrVG Kurzarbeit, wonach die Kurzarbeit wegen ihrer Betriebsbezogenheit nicht in die herkömmliche Koalititionskompetenz eingreift.

2) So auch Kübler/Schmidt/Simitis S. 222.

Es ist kaum anzunehmen, daß die Verbundenheit eines Arbeitnehmers zu seiner Gewerkschaft gestärkt wird, wenn diese ihm einerseits den notwendigen Schutz auch potentiell gar nicht verschaffen kann, andererseits aber dadurch, daß die Mitbestimmung von der Zulassung nach § 77 III 2 abhängt, möglicherweise in den Tarifverhandlungen dazu gezwungen wird, auf den Dispens zu verzichten[1] und so den notwendigen Schutz selbst ungewollt zu verstellen. Bei einem solchen Leerlauf der Mitbestimmung muß bezweifelt werden, ob sie dann noch zur "Förderung des Arbeitswillens und der Arbeitsfreude der Betriebsgemeinschaft" führen kann, wovon das BAG[2] ausgeht. Hier fordert der Zweck des § 77 III geradezu die Vorrangtheorie, welche den mitbestimmungsrechtlichen Schutz einerseits und den Vorrang effektiver Tarifregelungen andererseits gewährleistet. Der Schutz vor betrieblicher Konkurrenz wird durch § 87 I Eingangssatz in sachlich genügender Weise gesichert.

Vor diesem Hintergrund wird klar, daß Tarifvertrag und Betriebsvereinbarung bei der Kurzarbeit gar nicht miteinander konkurrieren[3], sondern aufeinander angewiesen sind, wenn für den Arbeitnehmer ein sinnvolles Ergebnis erzielt werden soll. Erst die Betriebsvereinbarung kompensiert die zwangsläufig fehlende Betriebsnähe des Tarifvertrages[4]. Dieses Zusammenspiel hebt die Zwei-Schranken-Theorie jedoch weitgehend aus den Angeln.

Der Zweck des § 77 III erzwingt also nicht die Zwei-Schranken-, sondern die Vorrangtheorie. Im Grunde genommen sind sogar alle Stimmen, welche die Betriebsbezogenheit des § 87 I betonen[5], Voten für die Vorrangtheorie. Besonders deutlich wird diese Widersprüchlichkeit bei Dietz/Richardi[6], wo es zur Anwendung des

---

1) Vor 1972 war es beispielsweise in den seltensten Fällen gelungen, ein Mitbestimmungsrecht bei der Einführung von Kurzarbeit tarifvertraglich zu verankern, vgl. Kübler/Schmidt/Simitis S. 221.

2) Vgl. BAG AP Nr. 2 zu § 56 BetrVG 52 (3R).

3) So aber Lieb ZfA 78, 179 (21o f.); vgl. dazu auch unten S.3o4 f.

4) So auch Kübler/Schmidt/Simitis S. 222.

5) Vgl. oben S. 272 f.

6) Vgl. Dietz/Richardi § 87 Rn 1o3 a.E.

§ 77 III im Rahmen des § 87 I heißt: "Dadurch wird auch das Mitbestimmungsrecht des Betriebsrats nicht beeinträchtigt; denn die in § 87 genannten Angelegenheiten sind so abgegrenzt, daß hier regelmäßig eine tarifvertragliche Regelung nicht in Betracht kommt und gerade deshalb ein Mitbestimmungsrecht des Betriebsrats anerkannt wird. Die Sperrwirkung des § 77 Abs. 3 bezieht sich außerdem nur auf materielle Arbeitsbedingungen, kann also nur bei der vorübergehenden Verkürzung oder Verlängerung der betriebsüblichen Arbeitszeit (Nr. 3) und im Lohnbereich (Nr. 1o und 11) eine Rolle spielen. Gerade hier ist es aber sinnvoll, daß der Betriebsrat nicht die Tarifpolitik durchkreuzt, wenn diese Angelegenheiten durch Tarifvertrag geregelt sind oder üblicherweise geregelt werden". Hier fragt man sich, wo die Durchkreuzung der Tarifpolitik liegen soll, wenn die fragliche Arbeitsbedingung tarifvertraglich zugegebenermaßen nur notdürftig regelbar ist[1]. Deutlich wird dies auch bei Zöllner[2], der bei

---

1) An dieser Stelle drängt sich die Überlegung auf, ob nicht das Kriterium der Betriebsbezogenheit als Maßstab anzusehen sein könnte, nach welchem die Angelegenheiten des § 87 I, bei denen im Schrifttum (vgl. Fitting/Auffarth/Kaiser § 87 Rn 9) ein übergeordnetes Prinzip vermißt wird, systematisch geordnet sind.Die Analyse von Hanau (RdA 73, 281, 282 ff.), wonach die Mitbestimmung in § 87 I dann und nur dann auf materielle Arbeitsbedingungen erstreckt sei, wenn ein enger sachlicher Zusammenhang zu formellen Arbeitsbedingungen bestehe, ist wenig überzeugend. Denn materielle Arbeitsbedingungen stehen, wie sich gerade bei der Kurzarbeit zeigt, notwendigerweise immer in engem Zusammenhang zur formellen Seite. Dementsprechend erklärt die Theorie Hanaus auch nicht, wieso andere, in § 87 I nur hinsichtlich ihres formellen Teils erfaßte Arbeitsbedingungen nicht auch im - viel wichtigeren - materiellen Bereich geregelt sind, wie dies etwa bei § 87 I Nr. 5 der Fall ist. An dieser Stelle nun könnte die allgemein geteilte Ansicht, daß die Angelegenheiten des § 87 I weitgehend tariflicher Gestaltung entzogen sind (s.o. S.272 f.) den Ansatzpunkt für ein an der Betriebsbezogenheit ausgerichtetes System des § 87 I liefern. Nicht die Dauer, wohl aber die Lage von Arbeitszeit (§ 87 I Nr. 2) und der Urlaub (§ 87 I Nr. 5) sowie die Aufstellung von Entlohnungsgrundsätzen (Nr.1o) sind so betriebsspezifisch, daß sie sinnvollerweise nur auf Betriebsebene geregelt werden können. Besonders deutlich ist dies bei Kurzarbeit (Nr.3) und Akkord(Nr. 11) (vgl. zu letzterem Fitting/Auffarth/Kaiser § 87 Rn 62, die darauf hinweisen, daß die Tarifverträge zumeist nur den Akkordrichtsatz als Produkt von Zeit- und Geldfaktor festlegen, nicht aber auch, auf welche Weise dieses Ergebnis erzielt wird): beide sind eng mit der wirtschaftlichen Entwicklung des Betriebes verbunden und von im vorhinein nicht abschätzbaren Einflüssen abhängig, so daß eine betriebliche Normgebung zur Ergänzung

formellen Arbeitsbedingungen wegen ihrer Betriebsnähe eine Sperrwirkung der Tarifüblichkeit als nicht wünschenswert bezeichnet. Wenn aber die Betriebsnähe entscheidend ist, kann es auf den Unterschied formell - materiell dort nicht mehr ankommen, wo auch materielle Arbeitsbedingungen in hohem Maße betriebsnah sind.

dd.) Keine Bedenken im Nachwirkungszeitraum

Häufig wird in der Literatur[1)] die Notwendigkeit der Zwei-Schranken-Theorie mit der Überlegung betont, die Anwendung des § 77 III mit seiner Sperrwirkung bei Tarifüblichkeit sei auch und gerade dann notwendig, wenn etwa wegen Ablaufs oder Kündigung oder aus anderen Gründen keine tarifvertragliche Regelung im Sinne von § 87 I Eingangssatz bestehe. Der Zweck des § 77 III, den Tarifvorrang auch bei fehlender Tarifregelung sicherzustellen, werde sonst verfehlt[2)]. Zumal im Nachwirkungszeitraum werden abweichende betriebliche Regelungen als "insbesondere störend"[3)] und "zu unerträglichen betrieblichen Verhältnissen führend"[4)] empfunden.

Tatsächlich gelangen Zwei-Schranken- und Vorrang-Theorie in dem Zeitraum zwischen Ablauf eines alten und Inkrafttreten eines neuen Tarifvertrages zu unterschiedlichen Ergebnissen. Zwar konstru-

---

der insoweit oft grobmaschigen Tarifverträge gerechtfertigt erscheint. Vgl. auch die Kritik an Hanau bei Blomeyer Anm. LAG Düsseldorf/Köln EzA § 87 BetrVG Lohn und Arbeitsentgelt Nr. 1 (S. 13); Farthmann RdA 74, 65 (66); Klinkhammer Anm. BAG EzA § 87 BetrVG Lohn und Arbeitsentgelt Nr. 6 (S. 65); Peterek Anm. BAG SAE 78, 139 (143); Richardi Anm. BAG AP Nr. 1 zu § 87 BetrVG Werkmietwohnungen (7,7R); Wiese GK-BetrVG § 87 Rn 15 a; zustimmend BAG EzA § 87 BetrVG Lohn und Arbeitsentgelt Nr. 6 (S. 58 f.); Gester/Isenhardt RdA 74, 8o (83 f.); Kammann/Hess/Schlochauer § 87 Rn 21; Schneider BlStSozArbR 77, 196 (198); Vollmer DB 79, 3o8, 355 (31o).

2) der vorhergehenden Seite: Vgl. Zöllner Arbeitsrecht S. 353.

1) Dietz/Richardi § 77 Rn 18o, § 87 Rn 1o3; Hanau RdA 73, 281 (284); Kirchner BB 72, 1279 (1281); Lieb Arbeitsrecht S. 143; Richardi ZfA 76, 1 (3 f.); v.Stebut RdA 74, 332 (34o).

2) Vgl. Richardi ZfA 76, 1 (4).

3) So Lieb Arbeitsrecht S. 143.

4) So Stege/Weinspach S. 279 f.

iert für diese Phase § 4 V TVG eine Überbrückungsregelung[1], nach der die ausgelaufenen Tarifvertragsbestimmungen bis zum Ersatz durch neue Tarifvereinbarungen weitergelten. Damit soll die tarifvertragliche Ordnung aufrechterhalten werden[2]. Ein nur kraft Nachwirkung geltender Tarifvertrag genügt jedoch nicht als tarifliche Regelung im Sinne von § 87 I Eingangssatz. Nach dieser Vorschrift sperren nämlich nur unabdingbare Tarifnormen das Mitbestimmungsrecht[3]. Ein lediglich nachwirkender Tarifvertrag stellt jedoch gem. § 4 V TVG dispositives Recht dar, das durch jede den Tarifvertrag ersetzende andere Regelung aufgehoben wird[4]. Die Mitbestimmung nach § 87 würde durch einen solchen nachwirkenden Tarifvertrag also nicht ausgeschlossen[5].

---

1) Vgl. Wiedemann/Stumpf § 4 Rn 185.

2) Vgl. Wiedemann/Stumpf a.a.O.

3) Vgl. BAG AP Nr. 1 zu § 87 BetrVG Provision (3); Dietz/Richardi § 87 Rn 91; Etzel Betriebsverfassungsrecht S. 131; Fitting/Auffarth/Kaiser § 87 Rn 1o, 15; Galperin/Löwisch § 87 Rn 45; v.Hoyningen-Huene JuS 77, 461; Hueck/Nipperdey II/2 S. 1394 Fn 45a; Kammann/Hess/Schlochauer § 87 Rn 34; Neumann-Duesberg Betriebsverfassungsrecht S. 467; Säcker ZfA 72 (Sonderheft), 41 (61); Schaub S. 1o71; Wiese GK-BetrVG § 87 Rn 2o; ders. Anm. BAG AP Nr. 1 zu § 87 BetrVG Kurzarbeit (7R); ders. 25 Jahre BAG S. 661 (666); a.A. Boewer DB 73, 522 (524); Dietz BetrVG § 56 Rn 64; Höfer Rn 224; Nikisch III S. 379; wohl auch Brecht § 87 Rn 1o; offengelassen von BAG AP Nr. 1 zu § 87 BetrVG Werkmietwohnungen (2).

4) Vgl. BAG AP Nr. 1 zu § 615 BGB Kurzarbeit (2R); Galperin/Löwisch § 77 Rn 7o; Hanau BB 72, 451, 499 (5o1 Fn 16).

5) Vgl. BAG AP Nr. 2 zu § 87 BetrVG Kurzarbeit (3R); AP Nr. 5 zu § 56 BetrVG 52 Entlohnung (2); AP Nr. 27 zu § 59 BetrVG 52 (2); AP Nr. 1zu § 615 BGB Kurzarbeit (2R); LAG Berlin DB 78, 115; Auffarth AR-Blattei Betriebsverfassung XIV B, II 2; Boewer DB DB 73, 522 (524 Fn 33); Brecht § 87 Rn 11; Dietz/Richardi § 87 Rn 92; Erdmann/Jürging/Kammann § 87 Rn 28; Fitting/Auffarth/Kaiser § 87 Rn 15; Galperin/Löwisch § 87 Rn 46; Gnade/Kehrmann/Schneider § 87 Rn 6; Hanau RdA 73, 281 (285); Hueck/Richardi AR-Blattei Tarifvertrag I C, H II 1; Kammann/Hess/Schlochauer § 87 Rn 35; Lieb Arbeitsrecht S. 143; Löwisch AuR 78, 97 (1o4); Meinert BB 76, 1615; Richardi ZfA 76, 1 (3); ders. SAE 69, 179 (183); Rumpff AuR 72, 65 (78); Schaub S. 1o71; Simitis/Weiss DB 73, 124o (125o); Stahlhacke HzA Gr. 19 S. 281; Stege/Weinspach S. 279; Reuter Anm. BAG SAE 76, 14 (18; Weiss Betriebsverfassungsgesetz S. 244; Wiedemann/Stumpf § 4 Rn 283; Wiese GK-BetrVG § 87 Rn 2o a; ders. 25 Jahre BAG S. 661 (666); Zöllner Arbeitsrecht S. 365; a.A. Farthmann RdA 74, 65 (71); Neumann-Duesberg Betriebsverfassungsrecht S. 468; Nikisch III S. 379; Wiedemann Anm. BAG AP Nr.6 zu § 4 TVG Nachwirkung (5).

Nun könnte man argumentieren[1], der Gesetzgeber habe in § 4 V TVG den Herrschaftswillen der Tarifparteien zur Gestaltung der betrieblichen Angelegenheiten aufgehoben, indem er die Nachwirkung von Tarifverträgen nur bis zur Ablösung durch eine andere Abmachung und damit auch durch Betriebsvereinbarung garantiert habe. Daran ist richtig, daß auch eine Betriebsvereinbarung einen Tarifvertrag ersetzen kann[2]. Diese wäre im Fall der Zwei-Schranken-Theorie allerdings an § 77 III gebunden[3]. Bei Tarifüblichkeit von Kurzarbeitsklauseln entfiele also die Möglichkeit von Betriebsvereinbarungen.

Nach der Vorrangtheorie, die nur den Sperrvorrang des § 87 I Eingangssatz heranzieht, nicht aber auch denjenigen des § 77 III, bedeutet dies freie Bahn für die Betriebsparteien in Übergangsphasen, während deren die Tarifparteien noch um den Abschluß eines neuen Tarifvertrages bemüht sind. In diesem Falle kommt es tatsächlich zu einem Aufeinandertreffen der unterschiedlichen Postulate von innerbetrieblicher Mitbestimmung einerseits und Tarifpolitik andererseits. Bei Anwendung der Zwei-Schranken-Theorie hingegen stellt ein nur nachwirkender Tarifvertrag zwar auch keine bestehende Regelung im Sinne von § 77 III dar[4]; in diesem Fall würde jedoch eine nur tarifübliche Regelung genügen, um die Sperrwirkung des alten Tarifvertrages aufrechtzuerhalten. Der Betriebsrat wäre also weiterhin an der Ausübung seines Mitbestimmungsrechts gehindert.

Nun könnte sich das Nachwirkungsproblem der Vorrang-Theorie dadurch lösen lassen, daß man, wie Farthmann[5] vorschlägt, dem § 87 I Eingangssatz einfach auch bei nachwirkendem Tarifvertrag Sperrwirkung zumißt. Dies soll aus dem Zweck des § 87 I Eingangssatz, die Tarifautonomie abzusichern[6], folgen.

---

1) So Boewer DB 73, 522 (524).

2) Vgl. Wiedemann/Stumpf § 4 Rn 194.

3) Vgl. LAG Berlin DB 78, 115 (116); Fitting/Auffarth/Kaiser § 77 Rn 59; Galperin/Löwisch § 77 Rn 83; Thiele GK-BetrVG § 77 Rn 93; Wiedemann/Stumpf § 4 Rn 194.

4) Vgl. Thiele GK-BetrVG § 77 Rn 93.

5) Vgl. Farthmann RdA 74, 65 (71, 72 Rn 73); Farthmann/Bürger AR-Blattei Arbeitszeit V Kurzarbeit, B III 4; zustimmend Sahmer § 87 Rn 3 und Schaub S. 1o72.

6) So Farthmann RdA 74, 65 (71); Farthmann/Bürger a.a.O.; vgl. auch die auf S. 185 Fn 1 Genannten.

Diese Ansicht wird aber zu Recht durchweg[1] abgelehnt. Sie würde dem Grundsatz widersprechen, daß nur zwingende, nicht aber dispositive Vorschriften die Mitbestimmung ausschließen[2], und, worauf Reuter[3] hinweist, dazu führen, daß ein Arbeitgeber sich durch Austritt aus dem Arbeitgeberverband vor der Mitbestimmung retten könnte. Ihr kann aber auch deshalb nicht gefolgt werden, weil die in dieser Meinung implizit bejahte Befürchtung, im Stadium zwischen zwei Tarifverträgen könnte die Tarifautonomie ausgehöhlt werden[4], jedenfalls für die Kurzarbeit nicht zutrifft[5]. Es ist bereits ausgeführt worden[6], daß Tarifklauseln bezüglich der Kurzarbeit diese regelmäßig nur unvollkommen regeln können und die Tarifparteien auf die Mitwirkung der Betriebsparteien sogar angewiesen sind. Wenn auf Tarifebene umfassende Kurzarbeitsvereinbarungen aber nicht möglich sind, kann durch betriebliche Kurzarbeitsvereinbarungen auch nicht die Tarifautonomie ausgehöhlt werden, gleichgültig, ob es sich nun um gültige oder nachwirkende Tarifklauseln handelt. In jedem Fall ist die Kurzarbeit den Tarifparteien weitgehend entzogen.

---

1) Vgl. Dietz/Richardi § 87 Rn 92; Fitting/Auffarth/Kaiser § 87 Rn 15; Galperin/Löwisch § 87 Rn 46; Gnade/Kehrmann/Schneider § 87 Rn 6; Meinert BB 76, 1615; Reuter Anm. BAG SAE 76, 14 (18); Richardi Anm. BAG AP Nr. 1 zu § 87 (5R, 6); Simitis/Weiss DB 73, 124o (125o); Wiedemann/Stumpf § 4 Rn 283; Wiese GK-BetrVG § 87 Rn 2o; ders. 25 Jahre BAG S. 661 (668); offengelassen von BAG AP Nr. 1 zu § 87 Werkmietwohnungen (2); Rumpff AuR 72, 65 (78); ebenso die hM während des BetrVG 52, vgl. Dietz BetrVG § 56 Rn 66 und Fitting/Kraegeloh/Auffarth § 56 Rn 13.

2) Vgl. die oben S. 288 Fn 3 Genannten.

3) Vgl. Reuter Anm. BAG SAE 72, 14 (18).

4) Vgl. Farthmann RdA 74, 65 (71); ähnlich Wiedemann/Stumpf § 4 Rn 283, die deshalb auch § 77 III anwenden wollen; vgl. auch oben S. 282.

5) Erwähnenswert in diesem Zusammenhang die Parallele zu LAG Düsseldorf EzA zu § 87 BetrVG Initiativrecht Nr. 3 (S. 35): "Der abgeschlossene, zeitlich später in Kraft tretende Tarifvertrag hindert den Betriebsrat in der Zwischenzeit nicht, sein Mitbestimmungsrecht durchzusetzen und zur Verwirklichung dieses Zieles initiativ zu werden".

6) Vgl. oben S. 271 ff.

Damit entfällt nicht nur die Grundlage für die These Farthmanns[1], sondern auch die Argumentationsbasis derjenigen[2], die ohne Geltung des § 77 III im Nachwirkungszeitraum die Sicherung des Tarifvorranges gefährdet sehen. Außerdem erübrigt sich der Vorschlag Reuters[3], im Nachwirkungszeitraum die "Zensur" der Gewerkschaften durch die Betriebsräte durch einen Rekurs auf § 2 I BetrVG zu verhindern und hier Aktivitäten des Betriebsrats als Entgegen-,nicht aber Zusammenwirken mit den im Betrieb vertretenen Koalitionen zu unterbinden. Es entfallen aber auch die Bedenken[4], es verstoße gegen Sinn und Zweck des § 87 I Eingangssatz, im Nachwirkungszeitraum konkrete betriebliche Vereinbarungen zuzulassen. Denn bei akut notwendiger Kurzarbeit ist mangels Tarifschutzes die Mitbestimmung eben doch erforderlich. Eine Erschwerung der Tarifverhandlungen ist wegen der Tarifferne der Kurzarbeit auch nicht zu befürchten.

Hinzu kommt eine weitere Erwägung, die Simitis/Weiss[5] anstellen. Die am Fortbestand einer für die Gegenseite wenig günstigen Norm interessierte Tarifpartei könnte nämlich durch eine Verzögerungstaktik den Fortbestand dieser gekündigten Norm verlängern und entgegengerichtete Mitbestimmungsaktionen des Betriebsrats verhindern. Diese Konstellation ist wenigstens im Ergebnis keineswegs realitätsfern[6]. So ist es beispielsweise erst ca.18 Jahre,nachdem der MTV für die gewerblichen Arbeitnehmer der Bekleidungsindustrie im Bundesgebiet - ohne Saarland, Niedersachsen und Bremen - vom 11.3.1958 zum 31.12.1960 gekündigt worden war, nämlich am 17.5. 1979, zu einem neuen MTV in dieser Branche gekommen. Ähnliches spricht aus den Gründen des Beschlusses des LAG Berlin vom 15.6. 1977[7], wonach die Beteiligten "seit Februar 1970" über einen

---

1) Vgl. oben S. 289.

2) Vgl. oben S. 287.

3) Vgl. Reuter Anm. BAG SAE 76, 14 (18).

4) Vgl. v.Stebut RdA 74, 332 (340).

5) Vgl. Simitis/Weiss DB 73, 1240 (1250).

6) Auf die Gefahr langjähriger tarifloser Zustände gerade bei Manteltarifverträgen verweisen auch Galperin/Löwisch § 77 Rn 83; vgl. auch Dietz/Richardi § 77 Rn 186; Fitting/Auffarth/Kaiser § 77 Rn 59; Thiele GK-BetrVG § 77 Rn 99.

7) Vgl. LAG Berlin DB 78, 115 (117); vgl.auch ArbG Stuttgart, zit. nach Brill DB 78 Beil. 9 S. 3.

Entwurf eines Lohntarifvertrages für die Arbeiter in der Berliner Metallindustrie verhandelten.

Zwar wird in Literatur[1] und Rechtsprechung[2] eine Nachwirkung "ad infinitum" abgelehnt[3]. Die Beendigung der Tarifüblichkeit soll eintreten, wenn anzunehmen ist, daß in dem jeweiligen Tarifbezirk keine Tarifregelungen über die fragliche Angelegenheit mehr beschlossen werden[4]. Dennoch kann es auch dann, wenn man den Nachwirkungszeitraum anhand des Üblichkeitszeitraums tarifvertraglicher Regelungen kalkuliert, zu unter Umständen jahrelangen Schwebezeiten kommen[5]. Diese haben aber gerade bei der Kurzarbeit nachteilige Folgen, weil diese auch bei überraschenden Ursachen wie etwa Energieausfall und Transportschwierigkeiten zulässig ist[6] und daher einen - wie zuvor[7] erwähnt - dringenden und besonders eilbedürftig zu gestaltenden, im vorhinein nicht immer abzuschätzenden Tatbestand darstellt. Wiederum könnte hier durch Nachwirkung abgelaufener Tarifnormen dem Arbeitnehmer ein durch die Mitbestimmung nach § 87 I Nr. 3 wahrzunehmender Schutz versagt werden, obwohl die nachwirkenden Normen diesen Schutz selbst nicht zu leisten vermögen[8]. Sprechen nachwirkende Manteltarifverträge nicht davon, daß der Betriebsrat bei der Einführung von

---

1) Vgl. Meinert BB 76, 1615.

2) Vgl. LAG Berlin DB 78, 115 (117).

3) Grundsätzlich zum Umfang der Nachwirkung Buchner AR-Blattei Tarifvertrag IV, F II 2; Hueck/Richardi AR-Blattei Tarifvertrag VI, H; Wiedemann/Stumpf § 4 Rn 191 ff.; speziell zur Nachwirkung tariflicher Arbeitszeit-Regelungen Andresen DB 78, 1275 (1276 f.).

4) Vgl. Meinert a.a.O.; zum Problem auch Dietz/Richardi § 77 Rn 186.

5) Vgl. auch BAG AP Nr. 1 zu § 2 ArbGG 1953 Betriebsvereinbarung (3R): das Gericht hielt eine 4jährige Schwebezeit nach 30jähriger Tarifübung für unschädlich.

6) Zu den Ursachen der Kurzarbeit vgl. oben S. 14 f.

7) Vgl. oben S. 149.

8) Aus diesem Grunde geht allerdings auch der Hinweis von Simitis/Weiss DB 73, 124o (125o) fehl, wonach eine nachwirkende Tarifklausel nur die Funktion einer vorformulierten Regelung habe, auf die sich die Betriebsparteien anstelle einer eigenen Lösung der Einfachheit halber beziehen könnten. Denn dies steht im Widerspruch zu der auch von Simitis/Weiss vermerkten Besonderheit, daß tarifvertragliche Kurzarbeitsklauseln regelmäßig nur unvollständigen Charakter haben.

Kurzarbeit mitbestimmen solle, sind diese ähnlich wie der oben[1] beschriebene § 7 MTV für das Molkerei- und Käsereigewerbe in Bayern zu behandeln: Der Betriebsrat kann über das "Ob" der Einführung von Kurzarbeit bei Befolgung der Zwei-Schranken-Theorie nicht mitbestimmen. Zwar wird während des BetrVG 1952 beschlossenes Tarifrecht durch § 87 I Nr. 3 abgeändert[2]; dies gilt aber nur, wenn man § 77 III nicht als vorrangige Regelung betrachtet. Sonst wäre bei der Dauer der Kurzarbeit dem Betriebsrat die Mitwirkung versagt, obwohl gerade in diesem Punkt die finanziellen Opfer der Arbeitnehmer beginnen und ihre Interessen daher besonders gewahrt werden müssen. Man wird mangels Gefahr für die Tarifautonomie in dem Problem der Überbrückungszeit zwischen zwei Tarifverträgen im Kurzarbeitsrecht also keine Stütze für die Zwei-Schranken-Theorie finden können, sondern ganz im Gegenteil auch für diesen Fall im Schutzbedürfnis der Arbeitnehmer ein Argument für die Vorrangtheorie zu sehen haben.

ee.) Systematische Gesichtspunkte

Abschließend[3] sei die hier befürwortete Ablehnung der Zwei-Schranken-Theorie noch anhand des systematischen Aufbaus des Gesetzes überprüft. Nikisch[4] hat das Systemargument für so stark gehalten, daß er seine anfänglich[5] vertretene Auffassung der Unvereinbarkeit von § 59 BetrVG 52 (jetzt § 77 III) und § 56 BetrVG 52 (jetzt § 87 I) hin zur kumulativen Anwendung beider Vorschriften korrigierte. Dies, obwohl §§ 56, 59 BetrVG 52 innerhalb des gleichen Vierten Teils des Gesetzes verankert waren und erst mit dem BetrVG 72 systematisch deutlichere Konturen für das Verhältnis beider Normen zueinander gezeichnet wurden. § 77 III steht jetzt im Ersten Abschnitt (Allgemeines) des die Mitwirkung und Mitbestimmung der Arbeitnehmer betreffenden Vierten Teils des BetrVG, wäh-

1) Vgl. oben S. 231.

2) Vgl. BAG AP Nr. 1 zu § 87 Kurzarbeit (4) sowie unten S. 312 ff.

3) Die systematische kann auch als letzte der in Betracht kommenden Interpretationsmöglichkeiten herangezogen werden, da die einzelnen Auslegungsmittel nicht einem zwingenden Verhältnis zueinander stehen.Vgl. dazu BVerfGE 11,126 (13o); BGHZ 46, 74 (76); 49, 221 (223); Coing S. 12 f.; Larenz S. 32o, 326; Siebert Methodik der Gesetzesauslegung S. 45.

4) Vgl. Nikisch FS Nipperdey S. 453 (464).

5) Vgl. Nikisch BB 53, 175 (179).

rend § 87 erst im Zweiten Abschnitt dieses Teils Platz gefunden hat. Insbesondere Kirchner[1] will in dieser durchaus der üblichen Gesetzessystematik, den einzelnen Abschnitten einen für alle geltenden Allgemeinen Teil voranzustellen, entsprechenden Aufgliederung einen Beweis für die Allgemeingültigkeit des § 77 III und mithin eine wichtige Stütze für die Zwei-Schranken-Theorie erblicken. Andere[2] ordnen § 87 I Eingangssatz als lex specialis gegenüber § 77 III ein. Beide Ansichten sind aus systematischer Sicht möglich[3], letztere sogar näherliegend[4].

aaa.) Die exponierte Stellung des § 87 I

Der Mitbestimmungsregelung nach § 87 I kommt in mehrfacher Hinsicht eine hervorragende Rolle zu. Inhaltlich findet sich hier, wie bereits betont[5], das Kernstück der Betriebsverfassung mit den am weitesten ausgeprägten Mitbestimmungsrechten. Bei der Mitbestimmung nach § 87 I Nr. 3 handelt es sich um einen von zwölf enumerativ[6] und in sorgfältiger Kasuistik[7] aufgezählten Tatbeständen und damit einen eng abgegrenzten Ausschnitt aus der Allzuständigkeit der Koalitionen. Diese "Ausnahmezuständigkeit"[8]

---

1) Vgl. Kirchner BB 72, 1279 (128o); die systematische Stellung des § 77 III zugunsten der Zwei-Schranken-Theorie betonend auch Galperin/Löwisch § 77 Rn 76; Wiese GK-BetrVG § 87 Rn 18; ders. 25 Jahre BAG S. 661 (664).

2) Vgl. Farthmann RdA 74, 65 (72); Farthmann/Bürger AR-Blattei Arbeitszeit V Kurzarbeit, B III 4 b.

3) So auch Fabricius RdA 73, 125 (126); Hanau ZfA 72 (Sonderheft), 71 (73); Wiedemann/Stumpf § 4 Rn 28o.

4) Vgl. Lieb Arbeitsrecht S. 143.

5) Vgl. oben S. 252.

6) Vgl. BAG (GS) AP Nr. 1 zu § 57 BetrVG 52 (2); BAG AP Nr. 3 zu § 57 BetrVG 52 (2); Auffarth AR-Blattei Betriebsverfassung XIV B, I; Boewer DB 73, 522 (524); Bohn/Dutti § 87 Rn 3; Etzel Betriebsverfassungsrecht S. 129; Fitting/Auffarth/Kaiser § 88 Rn 1; Galperin/Löwisch § 87 Rn 13; Hanau/Adomeit S. 1o2; Hoppe BlStSozArbR 74, 29; Hueck/Nipperdey II/2 S. 1355; Rumpff AuR 72, 65 (73); Sahmer § 87 Rn 4; Wiese GK-BetrVG § 87 Rn 3; ders. JbAR Bd. 9, 55 (7o).

7) So Hanau Anm. BAG AP Nr. 4 zu § 87 BetrVG Altersversorgung(4R).

8) Vgl. BAG DB 79, 655 (656).

der Betriebsparteien legt den Schluß nahe, daß diese Arbeitsbedingungen nach dem Willen des Gesetzgebers besser mitbestimmungsrechtlich als tarifvertraglich geregelt werden sollten[1].

Für diese Folgerung ergeben sich auch gesetzessystematische Anhaltspunkte. Schon die Stellung der arbeitszeitlichen Mitbestimmung im Bereich der sozialen Mitbestimmung spricht dafür, daß der Betriebsrat konkreten sozialen Belangen soll Geltung verschaffen können, während dies nach tarifvertraglichen Schutzvorschriften allenfalls in abstrakter Form möglich ist[2]. Innerhalb des Abschnitts "Soziale Angelegenheiten" stehen die Mitbestimmungsvorschriften noch vor der Generalklausel des § 88, nach welcher der Betriebsrat unbestrittenermaßen[3] umfassend funktionell zuständig ist. Der gesamte Komplex der sozialen Mitbestimmung ist im Gegensatz zum BetrVG 52 deutlich abgehoben und gegenüber dem Tarifvorrang des § 77 III verselbständigt, der zuvor (vgl. § 59 BetrVG 52) noch in die Vorschriften der sozialen Mitbestimmung integriert war.

bbb.) Zum relativen Nutzen der systematisch-methodischen Auslegung

Allerdings sind Wert und Beweiskraft der gesetzessystematischen Auslegungsmethode mit kritischer Vorsicht[4] zu beurteilen, wenngleich an ihrer Zulässigkeit und ihrem Nutzen als einem klassischen Auslegungsmittel[5] keine Zweifel bestehen können.

---

1) Vgl. bereits oben S. 273.

2) Vgl. Erdmann AuR 73, 135 (138).

3) Vgl. BAG (GS) AP Nr. 1 zu § 57 BetrVG 52 (2); BAG AP Nr. 1 zu § 56 BetrVG 52 (2); AP Nr. 5 zu § 57 BetrVG 52 (2R); AP Nr. 9 zu § 59 BetrVG 52 (3); SAE 72, 34; EzA § 77 BetrVG Nr. 6 (S. 13); Buchner AG 71, 135, 189 (139); ders. Fälle S. 114; Dietz/Richardi § 88 Rn 5; Fitting/Auffarth/Kaiser § 1 Rn 47, § 88 Rn 2; Galperin/Löwisch § 88 Rn 1; Höfer Rn 254; Hueck/Nipperdey II/2 S. 14o3; Löwisch AuR 78, 97 (99); Nikisch III S. 355; Richardi FS Lübtow S. 755 (756); ders. Kollektivgewalt S. 271; ders. DB 71, 621 (622); ders. Anm. BAG SAE 72, 139; Säcker ZfA 72 (Sonderheft), 41 (45); Söllner Arbeitsrecht S. 157; Stege/Weinspach S. 13o; Weiss Betriebsverfassungsgesetz S. 24o; Wiese GK-BetrVG § 87 Einf. 3, § 87 Rn 3, 6, 21, § 88 Rn 4; ders. Initiativrecht S. 25; ders. 25 Jahre BAG S. 661 (669).

4) Vgl. Herschel BB 66, 791 (791, 793).

5) Vgl. Zippelius S. 53 f.

Fikentscher[1] weist nach, daß sie häufig sogar in die Irre führt. Der Grund liegt darin, daß das wissenschaftliche System des Rechts und der Aufbau der Gesetze keineswegs parallel, geschweige denn identisch sind[2]; Gründe der Praktikabilität können den Gesetzgeber oft genug veranlassen, das äußere System zugunsten der Handhabung durch die Normadressaten und der öffentlichen Instanzen oder aufgrund des sachlichen Zusammenhangs in seiner Starrheit zu verlassen. Die Beispiele dafür sind vielfältig. Exemplarisch sei auf zahlreiche "systemwidrige" Regelungen gesetzlicher Schuldverhältnisse im Sachenrecht und umgekehrt verwiesen[3],auf eine Reihe von Strafdrohungen im Zivilrecht[4] oder die Allgemeingültigkeit von Vorschriften im BGB, die dort nicht im Allgemeinen Teil stehen, wie z.B. § 665 S. 1 BGB[5]. Betriebsverfassungsrechtlich ist anerkannt[6], daß die Mitentscheidung über den Sozialplan allein aus Gründen des Sachzusammenhangs in § 112 und nicht in § 87 I geregelt ist, obwohl sie eine Form der Mitbestimmung in sozialen Angelegenheiten darstellt.

Trotzdem begeht Kirchner[7] - entgegen der Warnung von Larenz[8], das Systemargument nicht zu überschätzen - den Fehler,beim Gesetzgeber den Willen zu einem lupenreinen Systemaufbau vorauszusetzen. In einem geschlossenen Teil vorangestellte Allgemeine Bestimmungen gelten - so Kirchner - "generell und ohne spezielle Bezugnahme im Bereich der Besonderen Bestimmungen, es sei denn, die Geltung sei durch ausdrücklichen Zusatz eingeschränkt oder ausgeschlossen". Bestes Gegenbeispiel für diese Behauptung im Zivilrecht sind die von Herschel[9] herangezogenen §§ 183 f. BGB. Diese im Allgemeinen Teil des BGB verankerten Regelungen gelten nämlich nicht im Rahmen der §§ 1828 ff. BGB, bei denen die vormundschaftliche Genehmigung

---

1) Vgl. Fikentscher S. 362 ff.
2) Vgl. Herschel BB 66, 791 (792).
3) Vgl. Larenz S. 313.
4) Vgl. Herschel BB 66, 791 (792).
5) Vgl. Enneccerus/Nipperdey S. 345.
6) Vgl. dazu sogleich S. 3o2 f.
7) Vgl. Kirchner BB 72, 1279 (128o).
8) Vgl. Larenz a.a.O.
9) Vgl. Herschel BB 66, 791 (793).

überwiegend nicht als Willenserklärung, sondern als Akt der Freiwilligen Gerichtsbarkeit angesehen wird[1], so daß insoweit eine Korrektur nach §§ 116 ff. BGB ebenso wie die Anfechtung nach §§ 119 ff. BGB ausgeschlossen ist[2]. Es stimmt also nicht, daß Bestimmungen des Allgemeinen im Besonderen Teil nur bei ausdrücklichem Zusatz nicht oder nur eingeschränkt gelten. Beispielsfall im Betriebsverfassungsrecht ist § 88 Nr. 3, bei dem nach h.M.[3] hinsichtlich vermögenswirksamer Leistungen § 77 III nicht gilt, weil insoweit der Zweck des Sperrvorrangs nicht durchschlägt. Expressis verbis ist das in § 88 aber an keiner Stelle ausgedrückt.

ccc.) Das systematische Verhältnis der §§ 77 III, 87 I Eingangssatz

Die letztgenannten Punkte erwecken bereits erhebliche Zweifel an der Schlüssigkeit der These, § 77 III müsse aus systematischen Gründen auch im Rahmen des § 87 I gelten. Gerade wegen der Stellung des § 77 III in einem Allgemeinen Teil könnte § 87 I nämlich auch als Sonderregelung erscheinen[4]. Diese alternativen Varianten erfordern, das Systemargument der Überprüfung zu unterziehen. Dabei ist entscheidend, daß die Anwendbarkeit des Grundsatzes "lex specialis derogat legi generali" verlangt, daß der speziellere Begriff alle Merkmale des allgemeinen Begriffs und wenigstens ein Begriffsmerkmal mehr enthält[5].

---

1) Vgl. Gernhuber S. 592 f. m.w.N.; MünchKomm-Zagst § 1828 Rn 3; a.A. Palandt/Diederichsen § 1828 Anm. 2 a.

2) Bestr., vgl. Gernhuber a.a.O.; MünchKomm-Zagst a.a.O.

3) Vgl. Dietz/Richardi § 77 Rn 182; Fitting/Auffarth/Kaiser § 88 Rn 1o; Galperin/Löwisch § 77 Rn 76; Schaub S. 1o42; Sauerbier AR-Blattei Tariflohnerhöhung I, A III 2 b; a.A. Wiese GK-BetrVG § 88 Rn 11.

4) Schwer verständlich Hanau RdA 73, 281, der in § 87 I Eingangssatz den Ausdruck eines allgemeinen Grundsatzes sieht, wogegen § 77 III nur für materielle Arbeitsbedingungen gelte. Aus systematischer Sicht läßt sich diese Auffassung kaum begründen; sie steht auch in gewissem Widerspruch zu a.a.O. S. 284, wo es heißt, § 77 III gelte als allgemeine Bestimmung ohnehin für alle Mitbestimmungsrechte.

5) Vgl. Larenz S. 251; Zippelius S. 45.

(1) Wortlaut der Tarifvorbehalte

Birk[1] hat zutreffend bemerkt, vom Wortlaut her müsse § 87 I Eingangssatz als speziellere Norm gegenüber § 77 III aufgefaßt werden. Denn § 87 I Eingangssatz gilt, "soweit" ein Tarifvertrag besteht, während § 77 III nur fordert, daß dies der Fall ist, also einschlägig ist, wenn überhaupt eine Tarifklausel besteht. Hier liegt ein sprachlicher Unterschied, der bereits zuvor[2] betont und als Grundlage zur Bestimmung der unterschiedlichen Reichweite von § 87 I Eingangssatz und § 77 III herangezogen worden ist. Der Begriff "soweit" ist nämlich enger als der Begriff "wenn"[3]. Das "wenn" ist aber die Voraussetzung für das - inhaltlich zu verstehende[4] - "soweit"[5]. Voraussetzung für das Eingreifen des § 87 I Eingangssatz ist also nicht nur, daß überhaupt ein Tarifvertrag besteht (so aber bereits § 77 III), sondern ferner, daß dieser unvollständig ist (§ 87 I Eingangssatz: "... soweit eine tarifliche Regelung nicht besteht..."). Diese Verknüpfung "wenn und soweit" ist nicht nur aus Art. 19 WRV bekannt[6]. Sie findet sich auch in Art. 71 GG und in sprachlich verwandter Form in Art. 72 I GG, welcher lautet: "Im Bereiche der konkurrierenden Gesetzgebung haben die Länder die Befugnis zur Gesetzgebung, solange und soweit der Bund von seinem Gesetzgebungsrechte keinen Gebrauch macht". Dieser Text wird übereinstimmend[7] so verstanden, daß für die Sperrwirkung nach Art. 72 I GG nicht ausreicht, daß der Gesetzgeber überhaupt gesetzgeberisch tätig wird. Vielmehr ist weiterhin erforderlich, daß das jeweilige Sachgebiet erschöpfend geregelt ist, so daß für landesrechtliche Regelungen kein Raum mehr bleibt. Diese Sachlage ist bei § 87 I Eingangssatz nicht anders. Die Vorschrift erfordert gegenüber § 77 III eine weitere Voraussetzung, nämlich die Unvollständigkeit der tariflichen Regelung.

---

1) Vgl. Birk Anm. BAG EzA zu § 87 BetrVG Initiativrecht Nr.2(S.32).

2) Vgl. oben S. 21o f.

3) So auch Küchenhoff BetrVG (1.Aufl.) § 59 Rn 1 .

4) Vgl. oben S. 181 ff.

5) Rumpff AuR 72, 65(78).

6) Vgl. dazu bereits oben S. 211.

7) Vgl. BVerfGE 1, 283 (296); 7, 342 (351); 18, 4o7 (417); 24,367 (386); Hammann/Lenz Art. 72 Rn 3; v.Münch/Bauer Art. 72 Rn 6; Maunz/Dürig/Herzog Art. 72 Rn 9 f.; Schmidt/Bleibtreu Art. 72 Rn 2 f.

(2) Mitbestimmung in § 87 I gleichbedeutend mit Abschluß einer Betriebsvereinbarung in § 77 III?

Vom Wortlaut her nicht gedeckt ist allerdings das für das Spezialitätsverhältnis weiterhin wichtige Erfordernis[1], daß der Anwendungsbereich der spezielleren Norm in der allgemeineren Norm aufgehen muß. Vom Zweck beider Vorschriften her ergeben sich keine Schwierigkeiten, weil nach der hier vertretenen Auffassung[2] in jedem Fall auch der Funktionsschutz der Koalitionen beabsichtigt ist. § 87 I spricht aber von "Mitbestimmung", während § 77 III nur den Abschluß von "Betriebsvereinbarungen" nennt. Das Wirkungsfeld von § 87 I und § 77 III wäre also nur deckungsgleich, wenn "Mitbestimmen" und "Abschluß einer Betriebsvereinbarung" im Sinne dieser Vorschriften gleichbedeutend wäre. § 77 III müßte also - wie § 87 I heute[3] anerkanntermaßen[4] auch - neben der Betriebsvereinbarung alle anderen Rechtsformen betrieblicher Regelungen wie Regelungsabrede und formlose Einigung erfassen.

Die Frage war bereits bei § 59 BetrVG 52 umstritten[5] und wurde überwiegend dahingehend entschieden, § 59 BetrVG 52 erfasse nur Betriebsvereinbarungen, nicht aber auch andere Regelungsarten. Zum

---

1) Vgl. Larenz S. 251.

2) Vgl. oben S. 186 ff.

3) Nachweise des Schrifttums zu § 56 BetrVG 52 bei Hueck/Nipperdey II/2 S. 13o2 ff. und Wiese GK-BetrVG § 87 Rn 28; aus der Rechtsprechung vgl. BAG AP Nr. 2 (2R), 14 (6) zu § 56 BetrVG 52; AP Nr. 1 zu § 56 BetrVG 52 Arbeitszeit (3R); AP Nr. 4 zu § 56 BetrVG 52 Akkord (3R); AP Nr. 4 zu § 611 BGB Akkordlohn (9, 9R).

4) Vgl. BAG NJW 79, 233 (235); Brecht § 87 Rn 2; Dietz/Richardi § 77 Rn 158 und § 87 Rn 67, vgl. aber auch § 87 Rn 182; Fitting/Auffarth/Kaiser § 77 Rn 68 f.; Galperin/Löwisch § 87 Rn 36; Gnade/Kehrmann/Schneider § 87 Rn 3; Höfer Rn 253; Säcker Gruppenautonomie S. 353; ders. ZfA 72 (Sonderheft), 41 (58); ders. AR-Blattei Betriebsvereinbarung I, D II 4 c; Schaub S. 1o44 f.; Simitis/Weiss DB 73, 124o (1242); v.Stebut RdA 74, 332 (337); Stege/Weinspach S. 276; Thiele GK-BetrVG § 77 Rn 6 ff.; Wiese GK-BetrVG § 87 Rn 28.

5) Vgl. zum damaligen Meinungsstand Cuntz S. 79 ff.; Hueck/Nipperdey II/2 S. 14o1 Fn 54 a; Wiedemann/Stumpf § 4 Rn 295.

neuen Recht hat sich eine als herrschend zu bezeichnende Meinung noch nicht herausgebildet.Ein Teil der Literatur[1] folgt im Ergebnis der zu § 59 BetrVG 52 dominierenden Meinung. Diese Autoren können sich auf den Wortlaut des § 77 III berufen, der nur von Betriebsvereinbarungen spricht. Zudem, so wird ferner argumentiert[2], sei die Beschränkung auf Betriebsvereinbarungen im Interesse des umfassenden Schutzes der Arbeitnehmer notwendig, weil § 77 III unabhängig von etwaigen Tarifbindungen des Arbeitgebers bereits bei Tarifüblichkeit alle Betriebe im Geltungsbereich des jeweiligen Tarifvertrages erfasse. Die Gegenstimmen[3] betrachten die Betriebsvereinbarung als Regelungsform in § 77 III nur als "pars pro toto" und berufen sich dabei auf den Sinn des § 77 III.

Zu Recht wird im Schrifttum gewarnt[4], daß derjenige, der von dem ausdrücklichen Wortlaut des § 77 III abweichen will, die Argumentationslast trägt. Ein Rekurs auf den Zweck des § 77 III zwingt indessen geradezu, die Vorschrift im Wege der teleologischen Extension[5] über die Grenzen des Wortlauts hinaus zu interpretieren. Es ist vom Boden der Funktionssicherung der Koalitionen her nämlich durchaus gleichgültig, mit welchem juristischen Instrument der Angriff gegen diese ausgeführt wird. Nicht die Rechtsform, sondern das Ergebnis der betrieblichen Regelungen ist entscheidend dafür, ob betriebliche "Ersatzgewerkschaften" die überbetriebliche Interessenvertretung der Arbeitnehmer schwächen. Trotz aller Unterschiede zwischen Betriebsvereinbarung, Regelungsabrede

---

1) Vgl. Adomeit BB 72, 53; Fitting/Auffarth/Kaiser § 77 Rn 61; Galperin Leitfaden S. 1o5; Kirchner BB 72, 1279 (1282); Piltz S. 267; Sahmer § 87 Rn 3; Wiedemann/Stumpf § 4 Rn 295; Wiese GK-BetrVG § 87 Rn 18; ders. 25 Jahre BAG S. 661 (664 f.); Zöllner Arbeitsrecht S. 366.

2) Vgl. Wiese GK-BetrVG § 87 Rn 18.

3) Vgl. Dietz/Richardi § 77 Rn 2o2; Frauenkron § 87 Rn 1o; Galperin/Löwisch § 77 Rn 91; Hanau RdA 73, 281 (285) in Widerspruch zu ZfA 72 (Sonderheft), 71 (73); Thiele GK-BetrVG § 77 Rn 119.

4) Wiedemann/Stumpf § 4 Rn 295.

5) Vgl. Larenz S. 384 ff.

und formloser Einigung[1] sind diese Beteiligungsarten des Betriebsrats doch jede mangels Formbedürftigkeit der Mitbestimmung[2] zu deren wirksamer Ausübung geeignet[3] und führen deshalb alle zu dem gleichen Resultat, nämlich der wirksamen Ausübung der Mitbestimmung und einer für Betriebsrat und Arbeitgeber verbindlichen Gestaltung des betrieblichen Soziallebens. Gerade dieses Nebeneinander ist es aber, das § 77 III vermeiden will. Eine Regelungsabsprache zur Vereinbarung übertariflicher Löhne ist für die Attraktivität und damit die Funktionstüchtigkeit der Gewerkschaften nicht ungefährlicher, als wenn die Betriebsparteien dafür die Form der Betriebsvereinbarung wählen würden. Der "strenge Schutz" des § 77 III "verbietet" also nicht Erweiterungen durch Analogie[4], sondern erfordert diese geradezu.

Eine Beschränkung des § 77 III auf Betriebsvereinbarungen mit dem Ziel, so wenigstens noch andere Gestaltungsmöglichkeiten im Rahmen des § 87 I offenzuhalten, müßte auch allzu theoretisch bleiben. Wegen ihrer Rechtssicherheit und normativen Wirkung liegt die Betriebsvereinbarung nämlich viel mehr als andere Regelungsarten im Interesse von Arbeitgeber und Arbeitnehmer[5], so daß die Mitbestimmung nach § 87 I grundsätzlich in Form der Betriebsvereinbarung ausgeübt wird[6]. Dies gilt in besonderem Maße auch für die Kurzarbeit[7]. In diesem Zusammenhang kommt es auch nicht darauf an, daß

---

1) Dazu eingehend Adomeit Die Regelungsabrede, passim; ders. Rechtsquellenfragen S. 142 ff.; ders. BB 62, 1246 ff.; ders. 67, 1oo3 ff.; Bickel ZfA 71, 181 ff.; Cuntz S. 79 ff.; Dietz/Richardi § 77 Rn 158 ff.; Fitting/Auffarth/Kaiser § 77 Rn 68 f.; Galperin/Löwisch § 77 Rn 1oo ff.; Molodovsky DB 71, 338 ff.; Nikisch DB 64, 622 ff.; Schauber S. 375 ff.; Thiele GK-BetrVG § 77 Rn 2 ff.

2) Ganz h.M., vgl. Brecht § 87 Rn 2; Dietz/Richardi § 87 Rn 67 ff.; Fitting/Auffarth/Kaiser § 87 Rn 7; Galperin/Löwisch § 77 Rn 1oo; Gnade/Kehrmann/Schneider § 87 Rn 3; Kammann/Hess/Schlochauer § 87 Rn 28; Stege/Weinspach S. 276; Weiss Betriebsverfassungsgesetz S. 243; Wiese GK-BetrVG § 87 Rn 28, jeweils mit Nachweisen.

3) Abweichend Söllner Arbeitsrecht S. 169, der Betriebsvereinbarungen über die Einführung von Kurzarbeit für unzulässig hält, vgl. dazu unten S. 3o6 f.

4) So aber Piltz S. 267.

5) Vgl. Wiese GK-BetrVG § 87 Rn 29.

6) Vgl. Schaub S. 1o62.

7) Vgl. oben S. 126.

die außer der Betriebsvereinbarung verbleibenden Regelungsformen wenigstens noch "einen gewissen Schutzzweck" zugunsten der Arbeitnehmer enthalten könnten[1]. § 77 III hat nämlich nicht den Schutz der Arbeitnehmer im Auge, sondern denjenigen der Koalitionen.

Die besseren Gründe sprechen daher dafür, die Nennung der Betriebsvereinbarung in § 77 III exemplarisch für alle anderen Beteiligungsformen des Betriebsrats in sozialen Angelegenheiten anzusehen. Damit steht zugleich fest, daß sich die Anwendungsgebiete von § 77 III und § 87 I decken.

(3) Zum "Indiz" des § 112

Wenig hilfreich ist schließlich, wenn man, wie dies im Schrifttum teilweise[2] geschieht, die Regelung des § 112 als systematisches Indiz für die Zwei-Schranken-Theorie wertet. Zwar ist § 77 III im Rahmen der Vereinbarungen über den Sozialplan ausdrücklich ausgeschlossen (§ 112 I 4); daraus läßt sich aber nicht zwingend folgern, der Gesetzgeber würde dies auch in § 87 I angeordnet haben, wenn er auch dort den Ausschluß des § 77 III gewollt hätte. Zum einen ließe sich nämlich genauso gut sagen[3], § 112 I 4 bestätige geradezu, daß § 77 III als allgemeine Regelung für alle Angelegenheiten gelte und § 87 I als lex specialis somit den Vorrang beanspruchen könnte. Ein anderes Argument ist aber viel wichtiger: Die Regelungen, die den Inhalt eines Sozialplans bilden, gehören in den Bereich der sozialen sowie der personellen Angelegenheiten[4]. Im Kern muß die Mitbestimmung über den Sozialplan sogar als eine Form der Mitbestimmung in sozialen Angelegenheiten gelten[5]. Soweit er soziale Angelegenheiten betrifft, ist der Sozialplan aber nicht in dem diesen Regelungsgegenständen gewidmeten Zweiten Abschnitt des

---

1) So aber Wiedemann/Stumpf § 4 Rn 295.

2) Vgl. Kirchner BB 72, 1279 (1281); Wiedemann/Stumpf § 4 Rn 28o.

3) Vgl. Farthmann RdA 74, 65 (72); Farthmann/Bürger AR-Blattei Arbeitszeit V Kurzarbeit, B III 4 b.

4) Vgl. Matthes DB 67, 1175 (1176 f.).

5) Vgl. Reuter/Körnig AG 78, 325 m.w.N.

Vierten Teils des BetrVG geregelt, sondern erst im Sechsten Abschnitt im Rahmen der wirtschaftlichen Angelegenheiten, wo der Sozialplan als direkte Folge von Betriebsänderungen lediglich aus Gründen der Sachnähe seinen "richtigen" Platz hat.

Aus diesem systematischen Aufbau läßt sich schließen, daß § 77 III bei den Gegenständen der erzwingbaren Mitbestimmung in sozialen Angelegenheiten nicht gelten soll. Bei § 112 I 4 mußte dies ausdrücklich gesagt werden, weil der Wortlaut der Vorschrift für eine solche Interpretation sonst keinen Anhaltspunkt liefern würde. Bei § 87 I war dies aufgrund des gegenüber § 77 III spezielleren Wortlauts des Eingangssatzes ("soweit") und der exponierten Auswahl von zwölf Mitbestimmungstatbeständen aus einer sehr viel umfassenderen Zahl sozialer Angelegenheiten (§ 88) nicht erforderlich.

Schließlich sollte ein weiterer Gesichtspunkt, den Ohl[1] nennt, nicht unbeachtet bleiben. Eine Vielzahl von Rationalisierungsschutzabkommen und Manteltarifverträgen enthält Normen, die zugleich für Sozialpläne kennzeichnend sind. Deren betriebliche Aufstellung wäre durch § 77 III also weitgehend verhindert. Die Parallele zu § 87 I ist offenkundig: In beiden Fällen könnte die Anwendung des § 77 III die betriebliche Mitbestimmung nahezu vollständig überlagern. Daß § 112 I 4 die Regelung des § 77 III ausdrücklich ausschließt, ist aus diesem Blickwinkel viel eher als Indiz dafür zu werten, daß in § 87 I ebenso verfahren werden soll. Die Bestimmung des § 112 I 4 wird so zur Stütze, nicht aber einem Gegenargument für die Vorrang-Theorie.

(4) Folgerungen

Nicht unumstritten sind die Folgerungen, die aus dem Spezialitätsverhältnis zu ziehen sind. Während einerseits[2] geäußert wird, spezielle Tatbestände schlössen die generellen Tatbestände schlechthin aus, wird andererseits[3] auch vertreten, die Spezialität führe

---

1) Vgl. Ohl S. 1o2 f.

2) Vgl. Dubischar S. 81.

3) Vgl. Larenz S. 251 m.w.N.

nur dann zur Verdrängung der allgemeineren Norm, wenn sich die Rechtsfolgen gegenseitig ausschlössen. Die Frage kann hier allerdings auf sich beruhen; denn auch nach der engeren Auffassung bleibt kein Raum mehr für die Anwendung des § 77 III, weil diese Vorschrift die Mitbestimmung völlig überlagern würde. § 87 I Eingangssatz verdrängt § 77 III als lex specialis.

4.) Ergebnis

Aufgrund der hier abgelehnten Zwei-Schranken-Theorie kann die Einführung von Kurzarbeit keine sonstige Arbeitsbedingung i.S. von § 77 III sein. Für den tariflichen Ausschluß der Mitbestimmung nach § 87 I Nr. 3 genügt mithin nicht, daß überhaupt eine tarifliche Kurzarbeitsklausel tatsächlich oder wenigstens üblicherweise besteht. Entscheidend ist für die Regelungsmacht des Betriebsrats im Kurzarbeitsrecht, inwieweit die Tarifklausel unvollständig ist und ihm so Raum für komplementäre Normsetzung läßt. Die Grenzen der betrieblichen Mitbestimmungskompetenz im Hinblick auf die Sozialgestaltung der Koalitionen ergeben sich einzig aus § 87 I Eingangssatz.

Im Rahmen der sozialen Angelegenheiten entfaltet § 77 III seine Hauptwirkung im Bereich freiwilliger Vereinbarungen auf Betriebsebene (§ 88)[1]. Dieses Ergebnis ist auch durchaus sinnvoll. Zwar ist behauptet worden, freiwillige Betriebsvereinbarungen widersprächen nicht dem Zweck des § 77 III und folglich seien erzwingbare Betriebsvereinbarungen nach § 87 I die einzig ernsthaften Konkurrenten zu den durch § 77 III geschützten Tarifverträgen[2]; dies überzeugt jedoch nicht. Bei der Kurzarbeit folgt das Gegenteil bereits aus der Betriebsnähe des Regelungsgegenstandes. Ansonsten laufen gerade im mitbestimmungsrechtlich nicht erfaßten Raum koalitionsseitig unkontrollierbare Betriebsvereinbarungen den Zwecken der überbetrieblichen Interessenvertretung entgegen.

---

1) Ebenso Löwisch AuR 78, 97 (1o6), der - obwohl Anhänger der Zwei-Schranken-Theorie - die Domäne des § 77 III im Bereich der freiwilligen Betriebsvereinbarungen sieht.

2) Vgl. LAG Berlin DB 78, 115 (116); Hanau BB 77, 35o.

Grundsätzlich ist der Betriebsrat in sozialen Angelegenheiten aufgrund der Generalklausel des § 88 unbegrenzt funktionell zuständig[1]. Insoweit besteht eine Kongruenz betrieblicher und überbetrieblicher Regelungskompetenz. Das darauf fußende Konkurrenzproblem manifestiert sich am deutlichsten in Fragen der Lohnpolitik, wo es seit der Weimarer Zeit aufgrund der betrieblichen Lohndrift zu einer beachtlichen Kluft zwischen Effektiv- und Tariflöhnen gekommen ist, die in der Bundesrepublik von 1958 bis 197o mit einer Zuwachsrate von durchschnittlich 2% pro Jahr gestiegen ist[2]. Inzwischen schließen sich jeder offiziellen Tarifrunde innerbetriebliche Verhandlungen an, mit denen sich zwar in hohem Maße elastische lohnpolitische Anpassungen an eine wechselnde Konjunktur bewerkstelligen lassen[3], die andererseits aber die gewerkschaftliche Tarifpolitik negativ beeinflussen. Schon in der Weimarer Zeit zeigten sich die Gefahren einer bescheidene Ausmaße übersteigenden Lohndrift, als die Tarifparteien im Vertrauen auf hohe übertarifliche Zulagen relativ niedrige Tariflöhne vereinbarten[4]. Sie besteht angesichts der Instabilität außertariflichen Effektivlohns und der nach h.M.[5] unzulässigen Vereinbarung tariflicher Effektivklauseln auch heute, weil dadurch einerseits eine eigenständige, aber kampfschwache betriebliche Lohnpolitik gefördert wird, andererseits jedoch auch die tarifpolitische Bewegungsfreiheit der Gewerkschaften abnimmt.

Wenn überhaupt hat § 77 III hier seinen Sinn, um als allgemeine Zuständigkeitsklausel die Funktionsfähigkeit der Koalitionen im System zweispuriger arbeitnehmerschaftlicher Interessenvertretung generell abzustützen. Im engen Bereich des § 87 I, der im wesentlichen tariflicher Normgebung entzogen ist, richtet § 77 III mehr Schaden als Nutzen an. Nur bei Befolgung der Vorrangtheorie läßt sich der Wünschenswertigkeit tariflicher Kurzarbeitsklauseln aus sozialen und wirtschaftlichen Gründen[6] nicht widersprechen. Die Zwei-Schranken-Theorie indessen blockiert Arbeitnehmer- und Koalitionsschutz.

---

1) Vgl. die Nachweise oben S. 295.

2) Vgl. Dammann S. 156 ff.

3) Vgl. Bergmann/Jacobi/Müller-Jentsch S. 227 f.

4) Vgl. Dammann S. 157.

5) Vgl. nur Wiedemann/Stumpf § 4 Rn 266 m.w.N.

6) Vgl. Farthmann AR-Blattei Arbeitszeit V Kurzarbeit, B II 4.

§ 13 Keine Abhängigkeit der Mitbestimmung von einzel- oder kollektivvertraglicher Ermächtigung

In hohem Maße wäre die Mitbestimmung des Betriebsrats bei der Einführung von Kurzarbeit auch gefährdet, wenn einer neuerdings im Schrifttum vertretenen Meinung zu folgen wäre, wonach die Mitbestimmung an eine entsprechende arbeits- oder tarifvertragliche Ermächtigung geknüpft sein soll. Insbesondere Zöllner[1] leitet diese Auffassung aus der Erwägung her, die Unterscheidung zwischen materiellen und formellen Arbeitsbedingungen sei im BetrVG 72 nur eingeschränkt aufgehoben. Zwar sei die Mitbestimmung in § 87 I Nr. 3 auch für die Leistungspflichten der Arbeitsvertragsparteien bedeutsam; hier wirke sich die Unterscheidung zwischen formellen und materiellen Arbeitsbedingungen mit ihrem richtigen Grundgedanken, daß der Umfang der arbeitsvertraglichen Leistungspflichten nicht durch betriebliche Zwangsschlichtung verändert werden könne, aber in abgeschwächter Weise aus. So sei die Mitbestimmung etwa bei § 87 I Nr. 1o, 11 kein Instrument, mit dem den Arbeitnehmern ein höheres Entgelt verschafft werden dürfe. Ähnliches gelte für die Arbeitszeit nach § 87 I Nr. 3, die nicht kraft erzwingbarer Mitbestimmung ohne den Konsens von Arbeitgeber oder Arbeitnehmer verlängert (Überstunden) oder verkürzt (Kurzarbeit) werden dürfe. Also sei die Einführung von Kurzarbeit zwar nicht ohne den Betriebsrat möglich, dies erfordere außerdem aber eine Grundlage in Arbeitsvertrag[2] oder Tarifvertrag.

Die Argumente Zöllners waren in ähnlicher Form bereits während des BetrVG 52 geäußert worden, hatten sich dort aber nicht durchsetzen können[3]. So hatte Söllner[4] der Zulässigkeit selbst

---

1) Vgl. Zöllner Arbeitsrecht S. 362 f.; vgl. aber auch die unten S. 3o7 Fn 5 Genannten.

2) Übereinstimmend AR Chemie S. 184, wonach Kurzarbeit nur mitbestimmungspflichtig sein soll, wenn ihre Anordnung aufgrund des im Arbeitsvertrag vorbehaltenen Direktionsrechts des Arbeitgebers erfolgt.

3) Vgl. oben S. 43.

4) Vgl. Söllner Anm. BAG AP Nr. 2 zu § 615 Kurzarbeit (3R); allgemeiner Söllner Leistungsbestimmung S. 54 f.

freiwilliger Betriebsvereinbarungen über die Einführung von Kurzarbeit widersprcchen, weil es sich dabei um einen so schwerwiegenden Eingriff in das arbeitsvertragliche Synallagma handle, daß dieser nur bei besonderer tariflicher Ermächtigung gestattet werden könne. Außerdem sei sonst die Möglichkeit der Umgehung der sonst notwendigen Änderungskündigung oder der Ermächtigung des Landesarbeitsamts nach § 19 KSchG eröffnet[1]. Ähnlich hatte auch Canaris[2] argumentiert. Betriebsvereinbarungen über die Einführung von Kurzarbeit nähmen den Arbeitnehmern den Kündigungsschutz der Änderungskündigung, verstießen als Verminderung einzelvertraglicher Ansprüche gegen das Günstigkeitsprinzip und bedeuteten "revolutionierenderweise"einen Vorrang des Ordnungsprinzips auch im Bereich der materiellen Arbeitsbedingungen. Auch heute ist Söllner[3] der Ansicht, Eingriffe in das vertragliche Synallagma zu Lasten der Arbeitnehmer wie bei der Kurzarbeit "dürften in Betriebsvereinbarungen kaum zulässig sein".

Schließlich muß die Auffassung Zöllners auch im Kontext zu einer neuerlich offenbar im Vordringen befindlichen Meinung gesehen werden, wonach der Unterschied zwischen formellen und materiellen Arbeitsbedingungen nicht nur im Rahmen des § 77 III[4], sondern nunmehr auch innerhalb des Katalogs des § 87 I wieder von funktionaler Bedeutung sein soll[5]. Grundsätzlich dürfe der Arbeitgeber im Mitbestimmungsverfahren nämlich nicht gezwungen werden, zusätzliche finanzielle Mittel zur Verfügung zu stellen. Die materielle Seite der Arbeitgeberleistungen bleibe also mitbestimmungsfrei, während die formelle unter § 87 I falle.

---

1) Vgl. Söllner Anm. BAG AP Nr. 3 zu § 615 BGB Kurzarbeit (3R).

2) Vgl. Canaris AuR 66, 129 (135 f.).

3) Vgl. Söllner Arbeitsrecht S. 169.

4) Vgl. dazu oben S. 226 ff.

5) Vgl. Buchner Anm. BAG AR-Blattei Betriebsverfassung XIV B Entsch. 27, 5; Dietz/Richardi § 87 Rn 345; Galperin/Löwisch § 87 Rn 241 f.; Lieb ZfA 78, 179 (211); Richardi ZfA 78, 269 (277 f.); wohl auch Klinkhammer Anm. BAG EzA § 87 BetrVG Lohn und Arbeitsentgelt Nr. 6 (S. 64).

Für § 87 I Nr. 3 wird man unter Zuhilfenahme bereits zuvor angestellter Überlegungen zunächst einige zum alten Recht vertretene Gedanken aufzugeben haben. Dies gilt hinsichtlich der Änderungskündigung, die, wie bereits dargelegt[1], gegenüber der Mitbestimmung kein Plus, sondern eher ein Minus darstellt. Bedenken aus § 19 KSchG entfallen deshalb, weil die Mitbestimmung bei der Einführung von Kurzarbeit die Ermächtigung des Landesarbeitsamts im Fall des § 19 KSchG zu beachten hat[2]. Überholt ist aber auch die im Ordnungsprinzip fußende Kritik; denn der ganz klare Wortlaut des § 87 I Nr. 3 bringt in diesem Punkt die legislatorische Entscheidung, daß im Wege der vorübergehenden Arbeitszeitverkürzung, die ja in aller Regel materielle Einbußen bewirkt, für den Arbeitnehmer zeitweilig ungünstigere Lohnbedingungen auf betrieblicher Ebene vereinbart werden können. "Revolutionierend" kann diese Änderung bei der Kurzarbeit deshalb nicht wirken, weil Tarifverträge, für die das Ordnungsprinzip speziell gilt, die Kurzarbeit regelmäßig nicht befriedigend erfassen können[3]. Im Grunde genommen dokumentiert sich hier lediglich die nahe Verwandtschaft der Regelungsmittel Tarifvertrag und Betriebsvereinbarung.

Soweit zu Zweifeln Anlaß besteht, ob diejenigen, die den Unterschied zwischen materiell und formell im Rahmen des § 87 I betonen, damit nur § 87 I Nrn. 1o, 11 oder alle Angelegenheiten des § 87 I und damit auch die Kurzarbeit meinen[4], wird man hinsichtlich der materiellen Seite der Kurzarbeit grundsätzlich keine Mitbestimmungsfreiheit fordern können. Keine Rolle spielt hier der für § 87 I angeblich geltende Grundsatz, der Arbeitgeber könne nicht zu zusätzlichen finanziellen Mitteln gezwungen werden[5]. In ihrer Allgemeinheit scheitert diese These daran, daß die Mitbestimmung nicht dort endet, wo es etwas kostet[6]. Speziell bei

1) Vgl. oben S. 136 ff.

2) Vgl. dazu oben S. 164 ff.

3) Vgl. oben S. 271 ff.

4) Unklar insbesondere Buchner Anm. BAG AR-Blattei Betriebsverfassung XIV B Entsch. 27, 5.

5) Vgl. Richardi ZfA 78, 269 (277 f.).

6) Vgl. Wiese Initiativrecht S. 36 f.; es bestehen auch keine verfassungsrechtlichen Bedenken gegen die Auferlegung von Geldleistungspflichten, die die Substanz des Unternehmens nicht beeinträchtigen, vgl. BAG DB 73, 1459.

der Kurzarbeit kommt hinzu, daß es dort gar nicht um eine Erhöhung, sondern um eine Verringerung der Kostenlast des Arbeitgebers geht. Die Mitbestimmung bei der Einführung von Kurzarbeit aber nicht nur vom Konsens des Arbeitgebers, sondern auch der Zustimmung des Arbeitnehmers abhängig zu machen und so nicht nur auf der Ebene desjenigen, gegen den sie sich richtet - nämlich den Arbeitgeber -, sondern auch auf der Ebene desjenigen, für den sie primär bezweckt ist - nämlich den Arbeitnehmer - einzuschränken, ist nicht vom Gesetz gedeckt.

Diese Auffassung, die im Gesetzeswortlaut ebensowenig eine Stütze findet wie diejenige Söllners, bedeutet letztlich nichts anderes als einen Ausfluß der These der erzwingbaren Mitbestimmung. Die Sorge aber, die Vertragsfreiheit des einzelnen könne unter der "Kuratel" des Betriebsrats dezimiert werden, hat sich schon angesichts der praktischen Machtverhältnisse im Betrieb als unbegründet erwiesen[1]. Sie zeigt sich auch hier, wo die individualvertragliche Ermächtigung zum Abschluß einer Betriebsvereinbarung über die Kurzarbeit gefordert wird, als lediglich formales Prinzip. Denn weder ist zu erwarten, daß ein Arbeitnehmer etwa bei Arbeitsaufnahme eine vertragliche Kurzarbeitsklausel wird ablehnen können, noch kann diese einen halbwegs ausgewogenen Inhalt haben. Denn die Kurzarbeit ist, wie ausgeführt[2], ein Produkt vielfältiger Umstände, unvorhersehbar und mithin im vorhinein vertraglich nicht faßbar. Der Arbeitnehmer könnte also lediglich eine Blanko-Ermächtigung an den Betriebsrat ausfüllen. Das aber ist im Ergebnis, das sich in der konkreten Betriebsvereinbarung später niederschlägt, nicht anders als bei einem Arbeitsvertrag ohne eine solche Ermächtigung. Man fragt sich folglich, welchen Sinn die gesonderte vertragliche Ermächtigung bzw. die Verneinung einer Betriebsvereinbarung über die Einführung von Kurzarbeit haben soll.

Im übrigen bringt das Gesetz in § 87 I Nr. 3 zum Ausdruck, daß bei der Kurzarbeit betriebsvereinbarungsrechtliche Regelungen zulässig sind[3]; diese Vorschrift erweist sich durch die Einräumung

---

1) Vgl. oben S. 126 ff.

2) Vgl. oben S. 280 f.

3) Vgl. <u>Thiele</u> GK-BetrVG § 77 Rn 102.

eines Mitbestimmungsrechts als eigenständige Ermächtigungsgrundlage für die Normsetzung der Betriebsparteien[1]. Dieses Ergebnis ist sinnvoll, weil es den Schutzzweck der Mitbestimmung verwirklicht, die wirtschaftlich und sozial schwache Verhandlungsposition des einzelnen Arbeitnehmers zu paritätischer Kollektivvertretung aufzubessern. Es handelt sich auch nur um eine Ausnahmeregelung, da die betriebliche Normsetzungskompetenz nur für eine vorübergehende Arbeitszeitverkürzung ausreicht. Die normative Wirkung von Betriebsvereinbarungen (§ 77 IV) ist vom Gesetz nirgendwo mit dem Ziel des Verbots sektoraler Verschlechterungen für den einzelnen Arbeitnehmer beschnitten[2]. Bei der Kurzarbeit wäre dies auch wenig sinnvoll, da der einzelne Arbeitnehmer durch die Arbeitszeitverkürzung vor dem Verlust des Arbeitsplatzes bewahrt werden kann[3].

Unbefriedigend ist aber auch, daß die Meinung Zöllners in Zweifelsfällen keiner Partei dient und die Einführung von Kurzarbeit eher blockiert. Wenn keine Kurzarbeitsklausel im Tarifvertrag vereinbart wurde[4] und auch der einzelne Arbeitsvertrag keine Regelung enthält[5], wäre nämlich erst umständlich das Einverständnis der Arbeitnehmer einzuholen, was sich beispielsweise in Eilfällen als sehr nachteilig erweisen müßte. Das flexible Reagieren der Betriebsparteien, das vom Gesetz durch die Einführung der Mitbestimmung des Betriebsrats ermöglicht worden ist, würde von einer schwerfälligen Prozedur überrollt. Der Vorteil des Mitbestimmungsrechts, daß lediglich zwei - dafür aber gleichberechtigte[6] -

1) Vgl. Wiese GK-BetrVG § 87 Rn 79b, 82a.

2) So auch Bähringer/Spiegelhalter S. 14.

3) Kritisch hierzu Canaris AuR 66, 129 (135); den Solidaritätsgedanken hingegen betonend BAG AP Nr. 51 zu § 611 BGB Gratifikationen (2).

4) Dies ist immerhin für 42% aller Arbeitnehmer der Fall, siehe oben S. 272.

5) Dies ist der Regelfall, vgl. oben S. 131.

6) Daran ändert nichts, daß das Gesetz keinen betrieblichen Arbeitskampf gestattet. Die Parität, die vom Wirksamkeitserfordernis der Mitbestimmung gewährleistet wird, ist lediglich in einen anderen Modus der Konfliktlösung, nämlich das Verfahren vor der Einigungsstelle (§ 87 II), eingebettet.

Parteien, deren Vereinbarungen der Gesetzgeber ausdrücklich normative Wirkungen beimaß (§ 77 IV), die Arbeitsverhältnisse mit betriebseinheitlicher Wirkung gestalten können, wäre eliminiert.

Der Unterscheidung zwischen formellen und materiellen Arbeitsbedingungen kann daher keine funktionale Bedeutung mehr zugemessen werden[1]. Das bedeutet, daß die Mitbestimmung des Betriebsrats nicht von einer individual- oder tarifvertraglichen Ermächtigung zum Abschluß der Betriebsvereinbarung über die Einführung von Kurzarbeit abhängig ist. Seine Zuständigkeit ist gewährleistet, ohne daß es darüber der Zustimmung der Betroffenen bedürfte.

---

1) Übereinstimmend Wiese Initiativrecht S. 36.

§ 14 Keine Mitbestimmung bei tarifvertraglicher Ermächtigung zu einseitigem Vorgehen des Arbeitgebers?

I. Ausgangspunkt: Ermächtigungsklauseln und Tarifwirklichkeit

Mit der Schaffung des Mitbestimmungsrechts nach § 87 I Nr. 3 ist ein Problem akut geworden, das während des BetrVG 52 noch nicht bestanden hatte. Zahlreiche bis zum Inkrafttreten des BetrVG 72 abgeschlossenen Tarifverträge hatten den Arbeitgebern nämlich das Recht gewährt, unter bestimmten Voraussetzungen Kurzarbeit einseitig anzuordnen[1]. Dies mag so lange sinnvoll gewesen sein[2], als das Mitbestimmungsrecht des Betriebsrats bei der Einführung von Kurzarbeit nicht anerkannt wurde[3], der Arbeitgeber aber zur Einführung von Kurzarbeit eine tarifvertragliche Ermächtigung benötigte, wenn er den umständlichen individualvertraglichen Weg zur vorübergehenden Verkürzung der Arbeitszeit vermeiden wollte. Mit Wirksamwerden des § 87 I Nr. 3 stellt sich allerdings die Frage, ob solche tariflichen Ermächtigungen im Rahmen von § 87 I Eingangssatz nicht einen Verstoß gegen die obligatorische Mitbestimmung bedeuten. Denn die Teilnahme des Betriebsrats am betrieblichen Entscheidungsprozeß könnte ausgehebelt werden, wenn die Koalitionen einseitige Anordnungen für zulässig erklären könnten, ohne selbst eine positive Regelung zu treffen.

Die Frage ist jedoch überwiegend nur von theoretischer Bedeutung[4]. Denn die auch nach Inkrafttreten des BetrVG 72 im Schrifttum zu findenden Hinweise auf die Üblichkeit von Tarifklauseln mit einseitigen Anordnungsrechten von Kurzarbeit[5] sowie Prognosen über eine zukünftige Vielzahl solcher Koalitionsabmachungen im gesamten Bereich des § 87 I[6] sind jedenfalls bezüglich der Kurzarbeit durch die Tarifwirklichkeit nunmehr weitgehend überholt. Eine stichprobenartige Tarifdurchsicht zeigt sehr deutlich, daß in der bei weitem überwiegenden Zahl der Fälle in unterschiedlicher Form

---

1) Hanau BB 72, 499 (5oo); Preis DB 73, 474; Ritter S. 74; v. Stebut RdA 74, 332 (335).

2) So jedenfalls Böhm DP Gr. 3, 577 (584).

3) Vgl. dazu oben S. 34 ff.

4) So zutreffend Meisel/Hiersemann AZO (2.Aufl.) § 3 Rn 41.

5) Vgl. die oben Fn 1 Genannten.

6) Vgl. Preis DB 73, 474 (475).

das Einverständnis des Betriebsrats zur Einführung von Kurzarbeit ausdrücklich gefordert wird[1]. So verlangen die Tarifverträge teils[2] ganz allgemein eine Vereinbarung, teils[3] speziell eine

---

1) Nahezu alle nach 1972 abgeschlossenen Tarifverträge, die Kurzarbeitsklauseln enthalten, verlangen im Ergebnis die positive Zustimmung des Betriebsrats zur Einführung von Kurzarbeit; zu den Ausnahmen vgl. oben S. 231 f. und sogl. S. 315 f. Die Mitteilung, wonach in den Tarifverträgen "meist" (so Rewolle/Köst § 19 Anm. 9) oder zumindest "oft" (so Hess. Arbeitgeberverbände S. 124) lediglich die Anhörung bzw. Beratung des Betriebsrats vorgeschrieben sei, ist empirisch nicht belegbar.

2) Vgl. § 7 Abs. 2 MTV für die gewerblichen Arbeitnehmer der Bekleidungsindustrie vom 17.5.1979; § 5 Abs. 2 MTV für die gewerblichen Arbeitnehmer des Buchbinder-Handwerks in der Bundesrepublik Deutschland, gültig ab 1.4.1977; § 4 MTV für die Arbeitnehmer der Cigarettenindustrie, gültig ab 1.1.1976; § 3 Abs. 4 MTV für die gewerblichen Arbeitnehmer der Druckindustrie im Gebiet der Bundesrepublik Deutschland (einschließlich Berlin-West), gültig ab 1.1.1974; § 4 MTV für alle Arbeiter und Angestellten der Branchen Färberei/Chemische Reinigung/Wäscherei im Bundesgebiet und West-Berlin, gültig ab 1.1o.1975; § 5 Abs. 1 MTV für die ledererzeugende Industrie in der Bundesrepublik Deutschland, gültig ab 1.1o.1977; § 3 Abs. 1 MTV für die Lederhandschuhindustrie des Bundesgebietes, gültig ab 1.1.1976; § 14 Abs. 1 MTV für die gewerblichen Arbeitnehmer, Angestellten und Auszubildenden der Miederindustrie im Bundesgebiet und West-Berlin, gültig ab 1.5.1977; § 5 Abs. 2 MTV für die gewerblichen Arbeitnehmer in der Papier, Pappe und Kunststoffe verarbeitenden Industrie im Gebiet der Bundesrepublik Deutschland (einschließlich Berlin-West), gültig ab 1.7.1974; § 3 Abs. 2 MTV für die gewerblichen Arbeitnehmer der Pelzbekleidungsindustrie im Bundesgebiet, gültig ab 1.6.1978; § 3 Abs. 2 MTV für die gewerblichen Arbeitnehmer der Rauchwarenveredelungs- und Pelzbekleidungsindustrie im Bundesgebiet, gültig ab 1.6.1977; § 3 Abs. 1 MTV für die Schuhindustrie des Bundesgebietes, gültig ab 1.7.1976; § 3 Abs. 2 MTV für die gewerblichen Arbeitnehmer, Heimarbeiter und Auszubildenden des Schuhmacherhandwerks im Bundesgebiet mit Ausnahme des Landes Bayern, gültig ab 1.1.1977; § 3 Abs. 7 MTV für die Arbeitnehmer und Auszubildenden der Spirituosenindustrie in Baden-Württemberg, gültig ab 1.1.1978; § 3 Nr. 1 MTV für die Arbeiter und Auszubildenden der Metallindustrie in Bayern vom 1.12.1973; § 4 MTV für die kaufmännischen Angestellten in den Verlagen von Tageszeitungen im Lande Nordrhein-Westfalen, gültig ab 1.1.1974; § 13 MTV für den bayerischen Graphitbergbau, gültig ab 1.1.1977; § 6 MTV für die Arbeitnehmer der Milchindustrie in Bayern, gültig ab 1.5.1975; § 3 Abs. 1 MTV für die Arbeitnehmer der Metallindustrie in Bayern, gültig ab 1.2.1974; § 3 Nr. 3.2. MTV für die Arbeiter, Angestellten und Auszubildenden des Volkswagenwerks, gültig ab 1.11.1978.

3) Vgl. Nr. 44 MTV für die Knopfindustrie im Bundesgebiet ohne West-Berlin, gültig ab 1.1.1977; § 44 lit. a BMTV für die Arbeiter, Angestellten und Auszubildenden der Sägeindustrie und der übrigen Holzbearbeitung im Bundesgebiet außer Bayern, gültig ab 1.6.1975; Nr. 168 RMTV für die gewerblichen Arbeitnehmer

Betriebsvereinbarung mit dem Betriebsrat; auf solche einvernehmlichen Regelungen zielen auch Tarifklauseln ab, welche die Beachtung des Mitbestimmungsrechts des Betriebsrats[1] oder das Einvernehmen mit ihm[2] bzw. seine Zustimmung[3] verlangen.

---

und Auszubildenden der Säureschutzindustrie in der Bundesrepublik Deutschland und West-Berlin, gültig ab 1.7.1973; Nr. 41 MTV für die Holzindustrie, die kunststoffverarbeitende Industrie und das holz- und kunststoffverarbeitende Handwerk im nordwestdeutchen Raum der Bundesrepublik Deutschland, gültig ab 15.9.1976; § 6 Nr. 1 MTV für die Arbeitnehmer in der Eisen-, Metall-, Elektro- und Zentralheizungsindustrie Nordrhein-Westfalens vom 23.1.1975; § 8 MTV für die Arbeiter und Angestellten in der Eisen- und Stahlindustrie von Nordrhein-Westfalen, die Klöckner-Werke AG, Hütte Bremen, Georgsmarienhütte und Werk Osnabrück sowie die Werke Dillenburg und Niederschelden der Stahlwerke Südwestwestfalen AG vom 3o.1.1975.

1) Vgl. § 7 Abs. 1 MTV für gewerbliche Arbeitnehmer und Angestellte in der chemischen Industrie vom 22.2.1973; § 13 Abs. 1 MTV für die gewerblichen Arbeitnehmer der Feinkeramischen Industrie in der Bundesrepublik Deutschland, gültig ab 1.1.1978; § 21 MTV für die gewerblichen Arbeitnehmer und Auszubildenden der Betriebe, die Flachglas aller Art verarbeiten und veredeln im Gebiet der Bundesrepublik Deutschland; § 2o Abs. 1 MTV für die gewerblichen Arbeitnehmer und Auszubildenden der Betriebe, die Hohlglas aller Art oder Glasfasern erzeugen, veredeln und verarbeiten in der Bundesrepublik Deutschland, gültig ab 1.8.1976; § 21 Abs. 1 MTV für die Arbeitnehmer der Hohlglasindustrie Gruppe I und II, gültig ab 1.1.1975; § 13 Abs. 2 MTV für die Arbeitnehmer der Papier erzeugenden Industrie in der Bundesrepublik Deutschland einschließlich Berlin, gültig ab 1.1.1977; § 5 BMTV für die Arbeitnehmer im Verband privater Städtereinigungsbetriebe, gültig ab 1.2.1976; § 19 Abs. 1 TV über die Betriebsverfassung im rheinisch-westfälischen Steinkohlebergbau, gültig ab 1.1.1977; § 7 Abs. 1 MTV für die Arbeiter und Angestellten des Klempner- und Installateurhandwerks Rheinland-Rheinhessen, gültig ab 1.7.1978; § 3 Abs. 1 MTV für die Arbeitnehmer des Kraftfahrzeughandwerks in Rheinland-Rheinhessen, gültig ab 1.1. 1976; § 4 MTV für die gewerblichen Arbeitnehmer in den Betrieben des Verbandes der Südwestdeutschen Kunststoffindustrie und verwandter Industrien, gültig ab 1.7.1972; § 1 der Tarifvereinbarung über Leistungen bei Kurzarbeit und vorübergehenden Stilllegungen von einzelnen Produktionsanlagen für die Arbeitnehmer in der Zentrale, dem Forschungszentrum, in den Raffinerien und im Vertriebsbereich der Esso A.G. in der Bundesrepublik Deutschland und West-Berlin, gültig ab 1.1o.1975.

2) Vgl. § 3 Abs. 8 MTV für die Arbeiter und Angestellten der Deutschen Bleistiftindustrie, gültig ab 1.4.1976; § 13 Abs. 1 MTV für die gewerblichen Arbeitnehmer der Feinkeramischen Industrie in der Bundesrepublik Deutschland, gültig ab 1.1.1978; § 7 MTV für die gewerblichen Arbeitnehmer, die Angestellten und die Auszubildenden in der Margarine- und Kunstspeisefett-Industrie, gültig ab 1.7.1977; § 6 MTV für die gewerblichen Arbeitnehmer der Steppdeckenindustrie im Bundesgebiet, gültig ab 1.1.1973;

Es ergeben sich im Tarifgefüge aber auch Ausnahmen. Zu nennen sind dabei Tarifverträge, welche die Beteiligung des Betriebsrats mit keinem Wort erwähnen[1], ferner solche, die nur eine abgeschwächte Beteiligung des Betriebsrats - etwa nur seine "Anhörung"[2], "Beratung"[3] oder "Mitwirkung"[4] - vorsehen[5]. Ausgesprochen selten sind Tarifverträge, die das Mitbestimmungsrecht des Betriebsrats expressis verbis ausschließen. Als Beispiel dafür kann § 6 MTV für die Metallindustrie in Rheinland-Pfalz vom 9.9.1959 in der Fassung vom 21.2.1975 herangezogen werden, wo es

---

§ 5 co-op MTV vom 12.11.1973; § 5 Nr. 1 MTV für die Arbeiter der Metallindustrie in Berlin, gültig ab 6.2.1979; § 4 Abs. 1 MTV für die Arbeiter und Angestellten des Schlosser-, Schmiede- und Mechanikerhandwerks in der Pfalz, gültig ab 1.1.1978

3) Vgl. § 5 Abs. 1 MTV für die Arbeitnehmer der Technischen Betriebe für Film und Fernsehen, gültig ab 1.4.1977; Nr. 6 MTV für die Graveure, Galvaniseure, Gürtler und verwandten Berufe für das Wirtschaftsgebiet der Bundesrepublik Deutschland, gültig ab 1.1.1977; § 6 Abs. 1 MTV für die Arbeiter der Metallindustrie in Hessen-Fulda, gültig ab 1.1.1977; § 7 RMTV für die Arbeitnehmer der Ernährungsindustrie in Baden-Württemberg, gültig ab 1.7.1974; § 3 MTV für die Arbeitnehmer der Metallindustrie in Hessen i.d.F. vom 14.2.1975; § 6 MTV für die Arbeitnehmer der Metallindustrie Rheinland-Pfalz i.d.F. vom 21.2. 1975; § 4 MTV für gewerbliche Arbeitnehmer in Buch- und Zeitschriftenverlagen in Nordrhein-Westfalen, gültig ab 1.1.1976; § 4 MTV für Angestellte und gewerbliche Arbeitnehmer im Bereich der Tarifgemeinschaft Groß- und Außenhandel und des genossenschaftlichen Groß- und Außenhandels im Lande Nordrhein-Westfalen, gültig ab 1.1.1977; § 3 Nr. 2 MTV für die Arbeiter der Metallindustrie Nordwürttemberg-Nordbaden vom 2o.1o.1973; § 1o Nr. 1 MTV für die Angestellten der Metallindustrie Nordwürttemberg-Nordbaden vom 4.7.1973; § 3 MTV für die Arbeiter der Metallindustrie in Südbaden vom 13.6.1973; § 3 Nr. 2 MTV für die Arbeiter der Metallindustrie in Südwürttemberg-Hohenzollern vom 5.7.1972

1) Vgl. die Beispiele oben S.231 f.

2) Vgl. § 7 MTV für den Einzelhandel in Nordrhein-Westfalen, gültig ab 1.1.1977.

3) Vgl. § 5 Abs. 1 MTV für die Eisen- und Stahlindustrie des Saarlandes vom 19.9.1975; § 5 Abs. 1 MTV für die Metallindustrie des Saarlandes vom 2.4.1976; § 5 Abs. 1 MTV für die Arbeiter und Angestellten des Klempner- und Installateurhandwerks im Saarland, gültig ab 1.1.1978 .

4) Vgl. § 4 Abs. 1o MTV für die Arbeitnehmer in der Zuckerindustrie der Bundesrepublik Deutschland, gültig ab 1.1.1974.

5) Zu ähnlichen, allerdings während des BetrVG 52 abgeschlossenen Tarifverträgen vgl. <u>Simitis/Weiss</u> DB 73, 124o (1251).

heißt:

> "Die Einführung von Kurzarbeit bei beabsichtigter Massenentlassung nach § 17 des Kündigungsschutzgesetzes bedarf nicht der Zustimmung des Betriebsrats."

Da die Mitbestimmung des Betriebsrats nach § 87 I Nr. 3 - wie oben[1] gezeigt - auch für den (inzwischen jedoch in § 19 KSchG geregelten) Fall der Kurzarbeit vor Wirksamwerden von Massenentlassungen im Sinne des Kündigungsschutzgesetzes gilt, stellt sich hier die Frage, ob eine solche tarifliche Abmachung das Zustimmungserfordernis des Betriebsrats blockieren kann. Zweifelhaft ist auch § 8 des MTV für die gewerblichen Arbeitnehmer der Flachglas AG und der Glas- und Spiegelmanufactur AG, wo im Abs. 1 zur Einführung von Kurzarbeit das Einvernehmen zwischen Arbeitgeber und Betriebsrat gefordert wird, Abs. 2 aber folgende Sonderregelung trifft:

> "Sind die Voraussetzungen gegeben, unter denen nach dem AFG (§§ 63 ff.) Kurzarbeitergeld gewährt wird, kann in dringenden Fällen unter Beachtung vorstehender Bestimmungen Kurzarbeit angeordnet werden, sofern keine Betriebsvereinbarung zustandekommt."

Zu erinnern ist ferner an den oben[2] bereits im Wortlaut zitierten § 18 MTV für die Mitarbeiter im Rheinischen Braunkohlebergbau, der die Betriebsleitung bei Verzögerung einer Vereinbarung der Betriebsparteien zur einseitigen Anordnung von Kurzarbeit berechtigt und an die dort gleichfalls erwähnte Protokollarische Erklärung zu § 19 I des Tarifvertrages über die Betriebsverfassung im rheinisch-westfälischen Steinkohlebergbau vom 12.10.1976.

II. Stand der Diskussion

1.) Das Meinungsbild im Schrifttum

Die Beschränkung des betrieblichen Mitbestimmungsrechts durch tarifvertragliche Ermächtigung des Arbeitgebers zu einseitigem Vorgehen gemäß § 87 I Eingangssatz ist in der Literatur lebhaft er-

---

1) Vgl. oben S. 164 ff.

2) Vgl. oben S. 147 f.

örtert worden. Im einzelnen zeigen sich dabei merkliche Abstufungen[1].

Deutlich herrschend[2] ist die Auffassung, die Zuweisung einseitiger Gestaltungsrechte an den Arbeitgeber vermöge das Mitbestimmungsrecht nicht in Wegfall zu bringen; nur eine den Mitbestimmungstatbestand selbst regelnde Tarifnorm könne die gleichberechtigte Teilhabe des Betriebsrats verdrängen. Die Begründungen, die dafür gegeben werden, sind zahlreich. Zum Teil[3] wird aus § 87 I Eingangssatz die Erkenntnis gewonnen, die einseitige Ermächtigung des Arbeitgebers stelle keine inhaltliche "Regelung" im Sinne dieser Vorschrift dar. Als solche genüge nur eine die sachliche Substanz selbst regelnde Tarifnorm[4]. Als Stütze der Argumen-

---

1) Unzutreffend Feichtinger S. 92 f., wonach im Schrifttum Einigkeit darüber bestehen soll, daß eine kollektivvertragliche Einschränkung des Mitbestimmungsrechts unzulässig ist; vgl. stattdessen die folgenden Nachweise.

2) Vgl. Auffarth AR-Blattei Betriebsverfassung XIV B, II 2; Becker-Schaffner BlStSozArbR 75, 17 (2o); Böhm DP Gr. 3, 577 (584 f.); ders. BB 74, 281, 372 (376); Brecht § 1 Rn 33; Brede/Etzel S. 151; Däubler Das soziale Ideal des BAG S. 7o; Dietz/Richardi § 87 Vorb. 8, § 87 Rn 94, 179; Etzel Betriebsverfassungsrecht S. 132, 139; Fitting/Auffarth/Kaiser § 87 Rn 14 f., 27 b; Föhr AuR 75, 353 (359); Frauenkron § 87 Rn 9; Hanau BB 72, 499 (5oo); ders. RdA 73, 281 (283); Hanau/Adomeit S. 1o6; Krebs § 64 Rn 4; Preis DB 73, 474 (477 ff.); Richardi Anm. BAG AP Nr. 1 zu § 87 BetrVG Werkmietwohnungen (8R); Röhsler Die Arbeitszeit S. 12o; Schmidt AFG § 65 Rn 23; Simitis/Weiss DB 73, 124o (1247, 1251); Stahlhacke HzA Gr. 19 S. 282, 289; v. Stebut RdA 74, 332 (338); Weiss Anm. BAG EzA § 87 BetrVG Lohn und Arbeitsentgelt Nr. 5 (S. 54); Wiese GK-BetrVG § 87 Rn 4, 23, 24, 8o a; ders. Anm. BAG AP Nr. 1 zu § 87 BetrVG Kurzarbeit (8); ders. 25 Jahre BAG S. 661 (675); ähnlich auch Hanau Anm. BAG AP Nr. 4 zu § 87 BetrVG Altersversorgung (6); Reuter ZfA 78, 1 (33); Weiss Betriebsverfassungsgesetz S. 245; wohl auch Bötticher SAE 74, 2o2 (2o6); vgl. auch Zachert Anm. BAG MitbGespr 75, 54 (56); i.E. wie die h.M. wohl Lappe JbAR Bd. 16, 55 (65), die zwar ein einseitiges Bestimmungsrecht für möglich hält, dies aber nicht gelten lassen will, wenn dadurch lediglich die Rechtsposition des Arbeitgebers verbessert wird.

3) Vgl. Auffarth a.a.O.; Dietz/Richardi § 87 Vorb. 8; Fitting/Auffarth/Kaiser § 87 Rn 14; Etzel Betriebsverfassungsrecht S. 132; Rumpff a.a.O.; Wiese GK-BetrVG § 87 Rn 80 a.

4) So Etzel Betriebsverfassungsrecht S. 132; v. Stebut RdA 74, 332 (338); Wiese Gk-BetrVG § 87 Rn 23 f.; vgl. auch BAG unten S. 321 ff.

tation werden jedoch auch der Sinn des § 87 I Eingangssatz[1], der die Regelung der jeweiligen Arbeitsbedingung durch Tarifvertrag oder Betriebsvereinbarung verlange, sowie der den Koalitionen nach § 87 I Eingangssatz eingeräumte Ermessensspielraum[2] genannt, der bei tariflicher Gestattung einseitiger Maßnahmen des Arbeitgebers überschritten sei. Der Tarifvorbehalt schließe nicht die Möglichkeit ein, das Mitbestimmungsrecht einfach abzuschaffen[3] und gewissermaßen zu denaturieren[4]. Eine solche Kurzarbeitsklausel verstoße auch gegen Wortlaut[5], Schutzzweck[6] und Beteiligungszweck[7] des § 87 I. Die Einräumung nur eines "Beratungsrechts" des Betriebsrats und die Gewährung eines einseitigen Anordnungsrechts an den Arbeitgeber verbessere dessen Rechtsposition, da er nun nicht mehr auf die Zustimmung des Arbeitnehmers angewiesen sei und verkürze den betriebsverfassungsrechtlichen Schutz der Arbeitnehmer, was aber als Verstoß gegen zwingendes Gesetzesrecht nichtig sei[8]. Bei dem Mitbestimmungsrecht nach § 87 I handle es sich um zwingendes Recht, das die Tarifparteien nicht einschränken könnten[9]. Schließlich sei es dem Betriebsrat auch untersagt, seine Befugnisse auf andere Organe der Betriebsverfassung oder gar Dritte zu delegieren[10].

---

1) Vgl. Becker-Schaffner BlStSozArbR 75, 17 (20); Fitting/Auffarth/Kaiser § 87 Rn 14.

2) Vgl. Dietz/Richardi § 87 Rn 94; Richardi Anm. BAG AP Nr. 1 zu § 87 BetrVG Werkmietwohnungen (8 R).

3) So Böhm DP Gr. 3, 577 (585); ders. BB 74, 281, 372 (376); ähnlich Däubler Das soziale Ideal des BAG S. 7o.

4) So Weiss Anm. BAG EzA § 87 Lohn und Arbeitsentgelt Nr. 5 (S.54).

5) So v.Stebut RdA 74, 332 (338).

6) So Brede/Etzel S. 151; Etzel Betriebsverfassungsrecht S. 132, 139; v.Stebut a.a.O.; Weiss Betriebsverfassungsgesetz S. 245; Wiese GK-BetrVG § 87 Rn 24; ders. Anm. BAG AP Nr. 1 zu § 87 BetrVG Kurzarbeit (8).

7) So Hanau BB 72, 499 (5oo); Preis DB 73, 474 (477).

8) So Wiese Anm. BAG AP Nr. 1 zu § 87 BetrVG Kurzarbeit (8); ähnlich Frauenkron § 87 Rn 9; vgl. auch Lappe JbAR Bd. 16, 55 (65).

9) Vgl. Frauenkron § 87 Rn 9; Simitis/Weiss DB 73, 124o (1241); ähnlich Röhsler Die Arbeitszeit S. 12o.

1o)So Fitting/Auffarth/Kaiser § 87 Rn 14 a.

Der staatliche Gesetzgeber könne, wie in § 87 I geschehen, im Interesse der Arbeitnehmer den Verhandlungsspielraum der Sozialpartner durch Fixierung von Mindestbedingungen einengen, welche die Tarifparteien durch eigene Regelung zwar erfüllen, nicht aber durch Offenlassen oder Einschränken beseitigen könnten[1]. Die Sozialpartner seien aber außer an Verfassungs- und zwingendes Gesetzesrecht auch an die "tragenden Grundsätze des Arbeitsrechts" gebunden[2]. Die Zulassung eines Mitbestimmungsverzichts boykottiere jedoch wesentliche gesellschaftspolitische Vorstellungen des Gesetzgebers[3] und widerspreche so dem "Geist der Mitbestimmung"[4]. Dies sei auch deshalb nicht sachgerecht, weil die Tarifverträge häufig unvollständig blieben und die Beteiligung der betrieblichen Interessenvertretung angesichts der politischen Bedeutung der Mitbestimmung daher auch geboten sei[5]. Der "Kernbereich der Mitbestimmung" könne von den Koalitionen also nicht beseitigt werden[6].

Nicht ganz soweit gehen diejenigen[7], die zwar - wie die bislang aufgeführte herrschende Meinung - im Ergebnis die Alleinüberlassung der Einführung von Kurzarbeit an den Arbeitgeber als Überschreitung des Ermessensspielraums und der Zuständigkeit der Tarifparteien sowie als Verstoß gegen den Sinn des Mitbestimmungsrechts ablehnen, die Abschwächung des Mitbestimmungsrechts etwa durch tarifliche Verfahrensregelungen über die Beteiligung des Betriebsrats aber für zulässig halten. Dies sei durch die autonome Stellung der Tarifparteien, die sie zu elastischen und auf die

---

1) So Simitis/Weiss DB 73, 124o (1247).

2) Vgl. Reuter ZfA 78, 1 (33) in Anlehnung an BAG AP Nr. 12 zu § 15 AZO (4).

3) So Preis DB 73, 474 (477 f.); Ritter S. 77.

4) So Preis a.a.O.; diesen terminus gebrauchen auch Böhm DP Gr. 3, 577 (585); ders. BB 74, 281, 372 (376); Galperin/Löwisch § 87 Rn 52; vgl. auch Wiedemann/Stumpf § 4 Rn 21o.

5) So Preis DB 73, 474 (478).

6) So Preis a.a.O.

7) Vgl. Farthmann RdA 74, 65 (7o); Farthmann/Bürger AR-Blattei Arbeitszeit V Kurzarbeit, B III 1 b; Wiedemann/Stumpf § 4 Rn 21o, 282.

spezifischen Besonderheiten einzelner Branchen und Betriebe abgestellten Regelungen befähigen solle, gerechtfertigt. "Mit gewissen Einschränkungen" für zulässig gehalten wird darüber hinaus die Einschränkung des Mitbestimmungsrechts auch durch tarifliche Regelungen über Voraussetzungen und nähere Einzelheiten für die Durchführung (z.B. Ankündigungsfristen) von Kurzarbeit[1].

Einen weiteren Schritt hinter dem vollen Mitbestimmungsrecht zurück bleibt die Auffassung[2], die jedenfalls bei Vorliegen eines sachlich-vernünftigen Grundes einseitige Bestimmungsrechte für zulässig hält[3]. Zwar dürften die Tarifparteien die Tarifdispositivität des § 87 I nicht dahingehend mißbrauchen, daß sie gewissermaßen wieder das Rad der Geschichte zurückdrehten; Besonderheiten von Produktion und Arbeit könnten jedoch in bestimmten Branchen die Zuweisung einseitiger Bestimmungsrechte in Einzelfragen - etwa bei Arbeitszeitregelungen - an den Arbeitgeber rechtfertigen.

Auf wenige Stimmen konzentriert sich der Kreis derjenigen, die eine tarifvertragliche Abschwächung des Mitbestimmungsrechts durch Einräumung eines Alleingestaltungsrechts an den Arbeitgeber oder durch Reduzierung der Mitbestimmung zu bloßer Anhörung oder Beratung des Betriebsrats für möglich halten. Eine solche Ermächtigung des Arbeitgebers wird sowohl grundsätzlich[4] - und dabei auch ausdrücklich ohne Rücksicht auf das Datum des Tarifabschlusse vor oder nach Inkrafttreten des BetrVG 72[5] -, als auch mit Einschränkungen für möglich gehalten; letztere werden dahingehend

---

1) Vgl. Meisel/Hiersemann AZO (2.Aufl.) § 3 Rn 41.

2) Vgl. Galperin/Löwisch § 87 Rn 5o ff. (in Widerspruch allerdings zu a.a.O. § 1 Vorb. 25, wo jede Einschränkung der Beteiligungsrechte für unwirksam erklärt wird); Löwisch Anm. BAG AP Nr. 2 zu § 87 BetrVG Kurzarbeit (6); ders. AuR 78, 97 (1o5); in ähnlichem Sinne dürften auch die widersprüchlichen Ausführungen von Kammann/Hess/Schlochauer § 87 Rn 39, 84 zu verstehen sein.

3) Ähnlich bereits Nikisch III S. 356, wonach die Tarifparteien den Umfang der Mitbestimmung jedenfalls nicht nach Gutdünken verkleinern dürfen.

4) Vgl. Buchner Fälle S. 115; Hess. Arbeitgeberverbände S. 124; Kammann/Meisel S. 122 f.; Lieb ZfA 78, 179 (2o9 ff.); Säcker ZfA 72 (Sonderheft), 41 (49); wohl auch Hueck/ Hueck KSchG § 19 Rn 7; unklar HwbAR Stichwort "Kurzarbeit" S. 2, 4.

5) So Säcker a.a.O.

geltend gemacht, daß ein einseitiges Anordnungsrecht entweder nur bei vor[1] oder aber nur bei nach[2] Inkrafttreten des BetrVG 72 geschlossenen Tarifverträgen möglich sein soll. Soweit dafür eine dogmatische Rechtfertigung gegeben wird, fußt diese auf dem Tarifvorrang des § 87 I Eingangssatz[3] sowie auf der Überlegung[4], es widerspreche der Tarifautonomie, in unternehmenspolitisch relevanten oder ohnehin nur vertraglich regelbaren Bereichen die betriebsverfassungsrechtliche Regelungsbefugnis der Tarifparteien zu beschränken. Hier müsse es möglich sein, im Tarifvertrag kollektivfreie Regelungsräume zu erkämpfen, die auch betriebsverfassungsrechtlichen Eingriffen standhielten. Die Mitbestimmung als Auffangtatbestand könne hingegen allenfalls für einen Kernbereich betriebsverfassungsrechtlicher Befugnisse, d.h. die klassischen formellen Arbeitsbedingungen, anerkannt werden.

2.) Die Auffassungen in der Rechtsprechung

Die erste höchstrichterliche Stellungnahme zu der aufgeworfenen Problematik[5] erging im Zuge eines zunächst vor dem ArbG Köln[6], sodann vor dem LAG Düsseldorf/Köln[7] und schließlich dem BAG[8] anhängigen Rechtsstreit. Entgegen den Vorinstanzen stellte sich das BAG in seinem Beschluß vom 5.3.1974[9] auf den Standpunkt,vor Inkrafttreten des BetrVG 72 abgeschlossene Tarifverträge, die

---

1) So Schaub S. 1o71.

2) So Stege/Weinspach S. 279, 295, allerdings in gewissem Widerspruch zu a.a.O. S. 277; Rumpff/Dröge S. 48 f., 73 f., 79.

3) Vgl. Säcker a.a.O.

4) Vgl. Lieb ZfA 78, 179 (21o f.).

5) Im Zusammenhang mit § 56 I lit. g BetrVG 52 hatte das BAG AP Nr. 8 zu § 56 BetrVG 52 (2R) entschieden, das dort normierte Mitbestimmungsrecht sei unabdingbar.

6) Vgl. ArbG Köln, zit.nach Becker-Schaffner BlStSozArbR 75, 18 (21 Fn 36); vgl. zu dieser Rechtsprechung Brill BB 73 Beil.3 S. 9.

7) Vgl. LAG Düsseldorf/Köln EzA § 87 BetrVG Nr. 1 (s. 3 ff.); vgl. zu dieser Rechtsprechung Brill BB 73 Beil. 15 S. 11.

8) Vgl. BAG AP Nr. 1 zu § 87 BetrVG Kurzarbeit; bestätigend BAG AP Nr. 2 zu § 87 BetrVG Kurzarbeit (3).

9) Vgl. BAG AP Nr. 1 zu § 87 BetrVG Kurzarbeit (3R ff.); vgl. zu dieser Rechtsprechung Etzel Die Rechtsprechung zum BetrVG 72 S. 117 f.

dem Arbeitgeber ein einseitiges Bestimmungsrecht einräumten, verstießen gegen den Geist der betrieblichen Mitbestimmung und könnten das Mitbestimmungsrecht des Betriebsrats nach neuem Recht nicht ausschließen. Das BAG behandelte den Fall jedoch wie das LAG Düsseldorf/Köln nur unter dem Aspekt, ob das "neue" Recht durch "alte" Tarifklauseln außer Kraft gesetzt werden konnte. Entgegen dem Beschwerdegericht verneinte das BAG dies. Beide Beschlüsse lassen daher offen, ob ihr Ergebnis auch für Tarifverträge zu gelten hat, die nach Inkrafttreten des BetrVG 72 vereinbart wurden[1)]. Der Umstand allerdings, daß das BAG[2)] die Abweichung der Tarifverträge "von Wort und Sinn des Gesetzes" zwar äußerlich unentschieden ließ, eine Antwort durch Nennung dieser tragenden Argumente[3)] indirekt aber doch vorwegnahm, gibt zu der Vermutung Anlaß, daß das BAG im Sinne der oben[4)] genannten herrschenden Meinung urteilen würde. Allerdings hat sich das BAG[5)] auch in der Folgeentscheidung nicht festgelegt, sondern nur auf seine bereits gegebenen Begründungen verwiesen. Die genannte Vermutung verdichtet sich jedoch dadurch, daß das BAG[6)] im Parallelfall des gesetzlichen Tarifvorbehalts eine durch Gesetz eingeräumte bloße rechtliche Gestaltungsmöglichkeit nicht als gesetzliche Regelung gemäß § 87 I Nrn. 1 - 12 wertete. Auch hier taucht das Argument auf, der soziale Schutzzweck werde nur durch eine die sachliche Substanz selbst regelnde gesetzliche oder tarifliche Norm verdrängt[7)].

Den Vorrang eines vor dem Inkrafttreten des BetrVG 72 abgeschlossenen, die Mitbestimmung des Betriebsrats nicht vorsehenden Tarif-

---

1) So ausdrücklich BAG AP Nr. 1 zu § 87 BetrVG Kurzarbeit (4).

2) Vgl. BAG a.a.O.

3) Deutlich auch der Hinweis auf den Grundsatz "Gesetzesrecht bricht Tarifrecht" und die Erwähnung des sozialen Schutzzwecks, der nur durch eine die sachliche Substanz selbst regelnde tarifliche Norm verdrängt werden könne (BAG a.a.O.).

4) Vgl. die oben S. 317 Fn 2 Genannten.

5) Vgl. BAG AP Nr. 2 zu § 87 BetrVG Kurzarbeit (3).

6) Vgl. BAG AP Nr. 1 zu § 87 BetrVG Werkmietwohnungen (2).

7) Vgl. BAG AP Nr. 1 zu § 87 BetrVG Werkmietwohnungen (2).

vertrages gegenüber dem Mitbestimmungsrecht nach § 87 I Nrn. 1o, 11 nimmt das LAG Baden-Württemberg, Kammer Freiburg, in seinem Urteil vom 29.6.1973[1] an. In Ergebnis und Begründung wie der Beschluß des BAG vom 5.3.1974 entschieden inzwischen das LAG Hamm[2] und das LAG Berlin[3]. Verschiedene Arbeitsgerichte haben jeweils im Sinne der in der Literatur h.M. Partei in der wissenschaftlichen Auseinandersetzung ergriffen. Das ArbG Berlin[4] beruft sich dabei auf den Geist der Mitbestimmung. Das ArbG Herford[5] meint, nur eine dem Mitbestimmungsrecht gem. § 87 I inhaltlich entsprechende Tarifregelung verdränge die Mitbestimmung. Dies sei aber nicht gegeben, wenn ein Tarifvertrag das "Ob" der Änderung bestehender Akkorde in das Ermessen des Arbeitgebers stelle. Das ArbG Düsseldorf[6] sieht in dem Tarifvorbehalt nur die Möglichkeit, ihn auch auszunutzen, nicht aber auch durch Verzicht die Mitbestimmungsrechte zu beschneiden.

III. Möglichkeiten der Lösungsfindung

1.) Betriebsverfassungskonforme Tarifauslegung

Berechtigterweise aufgeworfen und im Ergebnis zutreffend verneint hat Preis[7] die Frage, ob das angeschnittene Problem der tariflichen Verkürzung betrieblicher Mitbestimmungsrechte im Wege einer betriebsverfassungskonformen Auslegung des Tarifvertrages zu bewältigen ist. Denn allenfalls bei alten Tarifverträgen, die das Mitbestimmungsrecht nach § 87 I Nr. 3 noch gar nicht berücksichtigen konnten, ließe sich der Überlegung[8] nähertreten, die Vermutung spreche dafür, daß die Tarifparteien nicht hinter der jeweiligen gesetzlichen Regelung zurückbleiben wollten. Bei

---

1) Vgl. LAG Baden-Württemberg Kammer Freiburg DB 73, 1952 f.

2) Vgl. LAG Hamm DB 75, 2282 (2283).

3) Vgl. LAG Berlin DB 78, 115 (116); offenbar anders allerdings LAG Berlin v. 4.7.1973, zit. nach Brill BB 73 Beil. 15 S. 11.

4) Vgl. ArbG Berlin BB 73, 289 (291); ebenso LAG Hamm DB 75,2282 (2283), allerdings nur für Tarifverträge vor Inkrafttreten des BetrVG 72.

5) Vgl. ArbG Herford DB 75, 1323.

6) Vgl. ArbG Düsseldorf DB 78, 1985 (1986).

7) Vgl. Preis DB 73, 474 (475 f.).

8) Diese äußern Fitting/Auffarth/Kaiser § 87 Rn 14; ähnlich Galperin/Löwisch § 87 Rn 51.

Tarifverträgen, die nach der Verkündung des BetrVG 72 wirksam geworden sind, schafft eine solche Annahme betriebsverfassungsfreundlichen Willens der Koalitionen jedoch nur begrenzten Nutzen. Zwar ließe sich damit noch begründen, daß bei tariflichem Nichterwähnen des Mitbestimmungsrechts die gesetzliche Regelung automatisch gelten solle[1]; schwieriger wird es aber, wenn die Kurzarbeitsklausel expressis verbis von "Beratung" statt "Mitbestimmung" spricht oder sogar dezidiert das Mitbestimmungsrecht ausschließt. Im ersten Fall läßt sich angesichts der Rechtskundigkeit der tarifschließenden Parteien deren Vertragswerk nicht mit dem Argument[2] korrigieren, die Auslegung habe vor falscher juristischer Qualifikation nicht halt zu machen[3]. Erst recht würde eine "betriebsverfassungskonforme" oder besser mitbestimmungsfreundliche Auslegung im zweiten Fall den Willen der Tarifparteien ins Gegenteil verkehren. Mit den Mitteln juristischer Auslegungstechnik ist die tarifvertragliche Beschneidung des Mitbestimmungsrechts also nicht in den Griff zu bekommen.

2.) Tarifgestaltungsfreiheit nach § 1 TVG

Ausgangspunkt könnte indessen § 1 TVG sein, der den Koalitionen ausdrücklich das Recht zugesteht, betriebsverfassungsrechtliche Fragen eigenständig zu ordnen. Darunter fallen alle Bestimmungen, welche die Rechtsbeziehungen der Belegschaft und ihrer Organe zum Arbeitgeber gestalten[4]. Aus dieser Vorschrift ließe sich der Schluß ziehen, die Sozialpartner könnten ungehindert eigene Vor-

---

1) Die Gegenmeinung von Preis DB 73, 474 (475) in diesem Punkt überzeugt deshalb nicht, weil das Schweigen des Tarifvertrages bestenfalls als neutrale, nicht aber als ablehnende oder zustimmende Meinungsäußerung in der hier interessierenden Frage angesehen werden kann und die tarifübliche Erwähnung des Mitbestimmungsrechts als lediglich faktisch-politischer Vorgang kein Beweis für den Rechtswillen zum Ausschluß des Mitbestimmungsrechts im Nichterwähnungsfall ist.

2) Vgl. Palandt/Heinrichs § 157 Anm. 2 a.

3) Vgl. allerdings auch BAG AP Nr. 1 zu § 56 BetrVG 52 Akkord (2R) zu den Begriffen "Mitwirkung" und "Mitbestimmung".

4) Vgl. Buchner AR-Blattei Tarifvertrag V A, I.

stellungen im betriebsverfassungsrechtlichen Mitbestimmungsbereich entwickeln. Diese Vorstellung würde auch mit der Regelung des § 3 II TVG harmonieren[1], wonach es bei betriebsverfassungsrechtlichen Tarifnormen nicht auf die Tarifgebundenheit der Arbeitnehmer ankommt; denn dann wäre zugleich sichergestellt, daß die persönlichen Geltungsbereiche des sonst nur organisierte Arbeitnehmer erfassenden Tarifvertrages (§ 3 I TVG) und der im Wege der Mitbestimmung abzuschließenden Betriebsvereinbarung identisch wären und insofern mögliche Probleme aus der unterschiedlichen persönlichen Geltung auf beiden Regelungsebenen nicht entstünden.

Dennoch ist § 1 TVG kein taugliches Hilfsmittel im hier aufgeworfenen Konflikt. Zwar kommen als Regelungsgegenstände des § 1 TVG auch die sozialen Mitbestimmungstatbestände in Betracht[2]; die Delegation in § 1 TVG gewährt jedoch kein Recht zur Änderung zwingender staatlicher Rechtsnormen[3]. Auch hier stecken höherrangige Rechtsquellen die Gestaltungsfreiheit der Tarifvertragsparteien ab. Daher kann der Tarifvertrag jedenfalls keine einschränkenden betriebsverfassungsrechtlichen Normen aufstellen, die über den durch das BetrVG gewährten Spielraum für abweichende Gestaltungen hinausgehen[4]. Inhaltlich sind die Tarifparteien also an die tragenden Prinzipien des BetrVG gebunden[5]. Die Grenzen ihrer betriebsverfassungsrechtlichen Gestaltungsmacht in Angelegenheiten, die bereits vom BetrVG kodifiziert sind, ergeben sich hier, wo es um die Einschränkung gesetzlicher Rechte geht[6], daher nicht aus dem TVG, sondern aus dem BetrVG selbst[7].

---

1) Verfassungsrechtliche Bedenken gegenüber dieser Vorschrift äußern allerdings Buchner AR-Blattei Tarifvertrag V A, II und Richardi Kollektivgewalt S. 246; die Reichweite der Vorschrift offenlassend BAG (GS) AP Nr. 13 zu Art. 9 GG.

2) Vgl. Buchner AR-Blattei Tarifvertrag V A, I.

3) Vgl. Galperin/Löwisch § 1 Vorb. 27.

4) Vgl. Buchner AR-Blattei Tarifvertrag V, A IV 2 b aa.

5) Vgl. Wiedemann/Stumpf Einl. 165 m.w.N.

6) Damit ist zur Erweiterung betrieblicher Mitbestimmungsrechte durch Tarivertrag nichts gesagt; vgl. dazu insbesondere und mit Nachweisen Buchner AR-Blattei Tarifvertrag V A, I und III; Feichtinger S. 92 ff.; Ritter S. 83 ff.; Wiedemann/Stumpf § 1 Rn 253 ff.; Wiese GK-BetrVG § 87 Rn 4a ff.

7) So auch Wiedemann/Stumpf Einl. 165.

3.) Begrenzung der Tarifmacht aus dem BetrVG

a.) Keine Berücksichtigung des § 77 III

Die Diskussion über die tarifvertragliche Einschränkung des Mitbestimmungsrechts findet im Schrifttum in aller Regel im Zusammenhang mit dem Tarifvorbehalt des § 87 I Eingangssatz statt. Dies ist jedenfalls bei Befürwortung der hier vertretenen Vorrangtheorie an sich nicht weiter bemerkenswert, weil dann § 77 III aus der Interpretation der Mitbestimmung nach § 87 I ohnedies ausscheidet. Grenzen der fraglichen Tarifmacht können sich demnach nur aus § 87 I selbst ergeben.

Erinnert sei allerdings daran, daß auch die Anhänger der Zwei-Schranken-Theorie diesen gemeinsamen Ansatzpunkt praktisch nicht verlassen. Dies ist um so erstaunlicher, wenn man sich vergegenwärtigt, daß § 77 III eine Zuständigkeitsabgrenzung vornimmt[1], aufgrund deren schon bei tariflichen Teilregelungen die jeweiligen Arbeitsbedingungen in toto der betriebsvereinbarungsrechtlichen Kompetenz entzogen sind[2]. Bei Anwendung der Zwei-Schranken-Theorie müßte - wie zuvor bereits angesprochen[3] - die tarifvertragliche Einschränkung des Mitbestimmungsrechts also von vornherein anders beurteilt werden, als dies nach der Vorrangtheorie der Fall ist. Wenn nämlich den Betriebsparteien jegliche Regelungskompetenz fehlt, erübrigt sich an sich auch die Frage nach deren Einschränkung.

b.) Orientierung an der Mitbestimmungsregelung des § 87 I

Kann die fragliche Einschränkung nur noch aus § 87 I selbst folgen, hilft insoweit nicht, die einzelnen Mitbestimmungstatbestände ohne weitere Begründung für zwingend und seitens der Tarifparteien für bindend zu erklären[4]. Die Regelungen des BetrVG sind "weitgehend"[5], aber eben nicht gänzlich zwingend und dies

---

1) S.o. S. 199 f.

2) S.o. S. 214 ff.

3) S.o. S. 235 ff., 243.

4) So aber Frauenkron § 87 Rn 9.

5) Vgl. Buchner AR-Blattei Tarifvertrag V, B IV.

bei der Mitbestimmung nach § 87 auch nur soweit, als nicht die Besonderheiten des § 87 I Eingangssatz eingreifen[1]. Zu vordergründig wäre es auch, den zwingenden Charakter der sozialen Mitbestimmung mit der Gefahr von Rechtsunsicherheit und tarifrechtlicher Rechtszersplitterung in einem erst mühsam vereinheitlichten Rechtsgebiet zu begründen[2]. Damit wendet man nämlich eine formale Betrachtungsweise an, die letztlich für jedes Gesetz gilt; im konkreten Fall der betrieblichen Mitbestimmung kann sie zudem nicht den Tarifvorrang nach § 87 I Eingangssatz erklären. Gerade dieser kommt aber im besonderen als Ansatzpunkt für die Beurteilung der mitbestimmungseinschränkenden Tarifmacht in Betracht.

IV. § 87 I als Schranke tarifvertraglicher Regelungsmacht

1.) Zur Bindung an die Sozialstruktur des BetrVG und den Kernbereich der Mitbestimmung

Zumal dann, wenn man - wie zuvor[3] genannte Autoren - den Zweck des § 87 I Eingangssatz in der Vorrangwahrung der Tarifautonomie sieht und so die Folgerung naheliegt, deren Schutz als Begründung für eine kollektive Vertragsfreiheit heranzuziehen und auf diese Weise eine nahezu beliebige Einschränkung der betrieblichen Mitbestimmung kraft Tarifmacht zu legitimieren[4], wären die Konsequenzen unbegrenzter tariflicher Regelungsmacht erstaunlich[5]. Es bestünde nämlich die Gefahr, daß die Tarifparteien die Regelung des § 87 I schlicht ignorieren könnten. Die sozialpolitischen Vorstellungen, die der Gesetzgeber mit dieser Norm verknüpfte[6], unterstünden weitgehend der Disposition der Koalitionen.

---

1) Vgl. Wiedemann/Stumpf § 1 Rn 253.

2) So aber Bötticher Anm. BAG SAE 74, 2o2 (2o6); ähnlich Nikisch III S. 353.

3) Vgl. die oben S.185 Fn 1 Genannten.

4) So aber Hueck/Nipperdey/Tophoven/Stahlhacke § 1 Rn 53; Stahlhacke DB 63, 66 (67).

5) Entsprechend unsicher die Formulierung bei Stahlhacke a.a.O.: "So unwahrscheinlich das klingen mag, derartige Tarifregelungen dürften zulässig sein".

6) Vgl. dazu oben S. 234 f.

Andererseits hat das BetrVG aber eine festumrissene Sozialstruktur verbindlich festgelegt[1], die nach den Grundsätzen der Normenwertigkeit dem Tarifrecht vorgeht und welche die Tarifpartner nicht mit jeder beliebigen Regelung unterlaufen können, um so dem sozialen Gewicht des § 87 entgegenzuwirken[2].

Das Unerträgliche wäre also nicht, wenn die Tarifparteien, die Kodifikation des § 87 I überschreitend, eine Erweiterung des betrieblichen Mitbestimmungsrechts vereinbarten; denn dann wären die gesetzlichen Intentionen, die in der gleichberechtigten Teilhabe der Arbeitnehmer an sie besonders betreffende Arbeitsbedingungen liegen, nicht unter-, sondern überschritten und damit auf jeden Fall gewahrt. Daher ist unzutreffend, aus der Formulierung des BAG[3], der Kreis der mitbestimmungspflichtigen sozialen Angelegenheiten könne anders und "insbesondere" erweiternd bestimmt werden, zu folgern, damit werde auch eine Einschränkung für zulässig gehalten[4]. Die Alternativen Erweiterung und Beschränkung der Mitbestimmung sind nämlich insoweit gar nicht miteinander vergleichbar, als sich bei ersterer das Problem, ob eine Aushöhlung gesetzlich gewollter Teilhaberechte möglich ist, nicht stellt. Erst bei der Verkürzung der Mitbestimmungsrechte fällt die Einsicht schwer, der Gesetzgeber könne zum Schutz der Tarifautonomie die Befolgung der Mitbestimmungsregelungen in das Ermessen der Tarifparteien gestellt haben. Vollends unschlüssig wird diese Überlegung dadurch, daß die Tarifautonomie zwar nicht beschränkt werden kann, daß sie sich aber an gesetzliche Grenzen zu halten hat. Da das BetrVG Mindestbedingungen setzt, ist es im Wege der tarifautonomen Regelung abänderbar auch nur i.S. einer Erweiterung der Mitbestimmungsrechte[5].

Im Zuge dieser Überlegung dürfte die im Schrifttum zu Recht als

---

1) Vgl. Galperin/Löwisch § 1 Vorb. 28; Nikisch III S. 354 m.w.N.
2) Vgl. BAG AP Nr. 2 zu § 87 BetrVG Kurzarbeit (3R ff.).
3) Vgl. BAG AP Nr. 14 zu § 56 BetrVG 52 (5R).
4) So aber Dietz RdA 62, 39o (391).
5) So zutreffend Schwendy S. 71 ff., 122 f.

vage[1] und diffus[2] kritisierte Benennung des "Geistes der Mitbestimmung" durch das BAG[3] zu sehen sein. Der Terminus an sich ist nichtssagend. Preis[4], auf den sich das BAG beruft, gebraucht ihn gewissermaßen als sprachliche Verkürzung des Arguments, daß ein Mitbestimmungsverzicht nicht zur Zerstörung gesellschaftspolitischer Vorstellungen des Gesetzgebers führen dürfe. Sollte der Begriff - wofür die Bezugnahme des BAG auf Preis spricht - in diesem Sinne gemeint sein, könnte man ihm insoweit wenigstens inhaltliche Aussagekraft beimessen. Bedenken erheben sich jedoch deshalb, weil die vom BetrVG gewollte Sozialstruktur nicht als Ganzes zwingend sein kann; andernfalls bliebe die Kompetenzzuweisung des Art. 9 III GG ungereimt[5].

Unbefriedigend bleibt insgesamt die unscharfe Konturierung von Abgrenzungskriterien wie Sozialstruktur und Geist der Mitbestimmung. Dies gilt auch für die Berufung auf den Kernbereich der Mitbestimmung[6] sowie den im Schrifttum[7] unternommenen Versuch, die Tarifparteien im Wege ihrer vom BAG[8] geforderten Bindung an die tragenden Grundsätze des Arbeitsrechts zur Respektierung gesetzlicher Ordnungsvorstellungen zu veranlassen. Bedenken ergeben sich hier deshalb, weil das BAG[9] als Verstöße gegen solche tragenden Grundsätze zunächst nur Tarifverträge sieht, die zu einer grundlegenden Schlechterstellung des Arbeitnehmers im Vergleich zu einer sachlich vertretbaren Lösung führen. Dies wird jedoch im Hinblick auf materiell wirkende, d.h. lohnmindernde, nicht aber ordnungspolitische Regelungen verstanden. Unbefriedigend ist weiter, daß sich ein Versuch der Definition des Kernbereichsbe-

---

1) Vgl. Wiese Anm. BAG AP Nr. 1 zu § 87 BetrVG Kurzarbeit (8); vgl. auch Hueck/Nipperdey/Tophoven/Stahlhacke § 1 Rn 53.

2) Vgl. Däubler Das soziale Ideal des BAG S. 7o.

3) Vgl. BAG AP Nr. 1 (3R), 2 (3) zu § 87 BetrVG Kurzarbeit; vgl. auch BAG AP Nr. 4 zu § 56 BetrVG 52 Akkord (3R) sowie ArbG Berlin BB 73, 289 (291) und die zuvor S.319 Fn 4 Genannten.

4) Vgl. Preis DB 73, 474 (477).

5) Vgl. Hofe S. 159 f.

6) Vgl. dazu die oben S. 319 Fn 6 Genannten.

7) Vgl. Reuter ZfA 78, 1 (33).

8) Vgl. BAG AP Nr. 12 zu § 15 AZO (4).

9) BAG AP Nr. 12 zu § 15 AZO (4).

griffs außerordentlichen Schwierigkeiten gegenübersieht[1] und den Koalitionen ihrerseits über Art. 9 III GG ein Kernbereich spezifisch koalitionsgemäßer Betätigung im Betriebsverfassungsrecht offensteht[2].

Soweit ersichtlich ist es noch nicht gelungen, den Kernbereich der betrieblichen Mitbestimmung positiv abzustecken[3]. Abzulehnen wäre insbesondere, den Kernbereich der Mitbestimmung im Sinne der formellen Arbeitsbedingungen definieren zu wollen[4]. Fragt man nämlich nach dem Zweck der Mitbestimmung, wird man sich der Erkenntnis nicht verschließen können, daß das Schutzprinzip gerade dort nach Befolgung verlangt, wo es um materielle Nachteile geht, nämlich bei den materiellen Arbeitsbedingungen selbst[5]; im Grunde hätte man sonst auf Umwegen eine funktionale Unterscheidung zwischen formellen und materiellen Arbeitsbedingungen wieder eingeführt[6], die doch durch Einbeziehung materieller Tatbestände des § 87 I gerade überholt ist. Mit einem solchen Kernbereichsbegriff würde man auch nur einen Teil des Problems, nämlich den quantitativen Aspekt, erfassen. Offen bliebe, ob eine qualitative Veränderung der Mitbestimmung als Teilnahmeform möglich wäre. Dies ist indessen das Problem, wenn Tarifverträge nur von Anhörung und Beratung des Betriebsrats sprechen.

So ist es fraglich, ob man mit den genannten verschwommenen Kriterien zu einer durchgängigen Lösung kommt. Denn mit ihnen wäre allenfalls die ohne weitere Einschränkung vorgenommene Ermächtigung des Arbeitgebers zur einseitigen Einführung von Kurzarbeit klar erfaßbar. Offen blieben aber etwa die Fälle, in denen die Ermächtigung des Arbeitgebers nur bei Eiligkeit oder anderen besonderen Umständen gelten soll. Daß hier ein Kernbereich der Mit-

---

1) Vgl. Ritter S. 2o2 ff.

2) Vgl. Ritter S. 151 ff.; für den Bereich des Personalvertretungswesens hat das BVerfG (vgl. BVerfGE 19, 3o3, 312 ff.) einen solchen Kernbereich anerkannt.

3) Vgl. dazu im einzelnen Ritter a.a.O.

4) So aber Lieb ZfA 78, 179 (21o).

5) Vgl. oben S. 69 ff., 249.

6) Vgl. in diesem Zusammenhang oben S. 3o8 ff.

bestimmung tangiert wäre, ist kaum anzunehmen. Unklar wäre beispielsweise auch, ob der Ausschluß der Mitbestimmung im Fall des § 19 KSchG tarifvertraglich möglich ist. In solchen Grenzfällen ließen sich mit der Kernbereichstheorie möglicherweise einschneidende Einschränkungen legitimieren.

2.) Begrenzung aus § 87 I Eingangssatz

a.) Keine Einschränkung aus dem Wortlaut

Ist eine befriedigende Lösung daher nicht ohne Berücksichtigung des § 87 I Eingangssatz möglich, muß zunächst festgestellt werden, daß diese Vorschrift vom Wortlaut her, wie im Schrifttum[1] zu Recht bemerkt worden ist, keine Einschränkung der tariflichen Präponderanz gestattet. Dem Tarifvorbehalt läßt sich nicht entnehmen, daß die koalitionsrechtliche Gestaltungsmacht das Regelungsniveau des § 87 I Nrn. 1 - 12 nicht unterschreiten darf. Dies ändert sich auch nicht unter Berufung auf das Wörtchen "soweit", aus dem sich nach Auffassung des BAG[2] die Unabdingbarkeit der Mitbestimmung ergeben soll; denn wenn der Tarifvertrag den Arbeitgeber in bestimmtem Umfang zu einseitigem Vorgehen ermächtigt, ist nach dem Wortlaut des § 87 I Eingangssatz so weit eben auch die Mitbestimmung beseitigt. Auch der Versuch[3], als "Regelung" im Sinne von § 87 I Eingangssatz nur die sachliche Substanz selbst gestaltende Tarifverträge anzuerkennen, ist jedenfalls dann zweifelhaft, wenn dieses Ergebnis, wie Preis[4] annimmt, über eine Wortinterpretation des § 87 I Eingangssatz gewonnen worden sein sollte. Denn vom Wortsinn her ist eine "Regelung" jede rechtliche Gestaltung eines Sachverhalts ohne Rücksicht auf ihren Inhalt. Folglich stellt auch die Zuweisung einseitiger Rechte an den Arbeitgeber eine "Regelung" dar[5]. Eine Wortinterpretation würde im übrigen auch vor den Fällen versagen, in denen lediglich von einer Anhörung des Betriebsrats die Rede

---

1) Vgl. Reuter ZfA 78, 1 (33).
2) Vgl. BAG AP Nr. 8 zu § 56 BetrVG 52 (2R).
3) Vgl. dazu die oben S. 317 Fn 3 Genannten.
4) Vgl. Preis DB 73, 474 (476).
5) So auch Preis a.a.O.; Ritter S. 76.

ist. Eine solche Verfahrensvorschrift trüge ganz ohne Zweifel Regelungscharakter, womit das Kriterium der Regelung zur Abgrenzung des tarifvertraglichen Gestaltungsrahmens nutzlos wäre. Aber auch materiell ist die Zuweisung einseitiger Anordnungsrechte an den Arbeitgeber als Regelung jedenfalls nicht unter dem von Fitting/Auffarth/Kaiser[1)] angesprochenen Gesichtspunkt, auch der Betriebsrat dürfe seine Befugnisse nicht auf den Arbeitgeber als anderes Organ der Betriebsverfassung delegieren, unwirksam. Soweit man daraus schließen könnte, den Tarifvertragsparteien dürfe insoweit nicht erlaubt sein, was dem Betriebsrat versagt ist, wäre dies nicht zwingend; denn bei der tariflichen Zuweisung von Rechten an eine der Tarifvertragsparteien handelt es sich nicht um eine Übertragung, sondern lediglich um eine Überlassung von Regelungsbefugnissen, die ihnen ohnehin zustehen[2)]. Eine Übertragung an Dritte findet - und das unterscheidet die Fälle - dabei nicht statt.

Die Unwirksamkeit kann sich also nur aus Sinn und Zweck des § 87 I Eingangssatz ergeben.

b.) Eingrenzung aus dem Zweck der Vorschrift

Auf schwachem Grund steht die Einräumung einseitiger Rechte auch, wenn man zutreffenderweise davon ausgeht, daß der Sinn des § 87 I Eingangssatz auch in der Gewährleistung eines kollektiven Mindestschutzes besteht[3)]. Schutz und Teilhabe der Arbeitnehmer im Rahmen des § 87 I Nrn. 1 - 12 sind nämlich lediglich in dem Umfang entbehrlich, in welchem diese Zwecke bereits anderweitig durch Tarifvertrag oder auch Gesetz erreicht sind. Beide Zwecke werden konterkariert, wenn der Arbeitgeber einseitig Kurzarbeit einführen darf. Er hätte dadurch eine faktische Erweiterung seines Direktionsrechts erfahren und wäre ohne konkrete vertragliche Absprache zum Eingriff in das Synallagma berechtigt. Diese Ver-

---

1) Vgl. Fitting/Auffarth/Kaiser § 87 Rn 14 a.

2) Vgl. Peters/Ossenbühl S. 1o1.

3) Vgl. oben S. 186 ff.

besserung seiner Rechtsposition[1] bewirkt aber gerade das Gegenteil dessen, was das Mitbestimmungsrecht beabsichtigt.

Das dem entgegengehaltene Argument[2], die Gewerkschaften würden schon nicht ihren Schutzauftrag vernachlässigen, versagt bereits vor der Betriebsbezogenheit der Angelegenheiten des § 87 I. Zumal die Kurzarbeit ist, wie ausgeführt[3], gar nicht in befriedigender Weise tarifvertraglich erfaßbar. Wo der Tarifschutz aber löchrig ist, muß das komplementäre[4] Mitbestimmungsrecht zum Zuge kommen. Es handelt sich hier auch gar nicht um eine Vertrauensfrage, sondern um ein Problem der inhaltlichen Zulässigkeit von Tarifverträgen, wobei die Begrenzung nach objektiven Kriterien erfolgt[5]. Wenig überzeugend ist auch, wieso die Zurückweisung eines einseitigen Bestimmungsrechts eine Überziehung des Beteiligungszwecks darstellen soll[6]. Schließlich kommt dieser in der Gewährung des Mitbestimmungsrechts zum Ausdruck und will die Vernünftigkeit einer Regelung wenn irgend möglich gerade auch der Mitbeurteilung der Arbeitnehmer und ihrer betrieblichen Vertretung überlassen.

Von diesem Gedankengang her stößt das Gegenargument, dem Arbeitgeber müsse weiterhin durch Tarifvertrag das Erkämpfen betriebsverfassungsfester Freiräume möglich sein[7], ins Leere. Wenn Zweck des § 87 I auch die Garantie eines kollektiven Mindestschutzes ist, ist auf diese Weise zugleich der Ermessensspielraum der Tarifparteien umschrieben. Sie können, legitimiert durch den Eingangssatz, die Angelegenheit selbst inhaltlich regeln. Tun sie dies, indem sie etwa bei der Kurzarbeit Voraussetzungen und Ankündigungsfristen festlegen, schränken sie dadurch zwar den

---

1) Vgl. zu dieser Erweiterung der Rechtsposition des Arbeitgebers Wiese Anm. BAG AP Nr. 1 zu § 87 BetrVG Kurzarbeit (8).

2) Vgl. Galperin/Löwisch § 87 Rn 51; ähnlich Kammann/Hess/Schlochauer § 87 Rn 39.

3) Vgl. oben S. 271 ff.

4) Vgl. oben S. 188.

5) Vgl. Wiese 25 Jahre BAG S. 661 (675).

6) So aber Galperin/Löwisch § 87 Rn 51.

7) So aber Lieb ZfA 78, 179 (21o).

sachlichen Anwendungsbereich der Mitbestimmung ein, werden für den einschränkenden Teil aber dem Schutzauftrag gerecht und vermindern für den verbleibenden Teil auch nicht gezielt die materielle Rechtsnatur der Mitbestimmung. Deshalb ist es verfehlt, bei einer teilweisen inhaltlichen Tarifregelung von einer zulässigen Einschränkung des Mitbestimmungsrechts zu sprechen[1], weil es sich lediglich um eine praktische Beschränkung des Mitbestimmungsrechts handelt[2]. Orientiert am Zweck des Mindestschutzes überschreiten die Tarifparteien ihr Ermessen, wenn sie die materielle Schwelle verkürzen. Denn die betriebsverfassungsrechtliche Aufgabe der Tarifparteien ist eine unterstützende; sie sind aber, wie das LAG Hamm[3] zutreffend festgestellt hat, dadurch weder Träger noch Kontrolleure des Mitbestimmungsrechts geworden. Deshalb können sie auch nicht anstelle einer eigenen Regelung lediglich zu den Kompetenzen des Betriebsrats Stellung nehmen[4]. Das Erkämpfen tariflicher Freiräume ist so gesehen keine Frage des § 87 I Eingangssatz, sondern höchstens des § 77 III.

Die Gegner der hier vertretenen Ansicht[5] müssen sich vorwerfen lassen, durch das synchrone Betonen beider Regelungsvorbehalte, die indessen keine miteinander identischen Zwecke verfolgen[6], zu einem Ergebnis zu gelangen, das vom Zweck des § 87 I Eingangssatz gar nicht getragen wird. Den Tarifparteien den Schutz dieser Regelungssperre angedeihen lassen zu wollen, beruht auf verkürzter Betrachtungsweise. Denn schützenswert nach § 87 I Eingangssatz sind nicht allein die Koalitionen - dieses Ziel verfolgt vielmehr die hier allerdings nicht anwendbare und auch nicht erforderliche[7] Vorschrift des § 77 III -, sondern ebenso die Arbeitnehmer. Es stimmt auch nicht, daß sonst tarifvertragliche Regelungen, die hinter betriebsverfassungsrechtlichen Möglichkeiten zurückbleiben, sinnvoll nicht mehr zu vereinbaren seien, da sie auf

---

1) So aber Meisel/Hiersemann AZO (2.Aufl.) § 3 Rn 41.
2) Vgl. Auffarth AR-Blattei Betriebsverfassung V, H.
3) Vgl. LAG Hamm EzA § 87 BetrVG Leistungslohn Nr. 1 (S. 5 f.).
4) Vgl. Simitis/Weiss DB 73, 124o (1247).
5) Vgl. die oben S. 319 ff. Genannten.
6) Vgl. dazu oben S. 186 ff., 255 ff.
7) Vgl. im einzelnen oben S. 284 ff., 287 ff.

Betriebsebene überholt werden könnten[1]; denn gerade bei betriebsbezogenen Angelegenheiten geht es nicht um Überholen, sondern Ergänzen der lückenhaften tariflichen Regelung. Der bereits geregelte Bereich ist den Betriebsparteien ja ohnedies versperrt.

Ein mitbestimmungsfreier Raum kann jedenfalls für die Kurzarbeit auch nicht durch diejenige Literaturmeinung geschaffen werden, welche einseitige Bestimmungsrechte bei sachlich-vernünftigem Grund auch und gerade in bezug auf Arbeitszeitregelungen für möglich hält[2].Damit ließen sich nämlich die gesetzlichen Regelungen fast beliebig zugunsten jeder der beiden Seiten auf Kosten der Rechtssicherheit aushöhlen[3]. Das Gegenargument, die Besonderhei-

---

1) So aber Lieb ZfA 78, 179 (21o f.).

2) So aber die oben S. 32o Fn 2 Genannten. Nicht zutreffend ist die Verweisung von Galperin/Löwisch § 87 Rn 53 auf BAG AP Nr. 4 zu § 56 BetrVG 52 Akkord. Die dort zum Ausdruck kommende Rechtsprechung stützt die Meinung von Galperin/Löwisch deshalb nicht, weil das BAG (a.a.O. 3 R) in dem dort behandelten Tarifvertrag gar kein einseitiges Festsetzungsrecht des Arbeitgebers, sondern lediglich ein Vorschlagsrecht sah, das gegebenenfalls zu einer stillschweigend abgeschlossenen Betriebsvereinbarung sollte führen können. Nicht gefolgt werden kann Löwisch (Anm. BAG AP Nr. 2 zu § 87 BetrVG Kurzarbeit, 5R) auch insofern, als er für seine Auffassung, einseitige Bestimmungsrechte seien bei sachlich vernünftigem Grund möglich, BAG AP Nr. 2 zu § 87 BetrVG Kurzarbeit (4R) heranzieht. Zwar bemängelt das BAG in diesem Beschluß nicht die Protokollarische Erklärung zu § 19 I des Tarifvertrages über die Betriebsverfassung im rheinisch-westfälischen Steinkohlebergbau, wonach in Not- und Eilfällen die Werksleitung bei Unerreichbarkeit des Betriebsrats alleine handeln kann. Zu einer Kritik hatte das BAG allerdings keinen Anlaß, weil die genannte Protokollarische Erklärung für die Entscheidung unerheblich war und das BAG diesen Tarifvertrag lediglich als Beispiel dafür heranzog, daß die Tarifwirklichkeit vorsorgliche Regelungen in eiligen Fällen überhaupt kennt. Ob diese auch wirksam sind, ist damit insbesondere deshalb noch nicht gesagt, weil dieser Tarifvertrag Eil- und Notfälle nebeneinanderstellt, ohne diese Begriffe zu differenzieren, wie es das BAG praktiziert (vgl. dazu oben S. 146 Fn 2). Aus der Entscheidung BAG AP Nr. 2 zu § 87 BetrVG Kurzarbeit kann für die Ansicht Löwischs also nichts hergeleitet werden.

3) So zutreffend Wiese 25 Jahre BAG S. 661 (676); ablehnend auch ders. GK-BetrVG § 87 Rn 23c f.

ten von Produktion und Arbeit müßten solche Tarifklauseln rechtfertigen, trägt bei der Kurzarbeit deshalb nicht, weil diese nicht in besonders enger Beziehung zu einer besonderen Herstellungsweise oder einem speziellen Arbeitsrhythmus steht, sondern als ursachenneutrale Arbeitsbedingung für alle Produktions- und Arbeitsabläufe gleichermaßen gilt. Für die Kurzarbeit wäre allenfalls in Notfällen ein einseitiges Gestaltungsrecht des Arbeitgebers sachlich gerechtfertigt. Für solche Sachverhalte besteht aber als Ausnahme von der Theorie der Wirksamkeitsvoraussetzung ohnedies kein Erfordernis der Mitbestimmung[1]. Daher können Kurzarbeitsklauseln, die für Notfälle die Mitbestimmung ausschließen, schon deshalb nicht ungültig sein, weil sie zumindest gegen die hier vertretene Interpretation des Mitbestimmungsrechts nicht verstoßen. Die Heranziehung des Kriteriums des sachlich-vernünftigen Grundes ist also auch weitgehend überflüssig. Soweit damit freilich auch in Eilfällen ein Verlust an betrieblicher Mitbestimmung erzielt werden sollte, scheitert dies schon an der gesetzlichen Vorschrift des § 87 I Nr. 3. Denn diese unterwirft gerade die oft kurzfristig auftretende Kurzarbeit der Mitbestimmung und dokumentiert damit den Willen des Gesetzgebers zur Vereinbarungspflichtigkeit auch eiliger Fälle[2]. Diese gesetzliche Regelung markiert ein Datum, welches die Tarifparteien deshalb, weil die gesetzliche Regelung die stärkere Rechtsquelle bedeutet, keinesfalls umgehen können[3]. Schließlich wurde § 87 I Nr. 3 gerade deshalb ins Gesetz aufgenommen, damit der Betriebsrat bei der Einführung von Kurzarbeit mitzubestimmen hat[4].

V. Folgerungen

Die hier vertretene, am Zweck des § 87 I Eingangssatz ausgerichtete Lösung führt zu klaren und praktikablen Ergebnissen. Am Merkmal des erforderlichen Mindestschutzes scheitern Tarifabsprachen,

---

1) Vgl. oben S. 144 ff.

2) Vgl. dazu oben S. 149.

3) Vgl. BAG AP Nr. 4 zu § 56 BetrVG 52 Akkord (3R).

4) Vgl. Fuhr/Stahlhacke § 1o5, VI 5 d aa.

die - direkt oder indirekt - das Mitbestimmungsrecht des Betriebsrats ausschließen, ohne daß es darauf ankäme, ob sie vor oder nach Inkrafttreten des BetrVG 72 getroffen wurden.

Unwirksam sind danach Tarifklauseln, welche das Mitbestimmungsrecht des Betriebsrats für überflüssig erklären, es sei denn, sie beziehen sich damit auf einen Fall, in welchem das Mitbestimmungsrecht ohnedies nicht besteht, wie z.B. im Notfall. Beispiele für solche unwirksamen Tarifklauseln sind der oben[1] genannte § 6 MTV für die Metallindustrie in Rheinland-Pfalz vom 9.9.1959 i.d.F. vom 21.2.1975, weil auch im Fall des § 19 KSchG ein zwingendes Mitbestimmungsrecht des Betriebsrats besteht[2], ferner § 18 MTV für die Mitarbeiter im Rheinischen Braunkohlebergbau, der mit dem dehnbaren Begriff der "Rechtzeitigkeit" die Einführung von Kurzarbeit zumindest teilweise in das Belieben des Arbeitgebers stellt. Bedenklich sind auch § 8 MTV für die gewerblichen Arbeitnehmer der Flachglas AG und der Glas- und Spiegelmanufactur AG sowie die Protokollarische Erklärung zu § 19 I des Tarifvertrages über die Betriebsverfassung im rheinisch-westfälischen Steinkohlebergbau; beide Klauseln können nur insoweit Bestand haben, als aus ihnen ein Ausschluß des Mitbestimmungsrechts lediglich in Notfällen zu entnehmen ist.

Ohne Bestandskraft bleiben auch alle Tarifklauseln, welche die Schwelle gleichberechtigter Mitbestimmung unterschreiten, ohne selbst eine Regelung zu treffen. Dazu zählen insbesondere "Beratung" und "Anhörung"[3] des Betriebsrats. Hier wird eine Ausnahme indessen insoweit zuzugestehen sein, als sich aus den notwendigerweise eingeschränkten Anforderungen an die Vollständigkeit des Tarifvertrages[4] Besonderheiten ergeben. Ist der durch die Mitbestimmung angestrebte Mindestschutz durch den Tarifvertrag bereits verwirklicht, wird für den verbleibenden Teil - sofern es einen solchen noch gibt - ein einseitiges Gestaltungsrecht

---

1) S. oben S. 166.
2) S. oben S. 164 ff.
3) Insoweit zustimmend <u>Röhsler</u> Die Arbeitszeit S. 12o.
4) S. oben S. 189 ff.

des Arbeitgebers einzugestehen sein. Als Beispiel hierfür mag der dem Beschluß des LAG Hamm vom 3.1o.1974[1] zugrundeliegende Sachverhalt dienen, bei welchem in einer ausführlichen Verfahrensordnung zur Vorgabezeitermittlung verbleibende methodische Fragen dem pflichtgemäßen, freilich in der paritätischen Akkordkommission zu überprüfenden Ermessen des Arbeitgebers überlassen bleiben. Bei der Kurzarbeit erscheint eine solche Möglichkeit angesichts ihrer Tarifferne allerdings schwer vorstellbar; allenfalls bei einzelnen Durchführungsmodalitäten lassen sich tarifliche Lücken denken, die Raum für einseitige Gestaltungsakte des Arbeitgebers schaffen.

1) Vgl. LAG Hamm DB 74, 2161 f.

§ 15 Mitbestimmung bei streikbedingter Kurzarbeit

I. Problemaufriß

1.) Praktische Relevanz

Der Arbeitskampf in der Metallindustrie in Nordwürttemberg und Nordbaden des Jahres 1971, der dazu führte, daß im Verlauf der Eskalation von Streik und Aussperrung so gut wie alle im Tarifgebiet gelegenen Betriebe mit mehr als hundertköpfiger Belegschaft durch diese beiden Arbeitskampfmittel am Streik beteiligt waren[1], brachte auch mit sich, daß zahlreiche Betriebe kurzarbeiten mußten. Die Kurzarbeit als Folge der Tarifauseinandersetzungen erfaßte verschiedene Industriezweige innerhalb und außerhalb des umkämpften Tarifgebiets[2]. Die Statistik[3] sagt aus, daß 23o ooo Beschäftigte durch Kurzarbeit mittelbar in den Arbeitskampf verwickelt wurden. Die Streikfolgen erfaßten danach mehr als die Hälfte aller bundesweit registrierten Kurzarbeiter in den Monaten Dezember 1971 und Januar 1972[4].

Spielte seinerzeit in Anbetracht des damaligen Meinungsstandes zu § 56 I BetrVG 52 die Diskussion um die Auswirkungen des Streiks auf die Beteiligungsrechte der Arbeitnehmer mangels Mitbestimmung des Betriebsrats bei der Einführung von Kurzarbeit[5] keine Rolle[6], änderte sich dies mit der Wiederholung dieses Arbeitskampfes im Jahre 1978. Nunmehr wurde auf Arbeitgeberseite die Ansicht vertreten[7], Kurzarbeit als mittelbare Streikfolge sei nicht mitbestimmungspflichtig, weil es sich um keine normale Verkürzung der Arbeitszeit handele. Anträge auf einstweilige Verfügungen der Betriebsräte bzw. der IG Metall gegen die einseitige Anordnung von Arbeitszeitausfall durch die Arbeitgeber wurden von den Arbeitsgerichten

---

1) Vgl. Löwisch RdA 72, 73 (74).

2) Vgl. Löwisch a.a.O.

3) Vgl. Grünthal BABl 72, 126 (128), BABl 72, 17o (171).

4) Vgl. Grünthal a.a.O.

5) Vgl. oben S. 34 ff.

6) Stattdessen stand die Neutralitätspflicht der BfA im Mittelpunkt der rechtlichen Nachbetrachtungen, vgl. Borrmann DB 78, 1978 (1983 Fn 51).

7) Vgl. FAZ vom 3o.3.1978 S. 113; Handelsblatt vom 28.3.1978 S.2.

unterschiedlich beantwortet[1]. Im Herbst 1978 rückte das Problem mit einer neuen Komponente ins Blickfeld. Aufgrund des Streiks in den britischen Ford-Werken mußten mangels Zuliefermaterials 6ooo der insgesamt 8ooo Beschäftigten der Ford-Werke Saarlouis kurzarbeiten[2]. Insgesamt fielen 18 Arbeitstage aus, die nach Angaben des Unternehmens zu einem Umsatzverlust von 18o Mio DM führten[3]. Allerdings schlossen Firmenleitung und Betriebsrat über die materiellen Folgen der Kurzarbeit eine Regelungsabsprache[4] ab, aufgrund deren die Betroffenen im Ergebnis 90%[5] bzw. - nach anderen Berichten[6] - 95% ihres normalen Nettoeinkommens erhielten. Auch infolge des Arbeitskampfes in der Stahlindustrie an Rhein und Ruhr, der am 28. November 1978 begann, kam es zu Kurzarbeit in Zuliefererbetrieben[7].

2.) Lösungsversuche[8]

Seit Inkrafttreten des BetrVG 72 spielt das Problem der Mitbestimmung in streikbetroffenen Drittbetrieben auch in der rechtswissenschaftlichen Diskussion[9] eine Rolle. Dabei wird die Auffassung vertreten[1o], das Mitbestimmungsrecht des Betriebsrats entfalle, wenn

---

1) Vgl. Handelsblatt vom 3.4.1978; FAZ vom 3o.3.1978 S. 13.

2) Vgl. Handelsblatt vom 7.11.1978 S. 17.

3) Vgl. Handelsblatt vom 5.12.1978 S. 17.

4) Die Ford-Werke teilten im Januar 1979 auf Anfrage mit, insoweit eine Regelungsabsprache und nicht eine Betriebsvereinbarung mit dem Betriebsrat getroffen zu haben.

5) Vgl. Frankfurter Rundschau vom 24.11.1978 S. 6.

6) Vgl. Handelsblatt vom 5.12.1978 S. 17.

7) Vgl. Handelsblatt vom 5.12.1978 S. 17.

8) Die nach Abschluß des Manuskripts erschienene Monographie von Ehmann, Betriebsrisikolehre und Kurzarbeit, Berlin 1979, konnte nicht mehr berücksichtigt werden.

9) Der Gesetzgeber hat, wie Säcker ZfA 72 (Sonderheft), 41 (49 Fn 31) vermutet, das Problem nicht gesehen.

1o) Vgl. ArbG Köln DB 79, 457 (458); Dietz/Richardi § 87 Rn 178; Ehmann DB 78, 2o23 (2o31 Fn 133); Galperin/Löwisch § 74 Rn 13; Hanau BB 72, 499 (5oo); Kammann/Hess/Schlochauer § 87 Rn 82; Stege/Weinspach S. 295; in diesem Sinne ist wohl auch die Andeutung Säckers ZfA 72 (Sonderheft), 41 (49 Fn 31) zu verstehen; offen gelassen von LAG Frankfurt NJW 79, 283 f.

die Kurzarbeit als mittelbare Folge des Streiks in einem Drittbetrieb eingeführt werden müsse. Zur Begründung werden zwei Überlegungen angestellt: Nach den Grundsätzen der Sphärentheorie sei der Arbeitgeber von Beschäftigung und Bezahlung der Arbeitnehmer freigestellt, wenn ihm infolge eines Arbeitskampfes die Fortführung des normalen Betriebes unzumutbar sei. Bei der Sphärentheorie handele es sich um eine gesetzesvertretende Richterregelung im Sinne von § 87 I Eingangssatz. Danach sei für das Mitbestimmungsrecht bei streikbedingter Kurzarbeit wegen notwendiger Anwendung der Betriebsrisikolehre kein Raum mehr[1]. Zwar könne im Einzelfall die Feststellung Schwierigkeiten bereiten, ob die Kurzarbeit als Folge des Arbeitskampfes wirklich erforderlich sei; dies sei jedoch eine vom Arbeitsgericht und nicht eine von den Betriebsparteien bzw. der Einigungsstelle zu entscheidende Rechtsfrage. Nach anderer Begründung[2] soll die Mitbestimmung bei der Kurzarbeit deshalb entfallen, weil es sich um eine eng mit der Kampfparität zusammenhängende Frage handele.

Die Mitbestimmung bei der Kurzarbeit soll aber nicht nur in lediglich mittelbar vom Streik betroffenen, sondern auch in unmittelbar in das Arbeitskampfgeschehen involvierten Betrieben entfallen[3], beispielsweise, wenn infolge des Streiks in einem Teil des Betriebes Kurzarbeit in einem anderen Teil erforderlich sei. Die Entscheidung darüber könne nämlich nicht unbeeinflußt vom Arbeitskampfgeschehen ergehen.

Die Gegenstimmen[4] heben auf mehrere Gründe ab. Als Hauptargument

---

1) Vgl. zu dieser Argumentation Dietz/Richardi a.a.O.; Hanau a.a.O.; Stege/Weinspach a.a.O.

2) Vgl. ArbG Köln a.a.O.; Galperin/Löwisch a.a.O.; Löwisch/Krauß AR-Blattei Arbeitskampf II, C IV 2; ähnlich auch die Überlegungen bei LAG Frankfurt NJW 79, 283 (284) und in der bisher unveröffentlichten Entscheidung des ArbG Rheine, die Borrmann DB 78, 1978 (1981 Fn 34 a) benennt.

3) So Galperin/Löwisch § 74 Rn 13; Löwisch/Krauß AR-Blattei Arbeitskampf II, C IV 2.

4) Vgl. LAG Hamm DB 79, 216 (217 ff.); Becker-Schaffner BlStSozArbG 75, 17 (19); Borrmann DB 78, 1278 ff.; Eisemann BB 79, 218 (224); Farthmann RdA 74, 65 (7o); Farthmann/Bürger AR-Blattei Arbeitszeit V Kurzarbeit, B III/3; Schwerdtner Arbeitsrecht I S. 99; Simitis/Weiss DB 73, 124o (1244); Weiss AuR 74, 37 (48 f.); ders. Betriebsverfassungsgesetz S. 249.

wird genannt[1], die Kurzarbeit sei eine ursachenindifferente Arbeitsbedingung, bei der die Mitbestimmung ohne Rücksicht auf die Anlässe vorgeschrieben sei. Die Verfechter der Mitbestimmungsfreiheit berücksichtigten bei ihrer Sorge um die solidaritätsbedingte Kooperationsunwilligkeit des Betriebsrats auch nicht dessen auf Vermeidung von Entlassungen gerichtete Interessenlage[2]. Ferner handele es sich bei der Sphärentheorie entgegen den Voraussetzungen des § 87 I Eingangssatz nur um nachgiebiges und zudem auch um individuelles Arbeitsrecht[3]. Dem Arbeitgeber verbleibe auch immer ein Entscheidungsspielraum, so daß die Einseitigkeit seiner Anordnung von Kurzarbeit nicht aufgrund der Zuordnung der Kurzarbeitsursache zur Risikosphäre der Arbeitnehmerseite gerechtfertigt sei[4]. Schließlich wird ganz allgemein postuliert[5], die Mitbestimmung bei der Kurzarbeit sei Wirksamkeitsvoraussetzung, wobei es keine Ausnahmefälle gebe.

Eine Mittelmeinung[6] läßt den Arbeitskampf als Grund für die Einführung von Kurzarbeit nur im Rahmen der Interessenabwägung zwischen den Belangen des Betriebes und der betroffenen Arbeitnehmer genügen. Danach entfällt das Mitbestimmungsrecht erst dann, wenn die Arbeit streikbedingt (z.B. wegen streikverursachten Stromausfalls) unmöglich wird.

II. Betriebsratsamt und Arbeitskampf

Die Frage der Mitbestimmungspflichtigkeit streikbedingter Kurzarbeit könnte auf sich beruhen, wenn die Funktionen des Betriebsrats als Träger betriebsverfassungsrechtlicher Befugnisse während des Arbeitskampfes aus Paritätsgründen ruhten[7]. Mangels Zustimmungs-

---

1) Vgl. Becker-Schaffner a.a.O.; Borrmann DB 78, 1278 (128o); Farthmann a.a.O.; Farthmann/Bürger a.a.O.; Simitis/Weiss a.a.O.; Weiss a.a.O.

2) So Farthmann a.a.O.; Farthmann/Bürger a.a.O.

3) So LAG Hamm DB 79, 216 (217 f.); Borrmann DB 78, 1278 (1279).

4) So Borrmann a.a.O.

5) Vgl. Conze Diss. S. 146; Schwerdtner Arbeitsrecht I S. 99.

6) Vgl. Wiese GK-BetrVG § 87 Rn 82c.

7) So Kraft ZfA 73, 243 (259 ff.); Meisel DB 72, 1627, 1675 (1675); zu den gleichgelagerten Auffassungen während des BetrVG 52 vgl. die Nachweise bei Seiter, S. 37o Fn 58.

kompetenz des Betriebsrats bliebe der Arbeitgeber dann betriebsverfassungsrechtlich autonom.

Dem wird allerdings zu Recht widersprochen[1]. Das BAG[2] hat dazu ausgeführt, ein völliges Ruhen der Funktionen des Betriebsrats im Arbeitskampf liege nicht im Interesse des Betriebes. Das Beispiel der Organisation eines betrieblichen Notdienstes mag diese Auffassung unterstreichen. Eine völlige Funktionsunfähigkeit des Betriebsrats würde dazu führen, daß der Arbeitgeber Maßnahmen, die nur gelegentlich eines Arbeitskampfes ergriffen werden, ohne selbst Kampfmaßnahmen zu sein, mitbestimmungsfrei durchführen könnte. Damit hätte man in solchen Fällen ohne plausiblen Grund die Zwecke der Mitbestimmung aufgegeben.

Andererseits darf die Beteiligung des Betriebsrats, der zur Interessensphäre der Arbeitnehmer zu zählen ist, keine Änderungen der Kampfparität bewirken. Es kommt also darauf an, das Mitbestimmungsrecht im Hinblick auf die Waffengleichheit der Koalitionen arbeitskampfkonform zu interpretieren.

III. Kurzarbeit und Arbeitskampfparität

Vor diesem Hintergrund gilt allgemein[4], daß nur diejenigen Maßnahmen des Arbeitgebers, die sich mit speziell arbeitskampfrelevanten Arbeitsbedingungen befassen, im Streikfalle mitbestimmungsfreier Gestaltung unterliegen. Eine generelle Ausschaltung des Betriebsrats wird durch das Prinzip der Kampfparität, d.h. der Ermöglichung eines gleichgewichtigen Kampfes[5], aber nicht gefordert[6]. Das bedeutet,

---

1) Vgl. Brill DB 79, 4o3 ff.; Buchner Anm. BAG SAE 73, 33 (44); Dietz/Richardi § 74 Rn 19, 22 f.; Fitting/Auffarth/Kaiser § 74 Rn 6; Galperin/Löwisch § 74 Rn 13; Löwisch/Krauß AR-Blattei Arbeitskampf II (C IV 2) und III (C IV 2); Reuter AuR 73, 1 (5 ff.); Seiter S. 37o f.; Thiele GK-BetrVG § 74 Rn 37; Weiss Betriebsverfassungsgesetz S. 194.

2) Vgl. BAG (GS) AP Nr. 43 zu Art. 9 GG Arbeitskampf (9R); BAG DB 78, 1231.

3) Die Auswahl der für diesen Einsatz zur Verfügung Stehenden ist allerdings arbeitskampfrechtlicher Natur und fällt in die Kompetenz der Gewerkschaften, vgl. Löwisch/Mikosch ZfA 78, 153 (165 f.).

4) Vgl. BAG AP Nr. 44 zu Art.9 GG Arbeitskampf (8R); BAG DB 78,14o3 (14o4); LAG Frankfurt DB 78, 1357 (1358) sowie die oben Fn 1 Genannten.

5) So das Verständnis der herrschenden Lehre der materiellen Kampfparität, vgl. Seiter S. 161 m.w.N.

6) Vgl. Dietz/Richardi § 74 Rn 23.

daß die Mitbestimmungspflichtigkeit nicht generell, sondern nur im konkreten Fall am Maßstab der Kampfparität zu bemessen ist. Hier ergeben sich teilweise schwierige Probleme.

In den durch die Pole Streik und Aussperrung gekennzeichneten Auseinandersetzungen der Koalitionen sind primär personelle Maßnahmen des Arbeitgebers wie Neueinstellungen und Versetzungen diejenigen, in denen der Betriebsrat erfolgreiche "Partisanentätigkeit"[1] zu entfalten imstande ist. Denn hier könnte er beispielsweise die Einstellung von Aushilfskräften beeinflussen. Ähnlich wäre die Sachlage, wenn der Betriebsrat bei Kampfkündigungen mitzubestimmen hätte[2]: in jedem Fall wäre die Grenze der Gegnerunabhängigkeit überschritten.

Mit solchen im Arbeitskampf wirkungsvoll einsetzbaren Maßnahmen ist die Kurzarbeit jedoch nicht zu vergleichen. Arbeitszeitverkürzung kann - anders als die Vereinbarung von Überstunden für streikunwillige Arbeitnehmer[3] - schon deshalb kein Mittel des Arbeitskampfes sein, weil dann, wenn die dem Arbeitgeber als Mittel des Arbeitskampfes zustehende Möglichkeit der Lohnverweigerung zur Behebung der Betriebsstörung nicht ausreicht, letztere zum allgemeinen Betriebs- und Wirtschaftsrisiko gehörende Gründe haben muß[4]. Diese aber stehen mit dem Arbeitskampf und mithin der Kampfparität nicht in Zusammenhang, so daß aus Paritätsgründen auch die Mitbestimmung nicht entfallen kann. Die Kurzarbeit kann also nicht zu Arbeitskampfzwecken angeordnet werden[5]. Dazu kommt, daß die Kurzarbeit nur zu einer Teilsuspendierung des Arbeitsverhältnisses führt[6]. Bei der Kurzarbeit werden die <u>beider</u>seitigen, nicht aber, wie bei Streik und Aussperrung, die einseitigen Vertragsleistungen herabgesetzt; es fehlt hier sonach an einem Kampfziel[7]. Mangels Tauglichkeit als Arbeitskampfmaßnahme vermag die Mitbestimmung bei der Einführung von Kurzarbeit also auch nicht die Kampfführung des Arbeitgebers zu beeinträchtigen.

---

1) Vgl. Reuter AuR 73, 1 (5).

2) Vgl. BAG DB 78, 14o3 (14o4).

3) Vgl. dazu neuestens BAG Beschl.v. 1o.4.1979 - 1 ABR 34/77.

4) So zutreffend LAG Hamm DB 79, 216 (217).

5) I.E. zustimmend Borrmann DB 78, 1978 (1981); Weiss AuR 74,37(48).

6) Vgl. Seiter S. 231.

7) Vgl. Weller S. 195.

Dies gilt sowohl für das eher theoretische Beispiel, daß Kurzarbeit etwa als Reaktion des Arbeitgebers auf einen Bummelstreik eingesetzt werden soll[1], als auch für den Fall, daß Kurzarbeit in einer anderen, nicht bestreikten Abteilung des gleichen Betriebes ansteht. Beide Male fehlt es an einer Verlagerung des kampfparitätischen Gleichgewichts. Im nur mittelbar betroffenen Betriebsteil wird man einen Mitbestimmungsverlust darüber hinaus auch nicht mit der Erwägung[2] begründen können, die Entscheidung über die Kurzarbeit könne nicht unbeeinflußt vom Arbeitskampfgeschehen getroffen werden. Denn die Arbeitskampfhandlungen im direkt bestreikten Betriebsteil bleiben von der Kurzarbeit in einem anderen insoweit völlig unbeeinflußt, als es im mittelbar betroffenen Betriebsteil an der s p e z i e l l e n Einwirkung auf das Kampfgeschehen fehlt. Dies gilt uneingeschränkt jedenfalls dann, wenn es sich nicht um einen Arbeitskampf handelt, der im Interesse der Arbeitnehmer dieses Betriebes oder Betriebsteiles geführt wird[3].

Die direkte Kausalität zu den Auseinandersetzungen in dem streikbetroffenen anderen Teil des Betriebes fehlt ansonsten[4]. Danach sind primär Neueinstellungen, Versetzungen, außerordentliche Kündigungen, Betriebsänderungen und möglicherweise auch die Vergabe von Werkswohnungen speziell arbeitskampfrelevante Gegenstände[5], nicht aber auch die Kurzarbeit. Diese kann regelmäßig nur gelegentlich eines Streiks in Betracht kommen. Die Mitbestimmung entfällt daher grundsätzlich auch nicht bei Kurzarbeit im direkt arbeitskampfbetroffenen Betrieb.

---

1) Vgl. dazu Seiter S. 263 ff., der darauf hinweist, daß sich in Anbetracht häufig fehlender detaillierter Arbeitsvorschriften in der Privatwirtschaft dort die Möglichkeit von Bummelstreiks verringert.

2) Vgl. Galperin/Löwisch § 74 Rn 13; Löwisch/Krauß AR-Blattei Arbeitskampf II, C IV 2.

3) Vgl. LAG Hamm DB 79, 216 (218).

4) Zustimmend Borrmann DB 78, 1978 (1981).

5) Vgl. Reuter AuR 73, 1 (5); einschränkend Brill DB 79, 4o3 (4o5).

IV. Sphärenbedingtes "Mitbestimmungsrisiko"?

Hinsichtlich der Frage, ob die Mitbestimmung auch dann besteht, wenn Kurzarbeit auf Grund eines Arbeitskampfes in Drittbetrieben erforderlich wird, ist denkbar, daß von oder an im Arbeitskampf stehende Betriebe nicht mehr geliefert werden kann[1]. Soweit hier die Tarifverträge - wie dies allerdings nur vereinzelt geschehen ist[2] - die Mitbestimmung des Betriebsrat ausdrücklich vorschreiben, bestehen keine Zweifel am Erfordernis seiner Zustimmung. Solche könnten allerdings bei Anwendung der Sphärentheorie auftreten.

1.) Die Lehre vom Betriebsrisiko und der Sphärentheorie

Mit der vom BAG[3] in ständiger Rechtsprechung vertretenen und vom Schrifttum überwiegend im Ergebnis befürworteten[4] Betriebsrisikolehre soll die Frage beantwortet werden, ob der Arbeitgeber in allen Fällen, in denen betriebliche und außerbetriebliche Gründe ohne sein Verschulden die Untätigkeit der Belegschaft erzwingen, dennoch zur Entlohnung der Arbeitnehmer verpflichtet ist. Dabei wird zwischen Betriebsrisiko und Wirtschaftsrisiko unterschieden[5]. Der Begriff Betriebsrisiko umschreibt die Fälle, in denen der Arbeitnehmer nicht beschäftigt werden kann, weil der Arbeitgeber aus im

---

1) Vgl. Löwisch RdA 72, 73 (74).

2) So in § 7 I MTV für die Arbeiter und Angestellten des Klempner- und Installateurhandwerks Rheinland-Rheinhessen, gültig ab 1.7. 1978 und § 3 I MTV für die Arbeiter des Kfz-Handwerks Rheinland-Rheinhessen, gültig ab 1.1.1976.

3) Vgl. BAG AP Nr. 2 (1R,2), 3 (1R), 4 (1), 13 (2R), 15 (1R), 28 (2) zu § 615 BGB Betriebsrisiko; AP Nr. 14 zu § 56 BetrVG 52 (3R, 4); einschränkend neuerdings BAG AP Nr. 3o zu § 615 BGB Betriebsrisiko (1R, 2).

4) Vgl. Brox S. 65 ff.; Hanau/Adomeit S. 173 ff.; Hueck/Nipperdey I S. 347 ff.; Nikisch I S. 598 ff.; Schaub S. 487 ff.; Söllner Arbeitsrecht S. 223 f.; Staudinger/Nipperdey/Mohnen/Neumann § 615 Rn 49 ff.; Zöllner Arbeitsrecht S. 158 ff. sowie die oben S. 341 Fn 1 Genannten.

5) Vgl. zu diesen Begriffen und zum folgenden im einzelnen BAG (wie Fn 3)sowie BAG AP Nr. 2 zu § 615 BGB Kurzarbeit (2); Ballerstedt AuR 66, 225 (227 ff.); Brill AR-Blattei Arbeitsausfall II, B III; Erman/Küchenhoff § 615 Rn 1o ff.; Ehmann DB 73, 1946, 1994 (1947 f.); Hueck/Nipperdey I S. 347 ff.; Kalb S. 36 ff.; Nikisch I S. 598 ff.; Seiter S. 3o5 ff.

Betrieb liegenden Gründen zur Verfügungstellung des Leistungssubstrats, d.h. eines funktionsfähigen Betriebes außerstande ist. Beispiele dafür sind Rohstoff- und Energiemangel, höhere Gewalt wie Naturkatastrophen und kriegerische Ereignisse, aber auch staatliche Herstellungverbote und Betriebsstillegung wegen Landestrauer. Demgegenüber umfaßt das Wirtschaftsrisiko diejenigen Fälle, in denen die Arbeit als solche zwar technisch möglich ist, wirtschaftliche Gründe wie Auftrags- und Absatzmangel sie aber nicht lohnenswert erscheinen lassen. Dieses Risiko hat grundsätzlich der Arbeitgeber zu tragen, jedenfalls solange das Arbeitsverhältnis besteht.

Nicht so beim Betriebsrisiko: Dieses hat nach den Grundsätzen der Sphärentheorie diejenige Arbeitsvertragspartei zu übernehmen, in deren Einflußbereich die Störung liegt. Regelmäßig wird dies der Arbeitgeber sein, in dessen weitgespannte Risikosphäre die meisten Betriebsstörungen[1] fallen. Eine wichtige Ausnahme gilt allerdings beim Arbeitskampf. Denn wenn die Betriebsstörung auf einen Streik der Arbeitnehmer im eigenen oder Drittbetrieb zurückgeht, wird dieses Verhalten unter dem Aspekt der Solidarität der Arbeitnehmerschaft allen Beschäftigten im nur mittelbar betroffenen Betrieb zugerechnet. Dies gilt wiederum nicht, wenn die Betriebsstörung eine Folge der Aussperrung im Drittbetrieb ist.

Diese Lehre und ihre Ergebnisse beim Streik sind in der Literatur aus vielerlei Richtungen angegriffen worden[2]. Sie wird sowohl vom Ansatz her als rechtspolitisch konzipiert und dogmatisch unbegründbar[3], als auch hinsichtlich ihrer einzelnen tragenden Grundsätze in Frage gestellt. So sei die Kausalitätsfrage, d.h. die Feststellung,

---

1) Vgl. dazu Brill AR-Blattei Arbeitsausfall II, A und Erman/Küchenhoff § 615 Rn 14.

2) Vgl. nur Biedenkopf Betriebsrisikolehre S. 14 ff.; Ehmann DB 73, 1946 (1994 ff.); Gift RdA 6o, 166 (172); Erman/Küchenhoff § 615 Rn 11 ff.; Kalb S. 48 ff.; Löwisch RdA 67, 45 ff.; Mayer-Maly/Nipperdey Risikoverteilung S. 17 ff.; Seiter S. 31o ff.; Weiss AuR 74, 37 ff.; Wiedemann RdA 69, 321 (333); einschränkend auch LAG Hamm DB 79, 16 (218).

3) Vgl. Schwerdtner Arbeitsrecht I S. 98 m.w.N.

ob die Betriebsstörung auf Streik oder Aussperrung beruht, im Gestrüpp der Indizien beweisrechtlich nicht in den Griff zu bekommen[1]. Die Klärung werde dadurch erschwert, daß mit Aussperrung beantwortete Schwerpunktstreiks regelmäßig zu mehr ausgesperrten als streikenden Arbeitnehmern führe[2]. Auch der Gedanke der Solidarität biete keine tragfähige Zurechnungsgrundlage[3]. Da dieser sich nur an der schlichten Zugehörigkeit zu einer durch bestimmte Merkmale abgegrenzten Gruppe orientiere, gerate die Sphärentheorie zu einem Rückfall in lange überwundene Sippenhaftvorstellungen. Für den einzelnen liege das kollektive Phänomen Streik als unvorhersehbarer Risikofaktor aber nicht "in seiner Person".

Die genannten Begründungen erhellen konstruktive Probleme der Sphärentheorie. Diejenigen, die das Entfallen der Mitbestimmung nach § 87 I Nr. 3 mit dieser Lehre befürworten[4], haben sich damit nicht beschäftigt. Dabei wäre interessant gewesen zu erfahren, wie weit der Solidaritätsbogen angesichts des eingangs zitierten Falles der Kurzarbeit in einem deutschen Betrieb aufgrund eines englischen Streiks zu spannen und inwieweit bei zunehmender wirtschaftlicher Verflechtung auf internationaler Ebene Arbeitnehmer in dem einen für aus ganz anderen ökonomischen Verhältnissen erwachsende Verhaltensweisen der Arbeitnehmer in dritten Ländern verantwortlich sein sollen[5]. Stattdessen ist die Sphärentheorie kritiklos auf das Mitbestimmungsrecht übertragen worden. Dies vermag nicht zu überzeugen[6].

---

1) So Mayer-Maly/Nipperdey a.a.O.

2) So Borrmann DB 78, 1978 (198o).

3) Vgl. Ehmann DB 73, 1946, 1994 (1996); Kalb S. 48 ff.; Weiss AuR 74, 37 (4o ff.).

4) Vgl. die oben S. 341 Fn 1 Genannten .

5) Vgl. in diesem Zusammenhang ArbG Wuppertal AP Nr. 2o zu Art. 9 GG Arbeitskampf (3 ff.); Gitter ZfA 71, 127 (147); Rüthers ZfA 72, 4o3 (431 ff.) .

6) Drastisch die Kritik von Kalb S. 48: "Durch ständige Wiederholungen petrifiziert gehört die Sphärentheorie heute zum scheinbar sakrosankten Kern der Betriebsrisikolehre und unterliegt in bedenklicher Abstraktion von ihrer richterrechtlichen Herkunft schon lange keinem Legitimationszwang mehr".

2.) Keine Anwendung auf die Mitbestimmung im Kurzarbeitsrecht

Die Überlegung, die Sphärentheorie auf die sozialen Mitbestimmungsrechte anzuwenden[1] entbehrt in ihrem gesetzessystematischen Ansatz nicht der Konsequenz. Denn diese Mitbestimmung steht gemäß § 87 I Eingangssatz unter dem Vorbehalt einer gesetzlichen Regelung. Da damit aber nur ein Gesetz im materiellen[2], nicht also auch im formellen Sinne gemeint ist, kommt auch durch Rechtsfortbildung entstandenes gesetzesvertretendes Richterrecht als Gesetz im Sinne von § 87 I Eingangssatz in Betracht. Die Betriebsrisikolehre als eine durch Restriktion, d.h. abändernde Rechtsfindung entstandene Ausfüllung einer Gesetzeslücke[3] stellt solches Richterrecht dar. Von daher kann eine Übernahme der Sphärentheorie erwogen werden.

Die Probleme bei dem angeblichen Zusammenhang zwischen Betriebsrisiko und Mitbestimmungsrecht[4] beginnen allerdings damit, daß die Sphärentheorie das Schicksal des Lohnanspruchs bei Ausfall der Arbeitsleistung, mithin einen individualrechtlichen Sachverhalt betrifft. Demgegenüber zählt § 87 I Nr. 3 zu den Tatbeständen des kollektiven Arbeitsrechts. Allein aus diesem Widerspruch wird man allerdings noch nicht den Schluß ziehen können, nur weil insoweit noch keine höchstrichterlichen Entscheidungen vorlägen, gebe es kein gegenüber § 87 I Nr. 3 vorrangiges Richterrecht[5]. In Betracht zu ziehen ist nämlich, die auf individualrechtlicher Basis entstandenen Grundgedanken im Wege der Analogie auf die kollektivrechtliche Ebene zu übertragen. Die Frage ist aber, ob die Sphärentheorie insoweit überhaupt analogiefähig ist. Sie dürfte nämlich nicht gegen geschriebenes Betriebsverfassungsrecht verstoßen und müßte eine im Gesetz vorhandene Lücke ausfüllen.

---

1) Davon ist der umgekehrte Fall zu unterscheiden, nämlich wie sich die kollektiven Mitbestimmungsrechte auf die Tragung des Betriebsrisikos auswirken; vgl. dazu Trescher S. 63 ff.

2) Vgl. Wiese GK-BetrVG § 87 Rn 2o.

3) Vgl. Enneccerus/Nipperdey S. 348 Fn 1o.

4) Diese These vertrat bereits Kauffmann RdA 52, 448 (451), ohne sie allerdings bei § 56 BetrVG 52 mangels Einschränkung des unternehmerischen Letztentscheidungsrechts auch anzuwenden (a.a.O. S. 454).

5) So aber Borrmann DB 78, 1978.

Bereits beim ersten Punkt stößt man auf Schwierigkeiten. Denn § 87 I Eingangssatz räumt nur zwingendem Recht den Vorrang ein[1]. Solches stellt die Sphärentheorie aber nicht dar. Nach ständiger Rechtsprechung[2] unterliegt die Aufteilung des Betriebsrisikos der freien einzelvertraglichen oder kollektiven Vereinbarung, da keine zwingenden gesetzlichen Bestimmungen eingreifen. Nach diesen Grundsätzen unterläge die sphärenbedingte Verteilung des "Mitbestimmungsrisikos" also der Tarif- oder Betriebsvereinbarungsmacht. Das bedeutet aber, daß § 87 I Eingangssatz als Grundlage einer vorrangig bewerteten Sphärentheorie ausscheidet[3]. Die Mitbestimmungsbefugnis der Betriebsparteien bleibt hiernach im vollen Umfang bestehen.

Ließe sich dieses Ergebnis unter Umständen noch mit der Erwägung angreifen, für das Erfordernis des zwingenden Charakters des vorbehaltenen Gesetzes lieferten weder der Wortlaut des § 87 I Eingangssatz noch die praktischen Bedürfnisse einen Anhalt[4], trifft man bei der Suche nach einer ausfüllungsbedürftigen Gesetzeslücke auf ein insoweit fugenloses Normengeflecht. Können die Anhänger der Betriebsrisikolehre und der Sphärentheorie beim Entscheid über den Lohnanspruch noch eine Gesetzeslücke zwischen Unmöglichkeit der Leistung (§ 323 ff. BGB) und Annahmeverzug (§ 615 BGB) geltend machen[5] und diese mit der Betriebsrisikolehre abdichten[6], fehlt es an einer solchen Vakanz im Kurzarbeitsrecht. § 87 I Nr. 3 stellt nämlich eine gegenüber der Sphärentheorie prävalente gesetzliche Risikoverteilung dar.

---

1) Vgl. oben S. 288.

2) Vgl. BAG AP Nr. 5 (1R), 14 (1o2), 15 (2), 16 (2), 29 (3) zu § 615 BGB Betriebsrisiko; 24 zu § 615 BGB (1R).

3) So i.E. auch Borrmann DB 78, 1978 (1979); Wiese GK-BetrVG § 87 Rn 82 c.

4) So Nikisch III S. 379; a.A. die oben S. 288 Fn 3 Genannten.

5) Vgl. BAG AP Nr. 2 zu § 615 BGB Betriebsrisiko (1R).

6) Vgl. zu diesen drei Begriffen Neumann-Duesberg JuS 7o, 68 ff.

Zutreffend ist im Schrifttum[1] darauf aufmerksam gemacht worden, daß das Gesetz die Mitbestimmung in § 87 an objektive Tatbestände gebunden hat, die, wenn sie vorliegen, dem Betriebsrat ein Mitbestimmungsrecht ohne Rücksicht darauf einräumen, wie es zu dem Regelungsfall gekommen ist. Folgerichtig verweisen zahlreiche Autoren[2] auf die Ursachenindifferenz der Kurzarbeit. Damit allein ist allerdings noch nicht die Analogiefähigkeit der Sphärentheorie widerlegt. Dies ergibt sich erst, wenn man einen Schritt weitergeht und erkennt, daß die Ursachenunabhängigkeit der Kurzarbeit mit einer Festlegung des "Mitbestimmungsrisikos" parallelläuft. Denn Kurzarbeit ist nicht nur in den Fällen des Betriebsrisikos zulässig, sondern auch in denjenigen des Wirtschaftsrisikos[3]. Bei der Kurzarbeit sind, wie sich an der Regelung des § 64 I Nr. 1 AFG zeigt, konjunkturelle Gründe geradezu typisch[4]. Das bedeutet aber, daß die Mitbestimmung bei der Einführung von Kurzarbeit eine über die Betriebsrisikolehre hinausgehende Risikoverteilung gebracht hat, da nach letzterer die Arbeitnehmer das Wirtschaftsrisiko in keinem Fall zu tragen haben[5]. Zu Recht ist geäußert worden[6], durch die Kurzarbeit werde ein Teil des Betriebs- und Wirtschaftsrisikos vom Arbeitgeber auf die Arbeitnehmer verlagert. Dieses als kodifizierte Regelung der Sphärentheorie gegenüber stärkere Recht duldet auch hinsichtlich der Mitbestimmungskomponente keine Abweichung. Die Ergebnisse wären sonst willkürlich: Bei Anwendung der Sphärentheorie bliebe der Bereich des Wirtschaftsrisikos mitbestimmungsrechtlich unangetastet, d.h. der Betriebsrat hätte bei Kurzarbeit, die auf mangelnden Absatzmöglichkeiten bereits produzierter Waren in bestreikten Abnahmebetrieben beruht, weiterhin mitzubestimmen, nicht aber bei Kurzarbeit infolge streikbedingten Nachschubmangels. Damit hätte man nicht nur die prinzipielle "Risikoregelung" bei der Kurzarbeit aufgeweicht, sondern vor allem auch

---

1) Vgl. Wiese Anm. BAG AR-Blattei Betriebsverf.XIV B,Entsch.19,IV.

2) Vgl. die oben S. 15 Fn 1, 2 Genannten.

3) Vgl. zu den Ursachen der Kurzarbeit oben S. 14 f.

4) Vgl. Schieckel/Grüner § 64 Nr. 1.

5) Vgl. oben S. 346 f.

6) Vgl. v. Stebut RdA 74, 332 (336).

den die Sphärentheorie tragenden Solidaritätsgedanken vollends ad absurdum geführt. Wenn schon die Arbeitnehmer als Solidargemeinschaft untereinander für wechselseitiges Verhalten haften sollen, dann fragt man sich, wieso das gleiche Verhalten je nachdem, ob es sich zufällig auf Herstellung oder Abnahme von Waren bezieht und doch letztlich den gleichen Effekt der notwendigen Arbeitszeitverkürzung im mittelbar betroffenen Betrieb bewirkt, mitbestimmungsrechtlich unterschiedlich behandelt werden soll.

Es darf auch nicht unterschätzt werden, daß ein sphärenbedingtes "Mitbestimmungsrisiko" dem Arbeitgeber unbegründete Entscheidungsfreiräume öffnet. Im mittelbar streikbetroffenen Betrieb gäbe es nämlich keine betriebliche Kontrolle mehr über die Notwendigkeit von Kurzarbeit. Der Arbeitgeber könnte beispielsweise mit der Behauptung, der Betrieb müsse wegen Fernwirkungen eines Streiks kürzer arbeiten, seine aufgrund fehlsamer unternehmerischer Planung entstandenen Lagerüberhänge auf Kosten Dritter abbauen, er wäre der betrieblichen Überprüfung seiner rechtzeitigen oder auch anderweitigen Nachschubdisposition enthoben, und er wäre vor allem seinerseits in der Lage, sich gegenüber den unmittelbar im Streik befindlichen Arbeitgebern zu Lasten seiner nicht streikenden Arbeitnehmer solidarisch zu zeigen. Es muß Mißtrauen erwecken, wenn im Zusammenhang mit dem Metallarbeiterstreik in Nordwürttemberg-Nordbaden 1971 einige Unternehmen nach der umstrittenen[1] Anordnung der Bundesanstalt für Arbeit, den nicht zu beschäftigenden Arbeitswilligen Arbeitslosengeld zu gewähren, von bereits angekündigten Produktionseinstellungen absahen[2]. Berücksichtigt man dazu die Existenz von Lieferhilfeabkommen und anderen unternehmerischen Solidarmaßnahmen, die den Produktionsstillstand nicht zuletzt auch in das Ermessen der organisierten Arbeitgeberschaft stellen[3], ist nicht einzusehen, warum die unternehmerische Alleinentscheidungsbefugnis den Zwecken der Mitbestimmung übergeordnet werden soll.

---

1) Vgl. Schwerdtfeger Arbeitslosenversicherung S. 37 ff.

2) Vgl. Weiss AuR 74, 37 (47 Fn 68).

3) Vgl. Weiss a.a.O. (S. 47).

V. Konsequenzen

Die vorstehenden Ausführungen zeigen, daß die Sphärentheorie nicht in das dogmatische Konzept der betrieblichen Mitbestimmung paßt. Eine teleologische Begrenzung des Begriffes "vorübergehende Verkürzung der betriebsüblichen Arbeitszeit"[1] bleibt allzu theoretisch. Allenfalls dort, wo ein Arbeitskampf im direkten Interesse der mittelbar Streikbetroffenen stattfindet, läßt sich das Mitbestimmungsrecht als Beeinträchtigung der Kampfparität unterbinden, weil für solche Arbeitnehmer kein Streikrisiko bestünde[2]. In diesen Fällen kommt es mitbestimmungsrechtlich dann auch nicht mehr darauf an, ob die Arbeitsleistung überhaupt noch möglich ist. Bei anderen kurzarbeitsbedingten Fernwirkungen eines Streiks kann im Ergebnis nichts anderes gelten. Auch dann, wenn die Arbeitsleistung nach Auffassung des Arbeitgebers nicht mehr möglich ist oder nicht mehr sinnvoll ist, unterliegt die Anordnung von Kurzarbeit der gemeinsamen Beurteilung der Betriebsparteien und der gemeinsamen Suche nach Auswegen. Unkalkulierbare und völlig unvorhersehbare Risiken lassen sich nach den für Notfälle entwickelten Grundsätzen[3] lösen.

---

1) Vgl. Borrmann DB 78, 1978 (1979 f.).
2) So auch LAG Hamm DB 79, 216 (218).
3) Vgl. dazu oben S. 151 ff.

Printed by
CPI books GmbH, Leck

FSC
www.fsc.org
MIX
Papier | Fördert
gute Waldnutzung
FSC® C083411

Kolibri 360 GmbH
Ferdinand-Jühlke-Straße 7
99095 Erfurt, Deutschland
produktsicherheit@kolibri360.de